自治县地图

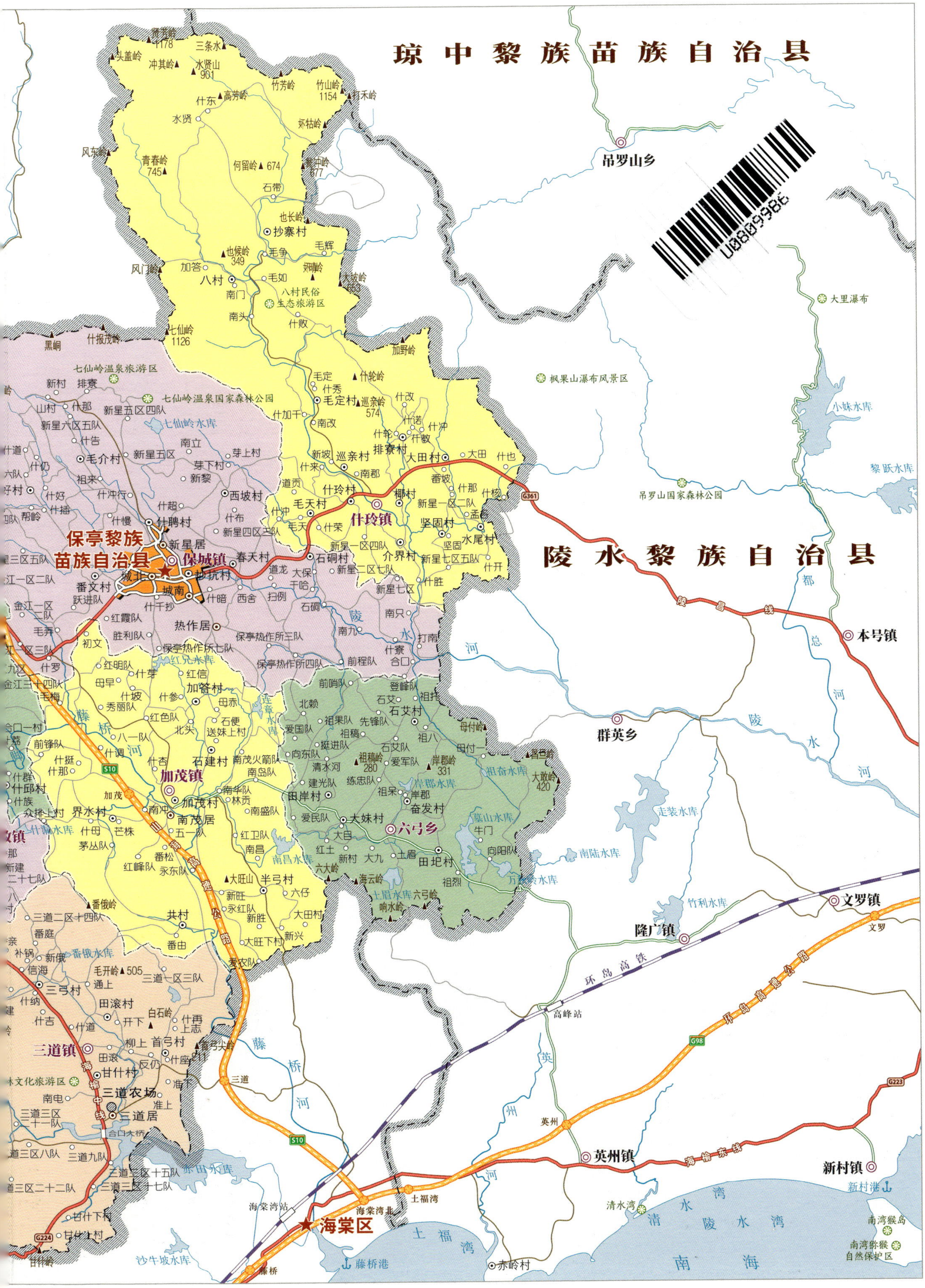
琼中黎族苗族自治县
陵水黎族苗族自治县
保亭黎族苗族自治县
保城镇
什玲镇
加茂镇
六弓乡
三道镇
海棠区
吊罗山乡
本号镇
群英乡
隆广镇
文罗镇
英州镇
新村镇
吊罗山国家森林公园
枫果山瀑布风景区
大里瀑布
七仙岭温泉旅游区
七仙岭温泉国家森林公园
八村民俗生态旅游区
小妹水库
黎跃水库
走装水库
南陆水库
竹利水库
七仙岭水库
红岗水库
藤桥河
陵水河
都总河
英州河
环岛高铁
环岛高速公路
海榆东线
土福湾
清水湾
陵水湾
南海
藤桥港
新村港
南湾猴岛
南湾猕猴自然保护区
海棠湾站
高峰站
赤岭村
三道农场
七仙岭 1126
什聘村
毛定村
抄寨村
八村
大田村
坚固村
水尾村
石硐村
界水村
大妹村
奋发村
田圯村
半弓村
首弓村
甘什村
番文村
春天村
抄抗村
毛介村
西坡村
加答村
石建村
加茂村
南茂居
田滚村
三弓村
三道居

保亭年鉴

2023

BAOTING
NIANJIAN

中共保亭黎族苗族自治县委
保亭黎族苗族自治县人民政府 主办

中共保亭黎族苗族自治县委史志馆 编

方志出版社
Publishing House of Local Records

图书在版编目（CIP）数据

保亭年鉴．2023 / 中共保亭黎族苗族自治县委史志馆编．— 北京 : 方志出版社，2023.12
ISBN 978-7-5144-6021-6

Ⅰ．①保… Ⅱ．①中… Ⅲ．①保亭黎族苗族自治县—2023—年鉴 Ⅳ．① Z526.64

中国国家版本馆 CIP 数据核字（2023）第 253058 号

责任编辑：程倩
责任校对：张玉霞
责任印制：梅中英
出 版 者：方志出版社
地　　址：北京市朝阳区潘家园东里 9 号（国家方志馆 4 层）
邮　　编：100021
网　　址：http://www.zgfzcb.cn
发　　行：方志出版社图书营销中心（010-67110500）
印　　刷：云南美嘉美印刷包装有限公司
开　　本：889 毫米 ×1194 毫米　1/16
印　　张：23
字　　数：862 千字
版　　次：2023 年 12 月第 1 版
印　　次：2023 年 12 月第 1 次印刷
定　　价：280.00 元

《保亭年鉴（2023）》编写组

（排名不分先后）

县委办公室

金　芋

县政府办公室

县政府办公室年鉴编写组

县人大常委会办公室

县人大常委会办公室年鉴编写组

县政协办公室

李玉玲

县纪委监委

董香伶

县委组织部

县委组织部年鉴编写组

县委宣传部

县委宣传部年鉴编写组

县委统战部

县委统战部年鉴编写组

县委政法委

陈　云

县委编办

陈　键

县委直属机关工委

李玫玲

县委老干部局

县委老干部局年鉴编写组

县委史志馆

黄楚华

县委党校

黄　旭

县行政审批局

黄俊敏

县信访局

县信访局年鉴编写组

县民族事务局

王晓龙

县宗教事务局

黄子欢

县机关事务服务中心

文　翠

县档案馆

符永涛

民革保亭支部

民革保亭支部年鉴编写组

民进保亭支部

李振业

农工党保亭支部

农工党保亭支部年鉴编写组

民盟保亭支部

刘远跃

县工商联

曾永丽

县总工会

吉苗荣

团县委

陈大卫

县妇联

陈贵玲

县科协

县科协年鉴编写组

县残联

黄青文

县红十字会

周晓台

县文联

曾庆幸

县侨联

洪　铭

县公安局

王守斌　卢玉珏

县检察院

陈动宇

县法院

莫掬岚

县司法局

钟泳山

县人武部

县人武部年鉴编写组

武警保亭中队

武警保亭中队年鉴编写组

县退役军人事务局

蒲鸿飞

县科工信局

叶才华　陆钊锋　王和志

县发改委

县发改委年鉴编写组

县烟草专卖局

蔡旖柔

县粮物储备中心

陈义仲

县供销社

谭家盛

县农业农村局

县农业农村局年鉴编写组

县林业局

王晓静

县畜牧渔业服务中心

县畜牧渔业服务中心年鉴编写组

县农业机械化管理服务中心

黄　挺

县乡村振兴局

县乡村振兴局年鉴编写组

县水务服务中心

曾　望

县交通运输局

县交通运输局年鉴编写组

海汽运输集团保亭分公司

海汽运输集团保亭分公司年鉴编写组

保亭公路分局

林晶晶

海南省交通规费征稽局保亭分局

海南省交通规费征稽局保亭分局年鉴编写组

中国邮政保亭分公司

黄蒙爱

中国电信保亭分公司

王乃刚

县住房和城乡建设局

县住房和城乡建设局年鉴编写组

县园林环卫服务中心

黄文培

县供电局

骆志远

县应急管理局

县应急管理局年鉴编写组

县消防救援大队

唐　凯

县资规局

刘舒微

县生态环境局

县生态环境局年鉴编写组

县旅文局

县旅文局年鉴编写组

县国库支付中心

县国库支付中心年鉴编写组

县审计局

施红艳

县统计局

林　捷

县综合行政执法局

县综合行政执法局年鉴编写组

县市场监管局

林洪波

县财政局

县财政局年鉴编写组

县税务局

县税务局年鉴编写组

邮储银行保亭支行

邮储银行保亭支行年鉴编写组

保亭融兴村镇银行

王子雯

保亭县农村信用合作联社

保亭县农村信用合作联社年鉴编写组

中国银行保亭支行

中国银行保亭支行年鉴编写组

工商银行保亭支行

工商银行保亭支行年鉴编写组

农业银行保亭支行

苏　娜

中国人寿保险保亭支公司

中国人寿保险保亭支公司年鉴编写组

阳光财险保亭支公司

阳光财险保亭支公司年鉴编写组

中国财险保亭支公司

中国财险保亭支公司年鉴编写组

县减灾办

县减灾办年鉴编写组

县地震局

县地震局年鉴编写组

县三防办

县三防办年鉴编写组

县气象局

县气象局年鉴编写组

县教育局

县教育局年鉴编写组

县融媒体中心

董永娟　吴挺灿　符静舒　喻秋明

县卫健委

县卫健委年鉴编写组

县疾控中心

陈名洪

县妇幼计生服务中心

县妇幼计生服务中心年鉴编写组

县爱国卫生事务中心

黄秋曼

县人民医院

刘新萍

县民政局

王燕美

县社保服务中心

县社保服务中心年鉴编写组

县就业服务中心

县就业服务中心年鉴编写组

县人社局

黄晓雯

县医保局

董乐平

县住房公积金管理局

文榆友

保城镇

黄秀颖

响水镇

黄晓霜

加茂镇

梁志华

三道镇

三道镇年鉴编写组

新政镇

新政镇年鉴编写组

什玲镇

郭伟康

毛感乡

李菲菲

南林乡

黄柳燕

六弓乡

蔡文婷

金江居

金江居年鉴编写组

南茂居

黄　丹

新星居

新星居年鉴编写组

热作居

曾佐光　林彩燕　常　青

三道居

黄晓霞

茶场居

茶场居年鉴编写组

七仙岭农场

七仙岭农场年鉴编写组

编辑说明

一、《保亭年鉴》是由中共保亭黎族苗族自治县委、保亭黎族苗族自治县人民政府主办，中共保亭黎族苗族自治县委史志馆负责编纂出版的地方综合性年鉴，是全面系统记载保亭黎族苗族自治县自然、政治、经济、文化、社会等方面情况的年度资料性文献，为各级党政机关、企事业单位及社会各界人士了解、认识、研究、投资、建设保亭黎族苗族自治县提供准确、翔实的信息。《保亭年鉴（2023）》是2010年首次出版以来的第14部年鉴，记述时间为2022年1月1日至2022年12月31日。

二、《保亭年鉴（2023）》以马克思列宁主义、毛泽东思想、邓小平理论、“三个代表”重要思想、科学发展观、习近平新时代中国特色社会主义思想为指导，坚持辩证唯物和历史唯物主义的立场、观点和方法，客观记述保亭黎族苗族自治县的发展全貌及特点。

三、《保亭年鉴（2023）》采用分类编辑法，设类目、分目和条目三个层次，部分分目下设子目。设特辑、大事记、县情综览、中国共产党保亭县委员会、保亭县人民代表大会、保亭县人民政府、中国人民政治协商会议保亭县委员会、中国共产党保亭县纪律检查委员会·保亭县监察委员会、民主党派·工商联、群众团体、法治、军事、农业农村·水利、工业·商贸业、交通·邮政·信息、城乡建设与管理、自然资源·生态环境、旅游业、经济管理与监督、财政·税务、金融、科学技术、教育、文化·体育、卫生健康、社会生活、乡镇居场、人物、统计资料、附录30个类目。全书不同层次的栏目标题在字体、字号和版式设计上加以区别，条目的标题统一用黑体字加“【 】”表示。

四、《保亭年鉴（2023）》所载资料均由县内各机关、企事业单位、各乡镇、各居提供并经过供稿单位领导审核，再经《保亭年鉴》编辑部整理编辑后反馈至原单位核对形成。全书的数据由于来源、统计方法或使用角度不同，如遇同一项目或内容的数字不一致的情况，一律以县统计部门的数据为准。

五、为便于记述，正文中保亭黎族苗族自治县简称保亭县，县直属各单位和机关单位名称根据有关文件规定使用规范化简称，文件中未明确的单位机构名称首次出现用全称并括注简称。本年鉴中未冠以行政区划专名的“省”“县”分别指“海南省”“保亭县”。

六、数字用法、标点符号用法分别采用国家标准《出版物上数字用法》（GB/T 15835—2011）、《标点符号用法》（GB/T 15834—2011），计量单位采用国家技术监督局1993年12月发布的《量和单位》系列国家标准。考虑到社会使用习惯，全书中亩不统一换算。

七、部分数据合计或相对数由于单位取舍不同而产生的计算误差，均未做机械调整。

八、本卷年鉴配备有目录和索引双重检索系统。目录按栏目、分目、次分目、条目四级排列。索引采用主题词编纂，主题词按首字汉语拼音音序排列。

数说保亭 2022

地区生产总值（GDP） 69.08亿元

第一产业增加值 25.84亿元

第二产业增加值 8.42亿元

第三产业增加值 34.82亿元

三次产业结构 37.4：12.2：50.4

规模以上工业总产值增速 16.4%

固定资产投资 37.43亿元

社会消费品零售总额 16.93亿元

一般公共预算收入 4.14亿元

一般公共预算支出 33.74亿元

旅游接待人数 219.71万人

旅游收入 13.7亿元

城镇常住居民人均可支配收入 36677元

农村常住居民人均可支配收入 16881元

年末常住人口数 15.71万人

农林牧渔业总产值 39.98亿元

森林面积 115324.75公顷

林地面积 97385公顷

湿地面积 1748.89公顷

森林覆盖率 84.85%

保亭荣誉 2022

全国休闲农业重点县	海南省保亭黎族苗族自治县
海南省森林城市	海南省保亭黎族苗族自治县
“绿水青山就是金山银山”实践创新基地	海南省保亭黎族苗族自治县
全国民主法治示范村（社区）	保亭黎族苗族自治县毛感乡南春村
中国美丽休闲乡村	保亭黎族苗族自治县什玲镇水尾村
全国乡村旅游重点村	保亭黎族苗族自治县响水镇毛真村
省级乡村振兴示范乡镇	保亭黎族苗族自治县三道镇
省级乡村振兴示范村	保亭黎族苗族自治县加茂镇界水村、三道镇三弓村、响水镇合口村
全国妇联系统先进集体	保亭黎族苗族自治县妇女联合会
2016—2020年度全国普法工作先进单位	保亭黎族苗族自治县人民法院
海南国际设计岛示范基地	保亭黎族苗族自治县文创示范园（南林乡非遗馆）

▲ 2022年1月17日，县委书记穆克瑞（前右二），县委副书记、县长王慧仙（前右一）一行调研“六水共治”工作。图为听取县城污水处理厂工作情况介绍 （县委宣传部 供）

▲ 2022年3月3日，县委书记穆克瑞（左二）到县农业系统调研并出席保亭县治水工作领导小组办公室揭牌仪式，县委副书记、县委政法委书记赵文德（右二），县委常委、县委组织部部长林洪冰（左一）陪同调研 （县委宣传部 供）

▶ 2022年3月28日，海南大学马克思主义学院与保亭县委党校合作协议签约仪式举行

（县委党校　供）

◀ 2022年5月13日，保亭县在海口举办保亭招商推介会

（县委宣传部　供）

▶ 2022年5月13日，"奋进自贸港　建功新时代"系列专题新闻发布会（第十场）——"培育十大产业　打造'三区三地'"保亭产业发展规划专场举行。图为县委书记穆克瑞在会上推介保亭县的十大特色重点产业

（县委宣传部　供）

▲ 2022年5月18日，保亭县举办咖啡时间政商对话活动，县委书记穆克瑞（前排中）参加活动

（县委宣传部　供）

▲ 2022年5月25日，省妇联到加茂镇共村村委会开展活动，县委书记穆克瑞（后排中），县委副书记、县长王惠仙（后排左二）陪同。图为省妇联党委书记种润之（前排左一）向县妇联颁发“全国妇联系统先进集体”牌匾

（县委宣传部　供）

▶ 2022年6月16日，保亭县举办第5期“三区三地”讲坛活动

（县委宣传部　供）

◀ 2022年7月28日，（首届）保亭红毛丹文化节——保亭热带特色高效农业合作发展论坛举行

（县委宣传部　供）

▶ 2022年8月29日，保亭县欢送陕西援琼医疗队返程

（县委宣传部　供）

▶ 2022年9月27日，县检察院召开“营造良好法治营商环境”新闻发布会，通报保亭县检察服务营造良好营商法治环境的相关工作情况

（县检察院　供）

◀ 2022年10月17日，保亭县召开“查堵点、破难题、促发展”活动第五次推进会

（县委宣传部　供）

▶ 2022年11月16日，中央农办副主任刘焕鑫（右排一）到保亭县调研，县委书记穆克瑞（左排一），县委副书记、县长王惠仙陪同调研

（县委宣传部　供）

▲ 2022年11月19日，保亭县举办第六届海南国际健康产业博览会健康保亭行招商推介会

（县委宣传部 供）

▲ 2022年11月28日，海南师范大学与保亭县人民政府签署基础教育战略合作协议 （县委宣传部 供）

▲ 2022年9月9日，中国共产党保亭黎族苗族自治县第十四届委员会第四次全体会议召开（县委宣传部　供）

▲ 2022年1月6日，保亭县第十六届人民代表大会第一次会议全体会议召开（县委宣传部　供）

▲ 2022年1月5日，中国人民政治协商会议保亭县第十一届委员会第一次会议召开　（县委宣传部　供）

▲ 2022年2月15日，保亭县2021年度基层党（工）委书记抓党建工作述职评议会议召开　（县委宣传部　供）

▶ 2022年2月25日，欧洲福州侨团联合总会来保亭县考察并举行座谈会

（县委宣传部　供）

◀ 2022年3月24日，省政协“践行‘两山’发展理念　推进国家公园建设”重点协商议题调研座谈会召开

（县委宣传部　供）

▶ 2022年3月30日，中国共产党保亭黎族苗族自治县代表会议召开

（县委宣传部　供）

▶ 2022年5月24日，保亭县召开全面推进巩固脱贫攻坚成果同乡村振兴有效衔接暨考核评估反馈问题整改动员部署会

（县委宣传部　供）

◀ 2022年7月1日，保亭农业品牌协会正式成立大会暨农业品牌发展座谈会举行

（县委宣传部　供）

▶ 2022年7月6日，保亭县召开中国共产主义青年团保亭县第十八次代表大会

（县委宣传部　供）

▶ 2022年2月17日，响水公益性公墓建设项目保护性施工现场

（县委宣传部　供）

▲ 2022年3月19日，保亭县项目建设年建设项目集中开工仪式举行　（县委宣传部　供）

▲ 2022年4月23日，县委书记穆克瑞（左），县委副书记、县长王慧仙（右）为保亭全民健身活动中心揭牌

（县委宣传部　供）

▲ 2022年6月6日，在保亭县民族中学举行保亭县应急消防综合科普体验馆揭牌仪式，县委副书记、县长王惠仙（左），省应急管理厅二级巡视员符建良（右）参加

（县应急管理局　供）

▲ 2022年9月16日，保亭县什玲镇水贤、什东生态村搬迁庆典仪式举行（县委宣传部 供）

▲ 2022年10月21日，海南省科学技术厅与保亭县人民政府签署《共同推进保亭县科技创新驱动发展工作会商制度议定书》，建立厅县工作会商制度，共同推进保亭科技创新驱动发展（县委宣传部 供）

▲ 2022年10月27日，保亭县与中电建海南建设投资有限公司签订抽水蓄能项目合作协议

（县委宣传部 供）

▲ 2022年12月23日，保亭县人民政府与海南省院士联合会举行战略合作框架协议签订仪式

（县委宣传部 供）

◀ 2022年5月16日，保亭县“喜迎二十大　奔向新征程”文艺惠民演出茶场居专场

（县委宣传部　供）

▶ 2022年6月20日，举办县直机关“喜迎二十大·球场展风采”先锋杯篮球赛

（县委宣传部　供）

◀ 2022年，县总工会举办“喜迎二十大·颂歌献给党”全县职工歌手大赛

（县总工会　供）

▲ 2022年10月16日，保亭县医疗集团集中收看中国共产党第二十次全国代表大会开幕式

（县人民医院　供）

▲ 2022年10月16日，县文联组织文艺志愿小分队前往海口参加“喜迎二十大　舞动自贸港”海南省首届广场舞展演活动

（罗　伦　摄）

▲ 2021年11月30日至2022年1月17日，引进新疆哈密博物馆丝路霓裳——哈密清代维吾尔服饰展

（县委宣传部　供）

▲ 2021年12月10日至2022年2月10日，在云南昆明陆军讲武堂历史博物馆展出黎族织锦

（县委宣传部　供）

◀ 2022年6月11日，保亭县举行“文化与自然遗产日”黎族竹木器乐进乡村展演活动

（县委宣传部　供）

▲ 非遗进校园活动　（县委宣传部　供）

▲ 线上非遗文艺展演　（县旅文局　供）

▲ 2022年6月18日，《甘工鸟》舞剧在保亭县影剧院进行首演　　（县委宣传部　供）

▲ 2022年7月28日，保亭县举办（首届）保亭红毛丹文化节　　（县委宣传部　供）

▲ 2022年7月28日，（首届）保亭红毛丹文化节文艺演出现场　　（县委宣传部　供）

▲ 2022年8月3日，“黎之韵”热带雨林时装秀现场　　（县委宣传部　供）

▲ 2022年2月22日，保亭至三亚定制快车开通　　（县委宣传部　供）

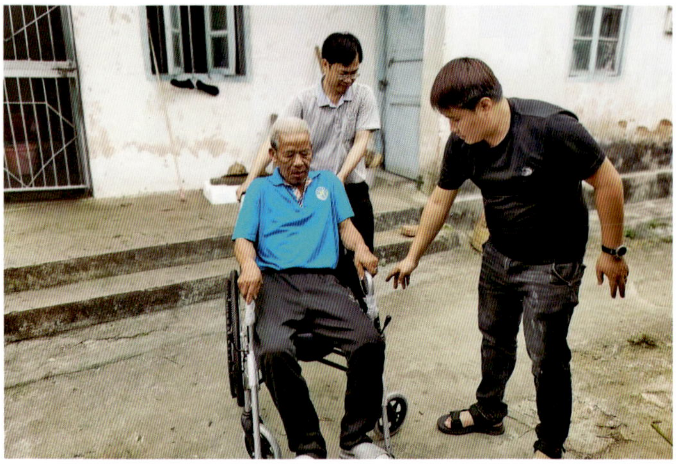

▲ 2022年3月17日，茶场居工作人员到茶场居五队为残疾人发放轮椅，并为残疾人讲解轮椅的正确用法

（茶场居　供）

▲ 2022年5月6日，保亭县农村青年人才创业沙龙活动举行　　（县委宣传部　供）

▲ 2022年5月23日，县委政法委组织县法院、县公安局、县教育局等单位在七仙广场开展宣传“反有组织犯罪法、打击整治养老诈骗”专项行动

（县委政法委　供）

▲ 2022年6月30日，保亭县开展“庆七一”消费助农大行动，动员爱心企业购买保亭特色农副产品，助力乡村振兴　　（曾永丽　摄）

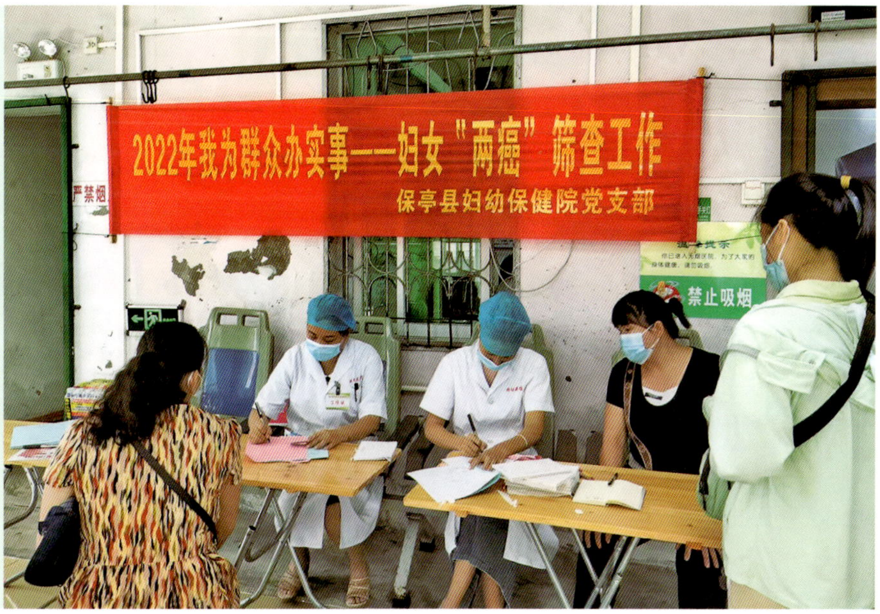

▶ 2022年7月2日，县妇幼保健院开展“两癌”筛查工作（县妇幼计生服务中心　供）

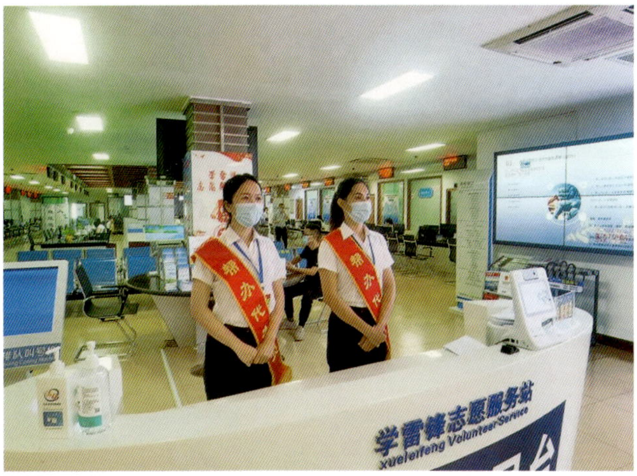

▲ 2022年8月29日，县行政审批服务局在疫情防控期间开展帮办代办暖人心服务（王吉鹏　摄）

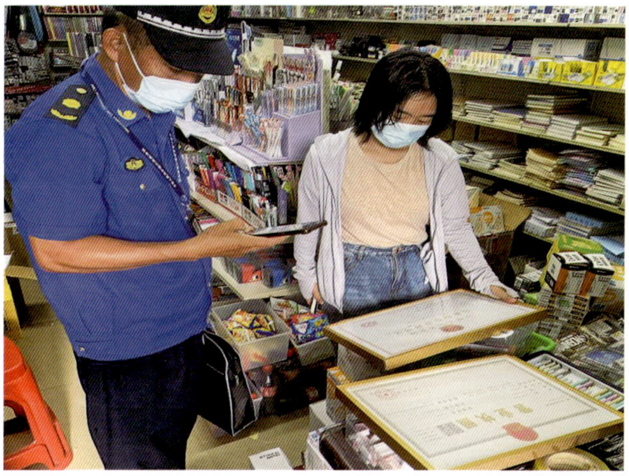

▲ 2022年8月31日，县旅游文化市场行政执法大队开展“护苗·开学季”校园周边市场专项检查行动（王林磊　摄）

◀ 2022年9月21日，保亭县希望工程助力乡村振兴圆梦行动助学金发放仪式举行（团县委　供）

▲ 2022年9月21日，什玲镇河水上涨致2人被困，县消防救援大队开展救援行动（县消防救援大队 供）

▲ 2022年10月14日，县图书馆到什玲镇开展流动图书下乡活动（县图书馆 供）

▲ 2022年10月19日，保亭县举行城乡劳动力转移务工岗位推介会（招聘会）（县委宣传部 供）

▲ 2022年10月25日，保亭县举办2022年海南热带优质农产品云产销直播活动（总第五场）暨保亭“云上助农 互助共济”农产品供需对接活动（县供销社 供）

▲ 2022年11月9日，县消防救援大队在县民族中学组织开展119消防宣传月启动仪式（县消防救援大队 供）

▲ 2022年11月14日，南林乡“四好农村路”建设考评现场（县交通运输局　供）

▲ 2022年12月14日，执法人员在蛋糕店检查食品安全问题（县市场监督管理局　供）

▶ 2022年12月20日，护学岗一角（县公安局　供）

▲ 2022年，保亭县完成160个充电基础设施建设目标，实现全县9个乡镇全覆盖。图为戴斯酒店充电站（周婉怡　摄）

▲ 保亭夜景　　（县委宣传部　供）

▲ 美丽新什慢

▲ 山海高速入云端　　（县委宣传部　供）

（县委宣传部　供）

▲ 六弓田园美如画　　（县委宣传部　供）

◀ 六弓田圮村
（县委宣传部　供）

▲ 神玉岛一角　（县委宣传部　供）

▲ 呀诺达热带雨林公园 （县委宣传部　供）

▲ 毛拉洞库区 （符舒婷　摄）

目　录

特　辑

大 事 记

县情综览

中国共产党保亭县委员会

保亭县人民代表大会

保亭县人民政府

中国人民政治协商会议保亭县委员会

中国共产党保亭县纪律检查委员会·保亭县监察委员会

民主党派·工商联

法 治

军　事

农业农村・水利

交通·邮政·信息

城乡建设与管理

旅游业

经济管理与监督

财政·税务

金 融

科学技术

教　育

文化·体育

卫生健康

社会生活

乡镇居场

人 物

统计资料

附 录

特　辑

保亭黎族苗族自治县关于2022年十大特色重点产业发展工作情况的通报（节选）

工作开展情况

构建产业发展蓝图。2021年10月保亭县成立了产业发展规划编制专班组织起草《保亭黎族苗族自治县产业发展规划》（以下简称《规划》），引入了国务院发展研究中心东方研究所张晓欢专家团队、丝路研究院张湧专家团队、候鸟人才沈景华教授团队、海南省咨询设计集团经济社会发展研究中心潘庆广专家团队等高端智库参与规划编制，历经7个月，于2022年5月印发，并在海口发布。《规划》统筹考虑保亭现有资源优势、产业发展基础条件、自贸港建设等重大机遇，在全县域内谋划构建“一核、一轴、两带、多基地”产业布局，即形成以主城区为产业核心；沿山海高速、国道224合力形成旅游康养扩容轴，北联五指山、南联三亚，中段带动沿线各乡镇；沿国道361及其西端延长线环热带雨林公路形成绿水青山就是金山银山“两山理论”实践带，充分融合海南热带雨林国家公园建设的观光经济、休闲经济、生态经济、文化经济、养生经济、体验经济发展；沿G98高速扩容线形成新兴产业带，依托毗邻三亚的地理区位优势，推动区域产业协同发展，深度融入“三亚经济圈”；各乡镇发挥比较优势，形成优势明显、特色突出的多个产业基地。在海南自贸港四大主导产业体系下，提出发展气候康养、雨林度假、运动探险、文化创意、南药开发、热带果蔬、休闲农业、生物科创、智慧经济和总部经济十大特色重点产业，为保亭县今后产业高质量发展构建了一幅科学、可实践的蓝图。

优化工作机制。为深入贯彻习近平总书记考察海南时的重要讲话精神和省第八次党代会精神，围绕保亭产业发展规划和“三区三地”战略目标，加快推进保亭县十大特色重点产业发展，引导十大特色重点产业做强做优做大，成立了以县委书记、县长为组长，县委、县人大、县政府、县政协领导班子为成员的保亭黎族苗族自治县十大特色重点产业工作领导小组，高位推动产业发展工作。十大产业主管部门分别成立了各产业工作领导小组并挂牌办公，明确本产业发展责任分工，有效协同推进本产业发展工作任务落实。

建立考核评价模型。2022 年 8 月印发《保亭黎族苗族自治县十大特色重点产业统计评价工作方案》，建立了产业评价指标体系和产业发展考核评价模型，选取产业规模与效益、产业优化与集群发展、产业发展环境等 4 个一级指标，营业收入、利润总额、增值税额和产业项目年完成投资总额等 62 个二级指标，通过因子分析法来客观地评价十大特色重点产业发展水平。按照产业特点，客观分析产业发展数据，将抽象的产业发展问题公式化、模型化、数据化，为产业发展绩效评价和政策调整提供科学参考。

明确发展重点任务。2022 年 12 月印发十大产业三年发展工作方案，构建了包含 189 宗项目，预计投资 561.3 亿元的产业项目库，明确以重点项目为抓手，推动产业发展工作任务落实。气候康养产业方面，以县中医院为支点，在县域内全面开展气候康养工作，以气候治疗、气候康养为龙头，重点推进首批海南自由贸易港健康医学研究院研究成果转化项目落地，建设可持续发展的国际知名的热带雨林温泉康养度假宜居地。雨林度假产业方面，以创建七仙岭国家级旅游度假区为契机，重点打造雨林温泉度假、雨林气候度假、雨林运动度假、雨林文化度假、雨林养生度假五大差异化雨林度假功能区，并配套相应的产业项目，形成保亭县雨林度假高质量发展格局。运动探险产业方面，完善运动探险基础设施配套建设，重点谋划保亭全域运动探险系列赛事，持续丰富运动探险产品供给。文化创意产业方面，重点推进“印象保亭”“保亭有礼”文创品牌工程，文创园等标志性工程建设，构建形成“保亭礼物”系列特色文化工艺品、旅游纪念品等文旅创意产品，以文创为载体讲好保亭故事，植入创意设计、文创空间孵化等业态。南药开发产业，重点推进南药黎药种质资源库、南药良种繁育基地等标志性工程项目，形成生产规范、产品优质、规模适度的南药生产体系。热带果蔬产业方面，着力引进北纬 18 度同纬度热带高效特色水果培育与种植，完善农产品冷链、仓储、运销服务体系，加快热带产业向标准化、规模化、产业化、品牌化和高产量、高品质、高效益转型升级。休闲农业产业方面，发展具备旅游功能的定制农业、会展农业、众筹农业、家庭农场等新型农业业态，构建休闲农业发展坚实基础。生物科创产业方面，深入实施创新驱动发展战略，以科技创新为核心，不断优化服务环境，推动创业创新成果转化，完善保亭县科技型中小企业孵化体系。智慧经济产业方面，以“智慧保亭”建设为重要载体，构建以产业智慧化为核心、智慧产业化为补充的智慧产业集群。总部经济产业方面，不断优化总部经济发展软硬件条件，创新体制机制、招商方式，立足保亭特色资源，重点招引、培育和扶持区域型和高成长型总部，为构建高质量、高能级、强辐射的总部经济体系提供重要支撑。

强化产业发展智力支撑。2022 年 3 月保亭县与海南大学签订了战略合作协议，为强化产业发展智力支撑县发改委与海南大学管理学院签订了产业发展领域专项合作协议。发挥海南大学管理学院智库和资源平台优势，围绕十大特色重点产业发展需要，在产业发展基础资源本底优势、产业链搭建、产业发展资源要素配置、产业结构优化、产业政策、营商环境等方面开展专题研究，为招商引资，补齐产业发展短板，构建产业发展核心竞争力，推动十大特色重点产业体系化发展提供合理化建议。发挥海南大学品牌创新工程中心品牌建设优势，推进省内外产业交流、强化资源对接，为培育产业和区域品牌，企业品牌建设，扩大品牌影响力，提供有力支撑，进一步夯实十大产业发展质量。以十大产业发展的人才需求为导向，充分发挥海南大学高层次人才培育和自贸港工商管理领航班的平台优势，在产业干部能力提升、产业企业家培育、产业核心人才和乡村振兴人才培训等方面开展交流与合作。选派优秀学生实习交流。发挥海南大学管理学院主导的自贸港工商管理领航班平台优势，整合海南省各行业优质的企业家资源，为保亭十大产业建立销售市场、渠道、原料、资金、技术和人才等产业链资源库。

标志性产业项目引领带动。与海南院士联合会共建的海南自贸港健康医学研究院已正式揭牌，海南原海高慧科技有限公司将整体迁入保亭，打造“一园四区”健康产业发展格局，构建全生命周期健康产业体系，院士团队领衔的 CVD 金刚石项目、热带生物资源高值开发、高端营养健康功能食品、热带植物发酵、睡眠治疗、激光治疗、穿戴式设备研发、生态修复和新能源开发、肿瘤早期预警筛查等研究成果转化项目正在全力推进。开工建设总投资 34 亿元的七仙岭全球热带水果博览中心项目，将成为践行习近平总书记指示要求的生动实践、垦地融合发展的标志性项目。2022 年全年产业投资完成 14.04 亿元，增长 118.7%，产业发展呈现良好态势，房地产投资占比由最高时的近七成下降到如今的不足两成，现代产业体系初具雏形。

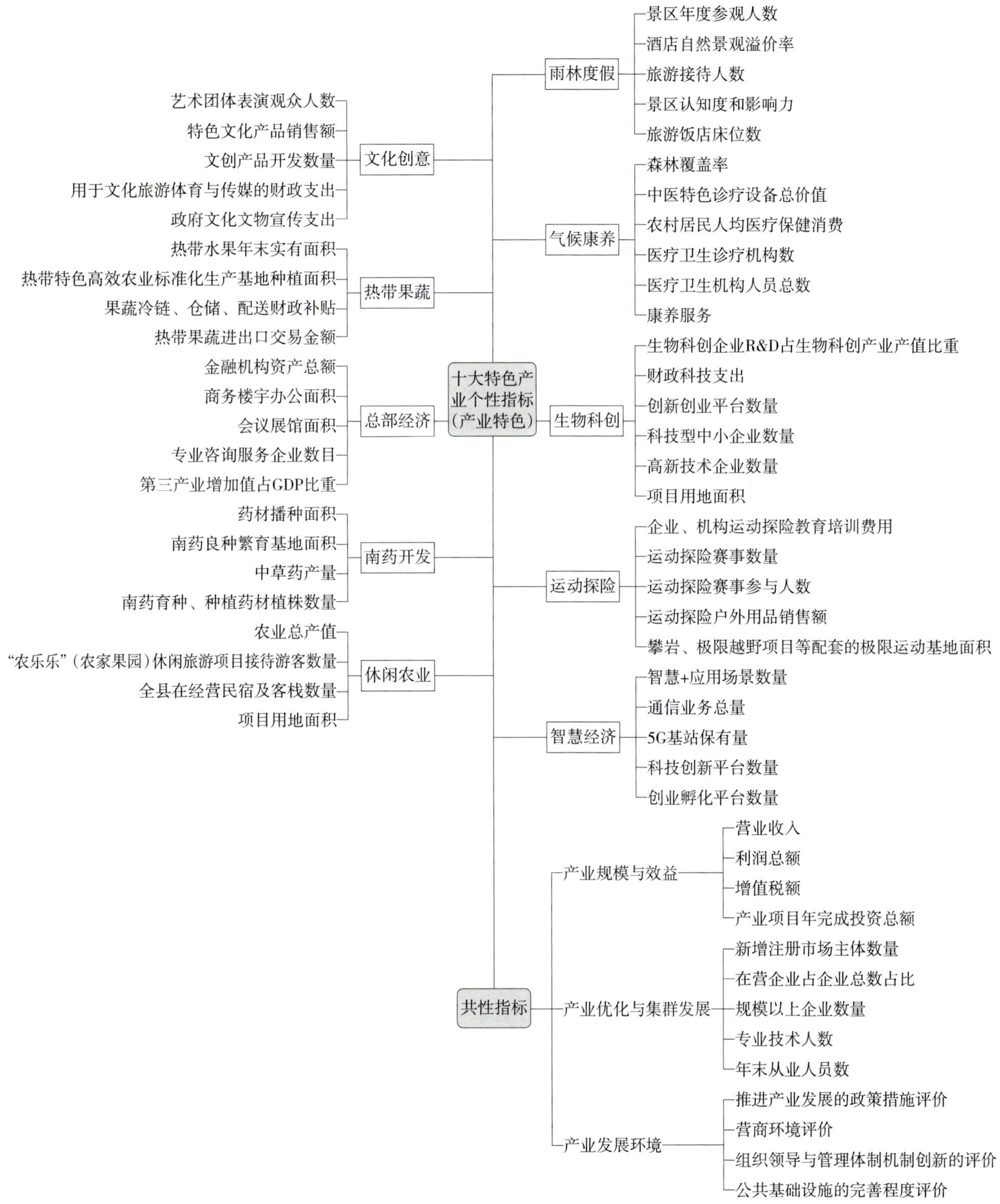

十大特色重点产业指标思维导图

大事记

1月

5日　中国人民政治协商会议保亭县第十一届委员会第一次会议召开。会议听取和审议政协保亭县第十届委员会常务委员会工作报告，政协保亭县第十届委员会常务委员会关于提案工作情况的报告。

6日　保亭县第十六届人民代表大会第一次会议召开。县人民政府县长王惠仙作政府工作报告，县人大常委会主任王秀美向大会作县人大常委会工作报告。

同日　保亭县与全省同步举行海南自由贸易港建设项目2022年度第一批集中开工仪式。

7日　政协第十一届保亭县委员会第一次会议选举王文平（黎族）为县政协主席，林艺青、杨进锋（黎族）、林孟地、周燕（女，黎族）为县政协副主席。

8日　保亭县第十六届人民代表大会第一次会议选举王秀美（女，黎族）为县人大常委会主任；选举王惠仙（女，黎族）为县长；选举钟耿为县监察委员会主任；选举严家亮为县人民法院院长；选举闫宇辉为县人民检察院检察长。

10日　第25期海南省乡村振兴电视夜校邀请保亭县农业农村局副局长文唐斌，介绍保亭以产业为基础推进乡村振兴的工作经验。

同日　中国林业产业联合会公布2021年国家级森林康养试点建设单位认定结果，保亭县神玉岛森林康养基地入选国家级全域森林康养试点建设乡（镇）名单。

11日　保亭县党史学习教育总结大会召开。

18日　中国共产党保亭县第十四届委员会第二次全体会议召开。会议遴选确定海南省出席党的二十大代表候选人保亭县推荐人选。

21—24日　保亭代表团11名省人大代表参加海南省第六届人民代表大会第五次会议。

是月　由海南银行牵头承做的“保亭亨水谷共享农庄投资开发有限公司乡村振兴债”成功发行，募集资金专项用于保亭雅布伦·亨水谷共享农庄项目建设，促进农旅产业融合，推动脱贫攻坚与乡村振兴有效衔接。

2月

15日　中国共产党保亭县第十四届纪律检查委员会第二次全体会议召开。会议回顾总结2021年纪检监察工作，研究部署2022年工作任务。

同日　保亭县召开2021年度基层党（工）委书记抓党建工作述职评议会。18个基层党（工）委负责人分别在会上就2021年度抓基层党建工作述职，县委书记穆克瑞代表县委逐一作点评。

16日　全国首个气候康养示范基地在保亭神玉岛文化旅游

区揭牌成立。

同日　保亭县召开作风整顿建设年活动总结暨能力提升建设年活动动员部署会。

17日　保亭县响水公益性公墓开工建设，项目的建成将进一步推进殡葬改革，有效解决乱埋乱葬问题。

18日　保亭县举行社会化拥军服务平台成员单位（32家）授牌仪式。

28日　保亭县通过省级森林城市创建工作验收，获“海南省森林城市”称号。

同日　保亭县三道镇区域排水系统工程项目在四个点位同步开工，赤田水库流域综合治理中的重要工作——生活源污染治理启动实施。

3月

3日　县委书记穆克瑞到县农业系统调研，出席保亭县治水工作领导小组办公室揭牌仪式，并主持召开调研座谈会暨县委农村工作领导小组2022年第1次会议。

4日　中国共产党保亭县第十四届委员会第三次全体会议召开。会议圈选确定保亭县出席海南省第八次党代会代表候选人预备人选。

10日　保亭县举行“万企兴万村”行动启动大会。活动引导全县民营企业和商（协）会组织，投身乡村振兴工作。

22日　保亭县民族博物馆获全省民族团结进步教育基地荣誉。

23日　省长冯飞到保亭县调研经济社会发展情况。详细了解赤田水库流域综合治理及全县“六水共治”工作开展情况；在七仙岭温泉国家森林公园、神玉岛文化旅游度假区、三道镇什进村，就旅游产业发展和美丽乡村建设等情况开展调研。

30日　中国共产党保亭县代表会议召开。会议选举产生保亭县出席中国共产党海南省第八次代表大会代表。

4月

6日　保亭县启动“咖啡时间——政商对话加速跑”活动仪式暨首场对话活动。活动旨在搭建政企双方交流平台，构建“亲”“清”新型政商关系。

20日　保亭县南林乡罗葵村委会成立海南平腾农业综合开发有限公司，公司以“村委会+公司+农民”的方式运营，通过创新发展模式，壮大农村集体经济。

23日　保亭全民健身活动中心免费向公众开放使用。

25日　海南省工信厅产业发展处副处长胡泊、中国工业设计协会副会长深圳工业设计协会执行会长刘振、深圳工业设计协会副秘书长肖爱民、海南省工业研究所所长支世涛一行4人，到保亭县就建设海南国际设计岛开展洽谈和项目合作工作。

5月

12日　保亭县举办保亭县蓝天救援队授旗仪式，县长王惠仙为保亭县蓝天救援队授旗，保亭县蓝天救援队正式成立。

13日　“奋进自贸港　建功新时代”系列专题新闻发布会（第十场）——“培育十大产业 打造‘三区三地’”保亭产业发展规划专场举行。

16日　保亭县G361陵昌线K31+488大田桥拆除重建工程实现功能性通车，完成交工验收。

17日　省级红毛丹种质资源圃揭牌仪式在保亭县热带作物研究所热带植物园举行。

18日　保亭县民族博物馆承办的新政镇高州村乡村博物馆——“高州记忆村史馆”正式揭牌开馆。

23日　保亭县开展《反有组织犯罪法》、打击整治养老诈骗专项行动、新一轮禁毒三年大会战、深化“平安乡村”建设主题集中宣传活动。

6月

18日　保亭县委书记穆克瑞与湖南省永州市双牌县委书记张跃斌率领的考察团一行举行座谈。双方希望今后两地加强沟通交流，共同推进两地经济社会快速发展。

24日　保亭县举行内蒙古

呼和浩特专场招商推介会。县委书记穆克瑞率团开展招商考察，县人大常委会主任王秀美出席活动。

同日 保亭县与海南大学管理学院签订战略合作协议，进一步加强地方政府与高校之间合作共建，推进产学研育平台建设。

30日 保亭县开展消费助农大行动，动员爱心企业购买保亭特色农副产品，助力乡村振兴。

7月

20日 保亭县召开第十四届县委全面依法治县委员会第一次会议。会议对全县法治化营商环境、法治政府建设等重点工作进行全面安排部署。

25日 保亭县召开十四届县委第二轮巡察动员部署会，传达全省巡视巡察工作会议暨八届省委第一轮巡视动员部署会精神，对本轮巡察工作进行动员和部署。

28日 2022年（首届）保亭红毛丹文化节启动仪式在县七仙广场举行。县委书记穆克瑞出席仪式并致辞。省旅文厅厅长李辉卫，省农业农村厅巡视员陈雍，中国工程院院士魏复盛，中国科学院院士秦大河、陈霖等领导嘉宾，以及县委副书记、县长王惠仙，县政协主席王文平等县领导出席启动仪式。

同日 2022年（首届）保亭红毛丹文化节——保亭热带特色高效农业合作发展论坛在保亭神玉岛举行。

8月

2日 县审计局与南京审计大学信息工程学院举行政校战略合作签约仪式。

3—4日 2022“情系琼台两岛，助力自贸港建设”姻亲交流团到保亭县开展姻亲交流。台湾的姻亲交流团成员与在琼台籍女性代表畅叙情谊，寻找海南自贸港发展机遇。县委常委、统战部部长陈卫华出席交流活动。

同日 保亭县举行县级第二批“揭榜挂帅”项目目标责任书集中签订仪式，启动县级第二批“揭榜挂帅”项目攻关行动。

26日 县委书记穆克瑞主持召开十大特色重点产业专题会，研究部署推动十大特色重点产业发展。县委副书记、县长王惠仙出席会议。

29日 陕西援琼医疗队结束援助任务返程。县委书记穆克瑞，县委副书记、县长王惠仙与各族群众代表为医疗队送行。

9月

9日 中国共产党保亭县第十四届委员会第四次全体会议召开。会议审议通过《中共保亭黎族苗族自治县委关于构建现代产业体系 推进高质量发展的若干意见（草案）》；表决同意陈达洲辞去县委委员职务，递补许飞为县委委员。

同日 海南保发控股集团有限公司成立。

14日 保亭县在县城七仙广场保城就业驿站举办农村劳动力转移务工岗位推介会。县委书记穆克瑞出席活动。

同日 保亭县召开优化营商环境首席服务专员暨重点工作推进会，贯彻落实全省推行企业首席服务专员制度启动会议精神，推进保亭优化营商环境各项重点工作。县委副书记、县长、县优化营商环境工作专班组长王惠仙出席会议并讲话。

15日 保亭县召开“能力提升建设年”暨深化拓展“查堵点、破难题、促发展”活动督查工作部署会。

16日 保亭县举办什玲镇水贤、什东村生态搬迁庆典仪式。

21日 保亭县举行希望工程助力乡村振兴圆梦行动启动仪式。

23日 保亭县举办“庆丰收 促增收‘1+2’”消费助农集市活动，展示保亭特色优质农产品，以爱心消费方式促进农民增收。县委书记穆克瑞，县委副书记、县长王惠仙出席活动。

25日 《七仙岭风景名胜区总体规划（2021—2030年）》通过省级审批。

30日 保亭县召开就业工作暨“百日攻坚稳就业”专项行动动员大会。

是月，保亭县医共体建设经验入选国家“县域医共体建设典型案例”。

10月

14日　赤田水库流域综合治理入选海南省“能力提升建设年”暨深化拓展“查堵点、破难题、促发展”活动第一批先进典型案例。

18日　由保亭县发起，省发改委、海南省院士联合会参与的海南自贸港健康医学研究院项目推进会在保亭县召开。县委书记穆克瑞主持会议，王红阳、顾瑛、贾伟平3名院士及省发改委副主任许兰到场或以视频方式参加会议，县委副书记、县长王惠仙出席会议。

24日　县委书记穆克瑞主持召开县委常委会（扩大）会议，传达学习党的二十大精神。

25日　保亭县举办2022年海南热带优质农产品云产销直播活动暨保亭“云上助农　互助共济”农产品供需对接活动。

11月

2日　2022年“行走中国·海外华文媒体海南行”保亭产业推介会在神玉岛文化旅游区举办，邀请来自英国、法国、加拿大、意大利等的20余家海外华文媒体代表参加。

3日　保亭县入选第六批“绿水青山就是金山银山”实践创新基地。

7日　保亭县举行“培育十大产业　打造三区三地”上海专场招商推介会，以第五届中国国际进口博览会为契机，宣传推介保亭得天独厚的自然环境和投资前景。

18日　保亭县获“海南省森林城市”称号。

同日　保亭县与海南省院士联合会共同创办的海南自由贸易港健康医学研究院正式成立。

27—28日　保亭县第十六届人民代表大会第二次会议召开，选举保亭县出席海南省第七届人民代表大会代表。

12月

13日　“严守纪法底线　牢筑清廉根基——2022年全省党员干部警示教育巡回展”（保亭站）在县文化中心展览厅正式开展。县委书记穆克瑞，县委副书记、县长王惠仙，县人大常委会主任王秀美等县领导到场观展。

25日　保亭县举办全国登山健身大会（保亭站）暨热带雨林山地户外运动。

是月　保亭县信访“13510”工作机制入选海南省信访工作典型案例。

县情综览

自然地理

【地理位置】 保亭县位于海南省南部内陆，五指山南麓。北纬18°23′—18°53′，东经109°21′—109°48′，东接陵水黎族自治县，南邻三亚市，西连三亚市、乐东黎族自治县，北依五指山市、琼中黎族苗族自治县。县城由保亭县至陵水黎族自治县公路与海榆东线高速公路通达海口市，公路里程约245千米；经山海高速由保亭至五指山通达海口市，公路里程约244千米；由保城至响水大本公路与海榆中线公路通达三亚市，公路里程约76千米。县境东西宽49千米，南北长54千米，总面积1153.24平方千米，占海南省陆地总面积的3.42%。

【地形地貌】 保亭县处于五指山脉南延部分，地势总体上西北部高，东南部低。东北隅和西北隅山脉连绵，峰峦叠嶂，大部分区域由中山构成，七仙岭亦落于此区域内，距县城约8千米。东南隅和西南隅主要由低山、高丘、低丘、台地和河谷阶地构成，国家AAAAA级旅游景区——呀诺达雨林文化旅游区亦落于此区域内。县域内中山面积471.6平方千米，低山面积166平方千米，高丘面积59平方千米，低丘面积94平方千米，河谷阶地面积116平方千米。地貌类型共4种，即中山剥蚀地貌，分布在青春岭、七仙岭、生毛岭、南好革坑岭、同安岭的上段与顶峰部分山体，海拔1000—1500米，切割深度24—445米；低山剥蚀地貌，大体分布在南改至响水镇农场、板寮、大口堰、石带村一线以北至县界地段，海拔500—1000米；丘陵剥蚀地貌，其中低山剥蚀地貌范围为南岸至县界，海拔100—150米；河流堆积阶地貌，基本与河流方向平行，阶地形态呈不规则至椭圆形，如毛感、南春、大本、田岸等地的台地，阶地是居民区和耕作区。

【山脉】 保亭县境内的主要山岭有头烈岭、同安岭、四方岭、七仙岭。头烈岭，又称马咀岭，位于保亭县的西北部，海拔1317.1米，是保亭的最高峰。由石灰岩作基底，表层土壤为赤红壤和山地黄壤。植被以茅草、大芒、芒萁、桃金娘为主。山岭上分布着天然原始林，有母生、杉木、苦梓、青皮、绿楠、红罗等热带珍贵树种，以及猕猴、穿山甲、黄猄、蟒蛇等野生动物。同安岭，又称亲吴岭，位于保亭县西部，海拔1147.4米，是新政、毛感两乡镇的分界岭。由英安岩作基底，表层土壤为赤红壤和山地黄壤。植被以茅草、大芒、芒萁、桃金娘为主。山上有原始森林，盛产红白藤，是南改河和脚下河的发源地。四方岭，位于保亭县南部，海拔780.5米，是新政、南林、三道3个乡镇的分界岭。由花岗岩作为基底，表层土壤为砖红壤和赤红壤。植被以飞机草、茅草、大芒为主。岭上有原始森林和天然次生林，是藤桥西河一支流的发源地。原始林中有母生、子京、红罗、苦梓、红椆等珍贵木材和猕猴、黄猄等野生保护动物。七仙岭，又称七指岭，2003年被命名为七仙岭温泉国家森林公园。位于保亭县北部，距县城仅约8千米，由于造型秀美，成为县城一道亮丽的风景线。海拔1126米，面积22平方千米。七座陡峭的山峰由变质石英砂岩组成，西部的大部分山地由花岗岩作基底。表层土壤为山地黄壤、山地赤红壤和砖红壤。植被为热带雨林，具有多层、常绿、多树种的特点。原始林中有母生、青皮、青冈栎、黄椎、粗榧、香椿、陆均松、红椆等珍贵木材和猕猴、海南大灵猫、水獭、巨松鼠、穿山甲等野生动物。

【河流水系】 保亭县境内水系众多，大小河流纵横交错，分布于全县各地。各河流均具有河道弯曲、坡降陡、水流急、洪水概率大、洪枯水流量悬殊等特点。流经保亭县较大的主要河流共3条，分别为陵水河、藤桥河、宁远河。

陵水河　发源于保亭县什玲镇八村贤芳岭，途经什玲镇、保城镇。河流总体走向为西北向东南，流经石带村、抄寨村、八村、毛定村、南改村、什玲镇区、南坡村，于保城镇的打南村东南侧0.7千米处汇入陵水县境内，陵水河（保亭段）干流长度39.37千米，在保亭县境内集雨面积158.2平方千米。总落差1235米，平均坡降0.0112。

藤桥河　发源于保亭县毛感乡毛位村昂日岭，途经毛感乡、响水镇、加茂镇、三道镇。流经什龙村、响水村、保利村、南茂农场、南茂居、北赖下村、三道农场，于三道镇三道农场四队流至三亚境内（新民水坝以上1.1千米至新民水坝以下2.19千米河段为三亚市与保亭县界河段，界河段总长3.29千米，左岸为三亚市境内，右岸为保亭县境内）。藤桥河干流长度为61.65千米，其中保亭段长度43.47千米，在保亭县境内集雨面积570.9平方千米。总落差1268米，平均坡降0.0074。

宁远河　发源于保亭县毛感乡南好村委会红水岭，途经毛感乡、新政镇。流经毛感村、南昌村、番荣村、新荣村、毛位村，于新政镇南改五村流至三亚境内。宁远河（保亭段）干流长度24.16千米，在保亭县境内集雨面积129平方千米。总落差930米，平均坡降0.0139。

【气候特征】 保亭县位于五指山南麓，属热带季风气候区，全年干湿两季分明。冬春季少雨，盛行东北风；夏秋季多雨，盛行东南风、西南风，秋季多台风。具有雨量充沛、气候温和、阳光充足、冬无霜雪等气候特点。主要的自然灾害有台风、暴雨、干旱、雷电等。2022年，保亭县平均气温25.3℃，比历年平均值偏高0.3℃，年极端最高气温36.6℃，出现在6月29日；年极端最低气温12.3℃，出现在12月23日。年总降水量2212毫米，比历年平均值偏多3%。年日照总时数1741小时，与历年平均值基本持平。有明显的雨季和旱季，雨季开始于5月上旬，属偏早；11月上旬结束，属偏晚。

【植物资源】 保亭县植物资源以境内毛感乡的马咀岭、同安岭一带最为齐全和最有代表性，此处拥有连片面积大、保存完好、生物多样性指数丰富的热带雨林，体现出较高的地区特性。经鉴定有野生维管植物222科、987属、2258种（裸子植物6科、6属、14种；单子叶植物29科、209属、433种；双子叶植物150科、698属、1677种；蕨类植物37科、74属、134种），其中有2万多年前的植物活化石——树蕨、中古生植物——海南粗榧。在225个野生种中，有国家重点保护植物32种，其中一级3种，如坡垒、海南苏铁、龙尾苏铁；二级29种，如海南粗榧、海南桫椤等；列为省级保护植物的有45种。在这些野生植物中海南特有物种239个，占野生物种的10.1%。区域内的高等植物有1500多种，其中以樟科、茜草科、大戟科、壳斗科、蝶形花科、桃金娘科、兰科、桑科、棕榈科、番荔枝科、杜英科种类为主。此外，有大型真菌312种，分别隶属15目33科83属。在县境内的其他丘陵、平原地区，人工栽培的用材林树种主要有加勒比松、桉树、苦楝等；经济林树种主要有橡胶、槟榔、龙眼、荔枝、芒果、椰子、菠萝蜜等。

【动物资源】 保亭境内有野生脊椎动物400种（哺乳动物68种、

鸟类215种、两栖动物38种、爬行动物50种、鱼类29种），被列为国家重点保护野生动物的有45种，其中国家一级保护动物7种，二级保护动物38种；被列为省级保护动物的有24种。境内的无脊椎动物资源比较丰富，已采集到鉴定命名的昆虫2222种。已鉴定的有15目145科1338属，其中有39个新种、1个新亚种、67个国内分布新纪录物种。哺乳动物有猕猴、海南豹猫、椰子猫、树鼩、巨松鼠和穿山甲等；爬行动物有金钱龟、平陶龟、山瑞鳖、巨蟒、眼镜王蛇、眼镜蛇、银环蛇、斑飞蜥、虎纹蛙、斑腿树蛙、泽蛙、沼蛙、弹琴蛙等。鸟类有孔雀雉、白鹇、原鸡、鹰雕、黄嘴白鹭、海南山鹧鸪、海南虎斑鳽、叉尾太阳鸟、画眉鸟、斑文鸟、红尾伯劳、灰蓝鹊等。

【南药资源】 保亭境内有各类南药2152.11公顷,包括槟榔、砂仁、益智、巴戟、五指山参五大南药148个品种。

【矿产资源】 保亭县已发现铁、铜、金、钼、铅、锌、水泥用石灰岩、水泥配料用砂岩、水晶矿、毒砂矿、饰面石材、建筑用河沙、建筑用石料、砖瓦用页岩、砖瓦用风化花岗岩、热矿水、矿泉水、地下水矿产18种。其中，于2015年列入《海南省截至2015年年底矿产资源储量简表》的矿种有10种，矿产地12处；查明资源储量的矿产地以中、小型为主，其中金属矿产7种、矿产地8处，非金属矿产3种、矿产地4处。

【水利资源】 保亭县水利水电资源丰富，建有中小型水库49座，其中毛拉洞水库为全县第一大水库，属于中型水库，灌溉面积66.67公顷，是集灌溉、发电、养殖于一体的综合性水利工程。另外有小（1）型水库14座，设计灌溉覆盖面积3086.67公顷，实际灌溉覆盖面积1560公顷；小（2）型水库34座，灌溉覆盖面积654.67公顷。地下水蕴藏量为3.64亿立方米。保亭地热资源丰富，根据《海南省保亭黎族苗族自治县七仙岭地热田热矿水勘探报告》，七仙岭温泉热矿水清澈透明、无色、无味，pH值为8.81—9.27，水温65℃—95℃，矿化度为361—411毫克/升，水化学类型为HCO_3-Na（重碳酸钠型）且不含游离CO_2（二氧化碳），是优良的弱碱性天然苏打水。氟含量为6.2—8.1毫克/升，浸浴时能杀菌消毒，具有滋阴养颜、安神解乏的功效。偏硅酸含量为172.9—206.7毫克/升，日出水量3031立方米（注：根据已开发的5个泉眼日流量计算）。

【旅游资源】 保亭县处于北纬18°以南，属热带季风气候区，是热带雨林地区。年平均气温20.7℃—24.5℃，冬季温暖如春，夏无酷暑。雨量充沛，年降雨量1800—2300毫米，负氧离子浓度达每立方厘米8200个以上，可谓“温而不热、凉而不寒、爽而不燥、润而不潮”。境内旅游资源丰富，有七仙岭、仙安石林、千龙溶洞、七仙温泉等自然景观；有黎族传统纺染织绣技艺、黎族竹木器乐、黎族钻木取火技艺、黎族树皮布制作技艺等国家级非物质文化遗产项目，其中黎锦染纺制作技艺被列为联合国教科文组织急需保护的非物质文化遗产项目；有“三月三”“嬉水节”“重阳节登山大会”三大民族节庆品牌；有鱼茶、三色饭、竹筒饭、对酒歌、长桌宴等丰富的特色饮食文化；有优秀的黎族舞蹈竹竿舞、舂米舞等；有南林侵琼日军坑道旧址、王震将军橡胶试验田、甘什黎族传统村落、加茂桥日军侵华遗址、千年茶树林等22处县级不可移动文物保护单位。有国家AAAAA级呀诺达雨林文化旅游区、AAAAA级槟榔谷黎苗文化旅游区、AAAA级七仙岭国家森林公园以及神玉岛国家水利风景区等景区景点。

历史人文

【建置沿革】 1935年3月，广东省政府决定设置“保亭县”，县域范围由崖县（现三亚市）的不打、六罗、首弓、三弓、抱龙峒、同甲峒、水翁峒，陵水黎族自治县的保亭、六弓、七弓、乌牙峒、巅门团、百石团、五指山、七指山、水满峒、分界岭吊罗山，万宁的税司、南桥、西峒、北峒，乐会县（今琼海市）的竹根峒、太平峒、茄曹峒、合水园，定安县的船埠、南引图、冬加团、母瑞山等组成。1948年4月16日，中共琼崖特委决定成立保亭县民主政府，县政府驻地保城镇，隶属琼崖东区专员公署。同年8月，成立少数民族边海区地委和专署，保亭隶属该专署。1949年3月，白沙、保亭、乐东三县成立琼崖少数民族自治区行政委员会。7月，保亭县民主政府改为保亭县人民政府，隶属自治区行政委员会。1951年2月，撤销少数民族自治区行政委员会。1952年7月1日，成立海南黎族苗族自治区，保亭属海南黎族苗族自治区管辖。1955年10月，海南黎族苗族自治区改称海南黎族苗族自治州，保亭属自治州管辖。1958年12月，海南黎族苗族自治州人民政府同海南行署合署办公；同年，保亭、陵水、崖县、国营兴隆华侨农场合并称崖县。1959年11月，恢复保亭县，隶属海南行政公署。1962年2月，恢复海南黎族苗族自治州，保亭县隶属海南黎族苗族自治州。1987年12月，撤销海南黎族苗族自治州，同月，成立保亭黎族苗族自治县，隶属海南行政区。1988年4月，成立海南省，保亭黎族苗族自治县隶属海南省。

【行政区划】 2022年，保亭县辖有9个乡镇（保城镇、新政镇、什玲镇、三道镇、加茂镇、响水镇、六弓乡、南林乡、毛感乡）、1个农场（七仙岭农场），8个居委会（城南社区居委会、城北社区居委会、热作居居委会、新星居居委会、南茂居居委会、金江居居委会、茶场居居委会、三道居居委会）。

【人口】 2022年，保亭县常住人口15.71万人，城镇化率35.52%。全年人口出生率7.39‰，死亡率7.32‰，人口自然增长率0.07‰。全县户籍人口16.71万人，其中城镇人口5.62万人，乡村人口11.09万人。男性人口8.6万人，女性人口8.11万人。

【民族】 保亭县是少数民族自治县，全县有汉族、黎族、苗族、壮族、瑶族、回族、清族、畲族、傣族、土家族、侗族、高山族、朝鲜族、布依族、京族等23个民族（含外来务工人员），以黎族、汉族、苗族和壮族人口较多。2022年，保亭县黎族人口最多，为10.4万人；其次为汉族，人口5万人；苗族人口0.8万人；其他少数民族0.5万人。

【方言】 保亭居民主要使用的方言分别为黎语、苗语、海南话三种。

黎语　在语言学谱系分类上属汉藏语系壮侗语族黎语支，但不同居住地区存在方言差别。保亭黎话有杞［黎语称（gei或hei）］、赛（加茂）和俸［黎语称（hɑ）］3种方言。保亭黎族仅有语言，无文字体现，其中使用俸方言的人数最多，使用赛方言的人数最少。杞方言分通什（今指五指山市）、堑对和保城3种土语；保亭县主要使用的是通什和保城2种土语，该语言在县内分布地区包括什玲镇、保城镇、响水镇、新政镇、三道镇、南林乡、毛感乡等地。赛（加茂）方言中“赛”是自称，“加茂”为地名，该语言在县内分布地区包括保城镇、加茂镇、六弓乡、什玲镇等地。俸方言分罗话、哈炎和抱显3种土语，该语言在县内分布地区包括响水镇、新政镇、三道镇和南林乡等地。

苗语　在语言学谱系分类上属汉藏语系苗瑶语族，与广西壮族自治区自身金门瑶的语言基本相同。保亭苗族仅有语言，无文字体现。全县苗族使用同一种语言，口音基本相同，音位差异微小，仅个别地方、个别语音在发音部分和发音方法上有微小差别。县内苗语使用范围主要分布在响水镇、毛感乡、新政镇、保城镇、什玲镇等地区。

海南话　在语言学谱系分类上属汉藏语系汉语闽南方言，使用范围主要分布在各乡镇及附近村庄等，使用人数较多。

经济社会发展

【概况】 2022年，保亭县实现地区生产总值69.08亿元，增长4.5%，其中第一产业25.84亿元，增长5.2%；第二产业8.42亿元，增长27.2%；第三产业34.82亿元，增幅为0。三次产业结构37.4∶12.2∶50.4。地方一般公共预算收入4.14亿元，地方一般公共预算支出33.74亿元。政府性基金收入完成3亿元，政府性基金支出完成4.41亿元。全年金融业增加值为3.12亿元。年末，全县金融机构存款余额120.9亿元，金融机构贷款余额44.88亿元。全县固定资产投资同比增长17.6%。

【居民收入】 2022年，保亭县居民人均可支配收入24381元，较上年增长4%。城镇居民人均可支配收入36677元，增长0.9%；农村居民人均可支配收入16881元，增长7.6%。

【社会保障与就业】2022年，保亭县城镇从业人员基本养老保险参保人数48376人，城镇从业人员基本医疗保险参保人数38946人，城乡居民养老保险参保人数65792人，城乡居民医疗保险参保人数116466人。城镇新增就业人数707人，城镇登记失业人员487人。参加失业保险人数26328人。农村劳动力转移人数4754人。

【教育与医疗】2022年，保亭县小学数量29所，普通中学数量10所。小学在校学生人数12781人，初中在校学生人数6535人，高中在校学生人数2723人。适龄儿童入学率99.97%，适龄少年入学率98.6%，毛入学率104.9%。小学专任教师数1033人，普通中学专任教师数718人。共有各级医疗卫生机构115个。其中，疾病预防控制中心1个，妇幼保健院1个，专科疾病防治机构1个，社区卫生服务中心2个，农村乡（镇）卫生院9个。共有卫生技术人员1122人，医疗卫生机构床位数662张。

【乡村振兴】 2022年，保亭县监测对象1014户3385人，消除风险户369户1265人，风险未消除户645户2120人。全年发放家庭经济困难学生特惠性补助6222人次，金额725.32万元。发放“雨露计划”补助1191人208.43万元，实现资助全覆盖。对居住危房的农村低收入人群、监测对象25户实施危房改造，全年开工25户，开工率100%；竣工25户，竣工率100%。全县脱贫人口、监测对象参加2022年城乡居民基本医疗保险共28416人。落实救助对象住院2281人次，医疗费总额2217.24万元，报销1745.12万元；慢性病特殊病种门诊4218人次，医疗费总额571.78万元，报销528.31万元。

【科技与文化、体育】 2022年，保亭县开展新能源汽车推广应用，推广329辆。组织申报高新技术企业认定，通过认定2家企业。获批创建2023年省级创新型县（市）。争取省级资金500万元投入科技创新能力建设。坚持开展图书馆全面免费开放工作，全年累计服务到馆人数18.58万人次，流通图书1.62万册，开展流动图书服务、周末少儿活动等活动110场次，送文艺演出下乡52场次，电影下乡978场次。举办暑假青少年美术书法和国标舞培训班，培训青少年270人次。赴新疆哈密博物院开展为期2个月的海南黎族织锦·服饰精品展展览。

完成150名优秀体育苗子的选拔、107名教练员和运动员的注册及220名运动员和教练员的反兴奋剂考试；参加海南省第六届运动会，在围棋、乒乓球等10项比赛中收获第一名4个、第二名5个、第三名5个；参加海南省青少年锦标赛摘获金牌4枚、银牌7枚、铜牌3枚及多项个人、团体荣誉。

【环境保护】 2022年，保亭县环境空气、地表水质量总体优良。空气质量优良天数比例99.1%。10个省控地表水水质均达到“十四五”目标，6个城镇内河和11个集中式饮用水水源（含城镇、乡镇、万人千吨断面）均达到或优于Ⅲ类水标准，达标率100%。全县共67个行政村（含农场居），开展农村污水治理行政村67个，行政村覆盖率100%。全县717个自然村（队），405个自然村（队）建成污水管网（含有效管控和纳入镇墟污水管网），自然村治理率56.5%。

中国共产党保亭县委员会

综 述

【全面深化改革发展】 2022年，保亭县委坚持以习近平新时代中国特色社会主义思想为指导，积极推进保亭全面深化改革和海南省自由贸易港建设，推动政策落地见效。组织召开中共保亭县委深改委暨推进自贸港建设领导小组第六次会议，调整保亭县推进自贸港建设领导小组相关工作规则和县自由贸易港风险防控专项工作组成员，健全保亭县推进自贸港建设管理机制。对标对表海南自由贸易港建设总体方案、《中华人民共和国海南自由贸易港法》、1+N政策体系等任务清单，制定2022年保亭县任务清单和责任细化分工表，常态化开展跟踪督办，确保各项任务落到实处。建立保亭县自贸港风险防控管理机制，从风险预警防范、信息通报共享和风险协同处置、组织保障等方面，搭建保亭自贸港风险防控体系，防范各类行业性风险，确保各类风险“管得住”。把制度集成创新摆在突出位置，聚焦政策落地、产业发展、项目建设、营商环境、乡村振兴、垦地融合等重点领域，探索制度集成创新案例，在全省创新实施人大、政协领导班子成员协同推进重点专项工作机制；创新赤田水库流域生态补偿机制；草拟保亭县存量房带押过户登记过户改革案例，上报省委深改办。加强宣传解读，编制《海南自由贸易港部分已落地实惠政策（简本）》《海南全面深化改革政策干货（259条）》宣传学习读本。举办保亭县中青年干部、领导干部海南自由贸易港能力提升专题研讨班等30余期线下培训班，培训学员3000余人次。组织党员干部、企业职工参加海南自贸港政策宣讲解读培训班、海南自由贸易港政策知识竞赛和海南自由贸易港法微信知识问答等线上活动6期，参加3万余人。组织行业部门走进乡村、学校、企业，开展海南自由贸易港政策宣讲活动12场，发放宣传资料1000余份，受教育700余人。在保亭宣传公众号、“你好保亭”APP等平台发布海南自由贸易港建设政策信息700余篇，浏览7万余人次。聚焦重大风险防控、制度集成创新及复制推广、优化营商环境建设、区域统筹发展、服务人才发展、生态环境保护、热带雨林国家公园建设等方面取得的重要进展，报送至省委深改办（自贸港工委办），报送自贸港信息44条。

【乡村振兴推进】 2022年，保亭县委坚持托牢巩固拓展脱贫成果、全面推进乡村振兴“底盘”，加快推进共同富裕。乡村振兴和“三保障”等职能部门与各乡镇共同推进乡村振兴，2022年在全省大比拼中获得第三名。健全防止返贫监测和帮扶机制，落实

“三保障”和饮水安全等各项政策，守住不发生规模性返贫底线。全县各级财政衔接资金支出进度全省排名第二。探索槟榔产业转型有效路径，槟榔园套种、间种、混种面积达35.7%。守住粮食生产安全底线，建成高标准农田4000亩，粮食生产面积超额完成2022年目标任务。脱贫人口外出务工超额完成省目标任务数，脱贫户家庭人均纯收入同比增长15.46%。开展农村人居环境“五治”专项行动，举办“幸福庭院”评选活动。一体推进美丽乡村、特色小镇建设，建成7个美丽乡村，超额完成任务，什玲镇水尾村入选2022年“中国美丽休闲乡村”，响水镇毛真村入选第四批“全国乡村旅游重点村”，三道镇创建“省级乡村振兴示范乡镇”，加茂镇界水村、三道镇三弓村、响水镇合口村打造“省级乡村振兴示范村”，赋能乡村振兴。

【民主政治建设】 2022年，保亭县坚持中国共产党的领导、人民当家作主、依法治县有机统一，巩固发展中国共产党领导的多党合作和政治协商制度，深入学习贯彻中央人大工作会议精神、中央政协工作会议精神、中央统战工作会议精神、中央民族工作会议精神，为全县高质量发展凝心聚力。创新实施人大、政协领导班子成员协同推进重点专项工作机制，推动征地拆迁、招商引资等工作取得成效。召开各界人士中秋、国庆茶话会，出台《县委统一战线工作领导小组发挥作用十五条措施》，被省委统战部印发全省推广学习。为老干部办实事、做好事、解难事，走访慰问老干部138人次，解决住房、住院陪护等各类问题14项，提升离退休干部幸福感。

【全面从严管党治党】 2022年，保亭县坚持和加强党的全面领导、全面从严治党，统筹抓好各项工作，夯实高质量发展基石。坚持党管审计，每月听取工作汇报，推动审计署、省审计厅审计发现83个问题，全部完成整改。抓好安保工作，建立中共二十大安保值班制度，党政主要负责人全程在保亭县内值班值守。开展社会文明大行动与创建省级文明城市同推进，安可替代工程完成省下达目标任务，保密工作排名大幅度上升，党管武装工作保持全省第一梯队，双拥共建稳步推进，退役军官、军士安置满意度100%，大学生入伍征集率100%。

【正风肃纪反腐推进】 2022年，中共保亭县第十四届委员会领导班子成员带头落实中央八项规定精神。保持正风肃纪高压态势，全年立案82件83人，给予党纪政务处分76人，移送检察机关审查起诉3人。抓好纪律教育，举办全县“一把手”纪律教育暨“廉内助”家风教育专题班，拍摄警示片《以案为鉴　警钟长鸣》，组织全县有关单位领导干部旁听违法案件开庭审理，教育引导广大党员领导干部增强“不想腐”的行动自觉，营造风清气正的政治生态。

【生态环境建设】 2022年，保亭县践行习近平生态文明思想，牢固树立“绿水青山就是金山银山”理念，走好“产业生态化、生态产业化”之路。以实干精神书写“治水管水”新答卷，推进“六水共治”工作，9个乡镇67个行政村实现污水治理全覆盖，自然村污水治理提升14.5个百分点，县城生活污水收集处理率排名全省前列。

2022年12月13日，保亭县四套领导班子参加全省党员干部警示教育巡回展（保亭站）
（县委宣传部　供）

抓好赤田水库流域综合治理和生态环境保护、"六水共治"攻坚战的"一号工程",引进企业、植入项目，以EOD模式推进流域治理，推动赤田水库水质提升稳定在Ⅱ类，创新机制被列入省"查破促"典型案例。水贤村、什东村68户群众搬迁新居，热带雨林国家公园生态搬迁工作取得进展。编制"三线一单"，完成中央环保督察整改任务，森林督查违法图斑整改工作由2021年全省倒数第三上升到2022年全省第五。2022年空气优良天数比例99.1%，水、声环境达标率100%，土壤环境质量保持优良。

【经济发展】 2022年，保亭县地区生产总值69.08亿元，同比增长4.5%；地方一般公共预算收入4.14亿元，同比增长12.7%，完成率排名全省第一、增幅排名全省第三；固定资产投资37.43亿元，同比增长17.6%，增幅全省排名第四，较去年同期提升13个名次；城镇和农村常住居民人均可支配收入分别为37259元和16709元，分别同比增长2.5%和6.5%，多项经济指标增幅排名全省前列。

【重大课题调研】 2022年，保亭县积极开展专题调研，形成《保亭县重点项目建设的现状及对策研究》《保亭黎族苗族自治县十大特色重点产业发展研究报告》《机关党建助推"三区三地"建设 服务于保亭高质量发展研究》《关于各级各部门对县委、县政府工作效能的意见建议归纳汇总报告》4篇季度性调研成果。其中《机关党建助推"三区三地"建设 服务于保亭高质量发展研究》党建论文，获评"2022年海南省机关党建课题研究优秀论文",《关于各级各部门对县委、县政府工作效能的意见建议归纳汇总报告》得到县委领导批示肯定，印发相关单位对照整改。

【党建引领发展】 2022年，保亭县大抓基层组织建设，确立"十大重点党建项目",创建"五好"党支部23个，整顿软弱涣散基层党组织19个。深化"四事"工作法，解决实际问题532个，构建"大社区+微治理"城市党建格局。实现"两新"组织党的工作全覆盖，出台《关于发展壮大村级集体经济激励奖励实施意见》，85%行政村集体经济经营性收入超过10万元，提前三年完成到2025年一半行政村集体经济年收益超过10万元的目标。

重要会议

【中共保亭县代表会议】 2022年3月30日，中国共产党保亭县代表会议在影剧院召开。会议宣读省委批复文件和省委提名代表候选人的通知，对保亭县出席海南省第八次党代会代表选举工作作出说明。会议按照规定程序进行，在全体党员代表第三次会议上选举产生保亭县出席中国共产党海南省第八次代表大会代表。

【县委全体会议】 2022年，中国共产党保亭县第十四届委员会召开4次全体会议。

中国共产党保亭县第十四届委员会第二次全体会议：2022年1月18日中国共产党保亭县第十四届委员会第二次全体会议召开。会议遴选确定保亭县推荐海南省出席党的二十大代表候选人推荐人选。

中国共产党保亭县第十四届委员会第三次全体会议：2022年3月4日中国共产党保亭县第十四届委员会第三次全体会议召开。会议圈选确定保亭县出席海南省第八次党代会代表候选人预备人选、审议通过《关于召开中国共产党保亭黎族苗族自治县代表会议的决议（草案）》《中国共产党保亭黎族苗族自治县第十四届委员会第三次全体会议决议（草案）》。

中国共产党保亭县第十四届委员会第四次全体会议：2022年9月9日中国共产党保亭县第十四届委员会第四次全体会议召开。会议审议通过《中共保亭黎族苗族自治县委关于构建现代产业体系 推进高质量发展的若干意见（草案）》《中共保亭黎族苗族自治县委关于落实容错纠错机制进一步激励干部担当作为的实施意见（草案）》《中共保亭黎族苗族自治县委关于切实解决党员干部作风突出问题的意见（草案）》。表决同意陈达洲辞去县委委员职务，递补许飞为县委委员。

中国共产党保亭县第十四届委员会第五次全体会议：2022

年11月3日中国共产党保亭县第十四届委员会第五次全体会议召开。会议审议通过《中共保亭黎族苗族自治县委关于学习宣传贯彻党的二十大精神的实施意见（草案）》《中国共产党保亭黎族苗族自治县第十四届委员会第五次全体会议决议（草案）》。

【县委常委会（扩大）会议】 2022年10月24日召开县委常委会（扩大）会议，会议传达学习党的二十大精神。会议要求保亭县迅速掀起学习宣传贯彻党的二十大精神热潮，把学习宣传贯彻党的二十大精神与当前工作密切结合起来，落实落细各项决策部署，奋力实现全年目标任务，争当高质量发展优等生。

县委办公室工作

【综合协调服务】 2022年，保亭县委办公室（以下简称县委办公室）贯彻落实县委决策部署，保障县委各项活动顺利开展、工作高效运作、部署见底见效。完善办文制度，严格办文程序，确保文件第一时间办理、领导批示第一时间落实。把好公文的政治关、政策关、文字关和格式关，提高办文质量，收转处理文件3069份、整理县委领导批示抄清967份，《内部通报》29期，常委会会议纪要52期，印发《保亭黎族苗族自治县整治形式主义改进工作作风的措施》等文件258份。强化预见性和计划性，对重要会议和活动提前介入、做好预案、周密安排。制订《常委办工作流程及操作标准汇编》，指导县委各类会议、调研和会客活动的筹备和服务工作，服务保障省领导到保亭县调研19次，县委主要领导赴省外招商3次，县党代表大会、县委第十四届二至五次全体会议等各类会议会务活动180场次。制定完善并严格执行全体会议工作规则、县委常委会议事规则、县委常委会会前学法制度、党政公文办理“跑”签机制、“四大办”联席会议、规范领导干部请销假规定、督查督办工作调度机制等制度，建立全县主要单位月度工作报告和全县主要议事协调机构季度工作报告机制，推进全县重点工作，用制度管人管事管根本，确保各项工作有条不紊，确保县委部署事事有着落、件件有回音。

【综合文稿服务】 2022年，县委办公室政策研究室起草整理、审核修订各类会议材料、工作报告、新闻稿件500余篇，为县委重点、日常工作部署等提供决策参考。深入研究习近平总书记考察海南重要讲话精神、省两会精神、省第八次党代会精神、海南省委书记沈晓明调研保亭县重要讲话精神等，提出高质量传达学习意见建议；牵头完成县“三区三地”战略构想、十大特色重点产业发展研究报告，提炼出“八个一”工作机制，助力全县各单位工作稳步有序展开；起草、审核县域产业发展规划发布会材料、《关于构建现代产业体系，推进高质量发展的若干意见》、县委领导外出招商推介材料等，为全县抓项目促投资作出贡献；完成县委领导班子专题民主生活会、县两会、年度经济工作、农业农村工作、“六水共治”攻坚战、社会文明大行动、住房安全整治、巩固脱贫成果后评估问题整改等各类专项工作，为县委决策提供重要参考意见；组织协调县委主要领导参加省台《作风整顿面对面》电视专栏访谈，省两会、省第八次党代会期间主流媒体的采访；撰写《点燃发展引擎　激发干事新活力》等4篇评论员文章在省媒、县媒发表，社会各界转发；积极开展专题调研，形成4篇季度性调研成果，其中《机关党建助推“三区三地”建设　服务于保亭高质量发展研究》党建论文，获评“2022年海南省机关党建课题研究优秀论文”。

【督查督办】 2022年，县委办公室重点围绕省委省政府和县委县政府重大决策部署和重点工作开展重点专项督查工作，组织制定《保亭县贯彻落实党的二十大精神任务分解清单》等9个重要工作任务分解清单，对任务分解清单及《县委常委班子党史学习教育专题民主生活会问题整改情况》进行定期跟踪督办。对保亭县批而未供供而未用土地、城区亮化工程、海南自由贸易港健康医学研究院落地保亭相关事项、十大特色产业发展、七仙岭全球热带水果博览中心项目、自建房安全隐患排查整治工作、国有企业改革及资产增值保值、工程招标领域反腐、烈士陵园建设项目、社管平台建设、保城镇棚户区改造、安居房建设、治水攻坚项目、县城十条市政规划路建设、土地卫片执法、土地例行督察、森林督查违法图斑整改、国家统计督察海南反馈问题督办、八届省委常委会第15次会议贯彻落实情况、《致各市县党委政府主要负责人的一封信》、省委巡视反馈问题整改、省纪委“4·13”监督检查反馈问题整改等情况开展重点督查，推动各单位加快工作进度，办理七仙岭控规批复，水贤、什东村生态搬迁等5个事项。接到省委督查办督办任务64件，完成率100%；督办县委常委会55期，跟踪督办县委领导批示抄清93件、督办县委领导批示件44件，办结率100%；下发督办通知153件，催办通知72次；撰写督查报告及汇报12篇；现场督查35次。强化为民服务的宗旨意识，解决群众难题，接待群众来访24批59人次。

【信息要情编报】 2022年，县委信息室组织报送各类信息86篇，被采用9篇。其中，保亭创新“四事工作法”以党建引领乡村治理体系建设、保亭以“八个一”为抓手培育“十大特色重点产业”、保亭发展扶贫济困型共享农庄新模式实现“共有”“共享”“共赢”、保亭探索农村人居环境整治“五治”新模式等信息稿被省委信息室采纳，《关于保亭县博物馆建设存在的问题困难及对策建议》获评2022年5月优秀稿件。

【机要保密管理】 2022年，县委保密和机要局办理30余份紧急电报工作。开展“保密宣传月”活动，“我为二十大做贡献”主题教育实践及文化活动。拍摄“保密小故事”宣传片，3支宣传片获得省保密局嘉奖。依托“4·15”国家安全日，联合多部门集中开展保密法、密码法宣传活动，发放普法册子1500余本。利用县融媒体抖音、保亭电视台等新媒体播放保密法律法规公益宣传片1万次。派局保密干部进机关、进乡镇、进企业进行保密教育授课6次。制定保亭黎族苗族自治县国家保密局权责清单，明确15项权责。实现保密行政执法人员全面持证上岗，探索行政执法公示、执法全过程记录和重大执法决定法制审核制度，提升保密依法行政能力。7月，开展保密知识培训，将保密形势教育纳入县委理论学习中心组学习内容，组织县四套领导班子成员、法检两长等38人参加省保密教育实训平台培训。10月，县委保密委主任赵文德讲保密主题党课，组织乡镇主要领导、县直机关主要领导等135人参加保密主题党课暨定密责任人培训。将保密、机要密码宣传教育纳入县委党校（行政学院）教学体系，2022年7月，组织全县涉密人员等75人参加保密知识专题培训班。配合县委巡察办将保密工作纳入全县党委（党组）巡察内容，组织县委编办、县委党校、县融媒体中心、南林乡等20个单位开展保密巡察工作。配合县委组织部将保密自查自评纳入绩效考核工作，实现保密自查自评工作覆盖率100%。压实保密工作主体责任，推进保密自查自评工作常态化制度化建设。深入开展保密检查工作，对全县76个行政单位进行保密检查，保密检查覆盖率100%，排查互联网计算机810台，处理疑似问题2180条，提出整改意见278条，要求有关单位限期内完成整改工作，针对保密工作不扎实、整改进度缓慢的部分单位，县委保密委主任对单位主要负责人进行约谈。为切实提高保密、机要密码干部政治能力和业务素质，积极选派保密、机要密码干部参加竞赛、保密“双随机”检查、市县交叉保密检查等活动。保亭县委保密和机要局获评“2022年保密工作绩效考核优秀”（全省排名第六）、“全省党政机要密码工作优秀达标单位”，1名保密机要干部获得省委机要局通报表扬。

【值班值守】 2022年，县委办公室制定保亭县值班工作排班制度。日常、周末值班方式为值班室主任带班，3名值班员进行24小时轮岗值班；重大节假日、特殊时期实行三级值班带班制度，由县领导带班，各县直机关单位主要领导和值班员值班，且值班前均开展岗前培训，明确值班要求和纪律，熟悉突发事件处置流程，提高应对重大紧急敏感事件能力，保证值班值守平稳有序。年内开展培训7次，培训人数150余人次。全县发生突发事件15起，死亡18人受伤2人，其中安全责任事故死亡1人、自然灾害死亡1人、意外死亡5人、交通事故类死亡11人、受伤2人。突发事件发生率同比2021年24起下降37.5%，死亡受伤人数同比上年28人下降35.7%，按信息报送工作要求，第一时间上报省委总值班室、省政府总值班室。做好领导外出请示报备及工作安排，汇总领导外出请示报备261人次，呈报工作安排218次。

组织工作

【概况】 2022年，保亭县委组织部（以下简称县委组织部）学习贯彻党的二十大精神，聚焦党建引领保亭高质量发展各项任务，引导各级党组织和广大党员干部不断强基础、提能力、促发展，切实以高质量党建助推保亭高质量发展。结合开展“能力提升建设年”暨“查破促”活动，不断提升基层党组织整体政治功能。组织召开县委党建工作领导小组会暨全县党建重点任务推进会议，聚焦保亭县“三区三地”战略目标及当前重点中心任务，制定印发《中共保亭黎族苗族自治县委党建工作领导小组工作规则》《中共保亭黎族苗族自治县委党建工作领导小组办公室工作规则》《关于调整保亭县委党建工作领导小组的通知》《保亭县“直通联办”实施方案（初稿）》《保亭县落实〈中共海南省委海南省人民政府关于加强海南自由贸易港基层治理体系和治理能力现代化建设的实施意见〉任务清单的通知》，构建与保亭发展实际相符合的党建工作制度体系。谋划“2022年保亭县十大重点党建项目”，制定印发《关于〈印发保亭黎族苗族自治县2022年十大重点党建项目〉的通知》，建立健全党建联席会议制、“党建联盟”制度，进一步提高保亭县党建工作系统性和科学化水平。出台《保亭黎族苗族自治县“直通联办”实施方案》，把“直通联办”作为“书记工程”置顶工作，提供“7×24小时”全天候人工服务，打造政务服务“总客服”。推出“咖啡时间——政商对话加速跑”活动，先后举办活动27期，327名领导干部参与对话，累计解决历史遗留问题和重点项目推进难题188个。创建14个“五好”党支部，完成对19个软弱涣散党支部验收，全部完成对9个乡镇、68个村（社区、居）班子及班子成员的届中分析研判。组建1支200人的支援重点市县抗疫志愿服务队，派出121名志愿者支援三亚，保亭志愿服务队抗疫事迹先后被人民网客户端、《海南日报》、三亚电视台、《三亚日报》等多家媒体报道。

【基层党组织建设】 2022年，县委组织部落实“县、乡、村”三级党组织书记抓基层党建工作“联述联改”，督促各党（工）委和各支部逐级抓好整改。指导各党（工）委、党组开展2022年度党史学习教育专题民主生活会并指导开展民主评议党员工作，指导9个乡镇完成党代会年会工作，完成对全县73个正科级基层党组织党建考核。印发《2022年全县组织工作要点》，印发《关于开展2022年基层党组织党建工作巡查的通知》，对全县18个党（工）委及各级基层党组织开展巡查，提高全县基层党组织建设工作标准化规范化水平。印发《保亭黎族苗族自治县不合格党员认定及处置办法（试行）》，共认定全县不合格党员12名并给予相应处置（其中，限期改正8人、留党察看1人、除名3人）。

【农村基层党建】 2022年，县委组织部指导各乡镇推荐123名十一届县政协委员担任村（社区、居）务协商会副会长，加强基层民主议事协商建设。制定《关于做好县级党员领导干部抓基层党建及乡村振兴联系点工作的通知》，全县25名党员身份县级领导对应联系1至2个基层联系点，切实提升基层组织领导工作水平。推进辖区民警兼任村（社区、居）党组织副书记工作，选派41名民警到基层党组织担任副书记，进一步推广“枫桥式公安派出所”的经验做法，充分发挥辖区派出所党组织与民警的作用，推动党建工作与公安业务工作深度融合，推行“一村一警”模式，推进保亭县社会治理体系和治理能力现代化，有效构建党建统领下的村（社区、居）党组织共建共治共享一体化建设。有序组织全县9个乡镇对党的十八大以来共1421名农村发展党员违规违纪问题开展排查，共认定存在违规违纪农村发展党员103名,其中取消预备党员资格2人、党内严重警告2人，进一步净化保亭县党员队伍，推进全面从严治党向基层延伸。落实《海南省村级组织活动场所标准化建设指导细则》，按照“1+2+60+N”的模式全县68个村（社区、居）党群服务中心统一标识牌及指引牌制作安装。

【城镇基层党建】 2022年，保亭县建立健全党建联席会议制度，强化党建引领基层治理的组织领导。制定印发《保亭黎族苗族自治县党建联席会议制度（试行）》。建立县、乡镇、村（社区、居）三级党建联席会议制度，建立各领域党建引领共建、共享、共治的机制，下级党建联席会议接受上级党建联席会议领导指导，上级党建联席会议吸收下级党组织负责人参加。建立健全“党建联盟”制度，构建党建共建工作新格局。出台《保亭黎族苗族自治县“社区党建联盟”建设实施方案》，充分调动共建单位及非公企业支持参与社区建设和党建工作的积极性，以城南、城北社区党支部为主导，采取“1+N”方式，统筹整合辖区内机关、学校、医院、两新组织等分散基层党组织，打破社区（村、居）以往“单兵作战”的工作模式和“条块分割”的现状，进一步整合辖区资源，凝聚城市基层党建工作合力。印发《保亭黎族苗族自治县机关企事业单位党组织在职党员到社区报到开展服务群众工作实施方案》，明确党组织在职党员到社区开展服务工作安排表、报到流程和服务内容，近1800名机关企事业单位党员到社区报到并开展志愿服务活动。

【“两新”组织党建】 2022年，县委组织部开展“百日攻坚行动”。全年组建保城联合商会、亨水谷和神玉岛3个“两新”党支部，撤销“空壳”支部1个。在新业态、新领域深化党建带群建，成立快递行业联合会等“工青妇”群团组织10个，发展党员15名，优化调整党建指导员45人，党的组织和工作覆盖率均为100%，变“有形覆盖”为“有效覆盖”。槟榔谷黎苗文化旅游区支部委员会、舞蹈艺术协会联合党支部黄蝶云、海之南实验学校党支部组织委员黄延洁分别获海南省“两新”先进基层党组织、组织优秀共产党员和优秀党务工作者称号。开展各类培训5期，累计培训党务工作者、党建指导员等250人次，进一步提升全县“两新”组织党务工作者综合素质和履职能力。积极申报省级“候鸟”人才工作站，1个“候鸟”志愿服务小组和3个“候鸟”文艺团开展文旅融合和各类艺术演出20余场、公益性讲座15场、志愿惠民活动60余场，服务群众超5万人次。召集115名党员组建21支党员先锋队，30个党员先锋岗投身防疫一线和社区“扫楼敲门”行动，筑牢基层党组织战斗堡垒。

【机关党建】 2022年，保亭县加强机关党组织规范化建设。规范7个党组织设置工作；指导15个党组织完成换届选举工作，24个党组织完成班子补选工作，配齐配强党组织领导班子。协助3个党支部加强党建活动场所建设。落实党内关怀帮扶制度。春节和七一走访慰问困难党员、老党员127名，送出慰问金（品）11.77万元；做好9名老党员“光荣在党50年”纪念章颁发工作。完成各级党组织述职评议考核工作。分层级指导5个机关党委完成所属党组织书记抓基层党建述职评议会议召开工作。针对各级党组织述职评议和党建考核存在问题，进行逐一书面问题反馈，制定整改措施，落实问题整改。完成机关党组织党建考核工作。通过采取查阅资料、实地督导等方式组织各机关党委完成未列入县委考核组考核的35个党组织2021年党建工作考核工作。组织县直机关236名入党积极分子、发展对象和预备党员继续开展“青年大学习”行动，切实提高党的理论基础知识水平及党性修养。通过设立党员先锋岗、划定党员责任区等方式，划定85个党员责任区，设立122个党员先锋岗，组建42支党员突击队，29支党员志愿服务队，充分发挥机关基层党组织的战斗堡垒作用和党员先锋模范作用，组织机关党组织深入开展“学习贯彻党的二十大精神”专题学习研讨，通过“六个一”工作安排，切实把学习研讨成果转化成推进工作实际成效。

【乡村振兴工作队选派】 2022年，县委组织部抓好乡村振兴工作队的选派管理工作，全县先后召开4次乡村振兴工作队例会，总结交流经验做法，安排部署抓党建促乡村振兴工作，各乡镇坚持每月召开一次工作例会，推进工作落实。开展年度考核工作，对全县69支乡村振兴工作队、185名工作队成员进行考核，评定出年度优秀工作队15支，优秀驻村干部42名，印发《保亭黎族苗族自治县乡村振兴工作队作用发挥情况评估工作实施方案》，综合谈话了解、日常掌握、年度考核、平时考核等有关情况，评定14支乡村振兴工作队为“好”等次，55支乡村振兴工作队为“较好”等次，46名乡村振兴工作队队员为“优秀”等次，150名乡村振兴工作队队员为“称职”等次，2名乡村振兴工作队队员为“基本称职”等次。举办保亭县乡村振兴工作队能力提升专题培训班，对198名驻村干部全员轮训。开展村党组织书记、驻村第一书记乡村振兴“岗位大练兵、业务大比武”活动，共评定15个行政村为“好”等次，45个行政村为“较好”等次。严格落实后勤保障，为第一书记安排每年2万元的工作经费，为每支工作队安排5万元工作经费，确保驻村干部全身心投入乡村振兴工作。全年共提拔和进一步使用乡村振兴一线干部20人，晋升职级26人。

【党建促乡村振兴】 2022年，保亭县创新打造“三区三地”讲坛教学品牌，邀请领导干部、专家学者到保亭县专题授课9期，3400余人次领导干部“充电蓄能”，广大干部理论、专业能力显著提升。全县各单位“主动走出去”，累计组织“典型教学+外出学习”270次1227人次，充分学习借鉴先进地区经验。聚焦发展需求推进大培训，开展乡村振兴、基层治理等专题培训500余期，培训干部5.7万人次。推动党员干部学深悟透、入脑入心、谋远做实。对一年来在乡村振兴、疫情防控一线实绩突出、群众公认的21名干部及时提拔使用。深化推广“四事工作法”。选派41名民警到基层党组织担任副书记，推荐123名县政协委员担任村（社区、居）务协商会副会长，夯实社会治理基层基础。出台《关于发展壮大村级集体经济激励奖励实施意见》，进一步激励全县村干部、下乡能人、驻村干部积极干事创业、主动担当作为。全年全县村级集体经济经营性收入同比增长56%，全县60个行政村中51个村级集体经济经营性收入超过10万元，占比85%，提前三年完成省委任务目标。

【干部教育培训】 2022年，保亭县坚持把习近平新时代中国特色社会主义思想作为主题主线，全年组织实施各类专题培训班8期。在党的二十大召开后，第一时间组织开展学习贯彻党的二十大精神专题培训，培训党员干部3700余人次。认真贯彻落实习近平总书记在海南考察时的指示批示精神，实施农村基层干部乡村振兴、党建引领基层治理两大主题培训计划，立足岗位特点，采取县级普遍培训、部门抓行业系统培训的方式，重点培训县直机关和乡镇干部、企事业单位领导人、村（社区）和驻村干部、村集体经济组织负责人、“两新”党组织负责人等人员，组织开展“2022年保亭县党政领导干部乡村振兴主题培训班”“保亭县领导干部自贸港建设能力提升专题研讨班”“2022年保亭黎族苗族自治县中青年干部培训班”“保亭县学习贯彻习近平生态文明思想专题培训班”“保亭县‘两新’组织党务工作者专题培训班”“保亭县国有企业领导人员专题培训班”“保亭县村党组织书记乡村振兴能力提升培训班”等30期，培训党员、干部3570余人次，全县各级干部能力显著提升。

【干部监督管理】 2022年，保亭县严格落实干部选拔任用全程纪实制度，录入提拔、重用及进一步使用干部185人次，严把干部任前审核关，严格落实任前公示制，严格执行“四个凡提必”的要求，严防干部“带病提拔”“带病上岗”，将监督贯穿干部选拔任用工作全过程，畅通信访举报渠道，及时受理和充分利用“12380”综合举报受理平台，电话、短信和信访“四位一体”举报机制反映干部工作作风和考察人选问题举报，建立健全快速查核机制。组织县纪委监委、县委政法委、县审计局等10个单位召开年度干部监督工作联席会议，形成监管合力。加强对“一把手”和领导班子监督，开展科级领导干部违规在企业、社团兼职（任职）排查和“裸官”排查工作，印发《关于清理规范领导干部在企业、社会团体兼职（任职）问题的通知》《关于开展“裸官”排查工作的通知》，排查出9名科级领导干部存在违规在企业、社会团体兼职情况并督促及时清理整改。严格执行领导干部离任交接制度，年内发出23份离任交接函，会同审计局加强对领导干部的离任经济事项交接监督。扎实做好县管干部因私出国（境）管理工作，协同县公安局出入境部门对全县出国（境）的备案人员进行定期更新，新增科级领导干部备案人员95名，新收各类科级领导干部的因私出国（境）证件56本。修订《保亭黎族苗族自治县公职人员容错纠错实施办法》，对实施容错纠错主体责任机关进行明确，对予以容错情形、不适用容错情形、综合研判标准进行细化完善，优化容错纠错操作程序，对容错纠错工作进一步给予指导规范，激励干部主动担当作为。

【干部工作】 2022年牢固树立“让有为者有位、能干者能上、吃苦者吃香、优秀者优先”的鲜明导向，用足用好职务职级“双向通道”，对实绩突出、善于领导和扎实苦干、任劳任怨的优秀干部区分情况予以提拔使用和晋升职级，激发各级各类干部工作热情。2022年共调整县管科级干部296人次，其中提拔或进一步使用干部120人次，进一步使用71人次，免职或其他调整105人次。开展公务员各类职级晋升245人次。健全完善容错纠错工作机制，出台“1+2”文件《关于落实容错纠错机制进一步激励干部担当作为的实施意见》《保亭黎族苗族自治县公职人员容错纠错实施办法》《保亭黎族苗族自治县激励干部新时代新担当新作为实施办法》，从制度层面为干部干事创业担当作为予以激励和保障。在全县大力实施“六个一批”专项行动，聚焦全县中心工作和重点任务，分级分类选派210名年轻干部到关键部门、吃劲岗位磨炼。其中，通过省直单位挂职一批干部9人、基层党建选派一批干部18人、巡察信访实践一批干部13人、招商一线锻炼一批干部33人、重点项目跟班一批干部17人、基层村居派驻一批干部120人，推动不同领域年轻干部专业知识、专业技能互通共享。

【公务员管理】 2022年，有序推进干部在线学习培训、新录用公务员初任培训、外语水平能力提升培训、推广普通话暨公文写作培训等各类公务员培训。先后组织举办了2021年新录用公务员初任培训班31人，配合中组部开展2022年新录用公务员初任培训班51人，外语水平能力提升培训班97人，推广普通话暨公文写作培训班89人，技广达工资管理系统培训班137人。创新打造新苗沙龙活动，举办5期共127人参与，推动青年人才参与保亭县“三区三地”建设，为青年人才提供激发参与兴趣、展示服务能力、探索发展方向的平台。招录海南省考试录用公务员30名。打破体制和身份的限制，畅通优秀人才进入渠道，调任3名优秀事业编干部到县直机关担任领导班子成员。有序推进选调生到村任职工作，全县到村任职选调生共13人，其中2020年录用到村任职选调生4人，2021年录用到村任职选调生9人。扎实推行公务员职务与职级并行制度，共开展公务员各类职级晋升245人。认真执行基本工资调整、带薪休年假等政策，落实2021年度考核奖1168人。扎实做好公务员表彰奖励工作，响水镇党委书记黄莹莹被评为“全国人民满意的公务员”。对2021年度考核优秀等次的214名公务员予以嘉奖；对2021年考核优秀的16名驻村第一书记和乡村振兴工作队队员参照给予奖励；对连续三年被确定为优秀等次的46名公务员记三等功。

【人才工作】 2022年，保亭县聚焦十大特色重点产业发展方向，通过对接就业市场和高校引才、人才招聘引才等方式引进人才523人。结合开展“能力提升建设年”活动，大力实施“六个一批”专项行动，聚焦基层党建、招商引资、重点项目建设、乡村振兴等重点任务，择优选派210名党政人才到一线任职和乡镇挂职，分级分类选派干部“上挂下派”，推动人才资源向基层一线聚集、人才作用在基层一线发挥。完成教育、卫生、企业领域等各类人才培训班65期，培训1.04万人次；开展职称评审和15名引进人才试用期满考核，完成高层次人才认定54人。聚焦旅游文化、教育、医疗卫生、农业四个重点领域，挖掘使用“候鸟”人才，采集信息纳入县“候鸟”数据库586人，组织文艺“候鸟”人才开展写春联、送春联、新春文艺晚会、文艺下乡、民法典普法主题知识讲座、国画学习培训讲座、“喜迎二十大、英辉耀琼崖”书画摄影展等文化惠民活动超6场次；组织“候鸟”人才志愿服务队在县第二小学开展服务累计150课时（100场次），服务范围涉及普通话普及和推广、少先队队伍建设、音乐、美术、舞蹈和心理咨询等各方面课后辅导。开展人才服务大走访、大调研活动，走访68人，发放线上调查问卷82份。全面推行人才服务专员、“单一窗口”服务保障体系，线下受理人才落户、配偶就业、人才认定等政策咨询420人次；线上受理人才业务事项124人次，受理事项全部办结，群众满意度达100%。完成4批人才住房补贴发放工作，发放63人次95.9万元。修订《保亭黎族苗族自治县人才开发专项资金管理办法》，优先安排73套公租房解决引进人才过渡性住房需求，加快人才房建设工作，项目一期120套人才住房总体进度达91%；为55名引进人才解决人才认定、子女入学和配偶就业等问题，解决引进人才“后顾之忧”。营造爱才重才氛围，举办人才工作者和高层次人才服务联络员能力素质培训班和技能大赛，以赛促学，在人民网、海南人才工作网等载体发布县人才工作经验做法36篇，拍摄“保亭与你共生长”人才宣传短片，在全县营造爱才重才良好氛围。

【老干部工作】 2022年，保亭县共有离退休干部职工党总支1个、党支部69个；先后组织老干部参加专题培训班、专题调研、通报会、网上专题报告会等活动，组织老干部收看中国共产党第二十次全国代表大会开幕会，让老干部在学思践悟中不忘初心使命。出台《关于推进干部荣誉退休工作的八条措施》，建立干部荣誉退休机制。2022年，共走访慰问老干部138人次，累计发放慰问金和慰问品13.12万元，为7名特殊困难离休干部申请帮扶资金共计5.8万元。搭建平台载体，组织老干部开展送春联、书画摄影展、舞蹈、门球等各类文体活动，发挥老干部特长。开展助力社会文明大行动等志愿服务活动143场，600余名老干部参与。完成县级关工委和9个乡镇关工委机构调整工作，成立工商银行等7个企业关工委机构，新增69人；县关工委到18所中小学开展“学党史、颂党恩、听党话、跟党走”党史学习教育宣讲活动，8000余名师生参与；县关工委举办瓜菜、芒果种植技术培训班11期，惠及700余户农户，助力乡村振兴。争取东润公益基金会“东润启航、益师”项目，为县600名困难家庭学生和95名优秀教师提供资助49万元；关爱助学失依困难学生80人，发放资助金8万元。年内，县委老干部局获评“全省老干部工作先进集体”，2名老干部工作者获评“全省先进老干部工作者”，4个集体获评“全省关心下一代工作先进集体”，6人获评“全省关心下一代工作先进工作者”，1人获评“全省关心下一代工作突出贡献奖”，1人获评“全省关心下一代工作荣誉奖”。

宣传工作

【概况】 2022年，保亭县委宣传部（以下简称县委宣传部）注重做好全县各级党组织理论学习，推动意识形态责任制落实，以社会文明大行动为抓手，推进文明城市创建落地延伸。开展群众性文化活动，丰富民众文化生活。通过各类媒体平台，全面真实立体宣介保亭，展现保亭形象，传播保亭声音，增强文化自信。年内，开设“奋进新征程　建功新时代”“学习贯彻党的十九届六中全会精神”“能力提升建设　促高质量发展”“查堵点　破难题　促发展”“学习贯彻党的二十大精神”等一系列专题专栏；做好相关重点工作宣传报道，指导县融媒体中心推出《民生在线》《保亭高质量发展》栏目，持续大力宣传保亭在高质量发展、营商环境、十大特色重点产业发展等方面取得的重要成就；做好两场“培育十大产业 打造‘三区三地’”海南自贸港保亭招商推介会宣传，邀请媒体、记者全程进行跟踪报道，新华网、央广网等各大媒体刊发转载。

【理论宣讲】 2022年，保亭县党委理论学习中心组围绕习近平新时代中国特色社会主义思想和党的二十大精神等内容，开展学习22次。其中，集中学习讨论14次，专题讲座5次，实地体验学习2次，观看红色电影学习1次。发挥中心组学习示范带动作用，引导全县党员干部跟进学习，为推进保亭县各项工作的发展提供有力的思想保证和理论支持。构建“1+9+N”新时代理论宣讲格局，“1”为县委宣讲团，“9”为乡镇宣讲队，“N”为结合自身资源和特点，由县各相关部门、单位牵头组建宣讲小分队，向基层干部群众开展对象化宣讲活动，凝聚共识激发共鸣。印发《关于印发〈关于进一步加强新时代宣讲队伍建设的实施方案〉的通知》，将全县零散、临时的宣讲队伍进行资源整合，由县委宣传部进行统一登记管理。登记在册宣讲人员377人，宣讲队伍18支，由县委宣传部集中统筹管理，各宣讲队伍牵头单位抓好具体工作，共同推动中国共产党的创新理论、路线方针政策走向基层、走进群众，促进新时代思想政治工作扎实开展。全年，运用“1+9+N”宣讲格局开展宣讲533场3万人次。

【社会主义核心价值观宣传教育】 2022年，县委宣传部在县城、乡镇、景区、学校、车站等人流量密集的地方运用显示屏、户外广告、围墙、宣传栏等媒介开展社会主义核心价值观宣传教育，围绕“讲文明树新风”、创建省级文明城市和图说我们的价值观等主题，在县城区主要街道布置公益广告宣传牌、宣传栏、挂图、道旗等，共计3000多幅。开展《海南省文明行为促进条例》进社区志愿服务活动，通过设置咨询台、摆放宣传展架、发放宣传折页、知识问答等形式，向群众宣传《海南省文明行为促进条例》。印制保亭文明礼仪手册、《倡议书》和调查问卷1万余份，发放至群众。此外，各学校将社会主义核心价值观融入常规教学，运用清明、六一、七一、国庆等重要时间节点深入开展学习社会主义核心价值观主题教育实践活动。

【社会宣传】 2022年，县委宣传部加强媒体联动，加强与省内外主流媒体合作，利用媒体平台资源优势，发布县委县政府重大决策部署，宣传保亭县重大活动，《人民日报》、新华社、央视网、《海南日报》、南海网、海南网络广播电视台等中央、省级媒体对保亭县正面宣传报道74014篇（含转载）。策划微博话题“被康养仙境之旅治愈”，利用微博热门曝光资源、精准推广信息流资源、“火出圈”异地连麦直播、短视频等形式进行推广，在线向广大网友传递保亭“仙境康养”新名片。其中，传播话题“被康养仙境之旅治愈”阅读量290.7万次，同时“硬核美味保亭柒鲜来了”“又是为保亭水果心动的一天”分别登上同城热搜榜单第四位和第一位；康养宣传片《北纬18°仙境康养》博文阅读量突破38万次，获得观看量7.9万人次，登上全国视频飙升榜·旅游榜TOP1。

2022年2月2日晚8点（大年初二）首播由县委宣传部与省台广电国际传媒中心联合录制“琼州情 华夏梦”2022海南网络春节联欢晚会，视听海南APP、海南网络广播电视、海外平台Hainan Touch、Hainan Today等媒体矩阵同步直播，联动海南IPTV、海南5大地面频道及三沙卫视等大屏播出，覆盖全球400万名琼籍海外乡亲和港澳台同胞，18个国家和地区的琼籍华人华侨、港澳台同胞在线互动、点赞、评论与转发，全网点击量突破1000万人次。2月14日，《黎苗欢歌庆新年！“琼州情 华夏梦”2022海南网络春晚保亭分会场精编完整版》在海南广播电视总台抖音号、快手号、视听海南头条号、海南网络广播电视台头条号、海南广播电视总台视频号、微博全网播发，展示保亭黎族苗族的欢歌热舞；邀请中新社开展“行走中国·海外华文媒体海南行”活动，组织20余名海外华文媒体人士走进保亭县，探访神玉岛、什进村、槟榔谷和呀诺达景区等，体验热带雨林和黎族苗族文化风情，采写《海外华文媒体人士点赞海南保亭发展特色康养产业》等10余篇特色稿件在海外华文媒体发布；在法国《欧洲时报》今日海南专刊整版刊发《保亭黎村苗寨变身旅游度假目的地》和3篇副稿，推介宣传槟榔谷景区、呀诺达景区，扩大保亭县知名度。

【社会文明大行动】 2022年，县委宣传部开展社会文明大行动。

文明交通　组织志愿者在人流高峰期的地点开展文明交通劝导志愿活动，对不文明驾驶、乱停乱靠、随意闯红灯、乱穿人行道的不文明交通行为进行劝导；全年在县城区11个重点位置，开展7场文明交通劝导志愿服务，累计时间35天，参与活动的志愿者达770人次；依托“路长制”勤务机制开展交通安全宣传活动；交警在车流量、人流量大的路段，向街边商铺、过往行人及交通参与者发放交通安全宣传手册，发放宣传资料100余份，受教育人数150余人；推出“电子警察”执法模式，对违法行为通过新媒体平台进行曝光查处；开通骑行举报功能，鼓励群众采取“随手拍”方式，对骑行人员未戴安全头盔骑行等违法行为进行举报。

环境整治　组织全县干部职工结合“四爱”卫生健康大行动，开展卫生整治活动，每周五组织全县干部职工到责任区开展绿色周五活动，倡导卫生清洁、绿色健康的生活方式；开展城区清扫保洁工作，对县城城区主要道路进行每日6次湿透性洒水降尘作业，清理街道背街小巷卫生死角1457处；清运县城区东西河水面漂浮垃圾、沿岸保洁及生活垃圾16.38吨；开展生态文明宣传，以“生物多样性”“六五世界环境日”“世界水日中国水周宣传活动”“公共机构节能宣传周”“禁塑宣传”等生态环境保护为主题，组织开展14期宣传活动，在活动宣传点悬挂宣传条幅，摆放宣传展板，向群众发放宣传手册1000余份，扇子、手提袋等流动宣传载体800余份，现场解答群众咨询560余条。

文化惠民　组织204名志愿者深入全县村（居）委会开展针对性乡村科普宣传教育，提升基层群众科学素质，养成文明健康的生活方式；组织县农村公益电影放映工作队、县歌舞团组成文明实践队伍开展电影下乡838场次、文化惠民演出33场次，流动图书下乡13场，丰富群众的精神生活，树立文明乡风。

【“扫黄打非”工作】 2022年，县委宣传部组织开展“网络社交平台有害信息专项整治”“电商平台销售非法出版物专项整治”“开展未成年人有害出版物及信息专项整治”等八大专项行动，出动执法检查人员440人次，检查学校周边书店、打字复印店、微信公众号等262家次，查处行政案件7宗，为全县出版物文化市场和网络文化市场营造风清气正的文化环境。

【新闻出版管理】 2022年，县委宣传部开展保亭县政府机关软件正版化工作，总结省督察组对保亭县软件正版化提出的意见和建议，制定《保亭黎族苗族自治县正版软件三年行动方案（2022—2024年）》，统筹县级财政资金2022年软件正版化工作经费70余万元，采购1240套国产桌面操作系统，组织各机关单位完成安装正版化操作系统；开展农家书屋出版物补充更新，为全县9个乡镇71个行政村配送图书60多种，4300余册，图书种类涵盖政治、科学、文史、儿童读物等领域，满足全县少年儿童阅读需求，营造“多读书、读好书”的良好氛围。

【网络宣传】 2022年，县委宣传部策划网络主题宣传，做好“奋进新征程　建功新时代”“牢记嘱托谋发展　感恩奋进绘新篇”等网络专题宣传。开设“网络中国节”专栏，推出《主播说年俗》《今日元宵节》《保亭云上清明　追忆故人　缅怀英烈》《浓情端午·与粽不同》等系列短视频。保亭县正面形象得到央视、《人民日报》、《光明日报》、新华社、央广网、人民网、中国新闻网、中国经济网等多家媒体聚焦关注。其中，新华社客户端的《首届保亭红毛丹文化节欢乐开启》，浏览量33.5万次。保亭红毛丹代表海南登上国家乡村振兴局丰收节主题展，被纳入2022年农业品牌精品培育计划。央广网报道《海南保亭：践行使命担当答好改革时代新答卷》被多家主流媒体传播，环球周刊网的转载为保亭县增添国际传播影响力。

【网络文明建设与安全管理】 2022年，县委宣传部及时转办处置人民网领导留言板留言，回复率100%，群众满意度92.86%，排名全省第一；抓好网络文明建设，开展网络文明志愿服务活动，积极参与“2022年海南青年好网民优秀事迹”征集评选活动，全县4名评选人获得“海南青年好网民”荣誉称号。开展海南自贸港“六个十佳”网络正能量精品征集活动，2件作品入选，1人获奖；推进互联网违法和不良信息举报工作，开辟网络举报专栏，对互联网违法和不良信息举报方式进行公告；完善网络安全保障体系，提升网络安全能力和水平。组织开展网络安全检查，及时修订完善应急预案，切实提升突发事件应急处置能力。深入开展2022年网络安全宣传周活动，广泛动员全县各单位和广大群众积极参与，提升全社会网络安全意识和防护技能。

【能力提升建设年活动宣传】 2022年，开设“能力提升建设 促高质量发展”“查堵点 破难题 促发展”“我为群众办实事”等一系列专题专栏，从不同侧重点围绕各单位在提高“八大”能力、聚焦推动解决堵点难题、促进保亭经济社会高质量发展等方面的工作措施成效进行宣传报道。全年通过县电视台、“你好保亭”APP、“你好保亭”抖音号、“保亭视窗”视频号等新媒体平台推出刊发相关报道200余篇；指导县融媒体中心推出《民生在线》《保亭高质量发展》栏目，针对保亭县发展中的堵点难点和群众关切的热点问题展开调查并专访保亭县各相关职能部门、乡镇及农场（居）负责人，搭建百姓与政府的信息沟通桥梁，回应好群众关切，助推保亭高质量发展，栏目在保亭广播电视台电视频道、广播频率（FM101.4）播出，“你好保亭”APP、“你好保亭”抖音号、“保亭视窗”视频号、保亭广播电视台公众号等新媒体平台同步推送。

同时加大对外宣传推介力度，传统媒体方面，《人民日报》发布了《保亭：“三位一体”基层党组织战斗力 助推乡村振兴》《保亭：“1+2+3+X”载体助推“大比武”走深走实》《贯彻新发展理念 推动高质量发展》等高质量发展重点稿件，《南国都市报》整版刊载了《发展“十大产业”打造“三区三地”保亭跑出经济高质量发展“加速度”》稿件，《海南日报》优化营商环境专刊中，整版刊载了保亭营商环境工作典型做法及工作亮点——《咖啡“碰碰乐”问题“消消乐”》，以漫画的形式、案例的解说鲜活展现保亭县开展“咖啡时间”活动特色，推广宣传保亭县为企业协调解决问题、快速响应诉求的好办法、好形式；新媒体方面，如新华网客户端发布的《七仙岭全球热带水果博览中心开工建设 打造垦地融合发展“保亭样板”》浏览量近270万次、新华网发布的《海南保亭招才引智校园行宣讲活动在海口举办》浏览量233.8万次等，进一步向外推介宣传了保亭党员干部积极改变作风、努力开创高质量发展新局面的扎实举措及亮点成效。

【公共文化服务体系建设】 2022年1月23日，保亭县举办第二届“琼州情 华夏梦”2022海

2022年11月8日，县融媒体中心在县芙蓉小区举办“宣讲党的二十大精神，主播记者在行动”进社区活动　　　　（县委宣传部　供）

南网络春节联欢晚会（保亭分会场），展现保亭黎苗少数民族文化和热带雨林风光。4月2日至20日举办“神玉杯”保亭黎族苗族自治县庆祝“三月三”摄影大赛，丰富群众精神文化生活，展示保亭县优秀历史文化、人文景观及发展成就，助力海南自贸港建设。筹措经费20余万元给县电影公司，用于新星居、热作居等6个居216个连队的农村公益电影放映，放映820场，填补农场连队公益电影放映空白。指导县文联组织保亭志愿服务队编排《丰收乐》广场舞节目，参加“喜迎二十大·舞动自贸港”海南省首届广场舞线下展演活动，荣获“最佳表演舞队”称号。指导县文联开展“扬帆自贸港·廉洁伴我行”文学书法作品线上线下展出活动，在县融媒体中心“你好保亭”“文旅保亭”微信公众号宣传，在全县向县作协、书协及文艺爱好者征集文学、书法（毛笔）作品，进行征集评选和展出。配合省乡村振兴局和省文联在响水镇金江居开展宣传党的二十大“我们的中国梦”文化进万家——海南首届“破陋习、树新风”文艺宣讲巡回演出志愿服务活动。配合省委宣传部、省文联、省曲协在南茂居开展“欢庆二十大·建功自贸港”——学习宣传贯彻党的二十大精神文艺宣讲巡演，通过群众喜闻乐见的文艺形式将党的二十大精神送进基层；保亭创新“扫黄打非”宣传活动，联合县新华书店常态化举办以“‘扫黄打非’宣传活动进基层”为主题的周末阅读分享会，营造全民阅读氛围，建设书香保亭。

【文明城市创建】 2022年，县委宣传部加强统筹引领，推进文明城市创建工作。制定《保亭黎族苗族自治县2022年深入开展社会文明大行动争创全国文明城市总体方案》，县委书记担任领导小组组长，从15个方面，细化26项重点工作任务，明确牵头县领导、牵头单位、责任单位，做到责任主体明确化、岗位责任具体化。召开全县工作推进会，部署推进全县深入开展社会文明大行动争创全国文明城市工作。通过县融媒体中心开设“文明保亭，从我做起”专栏，深入宣传创建工作中涌现出来的先进典型，推出《文明创建，没有旁观者》等新闻报道15篇，设立“曝光台”曝光各种不文明行为和现象13期，曝光存在的问题58处。保亭县创文工作指挥部常态化开展创文实地督查，组织文明城市模拟实地测评5轮，发现问题并推动解决，全面排查、修缮、更新县城公益宣传广告与景观小品。组织协调县综合行政执法、交警、园林环卫、爱卫等部门集中开展市容市貌集中整治，重点整治占道经营、乱停乱放、乱吐乱扔等不文明行为，加强对县城区道路、沿街路灯、绿化带、广场、公厕、管网等损坏情况进行排查维护，排查市政安全隐患，修复破损人行道、路面、路灯线路故障点等，发动干部职工开展卫生整治活动，清理卫生死角，整治“脏乱差”现象，改善市容市貌形象。集中开展农村人居环境卫生整治“五治”专项行动，明察暗访，对全县各乡镇实行全覆盖、无缝隙、无死角督查，巩固提升村容村貌。开展交通秩序整治行动，强化对各类道路交通违法行为的处罚力度，推出“电子警察+随手拍”交通文明整治模式，通过抖音、公众号、县融媒体平台等渠道对道路交通违法行为全面曝光。鼓励群众采取“随手拍”方式，对交通违法行为进行举报。常态化开展文明交通等志愿劝导活动，提高市民文明素质和城市文明程度，创造文明交通环境。

【新时代文明实践中心建设】 2022年，保亭县整合县影剧院、县图书馆、县文化馆、县博物馆、县青少年活动中心、县七仙广场等场地资源，提升理论宣讲、市民教育、文化活动、科普宣传、健身活动功能建设，完善县新时代文明实践中心。以毛感乡南春村、响水镇什龙村等6个文明实践站为示范点，实施村级文明实践站功能提升项目打造。组建志愿服务总队，整合各专业部门原有志愿服务资源，重点建立党员先锋、理论宣讲、文化惠民、医疗健身、文明旅游、法律服务、科学普及、青年、巾帼、“候鸟”人才等志愿服务分队。年内开展疫情防控、普及文明礼仪、文明交通劝导、助力高考、关爱未成年人、环境卫生整治等志愿服务活动，开展各类文明实践活动460余场。

【公民道德建设】 2022年，县委

宣传部以文明家庭创建为突破口，开展社会公德、职业道德和家庭美德教育，评选“绿色家庭”100户、“文明家庭”50户、“最美家庭”50户，通过南海网、新海南客户端等媒体平台推出专题推广宣传。组织开展“最美家风润保亭 家庭教育进万家”家庭教育公益巡讲等系列活动26场。结合春节、元宵节开展慰问、帮扶高妹香、吉美莲等道德模范、身边好人工作，实地走访调研道德模范因疫情等影响而家庭受困的情况，营造“好人有好报”的良好价值导向。围绕“讲文明树新风”、创建省级文明城市和图说我们的价值观等主题，在县融媒体中心、公共场所、窗口单位LED屏、社会媒介、景区、广场、学校等积极投放公益广告，在县城区主要街道布置公益广告宣传牌、宣传栏、挂图、道旗等，共计3000多幅，引领社会文明风尚、弘扬新风正气。

【未成年人思想道德建设】 2022年，保亭县贯彻落实新时代未成年人思想道德建设新任务，举办未成年人道德讲坛10场，组织开展“新时代好少年”评选活动。开展“少年儿童心向党——亲子共沐书香，强国复兴有我”亲子故事会1场。开展2022年保亭县“新时代文明小主人”评选活动，评选10名学生为“十佳新时代文明小主人”、100名学生为“百优新时代文明小主人”。部署推进“文明校园”创建工作，构建德智体美劳融合育人体系，打造“健康阳光、好学上进、勤劳诚信、文明朴实”的海南特色印记学生。

【文明生态村建设】 2022年，县委宣传部以文明生态村建设为载体，推进农村精神文明建设。做好农村建设规划，积极推进农村整体危房改造、农村基础设施建设和环境卫生综合整治等工作。抓好修路、改水、改厕、改电等农村基础设施建设，拆除乱搭乱建，治理乱排乱放。年内全县投入资金320万元，建设提升文明生态村8个。

【保亭产业规划新闻发布会】 2022年，县委宣传部与县招商办制定《培育十大产业 打造“三区三地”——保亭产业规划新闻发布会暨保亭—海口专场招商推介活动方案》，5月13日，组织海南日报、新华网等30家媒体在海口现场报道会议内容，各媒体以直播、短视频、图文、H5等形式开展宣传，其中5家媒体对新闻发布会进行视频直播，对第二场推介会进行图片直播，实时记录活动筹备、活动开幕、领导致辞、产业发布、现场签约等实况，两场直播活动吸引10万余人在线观看。海南广播电视总台新闻频道《海南新闻联播》当晚对活动进行报道，海南新闻广播《新闻晚高峰》《海南新闻》两个栏目播发活动录音报道，三沙卫视播发此次招商推介会电视新闻，引起良好反响。推介会活动登上新浪微博热搜，阅读量达到350.6万次。

【2022年（首届）保亭红毛丹文化节】 2022年，保亭县举办以“保亭拾光·当红不让”为主题的2022年（首届）保亭红毛丹文化节，涵盖雨林时装秀、“红火露营”“红火开放麦”“红火市集”“红毛丹甜蜜荧光跑”等活动，宣传保亭红毛丹等特色农产

2022年保亭县生态文明村创建统计表

表1

序号	建设村庄	所在乡镇	建设内容
1	什冲一、二村	响水镇	篮球场、文化室
2	什迎村	响水镇	篮球场、文化室
3	什携村	响水镇	入户路
4	什实村	响水镇	入户路
5	热作所七队	保城镇	篮球场
6	什保村	南林乡	文化室、入户路
7	什故村	南林乡	入户路

品品牌，热带高效农业成功“出海、出圈”，成为保亭走出去的金字招牌。7月28日，2022年（首届）保亭红毛丹文化节启动仪式举行，发布为期一个月的红毛丹文化之旅系列活动，央视《朝闻天下》《中国新闻》、中文国际《今日环球》播出《打造红毛丹产业 推动“农旅文”融合发展》新闻报道；海南新闻联播、三沙新闻、海南文旅频道、海南卫视潮起海之南进行新闻报道；《海南日报》用半个版面进行刊发宣传。举办热带特色高效农业合作发展论坛，众多业界精英、专家学者参加，探讨如何做强做优热带特色高效农业，为保亭红毛丹特色产业发展建言献策，中国新闻网、人民号、人民资讯、凤凰网、海南网络广播电视台、南海网等媒体关注报道。举办以“Born in Nature 生于自然”为主题的热带雨林时装秀，时装秀利用热带雨林条件，突破秀场空间传统限制，融合传统非遗和创新设计，以黎锦技艺和热带雨林相融合。海南卫视《第1时尚》播出时装秀完整版节目，100万人次观看，全网视频播放200万次，新华社、人民网、《海南日报》、南海网、中国新闻网、央广网等媒体关注并发布相关动态。微博话题“保亭热带雨林时装秀太美了！”阅读量600余万次，视频阅读量超100万次，成为热议话题；省内外网络红人关注，参加时装秀活动并发布微博受邀动态，阅读量达800余万次；抖音发布秀场视频，播放量1000余万次。举行红毛丹文化节系列活动——红火露营、红火开放麦活动，红火露营活动通过星空电音派对、自助烧烤、“DIY”红毛丹特饮等，为游客提供温度、特色玩法。红火开放麦活动中，外籍主播、摄影大咖、当地文艺家、新农人、媒体代表等嘉宾以“嗨！保亭”为主题，从不同角度分享自己和保亭的故事，现场进行图片直播与视频直播，图片云直播浏览量36万余人次；《海南日报》半版刊载2篇红火露营、红火开放麦活动相关报道，提升红毛丹知名度。

统战工作

【概况】 2022年，保亭县组织召开2次县委统一战线工作领导小组会议，学习条例及统战领域重要会议精神，研究全县统战领域重要工作和统战工作机制；服务做好县委书记带队前往统战部开展专题调研、带头广交党外朋友等工作。出台《中共保亭黎族苗族自治县委统一战线工作领导小组发挥作用十五条措施》，被省委统战部在全省发文推广学习；建立健全覆盖各领域统战工作对象的联席会议机制及同党外人士联谊交友、通报情况和征求意见等其他工作机制，构建保亭县“1+7+N”大统战工作格局。有效抓实基层乡镇统战工作，制定县委统战部班子成员联系乡镇统战工作制度，在乡镇明确1名党委委员任统战委员并设统战工作站，在行政村明确1名支部委员任统战信息员，形成县、乡、村三级统战网络，夯实基层统战基础。

【多党合作与无党派人士统战工作】 2022年，保亭县委统战部（以下简称县委统战部）支持和保障民主党派、无党派人士履行监督职能，制定《民主党派和无党派人士工作联席会议制度》《向民主党派和无党派人士、工商联通报情况和征求意见制度》《政府工作部门与民主党派、无党派人士对口联系机制》《党员领导干部与党外代表人士联谊交友制度》。召开情况通报会、征求意见会、茶话会等，向民主党派和无党派人士通报经济社会发展情况、征求对全县重要决策的意见建议。支持民主党派和无党派人士加强自身建设，县委专题听取2021—2022年度民主党派代表人士建设情况，研究部署工作；支持各民主党派基层组织巩固深化“不忘合作初心，继续携手前进”主题教育成果，组织民主党派代表人士赴五指山革命根据地等开展“矢志不渝跟党走、携手奋进新时代”政治交接主题教育；派员参加民主党派基层组织的调研和学习活动，对活动开展情况进行现场评价指导；帮助解决民主党派无活动场所问题，成立县民主党派活动中心；指导各民主党派基层组织建立健全学习、述职等制度，支持开展作风建设，提高组织规范化水平。

【党外知识分子和新的社会阶层人士统战工作】 2022年，县委统战部将党外知识分子和新的社会阶层人士统战工作纳入全县统战工作要点，邀请党外知识分子和新的社会阶层人士代表参加统战重要活动。建立《党外知识分子工作联席会议制度》《新的社会阶层人士统战工作联席会议制度》；举办新的社会阶层人士暨党外知识分子培训班，引导坚定理想信念、增进政治认同、站稳政治立场，在全县形成一定数量的代表人士队伍。10 月 9 日，成立保亭县新的社会阶层人士联谊会，发挥党外知识分子、新的社会阶层人士和归国留学人员在促进全县高质量发展中的作用。

【统战服务民营经济】 2022 年，县委统战部认真贯彻落实中央、省委和县委关于新时代民营经济统战工作的要求，制定出台《中共保亭黎族苗族自治县委统一战线工作领导小组 2022 年工作要点》《保亭黎族苗族自治县非公有制经济领域统一战线工作联席会议制度》等文件，发挥促进民营经济发展联席会议机制作用，研究企业反映的诉求问题，部署民营经济有关工作。组织开展民营经济人士理想信念培训班、党的二十大精神、“春雨润苗”暨自贸港普法、法律讲堂等政策宣讲等活动 5 场次，帮助企业家增强政治素养；贯彻《海南省政商交往行为指引清单（试行）》等文件精神，开展民营经济代表人士廉洁教育活动，观看反腐警示专题片，引导民营企业廉洁从业、合规经营，自觉维护亲清政商关系。指导工商联定期开展“工商联主席接待日”“检察接待日”活动，适时召开民营企业家座谈会、工商联主席会议和涉企部门专题会议等，搭建政企亲清关系交流平台和高效解决问题平台。年内，累计组织召开有关座谈会、专题会 7 次，“工商联主席接待日”累计开展 22 期，“检察接待日”6 期，收集企业诉求 86 个，帮助解决 67 个，获赠致谢锦旗 6 面。年内，县工商联与县人民检察院共建沟通联系机制入选全国工商联、最高检 100 对工商联与检察机关沟通联系机制典型事例。成立保亭县光彩事业促进会，鼓励和引导民营企业积极践行光彩精神，履行社会责任。广泛动员全县民营企业和工商联基层商协会参与支持保亭县疫情防控、希望工程圆梦行动和乡村振兴工作等。全年 70 余家企业参与消费助农行动，累计消费 140 万元；48 家爱心企业参与圆梦助学、公益捐赠等公益行动，累计捐资 36.8 万元；70 家民营企业参与疫情防控工作，累计捐赠物资价值 100 万元。

2022年2月18日，保亭县2022年民营企业家座谈会召开，听取民营企业代表意见和建议 （县委宣传部 供）

【对台事务】 2022 年，县委统战部撰写的《我们都是一家人》入选中央统战部“讲述·非凡十年”专栏。利用海峡两岸交流基地槟榔谷示范项目交流平台，做好琼台两岸少数民族文化与经贸交流，全年接待 1 批 50 人次交流参访团，深化两岸融合发展，助推保亭经济社会发展；利用重大节假日，开展困难台胞台属慰问，慰问 28 人次，慰问金 2.37 万元；推进保亭海峡两岸交流基地重点项目建设，协调解决项目推进过程中存在的重难点问题；通过座谈会和走访方式，了解台胞台属、香港同胞需求，走访台胞台属 12 次，协调帮助台胞台属补办台胞证；协助县人民法院、保城镇派出所对非法侵占台商承包土地的案件进行强制清场，保护台商合法权益，增强台湾同胞对中国特色社会主义司法制度的认同感和获得感。

机构编制管理

【概况】 2022年，保亭县委机构编制委员会办公室（以下简称县委编办）聚焦机构编制主业，规范机构编制管理。有序推进综合执法、教育、医疗卫生体制机制改革，配合县委组织部、县人社局做好机构编制监督审核工作、优化事业单位登记管理服务，进一步巩固党政机构改革成果，健全完善机构职能体系，持续优化事业单位管理。

【机构改革】 2022年，保亭县持续深化机构改革，提高机关运行效能。

综合行政执法体制改革 在县综合行政执法局3个内设机构分别设主任1名（不定级别）。在8个执法大队内设置执法中队，并对各行政执法大队事业编制数进行调整。动态调整县综合行政执法事项，陆续将相关单位行政处罚事项移交县综合行政执法局承担。县旅文局将“擅自从事娱乐场所经营活动的取缔”的行政处罚事项划转给县综合行政执法局承担。县人社局将“以实物、有价证券等形式代替货币支付农民工工资”等13项行政处罚事项划转给县综合行政执法局承担。

中小学教职工编制改革 建立统一管理、统筹调配的中小学教师“县管校聘”制度，对中小学教职工编制实行总量管理，不再具体核定编制到学校，由县教育局根据各学校实际数据将中小学教职工编制进行二次分配，并向县委编办备案。省核定保亭县中小学教职工编制总数1566名，实际超编84名（不含幼儿园教职工空编10名），主要是因为省委编办年内重新核定保亭县中小学教职工编制时，核减教职工编制62名，虽逐年逐步消化仍有超编。

医疗卫生系统编制改革 县医疗卫生专项编制实行总量管理，不再核编到具体的医疗卫生单位，由县卫健委和县医疗集团结合服务人口、床位数及人才引进等使用需求分别对所管理的医疗单位进行统一调配并报县委编办备案。

【机构编制管理】 2022年，县委编办持续做好机构编制监督审核、事业单位登记管理服务等工作。

机构编制监督审核 在年度公务员、事业人员及人才招考中审核拟招考单位人员编制情况，提出招考意见，把好机构编制监督审核关。年内，审核同意招录党政群机关公务员25人、乡镇公务员38人；同意招聘事业编制人员47人。办理入编手续168人，其中公务员招录38人，教育系统招聘53人，卫生系统招聘19人，事业单位招聘47人，外县调入2人。

机构编制资源优化配置 根据行政复议体制改革需要，为加强县行政复议工作力量，将县市监局1名县级行政编制空编调剂给县司法局，转换为司法系统政法专项编制。收回县粮储中心等单位共38名财政预算管理事业编制空编。收回县纪委监委等单位共26名机关工勤事业编制空编。增加县委政策研究中心等单位28名财政预算管理事业编制，增强发改、资规、财政等部门下属事业单位的工作力量，服务保亭“三区三地”高质量发展重点工作。

事业单位登记管理服务 加强对事业单位的监督管理，对已办理登记的事业单位上一年度执行条例和细则情况进行认真审查，在政府门户网站公示事业单位年度报告，接受社会监督。全年共受理事业单位法人设立登记4家、变更登记76家。办理统一社会信用代码赋码变更29家，完成率100%。事业单位法人年度报告公示91家，完成率100%。注册中文域名217个，其中政务域名58个、公益域名159个。

【健全完善机构职能体系】 2022年，保亭县进一步巩固党政机构改革成果，完善部门机构职能运行体系，解决各部门职责交叉重叠问题。将县生态环境局负责的农村生活污水治理职责划转给县农业农村局（县水务局）承担。持续抓好部门“三定”规定制定、修订工作。全年修订、制定县接待服务中心等118个单位机构编制方案。编制印发部门责任清单。机构改革后，为切实形成职权法定、公开透明的政府职能体系和科学有效的权力监督制约机制，更好地促进保亭县依法行政工作，由县委编办牵头，县司法局委托第三方编制保亭县责任清单。责任清单涵盖27个县直部门和9个乡镇政府行政职能，明确各部门职责边界和部门内部机构职责分工。7月21日，县政府印发并在政府网站公布保亭黎族苗族自治县责任清单。

【优化事业单位管理】 2022年，保亭县优化事业单位管理，设立、撤销相关事业单位。设立县人大常委会研究中心、县政府和社会资本合作中心和县残疾人综合服务中心，撤销县交通服务管理中心和3个乡财政所，进一步优化保亭县事业单位管理。为理顺事业单位与行业分管部门的工作关系，调整县粮储中心等5个县级事业单位隶属关系，提高工作效率。开展公办幼儿园人员总量管理试点。为积极稳妥有序推进公立幼儿园人员总量控制管理工作，结合全县实际情况，制定印发《保亭黎族苗族自治县公办幼儿园人员总量管理试点实施方案》。此方案将县幼儿园（含芙蓉分园）和海口市港湾幼儿园保亭实验幼儿园纳入试点范围，进行人员总量管理。

（撰稿　陈　键）

机关党建

【概况】 2022年，保亭县委直属机关工委（以下简称县直机关工委）以习近平新时代中国特色社会主义思想为指导，认真落实新时代党的建设总要求，自觉运用党的百年奋斗历史经验，弘扬伟大建党精神，紧紧围绕县委县政府中心工作，持续建强机关基层党组织。

【机关思想政治建设】 2022年，县直机关工委抓好党员教育培训规划落实，分类分层次举办入党积极分子、发展对象、新党员、党务工作者培训班8期，培训680余人次。落实党内关怀帮扶制度。做好9名老党员“光荣在党50年”纪念章颁发工作；走访慰问生活困难党员、老党员127名，送出慰问金（品）11.77万元。开展观影周活动，举办思想政治教育电影周活动80场，将观影活动与思想政治教育相结合，增强党员干部职工队伍凝聚力。组织形式多样的文体活动，举办县直机关“喜迎二十大·球场展风采”先锋杯篮球赛、启航杯乒乓球赛、“献礼二十大·颂声献给党”咏诵比赛活动，丰富机关党员干部职工文化体育娱乐生活。创新主题党日活动形式，开展“弘扬良好家风　喜迎党的二十大”主题党日活动。组织机关党组织以“三个一”为主要活动形式，引导机关广大党员涵养新时代共产党人的良好家风。以赛促学促思，开展“能力提升建设年”党的知识竞赛活动，245个党组织4281人在活动中以赛促学，营造比学赶超氛围。

【机关党的组织建设】 2022年，县直机关工委加强党支部标准化规范化建设，推动机关党组织全面进步。新成立离退休党支部11个党组织；撤销3个党组织；指导31个党组织完成换届选举工作；35个党组织完成班子补选工作，配齐配强党组织领导班子。按照每个机关党委5万元/年、党支部1万元/年和每名党员200元/年的标准，组织县直机关各级党组织将党建工作经费纳入年度财政预算；完成15个非预算单位党组织25.02万元党建经费下拨工作。抓好“五好”党支部创建和软弱涣散党支部整顿

2022年2月28日，保亭县召开2021年度县直机关党委书记抓基层党建工作述职评议会

（县直机关工委　供）

工作，指导机关创建 7 个“五好”党支部；完成 5 个软弱涣散党支部整顿工作。抓好机关发展党员工作，全年接收预备党员 40 人。

【党建与业务融合】 2022 年，县直机关工委指导县直机关基层党组织和党员干部在疫情一线充分发挥基层党组织的战斗堡垒作用和党员先锋模范作用。指导机关党组织划定 85 个党员责任区，设立 122 个党员先锋岗，组建 42 支党员突击队，29 支党员志愿服务队，充分发挥机关基层党组织的战斗堡垒作用和党员先锋模范作用。

（撰稿　李玫玲）

党校教育

【概况】 2022 年，保亭县委党校（以下简称县委党校）坚持将党校姓党根本原则贯穿党校工作全过程和各方面，深入学习贯彻习近平新时代中国特色社会主义思想和党的二十大精神，抓好办学治校工作，提升办学治校能力水平，开创党校工作新局面。

【科研咨政】 2022 年，县委党校科研咨政取得新突破。获得全省党校系统调研课题立项 3 项，完成结项 3 项；发表学术论文 1 篇，入选全省党校系统理论研讨会论文集论文 2 篇；与海南大学经济学院开展的院校合作咨政课题《海南自贸港文旅产业园优化发展新思路与建议》获得省社科联立项；与海南大学经济学院、海南省开放型经济研究院共同参编调研《大美保亭和谐共生——保亭旅游企业可持续发展典型案例》；指导中青班学员完成咨政报告撰写 4 篇，呈报县委获县委领导批示，其中县委书记穆克瑞肯定性批示 2 篇，发挥了智库作用。

【理论宣讲】 2022 年，县委党校选派 3 名专职教师和 1 名领导干部深入保亭县部分乡镇、村委会和县直机关、企事业单位就学习贯彻党的十九届六中全会和党的二十大精神开展宣讲活动，宣讲 20 场次，参与听讲的基层党员干部群众 1400 余人，加深了基层党员干部群众对党的十九届六中全会和党的二十大精神的理解和认识，增强了贯彻落实思想自觉和行动自觉，推动党的十九届六中全会和党的二十大精神落地见效。

【教学培训】 2022 年，县委党校聚焦主责主业主课，深化教学改革，抓好干部教育培训工作。将习近平总书记视察海南重要讲话和关于海南工作的重要指示批示精神、党的二十大和省第八次党代会精神等重要内容纳入党校干部教育培训课程，课程设计中突出理论教育和党性教育主课地位，抓好干部教育培训，全年举办中青班等各类班次 39 期，培训学员 4015 人次。举办中青班、初任公务员培训班等重要班次，承办“三区三地”讲坛 2 期，培训各级干部约 800 人次。承担组织部门主体班次占比 84.2%，完成“能力提升建设年”大培训各项任务。将“领导干部到党校作专题报告、讲学与学员座谈的学时没有达到主体班次总课时的 20%”问题作为堵点，加强同县委办、县委组织部沟通协调，使领导干部到党校授课形成常态，58 名领导干部到党校授课 64 场次，占比主体班总课时的 22.4%，首次实现目标。深化教学改革，在 11 个班次中，设置“案例教学”“情景模拟”等互动式教学课程，促进学员提升在案例

2022年11月4日，县委副书记、县长王惠仙为中青班学员作题为《锻造一支坚定践行“三区三地”战略、执行力强的干部队伍》的专题授课

（县委党校　供）

分析、场景设置中发现、分析、解决问题的能力。在中青班中，首次开展“主题党日”活动、党性分析会和“两带来”教学活动。在培训时间较长的班次中，共安排14场（次）现场教学环节，通过教学方式方法创新，教学过程由单向输入转为双向互动，推动形成教学相长局面。加强学风校风建设和学员管理，强化纪律教育，严肃培训纪律，召开入学纪律强调会，发挥班委（临时党支部）作用，落实学习培训、安全保密、廉洁自律等规定，教育引导学员增强纪律意识和规矩意识，强化学员自我约束。实行闭环管理，发挥管理效能，签订意识形态承诺书、教学评估、培训反馈等，帮助学员解决培训中遇到的困难和问题，受到参训学员一致好评和各相关单位充分肯定。深入拓展开放办学，县委党校与海南大学马克思主义学院和经济学院签署合作协议。推动完成校地合作建设，加挂“海南大学马克思主义学院习近平新时代中国特色社会主义思想传习所”“海南大学经济学院学生实习实践基地”等3块牌子，为双方深入合作提供平台载体；开展交流调研等活动8场（次），邀请18名专家学者到党校15个培训班次进行授课；为县委党校教师在教学布局、教学技巧方面提供学习借鉴平台，提升教师队伍教学水平。创新中青班课程设置，教学内容、活动灵活多样，教学内容涵盖理论教育、党性教育等，具有针对性和实效性。

（撰稿　黄　旭）

史志编研

【概况】 2022年，保亭县委史志馆（以下简称县委史志馆）以存史资政育人为根本任务，以能力提升建设为目标，持续提升修志编鉴业务能力水平。年内，印发《保亭黎族苗族自治县史志事业发展规划（2021—2025年）》。

【年鉴编纂】 2022年，县委史志馆完成《保亭年鉴（2021）》编纂出版工作，发行330本。《保亭年鉴（2021）》在保持主题框架基本稳定的基础上，设有25个类目，增设特辑（保亭县脱贫攻坚决胜收官、保亭县“十三五”规划总结评估报告）、文保单位选介、人物、文献法规等内容，变化目录排版，全书更丰富规范。启动《保亭年鉴（2022）》资料征集编纂工作，完成出版。完成《海南年鉴（2022）》保亭篇承编工作，形成文字4200字、图片4张的文图资料报送省室（办）。

【党史资料征编】 2022年，县委史志馆持续推进党史资料征编。根据《中国共产党保亭历史（二卷）》的征求意见，修改完成评议稿送省室（办）及省史志专家进行审稿，11月组织召开专家评审会，收集审稿意见完成修改形成送审稿。继续对《中国共产党保亭历史（三卷）》初稿进行审改。5月，启动《琼崖红色故事》（保亭篇）编纂工作，收集相关资料并组织编纂。开展保亭县红色资源普查，厘清普查对象16个，形成调研报告1篇。

【地方志资料收编】 2022年，县委史志馆完成《保亭大事记（1935—2015）》出版及印刷工作。完成保亭县2022年度年报资料的整理编纂工作，形成2021年度大事记、主体业务、文献资料、专题资料四个部分文字以及8张图片的文图资料报送省室（办）。印发《保亭黎族苗族自治县乡镇志编纂工作方案》。推动《保城镇志》《三道镇志》编纂工作，《三道镇志》处在复审稿复审阶段。完成《海南省扶贫志》初稿第二轮修改。开展《我所经历的脱贫攻坚口述史料》（保亭县6人）稿件修改。

【史志宣发】 2022年，县委史志馆持续开展史志进机关、进社区、进乡村、进学校活动，充分发挥史志鉴书籍“资政、育人”的作用，使史志主业与服务群众紧密联系。向全县各单位、乡镇发放《保亭年鉴（2020）》《保亭年鉴（2021）》等书，联合党校向新党员发放《中国共产党保亭历史（一卷）》，积极对接县档案馆、保城镇城南社区以及全县12个村委会联系发放史志鉴书籍。发放书籍：党史类911本、年鉴类1722本、县志18本。参加2022年保亭县新党员党性教育专题培训班共3期，向全县新党员讲述保亭党史及保亭革命先辈的光辉事迹，参加培训300人。

保亭县人民代表大会

综　述

【概况】 2022年，保亭县人民代表大会常务委员会（以下简称县人大常委会）召开主任会议13次，召开县人大常委会会议10次，听取和审议16个监督方面的报告，组织2项执法检查，开展9项专题调研，发出13份审议意见，依法行使人大立法权、监督权、人事任免权及重大事项决定权。听取审议县政府2021年环境状况和环境保护目标完成情况报告，推动县政府健全生态环境保护长效机制、解决水污染的突出问题、加大大气污染防治力度。组织常委会对《保亭黎族苗族自治县七仙文化广场保护管理规定》实施情况进行执法检查，开展旅游发展情况专题调研，巩固全域旅游示范县创建成果、融入三亚经济圈，推动旅游高质量发展。听取审议县人大常委会调研组关于2022年县重点（重大）项目建设情况调研报告，督促县政府加大对项目的推进力度，为重点项目建设提供要素保障。组织开展垦地融合调研，形成调研报告，综合分析保亭县当前垦地融合存在的土地纠纷、规划融合、重点投资项目推进、民生事业历史欠账、基层组织建设和县属农场体制改革六大方面18个问题，针对性提出24条意见建议。

【县人大常委会制度建设】 2022年，县人大常委会出台2项工作制度，即县十六届人大常委会第四次主任会议通过的《保亭黎族苗族自治县人大常委会联系指导乡镇人大工作办法（试行）》，县十六届人大常委会第六次主任会议通过的《保亭黎族苗族自治县人大代表活动经费管理使用实施办法》。

【人大立法】 2022年1月8日，在保亭县第十六届人民代表大会第一次会议上表决通过《保亭黎族苗族自治县人民代表大会关于修改〈保亭黎族苗族自治县自治条例〉的决定》，3月25日海南省第六届人民代表大会常务委员会第三十五次会议批准，4月1日县人大常委会进行公告。

【依法治县】 2022年3月，县人大常委会调研组对县人民政府及其工作部门2021年推进法治政府建设的情况开展专题调研，形成《保亭黎族苗族自治县人民政府关于2021年度法治政府建设工作情况的报告》的初审意见，针对规范性文件备案审查工作有待加强、基层执法队伍存在力量不足、一些关键部门和岗位的法律人才缺位严重等问题，提出加强行政规范性文件备案审查工作、加强法治队伍建设、加大监管力度等工作建议。

【人事任免】 2022年，县人大常委会依法任命76人，依法免职27人。组织宪法宣誓7场。依法接受1名省六届人大代表辞去省代表职务，补选省人大代表1

名。依法确认5名县十六届人大代表资格终止和4名县人大常委会组成人员职务相应终止。

重要会议

【县十六届人大一次会议】 2022年1月5—8日，在县影剧院召开保亭县第十六届人民代表大会第一次会议。会议听取和审议县人大常委会主任王秀美关于县人民代表大会常务委员会工作的报告，县人民政府县长王惠仙关于政府工作的报告，县人民法院院长严家亮关于县人民法院工作的报告，县人民检察院检察长闫宇辉关于县人民检察院工作的报告，审查关于保亭县2021年国民经济和社会发展计划执行情况与2022年国民经济和社会发展计划草案的报告，关于保亭县2021年预算执行情况和2022年预算草案的报告。

会议表决通过关于政府工作报告的决议，关于保亭县2021年国民经济和社会发展计划执行情况与2022年国民经济和社会发展计划的决议，关于保亭县2021年预算执行情况和2022年预算的决议，关于保亭县人民代表大会常务委员会工作报告的决议，关于保亭县人民法院工作报告的决议，关于保亭县人民检察院工作报告的决议，关于《保亭黎族苗族自治县自治条例修正案》的决定。

会议选举王秀美为县人大常委会主任，樊朝睿、许录游、李海雄、李锦权为县人大常委会副主任，选举万象新、马向东、王令令、关若英、李华新、李闻文、杨肖息、杨慧萍、连学魁、佘灵芝、陈涛、陈娟娟、林师、林维、周小华、周建华、周霖、胡明日、黄蔚伟、樊超为保亭县第十六届人民代表大会常务委员会委员。会议选举王惠仙为县人民政府县长，冯亚全、詹天凯、刘云球、孙国培、吕妍、王刚、林德国为副县长，严家亮为县人民法院院长，闫宇辉为县人民检察院检察长，钟耿为县监察委员会主任。

【县十六届人大二次会议】 2022年11月25—26日，在县融媒体中心召开保亭县第十六届人民代表大会第二次会议。会议选举张毅、张东斌、邓云秀、李云庄、穆克瑞、王惠仙、王秀美、万象新、邓明天、杨欣欣、黄子霖、曾永丽为海南省第七届人民代表大会代表。

【县人大常委会会议】 2022年，县人大常委会召开县十六届人大常委会会议10次。

2022年3月8日，召开县人大常委会第一次会议。会议决定设立保亭县第十六届人民代表大会常务委员会代表资格审查委员会。李锦权为主任委员，佘灵芝为副主任委员，连学魁、陈娟娟、樊超为委员。会议任命邢福智为县人大常委会选举任免联络工作室主任，李英挺为县人民政府副县长，张保山为县人民政府副县长，程文刚为县人民政府副县长，陈涛为县人民政府办公室主任，周勇志为县发展和改革委员会主任，韩琪为县自然资源和规划局局长，黄武为县生态环境局局长，王刚为县农业农村局局长，冯清松为县科技和工业信息产业局局长，李东元为县人力资源和社会保障局局长，高淑兰为县教育局局长，黎萍华为县卫生健康委员会主任，刘云球为县公安局局长，王德章为县司法局局长，刘锐为县民政局局长，周程为县民族事务局局长，林德国为县住房和城乡建设局局长，梁汉荣为县交通运输局局长，李雄为县审计局局长，高政信为县退役军人事务局局长，冯保华为县应急管理局局长，符发为县市场监督管理局局长，陈捷为县医疗保障局局长，文唐斌为县乡村振兴局局长，陈立强为县行政审批服务局局长，刘冰山为县综合行政执法局局长，黄兹文为县林业局局长。会议任命王月蕾、陈方瑜、陈立勇、陈武、林建宏、赵攀、黄思远为县人大常委会法制工作委员会委员（兼职）；王亚婷、王程锋、羊盛旺、安明亮、余任钦、陈远庭、胡孟琦为县人大常委会财政经济工作委员会委员（兼职）；许书礼、李水晶、陈灿强、周夕闲、周麒修、郑云霓、黄宏娟为县人大常委会社会建设工作委员会委员（兼职）；王必全、王和俊、朱坚良、邱宇光、陈英、唐其梅、黄子欢为县人大常委会教科文卫民侨工作委员会委员（兼职）。任命简畅为县人民法院审判委员会委员、刑事审判庭庭长；符祥毛为县人民法院民事审判庭庭长；赵攀为县人民法院审判委员会委员、金江人民法庭庭长；周中芹为县人民法院立案庭副庭长；蔡莹为县人民法院审判委员会委员、审判员。会议免去王律县人大常委会选举任免联络工作室主任职务，邢福智县人民政府办公室主任职务，梁琼县人力资源和社会保障局局长职务，谭飞县退役军人事务局局长职务，黄宏强县统计局局长职务，陈家文县应急管理局局长职务，吴凌云县旅游和文化广电体育局局长职务，王雄县生态环境局局长职务，龙云县交通运输局局长职务，简畅县人民法院刑事审判庭副庭长职务，符祥毛县人民法院金江人民法庭庭长职务，赵攀县人民法院民事审判庭副庭长职务，黄盛全县人民法院刑事审判庭庭长职务。

2022 年 3 月 29 日，召开县人大常委会第二次会议。会议审议通过《保亭黎族苗族自治县人民政府关于 2021 年度法治政府建设工作情况的报告》,审议《保亭黎族苗族自治县人民政府提请审议关于“八五”法治宣传教育的决议（草案）的议案》，审议通过《保亭黎族苗族自治县人民政府关于 2021 年度环境状况和环境保护目标完成情况的报告》，审议通过《保亭黎族苗族自治县第十六届人民代表大会常务委员会代表资格审查委员会关于个别保亭黎族苗族自治县第十六届人民代表大会代表的代表资格的报告》。任命周杰为县监察委员会委员,杨华为县监察委员会委员，免去朱德山的县监察委员会委员职务。会议决定接受陈涛辞去保亭县第十六届人民代表大会代表职务的请求，终止陈涛保亭县第十六届人民代表大会常务委员会委员职务，报县十六届人民代表大会备案。

2022 年 5 月 13 日，召开县人大常委会第三次会议。会议审议保亭县人民政府关于提请报送不编制保亭县县属国有企业国有资本经营预算的议案，表决通过《关于批准不编制保亭县 2022 年国有资本经营预算的决定》，审议保亭县人大常委会执法检查组关于《中华人民共和国未成年人保护法》实施情况的执法检查报告，审议通过保亭县人大常委会调研组关于县人民法院刑事审判工作情况的调研报告，审议通过保亭县人大常委会调研组关于县人民检察院开展认罪认罚从宽制度的调研报告。会议任命郑香宙为县统计局局长，李雄为县财政局局长，关若英为县旅游和文化广电体育局局长，姜国强为县人民法院副院长、审判委员会委员、审判员，陈云桦为县人民法院审判员。会议免去陈宝星县人大常委会财政经济工作委员会副主任职务，陈达洲县财政局局长职务，李雄县审计局局长职务。会议补选巴特尔为海南省第六届人大代表。会议决定接受关若英辞去保亭县第十六届人民代表大会代表职务的请求，终止关若英保亭县第十六届人民代表大会常务委员会委员职务，报县十六届人民代表大会备案。

2022 年 6 月 9 日，召开县人大常委会第四次会议。会议任命叶厉豪为县人民政府副县长，免去詹天凯县人民政府副县长职务。

2022 年 7 月 28 日，召开县人大常委会第五次会议。会议审议通过县政府关于 2020 年度县本级预算执行和其他财政收支审计披露问题整改落实情况报告，审议通过县政府关于 2021 年度保亭县财政决算（草案）的议案，审议通过县政府关于 2021 年度县本级预算执行和其他财政收支的审计工作报告，审议通过县政府关于 2022 年上半年国民经济和社会发展计划执行情况的报告，审议通过县政府关于 2022 年上半年地方财政预算执行情况的报告，审议通过县人大常委会执法检查组关于《保亭黎族苗族自治县七仙文化广场保护管理规定》实施情况的执法检查报告，审议通过县人大常委会调研组关于保亭县垦地融合发展情况的调研报告，审议通过保亭县第十六届人民代表大会常务委员会代表资格审查委员会关于个别保亭县第十六届人民代表大会代表的代表资格的报告。会议任命陈立强为县司法局局长，侯宏燕为县行政审批服务局局长。会议免去李英挺县人民政府副县长职务，王德章县司法局局长职务，陈立强县行政审批服务局局长职务，王开武县人民法院立案庭庭长职务。

2022 年 9 月 30 日，召开县人大常委会第六次会议。会议审议通过县人民政府关于提请审议 2022 年财政预算调整方案（草案）的议案，会议决定批准《关于批准 2022 年县级财政预算调整方案的决议（草案）》的议案，会议审议通过县人民政府关于2021年国有资产管理情况的综合报告，会议审议通过县人民政府关于行政事业性国有资产管理情况的专项报告，会议审议通过县人大常委会调研组关于保亭县旅游发展情况调研报告，会议审议通过县人大常委会调研组关于城乡居民医疗保险工作落实情况调研报告，会议审议通过县人大常委会调研组关于保亭县农田水利设施和耕地保护情况调研报告，会议审议通过保亭县第十六届人民代表大会常务委员会代表资格审查委员会关于个别保亭县第十六届人民代表大会代表的代表资格的报告。会议任命周杰为县住房和城乡建设局局长，周向阳为县农业农村局局长，王生华为县监察委员会委员。会议免去林德国县住房和城乡建设局局长职务，王刚县农业农村局局长职务，周杰县监察委员会委员职务，汤玲燕县人民法院审判员职务。会议决定接受周向阳辞去保亭县第十六届人民代表大会代表职务的请求，报县十六届人民代表大会备案。

2022年11月17日，召开县人大常委会第七次会议。会议审议通过《保亭黎族苗族自治县人大常委会关于召开保亭黎族苗族自治县第十六届人民代表大会第二次会议的决定（草案）》，审议通过《保亭黎族苗族自治县第十六届人民代表大会第二次会议主席团和秘书长名单（草案）》，审议通过县人民政府关于提请将南林乡片区土地征收成片开发纳入国民经济和社会发展计划的议案，会议决定批准《保亭黎族苗族自治县人大常委会关于接受郭奕秋辞去海南省第六届人民代表大会代表职务的决议（草案）》。会议接受郭奕秋辞去海南省第六届人民代表大会代表职务的请求，报海南省第六届人民代表大会常务委员会备案。

2022年11月25日，召开县人大常委会第八次会议。会议审议通过保亭县第十六届人民代表大会常务委员会代表资格审查委员会关于个别保亭县第十六届人民代表大会代表的代表资格的报告。会议任命陈海佳为县自然资源和规划局局长，朱寿伟为县综合行政执法局局长。免去孙国培县人民政府副县长职务，韩琪县自然资源和规划局局长职务，刘冰山县综合行政执法局局长职务。会议决定接受孙国培辞去保亭县第十六届人民代表大会代表职务的请求，报县十六届人民代表大会备案。

2022年12月13日，召开县人大常委会第九次会议。会议审议通过保亭县第十六届人民代表大会常务委员会代表资格审查委员会关于个别保亭县第十六届人民代表大会代表的代表资格的报告。会议决定接受李闻文、佘灵芝辞去保亭县第十六届人民代表大会代表职务，李闻文的县十六届人大常委会委员职务、佘灵芝的县十六届人大常委会委员职务及其县十六届人大常委会代表资格审查委员会副主任委员职务相应终止，报县十六届人民代表大会备案。

2022年12月19日，召开县人大常委会第十次会议。会议审议通过《保亭黎族苗族自治县人大常委会关于召开保亭黎族苗族自治县第十六届人民代表大会第三次会议的决定（草案）》，审议通过《保亭黎族苗族自治县第十六届人民代表大会第三次会议主席团和秘书长名单（草案）》，审议通过《保亭黎族苗族自治县第十六届人民代表大会第三次会议议案审查委员会主任、副主任、委员名单（草案）》，审议通过保亭县第十六届人民代表大会第三次会议列席人员范围（草案），审议通过县人大常委会调研组关于保亭县2022年重点（重大）建设项目推进情况的调研报告，审议通过县人大常委会调研组关于保亭县普通高中教育发展情况的调研报告，听取县人大常委会选任联工作室关于保亭代表团省六届人大代表履职情况的报告。

人大监督

【概况】 2022年，县人大常委会听取和审议各类监督工作报告16个。其中，专项工作报告7个、综合报告1个、计划预算监督报告6个。开展执法检查2项、专题调研9项。

【法治建设监督】 2022年，县人大常委会强化民主法治建设监督，助推法治保亭建设。落实中央全面依法治国重大决策部署，作出在全县开展第八个五年法治宣传教育的决议。听取审议2022年度法治政府建设情况报告，推进习近平法治思想在保亭县贯彻落实，为保亭高质量发展营造良好法治环境。开展刑事审判工作、认罪认罚工作专题调研，在维护司法公正、优化营商环境中发挥积极作用。

【规范性文件备案审查】 2022年，县人大常委会坚持地方立法与党委决策同频率、与上位法相匹配。围绕社会热议的生育政策，组织开展对《保亭黎族苗族自治县自治条例》中第四十五条涉及生育内容的修正工作。协助省人大常委会开展涉及计划生育内容法规及其他规范性文件的专项清理工作。听取审议法工委《2022年规范性文件备案审查年度总结报告》，对21件现行规范性文件进行审查，坚持"有件必备、有备必审、有错必纠"，提出不符合相关法律规定和精神的修正意见建议17条，维护宪法法律权威。

【执法检查】 2022年5月，县人大常委会执法检查组开展《中华人民共和国未成年人保护法》实施情况执法检查。7月，开展《保亭黎族苗族自治县七仙文化广场保护管理规定》实施情况执法检查。

人大代表工作

【人大代表履职能力培训】 2022年4月，县人大常委会根据《中华人民共和国全国人民代表大会和地方各级人民代表大会代表法》有关规定，为使新一届县人大代表明确自身权利、义务和责任，提升保亭县十六届人大代表的依法履职能力，为打造"三区三地"和实现保亭高质量发展贡献人大代表力量，组织县十六届人大代表、县人大机关干部135人在县委党校开展2期"保亭县十六届人大代表及人大机关干部履职能力提升专题培训"。

2022年6月，组织各乡镇人大主席及人大业务骨干、县人大常委会机关各工委室干部30人在县图书馆举办"贯彻落实省第八次党代会精神暨县乡人大工作人员能力提升培训班"。

【代表履职平台建设】 2022年，县人大常委会畅通代表联系渠道，健全完善9个乡镇代表联络站和56个村级代表之家工作制度，172名县级和517名乡镇级代表全部编组进站工作，有序开展代表小组活动，通过代表联络站和代表之家收集群众意见建议539条，向县人大常委会、乡镇人大主席团及政府提出意见建议443条，为促进社会经济高质量发展建言献策。组织578名代表投入当地疫情防控工作，各级代表在社会治理中发挥积极作用。邀请基层人大代表130人次参加县人大常委会、"一府一委两院"组织的调研、座谈、开放日等活动，拓宽代表知情知政渠道。

【代表建议督办】 2022年，县人大常委会完善议案建议督办机制，对11件重点建议实行常委会领导牵头督办，推动解决毛岸片区3个净水厂用地问题，近万名群众饮用水项目的土地要素得到保障。加强督办联动，会同县政府召开2次代表建议督办会，答复县十六届人大一次会议代表提出的188件建议、批评和意见。

【各类代表活动】 2022年1月21日至24日，保亭代表团11名省人大代表参加海南省第六届人民代表大会第五次会议，代表团向大会提交12件建议。

调研与视察

【调查研究】 2022年，县人大常委会成立调研组，围绕县人民法院刑事审判工作情况、县人民检察院开展认罪认罚工作情况、保亭县旅游发展情况、城乡居民医疗保险工作落实情况、县政府2020年以来审计工作报告披露问题整改情况、2022年县重点项目建设开展情况、保亭县普通高中教育发展情况、保亭县农田水利设施和耕地保护情况、保亭县垦地融合情况开展9项专题调研，形成9篇调研报告，为县委、县政府决策提供工作参考。

刑事审判工作情况调研 2022年6月，围绕县人民法院刑事审判工作情况开展专题调研。针对司法理念转变不快、审案判案质效不高、制度改革深化不足的问题，建议县人民法院加快转变司法理念，增强惩罚、教育并重功能；加强审判队伍建设，提高刑事审判工作水平；不断推进机制建设，优化刑事案件审判环境。

认罪认罚工作情况调研　2022年6月，围绕县人民检察院开展认罪认罚工作情况进行专题调研。针对思想认识深化不够、量刑精度有待提升、值班律师作用不大、工作系统衔接不强的问题，提出进一步提高政治站位推进制度落实、提升量刑建议精准度确保规范适用、推动律师深度参与加强权利保障、强化沟通渠道建设确保有序联动的建议。

城乡居民医疗保险工作落实情况调研　2022年6月，围绕城乡居民医疗保险工作落实情况开展专题调研。针对群众参保意识有待提高、部门间的数据共享维护不及时、医保服务网络有待织密、定点医疗机构内部管理不够规范、城乡医保体系和队伍建设有待加强的问题，建议县人民政府继续加大政策宣传力度，不断增强全民医保意识，建立部门协同机制提高工作效率，织密医保服务网改进服务群众能力，加强定点医疗机构管理提高医疗服务水平，继续强化监管力度确保医保基金安全，加强医保行政和经办队伍建设提升服务水平。

2022年县重点项目建设情况调研　2022年6月，围绕2022年县重点项目建设情况开展专题调研。针对项目前期准备工作不扎实，重点项目土地要素制约问题比较突出，新开工项目进展喜忧参半，征地拆迁工作面临亟待解决的问题，对县人民政府及相关单位提出要提前谋划布局重点建设项目、重视项目前期准备工作、创新管理促项目等建议。

保亭县普通高中教育发展情况调研　2022年6月，围绕保亭县普通高中教育发展情况开展专题调研。对于基础教育质量较差、优质生源流失较大、师资力量薄弱、办学条件等方面的问题，对县人民政府提出加大对普通高中的支持力度、加强教师队伍建设、加快培育优质教育资源等建议措施，提升保亭县普通高中教育质量。

保亭县农田水利设施和耕地保护情况调研　2022年6月，围绕保亭县农田水利设施和耕地保护情况开展专题调研。重点了解保亭县农田水利设施和耕地保护总体情况，收集广大农民群众对农田水利设施和耕地保护工作普遍关心关切的问题。针对违法违规占用耕地“非粮化”“非农化”现象突出，撂荒地复耕工作开展较难，财政资金支持保障力度不够等问题，对县人民政府提出加大执法力度，坚决制止耕地“非粮化”“非农化”行为，引导农村土地流转，解决土地撂荒问题，加大财政支持力度，提供强有力的资金保障等一系列建议，保障粮食安全。

保亭县垦地融合情况调研　2022年，围绕保亭县垦地融合情况开展专题调研。重点了解保亭县农垦改革以来的进展和取得的成绩，同地方经济社会等方面的融合情况，对标省委关于加快推进垦地融合的部署要求，查找垦地融合中存在的堵点盲点问题，提出调整机构设置，再造高效工作新机制；加快规划融合，引领垦地融合发展；加大倾斜投入力度，补齐民生短板；加大建设力度，使垦区基层组织成为坚强的战斗堡垒等具体措施建议，为保亭发展赋新能。

保亭县人民政府

综　述

【概况】 2022年，保亭县人民政府（以下简称县政府）坚决贯彻落实党中央、国务院决策部署和省委、省政府工作安排，在县委正确领导下，统筹疫情防控和经济社会发展，全力实施“三区三地”发展战略，大力发展十大特色重点产业，加快建设“三大产业园区”，奋力开创保亭县高质量发展新局面，全县经济社会保持平稳健康发展。

【“十四五”规划建设】 2022年，保亭县推进“十四五”重点专项规划编制，印发实施《保亭黎族苗族自治县防震减灾“十四五”规划》《保亭黎族苗族自治县应急管理工作“十四五”规划》《保亭黎族苗族自治县安全生产“十四五”规划》《保亭黎族苗族自治县卫生健康事业“十四五”发展规划》《保亭黎族苗族自治县“十四五”生态环境保护规划》。

【康养产业发展】 2022年，保亭县明确发展十大特色重点产业主攻方向，把打造热带雨林温泉康养度假区、发展气候康养产业摆在突出位置。成立保亭黎族苗族自治县气候康养产业发展工作领导小组，下设办公室（设在县卫生健康委员会），卫健委主任兼任办公室主任，协调各成员单位开展各项工作。印发《保亭黎族苗族自治县气候康养产业发展三年实施方案（2023—2025年）》，为气候康养产业发展规划方向。成立海南自由贸易港健康医学研究院，推动相关研究项目和科技成果转化。2月7日，保亭县人民政府、海南省院士联合会、国家基层糖尿病防治管理办公室、海南自由贸易港健康医学研究院共同举办首届保亭健康高峰论坛暨院士大讲堂活动，众多健康医学领域的院士及专家学者齐聚一堂，就健康医学、健康产业等方面话题开展交流研讨。与海南省院士联合会建立全面战略合作关系，海南自由贸易港健康医学研究院正式挂牌成立，与博鳌乐城探索新型医养合作模式，神玉岛入选国家级全域森林康养试点。

【产业结构转型升级】 2022年，保亭县第一产业增加值25.84亿元，增长5.2%；第二产业增加值8.42亿元，增长27.2%；第三产业增加值34.82亿元，增幅为0。三次产业比重为37.4：12.2：50.4。全县固定资产投资37.43亿元，同比增长17.6%；地方一般公共预算收入完成4.14亿元，同口径增长14.7%；社会消费品零售总额完成16.93亿元，同比下降7%；旅游接待总人数219.71万人次，同比下降28.5%；旅游总收入13.7亿元，同比下降20.6%，旅游业受疫情冲击影响较大。城镇居民人均可支配收入36677元，增长0.9%；农村居民人均可支配收入16881元，增长7.6%。

【优化营商环境全面推进】 2022年，保亭县优化三个工作专班运行机制，用心服务企业。创新推出“咖啡时间——政商对话加速跑”交流沟通平台，为208家企业解决难题242个，入选海南省政商交往正面典型案例，成为保亭优化营商环境的“金字招牌”。市场监管领域实现历史性三个突破，省营商专班反馈问题办结率95.7%，动态排名海南省第三。“新官理旧账”，以诚信政府引领诚实守信营商环境建设，解决15个不动产登记历史遗留问题，24个连队854户居民饮水问题，七仙岭风景名胜区总体规划近30年未调整等问题，获得群众点赞，获赠锦旗28面。

【社会投资引进】 2022年，保亭县印发《2022年保亭县扩大有效投资十条措施》，推动“项目建设年”发展。谋划产业招商项目61宗，在全国4个省市开展保亭招商推介会4次，邀请超300余家企业500余名代表参加。参加日欧美同学会（中国留学生人员联谊会）第九届年会暨海归创新创业海南自贸港峰会的生物医药论坛，三亚招商引资项目全球推介大会，三亚徽商论坛等各类活动，进行招商推介及宣传。在全社会投资项目监管平台录入2022年500万元以上固定资产项目101宗，录入2023年“新开工”500万元以上固定资产投资项目121宗。

【项目建设服务推进】 2022年，保亭县推出“企业一站式”服务，接洽各意向投资企业和商协会140余家。积极落实招商引资“一企一策”事项，自专班成立以来，拟签订协议23宗，签订19家，计划总投资47.5亿元。做好扩大投资奖励测算，协助6家企业办公选址，14家企业在保亭县进行公司注册。汇总保亭县闲置资产30处，建筑面积约17567.07平方米，意向招商项目45宗，推动9宗项目开工。向县各单位分解下达500万元以上投资项目任务，开展“按季抓、月通报、周调度”、每月招商引资、重点项目建设推进情况的通报督导。开展“三服务”（服务基层、服务企业、服务民生）活动，现场解决项目存在问题。争取上级部门项目资金支持，申报2023年提前批专项债项目29宗，拟申报专项债116801万元，申报2023年中央预算内投资项目计划78宗，资金需求金额19.4亿元。申报2023年重点项目5个总投资1141662万元。2023年计划投资49000万元，申报海南省预备重点项目3个。

【乡村振兴战略推进】 2022年，保亭县强化乡村振兴干部队伍建设。以“能力提升建设年”活动为契机，围绕乡村振兴等主业开展各类业务培训6次，促进干部业务能力提升。统筹协调开展乡镇乡村振兴大比拼活动、全县乡村振兴系统业务骨干测试、明察暗访、督导检查，强力推动乡镇比学赶超，促进业务本领增强。坚持农业农村优先发展，整合财政涉农资金1.17亿元实施农业产业项目42个，资金投入产业占比56.9%。4个高标准农田建设项目竣工，复耕撂荒地758亩。大力发展热带特色高效农业，七仙岭全球热带水果博览中心核心一区开工建设；设立省级红毛丹种质资源圃，红毛丹种植面积3.9万亩、年产值5.3亿元；引进、种植榴莲3600余亩。建设农村基础设施500万元以上项目15宗、共享农庄9个、美丽乡村8个。聚焦促农增收，落实种粮、农资等补贴政策，脱贫人口外出务工12170人，举办消费助农集市26场，脱贫人口人均纯收入同比增长15.46%。推动槟榔产业转型，槟榔套种、间种、混种作物4.28万亩。健全防止返贫监测和帮扶机制，全年未发生规模性返贫。深入推进农村“三变”（资源变股权、资金变股金、农民变股民）改革，探索发展壮大村级集体经济新路子，保亭县73%的行政村集体经济经营性收入超10万元，提前两年实现一半以上村集体收益超10万元目标。保亭县入选年度全国休闲农业重点县，红毛丹进入国家乡村振兴局丰收节主题展、被纳入农业农村部精品培育计划，水尾村入选年度“中国美丽休闲乡村”。

【特色产业发展扶持】 2022年，保亭县发布县域产业发展规划，出台十大特色重点产业发展工作方案，构建高质量发展现代产业体系。大力招商引资，先后在海口、山西太原、内蒙古呼和浩特、上海举办专场招商推介活动，接洽意向投资企业140余家次，达成投资合作意向项目45宗，非人灵长类实验动物研发创新中心等一批招商项目开工。旅游产业提质升级，呀诺达探索旅游度假综合体和观光索道等一批旅游产业项目加快推进。高新技术产业加快培育，新增国家级科技型中小企业13家、高新技术企业2家、县级众创空间1家。

【生态环保建设】 2022年，保亭县推进生态文明标志性工程建设，完成海南热带雨林国家公园生态搬迁，水贤、什东村整体入住新家园。守牢守好80.85万亩生态红线。绿化造林3173亩，社会投资开垦补充耕地523亩，建立电子监控和网格化环境监管体系，实现村庄、田洋等重点区域全覆盖。加强秸秆露天焚烧、烟花爆竹燃放、施工扬尘管控，空气质量优良率99.1%，PM2.5年均浓度同比下降1微克每立方米。完成年度中央生态环境保护督察整改任务，持续抓好土地卫片、森林督查、“两违”图斑整治。打赢打好“六水共治”攻坚战，赤田水库流域综合治理扎实推进，引进社会资本参与赤田水库流域生态循环农业项目建设，水质提升稳定在目标值以内。乡镇集中式饮用水水源地水质和城镇内河断面水质达标率100%。建设县城污水收集管网配套二期工程和县城区污水提升治理工程，县城生活污水收集处理率77.6%，排名海南省第一；实施农村污水资源化利用示范工程，农村生活污水治理率提升14.5个百分点。“禁塑”年度考核排名海南省第三。超额完成新能源汽车推广任务，推进装配式建筑施工。获评生态环境部“绿水青山就是金山银山”实践创新基地、“全国康养百强县”“中国气候宜居城市（县）”“海南气候康养市（县）”“海南省森林城市”称号。

【“美丽海南百镇千村”建设】 2022年，保亭县投入1794.56万元实施美丽乡村建设8个项目，全部进场施工，其中什玲镇加浩村、毛感乡毛感村委会什春村、保城镇番文村委会道旦村、保城镇西老下村、南林乡罗葵村委会什叭村、六弓乡大妹村委会妹上中村、妹下村7个项目竣工验收。积极推进享水谷共享农庄二期、海棠山共享农庄、花溪谷共享农庄、雅布伦共享农庄项目建设，完成享水谷、雅布伦、布隆赛、合口布衣农庄4家共享农庄主体认定省级共享农庄申报工作。

【县域社会治理现代化建设】 2022年，保亭县十一类案件零发生，刑事案件立案数连续9年下降，创近15年新低。扎实推进“警校共建——守护平安校园”活动，保亭县涉未成年人刑事、治安案件同比下降42.9%和16.5%。重复信访、信访积案治理取得成效，“13510”工作机制登上《海南日报》，信访工作排名海南省前列。毛感乡、南林乡获评海南省无毒乡镇。政法领域深化改革指标持续上升，风险防控能力逐步增强。安全生产形势稳定向好，科学应对台风、强降雨等自然灾害，建成高品质应急消防综合科普体验馆，组建保亭蓝天救援队，防灾减灾能力提升。绝缘化改造高压裸导线、清理高压线下高秆作物、研发推广新型槟榔采摘工具，槟榔采摘触电事故率大幅下降。海南省双拥模范县创建工作扎实开展。聚焦“末梢治理”，全力推进治理变革，有效提升基层社会治理成效。积极践行社会主义核心价值观，社会风气持续向善向上向好。

【持续增进民生福祉】 2022年，保亭县城乡社会保障基本实现全覆盖，城乡低保、特困供养保障标准大幅提高，退役军人服务体系不断健全。阳光小区开工建设，人才住房、保城河安居房加快建设。落实“菜篮子”县长负责制，完成2500亩常年蔬菜基地建设任务，“15+N”种基本蔬菜均价同比下降0.24元/千克。落实食品药品安全党政同责，守牢守好食品药品安全底线，“两个责任”做法入选省正面典型案例。就业驿站实现乡镇全覆盖，超额完成2022年度就业目标任务。新建及改扩建公办幼儿园3所，保亭县普惠性幼儿园覆盖率91.63%，保亭中学顺利托管县民族中学。与海南大学、海南师范大学建立合作关系，携手推动教育高质量发展。扎实推进“健康保亭”建设，医疗系统五大项目加快实施，“2+3”健康服务包疾病筛查全面铺开，县域紧密型医共体建设入选年度全国典型案例，经验做法得到国家领导人批示肯定。精神文明建设扎实推进，深入开展文明城市创建工作，评选“绿色家庭”“文明家庭”“最美家庭”“幸福庭院”，普及社会公德、职业道德和家庭美德教育。新建改造提升新时代文明实践站6所。顺利通过国家公共文化服务体系示范区创新发展复核，获文旅部通报表扬。首届红毛丹文化节成功“出圈”央视中国新闻、今日环球和朝闻天下。举办点亮夜保亭文化活动，重磅推出呀诺达雨林实景演绎式项目，与海南大学建立“传统工艺工作站教学实践基地”，公布保亭县第二批非物质文化遗产保护项目6项。国家登山健身步道加快推进，全民健身活动中心开始运营。获评“海南省民间文化艺术之乡”、2018—2022年度“海南高水平体育后备人才输送奖”“海南省竞技体育贡献奖”。

【深化“放管服”改革】 2022年，保亭县探索制度创新，挖掘全县各级各部门在工程审批、政务服务、税务改革、不动产登记等领域的“好经验”“好做法”，按照“成熟一批、推出一批”的原则，谋划推出《创新领用发票新模式 破解不动产登记难题》《二手房“带押过户”交易登记服务》等4批17个县级优化营商环境创新案例。其中《创新领用发票新模式 破解不动产登记难题》获评省级优化营商环境示范案例，在海南省各市县复制推广，《二手房“带押过户”交易登记服务》是海南省首个二手房“带押过户”交易登记服务，实现原抵押房产注销登记和新抵押房产登记“无缝衔接”。狠抓改革任务落地实施，通过督办、考核和评估问效，推动行业部门做足改革文件落地见效的“后半篇文章”。探索推行第一批10个“云审批”事项，保障疫情防控期间审批服务“不断档”。推行“一业一证”改革，将一个行业准入所涉及的多个许可证整合为1个行业综合许可证，改革范围涉及商场超市、酒店等11个行业。针对“开饭店”“开食堂”“开药店”等高频事项，设立“一件事”综合窗口，打造50个“一件事一次办”主题集成服务套餐。为加快提高基层公共就业服务能力，保亭县建立6个就业驿站，打通就业“最后一公里”。广泛推广省级示范案例，持续强化典型经验做法示范推广应用工作，推动各级各部门改革创新、互学互鉴，形成比学赶超良好氛围。设立“水电气联办综窗”，实行“一窗受理、一网通办、并联审批”，企业办理“水电气”报装时间从19个工作日压缩至1个工作日内办结。结合市场主体信用等级和个人信用积分奖励标准，制定“信用＋审批”政务服务清单事项147项。

【城乡建设改造管理】 2022年，保亭县印发《保亭黎族苗族自治县农村人居环境整治提升五年行动方案（2021—2025年）》《保亭黎族苗族自治县农村人居环境整治“五治”专项行动实施方案（2022—2023年）》文件。建设农村公厕2座，清掏农村厕所粪污4030立方米，完善保亭县农村厕所粪污清掏体系。完成复绿种草面积232.93亩，完成进度100%。投入377万元开展农村人居环境整合“五治”（治水、治土、治养、治烧、治堵）工作，常态化开展农村人居环境整治督导工作。城乡基础设施提质升级，110千伏西坡变电站项目加快推进，保亭广场线、花园线等4宗10千伏联络建设项目开工建设；迎宾路、温泉北路等7条市政天然气管道铺设完成；三道水厂、新政水厂等5宗净水厂扩建、新建项目加快推进，新政输水管道、响水配水管道等3宗供水管道工程完工；新建5G基站119个；提升改造农村公路42千米、桥梁20座，改造县城老旧小区15个、农村危改137户。推进垦地融合发展，共享发展红利，编制垦区生产队（村庄）详规，整理垦区土地资源；统一规划、统一建设、统一管护农村、垦区居民点；热作所小区政府配套项目竣工投用、4所垦区幼儿园教学综合楼加快建设。

【政务信息公开】 2022年，保亭县人民政府拓宽政务公开内容，加强政府门户网站建设，完善网站页面和栏目建设，扩大政府信息公开面。依托微信公众号、电子显示屏、公告栏全面公开各类涉及群众切身利益的政策、文件和信息，接受群众监督。发布各类信息5228条，其中概况类信息更新量223条，政务动态信息更新量1393，信息公开目录信息更新量3612条；解读回应208条，其中解读信息发布61条，回应公众关注热点或重大舆情数量147条。海南省政务公开、政府网站及政务新媒体第三方评估中，全省市县排名第三。

【政府治理能力建设】 2022年，保亭县扎实开展“能力提升建设年”活动暨深化拓展“查堵点、破难题、促发展”活动。接受人大法律监督、工作监督和政协民主监督，办理人大代表建议188件、政协委员提案59件。强化审计监督作用，加大公共资金、国有资产、国有资源和领导干部经济责任审计力度，持续推动审计整改落地见效，县审计局实施的生态环境局领导干部经济责任审计项目获2022年海南省审计机关优秀审计项目一等奖。坚持依法行政，深入推进综合行政执法体制改革，全面落实行政机关负责人出庭应诉制度，出庭应诉率100%。毛感乡南春村获评全国民主法治示范村。县公安局连续两年获评全省优秀公安局。县综合行政执法局被司法部评为全国行政执法先进集体，在省级行业综合行政执法大比武活动中获三等奖。贯彻落实全面从严治党主体责任和意识形态工作责任制，修订县政府工作规则、常务会议制度，出台县政府“两重一大”议事规则、提升政府行政效能二十条措施。坚持走群众路线，开展政府系统蹲点调研活动，着力解决涉及群众切身利益的难点堵点问题。常态化开展“咖啡时间”政企对话练兵，解决营商环境问题218个。开展“揭榜挂帅”攻关行动，《创新流域生态补偿机制 让绿水青山带来金山银山》赤田水库综合治理案例入选省级第一批先进典型案例。全县查找堵点问题61个，办结61个，办结率100%。在海南省19个市县“查破促”活动二轮动态评估中分别排名第二、第五。

重要会议

【县政府重要会议】 2022年，保亭县人民政府不断完善会议工作规程，坚决做到会前充分准备、会中积极服务、会后及时跟踪督办落实。组织县政府常务会议21次、县政府党组会议24次，电视电话会议585次。

【县政府全体（扩大）会议】 2022年5月20日，召开2022年县政府全体（扩大）会议，深入贯彻习近平总书记在海南考察时的重要讲话精神和省第八次党代会、省委八届一次全会、七届省政府第十次全会精神。

【经济运行分析会】 2022年8月22日，召开1—7月经济形势分析会，贯彻落实中央和省、县有关会议精神，对标对表保亭县1—7月经济指标序时进度情况，研究部署下一步重点工作。

2022年11月2日，召开前三季度经济形势分析会暨高质量发展综合考核部署会，总结分析前三季度经济运行情况，部署安排下一阶段经济工作和高质量发展综合考核工作。

【政府投资项目投资分析会】 2021年11月30日，召开政府投资项目投资分析会，会议通报政府投资项目投资完成情况及政府投资项目纳统情况，并对下一步如何做好纳统工作进行部署。

【招商推介会】 2022年，保亭县以“发展‘十大产业’打造‘三区三地’”为主题，在全国各地开展专场招商推介会，全方位、多角度对外展示保亭的资源优势和发展环境，扩大保亭的知名度、美誉度和影响力，积极吸引更多企业到保亭投资兴业，共建共享保亭高质量发展机遇。

海口专场 5月13日，在海口举办专场招商推介会。推介会上，保亭县与海南博鳌乐城国际医疗旅游先行区管理局签订战略合作协议，达成“医疗在乐城、康养在保亭”的合作模式，共同促进双方健康产业的发展。同时，与中科钛领科技有限公司、寿光蔬菜产业控股集团有限公司、山西中瑞正联科创有限公司、五洲荣耀（天津）集团有限公司、海南宇灵生物技术有限公司5家企业签订合作协议。

山西、内蒙古专场 6月20—24日，在山西太原、内蒙古呼和浩特举行招商推介会，保亭县共推出重点招商项目60宗，总投资额约184.59亿元。

上海专场 11月7日，在上海举行招商推介会，以第五届中国国际进口博览会为契机，宣传推介保亭得天独厚的自然环境和投资前景，吸引企业了解保亭、投资保亭，助力保亭高质量发展。

县政府办公室工作

【政务综合协调】 2022年，保亭县人民政府办公室（以下简称县政府办）强化重要活动协调，先后协助完成国家及省领导调研活动服务保障工作60场次，协调县领导到基层调研220余次。加强重要会议协调，不断完善会议工作规程，确保会议周全高效，规范县政府各类会议组织流程，通过严格落实会议审批、会场布置、与会人员通知、材料收集发放及会议记录、会议反馈等各个环节任务，确保会前充分准备、会中积极服务、会后及时跟踪督办落实，承办全县性会议5次，县政府常务会议21次，县政府党组会议24次，电视电话会议585次。做好信访工作协调，以“新官理旧账”的责任与担当，扎实开展治理重复信访、化解信访积案百日攻坚行动，积极推动中央交办重复信访、信访积案化解，妥善解决一批老大难信访难题，重访率同比降幅排名海南省前列，受理群众来信、来访和网上信访事项430件（批）次，其中办理国家信访局转送、交办信访事项共67件，办结65件；办理省信访局转送信访事项共174件，办结164件；本级受理群众来信、来访和网上信访事项189件次，办结177件，信访事项按期办结率99.61%，参评满意率86.07%，参评率86.71%，在全省举办“夺红旗、挂黄旗”评比中连续夺取4期红旗，“全国信访工作示范县”创建指标合格率连续4个月名列海南省前茅，全县信访工作考核暂列海南省第一，一批优秀的信访工作案例和经验做法被中央、省级媒体报道。建立健全协调机制，推出《保亭黎族苗族自治县人大、政协领导班子成员协同推进重点专项工作机制》《保亭黎族苗族自治县十大特色产业发展工作方案》工作机制，发挥人大依法监督、政协参政议政职能，合力破解保亭县发展难题。

【政务督查督办】 2022年，县政府办加强人大代表建议和政协委员提案办理，积极协调县政府系统各承办部门，认真办理人大代表建议和政协提案，健全完善跟踪督办工作机制，把办理签收、办理答复、办理效果全过程纳入督办范围，通过电话询问、发催办通知、现场走访承办单位等形式，加强对承办单位办理工作的全程监督，提高办理工作满意度。办理人大代表建议188件，办结158件；政协委员提案59件，办结50件。扎实推进督查督办，对督查事项逐一进行登记、上报、归档，跟踪督办事项办理动态，结合《政府工作报告》、县长碰头会、县政府办公会议、常务会议中确定的工作，进一步分解，制定重点工作办理清单，明确责任单位和责任人，进行重点督办和推进，促进保亭县整体工作快速向前发展，组织督办县政府常务会议323项，办结266项；两重一大会议事项83项，办结33项；县政府领导批示事项836件，办结655件，办结率78.3%；下发督办通知单81件，编发《督查与反馈》工作简报44期，下发催办通知单19件；从省网上督查室系统收文98件，办结84件。狠抓为民办实事实践活动，全力推进为民办实事工作，建立工作机制，定期督导指导，确保办一件成功一件，真正解决人民群众“急难愁盼”的问题，完成8项，推进1项。

【公文办理】 2022年，县政府办从严做好公文起草、复核、登记、校对和印发工作，审核、印发以县政府或县政府办公室文件发文941件。抓好公文转办工作，加强协同办公系统的日常维护和管理，出台《保亭黎族苗族自治县人民政府提升行政效能的二十条措施》，提倡马上办、立刻办、紧抓快办的工作作风，做到急件急办，特件特办，密件专办，确保来文第一时间处理、事不过夜，不断优化公文流转效能，切实做到不拖、不压、不遗漏，跟踪限时办结，不断提高办文效率。办理上级及其他市县来文6815件，县直各部门来文7891件。

【政务信息编报】 2022年，县政府办围绕全县经济建设、社会发展、群众生活、社情民意等各个领域，及时、准确、全面采编报送政务信息，力求为领导决策提供更精准的信息服务。2022年，组织上报省政务信息66篇，被省政府新闻信息处采用8篇，其中5篇入选《政府要情》、3篇入选《海南信息》，为《人民日报》、央广网、《海南日报》、南海网、保亭新闻等提供有用新闻素材 357 条，被省级以上新闻媒体采用 95 条，获得县直工委党建课题三等奖 1 篇、优秀成果 1 篇。

【重点课题调研】 2022 年，县政府办深入研判保亭县经济社会发展趋势，牢固把握县委发展思路，组织精干力量深入项目和基层一线广泛开展调查研究，为县政府领导科学决策提供第一手材料，撰写调研报告 3 篇，即《机关党建助推“三区三地”建设，服务于保亭高质量发展研究》《加强党的政治机关建设为高质量高标准建设海南自贸港提供坚强政治保证》《新时期机关党务干部能力提升建设路径方法研究》。承担海口市社科规划课题 1 项，通过评审委员会鉴定，结项并呈省市领导阅研。

人事管理

【概况】 2022 年，保亭县加强人力资源管理工作，推动事业单位深化制度改革，深入有序地推进全县事业单位公开招聘、岗位设置等各项人事管理工作，引进各类专业技术人才 58 人，推行事业单位人事制度改革。

【事业单位人事管理】 2022 年，保亭县进一步深化事业单位人事制度改革，继续动态调整中、高级岗位结构比例，在现行标准基础上，经核准可上浮 5%。根据各单位人员聘用情况，在高级、中级、初级内部各等级岗位间逐级晋升并兑现待遇。落实基层教育卫生专业技术人才激励机制各项规定。

公开招聘 组织开展保亭县事业单位公开招聘工作，计划招聘 50 人，共聘用 47 人。先后办理卫生、教育系统新进人员入职手续 26 人，其中教育系统 10 人、卫生系统 16 人。

人员岗位设置 完善保亭县基层事业单位岗位结构比例动态调整机制，审核 28 个单位岗位设置，其中卫生系统 8 个、教育系统 12 个、一般事业单位 8 个。

遗属供养及抚恤 年内，县人社局共审核保亭县机关事业单位工作人员死亡后遗属生活困难补助申请 17 人；审核参加机关事业单位养老保险工作人员死亡丧葬补助金及一次性抚恤金申请 2 人。

【编外人员管理】 2022 年，保亭县开展高校毕业生到基层工作人员的招聘工作，招聘大学生下基层人员共 117 人，招募三支一扶人员 30 人。

【事业单位工资福利】 审核事业人员和机关工人基础绩效奖、年度考核奖发放总量，审核事业人员奖励性绩效工资和机关工人年终一次性奖金发放明细。

【劳动调解仲裁】 2022 年，保亭县仲裁机构共受理劳动人事争议案件 54 件，其中案件类型涉及确认劳动关系 2 件，劳动报酬 17 件，解除、终止劳动合同 33 件，工伤待遇损失 2 件。共审结劳动人事争议案件 54 件，其中仲裁调解 21 件、仲裁裁决 33 件，涉案金额 237.42 万元，仲裁结案率 100%。

【经营性人力资源机构】 2022 年，在县人社局备案的人力资源服务机构共 7 家，其中具有人力资源服务许可证 2 家、分公司备案的有 4 家、无许可证仅开展劳务派遣业务的有 1 家。

（撰稿　黄晓雯）

行政审批

【概况】 2022 年，保亭县行政审批服务局（以下简称县行政审批服务局）坚持以习近平新时代中国特色社会主义思想为指导，以更好更快方便企业和群众办事创业为导向，扎实推进简政放权、放管结合、优化服务改革，推动审批服务理念、制度、作风全方位深层次变革。

【政务服务大厅运行与管理】 2022 年，县行政审批服务局升级改造政务服务大厅，设有审批综合窗口、水电气联合报装窗口、人才一站式窗口和企业开办窗口等 33 个办事窗口，协调 18 家单位派员进驻，为企业群众提供咨询、帮办代办等服务，逐步实现线下“只进一扇门、最多跑一次”，进一步提升政务服务效

2022年5月19日，群众到县政务服务大厅办理相关许可审批业务，体验行业综合许可流程，领取首张行业综合许可证　　（王吉鹏　摄）

能。设立未办成事协调服务窗口、政策咨询服务窗口，由县行政审批服务局、中心在编干部轮值坐班，为企业群众提供相关政策咨询，做好受理、登记和回访，对受理问题全程跟踪督办。强化对政务大厅窗口的监督和管理，按照《保亭县政务服务大厅窗口考核实施细则》《保亭县政务服务中心大厅巡查工作制度》《保亭县政务服务系统窗口服务规范“十要”“十严禁”》等要求，开展大厅窗口日常纪律管理，严格监督巡查，根据巡查情况在红黑榜公示，年内巡查通报113次。加强对窗口的纪律管理，制作窗口人员信息公示牌，明示窗口人员的姓名、单位和投诉举报电话，在政务大厅设立投诉举报电话、意见箱等监督窗口人员业务办理。加强大厅工作人员作风建设，对大厅帮办代办人员进行每季度评比通报。从自贸港建设需要出发，组织开展各类培训71次，不断提升窗口工作人员综合素质和业务水平。

【政务服务“体验官”活动】 2022年，县行政审批服务局持续开展政务服务“体验官”制度，通过县优化营商环境工作专班办公室开展为期15天的营商环境体验活动，采取走访和体验的方式，对政务服务工作进行全方位“大体检”，为服务质量开展“好差评”，及时发现企业、群众办事过程中的难点堵点，做好问题的收集和反馈工作，优化提升保亭县营商环境，着力构建“亲”“清”新型政商关系，推动各行业部门改进工作作风，提高政务服务水平。

【“一件事一次办”主题服务】 2022年，县行政审批服务局持续推进“一件事一次办”工作。印发《保亭黎族苗族自治县关于开展2022年政务服务“一件事一次办”工作方案》，明确年度工作目标和各相关单位的具体工作任务。设立“一件事”综合窗口，制定《保亭县政务服务大厅“一件事一次办”服务专窗工作制度（试行）》，明确综窗的服务规范。年内，梳理发布“一件事一次办”主题集成服务套餐59个，受理办件532件涉及21个主题套餐。组织“一件事”综合窗口人员和帮办代办人员进行相关业务培训，7期72人次参与，提升窗口人员的业务能力和服务水平。通过提前介入靠前服务，向在保亭县注册营业执照的60家市场主体编发短信宣传海南政务服务网“一件事一次办”主题套餐服务。

【行政审批制度改革深化】 2022年，县行政审批服务局全面深化“放管服”改革，持续推进“一枚印章管审批”改革，印发保亭县“一枚印章管审批”改革指导意见，动态管理“一枚印章”政务服务事项目录清单并及时向社会公布。进一步梳理审批环节，将局长权力下放，通过简环节、减时限、优程序，提升审批效率，实现83个事项在窗口秒批办结，128个事项在审批室即审办结。组织人员对纳入政务服务事项库的县级、乡镇“6+1”政务服务事项统一动态管理，保亭县46个部门认领政务服务事项1968项，事项受理条件、服务对象、所需材料、法定办结时限、办理结果等要素均与海南统一；组织召开“一网通办”业务工作部署会议，对全县“一网通办”工作进行通报，编制《保亭县政府网上政务服务能力工作简报》8期。印发《保亭县实行告知承诺制证明事项目录等4个目录清单的通知》，年内县证明事项1577项，实行告知承诺制证明事项109项，不实行告知承诺制证明事项1468项，予以取消证明事项2项。开展行政许可事项清单编制工作，组织行政许可事项清单填报审核培训、专题研究，梳理汇总全县行政许可事项948项，编制《保亭黎族苗族自治县行政许可事项清单（2022年版）》，在政府门户网向社会公开，海南第三个完成清单发布。组织42家单位开展办事指南自查整改，用29天时间完成全县1855项政务服务事项办事指南的整改工作，海南省首个100%完成整改任务。强力推进政务服务“好差评”工作，通过组织政务大厅窗口人员开展“好差评”业务培训1期，上门走访协调和现场指导培训有关单位等方式落实问题整改，督促窗口人员常态化引导群众和企业对服务开展评价做到“一次一评”，将政务服务“好差评”工作纳入综合绩效考核内容，1月24日完成对全县27家单位“好差评”考核,政务服务“好差评”评价率由2021年68.09%提升到2022年74.19%。积极推广电子证照,为全流程网上办奠定基础,开通电子证照数88个，发放电子证照5.76万件；积极开展一体化在线政务服务平台系统、“海易办”APP等业务培训，开展培训18期335人次参与；“快办”业务办结2.9万件。乡镇赋权实施工作推进，印发《关于完善乡镇村（居）政务服务体系规范化建设的实施意见（试行）》，完成乡镇机构设置和职责配置，下放事项32项，其中行政许可事项21项、公共服务事项11项，全部赋权事项完成乡镇配置并入库，事项全部更新关联至最新标准化目录，关联率100%；各乡镇通过一体化在线服务平台受理赋权行政许可事项599件，办理赋权公共服务事项940件；开展巡回培训工作，举办12期乡镇赋权和审批服务工作业务培训，组织9个乡镇业务人员和银行网点人员302人次参与培训；组织县就业服务中心、县社会保险服务中心等单位赴各乡镇现场指导推动赋权工作落实，确保赋权事项放得下、接得住；组织审批人员和窗口人员多次深入乡镇开展现场业务指导和审批档案归档保存，开展检查12次，确保赋权事项管得好、有监督；从高校毕业生中调配力量，通过招聘“大学生下基层”渠道为各乡镇配备1—2名“综窗”工作人员；印发《保亭黎族苗族自治县2022年乡镇赋权和审批服务工作要点》，指导9个乡镇统一窗口设置，整合窗口服务、规范窗口设置，设置综合窗口、咨询（出证）窗口，在综合窗口实行“一窗受理、一网运行、一窗发证、一站服务”统一规范“综窗受理”模式；印发《便民服务中心政务服务规范》《便民服务中心管理制度》《便民服务中心接待礼仪规范》等规章制度，有效规范窗口人员服务。落实政务服务“零跑动”改革推进，印发《保亭黎族苗族自治县2022年政务服务“零跑动”改革工作计划的通知》，明确保亭县工作目标和各单位具体任务,全力推进“零跑动”改革，保亭县政务服务“零跑动”事项（含第二批初步梳理的“零跑动”事项）1235项，主动办服务事项30项，“零跑动”事项可办率69.65%，使用率75.47%；组织举办政务服务“零跑动”事项梳理业务培训会，督促指导各单位梳理第二批政务服务“零跑动”事项和第一批主动办服务事项，开展2期“零跑动”梳理培训，68人次参与培训；组织40多家单位完成保亭县第二批政务服务“零跑动”事项清单和主动办事项梳理；着力宣传推广“零跑动”服务方式，通过政务大厅LED屏、微信公众号宣传保亭县政务服务“零跑动”事项清单和“一件事一次办”主题服务套餐、“海易办”APP和快办业务的申报步骤，建立健全“帮办代办”服务工作机制，引导帮助申请人网上申办业务，17家单位通过政府门户网、微信公众号进行宣传“零跑动”事项。保亭税务局通过发放宣传折页、实地走访辅导等方式进行业务网上办理宣传，发放宣传册100余份；县社会保险服务中心通过志愿服务者、下乡走访张贴海报等方式，积极宣传“网上办”业务办理方式；推广“自助办”服务方式，县公安局、保亭税务局开设4个便民服务站，其中有2个便民服务站点设在乡镇，群众可在自助站点自助办理“车辆违法处理”“代开发票领取”“自开发票领取”等业务。

【不动产登记历史遗留问题解决】2022年，县行政审批服务局强化服务理念，以“查、破、促”活动为契机，推动不动产登记历史遗留问题解决。广东街三期办理完成竣工验收备案，指导项目业主准备申报材料，压缩审批时间，在5个工作日内出具相应的行政许可证件。县中医院施工工棚和雅布伦项目施工工棚取得临时用地批复。槟榔谷项目和博雅山泉项目施工工棚按资规局处理意见自行拆除。幸福时光完成竣工验收备案手续。

【重点项目服务】 2022年，县行政审批服务局开设“十大特色重点产业‘一站式’服务窗口”，调整优化工程建设项目服务专班，将涉及工程项目审批事项的审批室力量整合在一支队伍中，制定《工程建设项目服务专班工作实施细则》。由首席审批服务专员“一对一”跟踪服务保障项目建设，及时跟进指导审批材料准备并做好帮办代办，台账式更新项目审批动态，“帮办代办”348次，上门服务50余次，寄送证件2件，收到电话咨询288件。组织专家召开项目评估、评审会议69次，评估评审项目98个。积极配合推进图斑整改工作，将林木采伐许可台账按属地分类转发各乡镇，主动对接属地提供涉项目图斑审批手续，保障年度森林督查疑似图斑复核工作。积极跟进林业部门直服设施认定工作，经确认符合直服情况的及时指导乡镇完善审批材料，加紧审批，完成37宗森林违法图斑的销号工作。做好取用水管理专项整治行动整改提升工作，加强与县水务中心协调联动，共同把关申请材料、联合踏勘农村供水工程安装出厂水计量装置，开具取水许可证46宗，总体完成率60.05%。全力做好基层医疗机构业务提升工作，与医疗集团联合行动，统一收集各基层医疗机构审批需求，抽调业务骨干，将材料受理、现场踏勘、审批出件搬到现场。加强与应急、民政等部门的沟通协调，督促指导完善蓝天救援队伍审批材料，材料齐全后3天审批发证。全力保障PPP项目审批，跟进项目初概编制情况，掌握项目投资规模后第一时间发布代理机构评选公告，以最短时间2天进行报名比选，收到初概报告后第一时间组织召开专家评审会，当场出具评审意见，业主单位修改完善后第一时间组织专家签字并出具报告终稿，同步进行线上审批，实现从项目业主单位提交初概报告起7天内出具批复，完成立项。收到申报的PPP项目共计2批，其中乡村振兴公路改扩建工程PPP项目于7月27日完成可行性研究报告，市政道路工程PPP项目于9月21日完成可行性研究报告。

2022年9月13日，县行政审批服务局推出首席审批服务专员，指导企业在海南政务网站上提交申请材料　　（县行政审批服务局　供）

【综合窗口受理制改革推进】 2022年，县行政审批服务局拟定《保亭黎族苗族自治县政务服务综合窗口建设实施方案》，分设工程项目建设综合窗口、企业开办综合窗口、社会事务综合窗口、公共服务综合窗口4个综合受理窗口，由县政务服务中心调配力量，负责保亭县可进驻事项窗口业务，实现“前台综合受理，后台分类审批，综窗统一出件”审批服务改革。设立水电气网联合报装窗口，解决“水电气”业务分散问题，经过调优模式、联合办公等方式，将原有办理“水电气”报装时效压缩至1个工作日内办结。设立国际投资单一窗口，接待咨询政策10人次，国际投资单一窗口工作人员参加相关业务培训5次。

【行政审批和监管执法协调联动】 2022年，县行政审批服务局持续推进“互联网+监管”系统应用工作，不断完善“互联网+监管”系统信息，通过省一体化平台系统链接20个行业主管部门和综合执法部门，办件受理完成后系统自动完成信息推送，实现审批信息及时推送、行业主管和执法部门实时跟踪，推动事中事后监管常态化落实，29个单位认领监管事项，注册人数259名；组织举办4期“互联网+监管”系统培训，29家单位104名业务骨干参加培训。指导相关部门对监管事项认领率低和许可事项关联率低的问题进行整改，通过定期通报和每周督促录入的方式，督促指导各单位按要求录入监管行为数据，提升系统使用率，保亭县29家单位认领监管事项总数899项，检查实施清单填写841项，监管事项认领率99.04%，检查实施清单完成率100%，监管业务数据上报及时率43.59%，监管事项覆盖率29.59%，保亭县监管行为数据录入总数2484条（行政检查2184条，行政处罚169条，其他监管131条）。

【规范热线工作流程】 2022年，县行政审批服务局逐步规范热线工作流程。8—12月，接听热线2.25万通。年内，保亭县分平台有效接听4.54万通电话，接通率95.26%。前台直接办结36136件，占总量79.53%；转办9297件，占总量的20.46%。开展党建引领“直通联办”，全力打造便捷、高效、规范、智慧政务服务“总客服”，做到“一条热线管民生”。按照“应纳尽纳、应接尽接”原则，整合除110、119、120、122等紧急热线外的各类政务服务便民热线，及涉及民生的企事业单位、社会团体的咨询、投诉、举报、服务等平台资源，采取“一号对外、分级受理、按责承办、限时办结”工作机制，提供“7×24小时”全天候人工服务，受理企业和群众通过电话、微信、网站、督查室、好差评、营商环境等多渠道反映的诉求。2022年呼入总量达5.24万通，应答量5.01万通，有效接听4.63万通，接通率95.31%，排名海南省第七。综合督查室、营商环境等其他关联渠道累计转办工单1.42万件，办结1.41万件，办结率98.87%，回访满意率97.04%。落实“日督办、周汇总、月通报、季点评”制度，每日对48小时后即将逾期的工单通过微信工作群转发、信息提醒等方式通知相关单位业务人员和主要领导，提前催办督办到人，层层压实工单办理主体责任。每周汇总分析，每月对各承办单位“逾期率”“办结率”“满意率”情况进行排名通报。年内通过编辑10期平台运行情况月报发至各成员单位倒逼各单位强化工单处理工作，切实提高热线平台服务效率和水平。每季度落实“前三红榜”和“后三黑榜”排名，利用“红黄绿”亮牌管控机制勉励先进、督促后进，发布通报3期。

【行政审批制度改革创新】 2022年，县行政审批服务局加快工程项目审批事项提速。印发《关于进一步优化房屋建筑与市政基础设施施工许可条件的通知》，推行“分阶段施工许可”，将临时占用绿地、临时占用城市道路、砍伐树木等10个事项合并办理，受理11件分阶段施工，实现“拿地即开工”。制定建设工程规划许可证豁免清单，对保亭县规划区内不占用生态红线、基本农田

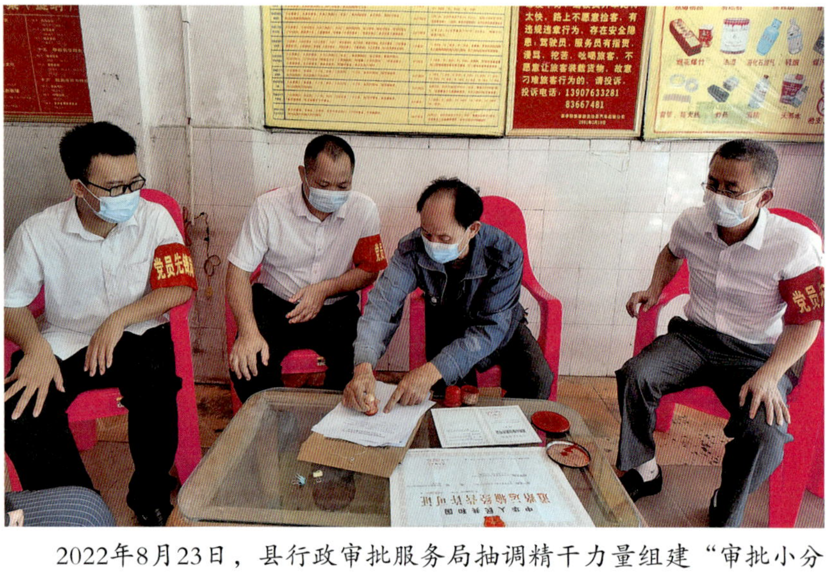

2022年8月23日，县行政审批服务局抽调精干力量组建“审批小分队”提供上门服务，将服务窗口前移　（王吉鹏　摄）

及林地等公共服务设施项目、既有建筑工程内搭建简易建（构）筑物、五网基础设施项目等列入豁免清单范围，免于办理建设工程规划许可证，全年豁免11个，提高效率，减少审批流程。推行重大基础设施项目施工许可预审查服务，对通过事中事后监管能纠正且不会产生严重后果的土地、规划等审批要件，且土地权属无争议的，建设单位作出书面承诺后，即可出具容缺审查意见，待建设单位补齐所有材料且达到法定审批条件后，再作出正式审批决定。优化夜间施工许可审批手续，推出“一月一审”服务，项目业主单位只需按月审材料提供一次材料，符合条件即可按照当月夜间施工计划执行，发放夜间施工许可27份，从“次次跑”到“一次跑”，让“一次报”享“一月利”。强化与资规部门规划评审前联审、与林业部门占林手续的接续衔接、与住建部门施工许可变更的协同审批，规范做好专业审批业务的联审，提高审批效率。推行跨区域联合审批创新，会同三亚市发改委积极探索打破区域行政壁垒，在赤田水库流域污染治理跨区域建设项目试行联合审批打造最简流程、最短路径、最快速度、最优服务“至简审批”模式。创新开展“云审批”“远程评审”“24小时云预审”等系列“云服务”举措，“首席审批服务专员”受到5家省级以上媒体宣传报道。8月12日，推出第一批行政审批服务“云审批”事项，实行远程不见面帮办代办，全力保障项目建设，提供“云审”服务41件，推行“远程评审”，实现疫情不打烊、审批不断档的服务模式，更推动了专家的“资源共享”，扩大专家资源的利用空间，突破专家抽选地域限制，助力行政审批营商环境持续提升，通过腾讯会议召开10次视频会议，评估评审10个项目。印发《保亭黎族苗族自治县全面推行交易项目进场登记材料24小时云预审服务的通知》，为招标（采购）人、招标代理机构提供工程建设项目、政府采购项目进场登记材料24小时云预审服务，提高交易项目进场登记审核通过率，全面提升保亭县交易服务水平，受理办结17件云预审材料。推行首席审批服务专员制度，由县行政审批服务局业务骨干担任首席审批服务专员，负责接听群众电话，解答群众疑问，引导群众网上办理或到就近办事点办理业务，年内接受咨询78次，指导办理完成帮办代办审批事项297件。推出“信用+审批”服务。充分应用信用中国、海易办金椰分和海南自由贸易港信用信息共享平台的信用评分管理结果，最大限度利企便民，印发《保亭黎族苗族自治县“信用+审批”改革工作实施方案》，制定“信用+审批”清单和审批激励措施，精简审批服务核查等环节，强化诚信激励，激发市场主体活力。在“海南金椰分”小程序上线“保亭县行政审批服务局—信易批”应用场景2个，通过个人诚信金椰分可办理的事项147项，“信用+免审”的推行，大幅缩短审批时间，提升审批效率。组织开展“信用+审批”培训1期，11人次参与培训。着力构建全覆盖的就近办、马上办、便利办的政务服务体系。印发《“跨乡镇通办”审批事项清单》，明确“跨镇通办”审批事项31个。开展银行网点和驻村工作队帮办代办，选取26个银行网点作为政务服务业务承接网点，对各乡镇驻村工作队队员进行帮办代办培训，保亭县60个行政村180名驻村工作队队员负责为本村村民提供业务咨询和帮办代办服务。推动设立更多便民服务网点，提升政务服务事项“就近办”便利度，协调县公安局、县卫健委等单位在车站、派出所、银行、医院设立便民服务站或投放自助服务终端机，组织开展政务服务帮办代办业务培训1期，提升帮办代办人员业务水平和服务质效。

（撰稿　黄俊敏）

信访工作

【概况】 2022年，保亭县信访局（以下简称县信访局）蓄力提升信访业务规范化建设整体升级，帮助群众解决困难，维护社会稳定和谐。全县受理群众来信、来访和网上信访事项459件（批）528人次，其中办理国家信访局转送、交办信访事项共74件，办结74件；办理省信访局转送信访事项共177件，办结175件；本级受理群众来信、来访和网上信访事项208件次，办结206

件，信访事项及时受理率 100%，按期办结率 100%，行政机关处理群众满意率 89.22%，参评率 88.55%，重复信访率 34.1%。排查出各类矛盾纠纷 72 起，成功调处 72 起，基本做到小事不出村、大事不出乡镇、难事不出县，为群众解决实际问题。年内，保亭县被评为 2022 年度全国信访工作示范县（市、区）。什玲镇、新政镇被评为 2022 年度海南省信访工作示范乡镇。

【信访“三率”提升】 2022 年，县信访局组织 5 次信访业务培训，293 人次参培，进一步提升保亭县信访工作水平。年内，及时受理率提升 2.99%，重复信访率下降 30.69%。充分运用信访专项救助资金化解疑难信访问题，对各乡镇各单位申报的用信访救助专项资金解决群众特殊困难问题的案件，认真审核把关；对达到化解条件的信访案件，严格申报审批手续，完善相关台账，保证专项资金及时拨付使用到位，切实救助困难信访对象。全年，排查出疑难信访问题救助对象 12 人，确定救助对象 10 人，发放救助资金 14 万元，帮助群众解决生产生活困难，群众满意率提升 8.3%。

【信访工作责任制建设】 2022 年，县信访局健全信访工作联席会议机制，建立健全党委领导、政府主导、多方参与、社会协同的信访工作机制，县主要领导及 2 名信访工作联席会议召集人分别组织召开 6 次县委常委会、6 次县政府常务会、1 次全县信访工作会议，专题研究部署信访工作，信访工作联席会议召集人 3 次组织召开县信访工作联席会议全体（扩大）会议，定期分期研判保亭县信访形势，精准发力重点工作和薄弱环节，切实为全县信访工作把好“脉”，开好“方”，下好“药”，提升信访工作效能。印发《保亭黎族苗族自治县“13510”信访工作责任制实施细则》，实行“当日转办，五日速办，每月清零”速办速结制度，重点要求单位主要领导包案化解信访积案、重访事项，52 个信访工作联席单位及各乡镇、七仙岭农场、新星居均设置信访 AB 岗，按照“五个一”（一个单位主要领导、一个工作小组、一套工作措施、一直跟踪督办、一个群众满意）的要求，严格落实包案化解责任，不得“转包”“代包”或“挂名包案”，抓严抓实重复信访化解工作。年内全县 3 件中央交办、2 件省交办信访积案全部汇报化解，重复访信访有效化解率 100%。

【信访基层基础建设】 2022 年，保亭县接入海南省信访热线及新系统。通过热线加强对各有权处理机关、单位的初次信访事项办理质量的前置审核和信访群众的后置回访，有效压实各有权处理机关、单位的工作责任，大幅提升初次信访事项的一次性化解率和群众满意率。继续发挥乡镇信访工作联席会议机制作用，提升乡镇信访联席会议的科学化、制度化、规范化水平，促进信访问题在家门口及时就地化解，实现“小事不出村、大事不出乡、矛盾不上交、信访不上行”目标。年内全县 8 个乡镇信访事项及时受理率、按期办结率均达到 100%，7 个乡镇群众对信访部门和责任单位的满意度、参评率 100%。

【信访案件化解】 2022年6月20

2022年7月20日，在县委会议室召开2022年信访工作联席会议第三次全体（扩大）会议暨信访积案清零百日攻坚专项行动工作调度会

（县信访局　供）

日，保亭县开展信访积案清零百日攻坚战，7月29日提前打赢信访积案清零百日攻坚战，省交办2件信访积案全部汇报化解。扎实开展治理重复信访、化解信访积案百日攻坚行动，推动中央交办重复信访、信访积案化解，妥善解决一批老大难信访难题，全县重访率同比降幅排名海南省前列。年内电话催办128件，系统催办156件，发函督办18件，微信催办25件。

2022年5月，县民族事务局组织开展2022年民族团结进步宣传月进校园活动 （县民族事务局 供）

民族事务

【概况】 2022年，保亭县民族事务局（以下简称县民族事务局）紧紧围绕民族工作“两个共同”主题，全面贯彻落实党的民族工作方针政策，依法加强民族事务管理，促进保亭民族团结进步事业科学发展，努力构建自贸港和国际旅游岛建设良好发展环境。

【民族团结进步活动】 2022年4月13日至5月14日，县委宣传部、县民族事务局牵头在县内开展民族团结进步宣传月活动。县委统战部、县公安局、县消防大队等15个部门配合开展向机关、企业、社区、乡镇群众宣传民族政策，发放《保亭黎族苗族自治县自治条例》等宣传资料4000余份，参加民族文艺宣传的工作人员着装本民族服装。12月31日，举办2期黎族织锦培训进校园活动，对保亭县民族中学40名少数民族学生进行黎族织锦培训。举办1期黎族织锦培训进村委会活动，对什玲镇界村村委会33名少数民族群众进行黎族织锦培训。为4个宗教临时活动场所制作社会主义核心价值观、中华优秀传统文化等宣传牌31块，积极引导民族、宗教与社会主义社会相适应，不断推动保亭县民族、宗教工作健康发展。

【民族团结进步单位创建】 2022年，县民族事务局组织开展共同创建活动，积极引导各族干部群众广泛参与“我为加快推进海南自由贸易港建设作贡献”活动。积极推荐在民族团结进步创建活动工作中表现优秀的集体和个人参加全国、全省民族团结进步模范评选，县民族歌舞团、县融媒体中心获得全省民族团结进步创建活动示范单位。

【少数民族干部培养】 2022年，保亭县大力培养和选拔使用少数民族干部。年内，全县有少数民族的公务员（含参公）599人，占总数的47.4%，其中黎族553人、苗族15人、其他少数民族31人；科级领导干部447人，其中少数民族干部209人（黎族200人、苗族3人、其他少数民族6人）；事业编制人员330人（不含教育卫生专技人员），少数民族的有175人，占53.03%，其中黎族165人、苗族3人、其他少数民族7人。

【少数民族文化传承保护】 2022年，县民族事务局积极推进少数民族文化传承与保护工作。新达达黎锦研究所被列入“省第一批省级非物质文化遗产生产性保护示范基地”；保城镇番道村被省文体厅命名为“海南省非物质文化遗产代表性项目传承村”，槟榔谷被省文体厅命名为“海南黎族苗族非物质文化遗产展示基地”；保亭县新星中学被列为海南省非物质文化遗产传承教学基地。加强对县非遗人才培养，改变黎锦技艺后继乏人的现状。为全面普及民族文化素质教育，确定保亭县 7 所中小学校为黎锦技艺实践课教育基地，学习黎锦技艺实践课的学生达 350 余人，黎锦技艺传承走进保亭县 11 所中小学校园。县中小学校举办的黎锦技艺实践课、唱民歌、跳民舞活动进一步推动民歌、民舞、民族图案等民族文化“三进”校园。

【少数民族服务】 2022 年，县民族事务局做好民族成分登记、更改的审核工作，严格按照党和国家对少数民族关心关怀的优惠政策，采取有效工作措施，指定专门办证人员，对符合条件，材料齐全的给予办理；对符合条件要求，但材料不完整的，要求补齐再办；对不符合条件的一律不办理，做好解释说明等工作，防止误解。特别是对民族成分更改，必须筹集材料完整。全年完成中招审核工作，审核 43 人；受理民族成分变更申请 3 人；审核保亭县少数民族考生考上双一流建设高校 36 人、预科班 4 人、硕士研究生 2 人。

【少数民族节庆活动】 2022 年，受新冠疫情影响，海南黎族苗族传统节日“三月三”线下活动全部取消，开展形式多样、内容丰富的“三月三”线上活动。举办“神玉杯”庆祝“三月三”摄影大赛，活动期间共收到参赛作品 883 幅（含组照），活动丰富群众精神文化生活，展示保亭县优秀历史文化、人文景观及发展成就，助力海南自贸港建设。举办庆祝“三月三”书画作品展，征集到作品近 200 幅（件），其中美术作品 83 幅、书法作品 117 幅，丰富广大群众的节庆文化生活，弘扬中华优秀传统文化，促进保亭县文化事业繁荣发展。制作发布“三月三”线上宣传推广视频，通过“三月三”非物质文化遗产项目和民族文化项目等开展“三月三”线上宣传推广视频。

【民族事务助力乡村振兴发展】 2022 年，保亭县将少数民族发展资金（省级配套资金）进行统筹安排。全年海南省财政厅下达县少数民族发展资金 1564 万元（第一批中央少数民族发展资金 739 万元，第一批省级配套资金 427 万元，第二批中央少数民族发展资金 296 万元，第二批省级配套资金 102 万元）。安排建设并完工项目 11 个（8 个农村生产道路硬化、2 个农村安全饮水工程、1 个黎锦坊建设项目）。项目实施有效改善少数民族地区的生产生活条件，带动少数民族群众实现增产增收。

（撰稿　王晓龙）

宗教事务

【概况】 2022 年，保亭县宗教事务局（以下简称县宗教事务局）全面贯彻党的宗教工作基本方针，依照《宗教事务条例》，依法加强宗教事务管理，积极引导宗教与社会主义社会相适应，坚持宗教中国化方向，保障公民信教自由，保障信教群众的合法权益，坚决抵御境外势力利用宗教进行渗透，确保宗教领域和谐稳定。年内全县宗教有基督教和佛教两种，有 18 处宗教临时活动场所，其中基督教临时活动场所 17 处，佛教临时活动场所 1 处。

【宗教事务管理】 2022 年，县宗教事务局以维护宗教领域和谐稳定为宗旨，建立健全各项管理措施为抓手，落实工作责任保证。每周二召开工作例会时组织学习，不断提高干部职工业务水平；将县基督教活动点委托省基督教“两会”进行管理，使县宗教管理工作取得实效；建立县、乡镇、村三级宗教管理网络，成立县委统战部、县宗教事务局、县委政法委、县公安局等单位组成的领导小组，各乡镇相应成立领导小组，加强对宗教工作的领导。同时争取县政府安排公益岗 9 人作为宗教管理工作协管员，聘请 18 人作为宗教临时活动场所宗教联络员，进一步加强联络工作，确保宗教协管员和各乡镇信息联络员之间的联系，及早发现问题，解决问题，把矛盾化解在基层。

【宗教政策法规宣传】 2022 年，保亭县不断强化宗教领域宣传阵地建设，持续巩固党同宗教界的爱国统一战线。加大宗教法治宣传力度，开展民族团结进步宣传月、宗教政策法规宣传月、“宪法宣传周”以及各种普法集中宣传活动，发放宣传册（单）、宣传品、现场解答等广泛开展宗教法治宣传，年内累计发放各类宗教宣传资料 2000 余份、宗教宣传品 3000 余份，营造良好的宗

2022年4月30日，县宗教事务局到保亭县新政镇农贸市场开展宗教政策法规宣传活动（黄子欢 摄）

教法治宣传氛围。积极组织开展爱国主义、集体主义、社会主义教育等主题宣传教育进宗教临时活动场所活动，引导宗教临时活动场所践行社会主义核心价值观，唱响爱党爱国爱社会主义主旋律，年内累计宣传宣讲8场次，参加宣讲活动信教群众近200人次。持续推进“四进”活动（国旗、宪法和法律法规、社会主义核心价值观、中华优秀传统文化进宗教活动场所活动），年内累计为宗教临时活动场所制作消防安全、社会主义核心价值观、中华优秀传统文化等宣传栏（牌）31块，积极引导宗教与社会主义社会相适应，不断推动保亭县宗教工作健康发展。

【非法宗教活动防范与处置】2022年，保亭县紧紧围绕宗教事务管理坚持“保护合法、制止非法、遏制极端、抵御渗透、打击犯罪”的原则，持续加强对宗教临时活动场所的监管巡查，有效防范和遏制非法宗教活动。不断完善三级宗教工作网络和两级责任制，强化宗教工作属地管理主体责任，形成一级抓一级、三级联动、齐抓共管的局面，确保及时发现问题及时妥善处理。严格“属地管理，分级负责”管理机制，维护正常的宗教活动秩序。

（撰稿 王晓龙）

综合行政执法

【概况】2022年，保亭县综合行政执法局（以下简称县综合行政执法局）各项工作取得明显进步，获评2021年海南省行政执法“三项制度”典型示范单位、海南省卫生先进单位、海南省行政执法案卷评查质量较好单位；获海南省执法岗位练兵技能竞赛农业、市监和文旅等领域三等奖以上荣誉，获评全国行政执法先进集体。

【执法工作效能提升】2022年，县综合行政执法局各执法领域案件简易程序作出处罚决定511宗，执行510宗，普通程序立案216宗，完成结案173宗，罚没款金额283.43万元。狠抓“三项制度”，提升执法效能，执行行政执法公示制度，在保亭县人民政府网上公示行政处罚决定184件；执行执法全过程记录制度，充实采购执法装备，保障2名执法人员至少配备1台执法记录仪，做到执法全过程记录；严格执行重大执法决定法制审核制度，选聘优秀律所律师担任法律顾问。

【“两违”图斑和卫片图斑整治】2022年，县综合行政执法局开展“两违”整治专项行动，2018年至2021年省资规厅下发保亭县“两违”图斑15172宗，年内完成图斑销号13404宗，“挂账监管销号”1710宗，待处置图斑58宗。完成“两违”图斑销号554宗，“两违”处置率99.61%，海南省排名第五。完成省纪委监委2021年“4·13”专项检查发现问题整改清单中涉及“两违”图斑共2项问题。“四定双签”图斑96宗，销号完成96宗，销号率100%。推进卫片图斑处置，接收县资规局移交2021年至2022年土地卫片图斑126宗（2021年图斑116宗，2022年图斑10宗），完成55宗（2021年图斑完成51宗，2022年图斑完成4宗），完成率43.97%；涉及拆除建构筑物5宗，占地面积2810.22平方米，建筑面积2810.22平方米。

【城市管理执法】 2022年，县综合行政执法局提升城市管理效能，优化营商环境。引导乱停乱放车辆1.97万辆，劝导商铺履行门前三包2.10万家次，疏导摊贩（含占道经营）3.81万家次，教育并扑灭焚烧纸钱行为32起，劝导制止露天焚烧8起，清理破损、过期横幅586条，清理小广告671处。对擅自占用城市道路兜售商品下达（责令）限期改正违法（章）行为通知书179份，普通程序办理案件5宗，罚款人民币6.4万元；简易处罚37宗，罚款人民币7050元；查处违停摩托车、电动车521辆，罚款人民币2.61万元，通过教育与处罚结合，推动城市精细化管理。

【市场监管】 2022年，县综合行政执法局开展食品药品安全执法检查，检查相关单位314家次，办理食品领域一般程序案件57宗，办结55宗，罚没款17.05万元。规范农资经营行为，开展农资市场专项整治行动9次，检查农资店786家次，抽查农资产品1996个，合格农资产品1992个，合格率99.8%。加强旅游文化市场执法监管，检查培训机构、企业等单位796家次，发现违法办结执法案件10宗（1宗2021年底立案），罚没款7184元，其中出版物市场案件3宗，罚没款1700元，没收非法出版物519本；歌舞娱乐场所案件3宗，取缔3家无娱乐场所经营许可证经营场所，罚没违法所得3704元；著作权类案件3宗（1宗属出版物市场案件），罚没款1300元，没收侵权冬奥会版权物品20个、音乐音像制品342件，盗版书籍13本，实现局保护知识产权案件“零”突破；教育领域案件1宗，罚没款1080元。

【交通运输安全执法】 2022年，县综合行政执法局开展打击非法营运车辆工作，检查车辆300余辆，立案查处不在许可的经营区域内从事经营活动案1宗，非法营运类案件2宗，处罚金3.8万元。联合县公安局、交通运输局开展联合治超行动，查获超载货车24辆，立案查处道路货运车辆违法违规行为14宗，其中指使他人超载案3宗，货运源头企业允许超限车辆出场案11宗，办结13宗，处罚金15.6万元。

2022年8月10日，城市管理行政执法大队在七仙大道整治占道经营
（李　明　摄）

【农产品执法】 2022年，县综合行政执法局对保亭县检测发现的问题农产品开展雷霆整治行动，联合县农业农村局、乡镇等相关部门销毁使用禁用农药的问题农产品31亩，依法立案查处使用禁用农药案27宗。

【劳动保障和应急执法】 2022年，县综合行政执法局调解办理劳动保障案件104宗，下达限期整改指令书25份，为1090名农民工追发工资1921.23万元。开展安全生产执法巡查177次，发现安全隐患50处，当场整改43处，下达限期整改指令书10份。

【其他执法工作成果】 2022年，县综合行政执法局受理9宗不动产历史遗留项目案件，立案8宗，协助处理1宗，办结3宗，罚款89.52万元。拆除违法建构筑物58栋，违法占地面积9297.47平方米，建筑面积14958.3平方米，罚款1.39万元。协助保城镇、加茂镇、新政镇及三道镇人民政府等开展8起清表工作，清表土地面积96.33亩，清理建筑8栋，建筑面积854.17平方米。解决“噪声扰民”难题，查处群众反映强烈的噪声扰民案件12宗。

【信访接待处理】 2022年，县综合行政执法局坚持矛盾纠纷排查，组织做好信访件超前化解和接待处理工作，获得信访人肯定。全年收到上级交办各类信访件54件，其中办结23件、不予受理件12件、退回13件、未办结6件，信访件处理率、办结率79.3%。

机关事务管理

【概况】 2022年，保亭县机关事务服务中心（以下简称县机关事务服务中心）紧扣县委、县政府中心工作，深入学习贯彻习近平新时代中国特色社会主义思想，拓展能力提升建设,深入开展“查堵点、破难题、促发展”、能力提升建设年等活动，全力推进年度重点工作目标任务的完成，全面提升机关事务服务工作水平。

【公务用车管理】 2022年，县机关事务服务中心不断完善公务用车管理机制。印发《保亭黎族苗族自治县机关事业单位定向化公务用车使用管理暂行办法》，进一步加强对公务用车规范管理，除涉密车辆外，保亭县各类公务用车一律喷涂相应标识，实行标识化管理，接受社会公众监督。将党政机关、参公事业单位保留公务用车纳入保亭黎族苗族自治县公务用车调度管理系统平台。除办案涉密车辆、特种专业技术用车及无法正常使用车辆外，完成310辆车录入工作，该平台竣工验收通过，实现全省一张网建设。各单位通过平台派遣和管理车辆，注重日常信息维护，并定期对平台上车辆维修、加油、更换车牌号码等信息进行更新、处置、调入或新增车辆信息。建立一车一卡加油制度，要求各单位公务用车实行一车一卡加油（充电）制度，对公务用车实行一车一档，规范车辆的日常管理。保亭县不定期开展全县公务用车统一停放管理规定执行情况、公务用车使用情况和加油卡使用情况的监督检查，严防公车私用、私车公养等违规违纪行为发生。利用公务用车平台对全县公务用车节假日封存进行抽查，要求各单位于放假前一天下班前及时将公车停放至县委大院指定公务用车停放点，对于不能按时停放至指定地点的均要求各单位及时作出情况说明。落实新能源公务用车统一采购工作。完成年度13辆新能源公务用车采购和分配工作，有力保障重点行业部门、项目专班公务用车需求。全年共新换采购新能源小汽车51辆，占全县公务用车总数量的18%。

【办公用房管理】 2022年5月16日，县机关事务服务中心对中心管辖的七大集中党政机关办公楼进行安全隐患排查，形成台账。为缓解部分单位办公用房的紧张，将县农综办办公用房调剂至县老图书馆，办公面积约277平方米；县农综办原办公用房（原交警办公区）66.76平方米调剂给县信访局使用。邀请专业测绘机构对保亭县办公用房进行测量并绘制办公用房分布图。为掌握保亭县现有办公用房的使用面积及建筑面积，为新建办公大楼提供精准的调研数据。

【公共机构节能】 2022年，县机关事务服务中心开展节能线上学习活动，节能宣传周期间，积极组织保亭县各单位干部职工，观看国管局组织的年度全国公共机

2022年6月15日，在老县委大院广场开展保亭县公共机构节能宣传周活动

（县机关事务服务中心　供）

构节能宣传周“绿色低碳、节能先行”为主题的启动仪式，各单位组织观看人数达 360 人次。6 月 15 日，由县机关事务服务中心联合县发改委、县生态环境局等单位成员 60 余人在老政府广场集中开展“落实‘双碳’行动，共建美丽家园”为主题的全国低碳日活动，活动现场摆放展板 10 余块、挂图 20 幅，发放节能、禁塑、垃圾分类等宣传小册子 2000 余份，解答群众咨询 500 余人次。节能活动通过移动短信、微信朋友圈、融媒体、公众号等平台，加大节能与垃圾分类的宣传。开展垃圾分类检查工作，联合县综合行政执法局、县生态环境局、县园林环卫服务中心对保亭县党政机关垃圾分类第一、二、三、四季度工作进行抽查，共 51 家单位，党政机关部分单位能够按照要求有计划有步骤地推进生活垃圾分类工作，注重工作落实和机制建设，生活垃圾分类工作在全覆盖中普遍得到较好落实。

【机关后勤服务保障】 2022 年，县机关事务服务中心积极开展后勤保障工作。对县委大院进行环境卫生整治；维护好县委大院安装车辆进出自动识别系统，进一步提高县委大院安保工作，强化重点部位的安全防范，确保县委大院无刑事、治安案件和安全事故发生；对新挂职县领导宿舍进行修缮并采购相关设备，为县领导提供舒适的生活环境。年内，完成中央定点单位帮扶推进会、市县考察学习、疫情防控检查、安全督导检查、国家第三方评估组以及省级领导干部到保亭县调研等重大活动后勤服务保障。

（撰稿　文　翠）

档案管理

【概况】 保亭县档案馆（以下简称县档案馆）馆藏档案 88 个全宗。其中，文书档案（传统）2203 卷，文书档案（简化）23.58 万件；农村土地确权档案 1.87 万卷；人事档案 1.34 万件；基建档案 639 卷；会计档案 6000 卷；照片档案 2339 张；音像档案 25 盘；实物档案 259 件。接待群众查阅档案 179 人次，利用档案 1226 件，复印 4835 页。

【档案征集接收】 2022 年，县档案馆接收县委办、县政府办、县委史志馆等 4 个单位文书档案 6681 件、图书资料 245 本（册）、会计档案 82 册。

【档案业务指导】 2022 年，县档案馆组织业务人员对县政府办、县交通局、县行政审批服务局、保城镇政府等 10 个单位机关的材料和文书档案保管期限进行专门指导，促进各单位文书档案及时规范整理归档。

【档案数字化推进】 2022 年，县档案馆完成县政府办 2010 年至 2020 年数字化文书档案 766 盒，全文扫描 351529 页；县委办 1961—2018 年数字化文书档案 240 盒，全文扫描 92471 页。

【档案安全管理】 2022 年，县档案馆做好档案出入库登记、档案消毒、安全保卫、防火防汛防虫等基础性工作，组织人员清点馆藏档案，建立健全档案台账。

【档案宣传】 2022 年 6 月 9 日，县档案馆开展国际档案日宣传活动，通过悬挂横幅、张贴海报、设立咨询台、发放宣传资料等方式，增强人民群众参与档案日的积极性。发放宣传页 200 份、档案法 300 本、宣传袋 500 个，现场接受群众咨询档案利用问题 30 余人次。

（撰稿　符永涛）

中国人民政治协商会议保亭县委员会

综　述

【概况】 2022年，中国人民政治协商会议保亭黎族苗族自治县委员会（以下简称县政协）及其常委会深入学习贯彻习近平新时代中国特色社会主义思想和党的二十大精神，坚持中国共产党的领导、统一战线和协商民主有机统一，服务县委中心工作。保亭县政协第十一届委员会委员有128人。其中，常务委员会组成人员23人（女性10人，占比43.4%），少数民族委员57人，共产党员51人。

【政治协商】 2022年，县政协通过全体会议集中协商、常委会专题协商、专委会对口协商等多种形式，着重就经济社会发展、重点项目建设、优化营商环境、产业转型升级、城市发展规划、民生工程推进等工作，协商议政。县政协十一届一次全会期间，邀请县委、县政府主要领导参加委员分组讨论，参政议政成果较好地助力发展，助推民生。

【参政议政】 2022年，县政协秉持"一线"思维，结合县委提出的"三区三地"目标和"十大特色重点产业"建设，主席会议成员带领各调研组，通过实地调研、集中研讨，形成"教育发展工作""文旅产业发展""农业科技110服务体系""农田水利设施建设"等专题调研报告，对推动相关政策落实发挥重要作用。《关于推进保亭县垦地融合发展的调研报告》得到县委书记穆克瑞批示，转呈县政府分管领导和农垦领导作决策参考。围绕保亭县频发槟榔采摘涉电事故开展监督性视察活动，提出"加快推进清理工作、加大涉电领域安全宣传"等建议得到采纳落实，推动相关工作开展。

【民主监督】 2022年，县政协探索受邀监督与集中监督、组织监督、主动监督相互融合，多措并举补齐民主监督短板，使民主监督变被动为主动，拓宽监督广度，拓展监督深度。常态化对大气污染防治"六个严禁两个推进"情况开展民主监督和明察暗访，向县委、县政府提出关于全面禁止秸秆焚烧的具体工作建议。保亭县秸秆焚烧管控实现"零焚烧"天数达98%以上。推荐委员担任营商环境工作特邀监督员，组织委员62人次参加检察院、公安局、税务局、规委会等职能部门座谈会、庭审旁听、听证会和执法执纪监督工作，助推党政决策同群众意愿深度融合。

【提案工作】 2022年，县政协在提案提出、审查、移交、办理、落实等环节下功夫。遵循"要想办得好，先要提得好"理念，引导委员深入调研，撰写依据充分、建议实在的高质量提案。在提案办理中，做到提办双方办前联系、办中协商、办后回访，共商解决问题、落实建议。2022

年，审查立案59件提案，办结率100%，答复率100%。《关于充分利用新政水厂二期清水池提高供水能力并解决保亭县新政片区低压缺水问题的建议》提案，由县政协班子成员领衔督办，组织提案人和承办部门负责人现场商办，发挥重点提案办理示范作用，促进提案高效办理。

【合作共事】 2022年，县政协发挥新型政党制度优势，落实走访看望委员制度，健全寓思想政治引领于团结民主的谈心谈话制度。尊重和保障各界人士发表意见、参与活动的权利，把合作共事精神贯彻到政协工作各个环节。以政协会议为平台、调研视察为抓手、界别活动为纽带，加强与工商联、无党派人士和各人民团体的联系，与非公有制经济和新的社会阶层人士沟通交流，邀请民主党派、工商联、人民团体和无党派人士开展联合调研协商，创造更多合理表达诉求、有序参与协商的条件。推动“亲、清”政商关系，扩大团结面。借助“咖啡时间——政商对话加速跑”活动平台，畅通县政协委员企业诉求及建议表达渠道，协商解决企业困难和问题。

【联谊交流】 2022年，县政协配合省政协开展“自贸港背景下农业产业结构调整”“践行‘两山’发展理念，推进国家公园建设”“文化助力海南自贸港乡村振兴情况”等12批次调研视察。参加省政协“规划建设省道376延长线”重点提案培育远程协商会，完成省政协《海南抗击疟疾疫情纪事》史料征集工作。协助三亚市政协开展“大三亚120急救体系项目建设”课题联动调研，提出保亭县的意见建议，争取关注和支持。接待琼海、儋州、琼中等市县赴保亭县开展“考察苗族文化传承与保护”“特色产业发展”“整治乡村人居环境”等调研10批次128人次。组织县政协委员赴三亚、陵水、五指山、白沙等市县进行学习考察，加强横向联系。通过外部联动，学习先进地区的发展经验和做法，宣传和推介保亭县。

【反映社情民意】 2022年，县政协出台《关于完善委员联系界别群众制度机制的工作方案》，在全县设立2个委员工作室、11个委员服务界别群众联系点和9个委员履职工作站。联系点和工作室通过宣传政策、调研走访、解决问题、公益帮扶等形式，推动解决界别群众的困难与问题，使政协工作与界别群众“零距离”，践行人民政协为人民的宗旨。履职工作站通过组织政协委员参加县政协调研、开展本站专题调研、收集社情民意、宣传相关政策等活动，将工作站打造成党群之间的“连心桥”、委员履职的展示台、正能量的传播地，文体广电界委员联系点助推有关部门建起村级博物馆——“高州记忆村史馆”，农林界委员联系点通过电商帮助群众销售滞销农产品，毛感乡委员履职工作站协助解决毛拉洞库区移民历史遗留问题。县政协工作经验得到省政协的高度认可，在全省政协系统进行推广，人民政协网以《共绘保亭新画卷——海南省保亭县政协推动委员联系服务界别群众活动走深走实》专题进行宣传报道。

【推进基层协商民主建设】 2022年，县政协以巩固扩展政协协商向基层延伸工作成果为目标，改进提升“共建自贸港，有事好商量”协商议事平台，促进人民政协制度优势转化为基层社会治理

2022年5月7日，省政协主席毛万春（中）到新星居调研推进基层协商民主建设工作
（县政协　供）

效能。推进基层协商民主建设试点工作与村（居）务协商会有效衔接，2022年新当选的十一届县政协委员全部下沉担任村（居）务协商会副会长，拓宽委员履职平台。召开省政协委员下沉保亭履职见面会，协助省政协委员到所联系农垦居开展基层协商民主议事活动，完善民营企业和行业协会基层协商民主建设试点工作。各级协商议事会聚焦乡镇改革发展要事、民生服务实事、社会治理难事，选择切口小、覆盖广、与群众利益密切相关的议题开展协商活动240余场，协商议题460件。通过沟通协商达成共识，解决村集体产业发展、饮水安全、村（居）道路维修、垃圾处理等问题，化解基层矛盾纠纷，助力党委政府打通“最后一公里”，推开“最后一扇门”。

【委员服务管理】 2022年，县政协将委员读书学习活动纳入年度重点工作，开展形式多样的学习活动，组织全体政协委员和机关干部深入学习习近平新时代中国特色社会主义思想、习近平总书记“4·13”重要讲话、《中国共产党政治协商工作条例》以及省第八次党代会和县第十四次党代会精神等。党的二十大召开后，按照县委统一部署，及时召开党组扩大会议、主席会议、常委会会议学习大会精神，县政协主席会议成员到联系点宣讲党的二十大精神，在全县政协系统掀起学习宣传贯彻党的二十大精神热潮。2022年，县政协以“委员读书·书香政协”为题，开办5期专题学习班。为提升委员的履职能力，举办3期政协委员专题培训班。通过学习让全体政协委员和政协机关干部夯实拥护“两个确立”、做到“两个维护”的思想政治根基，将学习成果转化为思想政治上的高度共识和贯彻落实中的具体行动。

【政协组织建设】 2022年是县政协换届之年，换届后，政协委员平均年龄40岁，大专以上学历占92%。健全委员管理制度，出台《委员年度履职量化考核办法（试行）》《履职工作小组年度工作考核办法（试行）》，对每个委员的参会、调研、视察、提案、反映社情民意等工作情况进行记录，完善委员履职管理，压实履职责任。探索实行“全员入委”，将18个界别128名委员编入5个专委会，扩大委员履职平台。提升机关服务保障能力，围绕县委、县政府中心工作，制定年度工作要点，健全政协机关各项工作制度，强化机关履职担当。配齐配强县政协机关干部，加强乡镇政协工作力量，每个乡镇配备1名专职工作人员，解决“两个薄弱”问题。

【专题调研】 2022年，县政协组织政协委员围绕保亭县经济社会发展的重点要点开展专题调研，形成《关于防范槟榔采摘触电工作情况的视察报告》《关于推进保亭县垦地融合发展的调研报告》《关于保亭县农业科技110服务体系的调研报告》《关于保亭县文旅产业发展状况调研报告》《关于保亭县农田水利建设情况的调研报告》《关于保亭县教育发展工作调研情况的报告》6份报告，为县委、县政府决策提供智力支撑。

（撰稿　李玉玲）

重要会议

【保亭县政协十一届一次全会】 中国人民政治协商会议保亭县第十一届委员会第一次会议于2022年1月4日至7日在保亭县城隆重召开。会议主要议程有，听取和审议政协保亭县第十届委员会常务委员会工作报告；听取和审议政协保亭县第十届委员会常务委员会关于提案工作情况的报告；列席保亭县第十六届人民代表大会第一次会议，听取并讨论县政府工作报告及其他有关报告；选举政协保亭县第十一届委员会主席、副主席、常务委员；审议通过政协保亭县第十一届委员会第一次会议政治决议；审议通过政协保亭县第十一届委员会第一次会议关于第十届委员会常务委员会工作报告的决议；审议通过政协保亭县第十一届委员会第一次会议提案审查情况的报告。

开幕大会由县政协十届副主席杨进锋主持。县委书记穆克瑞，县委副书记、县长王惠仙，县人大常委会主任王秀美及县委常委、县人大常委会副主任、县政府副县长、县法检两长、县政协省管干部等领导应邀出席会议。

开幕大会应出席委员128人，实到124人，符合法定人数。受政协保亭县第十届委员会常务委员会的委托，政协保亭县十届主席王文平向大会作十届县政协常委会工作报告，政协保亭县十届副主席林孟地向大会作十届县政协提案工作报告。

2022年1月7日上午会议闭幕前，政协保亭县第十一届委员会第一次会议举行第二次全体会议。会议选举王文平为政协保亭县第十一届委员会主席；林艺青、杨进锋、林孟地、周燕为政协保亭县第十一届委员会副主席；王珏、卢卫东、史宏浪、吉贵、李振业、杨伟宇、何柳曼、陈曼、陈丽君、林维、周夕闲、高淑兰、黄武、黄争志、梁国剑、覃海琳、曾永丽、谭才林当选政协保亭县第十一届委员会常务委员。

县政协主席王文平主持大会闭幕式。县委书记穆克瑞，县委副书记、县长王惠仙，县人大常委会主任王秀美及县委常委、县人大常委会副主任、县政府副县长、县法检两长、县政协省管干部等领导在主席台就座。大会通过《政协保亭县第十一届委员会第一次会议政治决议》《政协保亭县第十一届委员会第一次会议关于第十届委员会常务委员会工作报告的决议》《政协保亭县第十一届委员会第一次会议提案审查情况的报告》。

【县政协十一届常委会会议】2022年，县政协召开保亭县政协十一届常委会会议4次。

县政协十一届常委会第一次会议　2022年4月13日召开会议，会议传达学习《习近平在海南考察时强调　解放思想开拓创新团结奋斗攻坚克难　加快建设具有世界影响力的中国特色自由贸易港》《习近平总书记在庆祝海南建省办经济特区30周年大会上的讲话》《省委书记沈晓明在市县区党政正职、省直单位主要负责同志学习贯彻党的十九届六中全会和省委七届十一次全会精神专题研讨班开班式上的讲话》等文件精神；审议通过县政协2022年度协商工作计划；审议通过《政协保亭县委员会委员年度履职量化考核办法（试行）》《政协保亭县委员会政协委员履职工作小组年度工作考核办法（试行）》；审议通过县委提名覃海琳、卜赋职务任命事宜。

县政协十一届常委会第二次会议　县政协第十一届常务委员会第二次会议暨县政协2022年上半年专题议政性会议于2022年7月20日召开。会议听取县政府通报2022年上半年全县经济社会发展情况及下半年工作计划，县政府办公室通报2022年上半年县政协委员提案办理情况及下半年工作计划；学习《中国共产党政治协商工作条例》《省委书记沈晓明在中国共产党海南省第八次代表大会上的报告》等；审议通过常委高淑兰，委员张留平、张福特、张志兵、陈伟帅、张达吉等请辞常委、委员事宜；审议通过县委提名符少鹏职务任命事宜。

县政协十一届常委会第三次会议　2022年11月22日召开会议，会议传达学习党的二十大精神和十九届七中全会精神，学习《中共中央关于认真学习宣传贯彻党的二十大精神的决定》《政协海南省委员会关于完善委员联系界别群众制度机制更好助推海南自由贸易港建设的意见》《中共保亭县委关于学习宣传贯彻党的二十大精神的实施意见》等文件精神；审议通过覃海琳请辞常委、委员，符少鹏、符舒婷请辞委员事宜；审议通过县委提名陈英职务任命事宜；审议通过《政协保亭县委员会关于完善委员联系界别群众制度机制的工作方案（草案）》《政协保亭县委员会完善委员联系界别群众制度机制工作领导小组和职责（草案）》。

县政协十一届常委会第四次会议　县政协第十一届常务委员会第四次会议暨2022年专题议政性会议于2022年12月30日召开。会议听取县政府办公室通报2022年度县政协委员提案办理情况；听取县委统战部作关于增补保亭县政协第十一届委员会委员、常务委员候选人人选情况的说明；审议通过增补王永超、江祖峰、谢靖翔、张桂威、何平、裴泰艳为县政协十一届委员会委员事宜；审议通过增补王永超、陈英为县政协十一届委员会常务委员候选人人选事宜；审议通过关于召开县政协第十一届委员会第二次会议的决定；审议通过县政协第十一届委员会第二次会议有关文件；通报2022年度县政协委员履职考核结果；学习中央"十个严禁、十个一律"换届纪律要求。

中国共产党保亭县纪律检查委员会·保亭县监察委员会

综 述

【概况】 2022年，保亭县纪检监察组织忠诚履行党章和宪法赋予的职责，坚定不移推进全面从严治党，持之以恒正风肃纪反腐，充分发挥监督保障执行、促进完善发展作用，推动纪检监察工作取得新进展新成效。

【政治监督】 2022年，保亭县纪律检查委员会监察委员会（以下简称县纪委监委）针对海南省纪委监委“4·13”监督反馈问题，对整改进度缓慢的10个单位党委（党组）书记予以约谈，倒逼整改责任落实。聚焦公共工程和土地出让项目、“六水共治”以及土地利用、工程招投标、国土空间规划“三个领域”开展专项监督，围绕工程建设、政府采购、政务信息化建设等领域腐败问题进行专项治理，发现问题163个，推动完成整改127个，起底问题线索16件，压紧压实各方责任，为发展提供坚强保障。完成清理整治落马领导干部在农村圈地建豪宅问题核查工作。

【反腐败机制建设】 2022年，县纪委监委坚持惩治震慑、制度约束、提高党悟综合一体发力，标本兼治，推进不敢腐、不能腐、不想腐向纵深发展。年内立案82件83人，结案80件，给予党纪政务处分76人（其中“一把手”或曾担任“一把手”7人），移送检察机关审查起诉3人，追缴资金865万元。建立行贿人灰名单和黑名单信息库制度，加大对行贿行为打击力度。在持续高压震慑和政策感召下，5人主动投案和交代问题。发挥“治”的效能，做实查办案件“后半篇”文章，严格落实“一书两会三报告”，对发案单位下发监察建议书等13份，督促召开专题民主生活会、警示教育大会等22场，完善制度措施68项，切实堵塞漏洞，有效发挥案件查办治本功效。筑

2022年12月23日，保亭县举办“一把手”纪律教育暨“廉内助”家风教育专题班
（县纪委监委　供）

牢“防”的堤坝，持续在思想上固本培元，推进廉洁文化建设，举办“一把手”纪律教育培训班暨“廉内助”家风教育专题班、新提拔和进一步使用的领导干部“家庭式”廉政谈话会、旁听庭审等活动21场，依托“基地+警示片+党课”常态化模式，教育党员干部5800余人次，进一步筑牢党员干部拒腐防变意识。

【纪检监察体制建设】 2022年，县纪委监委落实纪检监察工作双重领导体制，强化上级纪委对下级纪委的领导和指导，落实重大事项请示报告制度。规范使用审查调查措施12项1079次，确保权力依法运行。积极推进纪律监督、监察监督、派驻监督、巡察监督统筹衔接，开展各类专项监督整治14次，有效提升监督效果。在海南省率先探索落实“组地”联合办案机制，查处省公安厅旅游与环境资源警察总队原队长王雷、省公安厅制证中心原主任受贿案，涉案金额达928万余元，得到省纪委肯定和表扬。完善与政法机关的问题线索移送、案件协调配合工作机制，推动纪律审查与监察调查、执纪执法与刑事司法无缝衔接，收到公安、法院等部门移送问题线索33件，立案审查调查34件34人，给予党纪政务处分33人。坚持惩前毖后、治病救人，精准运用“四种形态”批评教育和处理348人次，其中第一、第二、第三、第四种形态占比分别为78.1%、16.4%、4.6%、0.9%。开展容错纠错澄清正名查处诬告陷害重新使用工作，发布澄清正名、重新使用案例通报4批4人次，开展容错纠错1人次，旗帜鲜明地为担当者担当、为干事者撑腰。

【纪检监察队伍建设】 2022年，县纪委监委领导班子带头加强政治建设，学深悟透力行习近平新时代中国特色社会主义思想，开展集中学习研讨13次。强化党建引领业务，找准融合着力点，以“能力提升建设年”活动为契机，开展集中授课、青年论坛、专题培训38期，举办纪法知识竞赛、模拟笔录制作、精品案件评选等活动检验提升干部能力水平。强化实战练兵，开展“规范办案、提升能力”专项教育活动，针对5方面21个问题深入查纠整改，推进纪检监察机关规范化法治化正规化建设。轮岗交流8名干部，选派15名优秀干部到上级纪委跟班学习，推选12名优秀干部与省纪委开展联合办案，抽调18名乡镇纪检监察干部到纪委、巡察岗位跟班锻炼，以干代训提升履职能力。坚持严管厚爱相结合，及时咬耳扯袖、红脸出汗，对2名干部批评教育，及时关注了解干部的思想动态，教育引导纪检监察始终做党和人民的忠诚卫士。

重要会议

【中共保亭县第十四届纪委二次全会】 2022年2月15日，召开保亭县纪委第十四届二次全会。中国共产党保亭黎族苗族自治县第十四届纪律检查委员会应到委员23人，实到23人，列席170人。会议深入学习贯彻习近平新时代中国特色社会主义思想，全面贯彻落实党的十九大、党的十九届历次全会、十九届中央纪委六次全会，省纪委七届六次全会，以及县第十四次党代会精神，回顾总结2021年纪检监察工作，研究部署2022年任务，为推动保亭县高质量发展提供坚强的政治和纪律保障，以优异的成绩迎接党的二十大和省第八次

2022年2月15日，中国共产党保亭黎族苗族自治县第十四届纪律检查委员会第二次全体会议召开 （县纪委监委 供）

党代会胜利召开。

全会召开前，与会人员一同观看警示教育片《以案为鉴　警钟长鸣》。

会议表决通过《中国共产党保亭黎族苗族自治县第十四届纪律检查委员会第二次全体会议工作报告》和《中国共产党保亭黎族苗族自治县第十四届纪律检查委员会第二次全体会议决议（草案）》。

作风建设

【概况】 2022年，县纪委监委聚焦突出问题、抓住关键节点、紧盯重要领域，驰而不息整治作风顽疾，营造担当实干氛围。贯彻落实县委《关于切实解决党员干部作风突出问题的意见》，紧盯元旦、春节等重要节点开展明察暗访80次，查处违反中央八项规定精神问题42起62人，给予党纪政务处分24人，其中查处形式主义、官僚主义问题15起31人。

【“躺平式”作风问题专项整治活动】 2022年，县纪委监委深入开展“躺平式”作风问题专项整顿，针对“佛系式”“木偶式”“太平式”“说唱式”等10种作风突出表现，运用“日常监督+专项检查”的方式推动全县各单位认真剖析查摆、堵塞漏洞、改进工作作风，先后对11名不正确履职、不担当、不作为、慢作为的党员干部予以通报。

【重点工作作风问题整治】 2022年，县纪委县监委围绕优化营商环境、招商引资、征拆搬迁等重点工作组建监督专班，制定负面清单7个，梳理问题216项，推进解决问题155项。持续深化党员干部酒驾醉驾问题治理，严禁工作日午间饮酒，查处酒驾醉驾党员干部32人。聚焦教育医疗、生态环保、安全生产、执法司法等领域，加大排查和纠治力度，查处群众身边腐败和作风问题13起14人。针对政府部门拖欠酒店、饭店餐费等问题开展专项清理，督促按期清偿拖欠费用41.65万元；对2家石场环境污染违建等问题跟进监督，督促协调相关部门拆除5宗违建；紧盯长期困扰群众的会所噪声污染问题，查处县旅文局违规审批行为，取得较好社会效果。

（撰稿　董香伶）

巡察工作

【概况】 2022年，保亭县出台《中共保亭黎族苗族自治县委巡察工作规划（2022—2026年）》，组织开展对20家单位党组织常规巡察，发现问题256个，移送问题线索10件。注重边巡边改，下发立行立改通知书11份，推动整改问题16个，挽回损失5.08万元。

【十四届县委第一轮巡察】 2022年3月至5月共派出4个巡察组对县综合行政执法局等7个单位党组织开展常规巡察，重点对落实省委、县委重大决策部署情况，依法行政、规范执法情况，服务科技创新情况，维护妇女儿童权益情况等进行监督检查，坚决纠正形式主义、官僚主义突出问题，取得了初步成效。巡察期间，共发现问题109个，其中推动立行立改问题10个、发现问题线索4件、挽回经济损失2.49万元。

【十四届县委第二轮巡察】 2022年7月至9月共派出4个巡察组，对县市场监督管理局等4个单位党组织和南林乡、毛感乡及下辖村党组织开展常规巡察，重点对落实省委、县委重大决策部署，履行市场监管职责、推进法治政府建设和行政审批制度改革、优化营商环境、实施乡村振兴战略以及基层党组织建设等情况开展监督检查。巡察期间，共发现问题147个，其中推动立行立改问题5个，发现问题线索6件，挽回经济损失2.59万元。

【巡察机制建设】 2022年，县委巡察办充分发挥巡察综合监督平台作用，建立健全与纪检监察、组织、宣传、审计等部门贯通联动机制，不断构建系统集成、协同高效的监督体系。做深做细做实巡察“后半篇文章”，压实被巡察党组织问题整改主体责任，建立县委常委会听取巡察整改和成果运用情况汇报机制，全力推动巡察反馈问题整改落实，十三届县委巡察反馈问题整改率达96%，十四届县委第一轮整改率达81%。

民主党派·工商联

民革保亭县支部

【概况】 2022年，中国国民党革命委员会保亭县支部委员会（以下简称民革保亭县支部）坚持以习近平新时代中国特色社会主义思想为指导，推动支部党员的思想再解放、改革再深入、工作再抓实，深入基层发现问题，提升履职建设能力。年内，民革保亭县支部已发展至6届，党员共31名；主委1名、副主委2名、支委4名，共计7名。党员主要分布在旅游业、教育业、政府和企事业等单位。

【组织建设】 2022年，民革保亭县支部坚持开展“党员之间多走动、多交流、多学习、多探讨”的组织建设发展，时时认真做好与民革工作的横向交流；5月，联合东方市各民主党派开展“矢志不渝跟党走、携手奋进新时代”政治交接主题教育，参会人员参观民革保亭县支部活动室，交流基层支部的党派工作，沟通党派成员之间的感情，并就党员之家建设、运行情况进行深入的沟通。

【参政议政】 2022年，民革保亭县支部紧紧围绕保亭县委、县政府中心工作精心组织调研，积极建言献策。年内，支部共提交提案6件（集体1件、个人5件），分别为：吉贵的《关于加快保亭旅游产业复工复产的若干建议》(简称《复工建议》)、周浩的《关于推进保亭本地药食同源植物合法进行食品生产》、周潮海的《关于加大旅游产业减免税的提议》、刘本明的《关于加强我县未成年人骑电车安全管理的建议》，潘达强的《关于设立海南省旅游从业人员困难救助专项基金的建议》、集体提交的《关于加快保亭县中小学学生研学旅行的建议》(简称《研学建议》)。《研学建议》在2022年民革海南省委会提案培训会议上作为讨论案，得到参会领导和专家的集中评议；《复工建议》被推荐年度保亭两会政协会发言提案。

【社会服务】 2022年，民革保亭县支部坚持发挥党员专业和资源优势，积极开展送教下乡、植树绿化、自然灾害献爱心行动。8月，开展“求学圆梦”活动，为困难学子捐资2万元。

【疫情防控】 2022年，民革保亭县支部发挥旅游、党政、教育口优势，党员自发捐献爱心善款、赠送抗疫物资、投身抗疫一线。他们全力以赴、昼夜奋战，为三亚抗击疫情作出了贡献，受到政府有关部门的高度赞扬。

【祖统工作】 2022年8月3日至4日，联合省台办、县委统战部依托槟榔谷景区的海峡两岸交流示范项目平台开展“情系琼台两岛，助力自贸港建设”姻亲交流活动。来自台湾的姻亲交流团成员和在琼台籍女性代表齐聚一堂,详细了解保亭特色黎苗文化、海峡两岸交流成果、精神文明建设等内容，共享经验，寻找海南自贸港发展机遇。

民进保亭县总支

【概况】 2022 年，民进保亭县总支委员会（以下简称民进保亭县总支）积极履行参政议政、民主监督职责，不断加强自身建设，做好社会服务工作。会内有会员 35 人，其中男性 24 人、女性 11 人，会员主要分布在教育部门，个别在医药卫生、公务员、企业等界别。

【组织建设】 2022 年，民进保亭县总支加强政治学习，提高政治站位，增强责任担当。深入学习习近平总书记考察海南时的重要讲话精神；学习中共海南省委第八次代表大会精神；学习中共二十大精神；学习贯彻习近平新时代中国特色社会主义思想，不断提高会员的政治思想认识。增强“四个意识”、坚定“四个自信”、做到“两个维护”。组织会员参加线上举办的民进中央 2022 年长江生态环境保护民主监督培训班，通过学习，加深会员对生态环境保护认识，提高民主监督能力；参加民进省委举办的各级组织主委班子成员学习研讨班；组织会员参加县委统战部举办的保亭县党外代表人士培训班暨民主党派和无党派人士履职能力提升培训班，加深政治思想认识，提高履职能力。

【民主监督】 2022 年，民进保亭县总支积极履行民主监督职能。参加县政府组织的专题研讨会 3 次；应邀参加县司法局组织的“谁执法谁普法”履职评议工作。

【参政议政】 2022 年，民进保亭县总支紧紧围绕县委、县政府工作中心，围绕人民群众普遍关心关注的社会热点、难点问题，深入调查研究，及时反映社情民意，履行参政议政职能。年内会员撰写提案 5 篇：《关于公办寄宿学校配备生活老师的提案》《关于设立教育资金的建议》《关于落实“双减”政策，做好课后服务工作的建议》《关于保障县人民医院急救通道通畅的建议》《关于精简规范各类活动进校园建议》。

【社会活动】 2022 年，民进保亭县总支立足本职，积极参加社会活动，服务社会。会员在各自岗位上展风采。6 月，会员李育瑾参加省级应用课题《海南黎族县域中学语言艺术特色课程的建构与实践》获得良好等级。9 月，会员黄梅娟（保亭小学优秀教师）到毛感乡中心学校支教帮扶，支援边远乡镇学校。

（撰稿　李振业）

农工党保亭县支部

【概况】 2022 年，农工党保亭县支部以习近平新时代中国特色社会主义思想为指导，学习落实中共二十大重要讲话精神，贯彻习近平总书记关于海南自由贸易港建设的重要指示精神，围绕县委、县政府中心工作开展各类组织生活。做好疫情防控，乡村振兴，吸收新党员，关注社情民意，参与建设“第二个百年奋斗目标”。年内有党员 24 人，党员平均年龄 50.6 岁。

【组织建设】 2022 年，农工党保亭县支部加强对基层组织成员培训，明确参政党工作性质。选配好基层组织的领导班子，加强基层组织工作制度化、规范化，做好后备干部队伍建设工作。

【参政议政】 2022 年，农工党保亭县支部向县政协提交《黎苗歌曲进校园的提案》《关于为各民主党派设置集中办公地点的提案》。

【社会活动】 2022 年 6 月 11 日，农工党保亭县支部到加茂镇开展义诊活动。6 月 28 日，农工党保亭县支部委员、部分党员及县委统战部、县旅文局、县教育局组成调研组赴保亭县 5 所学校了解黎苗歌曲进校园情况。9 月，依托医疗集团优势，做好全县疫情防控工作。农工党员李华新组织开展抗疫物资捐赠，为疫情防控捐赠防护服、帐篷等价值 79 万元的物资及开展各项慰问活动。海南新大新华茂实业有限公司及农工党保亭县支部旗下企业捐赠物资 5 万元，旗下企业积极参与抗疫，全员投入后勤保障工作，做好医护人员住宿、用餐及隔离点人员用餐工作。

民盟保亭县支部

【概况】 2022年，民盟保亭县支部以习近平新时代中国特色社会主义思想为引领，深化思想政治建设。选派盟员外出参加会议、培训、论坛等，提高盟员知识分子、干部队伍参政议政能力。组织开展盟内交流学习，召开座谈会，组织盟员开展调研，履行参政议政职责。全年，民盟保亭县支部有盟员28人。其中，教育、卫生界21人，占75%；高级职称10人，中级职称12人。正科级干部2人，县政协委员6人，其中县政协常委1人。2人被推荐进入县级党外人士后备干部人才库。

【民主监督】 2022年，民盟保亭县支部参加民主监督政治协商活动，盟员委员参加县政府、县政协及统战部组织的“政协委员面对面座谈会”“县政府民主生活会前征求意见会”“六个严禁两个推进、水环境质量民主监督”“槟榔采摘触电专题视察”“村务民主协商”“槟榔谷景区协商民主议事会”“乡村旅游和休闲农业协会协商民主议事会”等民主监督、政治协商工作12场次15人次。

2022年，民盟保亭县支部在保城镇什慢村调研地中海贫血防控工作
（民盟保亭县支部　供）

【参政议政】 2022年，民盟保亭县支部履行“参政议政、民主监督”职能，围绕海南自贸港建设和县委、县政府中心工作，深入调研，履行参政党职能，为经济社会科学发展献计出力。围绕保亭县“三区三地”发展重大战略，组织盟员研究相关课题，在政协保亭县十一届一次大会中，通过提案与小组发言建言献策，提交提案5篇。《政协会议简报》刊载盟员委员发言摘要8人次。调研提高参政议政质量，组织防控地中海贫血专题调研，进行问卷调查，入村走访，访谈医院，研究可行性强的建议，撰写《关于加强保亭地中海贫血防控工作的建议》集体提案上交县政协及相关部门。

【社会活动】 2022年，民盟保亭县支部积极参与抗疫，发动盟员缴纳“特殊盟费”，购买慰问物赴六弓乡石艾村慰问防疫一线工作人员。联系爱心企业赴县人民医院慰问一线医务人员。盟员撰写的对联，选为什玲国家公园建设生态搬迁新村大门对联。县医院盟员参加保亭医疗集团在三道分院举办的2022年服务百姓健康行动大型义诊暨世界患者安全日活动。盟员参加抗疫志愿者服务行动，荣获“最美逆行者”称号。盟员中的政协委员，履行委员职责，联系界别群众，参与建设政协委员服务界别群众旅文局联系点、县融媒体中心联系点，获得省政协领导肯定，11月18日人民政协网以《共绘保亭新画卷——海南省保亭县政协推动委员联系服务界别群众活动走深走实》为题进行报道。

（撰稿　刘远跃）

保亭县工商业联合会（总商会）

【概况】 2022年，保亭县工商业联合会（总商会）（以下简称县工商联）以习近平新时代中国特色社会主义思想为指导，紧扣“两个健康”主题，贯彻“信任、团结、服务、引导、教育”的方针，抓思想聚共识、抓服务促发展、抓引导聚合力，工作取得较好成效。年内，保亭县共有工商联各类会员7177个（名），其中团体会员4个，分别为个体协会、保城联合商会、响水联合和三道商会，企业会员167个（含乡镇商会企业会员），个人会员7006名。

【组织建设】 2022年，县工商联配合县委统战部积极推动保亭县光彩事业促进会成立，召开第一次会员代表大会，选举产生第一届理事会理事、监事会监事；指导三道商会完成换届选举，产生新一届商会会长、副会长、秘书长、执行委员共41人；帮助保城联合商会制定相关制度并上墙，推动保城联合商会成立党支部，并申报海南省“四好”商会。

【工商联参政议政】 2022年，县工商联做好调研工作，撰写调研报告4篇，上报经验材料6篇，其中《保亭县民营企业评价营商环境调研报告》得到县委书记穆克瑞的肯定并作批示；撰写的实践创新申报材料《海南省政商交往新模式——以保亭“咖啡时间——政商对话加速跑”为例》，被选入海南省政商交往典型案例发布，并被《中国统一战线》杂志采用。

【工商联思想建设】 2022年，县工商联组织开展1期民营经济人士理想信念培训班，组织民营企业家深入学习习近平总书记考察海南重要讲话、省第八次党代会精神、海南省经济发展形势和招商引资政策等；开展党的二十大精神、“春雨润苗”暨自贸港普法、法律讲堂等政策宣讲活动4次，帮助企业家增强政治素养；开展民营经济代表人士廉洁教育活动，引导民营企业廉洁从业、合规经营，自觉维护亲清政商关系，助力清廉保亭建设。累计组织民营企业家培训、学习有关活动6场次，参训200余人次。

【会员企业维权与服务】 2022年，县工商联配合县招商引资和重点项目服务工作专班举办“咖啡时间——政商对话加速跑”活动，定期开展“工商联主席接待日”“检察接待日”，适时召开民营企业家座谈会、工商联主席会议和涉企部门专题会议等，搭建政企亲清关系交流平台和高效解决问题平台。全年累计组织召开有关座谈会、专题会7次，“工商联主席接待日”累计开展22期，“检察接待日”6期，收集企业诉求86个，帮助解决67个，获赠致谢锦旗6面；年内，县工商联与县人民检察院共建沟通联系机制入选全国工商联、最高检100对工商联与检察机关沟通联系机制典型事例。

【工商联助力乡村振兴】 2022年，县工商联鼓励和引导民营企业参与“万企兴万村”保亭行动。全年保亭县共有14家民营企业参与，推动5家会员企业与4家村委会签订“百企联百村”村企结对协议，投入资金355万元。围绕县委、县政府中心工作，广泛动员全县民营企业和基层商协会参与支持保亭县疫情防控、希望工程圆梦行动和乡村振兴工作等。动员70余家企业参与消费助农行动，累计消费140万元；48家爱心企业参与圆梦助学、公益捐赠等公益行动，累计捐资36.8万元；70家民营企业参与疫情防控工作，累计捐赠物资价值100万元。配合县政府推动海南省智慧金融综合服务平台的企业注册工作，联系帮助103家企业注册该平台。

（撰稿　曾永丽）

群众团体

保亭县总工会

【概况】 2022年，保亭县总工会（以下简称县总工会）以习近平新时代中国特色社会主义思想为指导，维护职工队伍团结统一，动员广大职工在“十四五”规划、构建和谐劳动关系中充分发挥工人阶级主力军作用。围绕保亭县高质量发展大局，着力强化职工思想政治引领，提升职工维权服务实效，推进工会改革纵深发展，积极调动县基层工会职工参加工作，充分履行工会职能。年内保亭县组建基层工会263家，会员12547人，实名制认证会员12060人，其中新组建基层工会7家，会员58人。实名制系统录入231家，11811人。

【基层工会组织建设】 2022年，县总工会为掌握保亭县基层工会组织建设和职工文化阵地建设工作开展情况，对7家基层工会进行实地调研走访，开展基层工会组织信息核查工作。到103家存在问题的基层工会，开展年度下沉式服务工作。

【职工文化建设】 2022年，县总工会开展首届职工十大歌手活动，首届职工趣味运动会，680余名会员职工参加比赛。10月，在陵水香水湾阿尔卡迪亚酒店开展“工会佳缘　与您相约”职工交友联谊活动，110余名单身青年男女参加活动。6—11月，组织保亭县120名一线工作人员前往三亚、昌江等地参加疗休养活动。

【“四送”品牌活动】 2022年，县总工会开展工会“四大品牌”活动。开展“冬送温暖”活动，投入45.25万元资金于元旦春节期间送温暖，慰问537人；开展“春风行动”，配合就业局开展就业需求调查，提供就业岗位

2022年10月，县总工会在陵水香水湾开展第七届“工会佳缘　与您相约”单身青年男女交友联谊活动　（县总工会　供）

1318个，参与招聘企业63家，达成就业意向112个，成功招聘23个；开展“夏送清凉”维权关爱活动，为保亭县在高温天气下作业单位和重点项目工程一线职工1556人送去防暑降温用品，折合人民币12.68万元；开展“金秋助学”活动，为14名回访生发放助学补助，共计7.69万元。

【工资集体协商推进】 2022年，县总工会积极推动企业签订集体合同，开展民主协商工作。8家非公企业召开职工代表大会，签订行业性集体合同44份，企业工资集体协商专项合同44份，女职工权益保护专项合同48份，劳动安全卫生专项合同48份，覆盖企业12家，职工2082人。

【职工合法权益维护】 2022年，县总工会开展法律维权及工会“四大品牌”活动，发挥工会职工法律援助站平台作用，为职工群众服务，保障职工合法利益。开展宣传活动6次，发放宣传册3500余份、宣传袋1200个，义务解答职工咨询120余人次，邀请律师事务所律师到呀诺达开展“法律大讲堂下基层进企业”活动，参加职工200余人；接待职工来访来电8次，涉及职工30人次；受理劳动争议案件1件。

【劳模工匠精神弘扬】 2022春节前夕，县总工会走访慰问各级劳模和先进工作者23人；县检察院检察长闫宇辉获得海南省五一劳动奖章荣誉；组织全国劳模4人，省部级劳模8人到县人民医院开展劳模体检活动；组织在档管理24名劳模和五一劳动奖章获得者开展劳模疗休养活动；走访慰问保亭县65周岁及以上全国劳模发放省总慰问金1500元及500元慰问礼品。

【职工服务与帮扶】 2022年，县总工会发挥工会工作职责，开展春节期间留县留企务工人员和新就业形态劳动者慰问活动，慰问职工140余人，折合人民币3万余元；关心关爱妇女儿童，开展“三八妇女节”关爱女职工普惠活动，惠及女职工2500人，为在档困难女职工6人按照600元每人的标准发放慰问金；在六一儿童节来临之际，慰问在档困难职工家庭儿童19户31名及在档单亲困难女职工5户7名，发放慰问金及物资4.5万元，为保亭县在档14名困难女职工进行免费两癌筛查；慰问疫情防控一线工作人员，开展99公益救助活动，救助困难职工家庭10人，合计7400元；开展“99公益日”活动，筹集资金5.4万元，获“99公益日”活动先进单位奖。

年内保亭县在档困难职工34户121人。发放生活救助47.79万元，帮助困难职工落实医疗保障政策代缴医疗保险5.45万元，帮助9人医疗兜底合计6839元，帮助1名困难职工解决住房困难问题。

【职工普惠活动】 2022年，县总工会深化普惠服务，筹集经费37.91万元，慰问865名一线工作人员；开展“迎五一，送话费”活动，为6043个中国移动手机号码成功充值话费；开展农民丰收节慰问活动，安排1万余元慰问新国线、呀诺达和槟榔谷14名农民工代表和4名海南省最美农民工；开展职工医疗互助活动，为119人次报销医疗互助21.73万元；落实小微企业工会经费全额返还政策，15家企业做好申报工作得到全额返还，返还22.61万元；在什玲镇等5家单位投入约120万元专项建设经费；户外服务站点建设，投入31万余元在海汽车站处便民坊建设户外服务站点；开展职工健康体检活动，安排87家单位1174名一线职工进行体检；10月22日举办2022年基层工会干部业务能力提升培训班，培训期4天，基层工会100名工会干部参加。

【工会经费规范管理】 2022年6月起，县总工会对保亭县建立工会账户的138家基层工会的2019—2021年工会经费收支预算执行情况、对下补助资金、财务管理等进行审计，撰写138篇征求意见稿及审计报告，出具审计结果，对存在的问题提出150条整改意见。

（撰稿　吉茁荣）

共青团保亭县委员会

【概况】 2022年，保亭县现有团员4367人，团干部335人，下辖基层团委18个，团工委2个，团支部250个（含毕业生团支部

23 个），其中学校领域团支部为 72 个，初中团学比为 4.16%，高中团学比为 29.73%；机关企事业单位及国有企业团组织 25 家，社会组织团组织 17 家，非公企业团组织 58 家，村居（社区）团支部 69 个。

【基层团组织建设】 2022 年，共青团保亭县委员会（以下简称团县委）坚持团要管团、从严治团，聚焦三个方面，推进团的基层建设。召开共青团保亭县第十八次代表大会，选优配强“专兼挂”团干部队伍，顺利完成村居（社区）、基层团委、团县委三级换届，举办 2022 年保亭县新任基层团组织干部能力提升培训班，进一步提升基层团建工作能力及理论素养。

【青少年思想道德教育】 2022 年，团县委不断加强青少年思想政治引领，持续提升共青团引领力。组织保亭县团员青年学习“青年大学习”网上主题团课 27 期，覆盖团员青年 9.5 万余人次，团员参学率 100%，成绩名列海南第二，获评“青年大学习”组织优秀单位；组织动员保亭县少先队员观看“红领巾爱学习”网上系列主题队课 26 期，覆盖少年儿童 30 万余人次。召开保亭县学习贯彻习近平总书记在庆祝中国共产主义青年团成立 100 周年大会上的重要讲话精神暨 2022 年五四表彰大会，县委书记穆克瑞出席，为团员青年上团课，会上共表彰获得省级“两红两优”单位 1 家和个人 4 人，表彰县级“两红两优”单位 16 家和个人 65 人。组建县级“青年大学习”宣讲团，走进校园讲堂、社区广场等青年生产、生活聚集场所开展主题宣讲 12 场。开展“喜迎二十大、永远跟党走、奋进新征程”主题教育实践活动，以五四青年节为契机，组织 157 个团支部开展主题教育，举行入团仪式 47 场，开展党的青年运动史专题学习 183 次；组织开展喜迎党的二十大青春歌会，抒发爱党爱国爱社会主义情怀；组织开展“献礼二十大·奋进自贸港—争做红领巾讲解员”活动，引导教育广大少先队员努力成长为担当自贸港建设和民族复兴大任的时代新人。深入学习宣传贯彻党的二十大精神，召开学习党的二十大精神主题宣讲会，开展青年讲师团八进八讲活动，用青言青语传递党的二十大精神；推出《宣贯二十大　青马学员说》，通过保亭县优秀团员干部、中西部计划志愿者、致富带头人代表结合自身经历做好党的二十大精神阐释；推出《诵读二十大　青春颂华章》，通过组织青年讲师团成员诵读报告节选内容，凝聚向上力量。创新开展保亭县“新时代文明小主人”评选活动，在保亭县中小学生中开展班、校、县三级评选活动，引导广大未成年人自觉弘扬和践行社会主义核心价值观。以“共青团保亭县委”微信公众号平台为主阵地，同时依托微博、抖音、快手、视频号、海南号等新媒体平台，树好保亭共青团外宣形象，用心用情讲好保亭青年故事，展现保亭青年风采，团县委全平台粉丝数累计达 2.5 万余人，影响力在海南共青团系统位居前列；制作推出青年化网络文化产品《百年团史青年说》《青春战疫　保亭有我》等共 8 期；疫情防控期间，挖掘报道在疫情防控工作中涌现出的先进典型，如坚守抗“疫”一线的大学生志愿服务中西部计划志愿者、双胞胎

2022年5月27日，保亭县召开学习贯彻习近平总书记在庆祝中国共产主义青年团成立100周年大会上的重要讲话精神暨2022年五四表彰大会
（团县委　供）

"姐妹花"郭雨露、郭雨霜等优秀青年，在社会各界引起强烈反响，相继被人民网、《中国青年报》、中国新闻网、《海南日报》、《海南共青团》等媒体报道，阅读量达30万次，积极带动更多青年学习榜样先锋，弘扬正能量。

【青少年合法权益维护】 2022年，团县委深入保亭县中小学校持续开展禁毒、法治宣讲、防溺水、交通安全宣传、心理辅导等主题活动85场次。持续推进"双零社区（村）"试点创建工作，发挥共青团组织优势，深入保亭县"双零社区"创建点保城镇什聘村委会，面向青少年开展形式多样、内容丰富、主题鲜明的青少年权益保护和预防青少年违法犯罪活动4场，覆盖社区群众600余人次。

【青年人才服务】 2022年，团县委开展"返家乡"社会实践活动，寒假期间征集提供实践岗位145个，排名海南省前列，得到团省委领导充分肯定；暑假期间征集提供岗位191个，创保亭"返家乡"征集岗位最高纪录。举办保亭县"领头雁"专题培训班。举办保亭县农村青年人才创业沙龙活动，每月组织开展1期活动，以"前期摸排＋实地调研＋专家指导＋座谈交流＋结对跟踪"形式，了解掌握农村青年人才在创业发展中遇到的困难和问题。全年，开展活动8期，收集问题55个，解决54个，推进中1个。开展保亭青年人才联谊交友活动，组织60名党政机关、企事业单位单身青年人才参加联谊交友活动，助力青年人才扎根保亭县。组织保亭县乡村振兴青年联盟优秀成员、创业青年代表、返乡大学生等30人前往屯昌、定安、文昌等地进行观摩交流，通过"走出去"的方式学习周边市县发展特色产业的先进经验和做法。举办2022年保亭县青年农产品品牌打造能力提升培训暨创业风采大赛，集结保亭县乡村振兴青年人才联盟、农村致富带头人、优秀创业团队及个人等50余人，筛选创业项目16个开展为期5天的培训暨大赛，围绕农产品特色产业创新、品牌打造等主题，通过沙盘演练、现场观摩、沙龙研讨、诊断指导、风采比赛等多元化培训方式，为保亭县农村创业青年提供交流学习和风采展示的互动平台。

【青少年志愿者行动】 2022年，团县委整合资源，联合爱心单位、企业开展爱心助考志愿服务活动。

助考志愿活动　高考期间，联合保亭顺达驾校、新国线集团保亭运输有限公司开展"爱心送考　为梦起航"志愿服务活动，在高考期间安排30辆爱心送考车为高考学子免费提供乘车服务。联合县文明办、椰树集团、保亭发电公司等8家单位在保亭中学考点设立"文明保亭　爱心助考"志愿服务站，出动志愿者50人次，为考生、家长和工作人员提供相关物资，确保学生安全顺利参加高考，送出饮用水1200瓶，解暑绿豆汤400杯，考试用具100套，雨伞50把，纸巾500包，口罩500个。

学雷锋志愿服务月　3月4日，联合县消防大队、县红十字会、县禁毒办等部门举办青少年公益集市暨学雷锋志愿服务月启动仪式，活动现场开展"应急救护""垃圾分类宣传""消防安全知识宣传""禁毒宣传"等形式多样的志愿服务，引导和带动全县人民积极投身到学雷锋志愿服

2022年3月5日，保亭县启动青少年公益集市暨学雷锋志愿服务月活动
（团县委　供）

务月活动中；组织动员各基层团组织开展“雷锋月”普法宣传、六水共治、文明交通、智慧助老、金融知识进乡村、人居环境整治等志愿服务活动30余场，覆盖人数2600余人次。

学生假期志愿活动 开设免费寒暑期青少年公益班，内容涵盖美术、篮球、合唱、围棋、茶艺等，保亭县共200余名学生免费参加活动。

健康义诊志愿活动 县医疗集团、县医疗集团团委、县人民医院青年志愿服务队组织开展多形式健康义诊活动，义诊活动105场次，派出专家及志愿者404人，接受诊疗和咨询群众2000余人次，免费为群众测量血压1500余人次，指导群众开展心肺复苏60余人次。

春节志愿活动 组织100余名青年志愿者在春节前后开展“迎新春送健康”义诊、“迎新春　送春联”、文明旅游、春运暖冬等志愿服务10余场。1月17日，组织大学生志愿者在保亭县城汽车站开展春运暖冬志愿服务活动，助力旅客、返乡人员安全出行。组织志愿者开展呀诺达景区文明旅游志愿服务活动，倡导游客自觉践行文明、健康、绿色的旅游理念。1月18日，联合县医疗集团到热作居开展“迎新春送健康”义诊志愿服务活动，组织青年志愿者为周边群众免费发放口罩、健康宣传手册，培训青年志愿者处理胸痛患者的流程。1月19日、1月26日联合农业银行保亭支行青年文明号、县书法协会到三道镇三弓村、加茂镇加茂村委会开展“迎新春　送春联”志愿服务活动，组织书法家、返乡大学生志愿者为群众书写春联，送上新春祝福。

社会文明大行动志愿活动 开展“童心向党　致敬最美劳动者”“小手拉大手”等系列志愿服务活动，定期组织开展人居环境整治志愿服务活动，组织动员各基层团组织开展环境卫生整治活动30余场，参与人数200余人，强化群众环境卫生意识。

禁毒志愿活动 联合县委政法委、县禁毒办、各基层团组织、返乡大学生志愿者深入保亭县各乡镇开展“禁毒流动课堂活动”，为群众普及禁毒相关知识，派发禁毒宣传手册、禁毒宣传品，倡导禁绝毒品人人有责的社会责任意识，发放禁毒宣传材料2000余份。

红毛丹文化节志愿活动 组织青年志愿者为红毛丹文化节系列活动提供志愿服务保障，志愿者人数40余人。

【青年文明号创建】 2022年，团县委对11家县级创建成功的青年文明号，申报省级青年文明号其中呀诺达雨林文化旅游区（导游服务部）获得国家级青年文明号，8个优秀单位获得省级青年文明号称号，4个单位获得一星级海南省青年文明号的命名，各行业各部门青年文明号创建集体结合岗位实践，开展青年文明号活动周等活动，在服务群众、公共管理、生产经营等岗位一线开展扎实有效的创建活动。定期开展垃圾分类、禁毒自爱、光盘行动、保护环境、校园宣讲、保护母亲河等主题志愿服务活动，活动覆盖3500余人。保亭县人民医院、农村信用社等青年文明号积极联合下乡为村民提供义诊、宣传各项优惠政策、升级社保卡等便民服务。

【青年劳动技能竞赛】 2022年，保亭合胜农业开发有限公司参加海南自贸港青年农产品牌打造活动，获优精品品牌奖。

【少先队组织建设】 2022年，团县委不断强化少先队基础建设。制定印发《关于贯彻落实〈中共海南省委关于全面加强新时代少先队工作的实施意见〉的实施方案》。选优配强少先队工作力量，召开保亭县少工委三届二次全体（扩大）会议，选举团县委主要负责人和县教育局主要负责人担任县少工委主任，补选第三届保亭县少工委委员，聘请分管县委领导担任县少工委名誉主任，聘请县教育有关人员担任县级少先队总辅导员，选优配强保亭县少工委领导结构；加强少先队校外辅导员队伍建设，聘请保亭县获得全国、全省先进人物的县领导、乡镇党委书记、团委书记、部门领导、“候鸟”人才等34人担任校外辅导员，优化校外辅导员队伍结构。提升辅导员队伍综合素质，举办保亭县少先队辅导员能力提升暨“青马工程”培训班，组织保亭县各中小学65名少先队辅导员参加培训，促进少先队辅导员政治素质和业务能力双提升。在县“两红两优”评选中增加5个少先队辅导员名额，积极推报1名少先队辅导员获海南省“优秀共青团干部”称号。构建“校内+校外”的新时代少先队工作格局，打造红领巾主题广场，推出保亭县少先队校外实践教育基地地图，充分整合县旅文局、县检察院、县消防救援大队、神玉岛文化旅游度假区、海南槟榔谷黎苗文化旅游区、呀诺达雨林文化旅游区等单位企业资源，聚焦少先队员“红色教育”“传统文化教育”“法治教育”“安全教育”“热带雨林科普教育”“非物质文化遗产传承”等，挂牌成立9家校外少先队实践教育基地，常态化组织开展打卡活动。规范少先队组织生活，以“六一”为契机，组织保亭县各少先队组织举行少先队员分批入队及离队仪式，共计60余场，扎实做好全童入队和团队衔接工作。落实阶梯式成长激励制度，常态化开展“红领巾奖章”争章活动，印发《保亭县“红领巾奖章”评选实施方案》，推动各校制度化开展“红领巾奖章”和一星章评选；做实做细县“三优”和省“三优”的评选推荐工作。年内保亭县获省级表彰少先队员14名、少先队辅导员3名、少先队集体8个；选树红领巾文明榜样，面向保亭县中小学开展保亭县“新时代文明小主人”评选活动。通过两评一推一审的方式，评选出“十佳新时代文明小主人”10名和“百优新时代文明小主人”100名。

【希望工程圆梦行动】 2022年，团县委开展“希望工程1+1—幻方助学计划”活动，争取海南省青少年希望基金会16.5万元助学金，资助保亭县一、二、三年级学生165名；开展年度保亭县希望工程活动，保亭县公益屋共筹款114万元（含县委、县政府支持的25万元），参与募捐人数达6000余人次，位居海南前列，资助准大学本科生134名，资助标准为每人5000元，共67万元，获海南省希望工程助力乡村振兴先进集体一等奖。

【团代会召开】 2022年7月6日，共青团保亭黎族苗族自治县第十八次代表大会召开。大会高举中国特色社会主义伟大旗帜，坚持以习近平新时代中国特色社会主义思想为指导，全面贯彻党的十九大和习近平总书记系列重要讲话和重要指示批示精神，贯彻落实省第八次党代会精神，围绕县第十四次党代会提出的目标要求，以“三区三地”建设为统领，踔厉奋发，笃行不怠，求实创新，团结带领广大青少年为保亭高质量发展贡献青春力量。

大会闭幕会后，召开共青团保亭黎族苗族自治县第十八届委员会第一次全体会议，选举产生共青团保亭黎族苗族自治县第十八届委员会常务委员会委员、书记、副书记。王令令全票当选新一届共青团保亭黎族苗族自治县委书记，李美琪、黄康龙、郭苗（挂职）、刘健康（兼职）等4人当选为新一届共青团保亭黎族苗族自治县委副书记。

（撰稿　陈大卫）

保亭县妇女联合会

【概况】 2022年，保亭县妇女联合会（以下简称县妇联）服务引导广大妇女，树立自立自强的意识，抓思想政治引领、抓服务大局、抓风险防范、抓改革创新、抓党的建设，推进新时代妇联工作高质量发展，团结动员全县妇女打造“三区三地”推动保亭高质量发展贡献巾帼力量。全年，保亭县乡镇、村（社区）三级妇女组织健全率100%。全县创建妇联组织80个，其中乡镇妇联9个、七仙岭农场妇联1个、社区妇联2个、村妇联60个、居妇联5个、“两新”组织妇联3个；全县建设“妇女之家”阵地81个，形成无断层的妇联组织网络。在机关、企业、事业单位中成立妇女组织8家。

【妇幼权益保障】 2022年，县妇联抓源头维权，推动新一轮妇女儿童发展规划颁布实施，召开保亭县妇女儿童发展规划（2021—2030年）专题研究会及培训会，制定出台《逐步消除全县乡村“重男轻女”现象的八条措施》。加大维权宣传力度，在重要节日契机开展各类法律法规宣传资料1.3万多份，现场接待咨询30余人次；举办3场婚姻家庭调解暨“法律明白人”培训班；联合县民政局、团县委、县教育局在保亭首师附小开展主题为“喜迎二十大，同心护未来”未成年人关爱保护宣传教育活动，约有

150名学生参加；做好信访接待处理工作，全年共接受群众来访30件（次），办结率100%。

【妇女儿童关爱】 2022年，县妇联关爱特殊困难群体，开展“暖冬行动”春节慰问贫困妇女儿童活动，慰问115名困境妇女儿童，送上价值5.45万元的慰问品；举办“母亲健康快车”发车仪式，中国海油公益基金会向保亭县捐赠3辆“母亲健康快车”；开展关爱农村贫困妇女“两癌”救助计划，13名妇女获专项“两癌”救助金20万元；继续做好中海油“同舟工程——救急难行动”项目，53个贫困妇女儿童及家庭，获得救助资金51.4万元。举办“强国复兴有我 巾帼筑梦芳华”迎“三八”家庭运动会，42个家庭参加三八运动会。联合县科协、团县委举办“我和妈妈学科学，美丽保亭我代言”亲子科普活动；联合县委宣传部到加茂石建、共村举办2场“少年儿童心向党 喜迎党的二十大”庆六一主题活动。

【妇联助力禁毒会战】 2022年，县妇联加强禁毒防艾工作，联合海南省友善社工到金江社区，走访慰问3户涉毒人员家庭；举办3场“全民禁毒家庭行”系列宣传活动；联合县禁毒办、县委政法委在三道、响水镇、加茂镇、毛感乡举办“禁毒宣传进万家”趣味游园巡回宣传活动。

【“好家风好家训”教育传承活动】 2022年，县妇联开展各类特色家庭评创，寻找县“最美家庭”50户、创建县“绿色家庭”100户、推荐省“最美家庭”5户、省“绿色家庭”80户；走访慰问2021年保亭县获全国和省最美家5户，举办26场“最美家风润保亭 家庭教育进万家”家庭教育公益巡讲活动，进一步帮助和引导家长树立正确的家庭教育观念，提升教育水平，助力家风建设。联合县关工委、县教育局举办11场“学党史 感党恩 跟党走”主题教育报告会，引导青少年了解、学习党的革命传统和海南二十年红旗不倒的伟大精神。开展“少年儿童心向党 用心用情伴成长”暑期儿童关爱活动，联合县科协、县委组织部组织200余名海南大学生志愿者深入68个村委会等单位开展“百村百生”乡村科普行动。依托儿童之家组织33名大学生志愿者开展暑期社会实践活动。开展“少年儿童心向党 用心用情伴成长”主题暑期关爱活动，组织40名家长孩子参加活动。

2022年11月26日，县妇联在保亭七仙广场开展“学习宣传贯彻党的二十大精神‘七仙岭之花’巾帼宣讲队点亮童心”主题活动

（县妇联 供）

【巾帼志愿服务】 2022年，县妇联开展巾帼志愿服务工作，组织130余名党员和巾帼志愿者在保城河沿岸和七仙岭脚下、三道镇在赤田水库三道镇流域开展“巾帼护水 共建保亭美丽生态家园”巾帼志愿主题服务活动。

【巾帼建功】 2022年，县妇联开展春风送岗下乡专场招聘会，21家企业参加，提供123个就业岗位。加大对农村妇女小额贷款财政贴息政策的宣传，让农村妇女能够更好地享受国家政策，得到实惠。2017名妇女获得农村小额贷款，占贷款总人数的51.8%，妇女贷款金额1.91亿元，占总贷款金额的55%。发挥创业带动就业辐射能力，推荐10名创业女性报名参加第五届“中国创翼”大赛海南选拔赛暨2022年海南自贸港创业大赛（保亭赛区）。动员11名女性企业家参加海南自贸港女性创新创业大赛。举办2期中海油巾帼“劳动主播”培训班，100人次参加。

乡村振兴巾帼行动　用好“数字国学馆”“劳动主播”直播间，举办农产品种植技术、就业创业等培训班。成立乡村女校，推动农村女性参与基层治理。为促进妇女群众参与基层民主自治，农村女性能力素质提升，成立乡村女校6所，并举办7期农村女性能力素质提升培训班。

绿色环保巾帼行动　在全县开展巾帼禁塑和垃圾分类宣传活动，以禁塑和垃圾分类小妙招PK、创编环保广场舞、有奖知识问答、“绿色生活”趣味游园会等多种方式让绿色环保理念深入人心，印制发放近8000份禁塑宣传品。开展“六水共治”巾帼行动，推动形成全民参与生态文明建设的良好风尚。

【妇女思想建设】　2022年，县妇联凝聚思想共识，加强思想政治引领，深入妇女儿童之家、“两新组织”妇联，开展“百千万巾帼大宣讲”活动共66场次，参与群众约3980人次。开展网上宣传，利用“保亭巾帼”微信公众号宣传党的思想理论和法律法规及最美家庭等各类优秀典型事迹宣传，弘扬正能量。举办“我是海南自贸港最美巾帼奋斗者”演讲比赛，共征集38个参赛视频作品。举办1场为期3天的基层妇女干部工作能力提升培训班，87人参加。组织开展10场“党的二十大精神宣讲进机关、进村、进企业活动”等。联合县纪委监委举办“齐插‘廉’花话廉洁　共建清廉幸福家”为主题的“廉洁文化进家庭”活动，领导干部家属30余人参加。

【妇联组织建设】　2022年，县妇联夯实基层基础，坚持党建引领，指导各级妇联积极争取党委重视支持，全县9个乡镇妇联完成换届；在雅布伦·享水谷共享农庄成立“两新组织”妇联，进一步调整和优化妇联队伍、壮大基层工作力量。开展能力提升建设年暨“查堵点、破难题、促发展”活动，通过实战化大培训、专业化大练兵、特色化大比武，领导班子成员带头贯彻落实省委和县委重大决策部署，践行中央八项规定精神，以上率下促妇联干部职工作风转变和能力提高。

（撰稿　陈贵铃）

保亭县科学技术协会

【概况】　2022年，保亭县科学技术协会（以下简称县科协）认真贯彻党的二十大精神，以习近平新时代中国特色社会主义思想为指导，坚持“四个服务”的工作定位，积极开展科普工作，弘扬科学精神，传播科学思想和科学方法，工作任务分解落实到位，各项工作顺利开展。

【基层科协组织建设】　2022年，县科协做好乡镇科协换届工作，通过班子成员分工负责，深入指导，协调推进，6月，9个乡镇完成基层科协换届工作，夯实基层科协组织建设。举办村（居）科普员培训班，保亭县68名村（居）科普员参加培训。12月23日，保亭县科学技术协会召开第一次代表大会，选举产生保亭县科学技术协会第一届委员会、常委和主席、副主席，科协系统改革持续深化，科协组织队伍不断壮大，科技服务保亭发展的能力持续增强。

【科普宣传活动】　2022年，县科协联合县科工信局在保城、什玲、南林等乡镇开展“科技月”宣传活动，向群众宣传科普知识，发放科普宣传资料1000多册（份）。开展农业种养技术培训，在科普示范村半弓村委会制作宣传栏5个、制作科普知识展板30幅、开展实用技术培训3场，在什玲镇、南林乡开展2场科技月科普活动，发放科普书籍，向群众普及科学知识，提升全民科学素质。

围绕“奋进新征程，科普向未来”主题活动，组织“科普大篷车”下乡镇、进校园进行科普巡展宣传，设置12个科普活动点，涉及9个乡镇和4所学校。通过“科普大篷车”播放科普视频的形式，聚焦生物多样性保护、“节能减排”战略、种植培训技术、科学防疫、食品安全教育知识六类科普主题内容进行宣传；发放科普知识书籍1.4万余本。联合县委宣传部、县司法局、县教育局、县科工信局等全民科学素质领导小组成员单位，在县七仙广场举办全国科普日活动。以“奋进新征程·科普向未来”为主题，聚焦法律法规、食品安全、生物多样性保护、保护环境、种植培训技术、养殖防治、科学防疫、安全教育知识、权益保护、安全法规、安全生产、气象应急知识12类科普内容进行宣传，展出20个不同科普知识展板供群众观看学习，免费发放各类科普宣传手册1万余本，免费发放科普宣传环保袋、雨伞、扇子、铅笔盒、围裙等1.2万个，用贴近生活的方式让群众学习到科普知识。

【青少年科技教育】 2022年，县科协组织开展中小学生"七巧科技"竞赛活动，保亭县28所中小学校，332名中小学生参加，收到竞赛作品136件。通过举办首届"七巧科技"现场团体赛，选拔9支优秀团队代表冲击省赛，获一等奖2项、二等奖3项、三等奖4项，新政中心学校教师张熙琴和南茂中心小学教师胡秀美获优秀指导教师称号。组织开展中小学生"科普小先生"竞赛活动，经过选拔，保亭县3组中小学生通过线上形式参加海南省科普小先生比赛，获三等奖3项。

【科技知识竞赛】 2022年5月1—25日，县科协举办全民科学素质线上知识竞赛活动，参与线上答题人数近4000人。通过线上有奖知识竞赛的方式，让广大群众在参与答题的过程中了解公民科学素质知识，营造"讲科学、爱科学、学科学、用科学"的浓厚社会氛围，推动保亭县公民科学素质提升，助力社会文明大行动。

【科技志愿服务】 2022年，县科协联合海南大学首次开展保亭"百村百生"乡村科普行活动，204名大学生，深入全县68个村（居）开展食品安全、环境保护和卫生健康等33个主题科学讲座210余场，科普6000人次。

保亭县残疾人联合会

【概况】 2022年，保亭县残疾人联合会（以下简称县残联）推进残疾人社会保障、康复服务、教育就业，维护残疾人权益。全县有残疾人1.02万人，占保亭县总人口的5.9%；持有二代残疾人证的残疾人4761人。

【残联会议】 2022年4月20日，保亭县残联第七届主席团第三次全体会议召开。会议听取县残联第七届主席团第三次全体会议工作报告，选举县残联第七届主席团主席、副主席，推举县残联第七届执行理事会副理事长。11月24日，召开县残联第八届第二次主席团会议，会议听取和审议县残联第七届执行理事会工作报告，选举产生县残联第八届主席团委员和出席省残联第八次代表大会代表，选聘第八届主席团名誉主席、副主席，推举执行理事会理事长、副理事长、理事，通过县残联各类协会主席名单。

【残疾人证管理】 2022年，县残联完成行政审批事项要素标准化梳理、推进一体化平台、做好"好差评"评价等各项工作。邀请省平山医院、海南省第二人民医院、县人民医院共同开展残疾评定下乡活动，为困难、重度残疾人提供便捷办证服务，通过对残疾人残疾鉴定费报销和宣传等措施，全力推进二代残疾人证的办理工作。新办理二代残疾人证142个，到期换证293人。

【残疾人基础服务设施项目建设】 2022年，县残联实施残疾人事业类政府投资项目2个（县残疾人综合服务中心、重度残疾人托养中心工程），计划投资额3800万元，完成投资额2000余万元，预计2023年底建成投入使用。

【残疾人信息数据统计】 2022年，县残联开展残疾人基本服务状况和需求信息数据动态更新工作，制定保亭县《2022年残疾人基本服务状况和动态更新工作实施方案》，对乡镇（居）、村（社区）参加数据动态更新业务骨干进行业务培训，开展更新。年内完成60个村委会、2个社区及6个居委会共4773人调查数据。完成登记4404人（入户登记4183人、电话登记221人），入户调查率95%。未完成登记369人（"查无此人"10人、"已搬迁"104人、"空挂户"22人、"外出"1人、"注销"57人、"迁移中"1人）。

【残疾人康复和服务】 2022年，县残联对全县残疾儿童康复救助实行全覆盖，完成37名省民生工程贫困残疾儿童康复救助项目；通过县级配套资金项目，另外对47名残疾儿童实施康复救助。为1092名残疾人实施家庭医生签约服务，对每名残疾人提供100元基础包服务。做好辅具适配工作，发放轮椅、发放护理床、坐便器、沐浴凳、拐杖等193件（套），受益残疾人160人次。

【残疾人教育】 2022年，县残联通过彩票公益金项目助学活动，落实残疾人教育扶持助学项目。家庭经济困难的残疾儿童享受学前教育、义务教育阶段、高中阶段教育资助、考入大学的残疾学生，分别给予每人每年不等助学金的资助。年内，扶助10名残疾学生上学，发放补助资金3万元。

【残疾人就业】 2022年，县残联与县财政局、县地税局联合开展各用人单位上年度安置残疾人的年审工作。年内，保亭县各用人单位通过按比例安排残疾人就业和政府购买服务的方式安置残疾人7人。开展就业援助月活动，发放宣传资料1000余份，组织人员走访残疾人失业家庭103户，登记失业残疾117人，帮助登记失业残疾人实现就业（包括农村残疾人就业）87人。投入30万元举办农村贫困残疾人实用技术培训班5期，培训203人次，注重学习成果转化与综合素质培养，促进残疾人高层次稳定就业。鼓励残疾人个人经营和自主创业，帮助残疾人转变传统就业观念，完善残疾人创业扶持政策，落实相关资金补贴。全年发放扶持发展资金40万元，受益残疾人家庭80户。

【残疾人维权】 2022年，县残联依托残疾人法律援助工作站，为残疾人提供法律帮助和解决实际问题。重视残疾人信访工作，做好残疾人信访预测、矛盾调处等，在惠残项目的实施过程中，对残疾人反映的各种实际问题，热情接待，细心解答，耐心疏导，做到事事有回音，件件有落实，累计接待来访3件；及时办理12345服务热线10件，处理网上信访3件。

【残疾人社会保障】 2022年，县残联协助县民政部门做好残疾人生活和护理补贴项目。全年发放困难残疾人生活补贴1.24万人次，101.86万元，重度残疾人护理补贴2.38万人次，516.83万元。

（撰稿　黄青文）

保亭县文学艺术界联合会

【概况】 2022年，保亭县文学艺术界联合会（以下简称县文联）团结和带领县广大文艺工作者，积极创作文艺作品和开展各类文艺活动。协会会员为各行各业，涵盖保亭县机关学校、城镇社区和农村，基本形成门类比较齐全、覆盖比较广泛的文艺协会网络。

【文艺创作交流平台建设】 2022年，县文联积极推进文艺创作交流平台建设，设立“保亭文艺创作基地”，保亭县域内包括呀诺达雨林书屋、神玉岛文化园、雨林仙境酒店文学基地、保亭和坊和毛感南春及新政报什美丽乡村6地设立文艺创作基地，为县文艺会员提供创作交流平台。积极筹划设立保亭县版画创作基地。出台《保亭黎族苗族自治县文学艺术界联合会文艺社团内部刊物出版管理规定》《保亭黎族苗族自治县文学艺术界联合会艺术创作和文化艺术活动管理制度》。指导各文艺协会开展各类文艺活动，对其内容严格把关，坚持将把好政治思想关与精神文明建设相结合，弘扬新时代文明之风，坚决抵制庸俗、低俗和媚俗之风，确保文艺作品内容健康向上，兼具艺术性、观赏性，营造良好的社团文化氛围。

【文艺慰问】 2022年，春节期间县文联开展走访慰问保亭县德艺双馨艺术家及旅居保亭艺术家10余人；开展“迎春送福，文化进万家”文艺下乡慰问活动，到什玲镇毛天、椰村、巡亲村委会，加茂镇共村、石建村委会，毛感乡南好村委会等地开展新春文化慰问，为村民群众书写送出2000多副春联和福字；与爱心企业保亭保城旺国生活超市到定点帮扶村什玲镇毛天村委会进行物品捐赠活动；通过惠民、为民、乐民的文化服务活动，提升人民群众的文化获得感、幸福感。

【文艺人才培养】 2022年，县文

2022年1月15日，县文联在什玲镇毛天村开展文艺志愿服务迎春送福进万家下乡惠民慰问活动 （罗 伦 摄）

联举办“能力提升建设年”文艺课堂，组织开展“能力提升建设年”文艺课堂之文学创作、文艺志愿服务业务、书法技法的培训，举办9期培训311人次参加，提升全县广大文艺工作者、文艺志愿者的创作能力和服务意识。通过组织文艺培训、采风创作、座谈交流等形式，完成“查破促”中精品少、无志愿服务队、文艺人才能力需提升三个堵点整改问题，促进文艺系统健康发展。推进县新时代文明实践活动深入开展，组建“文艺惠民志愿服务队”，组织近80名文艺志愿者开展文艺志愿服务业务培训。

【文艺展览】 2022年，县文联举办庆祝“三月三”书画作品展，征集近200幅保亭题材的美术、书法原创作品，其中美术作品83幅、书法作品117幅，选用80件书画精品在县文化中心展厅展出。联合举办“神玉杯”庆祝“三月三”摄影大赛，征集保亭题材的摄影作品883幅（含组照），评选60件摄影精品在神玉岛书院展出。开展“文艺在行动 保亭抗疫文艺作品”主题系列创作、网络展等活动，推出抗“疫”创作文艺综合、美术海报、文学摄影、书法专辑网络展4期，美篇5篇，县作协、书协、美协、摄协等协会推出文学、书法、美术、音乐、朗诵的创作作品网络展专辑共12期，录制抗疫歌曲1首、朗诵作品1个。与县纪委、县委宣传部联合组织开展“廉洁自贸港”为主题的“扬帆自贸港，廉洁伴我行”文学书法作品线上展，70余名书法、文学等文艺工作者、爱好者创作书法作品97幅、诗文作品40篇，择优在“清廉保亭”“文旅保亭”“你好保亭”等公众号及县文联美篇号进行线上展出，弘扬清廉之风，推动廉洁文化深入开展。与县旅文局联合举办“礼赞二十大，奋进新征程”摄影展，展出优秀摄影作品60幅。

【文艺创作】 2022年，保亭县文艺家创作反映保亭特色及时代特征的作品丰富。

县摄影家协会 承办保亭县“礼赞二十大·奋进新征程”摄影展，喜庆党的二十大胜利召开，讲好保亭故事，展现保亭人民同心同德奋进新征程。在“神玉杯”摄影大赛，会员潘海涛作品《候鸟天堂》获一等奖，会员王方刚作品《保亭处处有美景》（组照）、黎伟宇作品《竹竿舞进校园》（组照）、颜业良作品《非主流接亲队》获三等奖；潘海涛作品《花鸟世界》获海南省第八届摄影艺术展优秀奖。

候鸟鸣七仙诗社 全年创作诗词歌赋664首，朗诵作品132篇，散文随笔等36篇；征集诗词80首；组织10名书法家和18名志愿者为乡镇春节写春联380副，为复员转业军人送春联30副；召开庆祝中国共产党成立101周年网络诗歌朗诵会；参加全国“乡村振兴 企业在行动”征文活动，1篇文学作品获全国优秀奖；创作二十大诗歌5首，移风易俗、廉洁自律等诗歌20首。

县国标交际舞协会 开办老年人国标舞培训，掀起群众学习国标舞热潮。

县旗袍协会 参加文艺惠民活动，配合县教育局完成20天社区礼仪培训班授课培训，培训48人。

县美术家协会 参加陵水、乐东等兄弟市县画展，配合宣传保亭县新时代文明实践中心活动，创作“七个倡导”文明乡风宣传画，受县领导表扬。积极创作“抗疫”主题美术作品38幅，推出2期网络美术专刊。

县作家协会　在《七峰文学》微信公众号推送诗歌、散文、评论、杂文、小说会员作品117次，220余篇。魏有恒、郑朝能等12人诗文作品收入保亭县作家丛书，郑朝能叙事长诗《黎乡仙游记》入选海南省文学院签约创作项目，短篇小说《祖屋》刊载在《椰城》杂志。举办主题“七仙河”“美丽乡村”“父亲”“心灵”诗文朗诵会4场。

县书法家协会　配合县文联举办文艺课堂，对会员进行书法培训授课。组织会员参加海南省书法展，陈振亮、黄彦谭、卢海等会员作品分别选入海南省第二届书法临帖展、海南省书法家协会举办的书法网络书法展。

仙岭书画院　举办“保亭慈善国画学习班”，积极组织院画家开展热带雨林等主题采风写生创作。

县吉他协会　与县有关文艺协会联合创作《战役，我们不哭》《我们的人民》等抗“疫”主题歌曲。

县民间文艺家协会　创作抗疫歌曲《我们的人民》、乡村振兴题材歌曲《乡村赞歌》，会员王金清完成双面织锦作品《男神·女神》，会员陈达谞创作完成2幅作品。组队参加省级民歌、非遗织锦比赛均获优异成绩，4名会员获得“高级技工”资格。开展文艺惠民及文艺入校园活动，在县民族中学、首师大附属保亭学校分别设立“黎锦班”、钻木取火、树皮衣制作班，每周授课。

县戏剧和曲艺协会　配合招募文艺志愿者，参加海南省第五届少儿曲艺大赛、第五届曲艺大赛的创作组织工作。

响水镇八音协会　共组织培训2期，培训42人次。深入响水镇各乡村，开展少儿民歌辅导班，让当地小朋友了解和掌握海南黎族方言歌曲和基本乐理知识。

【文艺采风】　2022年，县文联开展写生采风，创作时代精神作品，组织县作协及旅居保亭作家文艺志愿者，开展“我为保亭写诗作文”暨“绿意满山乡”主题创作采风和编印诗文活动，创作诗文200余首，选登124首；编印《绿意满山乡》内部诗文集成书600册。组织开展“黎苗风情百图原创美术写生”活动，特邀省内中国美术家协会、省级美术家协会会员9名到保亭采风写生，共创作美术作品18幅，列入保亭县馆藏及展览作品。组织县作协、戏曲、民协等各协会，围绕“男女平等”、消除“重男轻女”思想、移风易俗、创建文明城市、社会文明大行动等主题开展各种文艺创作采风。

【文艺宣讲演出】　2022年，县文联举办保亭县学习宣传“省第八次党代会·喜迎党的二十大”文艺志愿服务诵读会活动，组织24名优秀文艺志愿者，以“学好省党代会精神，喜迎党的二十大召开”为主题，通过“上篇·红旗飘飘展新颜、中篇·情系海南自贸港建设、下篇·追寻红色征程”共19篇原创诗文朗诵、党代会精神宣讲、大会名词解释等诵读的文艺形式，讲好省第八次党代会、中国特色自贸港、乡村振兴、保亭“三区三地”建设的奋斗故事，展示保亭新时代改革开放可信、可爱、可敬的良好形象。组织开展“春香秋韵·诗意保亭”——保亭县文艺界“喜迎党的二十大·我为保亭写诗作文”诗歌朗诵会，宣传贯彻文明乡风“七个倡导”，赞美保亭，助力乡村振兴和文明城市创建，以诗颂新时代来迎接党的二十大胜利召开。指导县作家协会开展“我为保亭著文吟诗”九里香读书会系列活动，举办“七仙河、美丽乡村、父亲”为主题读书会，现场赠送400本县文联编印的《七仙岭文艺》《绿风吹过》《红霞满天》刊物及书籍，读书看书惠及群众2000多人，深受广大市民群众的好评。与教育局联合开展推普助力乡村振兴送教下乡暨“经典润乡土”活动，组织文化志愿者及师生到毛感、六弓、南林等偏远中小学校及幼儿园，通过宣讲红色故事、诵读中华经典、书写伟人名言名句等形式，让经典走进乡村校园，浸润学生心灵。

组织县文艺志愿服务小分队，开展节目作品创作、排练，随同县民族歌舞团分别到新政镇、六弓乡、什玲镇、响水镇，参加与县委宣传部等共同举办的“创文明城市，树时代新风，喜迎二十大”新时代文明实践主题文艺演出。与县委宣传部组织成立“保亭县志愿服务舞团”，创作《丰收乐》广场舞，入选参加“喜迎二十大·舞动自贸港”海南省首届广场舞线上线下展演，获得“最佳表演舞队”称号。

（撰稿　曾庆幸）

保亭县归国华侨联合会

【概况】　2022年，保亭县团结广大归侨侨眷和海外侨胞，践行“以人为本，为侨服务”宗旨，关心关爱归侨侨眷，开展各项侨务工作。

【县侨联组织建设】　2022年，保亭县归国华侨联合会（以下简称县侨联）根据县委办《关于深化拓展“查堵点、破难题、促发展”活动的实施方案》文件要求及金江居31队侨胞申请，联合金江居在31队建成1个“侨胞之家”“侨务工作站”。装修资金9.5万元（省侨联资金1.5万元）。购置办公桌、电脑、打印机、电视机、多媒体音箱、乒乓球桌、不锈钢书架、宣传广播等设备共计4.16万元。为各居“侨胞之家”“侨务工作站”订阅《海南日报》，安装网络及电视；为三道居19队“侨胞之家”“侨务工作站”购买1台立式空调、办公桌椅等；联合新星居升级改造七区3队的“侨胞之家”“侨务工作站”，不断完善各居“侨胞之家”“侨务工作站”配套设施。配合省审计厅审计组到三道居19队“侨胞之家”“侨务工作站”开展省侨联领导任中审计工作，查看“侨胞之家”“侨务工作站”制度、装修建设等相关材料，审计组对县“侨胞之家”“侨务工作站”建设工作给予肯定。配合海南省侨联秘书长李诚、吊罗山乡领导干部一行到毛感乡开展林下经济交流学习活动。配合省侨联专职副主席苏燕到保亭县三道居19队开展“侨胞之家”“侨务工作站”建设情况调研活动，县“侨胞之家”“侨务工作站”总体建设情况获得省侨联调研组的认可。

【侨情普查】　2022年，保亭县完成侨情调查汇总工作。结合2021年侨情调查数据进一步分类统计，保亭县有侨眷3427人。

【侨胞联谊慰问】　2022年，县侨联开展重大节假日慰问困难归侨侨眷工作，共慰问180户困难归侨侨眷，累计9万元（含省侨联1万元）慰问金。每月发放特困归侨生活补贴，全年累计发放2.94万元。

【侨联助力海南自由贸易港建设】　2022年6月18日，应中国侨商会邀请，县侨联赴琼中县参加琼中幸福家园生态产业区项目签约仪式，并交流侨资项目合作引进事项。配合保亭县项目投资工作专班，向中国侨商联合会、省侨联提供保亭县招商项目材料。在“世界侨商海南行”暨“创业中华·侨商论坛”活动中推介保亭。

【侨界参政】　2022年，县侨联积极参与保亭县侨界人大代表、政协委员推荐、提名工作。保亭县有4名归侨侨眷当选保亭县第十一届政协委员（1名为县侨联干部），1名归侨侨眷（县侨联常委）当选保亭县第十六届人大代表。年内，县归侨侨眷人大代表向县人大提出关于侨胞人居环境、基础设施建设等建议3条。归侨侨眷政协委员向县政协提出关于保亭县侨胞住房安全、农村秸秆处理及社会安全建设等提案3件。归侨侨眷人大代表、政协委员多次参与保亭县征求意见听证会等工作，充分发挥归侨侨眷积极建言献策作用，参与保亭县经济政治建设。

（撰稿　洪　铭）

保亭县红十字会

【概况】　2022年，保亭县红十字会（以下简称县红十字会）履行职责，弘扬“人道、博爱、奉献”红十字会精神，保护群众生命健康。保亭县有红十字志愿服务组织1个，注册志愿者45人。

【人道救助】　2022年，县红十字会开展人道救助，实施大病儿童人道关怀项目，给予保亭县3名白血病患儿1万元营养费支持。争取海南康复医学人道救助专项基金救助原保亭中学坠楼学生康复费用19万余元。开展红十字“博爱送万家”活动，走访和集中慰问麻风患者、重症地中海贫血患儿、骨干志愿者、残疾对象55人，与海南八福公益基金会慰问5名重症地中海贫血患儿，传递党和政府关怀及社会关爱。

【救护知识培训】 2022年，县红十字会普及应急救护知识和技能。开展校园2课时应急救护知识讲座3场，普及1340人；开展4课时应急救护培训班4期、16课时培训1期、联合社会机构开展8课时培训班10期，发放救护培训证书541人。开展救护培训，提高学校师生、机关干部职工、社区志愿者的自救与互救能力。

【三献工作】 2022年，县红十字会参与推动无偿献血工作，开展活动9场次。其中，组织团体献血4场，献血702人次，献血量228550毫升。开展造血干细胞入库动员招募工作，动员29名献血者加入中华骨髓库，为中国造血干细胞资料库海南分库扩容。开展人体器官捐献登记工作，通过宣传，提升群众对遗体器官捐献知识的认知，75人进行网上意愿捐献登记。

2022年1月10日，县红十字会到加茂镇半弓村委会开展红十字博爱送万家暨帮扶志愿服务活动 （县红十字会 供）

【社会捐赠】 2022年，县红十字会依法依规做好捐赠物资接收工作，社会各界团体和个人捐赠生活物资4批次（其中定向三亚1批次），847件，价值2.97万元。接收物资依照捐赠人意愿，调配至防疫一线。

【红十字精神传播】 2022年，县红十字会开展红十字博爱周、防灾减灾周、无偿献血、应急救护等宣传活动。线下通过悬挂横幅、设置展板、发放宣传资料、心肺复苏演示等形式向群众普及无偿献血、造血干细胞、遗体器官捐献及急救知识与技能等内容，发放宣传折页、扇子、环保袋、宣传笔、宣传伞、陶瓷双杯、急救包等8000余份。组织志愿者参与志愿服务活动138人次，服务总时长470小时。线上借助新媒体平台、微信公众号传播红十字知识、讲好红十字故事、传递红十字好声音。

（撰稿 周晓台）

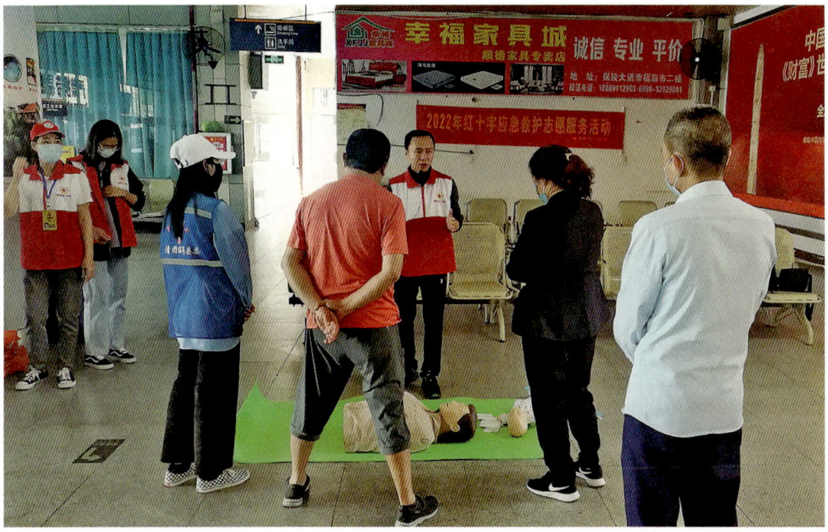

2022年1月29日，县红十字会在县汽车站开展应急救护志愿服务活动。图为县红十字会志愿者向候车乘客和车站工作人员普及心肺复苏技能 （周晓台 摄）

法　　治

政法委及综治

【概况】 2022年，保亭县政法机关紧紧围绕海南自贸港建设和保亭县“三区三地”战略定位，不断深化政法各项工作，完成党的二十大、北京冬奥会、全国两会、博鳌亚洲论坛年会、省第八次党代会安保任务。

【政法领域改革深化】 2022年，保亭县政法机关科学谋划、主动作为，推动全县政法领域改革向纵深发展。县人民法院推动诉讼服务中心服务升级，开通自助立案、跨域立案、律师服务平台、调解平台、12368服务热线等服务，推进电子电话集约送达，打造“线上＋线下”一体化立案渠道，实现立案、送达、调解、信访等服务一体化，当事人诉讼服务一站式办理，实现数据多跑路，群众少跑腿，网上立案581件，跨域立案3件，网上开庭279件，集约送达、电子送达法律文书1872份。县公安局深化警保联控机制，组建“警保联控”中队61个，队员673名，解决警力不足和社会治安防控“最后100米”的问题。开展公安工作“一窗通办”“零跑动”改革，简化开办旅馆业许可证、办理临时身份证、人才引进落户办理流程，开展“流动车管所”下乡为民办理报废车收缴、机动车年检、摩托车驾驶证考试等业务，全方位便民服务，解决群众“办事难，多头跑，来回跑”问题。落实行政机关负责人出庭应诉制度，行政机关负责人出庭应诉率达100%；县法院审结一审行政诉讼案件40件，胜诉32件，胜诉率80%。在槟榔谷、呀诺达2个国家AAAAA级旅游景区设立旅游巡回法庭工作站，聘用专职调解员就地开展调解，在响水检察室成立首个全域旅游检察办案中心，打造“一室一品”的品牌化、特色化派驻乡镇检察室。县司法局制定《保亭黎族苗族自治县“12348”公共法律服务热线管理制度》，健全完善公共法律服务实体平台功能，群众可通过海南法律服务网、海南掌上12348微信公众号、公共法律服务自助终端机在线咨询或申请法律援助、人民调解、查询法律服务机构、办理公证预约等自助法律服务，为群众提供法律服务2835次，受理法律援助案件250件，为受援群众挽回经济损失488.62万元。保亭县委政法委员会（以下简称县委政法委）在社会治理领域加入商业保险服务，探索出具有保亭特色的社会治安保险模式，为保亭县常住居民购买社会治安保险50.21万元，进一步健全完善事前风险预防、事中风险控制、事后保险救助的社会治安综合治理保险保障服务体系。全年给予救助款21万元，救助群众2人次。

【政法队伍教育整顿】 2022年，保亭县政法机关巩固深化政法队伍教育整顿成果。健全完善政法队伍常态化学习机制，推进政法单位教育培训、作风建设、政治建设工作规范化、制度化、科学化，举办年度全县政法系统加强政治建设专题培训暨巩固深化政法队伍教育整顿成果政治轮训班，参训干警200余人次。全年全县政法单位累计开展政法夜校39期，参学3000余人次。学习关于廉洁的有关规定和文件精神，组织县政法干部参观廉政警示教育基地、警示教育展及旁听法院对领导干部职务犯罪的公开庭审。联合县纪委监委、县政法各单位深挖彻查政法干警违纪违法线索，坚决清除害群之马，扫除顽瘴痼疾。

【“平安保亭”建设】 2022年，县委政法委积极开展平安建设（综治工作），保障各项重大活动的顺利开展。及时召开会议研究、布置；相关责任单位各司其职，做到分工具体，责任明确；建立健全平安建设工作机制，明确内部职责分工，压紧压实责任；各单位针对所负责的平安建设（综治工作）要点，统筹力量开展平安建设工作，为平安建设工作持续推进提供坚实保障。组织开展社会面清查整治行动，保持高压严打态势，依法严厉打击涉赌涉黄犯罪；成立重点行业整治领导小组及其办公室，持续深化信息网络、交通运输、工程建设、自然资源四大重点行业领域专项整治；各单位贯彻落实“1+3+4”工作体系，实现全县社区戒毒社区康复人员精准帮扶。全年全县没有发生重大刑事案件、治安案件和重特大交通、火灾事故；社会治理体系基本健全、社会治理能力明显提升、社会风险有效化解，平安保亭建设不断取得重大进展。

【见义勇为精神弘扬】 2022年春节前夕，保亭县慰问23名生活困难的见义勇为人员，发放慰问金2.3万元，慰问品4000余元，详细了解困难人员在工作和生活中需要帮扶情况。组织13名见义勇为人员到县人民医院进行健康体检，落实见义勇为人员人身意外保险工作。做好见义勇为人员5名子女助学帮扶。开展“9·1”见义勇为宣传日主题宣传活动，通过“线上＋线下”的方式，对历年来涌现出来的见义勇为事迹进行宣传。通过向移动、联通、电信用户发送见义勇为宣传短信32.41万条。印发各类宣传资料5000份，悬挂宣传标语35条，发放衣服、帽子、布袋、扇子等各类宣传品1450件。县融媒体中心在微信公众号推送关于见义勇为信息3条，“你好保亭”推送相关内容5条，点击量8000余次；通过电视平台每天对见义勇为人员事迹及“海南省见义勇为安居工程 弘扬正能量”播放宣传，播放18次，通过“保亭政法”“保亭宣传”等公众号刊登历年以来涌现的见义勇为英雄事迹。11月19—20日，江苏省见义勇为基金会到保亭县交流座谈，经双方协商，常州市新北区见义勇为基金会与县见义勇为工作协会达成一致，共同帮扶县见义勇为人员（家庭），签署为期三年的合作协议书，由常州市新北区见义勇为基金会每年向县见义勇为工作协会捐赠资金10万元，主要解决县见义勇为人员在生活、医疗、就学等方面的困难。

【社会治理现代化建设】 2022年，保亭县在社会治理领域加入商业保险服务，为县996名严重精神障碍患者监护人购买责任保险14.94万元。创新开展“五治”融合创建工作，积极推进社管平台、综治中心、网格化服务管理、矛盾纠纷多元化解“四位一体”

2022年7月19日，县委政法委在新政镇什那村委会召开“五治”融合创建“平安乡村”现场会（县委政法委 供）

新机制建设，实现“民转刑”案件零发生。深入开展平安乡村建设，全年围绕零刑事案件、零治安案件等目标，培育创建“零发案村庄、社区”55个（53个村小组和2个小区）。

【扫黑除恶专项斗争】 2022年，县委政法委高位推动常态化扫黑除恶斗争工作，县扫黑除恶斗争领导小组召开工作推进会、调度会等会议4次，传达学习全国第三次扫黑除恶斗争常态化推进会暨《中华人民共和国反有组织犯罪法》启动仪式会议精神、全省扫黑除恶斗争领导小组全体（扩大）会议等会议精神，并对年度保亭县常态化扫黑除恶斗争工作进行再动员部署，层层传导压力。印发《保亭黎族苗族自治县落实全国扫黑办2021年特派督导反馈问题整改工作方案》《2022年保亭黎族苗族自治县扫黑除恶斗争常态化开展工作要点》《保亭黎族苗族自治县〈反有组织犯罪法〉宣传贯彻实施方案》等文件，明确年度常态化扫黑除恶斗争的具体任务。开展重点行业领域专项整治工作，9月，下发《保亭黎族苗族自治县教育、金融放贷、市场流通等重点行业领域整治工作实施方案》，在教育、金融放贷、市场流通等重点行业领域开展整治，集中打击一批教育、金融放贷、市场流通领域的涉黑涉恶违法犯罪，有效治理一批群众反映强烈的行业领域突出问题。坚持以从严治党为引领，将开展“村霸”整治、“扫黑除恶”等工作列为党建重点任务之一，通过采取强化组织建设，督查软弱涣散基层党组织等措施，严防黑恶势力向基层渗透，将有问题的党员及时清理出队伍。通过宣传栏、LED屏、网站、微信公众号平台，发放宣传资料、张贴海报、悬挂横幅等形式，让扫黑除恶有关政策进社区、进校园、进车站、进村组、进连队、进农贸市场，持续营造扫黑除恶斗争浓厚氛围，举办扫黑除恶法治宣传活动32场次，出动流动宣传车30多车次，发放宣传资料1.2万余份，张贴宣传海报2000多张，悬挂宣传横幅条460多条、大型宣传广告21块。抓好《中华人民共和国反有组织犯罪法》学习宣传，5月23日，开展《中华人民共和国反有组织犯罪法》主题集中宣传活动，现场发放宣传材料5000余份，现场法律咨询18人次；发送短信16.40万条，发放宣传材料11000余份，张贴海报1000余张，悬挂横幅20余图条。

【政法工作制度建设】 2022年，保亭县召开十四届县委全面依法治县委员会第一次和第二次会议研究部署全县依法治县工作，印发《保亭县贯彻落实〈法治海南建设规划（2021—2025）重要举措分工方案〉工作方案》《保亭县贯彻落实〈法治社会建设实施方案（2021—2025）重要举措分工方案〉工作方案》《保亭县贯彻落实〈海南省法治政府建设实施方案（2021—2025）重要举措分工方案〉工作方案》等文件，对全县法治化营商环境、法治政府建设等重点工作进行全面安排部署。县人民法院出台《审判委员会工作规则（试行）》，成立审务督察工作领导小组，加强对案件办理的指导、监督，明确审判委员会讨论案件范围，确保宪法法律和党的路线方针政策在案件审判中得到正确统一实施，不断完善法院内部监督管理体制，实现依法决策。建立均衡结案、排案排期、办案预警等三项制度，深入推进案件繁简分流，坚

2022年5月23日，保亭县在七仙广场开展《中华人民共和国反有组织犯罪法》主题集中宣传活动（县委政法委 供）

2022年6月2日，县检察院和县公安局在县公安局办公楼内举行“侦查监督与协作配合办公室”揭牌仪式　　（县委政法委　供）

持院庭长带头办案，深化审判团队改革。全年，繁案组平均结案周期138.6天，简案组平均结案周期67.6天，基本实现简案快办、繁案精办。县人民法院、县人民检察院、县公安局、县司法局会签《刑事案件赔偿保证金提存实施细则（试行）》，进一步促进刑事和解，更有温度地保障被害人获得赔偿的权利。县人民检察院成立侦查监督与协作配合办公室，通过刑事案件信息共享，集中检查与个案检查，定期检查和不定期巡查等方式和制度，进一步强化侦查监督与检警协作配合，提升刑事案件办理质效。县司法局建立行政案件败诉分析制度，出台《行政案件败诉报告制度》，做到“败诉一宗案件，整改一类行为，规范一片秩序”。县司法局创新合法性审查工作，提高审查效率，制定《保亭县行政规范性文件制定与备案审理流程》《保亭县重大行政决策事项合法性审查办理流程》《保亭县重大行政事项合法性审查办理报审程序指引》，出具规范性文件合法性审查意见22份，组织县政府法律顾问对422份涉法文件提出法律审查意见。对证明事项告知承诺制目录涉及的1622项事项进行合法性审查；对29个单位2010年7月1日至2016年6月30日印发的66个规范性文件进行制定后评估，经评估，拟保留13件、拟修改12件、废止41件。

（撰稿　陈　云）

法治政府建设

【概况】 2022年，保亭县坚持把法治政府建设作为贯穿政府工作主线，不断完善工作机制，推进依法行政。2022年度市县法治建设工作考核评估中，保亭县法治建设工作名列第四。

【规范性文件的制定与监督】 2022年，保亭县完善备案审查工作程序，加强规范性文件制定与监督管理工作，向省司法厅和县人大备案规范性文件16件，县相关职能单位向县司法局报备规范性文件2件。组织开展规范性文件制定后评估工作。对行政规范性文件实行目录管理并在政府门户网站公布，印发行政规范性文件须进行“1+3+1”审查，上会集体讨论，做到“统一登记、统一编号、统一印发”。

（撰稿　钟泳山）

公　安

【概况】 2022年，保亭县公安局（以下简称县公安局）以做好党的二十大安保工作为主线，以服务保亭“三区三地”建设为中心，下大力气做好防风险、保安全、护稳定、促发展各项措施落实，刑事案件立案数连续9年下降，创近15年新低，社会治安形势持续向好。全年全县发生有效警情1716起，下降22.2%；立刑事案件206起，下降15.5%，破案278起（含积案），上升183.3%，破获现案170起，破案率82.5%；受理治安案件602起，下降5.6%，发生适用一般程序处理的道路交通事故30起，受伤37人，分别下降336.2%、42.2%，死亡12人，增加5人，重大道路交通事故“零发生”。破获“盗抢骗”案件144起（含积案），抓获犯罪嫌疑人139名。年内，县公安局获全省优秀公安局和禁毒三年大会战先进集体称号，2 个集体（警务督察大队、加茂派出所）获全省优秀公安基层单位称号，2 个集体被记集体二等功，5 个集体被记集体三等功，5 个集体被记集体嘉奖，2 个集体获先进集体（成绩突出集体）称号；2 人获全省优秀人民警察称号，1 人被记个人二等功，13 人被记个人三等功，73 人被记个人嘉奖，51 人被记一星、二星、三星嘉奖，47 人获先进个人（成绩突出个人）称号。

【安保工作】 2022 年，县公安局全警动员、全力以赴，完成党的二十大、北京冬奥会冬残奥会、博鳌亚洲论坛 2022 年年会等重大警卫安保任务，实现政治效果、安全效果、防疫效果和社会效果有机统一，公安部第八督察组和省委督导组对党的二十大安保工作开展情况给予充分肯定。对全县党政机关、企事业单位开展网络安全执法检查，发现问题隐患 39 处、高危漏洞 202 个，组织整改到位。

【防范化解风险】 2022 年，县公安局对重复警情和家暴类警情进行梳理排查，一一回访，排查化解背后的矛盾纠纷 17 起，有效处置涉家暴警情 90 起；严格落实领导干部接访、下访制度，受理来访信件 52 件，办结 49 件；扎实开展“平安进万家”“全警联系村居”等活动，排查化解各类矛盾纠纷 628 起。

【禁毒工作推进】 2022 年，县公安局开展新一轮禁毒三年大会战。部署开展“春夏攻势”“清源断流”等系列专项打击行动，移送起诉毒品犯罪嫌疑人 4 名（自办案件）和共享移诉 5 人，抓获外市县吸毒人员 7 名。

【打击枪爆违法犯罪】 2022 年，县公安局收缴各类枪支、子弹、涉爆物品、非制式雷管若干，破获刑事案件 8 起，清除“打响”“炸响”安全隐患。

【整治黄赌】 2022 年，县公安局立涉黄涉赌刑事案件 6 起，刑事拘留 15 人，查处涉黄涉赌治安案件 51 起，行政拘留 86 人。

2022年10月17日，县公安局组织警力进行党的二十大安保工作
（县公安局　供）

【电信网络诈骗整治】 2022 年，县公安局为预防打击电信网络诈骗犯罪，成立反诈专班，抽调精干警力强力推进打击治理电信网络诈骗违法犯罪活动。全县立涉当地电信网络诈骗案件 75 起，群众损失约 670 万元，破案 67 起，增长 63 起，1 起部督案件、7 起省督案件全部侦获，抓获电诈嫌疑人 70 人，挽回群众财产损失 310 万元，电诈案件破案率、省部督案件破案率和追赃挽损金额均为全省第一，多起案件侦破情况被省公安厅发贺电祝贺，破获冒充领导诈骗案件被副省长表扬，被列为全省公安机关“百日行动”经典案例，省督案件全部侦破获省公安厅发贺电祝贺。发动群众安装“国家反诈中心”APP，率先在全省完成 APP 安装率达 60% 的任务目标；与群众签订保亭警方防范电信网络诈骗告知书 12 万余份，增强群众防诈意识；与第三方科技公司合作，启动反诈预警劝阻系统，发挥派出所联动社区工作者、志愿者等基层力量的积极作用，组建当地电诈预警劝阻模型和“反诈专班 + 乡镇派出所 + 社区志愿者”三级反诈劝阻预警机制，累计劝阻群众 2.5 万余人次，对 300 余个涉诈可疑通信账号进行相应处理，保亭县上半年电信网络诈骗案件多发的势头得到有效遏制，全县电诈案件立案数下降 60.8%，群众财产损失减少 470

万元，下降72.9%。与金融、通信、市场监管等部门建立信息共享联动机制，多维度开展综合治理，局主要领导约谈“两卡”管控不力的金融机构和通信运营商，压紧压实行业主管部门监管责任。利用新媒体平台通报辖区典型案例，提醒群众提高警惕，《涉案5000余万元，保亭公安成功破获部督特大跨境电信网络诈骗案》新闻宣传材料被省普法办评为2022年度海南省“以案释法”十大优秀案例。

2022年12月20日，县公安局走进三道中心学校，为学校师生上法治和交通安全教育课 （县公安局 供）

【道路交通安全管理】 2022年，县公安局查处各类交通违法行为5.39万起，上升27%；深化交通安全隐患排查治理，排查隐患点305处，已组织整改；完成“千灯万带”工程建设30个，完成超额完成省厅下发的建设任务目标；落实重点车辆及驾驶人监管机制，召开重点企业、行业道路交通事故预防工作会、约谈会10次，完成企业安全检查42次。

【精神障碍患者管理】 2022年，县公安局推动县政府出台《保亭黎族苗族自治县精神障碍患者医疗保障实施方案》，由政府出资对严重精神障碍患者实行免费服药治疗和住院救助补贴全覆盖；及时将有发病征兆的125名患者送医院治疗，实现连续30个月精神障碍患者肇事肇祸事件零发生。

【预防未成年人违法犯罪】 2022年，县公安局对侵害未成年人违法犯罪活动重拳出击，破获侵害未成年人刑事案件5起，查处治安案件13起；统筹推进“警校共建——守护平安校园”活动，联合县教育局在3所学校推行“教官进校园”，安排驻校教官加强对不良行为学生教育管理，公安机关利用“护学岗”等工作机制，加强对校园周边安全管理。对全县95名涉案未成年人基本情况进行梳理，对在校的23名涉案未成年人，向县教育局发送公安提示函，压实教育部门管理职责；对不在校72名涉案未成年人，安排社区民警入户走访，与未成年人法定监护人、所属村居委会签订共管共治的协议，帮助21名辍学涉案未成年人重返校园。全年3所学校未成年人涉刑事、治安案件分别下降63.6%、45.1%；全县涉未成年人刑事、治安案件分别下降45.5%、23.2%，预防未成年人违法犯罪工作取得一定成效。

【警务建设】 2022年，县公安局创新推出“随手拍+电子警察”道路交通治理新模式。秉持“警力有限、民力无穷”理念，发动人民群众对骑乘摩托车、电动自行车不佩戴安全头盔违法行为拍照举报，同时加大视频巡查力度，通过卡口监控视频及摄像头对违法行为进行抓拍，共查处不佩戴安全头盔违法行为1.19万次，县城头盔佩戴率达95%以上，4—12月，保亭县头盔佩戴率均排名全省第一。成立宣传专班，与各级媒体建立友好互动关系，先后在央媒、省媒发布新闻稿件196篇次；立足于传播公安工作正能量和公安民警辅警先进事迹，充分利用“保亭警方”新媒体平台，坚持第一时间发布警务资讯、安全防范、便民服务等信息，读者点击量98.97万次，上升4203%；视频浏览量1138.1万次，上升250%。积极向省公安厅等相关部门报送工作开展成效，《保亭县公安局以“四个一”为抓手全力做好公安宣传工作》被省公安厅采用编发工作简报。构建基层治理新格局。印发《开展“1+2+N”和“一村一警务助理”工作实施方案（试行）》，在全县65个村（居）委会各配备1名警务助理。联合县委组织部制定印发《关于推进辖区民警兼任村（社区）党组织副书记工作的通知》，选派42名辖区民警兼任村（社区）党组织副书记，形成“社区民警包村、专职辅警协管、警务助理驻村”的工作模式，新政什那社区警务室实现刑事、治安案件零发生，得到公安部第八督导组肯定表扬。全县组建“警保联控”中队61个，队员673名。加茂派出所结合茅丛山地区槟榔种植多、盗窃案件多发的实际，由派出所统筹，组建义警队，创建同守互望微信群，充分发挥群众力量，确保一方安全。推进智慧安防小区建设。建成“标准型”智慧安防小区40个，覆盖率100%。探索基层社会治安治理新模式。与县委政法委联合印发《保亭黎族苗族自治县创建“零发案”小区（村庄）工作实施方案》，以小区、乡村最小基层治理单位为基点，全力推进案件快侦快办、矛盾纠纷调处、隐患排查整治、问题协调解决等工作，创建“零发案”村小组53个，小区2个。

【全警实战大练兵】 2022年，保亭县以“能力提升建设年”活动为契机，聚焦队伍管理发展，结合县公安工作实际，印发《保亭县公安机关基础大培训工作方案》《保亭县公安机关专业大练兵工作方案》《保亭县公安机关实战大比武工作方案》，各牵头业务警种研究制定17个系列配套方案，最终形成县公安局“1+3+17”配套方案的工作部署格局。开展反恐防暴演练、多警种合成作战红蓝对抗赛实战演练，常态化组织民警、辅警以部门为单位加强体能训练，通过自主举办、组织参训、送教上门、选派参训等方式开展各类业务技能练兵共84场次，受训5196余人次；组织民警参加公安夜25期，共受训2049人次；组织民警参加县、公安部、省厅业务总队举办的各类业务技能培训13场次，受训562人次。先后安排72名业务骨干参加省公安厅各业务总队举办的业务培训班，选派6批8名民警赴省公安厅跟班学习；选派30名派出所民警到县局跟班学习党建业务及合成作战技术业务，开展单位内部轮岗56人。

（撰稿　王守斌）

森林公安

【概况】 2022年，保亭县森林面积149.12万亩，其中天然林面积70.41万亩，森林覆盖率是85.2%，位居全省第三。2022年，保亭县公安局森林分局（以下简称森林分局）定期组织民警到全县各乡镇开展地毯式走访，采取深挖细查等方式，重点打击非法占用林、乱砍滥伐毁林开垦、非法收购濒危野生动物等违法犯罪行为，打防管控效能取得显著提升。全年接处警62次，刑事案件立案13起（其中现案2起，往年案件11起），破14起，抓获犯罪嫌疑人14人，刑事拘留转逮捕1人，转取保4人，直接取保9人，移送起诉12起。

【林木和野生动物保护】 2022年，森林分局高度重视森林资源保护执法宣传，联合县林业局、县应急局等多个部门到全县9个乡镇开展法治宣传活动。结合保亭实际，充分利用全县护林员队伍力量，加强对10个护林站的指导，开展常态化“清山行动”，通过“清山行动”共发现涉林犯罪线索22条，其中构成案件的13起，已立案查处；不构成案件的9起，移送相关部门进行处罚，强化涉林案件的防控举措。定期开展“清山行动”“缉枪治爆”等整治工作，积极联系林区林场、护林员，加强辖区巡逻防范，加强林区内重点人员管理，强化林区社会面治安防控，实现“五个不发生”目标。共出动警力80人次，车辆50台次，开展清山检查44次，检查清理木材、野生动物非法交易场所11处，检查清理木材、野生动物加工经营场所20处。确保辖区森林资源和人民群众生命财产安全。

【森林防火】 2022年，森林分局在森林高火险期开展森林防火网络有奖答题活动，共发动机关、各乡镇群众参与人次5000余人次。联合县林业局等多个部门到全县9个乡镇开展法制宣传活动，深入保亭县域内的热带雨林国家公园开展森林防灭火宣传。全县设置防火宣传牌48块，拉横额27条，印贴森林防火条例、森林法、野生动物保护法等法律宣传手册5000多份，发放传单2000多张、摆放宣传展板35版，发放宣传材料2000余册。森林防火高风险期主动到辖区巡查，及时查处森林火情（案）。3月，联合县消防救援大队迅速侦破1起失火案件，行政处罚违法行为人1人。

【名木古树保护】 2022年，森林分局组织人手到各乡镇、风景名胜区、新星农场和陆军农场摸排名木古树工作。经调查，全县有名木古树267株，均已明确保护单位、责任人，并进行挂牌保护。对全县植被绿化情况进行调查。全县有林地面积97712.93公顷，占土地总面积的84.73%，主要分布在什玲、新政、保城、响水、毛感5个乡镇。对珍贵植物种类、列入国家野生动物种类进行摸排。全县有1400多种热带雨林乔木，有海南子京、母生、沉香、花梨、青皮、坡垒等珍稀植物种类430多种；有列入国家一级重点保护野生动物9种，列入国家二级重点保护野生动物31种。

（撰稿　卢玉珏）

检　察

【概况】 2022年，保亭县人民检察院（以下简称县检察院）深入贯彻落实习近平法治思想，全面贯彻党的二十大和省第八次党代会精神，以检察能动履职为保亭“三区三地”建设提供强有力的司法保障。在年度公布的《全省各级院58项案件质量主要评价指标》中，有51项主要评价指标优于全国或全省平均水平；其中，独居第一的3项，并列第一的30项，全省前七的41项，70.69%的指标居全省一流水平。17起案件被省人民检察院评为典型案例，与县工商联共建沟通联系机制入选全国工商联与检察机关沟通联系机制典型案事例，是海南县域中唯一入选单位。获“全省先进基层检察院”称号，1名干警获2020—2022年全省禁毒三年大会战先进个人称号，1人获“全省检察业务专家”称号。

【刑事检察】 2022年，县检察院共办理审查逮捕案件108件152人，一审公诉案件206件310人，分别下降21.65%、4.02%。严厉打击严重暴力，残害妇女、儿童、老年人、残疾人等弱势群体犯罪案件，监督公安立案29件，撤案12件，纠正漏捕漏诉8人，纠正漏诉率3.16%，居全省基层院第二，人民群众安全感不断提升。办理各类涉毒案件6件6人，开展线上线下禁毒宣传21场次。办理电信网络诈骗案件36件54人，上升64.81%，其中帮助信息网络犯罪34人，增长1.8倍。

【公益诉讼检察】 2022年，县检察院办理公益诉讼案件49件，提起刑事附带民事公益诉讼5件，发出诉前程序检察建议42件、诉前磋商整改率100%。办案范围实现省人民检察院要求的生态环境和资源保护、食品药品安全、国有土地使用权出让、国有资产保护“四大领域”全覆盖。全年通过办案督促治理受损耕地、林地、河道、水源地10.5亩，追偿修复费用481.54万元。办理的一起食药领域案件被省人民检察院采用为运用检察“一体化”履职工作机制典型案例。办理督促整治“黑燃气”安全隐患行政公益诉讼案件入选省人民检察院和应急管理厅2022年首次联合发布的8起应急安全领域的公益诉讼典型案例。

【法治化营商环境建设】 2022年，县检察院首次召开“营造良好法治营商环境”新闻发布会，通报保亭县检察服务保障营商环境的做法与成效。在从严从快批捕起诉冒充县委主要领导网络诈骗案等破坏营商环境、扰乱破坏市场经济秩序犯罪的同时，特别重视追赃挽损工作。年内，在检察环节追回经济损失74.45万元，追赃挽损率达55.56%。继续发挥海南省唯一全域旅游检察办案中心、首创涉民营企业案件指导小组、工商联与检察机关沟通联系等全省领先做法，开展送法进企业10场次，化解矛盾纠纷11件。积极探索企业合规改革，督促2家涉案企业作出合规经营承诺，并经第三方监督评估确保“真整改”“真合规”，帮助企业纾困发展。办理的1件涉旅案件被省人民检察院评为2022年度十大立案监督优秀案例，向社会进一步传递营造保亭良好法治营商环境的信号，使广大企业家放心投资、安心经营。

【扫黑除恶】 2022年，县检察院依法出庭支持公诉澄迈李某某和李某某分别为首的38人恶势力犯罪集团案，针对该恶势力团伙非法采挖黏土造成当地农田生态系统严重损害提起附带民事公益诉讼，追偿生态修复费用481.37万元，均获法院判决采纳。针对该案开展的工作经验做法在全省检察长座谈会上作交流，并将该案作为典型案例。办理董某某等恶势力犯罪团伙一案，被省人民检察院评为2022年度十大侦查活动监督优秀案例。

【未成年人检察】 2022年，县检察院送法进校园32场次，开展家长课堂8次。对涉轻微犯罪并有悔改表现未成年人不捕4人、不诉4人，不起诉率71.43%，附条件不起诉率50%。对一起不满16岁时多次盗窃且无管教条件的惯犯，16岁再犯罪时对其依法批准逮捕，明确“当严则严”的司法鲜明导向。办理海南省首例为被校园欺凌受害者支持起诉追索抚养费，帮助未成年人追索抚养费2.17万元案例，被省人民检察院转发推广。

【检察助推社会治理】 2022年，县检察院妥善处理接待群众来访46件58人次，全部做到7日内

2022年7月8日，县检察院举办首届检察听证员聘任仪式暨听证培训会。图为拟聘任的听证员合影 （县检察院 供）

程序性回复、3个月内办理过程和结果答复，答复率达100%。受理首次信访案件6件，全部实现院领导包案办理。组织人大代表、政协委员等开展公开听证，做到程序与实体公开透明。结合办案制发社会治理类检察建议9件，分别涉及县教育局、交通局项目管理不规范，医保局聘请第三方人员推广APP过程中趁机盗窃多人钱款的监管漏洞，加答村委会未经审核随意推荐公民代理等社会治理问题，着力起到“发出一件，治理一片”的效果。在年度省人民检察院评选的十大优秀社会综合治理类检察建议活动中，针对毛感乡毛拉洞水库“215沉船”案件发出的检察建议入选。首次建立听证员库，运用“办案＋听证＋普法”工作模式，全年开展听证50件，覆盖刑事、民事、行政、公益诉讼“四大检察”“十大条线”。邀请人民监督员开展全省首例的社区矫正检察工作和案件质量评查公开听证司法规范化检查，经验做法被省人民检察院转发全省各级院借鉴开展。

【司法救助】 2022年，县检察院共计办理司法救助案件11件，被救助对象主要为贫困户、老年人、女性未成年人等弱势群体；发放救助金11.4万元，司法救助率6.92%，居全省基层院第二；首次在民事和刑事申诉案件中均开展司法救助，取得良好效果。

【职务犯罪检察】 2022年，县检察院受理上级检察机关指定管辖、县监察委员会移送职务犯罪案件5件5人，起诉5件5人，依法对县教育局长孙某某、交通局长龙某等提起公诉，分别就县教育局和交通局项目管理存在的漏洞提出综合治理的检察建议，相关经验做法被省人民检察院信息采用。对上级交办、具有较大社会影响的省公安厅旅游与环境资源警察总队原总队长王某受贿案、三亚市公安局河西分局原政

委蔡某某徇私枉法案、三亚市公安局刑警支队洪某滥用职权依法提起公诉，办案质量与效果受到上级检察机关的信任与肯定。将2021年省人民检察院交办院起诉的司法工作人员刘某某徇私枉法案和胡某某玩忽职守案的办案经验总结归纳，对诉讼时效等的法律分析意见进行提炼，形成报告报省人民检察院侦查部门，发挥参考价值。

【民事检察】 2022年，县检察院通过刑事打击，办理拒不支付劳动报酬案件2件，配合公安机关帮助农民工追回欠薪180余万元。依法开展民事支持起诉8件，均获法院判决支持，已执行到位9.65万元。其中，首次办理支持农民工工伤赔偿，帮助追回赔偿金1.13万元。针对该案农民工因工伤后生活十分困难，及时启动司法救助发放救助金1万元。该案是县检察院首次在民事诉讼案件中为农民工当事人开展司法救助的典型案例，获省人民检察院转发。

【行政检察】 2022年，县检察院发挥行政检察维护司法公正、促进依法行政的双重作用，依法办理行政诉讼裁判监督案件3件，是全省基层检察院唯一实现“破零”单位。行政裁判案件监督率、行政裁判案件提出监督意见采纳率均100%，居全省第一。办理陵水某某公司与彭某某等人征收协议行政纠纷案，通过公开听证，发出再审检察建议，获得法院认同，已启动再审程序。

【质量建设年活动】 2022年，县检察院精心开展“质量建设年”活动，对2021年1月至2022年11月期间办结的捕诉案件开展案件质量评查。对办结的542件834人从程序、案件质效等方面进行常规评查，评查数量占受理案件的90.64%（其余案件尚处于审查起诉或还未判决，列入下次评查范围）；对10件捕后不诉、捕后判轻缓刑案件、诉判不一致案件开展重点评查。共评查出优秀案件6件，合格案件535件，瑕疵案件1件，不合格案件0件。通过全面审视、梳理办案中存在的具体问题并采取更加有针对性的措施加以改进。该经验做法和评查报告均被省人民检察院转发全省各级院借鉴开展。

【落实刑事司法新政策】 2022年，县检察院秉持“办案是办理他人人生的理念”，着眼有效减少社会对抗，认真落实新时代党和国家“少捕慎诉慎押”刑事司法政策。对没有社会危险性的依法不批捕61人，对犯罪情节轻微依法不起诉68人，不捕率、不起诉率分别为57.89%、37.6%，均优于全省平均水平。根据最高检规定诉前羁押率通报值为35%的部署，诉前羁押率为30.19%，居全省第四。利用多指标评价整体办案质效，全年刑事案件比1∶1.07，居全省第二，有效减少延期、退查等程序空转，提高案件办结速率。办理的3件行政裁判监督案件，系全省各级院唯二破零单位。侦查活动违法监督率15.08%、刑事抗诉率2.13%和不起诉率40%，3项单独排全省基层院第一。认罪认罚适用率85.65%，速裁程序适用率48.05%，认罪认罚上诉7人，一审服判率95.8%。上诉改判率0%，无不捕不诉复议复核案件，无捕后轻缓刑免刑案件，无撤回起诉和无罪判决案件，案件质效相关核心指标稳定在高位运行，人民群众对司法认可度不断提升。

（撰稿　陈劲宇）

2022年6月22日，县检察院与海南师范大学法学院实践合作基地揭牌仪式举行（县检察院　供）

法 院

【概况】 2022年，保亭县人民法院（以下简称县法院）受理各类案件3683件，增长28.78%；结案3449件，结案率93.65%；法官人均办案230件，增长36.8%。其中，受理刑事案件119件,受理民商事案件1949件，受理行政案件356件，受理执行案件1233件，受理其他案件26件。年内，县法院获评2016—2020年度全国普法工作先进单位，执行局获评省一中院辖区两级法院2020—2022年度先进集体，13名干警获省级荣誉。

【刑事审判】 2022年，县法院受理刑事案件119件,结案108件，结案率90.76%。继续深化以审判为中心的刑事诉讼制度改革，认真贯彻罪刑法定、疑罪从无、宽严相济等刑事政策和司法原则，坚持证据裁判原则，努力把每一个刑事案件都办成铁案。开展扫黑除恶专项斗争常态化，审结澄迈县李某某、李某某等38人恶势力犯罪集团案件。推进打伞破网、打财断血，依法惩治保护伞2人，查控资产3000万元。持续保持惩治腐败的高压态势，审结职务犯罪案件5件5人。严厉打击电信网络诈骗、养老诈骗犯罪，依法从严惩处被告人13人,依法保护被害人的合法权益。

【民商事审判】 2022年，县法院受理民商事案件1949件，结案1814件，结案率93.07%。认真落实民法典，注重在审判中弘扬社会主义核心价值观，保护守信守法，惩戒失信违约侵权。深化家事审判改革，受理婚姻、赡养、继承等家事案件126件，发出人身保护令2份、离婚证明书16份。快立快审金融纠纷3246件，依法保护金融机构的合法权益，维护金融秩序。妥善审理商品房买卖合同纠纷139件、物业服务合同纠纷212件，维护社会稳定。

【行政审判】 2022年，县法院受理行政案件356件,结案345件，结案率96.91%。依法保护行政相对人合法权益，监督支持行政机关依法行政，审结行政诉讼案件318件,行政机关败诉154件，败诉率达48.43%。为推进诚信政府建设,多次与行政机关沟通，建议行政机关尊重行政相对人的合理诉求，促使行政争议实质性化解。推动全面落实行政机关负责人出庭应诉制度，行政机关负责人出庭应诉率达到100%。

【案件执行】 2022年，县法院受理执行案件1233件，执结1161件，执结率94.16%。加大失信惩戒力度，推动诚信保亭建设。列入失信被执行人名单400人，限制高消费548人，司法拘传18人；司法网络拍卖21次，成交金额33.56万元。开展涉农民工工资等涉民生案件集中专项执行，执结涉民生案件87件，追回案款266.91万元。加大执行力度，清理腾退土地8次，累计清退土地170亩。顺利执结加茂镇加茂村委会5个村小组与海南某生态发展公司土地承包纠纷一案，用一周时间强制腾退被占用土地近130亩，维护群众合法利益。开展司法救济，向8名经济困难的申请执行人发放司法救助金14.5万元。

【涉法涉诉信访】 2022年，县法院完成《涉诉信访工作规程（试

2022年6月17日，保亭法院举办“法院公开日”活动，公开邀请县域范围内30余名老人代表旁听诈骗罪案件庭审，提升全民法治意识和维权意识
（莫搁岚　摄）

行）》修订工作，多渠道开展《信访工作条例》宣传，引导当事人依法信访。全年受理涉诉信访件55件，其中重复信访25件、不属于县法院管辖的6件，2件未结，办结率96.36%。

【巡回法庭建设】 2022年，县法院加强槟榔谷、呀诺达旅游巡回法庭工作站建设，聘用专职调解员就地调解，累计化解各类旅游纠纷10件。与县人民武装部签订军地协同法律服务合作协议，建立涉军纠纷处理协同联动工作机制，设立军地协同巡回法庭，审理涉军民事纠纷12件。在交警大队设立交通巡回法庭，调解交通事故纠纷案件69件。在住房和城乡建设局设立防范房地产风险巡回法庭，及时化解房产交易、物业服务等纠纷。

【法治化营商环境建设】 2022年，县法院妥善推进金融纠纷、房地产纠纷、农民工工资纠纷以及历史积案的解决。积极参加县委县政府各种工作专班，协调处理涉保亭县重点项目、重点行政案件处理。成立优化营商环境工作专班，聚焦保护中小投资者、执行合同等工作指标，推进优化营商环境工作。开通涉商、涉企案件立案、审理、执行绿色通道，妥善审理涉商、涉企案件1623件，营造法治化便利化营商环境。

【基层社会治理参与】 2022年，县法院开展送法进街道社区、中小学校、乡镇村居共13次，重点加强海南自贸港法、民法典以及防范电信诈骗、养老诈骗等宣传；举办“法院开放日”活动5次，邀请机关干部、学校师生、群众代表400余人次旁听庭审。坚持与时俱进，开通微信公众号、抖音短视频等普法平台。县法院制作的短视频获得全省年度打击养老诈骗短视频优秀奖。发挥党建引领作用，与加茂镇加答村委会、新星居一区社管站等基层党组织开展帮扶共建，参与乡村、农场基层治理。加强乡村法治中心建设，选派法官包点乡镇开展矛盾化解、普法宣传等工作。金江法庭推进“枫桥经验”基层示范点创建工作，对接乡镇党委政府化解涉诉纠纷，新增调解员7人，指导调解员培训32人次。

2022年6月28日，县法院到海南呀诺达圆融旅业股份有限公司开展主题为“诚信兴商，共筑优质营商环境”的诚信兴商宣传活动

（黄芳暖 摄）

【“两个一站式”建设】 2022年，县法院进行“两个一站式”建设，即建设一站式多元解纷机制、一站式诉讼服务中心。严格执行立案登记制度，做到立案材料齐全的当场立案，立案材料不齐的一次性告知，减轻当事人诉累。加强调解平台建设，与县司法局、县民政局、县综合行政执法局、县妇联、人民银行保亭支行、公证处、海南自贸港金融消费权益保护协会等单位构建多元解纷机制，邀请人大代表、政协委员加入调解队伍，推进多元解纷，深化诉源治理。17家机构、6家单位19名调解员入驻法院调解平台，办理诉前调解案件472件。推动诉服中心服务再升级，实现立案、送达、调解服务一体化，当事人诉讼服务一站式办理。实行诉讼费退费改革，变被动退费为主动退费，累计退还当事人诉讼费189.27万元。保障困难群体司法需求，为128名困难群众协调申请法律援助。受理网上立案申请581件，审核通过437件，跨域立案管辖3件、协助2件；增加在线庭审设备2套，保障网上开庭279件；建立集约送达中心，发起电子电话送达1355件4586人次，通过邮政集约送达

517 件，送达平均时长 1.75 天，有效提升送达效率。

【司法辅助工作】 2022 年，县法院受理鉴定评估委托 98 件（含旧存 15 件），结案 63 件。其中，退回鉴定 24 件，完成鉴定 39 件；未结 35 件，其中已出鉴定初稿 12 件、完成现场勘验 7 件、已委托 16 件。县法院受理的鉴定案件工程类 28 件，医疗类 22 件，还有部分资产评估、土地测绘等案件。

【司法警务保障】 2022 年，保亭县司法警察大队完成庭审保障 91 次，出动警力 195 人次；协助执行 63 次，出动警力 135 人次；参加上级法院重大案件警务保障任务 14 次，出动警力 100 人次。6 月，调用押解警力 72 人、警车 15 辆，协调县公安局治安、交通、防暴等警力 31 人，完成涉恶势力犯罪集团案件庭审保障工作。

【司法公开】 2022 年，县法院以公开促公正，庭审和裁判文书在互联网上公开为原则，不公开为例外。案件当事人可以通过人民法院在线服务微信小程序随时了解案件的办理进程。全面推行网络司法拍卖，让司法拍卖在阳光下进行，节约拍卖佣金，防止执行不廉，实现拍卖物拍值最大化。邀请人大代表、政协委员全程参与执行 4 次，邀请检察长列席审判委员会 4 次，自觉接受权力监督、法律监督和社会监督。发扬司法民主，接受人民监督，安排人民陪审员参与办案 611 件。

（撰稿　莫掬岚）

司法行政

【概况】 2022 年，保亭县司法机构总数 19 个，其中内设机构 9 个、派出机构 10 个，分别是城镇司法所、保城司法所、什玲司法所、加茂司法所、六弓司法所、响水司法所、毛感司法所、新政司法所、三道司法所、南林司法所。保亭县司法局（以下简称县司法局）认真履行工作职能，不断完善工作机制，扎实推进依法行政。在 2022 年度全省法治建设考核中保亭县名列第四，进入“优秀”行列；毛感乡南春村被评为第九批“全国民主法治示范村（社区）”；《保亭县陈某与海南电网有限责任公司保亭供电局人身损害赔偿纠纷调解案》被省司法厅作为优秀人民调解案例推选入司法部 12348 法律服务网案例库。

【公共法律服务体系建设】 2022 年，保亭县建成覆盖城乡的三级公共法律服务实体平台，即在县司法局建立县公共法律服务中心，依托各司法所设立公共法律服务工作站，依托各村（居）委会设立公共法律服务工作室。县级公共法律服务中心设立法律咨询、法律援助、人民调解、综合服务窗口，窗口安排律师、“1+1”法律援助志愿者律师轮班，接待群众来电来访，解答法律问题，受理法律援助案件、提供各类法律服务指引等，各公共法律服务工作站开展人民调解，引导群众通过公共法律服务自助终端机自助咨询或线上链接县公共法律服务中心值班的律师进行咨询，各村（居）法律服务工作室由村（居）法律顾问提供法律服务。全年，公共法律服务实体平台共为群众提供法律服务 2873 人次，

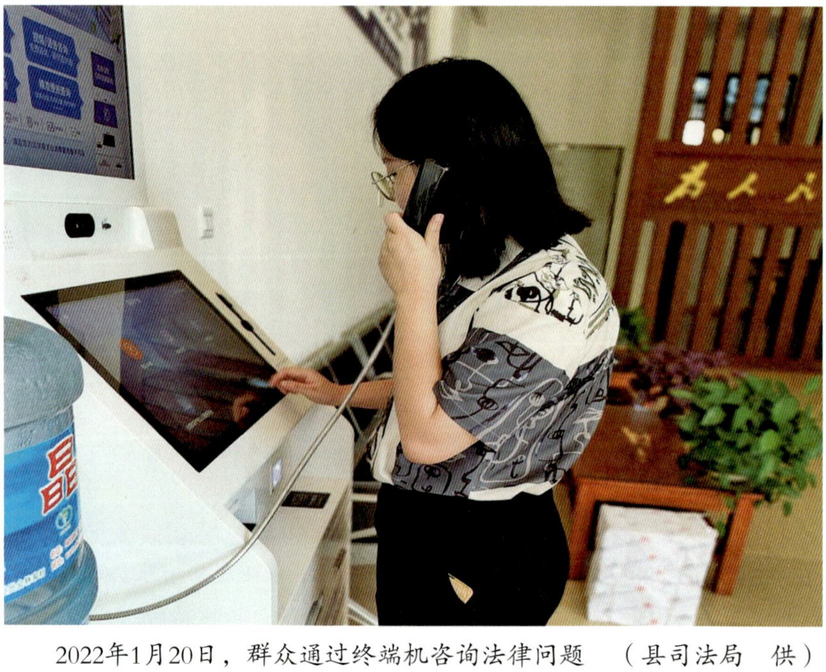

2022年1月20日，群众通过终端机咨询法律问题　（县司法局　供）

其中公共法律服务中心提供法律服务 1058 人次，公共法律服务工作站提供法律服务 1305 人次，村（居）公共法律服务工作室提供 537 人次。加强“12348”公共法律服务热线规范和管理，落实律师值班制全年安排律师值班 205.5 天，接听 12348 热线 3846 条。在日常接待来访工作或各项宣传活动中，介绍海南法律服务网和海南掌上 12348 微信公众号功能，引导群众下载海南法律服务网、关注海南掌上 12348 微信公众号。

【法律援助】 2022 年，县司法局落实法律援助制度，及时受理审查、审批法律援助案件，配合公检法落实刑事法律援助相关规定，安排律师办理法律援助案件，受理法律援助案件 250 件，办结案件中，为受援人挽回或免于经济损失 488.61 万元。安排律师到县检察院、法院法律援助工作站值班 130 次，为认罪认罚的犯罪嫌疑人或被告人提供法律帮助 193 人次。持续组织开展年岁末农民工专项维权、“法援惠民生 关爱残疾人”、敬老月等系列法援惠民生宣传活动 20 场次，发放《保亭县公共法律服务指南》《法律援助便民指南》《未成年人法律服务手册》《妇女法律服务手册》《残疾人法律服务手册》《农民工法律服务手册》《村（居）法律顾问便民服务手册》等宣传资料 1 万份。

2022年5月24日，县司法局普治办公室组织保城司法所、城镇司法所，到保亭市场东门开展“美好生活·民法典相伴”主题法治宣传活动

（县司法局 供）

【人民调解】 2022 年，县司法局建立健全人民调解组织网络，完善县、乡、村人民调解组织体系，建立行政调解、行业调解组织，基本形成“横向到边、纵向到底、上下贯通、左右协调、多方参与”的多元调解网络体系。全县有 94 个人民调解委员会、10 个行政调解委员会、6 个行业调解委员会，737 名调解员（含 20 名专职人民调解员）。围绕县政府重点项目建设，以服务重点项目建设、维护社会稳定、推动经济社会发展为首任，抓苗头排查，促矛盾化解，确保重点项目顺利推进。力推部门联调，提升调解水平，建立矛盾纠纷联动调处机制，对人民调解案件联合调解，整合充实基层调解力量，强化防范化解矛盾纠纷的法律基础；与县检察院紧密配合，制定《关于建立响水检察室与响水、新政、三道司法所检察司法矛盾纠纷联动调处的意见》，多元化解矛盾纠纷效果明显。年内，各级人民调解组织开展矛盾纠纷排查 220 次，排查各类矛盾纠纷隐患 397 件，调解 397 件，调解成功 396 件，协议涉及金额 552.98 万元，未发生因调处不及时而引起的矛盾激化和民转刑案件。

【社区矫正】 2022 年，县司法局牢固树立底线安全观，紧抓监管安全不放松，严格刑罚执行，强化监督管理，提升教育帮扶力度，有效预防社区矫正对象重新违法犯罪情况发生。全年在册社区矫正对象 90 人，均服从监管。接收社区矫正对象 63 人，解除社区矫正 74 人。自 2012 年以来，累计接收社区矫正对象 942 人，累计解除 852 人。对每名社区矫正对象开展“三段教育和三项教育”，即入矫、矫中、解矫“三段教育”与普遍、分类、个别“三项教育”相结合，致力于通过心理矫治方式疏导化解社区矫正对象心理问题，邀请国家二级心理咨询师开展社区矫正对象心理测评和心理矫治工作，采取入矫即开展“入矫谈话 + 心理测评 + 心理辅导”工作模式，排查和帮助有心理问题的社区矫正对象消除心理障碍，解决心理矛盾，有效预防犯罪，减少危害社会和谐的不安定因素。成立社区矫正对象涉枪犯罪情况调研组，深入各乡镇开展涉枪犯罪专项调查，形成调研报告呈报县四套班子领导、下发给各乡镇政府参阅，引起各级领导重视和支持，协商做好保亭县涉枪犯罪的联防共治工作。

【安置帮教】 2022年，县司法局进一步健全完善刑释解教人员安置帮教工作领导体制和工作机制，加强与监所无缝衔接，落实必接必送工作要求，有针对性加强服务管理和教育帮扶工作，有效预防和减少重新犯罪，最大限度地化消极因素为积极因素，维护社会稳定。衔接（接收）刑满释放人员135人，核查率100%；帮教135人，安置率达90%以上，帮教率达95%以上，有效帮助刑满释放人员顺利回归社会，最大限度预防和减少重新犯罪。

【法治宣传】 2022年，县司法局推进保亭县“八五”普法决议工作。3月29日，经保亭县第十六届人民代表大会常务委员会第二次会议审议通过，印发实施《保亭黎族苗族自治县关于“八五”法治宣传教育的决议（草案）》。制定印发《2022年保亭黎族苗族自治县普法依法治理工作要点》，明确部署年度普法工作时间节点及重要内容，推动全县普法依法治理工作向纵深发展。坚持普治并举，深化基层依

2022年12月8日，保亭县司法局全体干部职工及20名少先队员代表在新星宪法广场举行宪法宣誓仪式 （县司法局 供）

法治理，保亭县毛感乡南春村委会获评第九批“全国民主法治示范村（社区）”；开展乡村（社区）“法律明白人”培养工作，培育乡村（社区）“法律明白人”204名。压实普法责任，构筑社会普法合力，印发《保亭县国家机关“谁执法谁普法”2022年普法责任清单》；开展县级国家机关“谁执法谁普法”履职报告评议活动，对团县委、县市场监督管理局、县公安局、县检察院、县税务局5家单位开展履职报告评议工作，5家单位均获评优秀，为国家机关履行普法主体责任作出良好示范。加强普法队伍建设，成立保亭县“八五”普法讲师团。加大法治阵地建设，持续推进“法律六进”活动，投入25万元建设毛感乡南春村法治文化阵地。坚持以重点对象学法为核心，结合“12·4”宪法宣传周、民法典、海南自由贸易港法等普法节点，利用“法治保亭”微信公众号开展民法典、海南自由贸易港法知识竞答。深入各乡镇、学校、企业、单位等地开展各类主题法治宣传活动106场次，各类主题讲座82场次，发放宣传资料9万余份，受教育人数达6万余人次。创作《平凡又忙碌的一天》动漫微视频，获得海南省自由贸易港法暨全国第十八届法治动漫微视频作品征集活动三等奖以及省司法厅组织的“建工自贸港喜迎党的二十大”微视频创造大赛三等奖。

【基层司法所建设】 2022年，保亭县有10个司法所、工作人员51人，办公用房总面积约为1200平方米，各所平均面积达到120平方米。拥有独立办公楼房司法所8个，占总数的80%。各司法所配备社区矫正执法记录仪、电脑、扫描仪、打印机、档案柜、办公桌等设施装备。年内，县司法局召开会议研究司法所规范化建设工作中涉及的具体事宜，将其纳入司法所年终目标考核。落实司法所规范化建设工作领导责任制，由主要领导过

问规范化建设工作中的具体事项，对规范化建设工作所需经费优先安排解决。基层司法所建立《人民调解委员会工作制度》《矛盾纠纷排查调处制度》《司法所工作职责》《司法所工作纪律》等规章制度；县司法局联合县检察院、县法院、县人社局制订出台《关于建立响水检察室与响水、新政、三道司法所检察司法矛盾纠纷联动调处机制的意见》《保亭黎族苗族自治县社会矛盾纠纷诉调对接工作机制的规定》《关于推进保亭黎族苗族自治县基层劳动人事争议调解组织建设的实施方案》，搭建人民调解、行政调解、司法调解对接平台，实现“诉调对接”“检调对接”等联动工作机制。多措并举，提高调解员业务水平，接受群众监督，业务台账登记造册，设立司法所内各项工作事务公示栏，实时更新每日工作动态简讯、剪影，按照首问责任制、过错追究制和岗位责任制执行，实现所务管理公开化、透明化、规范化。

【律师及公证管理】 2022 年，保亭县有 1 家个人制律师事务所海南岳乙律师事务所，执业律师 4 名，其中党员律师 1 名；其他聘用人员 2 名。年内，海南岳乙律师事务所办理各类法律业务 65 件，其中民事案件 44 件、刑事案件 6 件、行政案件 4 件、非诉讼案件 1 件、担任法律顾问 10 家；承办法律援助案件 30 件；担任村（居）法律顾问 5 个；免费提供法律咨询 38 人次；业务收费 236 万元。县公证处是保亭县公益二类的事业单位，是保亭县唯一公证机构，全年办各类公证 1117 件，其中国内公证 1081 件，涉外公证 35 件、涉港澳台公证 1 件，业务收费 110.28 万元。县司法局通过组织开展年度检查考核和“双随机、一公开”抽查检查方式加强对上述法律服务机构及其人员的监管。

【执法人员资格考试】 2022 年，县司法局严格规范行政执法人员资格管理和业务培训，组织相关执法单位的执法人员报名考试。其中，109 名执法人员参加公共法考试，44 名执法人员通过公共法考试；11 名执法人员参加专业法考试，7 名执法人员通过专业法考试。

【行政复议与行政应诉】 2022 年，县司法局收到行政复议申请 89 件，受理 57 件，不予受理 32 件。应结案件 89 件（含 2021 年结转 3 件），办结 86 件，结转至 2023 年 3 件。行政诉讼案件 39 件，开庭 36 件，行政机关负责人出庭应诉率 100%。法院审结保亭县一审行政诉讼案件 49 件，胜诉 40 件，胜诉率 81.63%。

（撰稿　钟泳山）

军　事

人民武装

【概况】 2022年，保亭县人民武装部（以下简称县人武部）坚持以习近平新时代中国特色社会主义思想为指导，深入贯彻习近平强军思想，贯彻军委主席负责制，学习贯彻党的二十大精神，不断强化干部、职工和民兵思想理论武装，自觉传承和发扬光荣传统和优良作风，铸牢绝对忠诚的政治品格。注重党委班子和干部队伍建设，党委班子科学抓建、按纲抓建、统筹抓建能力进一步提高。年内，县人武部被海南省军区评为“安全管理先进单位”。

【民兵组织整顿】 2022年，县人武部统一编发民兵政治教育教案，利用“中国民兵”“海南国防”微信公众号等媒体，分季度落实不少于16课时的政治教育。根据《海南省民兵组织整顿工作实施细则》，将县民兵应急连纳入地方管理体系。指导全县9个乡镇应急排新入队人员进行入队训练；先后联合县应急管理局开展2次防汛防风联演联训和1次森林灭火综合演练，进一步提高民兵分队快速动员能力和遂行任务能力；组织民兵应急连教练员开展学生军训。

【征兵工作】 2022年保亭县严格执行“一年两征”命令和各项政策规定，按“五率”要求，以征集高素质兵员作为重点，坚持廉洁征兵，严把体检、政考、役前教育训练、定兵及送兵等关键环节，完成征兵工作。通过制作征兵宣传手册、悬挂征兵宣传横幅，各乡镇征兵人员入户动员等方式，加大对《中华人民共和国兵役法》和《征兵工作条例》的宣传力度，积极引导适龄青年报名参军。全年2次召开征兵任务部署会、6次召开征兵任务推进会，分析当前形势，推进征兵工作有效开展。

【双拥共建】 2022年，县人武部充分发挥桥梁纽带作用，当好参谋助手，全力做好双拥共建组织、协调和督导等工作，积极推进双拥工作社会化发展。协调召开军地座谈会，解决一批影响部队建设的实际困难和问题。逢春节、八一等重大节日，县人武部积极协调县“四套班子”成员走访慰问驻县部队，营造良好的军地互动氛围。

武警保亭中队

【概况】 2022年，中国人民武装警察部队海南省总队三亚支队执勤三大队保亭中队（以下简称武警保亭中队）坚持以习近平强军思想为引领，明确建设总体目标，强化按纲建队意识，夯实自身建设基础，提高整体建设水平，完成各项任务。

【执勤战备】 2022年，武警保亭

中队聚焦“两个维护”使命任务，牢固树立备战打仗意识，培育一不怕苦、二不怕死的战斗精神。全年实现执勤目标安全无事故。自完成“智慧磐石”建设工程以来，中队严格落实执勤八项制度，狠抓支队执勤规范化现场会精神落实，抓好信息化条件下组勤、管勤、执勤、联勤规范，抓实专哨专训、专勤专训和处置演练，利用每日交班、回放录像、不定时抽查等措施，狠抓站哨形象、执勤动作、着装仪容和能力素质培养，刚性执行“五包一”勤务包值底线。严格落实奖惩制度，常态开展执勤讲评工作，对执勤违规违纪人员进行严肃处理，激发官兵落实执勤战备制度的自觉性。抓好“学方案、修方案、推方案”活动，及时修订方案，抓好月方案演练和季度联合方案演练，突出抓好人员变动期间战备拉动，开展防火救灾、抗洪抢险等演练。全年，武警保亭中队完成监管羁押对象押解勤务任务。

【军事工作】 2022 年，武警保亭中队执行新版大纲的按纲施训周期运行法，坚持实战实训、按纲施训、从严治训。年内军事训练总评成绩达到良好以上，无训练事故。提高警官、警士队伍组训能力和指挥技能素质，努力实现教练员“四全”要求，加强针对性适应性训练，全年无偏训、漏训科目和训练事故，在上级组织的各项军事比武竞赛中，成绩优异，表现突出。推进军事职业教育，充分发挥教育平台作用，引导官兵多学多思多收获。多次开展岗位竞赛、创破纪录等群众性练兵比武，每季度组织评选，张榜公布，将训练尖子、训练标兵纳入先进表彰评比和入党积极分子培养对象，激发官兵“训练有功、训练有为、训练有味”热情。

【政治工作】 2022 年，武警保亭中队围绕庆祝中国共产党成立100 周年主线，把习近平强军思想和党史学习教育摆在突出位置，开展“学史明理、学史增信、学史崇德、学史力行”活动，通过读书学史、演讲感悟、理论测试等形式，在学习教育中使官兵找回初心方向，找到干事创业动力源泉。利用每日读报、周三理论学习、周五党团日活动等时机突出抓好学习习近平总书记重要讲话精神，坚定方向目标。组织观看《八佰》《建军大业》《建党伟业》等红色电影，进一步激发官兵爱国情怀；常态落实基础教育和经常性思想教育。高压态势抓“密切内部关系、杜绝打骂体罚”活动开展，全面对骨干进行考核选定，新任职的 2 名骨干素质过硬、群众信服、管理灵活，作用发挥明显；做好春季入伍新兵第二适应期思想政治工作，开展球类、演讲比赛、游园活动、新卫士组歌学唱等活动，营造良好环境氛围；每月坚持手机清查措施，及时排查手机使用隐患，做好针对性教育，引导官兵依法文明上网。及时完善中队营区政治环境建设，定时更新板报橱窗、宣传标语，推进中队“一队一品”队伍向“一班一品”生成。“八一”期间，举办“军民同心庆八一，百年华诞共奋进”联欢晚会。

【后勤保障】 2022 年，武警保亭中队严格遵守财经纪律，做到有计划、有预算、有研究、有汇报，确保经费开支依法依规。常态开展勤俭节约教育，引导官兵厉行节约，杜绝浪费。积极与目标单位协调实物保障，主要用于执勤安防建设、健身房建设、篮球场翻新和水电费保障等。年内开展资产清查活动，定期对营产营具进行配备补充以及维护保养，确保始终处于完好状态，同时抓好常态管理教育，增强官兵爱护营产营具的责任心。加强枪弹安全管理，落实“五同”等制度，每天安全检查，每周擦拭保养，确保绝对安全。及时补充更换防疫物资和卫生药品，加强卫生常识教育引导，增强防病意识。

人民防空

【概况】 2022 年，保亭县在县城区域内有 15 台人民防空警报器，根据警报器服务半径测算，保亭县主城区防空警报器覆盖率达100%。

【“10·29”防空警报试鸣活动】 2022年，保亭县人民防空办公室（以下简称县人防办）在试鸣前对全县所有警报器进行全面排查，对存在问题的警报器立即联系检修，确保试鸣工作顺利进行。试鸣前，在县广播电视台循环播放试鸣宣传公告，避免影响群众正常的工作、学习、生活秩序。10 月 29 日 10 时 00 分至 10 时 30 分，在县城范围内开展防空警报试鸣，警报试鸣工作顺利开展。

【专业队伍组建】 2022 年，县人防办联合县园林环卫中心、水务中心、交通局、人民医院、消防队、疾控中心、联通公司、海汽运输公司等单位，组建抢险抢修、医疗救护、消防、治安、防化防疫、通信、运输共 7 个专业队。

【人防宣传"五进"活动】 2022 年，保亭县开展人民防空知识技能宣传教育"五进活动"。在县机关办公楼周边、各学校、汽车站、县人民医院、住宅小区及各主要街区悬挂人民防空标语横幅。12 月，县司法局、县普治办牵头组织县相关部门在保亭县城区举行法制宣传日活动，县人防办设立宣传展板、派发人防知识宣传手册等材料，让广大市民群众进一步了解人防的基本知识及人防工作的意义。

【人民防空质量监管】 2022 年，保亭县人民防空建设管理和组织实施等职能已划转县国动办，人防工程的质量安全监管仍委托住建局下属单位建设工程质量安全监督站实施监管，县建设工程质量安全监督站和县人民防空工程质量安全监督站，实行一套人员、两块牌子的监管体制。县人防办联合县人民防空工程质量安全监督站对全县人防在建工程进行检查 3 次，发放整改通知书共 3 份，有效维护保亭县人防工程的建设质量。

退役军人事务

【概况】 2022 年，保亭县退役军人事务局（以下简称县退役军人事务局）以完善、建强、用好退役军人服务体系为重点，进一步提升退役军人服务保障能力、完善退役军人服务体系、维护退役军人合法权益、保障退役军人待遇落实，服务退役军人的能力和水平不断提高。

【退役军人服务保障体系建设】 2022 年，县退役军人事务局不断充实和完善建档立卡动态管理、就业创业精准促进、网格联系保障服务、优抚帮扶解困济危、矛盾诉求调解处置、政治军事文化弘扬、社会资源融合统筹、志愿力量协调有序等功能的具体内容，扎实开展示范型、标杆型服务中心（站）创建工作，其中保亭县三道镇退役军人服务站被评为"2021 年度海南省标杆型退役军人服务站"，充分发挥退役军人服务保障标杆作用，推动基层退役军人服务保障工作提质增效。

【退役军人安置与就业创业服务】 2022 年，县退役军人事务局落实军转干部和转业士官移交安置计划，组织自主就业退役士兵报名参加职业技能提升培训并获得培训证书。积极动员符合条件的退役军人参加学历提升教育。举办 1 期退役军人创业培训班，组织退役士兵参加创业培训，帮助退役军人了解企业的构建及创业的基本要素、创业政策及市场评估、创业计划书的撰写等创业知识，提高保亭县退役军人的创业素质和能力。创建兵支书、兵两委信用村共 59 个，全年按照政策为保亭县退役军人发放创业贷款。

【优待抚恤】 2022 年，保亭县为在册保障的优抚对象发放各类抚恤补助资金。年内，接收退役士兵，并按照相关标准发放一次性退役补助金。

【走访慰问】 2022 年，县退役军人事务局开展节日期间拥军优属拥政爱民走访慰问工作。春节、"八一"期间，组织开展走访慰问省军区、三亚警备区、驻县军警部队等，送去价值 47 万元的物资。组织各乡镇、农场居慰问现役军人家庭、企业军转干部。"七一"期间，走访慰问 10 名抗美援朝困难老党员，送去价值 1.1 万元的慰问物资。为 10 名困难退役军人申请海南省关爱退役军人基金会 7.7 万元慰问金。组织走访慰问常态化联系退役军人，送去价值 1.55 万元的物资。走访慰问立功受奖现役军人，发放 40 份喜报，嘉奖金共 3 万元。

（撰稿　蒲鸿飞）

农业农村·水利

农　业

【概况】 2022年，保亭县农林牧渔业总产值39.98亿元。种植业产值29.1亿元，增速7.19%。林业产值40330.87万元（现价），同比增长8.33%，橡胶（干胶）产量18715.99吨，同比增长3.53%。畜牧业产值3.95亿元。全县存栏猪5.74万头，牛0.43万头，羊1.3万只，禽类58.62万只；出栏猪11.08万头，牛0.17万头，羊1.8万只，禽类115万只；畜禽肉类总产量1.34万吨，禽蛋产量0.24万吨。渔业产值0.33万元，增速3%。

【农业品牌建设】 2022年，海南推出全国首个农业公用品牌数字管理平台（简称品牌码），围绕品牌码构建起一个“11153”行动架构，即一个区域品牌大脑、一个产业数据中心、一套品牌政策推广机制、五大智能化应用体系、三个支撑体系。品牌码系统主要有三大作用，让耕者有证，给全县农业生产经营主体颁发具有唯一身份标识品牌码，相当于农业生产经营主体的身份证，通过不同颜色对农业生产经营主体性质进行区分，建立农业生产经营主体的数据库，形成区域产业分布数字地图；让政府有数，农业生产经营获得政府公用品牌授权，如实填写经营主体、种植养殖信息等相关内容，数据收集来源主要由基础数据、产业数据、全产业链数据三部分构成，结合农业生产经营主体填报信息，上传至公用品牌管理系统后台，形成全县农业生产数据池，保证数据较为精准，为政府部门决策提供数据支撑，同步推动农业部门项目和补贴进驻平台管理，农业经营主体在申请农业项目资金或者补贴时，农业部门根据该经营主体在平台填报的数据进行现场核实比对，出现数据造假或不实的，纳入信用体系管理，公布诚信企业名单，规范农业经营主体重视数据真实性，倒逼数字农业发展；让产品有源，品牌码记录农业生产经营主体的相关数据信息，在各个农业生产经营主体的农产品包装上打上品牌码，保证产品信息可溯源。平台与海南省数据中台联通，实现省级、市县级、乡镇级三级联动，推动产业数据融合共享，促进各级农产品公用品牌“母子”品牌协同发展。

保亭县积极推广使用“品牌码”综合管理平台，创建保亭县公用品牌服务中心，在打造阵地、强化队伍、创建公益服务品牌上下功夫，不断提升服务能力，打通品牌服务“最后一公里”。打造阵地，通过保亭县公用品牌服务中心，优化服务职能，为全县农业生产经营主体提供政策咨询、活动策划、品牌宣传、品牌咨询、战略合作、人才培训、市场营销、专家问诊、品牌打造等一站式综合服务矩阵。强化队伍，服务中心积极开展本地企业实地调研和走访销售渠道商，深挖农业主体存在问题，编制《保亭县域农业品牌观察报告》，协助企业开展“三品一标”等农业认证申报，不定期组织服务中心人员和邀请行业领域专家、学者为农业生产经营主体把脉诊断。面向全县农业生产经营主体和农户提供在线品牌公益设计服务，用户可以足不出户在线上申请标识设计、包装设计、海报设计、名片设计等24种品牌设计公益服务，可在线与多家印刷厂对接个性化印刷服务，咨询商标注册、专利申请等服务，解决找谁设计、去哪印刷等繁琐工作。

通过保亭农业品牌码系统，建立起全县公用品牌线上授权管理机制，实现品牌码入库主体和个体84家，保亭柒鲜、保亭红毛丹、保亭菠萝蜜公用品牌授权单位30家。服务中心在全县开展市场调研、企业走访，实地走访全县50多家农业生产经营主体，电话或网络调研109家农业生产经营主体，摸清全县产业家底，编制《保亭县域农业品牌调研观察报告》。全县有全域型农产品公用品牌“保亭柒鲜”，单一产业型农产品公用品牌“保亭红毛丹”“保亭菠萝蜜”；培育12家本土农业企业品牌，打造15个产品品牌，相较2021年企业品牌数量增加10家，产品品牌数量增加3个。品牌竞争力方面，保亭红毛丹扩种至3.9万亩，年产值4.9亿元，品牌价值达6.53亿元；大宗销售区域以省内为主，主要发往海口和三亚，省外市场以广州、嘉兴、北京、沈阳、重庆、郑州等区域为主；2022年，保亭红毛丹市场均价稳定在30元/千克；线上线下销售占比为8：2，线上礼盒装5斤红毛丹售价105元/件；保亭红毛丹公用品牌授权数量10家。品牌影响力方面，2022年保亭红毛丹入选农业农村部农业品牌精品培育计划；在“冬交会”上举办“保亭柒鲜公用品牌推介会”，重点推介保亭红毛丹产业，通过保亭品牌农业发布图文内容664篇；在山海高速保亭段挂高速路桥广告；2022年7月在首届红毛丹文化节上，举办保亭红毛丹产业发展论坛，邀请《人民日报》、新华网、人民网、《海南日报》等30余家主流媒体报道。品牌带动力方面，开办保亭农业品牌官训练营，邀请品牌构建、企业管理等多方面的专家为13家企业进行品牌人才培训，初步培育12家新型农业生产经营主体的自主品牌；2022年解决当地128人就业问题，带动当地农民增收数量2365户。

【农村承包土地确权】 2022年，保亭县完成审核公示的村组有461个，占应公示村组总数的100%；完成签订合同的村组有461个，占应完成村组总数的100%；签订合同的农户数18876户，占农户总数的100%；签订家庭承包合同面积87375.66亩，确权到户率100%；建立农户档案18876份，打印证书18876份，占农户数的100%。发放证书18851本，颁证到户率99.8%。

【农村土地确权数据库建设】 2022年，保亭县开展确权登记工作乡镇9个，村（居）委会62个，村小组461个，标段4个，中标甲级测量单位4家，各标段数据库由各测量单位建立。数据库建库完成后，海南灵宇地理信息有限公司进行数据库合库。各建库单位严格执行农业农村部数据库建库规程标准，利用质检软件进行数据检查，对有关数据进行修改完善，以确保数据成果符合标准。2022年，完成各乡镇、各村委会和各村小组接边工作，合库数据提交省确权办，上报省农业农村厅检验。

【农村土地流转】 2022年，保亭县按照“依法、自愿、有偿”原则，发挥村级主体引导作用，引导农户开展土地承包经营权的有序流转。全县家庭承包耕地经营权流转总面积3685.31亩，流转出承包耕地经营权的农户数1027户，签订承包耕地经营权流转合同274份。纠纷案件26起，其中调解26起，调解率100%。

【农产品质量安全监管】 2022年，保亭县形成瓜果菜四级联动检验检测和监督管理体系，即县级检测站、乡镇检测站、村级监测点及批发农贸市场和收购点检测站。2022年，全县完成蔬菜、水果快速检测样品53531个。其中，蔬菜样品40643个、水果样品12888个，检测合格率99.95%；畜产品快速抽检样品824个，合格率100%；水产品定量抽检样品20个，合格率100%。全县瓜果菜持海南省农产品农残检测报告单、食用农产品合格证出省上市，开具农产品农残检测报告单 10415 张，发车 95378.43 吨；开具合格证 10415 张，附带合格证上市的农产品 95378.43 吨，发证率 100%。

【农村集体产权制度改革】 2022 年，保亭县 9 个乡镇 60 个村委会 2 个居民委员会，清理出集体资产 2.38 亿元，其中经营性资产 0.19 亿元，非经营性资产 2.19 亿元。集体土地总面积 47.84 万亩，其中农用地 45.94 万亩。全县确定成员身份 22790 户 89758 人。成立 532 个村股份经济合作社（合作联合社），以份额形式量化到集体成员，每人配 10 股，共 897580 股。

【农村新型经营主体培育】 2022 年，保亭县印发《保亭县推动农民专业合作社高质量发展的十八条措施》，加快培育农业龙头企业、农民专业合作社、家庭农场、专业大户等多种形式的新型农业经营主体，提高农业经营集约化、规模化、组织化、社会化、产业化水平，开展家庭农场名录系统填报，录入 111 户规模种养殖户。提升合作社规范，评定县级示范合作社 1 家，即保亭县十八度红毛丹种植专业合作社。

【农业助力乡村振兴】 2022 年，保亭县围绕地理、环境、气候等资源优势，开展产业项目谋划。全年下达产业发展衔接资金 11734.7 万元，产业占比 56.94%，同比上年产业占比提高 1 个百分点，达到三级财政衔接资金用于产业发展占比 55% 以上且产业占比比上年提高的要求。其中，中央衔接资金用于产业发展 7443.3 万元，占比 68.64%，同比中央资金用于产业占比提高 1.49 个百分点。截至 2022 年 12 月 1 日，实施 40 个产业项目，支出 11511.49 万元，支出进度 98.10%。

全年县内产业帮扶项目联结带动方式为发展生产、就业务工、土地流转、资金资产入股、生产托管、技术指导、订单生产、收益分红 8 种，全县 123 个产业帮扶项目联结带动方式主要以发展生产、就业务工、土地流转、资金资产入股、技术指导、收益分红 6 种方式为主；联结带动机制以劳务联结、股份联结、租赁联结 3 种机制为主；联结带动模式以“企业 + 村集体”“企业 + 农户”“企业 + 合作社 + 农户”3 种模式为主。2022 年，实施 123 个产业帮扶项目，带动农户 33200 户次 119792 人次，分红 2913 万元。

印发实施《保亭黎族苗族自治县 2022 年种养业奖励补贴实施方案》，对相对稳定脱贫户、监测户对象家庭经营性纯收入当年达 4000—8000 元的每户奖励 1000 元，8000—12000 元的每户奖励 2000 元，12000 元以上的每户奖励 3000 元，发放 3104 户 697.4 万元。2022 年，发放种养补贴 3104 户，发放种养补贴资金 697.4 万元。

【特色重点产业发展情况简介】

南药开发产业　2022 年，保亭县开展药溪谷项目，落实园区建设用地需求，完成药食同源种苗培育大棚，园区种植区农业设施配套以及园区基础设施建设，进行 200 亩南药种植（包含南药种植生产区、南药种苗驯化示范种植区）；完成南药文化长廊、南药传承孵化站、南药集市建设，逐步开放园区；逐步构建南药种苗驯化基地，南药种苗繁育基地雏形，投入南药毕茇、斑斓等南药种苗驯化、繁育工作。

热带果蔬产业　七仙岭全球热带水果博览中心项目。2022 年，保亭县开展七仙岭全球热带水果博览中心项目建设工作，园区硬件升级、大棚智能化升级改造和标准化种植展示基地建设工作，完成率 93%；植物园大门、游客服务中心、生态停车场和智慧园区等建设工作，完成率 80%。开展引种工作，引进 64 种同纬度热带水果作物，共 165 个品种，其中新引进品种 46 个。申报省重点项目，完成 2023 年度向省重点项目申报工作。

50 亩无土栽培蔬菜基地建设。2022 年，保亭县完成基础施工 330 个，完成率 98%；完成大棚主体轻钢结构骨架安装，完成率 90%；新增 630 千伏安箱变，安装完成并通过供电局验收投入使用；综合管理用房基础施工完成；2#、3#、4# 温室北侧排水沟施工完成。

扶持农户林下套种。2022 年，保亭县起草《保亭黎族苗族自治县 2023 年槟榔园套种热带作物种苗补贴实施方案》，征求各相关单位意见。

食用菌高科技产业园项目。

2022年，海南保亭元德农业开发有限公司与海胶集团签订土地租赁合同，产业园区项目前期投入约5700万元。其中，土地租金138万元，橡胶林更新、地面物赔偿及土地复垦费358万元，园区土方、混凝土挡土墙、厂房基础及主机设备基础等1799万元，3#钢结构厂房1165万元，园区钢结构材料采购款2240万元。股东自筹资金3000万元，政府产业帮扶资金2000万元，待支付700万元。

1000亩红毛丹标准化示范基地。2022年，保亭县在加茂镇、什玲镇、三道镇完成3000亩红毛丹基地建设。

休闲农业产业　美丽乡村建设项目。县农业农村局计划实施三道镇首弓村委会什准下村、南林乡南林村委会什龙村、什玲镇排寮村委会什教村、金江居十五队、三道镇甘什村委会什进村等5个省定美丽乡村项目。2022年，5个项目完成设计、概算和预算编制等工作。

共享农庄项目。2022年，保亭县组织县镇村干部到南梗村入户开展引导搬迁工作，签订安置协议12户，签约意向明显6户，犹豫观望农户28户，力阻安置8户。建设水、路、电、通信等各项配套设施，共享农庄二期项目所涉及沿河道整治纳入县水务中心整治项目，通过审批立项，开展林地可研、环评、水保方案编制工作；增设开通享水谷共享农庄公交线路；以森林防护直服工程的方式来开展享水谷共享农庄旅游道路提升改造工作，组织勘察设计招标工作；将享水谷共享农庄纳入登山步道项目总体规划方案，方案增加享水谷点位和路线；将享水谷共享农庄高压线路纳入接管范围，做好电力规划及高压电线维修管护工作，完成享水谷共享农庄4G基站建设，解决项目区移动信号弱问题；积极推进净水厂项目工作，完成净水厂项目资产移交、项目验收和评估工作，净水厂正常运营；完成享水谷共享农庄乡村旅游点申报及补贴发放工作，享水谷共享农庄2022年被评为海南省四椰级乡村旅游点，获得30万元奖补金，通过海易兑平台拨付给企业。

种植业

【概况】 2022年，保亭县种植业产值29.1亿元，增速为7.19%。

全县瓜菜种植面积4.92万亩。其中，苦瓜5846.82亩、茄子8692.43亩、椒类19347.45亩、豇豆14471.2亩、黄瓜1629.8亩、南瓜40.53亩。

全县槟榔总面积16.19万亩（含垦区、成片承包），产量2.06万吨，产值11.51亿元，占农业产值的28.8%。户均收入约4.5万元，人均收入1万元左右。全县热带水果种植总面积12.74万亩（含套种混种间种重复计算的数量），收获面积8.31万亩，产量8.85万吨。

益智种植面积2.85万亩，产量0.28万吨，产值0.2亿元；橡胶种植面积28.47万亩，产量1.87万吨，产值2.6亿元，占农业产值的6.49%；兰花种植面积273.45亩，年产量155.8万株，产值342.1万元。

2022年，全县粮食播种面积65496.35亩，完成年度总任务面积65300亩的100.3%，产量3.12万吨。其中，早稻播种面积22118亩，0.884万吨，完成早稻任务面积22000亩的100.53%；中晚稻播种面积39368.85亩，产量1.57万吨，完成任务面积39300亩的100.17%；番薯累计种植面积3451.2亩，产量0.65万吨，完成任务面积3100亩的111.32%；粮食豆类累计种植面积558.8亩，产量0.0078万吨，完成任务面积900亩的62.08%。

【菜篮子基地建设】 2022年，保亭县有常年蔬菜基地35个，面积2628.51亩，其中大棚基地7个，面积305.19亩。

【农作物病虫害防治】 2022年，县农业林业局组织技术人员118人次深入乡镇，现场指导农户开展水稻、瓜菜田间病虫害防治，指导250人次，开出技术指导明白纸30余张。举办全县农业技术培训班2期，全县乡镇技术员和村级农技员、种子经销商100人参加培训。发布农作物病虫害情报9期，向省植保总站报送水稻重大病虫害周报38期。调查监测防控外来有害生物，调查草地贪夜蛾危害面积373亩次，指导农户防控草地贪夜蛾面积504

亩。开展红火蚁统防统治防控工作，统防统治面积6000亩。开展红毛丹病虫害统防统治面积6000亩次。

【耕地保护】 2022年，保亭县印发《保亭黎族苗族自治县关于严格管控耕地“非粮化”稳定粮食生产工作方案》，保障农民粮食生产。全县撂荒地复耕面积757.83亩，完成2022年任务700亩的108%。印发《保亭黎族苗族自治县基本农田种植槟榔专项整治工作方案》，清理整治1197亩，完成2022年任务量1148亩的104%，整治退出后种植粮食142亩，种植瓜菜40亩，过渡期实施套种面积6亩。种植粮食种类有玉米、水稻、番薯等；种植经济作物种类有红毛丹、龙眼、菠萝蜜、益智、榴莲等，完成2022年任务量的40%。

【农业技术服务指导】 2022年，保亭县组织技术人员深入乡镇，现场指导农户开展水稻、瓜菜田间病虫害防治；举办全县农业技术培训班；调查监测防控外来有害生物。

实施红毛丹种植项目　补贴298户农户发展种植红毛丹，发放种苗42155株，增加种植面积1686亩，完成红毛丹换冠改良面积100亩。实施红毛丹地标保护工程项目，建立10亩种质资源圃，收集红毛丹125份资源；确立100亩的红毛丹核心生产示范基地，编制《红毛丹种植技术规程》《红毛丹产品质量标准》。

开展农机技术服务　在响水大本、加茂加答建立2个示范点，实施全程机械化直播节水抗旱水稻362亩，估产425千克/亩，收入15.38万千克稻谷，以市场平均谷价每千克3元，为农民增加收入约46.16万元，水稻平均每亩增产50千克，增效明显；在六弓乡田岸村委会完成晚造机耕机插水稻种植面积199.5亩。

【高标准农田建设】 2022年，县农业林业局印发《保亭黎族苗族自治县“十四五”高标准农田建设规划（2021—2025年）》，建设高标准农田4000亩（新政洋、三弓洋、大本洋和加答洋片区），总体完成工程形象进度的97%，支出1636.28万元，占总投资的70%。印发《保亭黎族苗族自治县高标准农田项目工程设施建后管护实施方案》，确保2011年以来已建成并上图入库的高标准农田项目均纳入管护范围。

【农业面源污染治理】 2022年，保亭县制定印发《保亭黎族苗族自治县2022年农膜回收工作方案》，督导各乡镇开展农业面源工作，组织农业面源协管员到各主要田洋回收农业废弃物，做好所回收的农业废弃物按农药类和非农药类进行分类，2022年转运农膜废弃物158.51吨。定期通过短信等方式深入开展农膜回收宣传工作，印制1500份宣传材料，张贴至各村村（居）委会和村（居）民小组宣传栏处。结合2022年耕地地力保护补贴和实际种植农民一次性补贴抽查核查工作，采取实地进村入户形式，进行农药废弃物回收宣传和发放宣传材料，告知农户农业面源垃圾回收处理过程，加强农户对农业废弃包装物乱丢乱弃危害性和安全处理重要性的认识。

林　业

【林业概况】 保亭县森林面积115324.75公顷，林地面积97385公顷，湿地面积1748.89公顷，森林覆盖率保持在84.85%以上。重点公益林面积20188.94公顷，其中国家级重点公益林面积16644.53公顷，省级重点公益林面积3544.41公顷。

【林下经济】 2022年，保亭县发展林下经济初具规模的基地有红砖水库魔芋种植示范推广基地、仿野生松树林寄生种植基地和毛感乡春城林场。

红砖水库魔芋种植示范推广基地，位于加茂镇加答村委会红砖水库，基地计划发展总面积1万亩，其中利用间种模式在橡胶林下种植魔芋面积300亩，亩产量4000千克左右（保底收购价1元/千克），叶面种子亩产150千克左右（收购价15元/千克）。通过利用橡胶林下间种模式，促进魔芋产业发展壮大，且实现林下经济稳增长，还为周边农户增加就业机会。

仿野生松树林寄生种植基地，位于毛感乡保亭毛仙斛林生态农业农民专业合作社，主要种植铁皮石斛、灵芝。种植基地总面积 3000 亩，采取松树林寄生方式种植铁皮石斛约 800 亩，灵芝约 40 亩；在南好片区和毛位片区开发约 380 亩铁皮石斛种植产业园。

春城林场，位于保亭县毛感乡，属于个体产业，基地总面积 500 亩，发展林下经济面积 500 亩，林下养殖五脚猪约 180 头、羊约 80 只。

【森林病虫害防治】 2022 年，保亭县林业局（以下简称县林业局）采取化学、生物防治等措施开展椰心叶甲综合防治工作。放寄生蜂防治椰心叶甲 2547.14 万头，防治椰心叶甲危害的椰子树等棕榈科植物共 2.97 万株，完成率 100%。开展预防松材线虫病入侵工作，制定印发《开展预防松材线虫病入侵工作实施方案》《保亭县松材线虫病检疫执法“迅雷行动”方案》，对保亭县辖区内 2842 亩松树林区开展松材线虫病春秋季野外普查，调查毛感乡、草柴岭、新雅岭、鹅毛岭、千龙林场等松树林区约 2414 亩，六弓乡万秋岭 51 亩，新政镇南改五岭 377 亩。结果分析，全县松树长势良好。经年度松材线虫病春季普查，县辖区内未发现有松材线虫病危害症状，未发生松材线虫病疫情。投入 2.9 万元举办防治培训，受训 60 人次；组织开展“迅雷行动”检疫执法行动 10 次，到松林、工地、木材厂等地进行实地检查。做好红火蚁防控工作，对县内花卉苗圃、林业用地、公益林区等林业管辖区域组织开展红火蚁防控，重点对县内各木材加工场及涉木企业、花卉苗圃，三道、毛岸、什玲 3 个出入口林业护林站进行检查；年内，公益林区和林业用地区、各木材加工场及涉木企业、花卉苗圃等未发现红火蚁，没有发生红火蚁疫情。完成 299 亩林业有害生物薇甘菊防治工作。做好植物检疫和林业病虫害防治宣传工作，向生产经营单位和个人、群众宣传《森林病虫害防治条例》《植物检疫条例》等法律法规，普及椰心叶甲、椰子织蛾、槟榔黄化病防治基本知识，结合检疫常规工作展开宣传。

2022年8月29日，县林业局组织人员在三道镇边界开展松材线虫病疫情巡查 （黄家豪 摄）

【林业资源管理】 2022 年，县林业局开展生态修复和保护工作。

推进造林绿化　保亭县完成造林面积 3171.33 亩，造林任务完成率 105.7%，义务植树 21 万株；完成老残林树种更新面积 2883.53 亩，开展“四边两区”复绿添彩造林行动面积 287.8 亩。完成花卉苗木种植面积 903.5 亩，花卉苗木种植任务完成率 112.9%。制定印发《保亭黎族苗族自治县 2022 年油茶种植实施方案》，各乡镇改造种植山油茶 634.5 亩。通过城区绿色空间、生态景观林绿化提升、美丽乡村等建设，实现区域森林资源的质量提高和数量增长，以 94.9 分高分通过省级森林城市创建验收，成功创建“海南省森林城市”。

古树名木保护　保亭县登记建档古树名木现存 261 株。县林业局落实古树名木保护的管护单位和管护人，古树名木的日常养护管理由属地相关单位具体实施；落实古树名木养护费用补助（管护费），管护人每月每株 50 元的养护费用补助，发放管护费 9.24 万元；为消除安全隐患，保障安全，投入 2.79 万元对 1 株倒塌古树采取扶正、建设支撑架等措施进行保护和复壮。

公益林保护和管理　年初与重点公益林管护人员签订管护合同，将保亭县森林资源管护范围和工作责任落实到人头地块，确保县辖区内30万亩公益林资源稳定安全。

【林长制工作推进】 2022年，保亭县各级林长巡林2649次，召开总林长会议1次、林长制专题会议9次、林长制办公室会议6次，签发总林长令1份。建立林长制组织体系，修订《保亭黎族苗族自治县进一步健全完善林长制工作实施方案》，全面建立县、乡镇、村（居）三级林长体系，由县委书记、县长担任县级总林长，县委、县政府10名领导担任县级副总林长，明确乡镇级和村（居）级林长、副林长213名，设立各级林长制办公室10个，聘请645名建档立卡脱贫户担任生态护林员，利用全国生态护林员联动管理系统APP加强对生态护林员的监督管理，确保全员到岗开展常态化巡林管护工作。编制配套制度，发布《2022年保亭县总林长令》，制定印发《2022年保亭县林长制工作要点》《县级林长会议制度》《县级林长制工作督查制度》《县级林长制工作考核制度》等制度，落实信息公开、督查督办、考核结果运用机制和林长巡林、成员单位协作制度。编制五年林长制建设规划，结合保亭县森林资源实际情况，委托国家林业和草原局调查规划设计院率先启动并完成《保亭县林长制建设规划（2021—2025年）》编制工作。完成林长制考核工作，保亭县充分发挥绩效考核的指挥棒作用，将林长制工作纳入领导班子综合考核内容，完成乡镇级林长制年度考核工作和保亭县林长制年度考核工作，考核98.7分，排名全省第五，属优秀梯队。

【森林督查图斑整改】 2022年，县林业局完成2018—2020年森林督查违法图斑和打击毁林专项行动图斑审查并通过验收394个，剩余18个图斑进行分类处置（申报销号18个）。完成2021年36个（42宗案件）森林督查违法图斑整改，验收通过率100%。森林督查图斑疑似违法图斑33个（40宗案件），其中完成整改并申请销号5个，剩余28个疑似违法图斑进行分类处置。第二批森林督查图斑疑似违法图斑28个，进行分类处置。

【加强森林防火】 2022年，县林业局深入保亭县9个乡镇60个村委会、5个主要旅游景区、7个农（林）场（居）开展森林防火宣传，对涉林企业开展森林督导检查，指导和督促有关单位落实森林防火防控措施。出动巡逻宣传车60辆次，人员240人次，发放防火服（六件套）35套，背负式风力灭火机23台，油锯23台，背负式中继台1台，对讲机18台至保亭县各护林站；发放防火公告150张，森林防灭火宣传画册450本，宣传扇子500把，宣传画册450本，《禁火令》100张，森林防灭火横幅、清明防火横幅240条。

【生态搬迁】 什玲镇水贤村、什东村生态搬迁安置区项目于2021年8月动工建设，2022年11月完成工程建设。

组织联动凝聚合力　压紧责任推进，成立保亭县热带雨林国家公园生态搬迁工作领导小组，实行“三长联合推动机制”，建立“3+6+X”工作机制，形成三长牵头抓，县林业局、县资规局、县住建局、县农业农村局、县征拆专班、什玲镇主要领导亲自抓，抄寨村党支部具体配合抓的联动格局，从责任落实、引导动员、要素保障等方面压实各级干部工作责任，推动广大干部把主要精力聚焦到生态搬迁上来。优化顶层设计，出台《保亭黎族苗族自治县什玲镇水贤、什东村生态搬迁补充细则》，为生态搬迁工作提供政策保障。健全工作机制，建立“日汇报、周分析、月总结”工作机制，年内，保亭县累计召开领导小组会议3次，专题会议6次和现场督导30余次。先后动员水贤村14户、什东村54户生态搬迁工作，签订生态搬迁安置补偿协议，拨付生态搬迁补偿款和奖励资金共10527.98万元。9月16日，“黎苗同乐、喜迎二十大·齐贺生态搬迁乔迁之喜”生态搬迁庆典仪式活动成功举办，68户群众全部喜迁新居。

帮带联动激活动力　摸清底数、分类施策，开展“一进三问”（进农村、问民意、问困难、问需求）活动，组织镇村党员干部通过入户走访、电话联系等方式做好梳理摸排工作。聚焦一线、部门帮带，采取“乡镇+部门帮带”模式，由什玲镇和县直机关单位组成工作引导小组，带头深入水贤、什东搬迁点开展宣讲，让政策进村入户。多措并举、强化保障，省财政厅先后下达保亭县热带雨林国家公园建设资金9780万元、县政府统筹安排1.22亿元共同推进海南热带雨林国家公园生态搬迁建设，其中统筹1.05亿元用于解决水贤、什东村生态搬迁青苗及地上附着物补偿。

要素联动提升效力 倒排工期，推进安置区项目建设，建立“承诺制+倒排工期制”工作机制，明确各责任单位阶段性工作目标，加快推进68户安置房、农贸市场和商业街等主体建筑和配套设施建设工作。强化联动，推进项目手续办理，县资规、审批、林业等责任部门靠前服务、主动作为，合力做好项目前期手续和61亩安置区项目用地、2058亩安置生产用地等审批办理，确保项目建设有序推进。落实“人均5亩安置生产用地”诺言，选取2058亩用于安置生产用地和集体产业生产用地，完成涉及548.85亩二级林地《保亭县生态搬迁生产用地二级林地的公益林占补平衡方案和生态影响评价报告》编制工作，待完善公益林优化成果并确定用地权属后开展专家评审。完成涉及天然橡胶保护区1635.13亩地块调整；完成2058亩活立木蓄积量测量，活立木蓄积量共计16518.7立方米，出材量为11563.1立方米，其中涉及公益林面积548.85亩，活立木蓄积量为5164.3立方米，出材量为3614.8立方米；与海垦集团、海胶集团商议达成一致，对安置生产用地2058亩地上的青苗以每亩1.35万元标准进行补偿，12月20日签订征地青苗补偿协议书，落实安置生产用地。

服务联动积蓄内力 产业扶持促发展，在增加安置人均5亩林地作为搬迁对象生产用地的基础上，预留200亩林地作为水贤、什东村集体产业项目用地，给予村集体产业扶持资金200万元，用于发展壮大村集体经济。建设商业铺面68间、提供农贸市场摊位197个，引导村民自主创业增收。就业帮扶稳增收，每户开发不少于2名护林员或者保洁员等公益性岗位，增加村民就业收入。教育帮扶解民忧，出台具体方案明确教育奖励标准，给中专、高中生发放一次性奖励资金，解决搬迁群众子女教育后顾之忧。整合资金保障安置区项目68户住宅楼建设，配套建设文化室、篮球场等设施。

【野生动植物保护】 2022年，县林业局加强保亭县野生动物收容救护和管理工作。与保亭海农同创农业投资有限公司签订陆生野生动物救护服务承包协议书，由保亭海农同创农业投资有限公司承办保亭县陆生野生动物收容救护站的陆生野生动物收容救护管理工作。开展野生动物保护宣传工作，结合“爱鸟周”开展野生动物宣传活动，有效提升群众对野生动植物资源的了解和保护意识；年内，收容救助和放生蛇类28条、鸟类6只；开展“清风行动”联合执法行动，巡查检查34次110余处，发现装铁夹捕猎行为2宗，查处未取得省林业局展演审批许可1宗，未发现非法买卖野生动植物及其制品的行为。

【林业助力乡村振兴】 2022年，县林业局为脱贫户巩固脱贫成果，助推乡村振兴战略，全力以赴做好县645名林业生态护林员考核续聘工作。年内，保亭县共计发放森林生态效益农民直接补偿资金0.33亿元，涉及2.30万户9.39万人。结合乡村振兴工作发展兰花产业，打造兰花合作社（企业），吸纳农户入股分红或参与劳务，扎实推动乡村产业振兴，增加农户经济收入。保亭县南林乡5个兰花专业合作社，采取“党支部+村小组+合作社+农户”模式，分红依次为5%、5%、40%、50%。年内，南林乡辖区内的花卉企业（合作社）受益家庭共417户，参与分红15.5万元。

（撰稿 王晓静）

畜牧业

【概况】 2022年，保亭县畜禽保持平稳生产，基本能够满足市场需求。畜禽肉类总产量1.35万吨，产值3.95亿元。年内存栏猪5.83万头、牛0.44万头、羊1.38万只、禽类61万只，出栏猪11.2万头、牛0.16万头、羊1.8万只、家禽110万只、鸡蛋产量2200吨。有养猪场10家、养牛场1家、养鸡场4家、养鸭场1家、养鹅场1家、养鸽场2家。

【畜禽养殖污染治理】 2022年，保亭县畜牧渔业服务中心（以下简称县畜牧渔业服务中心）抓好规模养殖场的污染治理，采取雨污分流、固液分离、干清粪处理、废水循环利用、种养结合等方式，达到粪污零排放的要求。倡导种养结合、农牧循环的生产方式，鼓励农民利用自家果园、林地发展林下养殖经济。推广畜禽粪污资源化利用技术，指导养殖户完善粪污处理设施，将粪污经无害化处理后用于农作物肥料，防止粪污外排、无舍养殖、随意放养等无序养殖现象发生。发挥各乡镇村级动物防疫员的作用，监督指导村内养殖户改放养为圈养，减少牲畜在村内随意溜达、粪污随意外排等现象发生。全年全县畜禽粪污综合利用率达90.1%，其中养殖场粪污综合利用率达100%。

【畜产品质量安全监管】 2022年，县畜牧渔业服务中心加强畜产品质量安全监管，在养殖、屠宰、市场等环节进行抽样检测，共进行畜产品检测62个，饲料抽检2个，养殖环节瘦肉精检测18个，屠宰环节瘦肉精检测810个，完成年度抽样检测任务。协助县农业、执法等相关部门在全县范围内开展畜产品质量安全专项整治行动。进一步规范使用兽药、饲料，保障畜产品质量安全。全年共进行产地检疫生猪4.05万头、牛395头、羊2936只、禽类24.2万只。屠宰检疫生猪2.65万头、牛1025头、羊2588只，家禽20.6万只。

【重大动物疫病防控】 2022年，县畜牧渔业服务中心组织各乡镇、农场（居）开展高致病性禽流感、口蹄疫、小反刍兽疫等重大动物疫病强制免疫工作，并派出督导组进行督导，落实好免疫任务，免疫率达100%，免疫抗体合格率达70%以上。开展流行病学调查、疫病排查、抗体监测等工作，对布病等人畜共患病进行全面排查，全年未发现疑似布鲁氏菌病感染病例。免疫抗体检测禽流感427份、口蹄疫507份、猪瘟146份、鸡新城疫144份、小反刍兽疫277份、布鲁氏菌病448份，非洲猪瘟检测2547份。做好病死畜禽无害化处理工作。规模养猪场对病死猪采取化制方法处理，无害化处理率达100%，散养户对病死畜禽进行深埋处理，极个别农户存在丢弃病死猪现象，中心都能够积极配合乡镇做好无害化处理工作。

2022年5月6日，县畜牧渔业服务中心到三道镇开展赤田水库畜禽、水产养殖污染政策讲解和发放宣传手册　（县畜牧渔业服务中心　供）

【动物疫病诊疗义务服务】 2022年，县畜牧渔业服务中心联合县、乡、村三级兽医技术人员开展上门诊疗服务435次828人次，进行养殖技术指导，普及科学养殖技术。村级动物防疫员在参与诊疗过程中，在兽医师的指导下，学到诊疗新技术，提高乡村兽医技术水平。组建以引进人才为主体的科技特派队伍，深入农村、企业基地，开展送政策、送技术、送服务等活动。

【病死畜禽无害化处理收集中心】 2022年，县畜牧渔业服务中心推进病死畜禽无害化处理收集中心项目建设，项目预计投资373万元。年内完成设计、预算、预算评审、工程招标等项目前期工作，11月开始施工，计划于2023年6月竣工。该项目是对保亭县病死畜禽进行统一收集、转运处理，将有效避免病死畜禽乱埋、乱丢现象发生，防止次生污染和疫病传播。

【生猪稳产保供】 2022年，县畜牧渔业服务中心全面调查统计保亭县能繁母猪保有量和生猪存栏、出栏情况，进行生猪产能监测，制定《保亭县2022年生猪产能调控方案》，组织养猪场积极参与生猪保险。8—9月疫情防控关键时期，积极协调县发改、交通、农业等部门以及规模养猪场、生猪屠宰场做好生猪调度，每日屠宰生猪130头左右，最高1天屠宰174头，确保生猪产品保供。选取2家规模养猪场作为生猪储备基地，签订生猪储备协议，保障在猪肉应急时期的猪肉供应。投入5.2万元扶持建立6个生猪养殖大户，全年生猪产能正常，能繁母猪保有量达到省农业农村厅下达的任务要求，实现生猪稳产保供。

渔 业

【概况】 2022年，保亭县渔业生产平稳发展。全县水产养殖面积1057.5公顷，水产品总产量4500吨，产值0.41亿元。

【水产品质量安全监管】 2022年，县畜牧渔业服务中心加强水产品质量安全日常监管，积极开展水产品质量安全知识宣传，加强规范用药的指导，严格执行休药期制度，严禁使用违禁药品、严禁滥用抗生素。完成县级例行监测抽样40个样（罗非鱼30个样、草鱼10个样），检测合格率为100%；配合农业农村部、省农业农村厅到保亭县开展监督抽样24个样、例行监测抽样2个样，检测合格率为100%；配合省农业农村厅在全县农贸市场例行监测抽样26个样。

【渔业增殖放流】 2022年6—7月，县畜牧渔业服务中心在毛感乡、新政镇、什玲镇主要流域投放鲢鱼、鳙鱼、草鱼、光倒刺鲃、大刺鳅等鱼苗共166.65万尾，有效改善水域环境，保护渔业资源。

【水产养殖清退】 2022年，县畜牧渔业服务中心开展赤田水库饮用水源地二级保护区水产养殖清退工作，完成21户25口鱼塘资产评估并全面清退，清退补偿款172.24万元全部发放至土地所有权人。联合三道镇、三道居对保护区内畜禽、水产养殖污染进行常态化巡查，做好相关工作宣传，制作宣传横幅12条、发放宣传资料100多册、现场讲解30人次。

农业机械化

【概况】 保亭县农业机械化管理服务中心（以下简称县农机中心），前身是保亭县农机局。2022年，保亭县农业机械机耕库存量为：轮式拖拉机312台、四轮运输型拖拉机461台、微耕机3698台、耕整机522台、履带式联合收割机57台、自走轮式收割机35台（不包含2022年购买补贴机具）。保亭县耕地面积62170.96亩，机耕总面积52845.32亩，坡地面积1625.06亩。

【农机购置补贴】 2022年，保亭县农机购置补贴资金为80万元。截至2022年11月25日，发放补贴资金49.836万元，补贴各类农用机具48台，其中轮式拖

2022年6月6日，县畜牧渔业服务中心工作人员到毛感乡开展渔业增殖放流
（县畜牧渔业服务中心 供）

2022年，县农机中心工作人员进村入户发放购置补贴宣传资料

（县农机中心　供）

拉机 18 台、收割机 2 台、旋耕机 14 台、耕整地机械 12 台、田园管理 2 台；受益农户 35 户。进村入户发放购机补贴政策宣传手册 7000 本，雨伞 450 把。

【农机安全监管】 2022 年，县农机中心组织开展安全生产宣传教育，增强拖拉机驾驶员、农民群众安全生产意识，办理变型拖拉机年审 182 辆，拖拉机驾驶证换证 168 次，联合收割机办证 3 辆，轮式拖拉机办证 20 辆。开展农机安全生产宣传 10 次，发放农机安全生产教育宣传资料 13009 份；举办农机安全应急演练 1 次；接受教育群众 1749 人，发送短信 125 条。配合做好“安全生产月”活动和科技活动月下乡活动 6 次，举办农机安全生产宣传咨询活动 4 次。

【拖拉机道路交通安全整治】 2022 年，县农机中心组织开展拖拉机道路交通安全整治行动，查处拖拉机改装加胎、无牌无证假牌套牌行驶、无证驾驶、违法载人搭客、酒后驾驶、超载超速、拼装改装拖拉机及私自改速等违法违章行为。开展农机联合交警道路交通安全检查 4 天，出动执法人员 35 人，检查变型拖拉机 7 辆，查处违章 3 起，纠正违章及教育 3 人；开展农机安全生产检查 35 天，出动工作人员 175 人，检查 9 个乡镇 6 个居的农机维修点 5 家、销售点 13 家。

开展变型拖拉机清理工作，排查 259 台，其中 183 台到报废时限，76 台造册归档。在县政府网上公示 628 台达到报废年限的车辆信息。

【农业智能化】 2022 年，响水镇大本村、加茂镇加答村建立 2 个农业机械化配套生产示范点，实施 362 亩。估产 425 千克 / 亩，收入稻谷 153.85 吨，为农民增加收入约 46.16 万元，水稻平均每亩增产 50 千克左右，增效明显。在六弓乡、保城镇等 3 个乡镇完成晚造机耕机插水稻种植面积 553 亩。实现机械化高效作业，带动农民购买现代化高效农用机具，提高保亭县农业机械化耕作水平。

【农机质量监管】 2022 年，县农机中心落实相关法律法规和工作部署，组织开展农机产品质量检查；向社会公布农机质量投诉电话，扩大社会力量、农民群众对农机产品质量的监督，从源头上预防农机安全生产事故隐患的发生。

【农机实用技术】 2022 年，无人机开启新时代农业智能化，以信息管理操作平台整合数据分析，采用植保无人机全自动化作业，减轻人力物力以及提高农业的工作效率，让农作物增产、优质，减少在非器械工作中所产生的农作物无必要损失，更加科学地为农作物种植与防护工作提供强而有力的技术保障。植保无人机不仅在农业上广泛应用，还对城市以及森林的防虫、防病、防火、防疫等相关事宜有着很大的用途。

全年县农机中心举办拖拉机驾驶技术培训班 1 期，培训驾驶操作技术人员 17 人次，举办安全生产知识培训班 4 期 117 人。其中，植保无人机是未来农业智能化的发展方向。植保无人机在农业领域的用途主要用于地块与测重、拍摄、植保作业、农作物检测、农田测绘及农田农业观察。

（撰稿　黄　挺）

乡村振兴

【概况】 2022年，保亭县认真学习习近平总书记关于巩固脱贫攻坚成果的重要指示精神，贯彻落实海南省关于巩固拓展脱贫攻坚成果同乡村振兴有效衔接的决策部署，严格按照“四个不摘”（摘帽不摘责任、摘帽不摘帮扶、摘帽不摘政策、摘帽不摘监管）要求，举全县之力，强化措施，积极推进巩固拓展脱贫成果同乡村振兴有效衔接，持续推动产业发展，夺取“十四五”规划发展良好开局。农村常住居民人均可支配收入完成16881元，同比增长7.6%，好于上半年0.9个百分点，好于前三季度1.6个百分点。增长幅度高于全省1.8个百分点，增幅排全省第三名，较2021年提升4个名次。其中，工资性收入同比增长3.9%，全省排名第五。

【教育帮扶】 2022年，保亭县召开全县教育工作大会，出台教育高质量发展若干意见、教育振兴三年行动计划，开启教育事业发展新篇章，省级重点中学实现“零的突破”，保亭中学高中部扩招高一学位300个。严格落实发放补贴、发动入学、送教上门的措施，确保应学尽学。家庭经济困难学生特惠性补助共发放6222人次，金额725.32万元。发放“雨露计划”补助1191人208.425万元，实现资助全覆盖。对42名残疾程度较轻的儿童安排随班就读，对11名有一定学习能力的儿童安排送教上门，对4名残疾程度较高。无法随班就读和送教上门的儿童按《中华人民共和国义务教育法》的规定办理免缓入学手续。

【基本医疗帮扶】 2022年，保亭县对全县的脱贫户、监测对象全部实行家庭医生签约，对四种特殊慢病患者2815人实行家庭医生签约服务，按公共卫生规范化要求进行每季度一次随访，扎实做好健康帮扶工作。大力发动村民参加城乡居民医疗保险，推行“一站式”报销，全年保亭县脱贫人口、监测对象参加2022年城乡居民基本医疗保险共28416人。落实救助对象住院人数为2281人次，医疗费总额2217.24万元，报销1745.12万元，其中医疗救助1987人次，医疗救助费用215.07万元。慢性病特殊病种门诊人数为4218人次，医疗费总额571.78万元，报销528.31万元，其中医疗救助3893人次，医疗救助费用51.99万元。确保全县脱贫户、监测对象应保尽保，防止因病致贫、因病返贫风险。

【住房安全保障】 2022年，保亭县严格执行农村危房改造工作标准，委托第三方机构开展危房等级鉴定工作，确保危房改造质量符合标准要求。按照政策对居住危房的农村低收入人群、监测对象25户实施危房改造。年内开工25户，开工率100%，竣工25户，竣工率100%。同时，统筹抓好安居房建设，棚户区和老旧小区改造工作。

【饮水安全保障】 2022年，保亭县做好全县农村饮水工程清洗消毒和卫生整治工作。完成2次饮水工程水塔（水池）与2次过滤池清洗消毒。加强供水设施常态管理和运维，严格落实管护机制，第三方管护队伍积极开展巡查管护工作，并建立问题台账，及时对发现问题对标对表完成整改。完成235处引山泉、机深井、大口井等饮水工程维修维护任务。扎实做好饮水安全工程水质检测工作，委托有资质的2家水质检测机构对全县467个村小组的农村饮水安全水质进行检测并出具水质检测报告，经检测水质合格率达100%。

【综合兜底保障】 2022年，保亭县做好低保兜底保障工作。全县共将449户1082名脱贫户和393户1059名监测户纳入农村低保，累计为脱贫户发放农村低保金568.81万元，为监测户发放农村低保金450.34万元。加强特困兜底保障工作。年内全县共将106户111名脱贫户和74户77名监测户纳入特困供养，累计为脱贫户发放特困人员基本生活费92万元，为监测户发放特困人员基本生活费60.47万元。加大临时救助力度。年内累计为546户571名困难对象发放物资总额10.36万元。累计为948户次2087人次办理临时救助，发放救助金和救助物资266.28万元。及时发放残疾人“两项补贴”。全县享受残疾人两项补贴对象残疾人共有3.94万人次。其中，一级重度残疾人护理补贴发放1.44万人次421.36万元；二级重度残疾人护理补贴发放1.15万人次142.52万元；困难残疾人生活补贴发放1.35万人次110.93万元。两项补贴共发放674.81万元。

【强化监测帮扶】 2022年，保亭县扎实开展防止返贫监测帮扶第一轮、第二轮排查和信息采集工作，对全县农户逐户上门排查，做到排查全覆盖、研判不漏户、重点人群均评议。对集中排查发现存在风险点但未纳入监测的，组织人手认真做好相关佐证材料的收集和归档，确保识别到位、研判准确；对识别纳为监测对象的，第一时间安排帮扶联系人，制定有针对性的帮扶计划并在一个月内落实帮扶措施。对纳入监测超过一年没有解除风险的，再次逐户研判分析，对风险已消除的，及时做到消除退出。截至12月底，全县监测对象共1014户3385人，已消除风险户369户1265人，风险未消除户共645户2120人（脱贫不稳定户30户69人、突发严重困难户508户1718人、边缘易致贫户107户333人）。均按要求分别落实产业帮扶、就业帮扶、综合保障性帮扶、扶志扶智帮扶、金融帮扶、消费帮扶、社会帮扶等帮扶措施。

【产业帮扶】 2022年，保亭县实施产业奖补政策。印发《保亭黎族苗族自治县2022年种养业奖励补贴实施方案》，对家庭经营净收入当年达到4000元（含）至12000元（含）以上的相对稳定脱贫户、监测对象，奖励资金用于发展生产。种养业奖励补贴发放3104户，累计发放697.4万元。落实槟榔套种种苗补贴政策，加快槟榔产业结构调整。安排财政资金480万元，用于补贴购买种苗，扶持农户发展槟榔套种产业。其中，监测对象、低收入人群政府补贴100%，脱贫人口和一般户政府补贴70%、农户自筹30%。抓好产业设施建设。投资3969万元实施现代农业设施综合智慧能源种植示范项目，项目总占地22亩，规划建设4个农业大棚，助力乡村产业振兴。

【金融帮扶】 2022年，保亭县先后印发《关于印发〈保亭黎族苗族自治县巩固拓展脱贫攻坚成果与乡村振兴有效衔接2022年金融工作方案〉的通知》《关于加强脱贫人口小额信贷有关工作的通知》，明确保亭县年度工作任务，充分发挥脱贫人口小额信贷帮助广大农户发展生产、脱贫致富的促进作用，积极组织各经办金融机构和各乡镇继续加大脱贫人口小额信贷工作力度，严格按照政策落实脱贫人口小额信贷有序衔接工作，切实解决广大农民群众发展生产的资金短缺问题。发放脱贫人口小额信贷703笔、1994.64万元，贷款余额户数1282户、贷款余额覆盖率为19.94%，逾期贷款余额6000元、逾期率为0.02%，完成年度金融服务乡村振兴工作任务。

【消费帮扶】 2022年，保亭县制定印发《关于开展应对疫情影响促进脱贫人口和监测对象持续稳定增收专项行动（消费帮扶工作）的实施方案》，细化专项行动消费帮扶工作3条措施，明确职责清单，全面夯实专项行动的工作责任，协调推进目标任务落地落实。持续开展助农集市活动。年内共举办23场消费助农集市，销售帮扶产品250万元，受益农户6126户次。全县各机关、企事业单位以及党员干部累计购买帮扶产品72.32万元，其中个人消费44.11万元、集体消费28.21万元，有效增加农民收入。

【脱贫劳动力外出务工】 2022年，保亭县提升就业公共服务水平，促进转移就业。搭建招聘平台，举办招聘会11场（其中线上2场），提供招聘岗位4957个，进场人数4280人次，签订就业意向497人。定期张贴最新的岗位信息，向农村劳动力、登记失业人员、离校未就业毕业生等重点群体推送岗位信息70次。创建就业驿站，打造县乡村三级服务平台，将公共就业服务延伸到全县各村委会和国有农场。全县脱贫人口外出务工12319人，完成目标任务数（12127人）的101.58%。加大培训力度，做好技能提升。以市场为导向，以提高劳动者素质为核心，有针对性地开展培训，提高农村劳动力的文化素质和技能水平。累计培训农村劳动力职业技能4983人次，其中脱贫劳动力1385人次。累计培训监测对象、脱贫劳动力实用技术3563人次。强化就业帮扶车间、公益岗兜底作用。全县就业帮扶车间吸纳脱贫劳动力和监测对象178人，同比增长0.56%。全县乡村振兴公益岗人员3304人，同比增长5.51%。

【务工奖补政策落实】 2022年，保亭县落实就业帮扶政策。发放2021年12月至2022年4月外出务工奖补8527人共1083.21万元；发放2022年5—10月外出务工奖补132人共28.44万元（其中一次性交通补贴4.68万元）。严格贯彻落实各项惠企利民政策，发放8家就业帮扶车间（基地）吸纳帮扶对象一次性奖补35人共计4.9万元；44宗使用衔接资金支持的项目吸纳用工人数共735人，其中脱贫劳动力和监测对象务工人数149人，占比20.27%。

【村级集体经济发展】 2022年，保亭县印发《关于发展壮大村级集体经济激励奖励实施意见》，激励全县村干部、下乡能人、驻村干部主动作为，推动村级集体经济健康有序发展。用好、用活中央、省委下拨扶持壮大村级集体经济资金，继续扶持2021年12个行政村村集体经济发展，出台《保亭县2022年发展壮大村集体经济实施方案》，推动年度12个行政村的选点和项目。年内全县60个行政村集体经济收入达838.01万元，比2021年收入高出21.87%。其中，收入达10万元以上的有39个村。

【乡村振兴队伍建设】 2022年，保亭县压实乡镇党委政府具体责任。乡镇党政主要负责人作为乡镇巩固脱贫成果的“第一责任人”，担任乡村振兴第一副大队长，研究和推进本乡镇巩固脱贫成果工作并按要求遍访监测户，及时排忧解难。落实乡村振兴工作队管理办法，全县各乡村振兴大队、中队全部挂牌，各项工作机制运转顺畅有序。压实村级组织责任。设立60个乡村振兴中队，由乡镇副科级以上干部担任中队长，负责所在村委会的巩固脱贫成果和乡村振兴工作，每月研究和推进巩固脱贫攻坚成果工作。压实驻村帮扶责任。保持帮扶队伍的基本稳定，向各乡镇、村派驻乡村振兴工作队共69支、队员198人，继续选派省县定点帮扶单位122个、帮扶联系人1700余名参与帮扶，实现了帮乡、帮村、帮户全覆盖。

【乡村振兴项目资金管理】 2022年，保亭县坚持资金规范管理，确保资金使用精准。投入衔接推进乡村振兴资金20610万元，重点实施产业发展、就业务工、基础设施建设等项目，其中用于产业发展资金11734.7万元，占总衔接资金的56.94%。全县衔接推进乡村振兴资金累计支出20321.06万元，完成支出进度的98.60%。加强统筹谋划，完善项目库建设。全县年度项目库中项目337宗，储备项目资金规模49198.8万元。做好资产清理工作。经清查，2016—2020年，保亭县投入统筹整合财政涉农资金形成的扶贫资产798个8.80亿元；2013—2015年，保亭县投入扶贫资金形成资产163个6151.56万元。

【督查考评反馈问题整改】 2022年，保亭县围绕督查、考核、评估发现的各类问题，按照有整改目标、有整改措施、有责任单位、有责任人和有整改期限的“五有”要求，扎实推进反馈问题整改落实。以问题清零行动、作风能力提升行动、脱贫人口和监测对象增收行动、农村人居环境整治行动“四项行动”为抓手，通过持续深入的问题整改推动巩固脱贫攻坚成果同乡村振兴有效衔接重点工作落实。年内2021年国家考核评估反馈问题4类30个问题全部完成整改。

【革命老区建设】 2022年，保亭县利用省财政厅下达县革命老区转移支付资金1273万元实施9宗村道硬化项目和3宗人居环境整治项目，项目覆盖南林乡、六弓乡等4个乡镇的5个行政村，受益老区群众408户1617人次，改善3个老区村庄的人居环境。其中，第一批革命老区项目资金1039万元，实施9宗村道硬化项目和1宗人居环境整治项目，硬化老区村庄道路8.64千米，提升六弓乡田圮村委会新村人居环境，受益老区群众408户1617人次。第二批革命老区项目资金234万元，实施2宗人居环境整治项目，提升新政镇石让村委会什厚黎村和南林乡罗葵村委会什水村人居环境。截至年底，项目均竣工验收并投入使用，方便县内老区村庄群众生活出行、生产运输和改善老区村庄人居环境。

【文明乡风建设】 2022年，保亭县开展文明家庭创建活动。评选出“绿色家庭”100户、“文明家庭”50户、“最美家庭”50户。以家庭为突破口，带动家庭成员讲文明、除陋习、重环保、爱家庭。完善村规民约。对各乡镇村规民约（居民公约）进行审核，通过规范村规民约等激励约束措施，进一步提升村民精神面貌。指导各乡镇发挥218个红白理事会作用，组织理事会成员开展宣传及劝导活动，不断提升村民自治能力。开展文化惠民专项行动。全面落实图书馆、文化馆、博物馆的免费开放政策。推进基层农家书屋延伸服务点建设与流动图书服务，年内开展流动图书下乡服务15场次，送文艺演出下乡79场次，公益电影下乡978场次，观影人数4万余人次，达到年度电影播放下乡任务数的136%。

水 利

【水利工程建设】 2022年，保亭县实施水务重点项目11宗，为新政水厂输水管道工程，新政水厂至响水镇配水管工程，响水镇什龙村委会、大本村委会管网延伸工程，加茂镇南茂居管网延伸工程，保亭县城污水收集管网配套工程（二期），三道镇区域排水系统工程，保亭县三道镇至南林乡配水管道工程，保亭县幸福河湖合口河（南林乡段）建设工程，保亭县新政水厂扩建工程，保亭县茶场片区（神玉岛）（茶溪谷）净水厂及配套管网工程，项目总投资约2.80亿元。其中，完成竣工通过初验项目的有6个，涉及项目金额1.7亿元。余6个项目开工未完成。

【水库移民项目建设】 2022年，县水务服务中心利用省级中央大中型水库移民后期扶持基（资）金，将毛感乡什盛村美丽家园建设工程立项，作为2022年水库移民项目。工程建设任务主要是新建拦水坝、挡土墙修建、路灯工程、绿化工程等，逐步完善乡村配套设施。工程项目总投资209.05万元，其中建筑工程167.41万元、临时工程6.85万元、独立费用26.49万元，基本预备费8.3万元。5月20日开工，7月27日竣工。工程建设实施完成，改善农村人居环境，推进当地生态人居、生态环境、生态经济和生态文化建设，推动宜居、宜业、宜游的“美丽乡村”的建设。

【水库除险加固】 2022年，保亭县实施建设七仙岭病险水库除险加固工程、什漏病险水库除险加固工程2宗项目（省水务厅统招实施），概算总投资2300万元，为保亭县经济社会发展提供防洪安全保障。

【水库防汛】 2022年，县水务服务中心开展4次台风防范及水库安全巡查工作，出动80人次，排查发现各类问题10个，建立问题整改台账，全部完成整改。在河流、所有水库易涉水区域周边设计安装涉水危险警示牌970块。汛期期间，安排2名水库管护员实行24小时值班，根据“县三防”办要求，严格实行领导带班制度。强化水库安全防护措施，年内完成红专水库防洪物资仓库建设项目、2022年小型水库工程设施维修养护工程等2宗项目建设。

【灾害预防预警】 2022年，保亭县有山洪灾害防治平台（广播站、雨量站、水位站等）100个站点。县水务服务中心积极抓好水情旱情监测预警，在持续做好水情、雨情、旱情监测基础上，做到进一步加强加密对供水水库蓄水、河流来水等情况的监测预警，科学研判保供能力，为保亭县制定供水计划提供依据。年内实施山洪灾害防治项目（省水务厅统招分签实施），投资101万元，自动雨量站升级改造5座、自动水位站升级改造1座、完善建设监测预警平台、培训山洪灾害防治、进行防御演练等。

【河湖长制推进】 2022年，保亭县总河湖长组织召开总河湖长会议2次，研究河湖长制推行中的政策措施，各河湖长主持召开推进河湖生态环境保护综合治理会议、推进会、巡查调研等58次，同三亚市召开共商共建赤田水库生态环境保护和污染治理联席会议10次。县级河湖长以上率下，积极贯彻落实省级县级各项工作任务，巡查并协调处理发现问题及相关违法行为，对发现问题提出解决方案，交办责任单位限期处理，跟踪落实办理情况，实地推进河道综合治理。年内，设有河湖长170名，其中县级河长22名（含总河湖长2名）、乡镇级河长82名、村级河长66名。县级河湖长巡河77人次，签发河长令督办处理问题2次，乡镇级河湖长巡河953人次，村级河湖长巡河2951人次，河湖协管员巡河15035人次，组织巡河护河、环境整治3887次，清理垃圾约140.96吨。完成6条省级保亭段、14条县级、20条镇级河流管理范围划定，完成19条河流岸线保护与利用规划编制（包含4条省级、14条县级、1条50平方千米以上镇级河流），并印发实施。超额完成河湖健康评价工作，编制完成保亭河和保城东河两条河流健康评价报告并通过评审；完成4宗幸福河湖项目建设［甘什山塘、毛真水库（神玉岛）水利风景区、保城东河、板来河］，通过省河长办验收。编制印发《保亭县河长制河道管护员管理办法》《保亭县河长制河道管护员考核与奖惩办法》，探索建立河湖长制工作中的正向激励机制。常态化开展河湖“清四乱”工作，建立河湖“清四乱”标准流程，规范执法行动。发现“四乱”问题26处（省河长办下发问题11处、保亭县自查自纠问题15处），全部完成整改销号。开展重点涉水危险区域防溺水安全隐患问题排查150次，在河湖、水库显眼处张贴防溺水宣传海报650张，横幅150条。抓好排查整治妨碍河道行洪突出问题工作，印发《关于开展妨碍河道行洪突出问题排查整治工作的通知》，下发河长制工作督办单6次，完成水利部推送的18处碍洪图斑排查复核工作，排查确认18处碍洪图斑均不属于碍洪问题，完成自排查妨碍河道行洪问题2处、省排查反馈碍洪问题1处整改工作。开展水浮莲清理“百日大战”工作，召开动员部署会，出动629人次，完成排查水浮莲总面积177亩，完成清理水浮莲面积177亩（药剂清理132亩），占总面积的100%，清理水浮莲共1318吨。办理受理、群众来信来访以及“12345”热线举报涉及水务投诉件6宗，办结6宗，办结率100%。联合多部门对保亭县河流和水库进行拉网式细致排查，开展联合行动53次，出动车辆90辆次，出动人员318人次，排查重点区域19处，囤砂点4处，审批采砂点4处，无审批采砂点1处，处置非法采砂机具1台，有效遏制了非法采砂行为。

【六水共治工作推进】 2022年，保亭县10个省控地表水断面水质优良率（Ⅰ—Ⅲ类）100%，同比上升10个百分点，达到年度优良率90%及以上目标，全县无劣五类水体。4个城镇内河（湖）水体6个断面水质达标率为100%，达到年度达标率100%的目标。与上年同期相比，新星农场1个断面（点位）水质明显好转，从Ⅳ类明显好转为Ⅲ类；其余水体均持续保持优良（达到或优于Ⅲ类水体），保亭县水环境质量总体呈持续改善趋势。年内，保亭县“六水共治”项目计划投资2.93亿元，完成项目投资约3.03亿元。畜禽粪污综合利用率90.1%，400座厕所完成渗漏改造。农村自来水普及率由上年的90.4%提升至94%，达到省定90%的目标，规模化供水服务农村人口覆盖比例44%。积极开展城区排水管道的清理及修复工作。清理雨水井垃圾1401（个）次，疏通市政受堵管沟15处，更换修复破损雨水管网354.3米，消除易积水点2处。积极开展“节水宣传周”活动，宣传周期间在全县各党政机关办公区域卫生间用水处等醒目位置张贴节约用水提示牌2000多张，各单位悬挂节水条幅36条，利用电子显示屏播放节水周宣传标语，在微信公众号和美篇推送节水宣传内容。县机关人均总用水量由上年21.78立方米下降至21.35立方米，同比下降2%。全面整治提升赤田水库流域水环境质量。把赤田水库流域综合治理作为“生态环境保护”和“六水共治”攻坚战的一号工程，携手三亚统筹推进赤田水库流域综合治理工作，谋划21宗重点项目，引入社会资本，推动赤田水库水质由Ⅲ类提升并稳定在Ⅱ类。

（撰稿　曾　望）

工业·商贸业

工　业

【概况】 2022年，保亭县工业增加值实现1.5亿元，增长10.6%。其中，规上企业实现增加值为1.1亿元，同比增长14.8%；规下企业实现增加值0.4亿元，同比增长0.8%。工业在第二产业中比重约为17.9%。小升规企业培育任务6家，完成27家，任务完成率450%。开展支付中小企业款项工作，通过单位自查、企业投诉等多种方式在全县范围内开展多轮大排查工作，符合拖欠标准并列入县级年度清欠工作台账共4笔款项，涉及金额206.18万元，全部清偿完毕，清偿率为100%。完成新能源汽车推广任务。年度推广任务量为280辆，全年累计完成年度推广293辆，完成率104.64%。

【中小企业扶持】 2022年，保亭县提升政务服务水平，建立助企纾困政策落实问题投诉处理绿色通道；推动自建政务服务应用全面接入“海易办”，推动高频政务服务事项实现“掌上办”“网上办”“零跑动”；设立“水电气联办综窗”，实行“一窗受理、一网通办、并联审批”，企业办理“水电气”报装时间压缩至1个工作日内办结，切实解决“水电气”业务报装分散问题；设立“一件事”综合窗口，打造30个“一件事一次办”主题集成服务套餐；聚焦工程建设项目审批制度改革，实行“清单制＋告知承诺制”。

落实中小微企业缓缴税费工作，年内共有16家有税申报户享受五税两费缓缴政策，缓缴税费款合计315万元；落实增值税期末留抵退税政策，为39家企业办理增值税留抵退税，退税额12014万元，退税规模较去年同期扩大403.6%；实现免征城市基础设施配套费49万元；落实阶段性降低工伤和失业费率政策，减免864家企业社会保险费1233.59万元；落实企业缓缴社会保险政策，缓缴35家企业，缓缴1048.89万元；落实制造业中小微企业缓缴税费315万元。

开展政银企融资对接活动，召开3次政银企对接会，对接企业230家。通过政府搭台，实现政银企之间面对面的沟通交流，传达海南省助企纾困帮扶最新政策，推动企业和金融机构之间的合作，达成意向性贷款3.7亿余元，惠及企业20家。

通过海南智慧金融综合服务平台，积极引导县内企业注册并使用该平台发布融资需求，扩宽企业与金融机构对接渠道和提高金融贷款服务平台，全年2138家市场主体注册该平台。提交融资需求21.95亿元，授信成功3760.08万元，放款2619.51万元。

持续推动县辖银行机构做好稳企业保就业的信贷投放工作，发放助保贷贷款44笔，3782.2万元，发放创业担保贷款72笔，1723万元；发挥财政资金引导帮扶效率，由县扶贫开发建设有限公司作为保亭县助保贷及创业担保贷款两项政策性风险补偿担保基金的管理机构及贷款风险担保机构，县财政局根据相关贷款管理办法向县扶贫开发建设有限公司提供管理费补助及奖励金补贴，不再向各承贷银行和贷款企业收取担保费，减轻企业融资成本。

为10千伏新增用电中小企业客户免费提供计量互感器及免费为10千伏中小企业专变客户更换高压故障互感器，实现客户用电结算计量装置100%由电网公司投资。年内为用户提供免费计量装置43.8万元，投入业扩配套项目250.77万元。在疫情防控期间，严格执行“欠费不停供”措施，对生产经营的小微企业和工商业用户，当年应收电费违约金减免至12月31日。5—12月，县供电局共办理440户中小企业用户缓交电费手续，涉及缓交金额约311.01万元。

支持企业稳岗扩岗，实行“免申即享”实施普惠性失业保险稳岗返还政策，累计拨付455家企业，273.56万元；做好技能提升补贴申领发放工作，发放职业技能补贴51人次，7.43万元；阶段性实施高校毕业生扩岗补助政策，对招用毕业生年度高校毕业生、签订劳动合同并参加失业保险的企业，按每人1000元的标准发放一次性扩岗补助，发放一次性扩岗补助金额9.6万元，涉及53家企业；开展就业对接工作，促进劳动力转移就业，举办线上线下招聘会18场，502个用人单位提供5659个招聘岗位，达成就业意向573人；加强与省内大型人力资源公司深度合作，在保亭县9个乡镇分批次建设9个就业驿站，实现就业服务向基层延伸。

扩大市场需求，落实支持中小企业发展政府采购政策、小微企业优惠政策，预留政府采购项目40%以上的预算总额面向中小企业采购，其中预留给小微企业的比例不低于60%。完成政府采购活动的项目共47个，中标供应商共60个。采购金额1.84亿元，其中小微企业44个，采购金额1.35亿元，采购金额占比73.36%。出台“五一”零门票政策，补贴3家景区，38.71万元；落实《2022年复工复产振兴旅游业若干措施》，申报补贴资金252.6万元，鼓励涉旅企业积极参与市场开发，助力旅游业高效有序复苏。

推动中小企业高质量发展，做好“工商联主席接待日”“检察接待日”，推出“咖啡时间——政商对话加速跑”活动，定期与企业家“面对面”交流、“点对点”沟通，及时破解企业发展、项目建设中的难点堵点问题，开展35次“咖啡时间”活动，开展“工商联主席接待日”21期。抓好“小升规”成长行动方案落地见效，经统计部门核实，保亭县有27家企业满足2022年升规纳统的条件。

【工业招商引资】 2022年4月25日，应保亭县邀请，海南省工信厅产业发展处副处长胡泊、中国工业设计协会副会长深圳工业设计协会执行会长刘振、深圳工业设计协会副秘书长肖爱民、海南省工业研究所所长支世涛一行4人到保亭就建设海南国际设计岛开展洽谈和项目合作工作。县科工信局、县招商专班及资规局等其他相关单位负责人与客人就如何发展设计产业展开深入研讨，双方针对“设计+智造”“设计+旅游”“设计+康养”等发展思路交换意见。李英挺陪同深圳工业设计协会客人前往保城镇、加茂镇、南林乡进行实地调研和用地选址。刘振一行高度认可保亭县关于设计产业的发展思路及规划，表达强烈投资意愿。

2022年5月11日，海南省工信厅二级巡视员孙于萍带领海口、保亭、陵水等多家单位前往深圳开展设计产业调研活动。李英挺携县科工信局局长及业务人员参与调研。深圳市工业设计协会执行会长刘振、副会长李博、秘书长谭艳丽、知名设计师上官长树陪同座谈。调研组在深圳工业协会会议室展开深度交流座谈会，刘振向调研组介绍协会的发展以及重点项目，重点阐述如何以产品设计为抓手塑造产业链，通过“设计+旅游”“设计+科技”让设计创新赋能产业，打造创新集群。刘振指出，海南正在加快推进自贸港建设，为吸引国内外优秀设计人才、资本及企业来琼提供强有力条件。海南建设国际设计岛，需鼓励支持创意设计产业园建设，聚集设计产业发展要素，要围绕海南旅游业及高新产业为核心，以产城融合为核心思路，打造集办公、研发、生活、旅游、休闲娱乐于一体的国际创新设计岛。与会代表就如何推进海南国际设计岛建设，如何加快产业落地展开探讨，就商业运营模式、产品打造模式等进行讨论。孙于萍作总结，指出：海南省委、省政府高度重视海南国际岛的建设，深圳具有强大的设计资源，深圳市工业设计协会具有设计产业基础，能扶持设计企业、支持设计企业成长发展。海南省工信厅前期到深圳多次调研，刘振多次到海南去考察。调研组一行走访OPPO手机研发设计中心，红紫绿控股集团设计中心。红紫绿集团将敦煌文化与潮流服饰相结合举办“遇见敦煌”系列活动，打造多款关注量达300万+的产品引起李英挺的关注，详细了解红紫绿集团关于“遇见敦煌”活动的策划、宣传、展秀等方面情况。李英挺向企业介绍保亭具有丰富多彩的特色黎苗少数民族文化，建议企业到保亭来调研，共商“设计+旅游”产业发展。调研组走访创维集团、深圳市未来穿戴健康科技股份有限公司、深圳市设际邹工业设计有限公司、深圳市佳简几何工业设计有限公司、深圳市富隆特体育科技有限公司、歌力思时尚产业园、科曼医疗、深圳市玺佳创新有限公司等代表性会员企业。

【工业安全管理】 2022年，保亭县科技和工业信息产业局（以下简称县科工信局）紧盯安全生产，保障行业平稳安全。年内召开安全生产专题会议7次，开展行业宣传教育培训3次，做好安全生产大检查，开展自建房排查、消防安全、危化品等各项安全生产检查8次，完成安全隐患整改41个，整改率100%；开展槟榔树等高杆树障隐患清理攻坚行动，完成10千伏高压线下隐患槟榔树障砍伐61397棵，完成率283.1%。

【重点工业项目建设推进】 2022年，县科工信局有序推进重点项目实施，保亭七仙岭怡森矿泉水厂扩建项目涉及地块土地征收成片开发方案获省政府批准，保亭110千伏西坡输变电站项目开工建设，海南保亭菠萝蜜深加工产业基地项目完成用地协议签订事宜，海南国际设计岛南林设计小镇项目获批农转用手续并签订收地协议书；谋划中俄（保亭）国际人才创新港项目、新型光学材料生产基地项目等2023年重点推进项目。

【新能源车推广应用】 2022年，县科工信局推广应用新能源汽车329辆，完成率117.5%；出台县级财政奖励方案及年度推广行动计划，为引导和鼓励全县新能源汽车消费，切实降低新能源汽车使用成本，印发《保亭黎族苗族自治县2022年鼓励使用新能源汽车县级财政奖励方案》《保亭县新能源汽车推广2022年行动计划》，通过多种渠道加大新能源汽车推广应用优惠政策宣传力度；11月11—13日，以“绿色、低碳、智能、安全——满足美好出行需求，助力乡村全面振兴”为主题，在县七仙广场举办新能源汽车下乡活动，参展人数约8000人次，现场签订合同成交新能源汽车11辆，有意向购车群众210人。

【工业节能减排】 2022年，县科工信局积极开展能源消费总量和强度双控工作，制定工作实施方案，明确工作目标责任，推进节能相关工作，前三季度能耗强度下降4.4%，能耗控制工作进展顺利；以节能宣传周和低碳日活动为契机，组织开展各类节能宣传活动。确定年度县级重点用能单位，举办能源计量审查培训班，讲解有关能源计量法律法规，提高重点用能单位能源计量管理负责人对能源计量重要性的认识，加强单位能源计量管理。开展辖区内能效标识、水效标识产品的监督检查，结合计量领域“双随机、一公开”监督抽查工作，随机抽查能效标识产品经营商10家，水效标识产品经营商3家，出动检查人员86人次，抽查结果均无异常。

开展产品质量监督检查，全面掌握县内工业产品生产许可证获证企业情况，严厉打击无证生产违法行为，县辖区工业产品生产许可证获证企业有1家：保亭七仙岭怡森饮料有限公司，停产；正在开展工业产品生产许可证申办工作企业1家：海南省保亭县七仙岭包装饮用水有限公司；未发现辖区生产企业有产品质量不合格、不达标的情况，未发现有无证生产违法行为，获证的企业未发现有工艺装备落后、环保和能耗不达标的情况。加强工业产品获证企业工艺设备监督检查，保亭县获证企业工业设备、设计产能与获证时一致，符合《产业结构调整指导目录》规定要求。县内4家在线监控企业事业单位，均未出现超标排放行为。10家排污单位执行报告的自行监测数据未出现超标情况，所有纳入排污许可证管理的所有企事业单位均按期持证排污、按证排污。

严厉打击违法生产和销售"地条钢"行为，出动72人次，全面对区域范围内"地条钢"的生产进行摸底排查。经排查，县内无钢铁类生产企业，未发现有"地条钢"生产窝点；出动人员8人次，检查钢筋销售门市2家，未发现销售无工业产品生产许可证钢筋和"地条钢"的情况；对辖区获证企业开展日常巡查12家次、专项检查4家次，获证企业未发现存在违法违规行为。

【重点企业简介】

保亭三道春光园林有限公司 保亭三道春光园林有限公司，创立于2012年5月10日，现有人员7人，经营范围涵盖园林绿化工程设计及维护、苗木花卉、盆景、草坪培育及销售、园林绿化技术研发与咨询、乡村旅游、生态环境修复等多个领域，发展目标是：致力于为美丽的海南岛增添一抹春天园林般的绿。

公司自创立以来，与时俱进，开拓创新，积累丰富的施工养护经验和一流的园林绿化设计、施工技术。公司签租种植面积102亩培育花卉苗木50余种，工程自用和外销。前后承建布隆赛旅游度假村、那香山群体别墅项目、陶然湾小区项目等绿化工程设计及维护。

历年来公司努力加大研发投入，2022年有研发科技人员4人，占公司职工总数比例57.14%。设立专门研发部门，建立健全项目研发管理制度和科技成果转化组织实施与激励奖励制度，积极有效地提高科技人员的研发积极性，为公司的项目研发创造完善的工作制度和活跃的工作氛围。开展园林景观树木养护装置的研发、生态绿化带施工和土壤修复装置的研发等5个研发项目，科技成果转化年平均5项以上，通过自主创新、产学研合作和对外合作等形式，获得已授权实用新型专利16件。营业收入逐年增长，2022年营业收入135.02万元，增长率55.41%，资产总额为2065.72万元。

公司愿景为加大公司技术研发、绿化工程设计投入，提升公司园林绿化设计及维护水平；完善公司的产业布局，守诚信重质量，不断提高专业水平，树立良好的品牌形象，为海南自由贸易港的建设增添一抹灿烂的春光。

海南宇科达新能源科技有限公司 宇科达新能源科技有限公司2019年1月成立于保亭县，是一家集新能源技术推广服务，新能源汽车整车销售，汽车充电桩销售，集中式快速充电站，汽车租赁为一体的多元化新能源科技企业，海南省2021年第1批入库科技型中小企业，2022年10月18日成功被认定为2022年海南省第一批高新技术企业。

公司积极探索PPP模式，与保亭县政府、特来电新能源结成战略合作，建设公共充电站52座，力推保亭县充电桩建设在全省率先实现充电桩进小区、医院、学校和乡镇普及。战略合作伙伴特来电新能源是中国创业板第一股——特锐德全资独角兽企业，是工业和信息化部"新能源汽车充电网能源管理工业互联网平台"唯一承建主体，市场占有率、充电量连续7年位居全国第一。在技术支撑和平台优势下，宇科达走出保亭，先后在海口、三亚、东方、洋浦、文昌等市县布局建设大型集中式充电站，2022年完成投资2000万元，建设充电站58座，充电桩387个，实现月充电量60万度。2030年海南省禁止销售燃油汽车将极大助推海南省新能源汽车产业发展，未来汽车充电亦将迎来高速发展期，将抢抓机遇，奋力开拓，不负时代，为海南国际自由贸易港建设和中国力争2030年前实现碳达峰，2060年前实现碳中和作出贡献。

商贸业

【概况】 2022年，保亭县社会消费品零售总额累计完成16.93亿元，同比增长–7%，全省排名第3位。

【消费促进】 2022年，保亭县发展和改革委员会（以下简称县发改委）指导商贸流通企业做好各类促销活动以拉动社零消费增长。开展四轮电子消费券促销活动，共计投放56691张，投放金额361万元（其中财政资金221万元，建行配套140万元）。年内，共核券25764张，核销金额188.45万元，直接带动消费815.93万元。通过促销活动，提高社会知晓度，叠加建行生活周周乐优惠券和折扣券、商家的消费满一定额度送代金券以及特价等多种促销形式，吸引和锁定消费者。引导全县商超开展各类促销活动411场次，促销金额约2.64亿元；指导各类展销会展活动4场次，现场销售金额90万元。

参加第二届消博会组团赴展工作。保亭县有2个商品入选参加展览，即槟榔谷景区的双面黎锦和新政降真香合作社的黄花梨手串。会上参展商品备受消费者青睐，槟榔谷景区接待企业合作咨询35人次，降真香合作接待企业合作咨询10人次。消博会上招商专班安排专人发放保亭县招商和旅游宣传手册120册，并作政策的宣传讲解。

组织保亭县3家食品企业参加中国国际餐饮食品博览会，通过参加各类知名博览会，提高保亭县产品的知名度，助企业打开市场，拓宽销路。

全年在保亭县举办的各类会展活动93场次，参与5522人次。

【农村电商发展】 2022年，县发改委继续推进电子商务进农村综合示范专项整改工作。共提出9条电子商务中心运营商（泰来东北网贸港有限公司）存在的整改不到位的问题。区域品牌所有权移交已提交承诺函。电子商务进农村综合示范项目后续500万元项目资金的使用已制定实施方案，主要用于建设保亭电商直播基地及特色产品展销中心，通过政府专题会审议。

【商贸行业安全监管】 2022年，保亭县开展商贸流通领域疫情防控安全生产各专项检查，检查农贸市场110家次，商超116家次，二手车流通车行6家次，餐饮行业751家。完成餐饮企业安装燃气泄漏报警装置摸排工作，督促全县摸排的335家餐饮企业安装燃气泄漏报警装置，截至年底335家企业全部完成安装工作。对存在的安装位置不规范，使用报警器型号不适用气体，餐饮场所内摆放燃气瓶，气管违规使用三通，灭火器过期等安全隐患情况，经与县应急办联合开展5轮检查，排查隐患107项。

【"菜篮子"保供稳价】 2022年，保亭县贯彻落实省委、省政府"菜篮子"保供稳价决策部署，召开会议和实地调研20余次。保亭县常年蔬菜基地34个，面积2570.9亩，完成常年蔬菜基地最低保有量2500亩建设任务。建设大棚常年蔬菜基地304.49亩，占常年蔬菜基地总面积的12.18%，常年蔬菜基地蔬菜种植率达70.26%。蔬菜产量1.1万吨，自给率65.41%，淡季本地叶菜产量859.55吨，自给率10.19%。全年生猪出栏11.08万头，12月存栏5.74万头；全年生猪累计屠宰33245头，日均屠宰量91头，生猪生产能力可满足保亭县城镇人口市场猪肉需求。全年，保亭县综合食品价格指数同比累计下降1.25%，全省降幅从低至高排名第13位。其中，蔬菜价格指数同比累计下降16.51%，全省排名第15位；肉类价格指数同比累计下降6.55%，全省排名第7位。

【农贸市场建设】 2022年，县发改委统筹做好全县农贸市场的规划建设和加强指导农贸市场升级改造工作，推动各单位齐抓共管，打好优化管理"组合拳"，满足群众消费需求。推进毛感农贸市场建设进度。截至年底，毛感农贸市场完成进度85%，工程款累计支付80%。加茂农贸市场完成托管企业招标，开始开业筹备。

烟草专卖

【概况】 2022年，保亭县烟草专卖局（以下简称县烟草专卖局）坚持"总量控制、稍紧平衡，增速合理、贵在持续"方针，以推动高质量发展为主题，推进卷烟营销高质量发展，维持保亭县市场秩序和谐稳固。

【卷烟专卖监督管理】 2022年，县烟草专卖局打假破网，查获违法违规案件45宗案件，"三烟"31.64万支，案值22.58万元，其中假烟案件8宗，假烟6.61万支，假烟金额10.23万元。

2022年1月6日，县烟草专卖局配合市监局和公安禁毒大队，对电子烟零售店开展联合调查（张海鸿 摄）

依托打私办、双打办政府领导机构，加大卷烟打假打私情报建设和物流寄递环节打击力度，强化真烟外流治理，通过物流情报线索及12345热线、12313平台，破获1宗5万元以上假烟案件，查获假烟5.85万支，涉案金额9.03万元。健全“双随机、一公开”监管和“互联网+监管”，强化“APCD”工作法引用，对标对表，不断规范烟市场监管工作，开展日常检查走访1800余户次，开展“双随机”检查227户，100%完成全年抽取总量，做到每月一公示。联合县公安局、县市监局、县综合执法局等部门开展“海南无假货”品牌建设市场清理整顿专项行动，加强对无证户、校园周边售烟的检查执法力度，联合执法26次，出动858人次，走访中学小学、幼儿园27所，清理无证户9户。加大电子烟监管力度，开展电子烟零售市场主体的宣传贯彻与零售许可证办理工作；强化电子烟市场监管，加强与县公安局、县市监局等部门的配合，全面掌握辖区电子烟市场情况，建立健全辖区电子烟台账，着力解决向未成年人售卖电子烟的突出问题，破获向未成年人销售卷烟、向未成年人销售电子烟案件各1宗，对违法经营者处以1000元罚款，切实维护未成年人健康成长环境。

【烟草专卖许可管理】 2022年，保亭县辖区持证户1062户，持证率6.80‰；新办许可证19户、延续182户，歇业注销93户。开展异常户清理整治工作，县烟草专卖局采取“2+1”走访核实小组模式（2名稽查员+1名客户经理），遍访全县1100余户持证户，排查出异常零售户226户，作出相应处理措施，其中歇业注销35户、责令停业整顿1户、营销调整供货周期72户。

【卷烟品牌培育】 2022年，县烟草专卖局党支部和海南红塔公司第五党支部深化巩固“党建+营销”支部共建活动，举办5次“三沙之家”“宝岛之家”品牌研讨沙龙活动，2次海南自有品牌卷烟陈列比赛，为“工商零消”建立交流平台，从规范卷烟陈列、品牌培育等角度出谋划策，为零售户提供订购系统培训、卷烟上柜、资金纾困等服务。年内，地产品牌销量完成3168.20万支，增长31.93%，占卷烟总销量比重8.81%；销售收入同比增长31.05%，占卷烟总销售额比重10.29%。

【文明吸烟环境建设】 2022年，县烟草专卖局持续引导烟民文明吸烟，杜绝乱丢烟头、在公共场所吸烟等不文明行为发生，进一步推动保亭县文明大行动和省级文明城市创建工作，主动与县政府沟通协调，联合县文明办制定开展文明吸烟环境建设工作实施方案，协同县相关单位做好吸烟区、吸烟点的选点布局，做好设施设备的采购投放、安装、建设和运行维修等工作，在保亭汽车站设置吸烟亭1个。

（撰稿 蔡旖柔）

粮食购销

【概况】 2022年，保亭县粮食和物资储备服务中心（以下简称县粮储中心）聚焦粮食和物资储备安全核心职能，以政治建设为统领，着力守住安全稳定廉政“三条底线”，结合“能力提升建设年”活动，在主责主业、履职监管、风险防控、高质量发展等方面聚焦发力，推动改革发展各项工作落地落实。

【储备粮食购销】 2022年，县粮储中心会同县发改委、县粮食和物资储备局、县财政局、县国有资产事务中心、五指山市农发行等部门按轮换计划对入库储存达到轮换期限的县级储备粮，在海南国家粮食交易中心进行挂牌竞价销售交易，在国家粮食电子交易平台公开挂牌销售交易成功，组织工作人员到库区对县级储备粮出库工作进行监督指导。强化内部管理，把好粮食出库关，年底完成县级储备粮出库任务。投入116万元资金采购一批科学保粮设备，提高县级储备粮储粮质量，延缓粮食陈化，确保粮食安全，有效落实绿色储粮。

【粮油流通监管】 2022年，保亭县开展粮食流通专项执法行动。县发改委（县粮储局）组织县财政局、县综合执法局、县粮储中心、县国资事务中心、中国农行五指山市支行联合对粮食购销储备公司重点检查在库存实物、安全生产、政策性粮食储存环节、政策性粮食经营、统计制度执行情况等方面是否违反国家法律、法规或者国家有关规定的行为，经联合检查组执法检查，县粮储公司没有发生违规行为。年内对粮食经营企业开展粮食流通执法督查行动27次，检查企业1家和个体户20家，出动人次50次。其中，综合执法2次，出动检查6人次；专项检查15次，出动检查44人次。组织检查组10次深入粮食购销储备公司检查县级储备粮管理和安全生产工作落实情况，了解掌握县级储备粮库存、出入库、财务收支、统计管理和安全生产情况，通过检查，新政粮食购销储备公司对县级储备粮的管理和库区防火防盗、用电作业、火源管理、药剂的使用及管理都严格执行操作规程及有关规定，确保不发生任何安全生产事故和安保事件。

【粮食市场调控】 2022年，县粮储中心每周组织人员对保亭县超市、粮油经营店粮食供应情况进行监测，掌握粮油购销存及价格变化状况，防止市场价格异常波动，按时向省级上报粮油市场供应及价格监测情况报表；鼓励和指导保亭县粮油经营企业在疫情期间积极组织粮源，扩展采购渠道，加大库存储备，切实落实粮油保供稳价政策，确保全县粮食供应充足；在疫情期间为运粮车辆办理通行证。

【粮食储备安全管理】 2022年，县粮储中心每月组织人员深入粮食购销储备公司检查县级储备粮管理和安全生产工作落实情况，了解掌握县级储备粮库存管理和安全生产情况，发现存在问题及时给予解决。通过检查，保亭县县级储备粮数量真实、质量良好、储存安全。库区防火防盗、用电作业、火源管理、熏蒸杀虫和药剂的使用及管理都严格执行操作规程及有关规定，没有发生过任何安全生产事故。开展年度“安全生产月”活动，组织干部职工学习贯彻习近平总书记关于安全生产重要论述，组织观看《生命重于泰山》电视专题片和《生命至上　警钟长鸣》警示教育片，开展安全应急演练，参加“‘6·16’安全生产咨询日”主题宣传活动，组织人员对粮食企业安全储粮和安全生产情况进行督导排查，切实有效防范化解安全风险，坚决防范遏制事故发生。

【粮食应急体系建设】 2022年，县粮储中心进一步完善粮食应急供应网点，分别与12家粮油经营重点企业签订粮油市场保供稳价责任书和签订粮食应急销售协议书，与6家粮油经营重点企业签订粮食应急加工协议书，确保应急时调得动，用得上，满足市场需求。建立企业社会责任储备制度，与2家粮食企业签订社会责任储备责任书，进一步压实市场主体的粮食安全责任。建立跨区域产销合作，与安徽省长丰县发展和改革委员会签订粮食产销战略合作协议书，按照“市场运作，政府产销推动”的方式推进区域合作。组织县粮食应急指挥部成员单位、县消防救援大队、县新政粮食购销储备公司、县军粮供应站等单位和粮食经营企业，开展年度粮食供应应急和粮食质量安全事故联合演练，以提高干部职工应急处置能力。联合县粮食和物资储备局、县应急管理局、县消防救援大队、县新政粮食购销储备公司开展粮食储备突发火灾事故应急演练活动。进一步加强保亭县粮食系统干部职工应对突发事故的综合指挥能力、快速反应能力、应急处理能力，切实保障粮食安全。

【粮食宣传】 2022年，县粮储中心利用微信群、LED屏、悬挂宣传横幅、张贴宣传标语等方式开展食品安全宣传周暨粮食质量安全宣传日活动，开展12325粮食监管热线和《粮食流通管理条例》等与粮食质量安全相关的法律法规宣传活动，普及爱粮节粮、营养健康和信用体系知识，倡导爱粮节粮观念和社会风尚。开展粮食科技活动周宣传活动。5月27日，组织在保亭县闹市街道开展粮食科技活动周宣传活动，活动印发各种宣传手册共300份。另制作7条横幅条幅，摆放宣传展板4幅，向群众发放手册资料及宣传袋300份，接待群众300人次，通过开展宣传活动，提高居民对粮油科技成果认知，营造社会关注粮食和物资储备科技进步良好氛围。10月16日，开展年度世界粮食日和粮食安全宣传周，联合县农业农村局、县教育局、县科技和工业信息产业局、县妇女联合会等各部门在闹市街道开展宣传活动，活动现场向广大市民发放《爱粮节粮倡议书》《粮食节约减损篇》《营养健康篇》《粮食流通管理条例》等宣传手册，现场解答粮油常识、食品安全及营养健康等市民关注热点问题，提高广大市民普及粮食安全相关知识，加深对粮食安全发展形势了解。活动期间，组织出动24人次进行宣传，接受群众咨询100多人次，发放宣传资料100多份，张贴宣传海报10张，悬挂横幅9条。

（撰稿　陈义仲）

供销合作

【概况】 2022年，保亭县供销合作联社（以下简称县供销社）有社属企业4个，基层供销社11个，其中1个为村级供销社。社员总数4829人，其中农民社员数4486人。年内，县供销系统完成商品购进总额3.57亿元，增长41.78%；销售总额5.63亿元，增长37.6%。社有企业实现总收入92.56万元，减少0.01%；资产总额达359.79万元；所有者权益353.49万元。

2022年5月27日，县粮物储备中心在保亭县闹市街道开展2022年粮食和物资储备科技活动周宣传　　（县粮物储备中心　供）

【供销系统建设与服务】 2022年，保亭县开展县域流通服务网络建设，以“电商+供销”为载体，推进基层经营服务网络建设。年内，新增农村综合服务社7家，领办农民专业合作社2家，基层供销社社员达到4829人。完成薄弱基层社改造1家，基层示范社1家，六弓供销社和毛感供销社召开第一次社员代表大会，完成“三会”制度建立工作。年内全县供销系统完成配方施肥、统防统治和农机作业面积达到11.31万亩次，同比增加105.54%。完成县供销运营管理公司企业改革，保亭黎族苗族自治县供销运营管理公司改为有限责任公司，强化企业党组织建设。制定《社有企业“三降两清一扭”专项行动实施方案》，社有企业“三降两清一扭”专项行动取得初步成效，社有企业资产负债率1.7%，平均资产负债率下降5.9%；“两金”占比降低7.2%，保持在50%以下；三项费用率65.80%，实现逐年稳步降低。

【农产品运销】 2022年，县供销社结合保亭县农业发展和资源优势，坚持政府引导、市场主导、社会参与，多举并行开展消费帮扶活动，切实增强脱贫群众自我发展能力，增加农民收入。县供销社持续拓展消费助农大集市展销农副产品的模式，以县域专场和乡镇专场相结合、每月专场和周末专场相结合多形式举办集市活动。全年举办23场消费助农集市，销售帮扶产品265.67万元，受益农户6133户次。发挥企业、酒店、商超、食堂的需求优势，开展订单式采购，与国企、酒店、超市和食堂建立长期、稳定农特产品供销关系，加大保亭农特产品的采购；举办“丰饶保亭感恩党　消费帮扶促振兴　保亭‘庆七一’消费助农活动”，34家民营企业、商超现场签约采购保亭帮扶农副产品134.23万元；与中海油公司签订订单式采购协议，完成采购保亭百香果、红毛丹、椰子油等帮扶产品150万元，通过订单式采购让脱贫群众吃下“定心丸”，实现持续增收、稳定脱贫。深化“以买代捐、以买代帮”帮扶模式，开展联合式采购，全县各机关、企事业单位以及党员干部购买帮扶产品72.32万元，其中个人消费44.11万元、集体消费28.21万元。用好“832平台”，推动政府定向采购，发挥“脱贫地区农副产品网络销售平台832平台”作用，推进财政预算单位采购“832平台”农副产品。2022年，完成采购销售额27.31万元，完成预留份额占比的149.93%；“832平台”保亭馆上架商品数41个，2022年交易额31.34万元。自平台设立以来，总交易额76.59万元。

依托电商平台，开展电商+直播+产销对接，与县电商协会、电商服务中心建立对接机制，开展保亭农副产品“线上线下”助销工作，利用电商+直播+产销对接的方式，畅通保亭县农产品的销路，举办“海油E购　走进保亭”“琼尽全力　抗疫有我——海南在行动”网上促销公益助农保亭专场直播周二场直播活动，完成红毛丹、百香果、绿橙、冻干菠萝蜜、椰子油、茶叶等农副产品销售额9.26万元。依托帮扶专馆平台，拓宽持续增收路子，发挥海南乡村振兴网保亭馆、海南省专馆和保亭专馆的资源优势和平台作用，构建在线展示、线上线下交易、跟踪服务等共建共享消费帮扶平台，建立市场引导供给的良性消费帮扶机制。其中保亭椰泽坊椰油冷制皂和保亭茶树菇干150克产品入选爱心订单排行榜TOP10，分别位列第四和第七。依托产销对接平台，建立产销对接机制，通过对接省内外农产品展销和推介对接活动，寻求合作伙伴，扩大市场需求，加大农产品市场推广力度，畅通产销对接渠道，建立稳定产销对接关系，对接省供销社参加优质农产品产销对接推介会3场，加大保亭菠萝蜜、红毛丹、百花蜂蜜等农特产品的推广和展销力度。举办1场海南热带优质农产品云产销直播活动（总第五场）暨保亭“云上助农　互助共济”农产品供需对接活动，联动三亚经济圈，汇聚保亭、三亚、万宁、五指山、陵水、乐东等市县优质农副产品，以“线下推介+线上直播”的方式对接农产品采购订单373.4万元，完成保亭百香果、冻干菠萝蜜等产品采购任务26万元。

（撰稿　谭家盛）

交通·邮政·信息

交通运输

【概况】 2022年，保亭县交通运输局（以下简称县交通运输局）认真贯彻落实省交通运输工作会议和县经济工作会议等精神，围绕年初确定的各项工作目标。推动“四好农村路”（建好、管好、护好、运营好）持续高质量发展。

【交通基础设施建设】 2022年，县交通运输局实施的交通基础设施建设项目有2021年窄路拓宽和安防工程、漫水桥改造工程、三道镇客运站建设项目等6类共111个，实施项目总投资6.90亿元。年度计划完成投资2.21亿元，年度计划完成38千米窄路面拓宽工程、4座危桥和12座漫水桥改造项目。为加快推动项目建设，按照项目“6个1”管理模式，制定项目倒排工期计划，挂图作战，明确责任，细化分工。多次召开协调会，研究解决项目推进中存在的问题，并与县发改委、县审批局、县财政局、县资规局等部门沟通协调，进一步优化办事流程、缩短办事时限，及时解决项目前期审批、用地征拆等方面存在的问题，确保项目稳步推进，形成有效投资。全年项目已开工建设108个，其中省厅下达保亭县建设计划64个；累计完成项目投资2.37亿元，占年度计划投资的107%；年度累计完成42千米窄路面拓宽工程、8座危桥和12座漫水桥改造项目，超额完成年度目标任务。

【农村公路建设】 2022年，保亭县农村公路建设项目在设计批复、招投标、开工许可、质监申请、鉴定和交（竣）工验收等主要环节严格履行项目基本建设程序，切实落实农村公路建设“三同时”“七公开”制度。建立完善质量监督管理机制，实行行业监督、代建制、监理制等监管模式。同时实行“施工自检、监理抽检和行业监督检测”的工程质检模式，加大检测力度，强化质量控制覆盖到项目的每个环节。年内交（竣）工项目6个，合格率达100%。

【交通运输安全监管】 2022年，县交通运输局加强运输市场监管，确保道路交通安全有序。加强道路运输安全日常监管，与有关部门联合开展安全生产检查，落实例检制度，不定期深入到各运输企业进行安全生产检查。督促交通领域企业抓好安全生产管理，落实各项安全监管措施。截至年底，驻站人员重点检查保亭县3家运输企业，抽查车辆约700辆次，确保安全驾驶，无事故发生。

联合开展治理货车超限超载专项行动　组织出动236人，检查车辆88辆，查处超限超载车辆22辆。同时联合开展货物运输源头工作巡查及严厉打击非法改装、拼装车辆等不规范经营。2022年组织出动170人次进行检查，有效遏制货车超限超载运输、非法改装等违法行为。

开展非法营运整治工作。组织出动154人次查处非法营运车辆5辆，实施行政处罚9起，执收罚没数额5.34万元，有效打击和遏制非法营运行为。

联合开展禁塑检查工作。组织行动17次，检查货车64辆，检查物品425件，查处塑料制品12件，移交市场监督管理局进行办处。联合开展危险化学品运输检查工作。组织行动8次，重点对保亭县区域内4家危险化学品运输企业进行检查，有效遏制危险化学品非法运输。开展“两类人员”及道路运输企业质量信誉考核和2021年度质量信誉考核工作。开展摩托车维修企业备案工作与机动车维修企业系统对接工作。

联合开展禁毒工作 制定《保亭黎族苗族自治县交通运输局禁毒三年大会战“严堵”工程实施方案》，组织召开2次禁毒工作部署会。组织开展禁毒宣传40次，出动人员237人次，制作投放LED禁毒宣传，悬挂宣传横幅12条，张贴宣传海报20张，发放宣传资料400余份。

【绿色交通】 2022年，县交通运输局贯彻落实绿色交通理念。围绕“节能减排，科学发展”这一主题，加快优化调整交通运输结构，不断提升节能减排监管能力。实现城市公交车辆100%纯电动化；对保亭县汽车运输公司退市后的12条线路进行优化调整为9条，提高线路的合理性、安全性；开通享水谷至大本驿站的旅游专线，投入车辆均为新能源车辆。

大力扶持城市公共交通发展，进一步发挥公共交通基础性出行保障作用，促进公共交通可持续发展。落实城市公交政府补贴政策，安排专项补贴预算资金624万余元；依据《海南省交通运输厅关于加快做好2022年交通运输发展专项资金（第二批成品油价格改革补贴）分配使用工作的通知》，制定出保亭县各类受补贴车辆的补贴标准，支付2020年度农村客运成品油补助款59.48万元，做好助企纾困及减负工作。

【平安交通建设】 2022年，县交通运输局加强学生交通出行运力保障工作。结合实际，优化调整2条“家门－校门”公交出行示范路线，维护中小学生群体公共交通出行安全。开展周五点对点接送学生返家专项活动，组织协调客运车辆开至学校，学生不出校门，点对点安全接送学生，为学生返家提供安全运输服务。

【交通运输领域整治】 2022年，县交通运输局加强路政管理，维护路产路权。认真贯彻执行《中华人民共和国公路法》等公路法律、法规，加强维护路产路权工作。通过执法巡查，发现侵占路产路权事件111件，其中立行立改及时处置4件，督促完善审批手续5件，余下102件转由县综合执法局依法查处。针对保亭县侵占路产路权较为突出情况，县交通运输局联合综合行政执法局、公安局以及乡镇政府，开展县道X621公路路产路权保护专项整治行动，加大路产路权违法侵占打击和宣传力度。

【交通运输应急管理】 2022年，县交通运输局开展安全生产月应急演练。通过对疫情防控应急处置、车辆突发火灾事故应急处置、旅客寻衅滋事应急处置等科目的演练，全面检验突发情况下部门救援处置能力，提升行业自救互

2022年11月8日，县交通运输局在县道什八线公路开展侵占公路路产路权违法行为清理整治专项行动 （县交通运输局 供）

救基本技能。开展 2022 年农村公路防汛抢险应急演练，提高汛期公路突发事故的快速响应、组织指挥及处置的能力。

【“四好农村路”建设成果】

2022 年 11 月 14—18 日，保亭县开展“四好农村路”建设考评工作。考评情况表明，全县农村公路整体处于良好运行状况，路况稳中有升。

主体责任进一步夯实　各乡镇、居能够贯彻落实上级关于农村公路管理养护等系列工作部署，制定本地区工作制度及管养工作职责并上墙，成立农村公路管养工作领导小组，研究部署农村公路工作，并及时将农村公路管养相关工作要求传达到各村委会。

管养体制机制有效落实。各乡镇、居配备农村公路管理兼职人员，加强管理养护内业材料的收集与存档，同时设立乡村道农村公路养护公益岗，做好农村公路日常养护的监管和巡查。南林乡、三道镇等管养机构内业材料准备齐全、归档合理，较上年内业资料管理水平提升明显。

管养水平稳中有升。抽检路线路况基本稳定，养护基本到位，行车通畅，路面平整，路基稳定，路肩坚实，沿线排水设施顺畅，桥涵等构造物基本完好。尤其是什玲镇、毛感乡、新星居、六弓乡在养护等方面各有亮点。什玲镇每周要求各村有一次大扫除；六弓乡每周定期组织公益岗人员开展公路保洁工作；毛感乡每星期组织两次巡路；新星居每季度

2022年11月14日，召开保亭县“四好农村路”建设考评工作部署会
（县交通运输局　供）

对公路养护情况形成简报等。

人民群众幸福获得感明显增强。各乡镇、居对路域环境认识程度逐步提高，农村公路促进农民增收、带动农村旅游和人居环境提升效果显著。保城镇、什玲镇等管养机构能够利用公路沿线等资源，积极宣传社会主义核心价值观、“四好农村路”等先进文化。

【交通安全宣传】　2022 年，县交通运输局开展安全生产宣传工作。参加全国第 21 个“安全生产月咨询日”和“安全生产（保亭）行”活动，现场宣传交通运输安全生产知识，发放宣传资料 150 余份，制作宣传横幅 44 条。

交通规费征稽

【概况】　2022 年，海南省交通规费征稽局保亭分局（以下简称省交通规费征稽局保亭分局）完成柴油机动车辆缴费登记车辆 2141 辆 5455.5 吨，征收通行附加费 3240.10 万元（其中汽油 2220.66 万元，柴油 1019.44 万元），超额完成省局下达的通行附加费征收任务。

【加油站量油监管】　2022 年，省交通规费征稽局保亭分局辖区有 7 家油站，其中中石化 6 家，社会油站 1 家。严格实行县城、保亭加油加气合建站，什玲、金江、新政、三道、加茂加油站，两家销量较大的加油站每周不少于 2 次量油，其他加油站每周不少于 1 次量油；对各加油站依据销量的增减实施不定时间节点量油，加强油源的严管严控。对辖区内各乡镇、农场、集市、人口密集场所、公路沿线违法销售瓶装汽油摊点实施严厉打击，净化汽油零售市场。

【征稽业务规范管理】　2022 年，省交通规费征稽局保亭分局将按年、半年、季度统缴和月缴的车

辆进行分类，实行“二、二、一”催缴模式，即11日至20日两次电话提醒未缴费的车主缴费，21日至次月10日发两次信息对未缴费和欠费车主催缴，对欠费2个月以上的车辆送达催缴通知书。全年电话提示缴费516台次、信息催缴7861条、发出限期补缴通知书66份，补缴通行附加费45.25万元、罚款2.64万元。历史欠费车辆追缴135台次，发送短信催缴868台次，电话催缴372台次，媒体公告105台次，通过邮政EMS寄达限时补缴通知书89份，有效送达58份；追回历史欠费车辆46台169.5吨，补缴规费36.44万元、滞纳金23.55万元，其中虚拟追回车辆17台74.5吨，补缴虚拟附加费27.25万元、滞纳金22.66万元；未追回历史欠费车辆89台478吨，欠费金额278.05万元，滞纳金90.40万元。加大违规车辆处罚，按照法定权限和程序履行职责，对欠费车主应罚必罚，立案200宗，罚款39.4万元，其中历史欠费追缴罚款7.8万元。

强化稽查职能作用。加强对运力集中区域和工程项目、石场、沙场周边等区域车辆的稽查，开展路检稽查121天，出动稽查车辆131辆次，参加稽查人数388人次。加大对报停车辆的监管力度，每月从报停车辆台账中随机抽查，重点对报停车辆停放地点实地检查，随机抽查报停车辆21次189台次。

提升行政事务工作质量。在文件起草、公文收发、文书处理、文件批转、公文流转、上传下达、会议安排等方面，形成规范化操作流程，发挥行政效能，办理公文和公文归档796份，征稽行政处罚案双公示200宗。

严格执行财务管理。严格按照财务有关规定，及时上报各种财务报表，大额支出及重大事项必须集体讨论决定，规范财务各项支出，压缩“三公经费”开支，确保支出合理合法，开支公开透明。做好审计发现问题的整改工作，不断完善和健全财务管理制度。2022年财务支出率82.98%，项目支出预算完成率100%。

公路管理

【概况】 2022年，保亭县负责管养国省道总里程88.36千米，其中，国道2条72.9千米（海榆中线44.9千米，陵昌线28千米），省道1条15.46千米（曲政线15.46千米）；管养陵昌线分离段4.97千米。桥梁27座1211.48延米，涵洞285道。

【公路建设】 2022年，保亭建设的海榆中线安全设施精细化提升工程及海榆中线（G224）K232+600–K234+600段路面中修工程2个项目完工；15个新建项目已发布政府采购意向完成清单控制价编制工作，正在编制招标（采购）文件；完成“十四五”项目储备计划设计上报项目3个，组织历年项目出具审计报告并完成决算批复8个。5月16日，保亭县G361陵昌线K31+488大田桥拆除重建工程实现功能性通车，已完成交工验收，正在编制竣工决算资料；保亭县国道水毁修复工程完成竣工验收。

【公路安全生产管理】 2022年，海南省公路管理局保亭公路分局及时修订完善安全生产各项规章制度及各类应急预案，层层签订安全生产责任书13份，齐抓共管全力做好安全生产工作。累计投入安全经费19万元，更换标志牌37块，更换爆闪灯30个，安全防范工作落实到位，未发生一起安全生产责任事故。组织应急演练2次，（防汛抢险应急演练1次、消防安全应急逃生演练1次），参与县抗震救灾应急演练1次，有效检验应急救援队伍的综合处置能力和抢险保通能力。召开季度安全生产工作及消防安全形势分析会议，认真分析和研究公路养护安全生产形势，常态化开展安全隐患排查整治，实现安全监管覆盖可控，累计清理垂吊树枝271枝，倒伏树木144棵，下达安全检查建议书50份，机械设备检查发现隐患7处，整改率均达100%。单位安全生产形势总体保持稳定，未发生一起安全生产责任事故。积极开展森林防火、防灾减灾、“安全生产月”等各类安全主题宣传活动并达到预期效果，累计出动人员100余人次，发放宣传资料4000余份，悬挂横幅44条、海报粘贴50张、LED宣传标语15处。

【公路管理养护】 2022年，保亭

县养护管理科学精细，累计完成路面裂缝处治4487米，路面保洁13430千米，清理水沟383.1千米，修补路肩平台753.1平方米，投入17.01万元，运用新材料彩色环氧覆膜骨薄层罩面684平方米，全面提升路况水平和公路安全通行能力，顺利完成博鳌亚洲论坛年会和小国检公路服务保障工作。加强桥涵养护，投入63.08万元，完成桥梁定期检查12座、特殊检查1座、合口桥永久性观测点检测1次；完成桥梁病害修复4座，涵洞病害修复39道，安装桥梁限载标志牌34块。公路服务品质提档升级，累计投入59.23万元，完成新政驿站树池花池修缮，预制及安装盖板20块，损毁路肩修复994.9平方米，水沟修复130米，补画标线2972.48平方米，新政标志牌11块，维修护栏426延米，清洗路标导向牌38块；完成K252+540—K252+580处钢板桩支护应急处治10米；投入1.2万元，采购1万株苗木，种植于G361陵昌线一级路中央分隔带，及时安排应急维修班在陵昌线埋设公里牌31个、百米桩284个，制作道口桩200根。

【美丽公路建设】 2022年，保亭县投入20.42万元，在国道G361陵昌线K30+420—K33+420路段，种植三角梅球1820株、夹竹桃911株，打造层次分明、特色突出、色彩鲜明的绿化景观效果，为巩固自贸港美丽特色公路建设添砖加瓦。年内累计种树60株、种花2.45万株、育苗2.85万株，整修路肩草、水沟草、平台草共577.2千米、花木浇灌及路面保洁用水5016吨。

2022年11月8日，县交通运输局与县综合行政执法局，对县道什八线沿线群众进行爱路护路宣传工作　　（县交通运输局　供）

【路产管理】 2022年，保亭县印发《保亭公路分局路产路权管理与行政执法联动协作机制》，加强单位间密切联动协作，切实将违法涉路行为遏制在萌芽状态。累计投入7.95万元，完成三区三线测量里程99.43千米，进一步明确公路用地范围界线，累计处理路产损坏（占用）赔偿案3宗、结案3宗，收取赔偿费2675元，发现并制止各类侵占路产路权违法行为74起（移交执法部门2起），清理用地内堆放物品、摆摊设点等影响交通安全行为20起，制止焚烧垃圾2起、违法增设道口13起、违法埋设管（杆）线14起、污染路面3起、公路用地内种植作物4起，制止在公路建筑控制区修筑建、构筑物6起，其他违法行为13起。联合县综合执法局开展巡查7次，拆除非公路标志牌50块、非法道口5处，拆除违法埋设管、杆、线3起、清理用地内影响交通安全行为62起。深入开展“宪法宣传周”“海南自由贸易港普法宣传”“民法典”“路政宣传月”等主题普法宣传工作8次，发放法律法规宣传单（册）2500余份，悬挂横幅40条，粘贴海报89张，利用县各单位及企业LED电子屏幕投放宣传43处。

（撰稿　林晶晶）

海汽运输集团保亭分公司

【概况】 2022年，海南海汽运输集团股份有限公司保亭分公司（以下简称海汽运输集团保亭分公司）完成客运量19.57万人，同比下降36.97%；周转量2505.74万人千米，同比下降38.16%；窗口售票760.90万元，同比减少193.27万元，同比下降17.15%；营业收入1088.13万元，同比减少165.80万元，下降15.08%，完成年度预算的64.01%。

【场站建设】 2022年，保亭县汽车站用地调整为商业用地，利用车站土地性质优势进行商业开发建设投资建设保亭商业广场项目，完成保亭商业广场政府项目内部立项，概念性规划方案编制，设计方案招标代理机构选聘。为推进保亭商业广场项目、海汽保亭新汽车客运站项目建设，建设海汽保亭临时汽车客运站项目，作为过渡性使用，此项目完成用地租地、方案设计上报审核工作，办理取得临时用地许可，完成缴交复垦费保证金、耕地占用税费等工作。新保亭汽车客运站项目完成概念性规划方案、可行性研究报告编制工作。保亭县政府报省主管部门同意调整城市规划方案，办理农转用及征地手续。

【服务创新】 2022年，海汽运输集团保亭分公司客运流量下降，大客车空载，各项成本较高，探索新经营模式，“大改小、小改好”，投入28辆9座定制客运经营保亭至海口（10辆）、保亭七仙岭至三亚（8辆）、保亭七仙岭至陵水（5辆，不含托管陵水5辆）线路。1—10月，定制客运营业收入313万元。转变保亭县城旅客需转乘陵水高铁前往海口的情况，盘活海汽运输集团保亭分公司道路运输海口主线。利用定制客运开展营销活动，对接政府公务用车业务，建立与县四套领导班子及政府各部门周末往返海口定制客运乘车微信群。年内客源减少，经测算47座12米车辆受疫情影响经营海口东线每车乘客有6—7人，票价68元，往返成本费用1700元。为节约成本，2022年4月，47座位车辆改为9座车辆经营，实载率60%，同比2021年1—10月节省费用40万元。

邮政

【概况】 2022年，中国邮政集团公司海南省保亭县分公司（以下简称保亭邮政分公司）主动克服疫情影响，各项工作取得积极进展。全年，业务收入完成3638万元，业务收入增幅8.6%，比增排名全省第二名；收支差完成764.7万元，完成计划（761万元）的100.49%，增幅43.90%。

【邮政快递建设】 2022年，保亭邮政分公司扎实推进三级物流体系建设，县级中心基本建成，完成响水、什玲2个镇级中心建设，打造50个村级综合便民服务站，建成自提点64个，包裹自提率58.93%；合理利用交通资源与海汽、新国线公司开展交邮合作，承接六弓、南林、毛感3个乡镇邮件，日均运邮226件；与顺丰、京东2家快递公司开展邮快合作，邮快合作覆盖57个建制村，覆盖率95%，代投邮件0.31万件。

【邮政金融业务】 2022年，保亭邮政分公司完成金融收入2849.89万元，增长10.86%，增幅排海南省第一名。聚焦开门红产能揽收，坚持AUM为王的理念，促进总资产稳存提增，建联搭桥开展特色主题活动，精耕客群拓增客户发展动能，拓渠开源精准对接项目营销，强队伍提能力推进“财富金融”转型。有效客户数提升3340户，新增VIP客户341户，财富客户72户，私行客户1户；代理保险3840万元，同比增多1668万元，其中长期期交占比达29.07%，占比排全省第一名；月日均理财保有量同比增长75%，占比排全省第一名。

【邮政寄递业务】 2022年，保亭邮政分公司抓实寄递业务发展，完成收入285.38万元，同比下降28.82%。紧抓芒果上市和候鸟返乡时机，加大快递包裹揽收力度，抢占快递业务市场；实时跟踪其他民营快递公司收寄动向，积极转变市场营销策略，主动参与市场竞争；持续寄递成本压降力度，收寄、运输、投递、管理支撑4个环节均完成年度压降目标；紧盯欠费压降目标，较好地完成省分公司欠费压降目标，账期外欠费余额环比下降5.78%。

【邮政集传业务】 2022年，保亭邮政分公司集传业务收入完成235.83万元，完成省计划的115.04%，同比增长19.11%。其中函件业务完成计划（20万元）的91.56%；报刊业务收入完成计划（153万元）的112.24%；集邮业务收入完成计划（30万元）的136.72%；中邮文创收入完成计划（2万元）238.76%。积极探索集传业务转型，开发橱窗媒体广告创收3.26万元；开发各类新媒体宣传产品业务创收5.76万元；积极挖掘政企、校园市场售图书创收51.19万元；开展集邮专题营销活动创收33.67万元。

【邮政电商分销业务】 2022年，保亭邮政分公司坚持线上线下融合，推进农村电商融合发展，收入115.66万元，完成计划目标的275.39%，同比增长226.80%；打造“红毛丹”区域农产品项目，增加上行农产品交易额38.37万元；加大优质邮乐购站点建设；组织农技知识讲座促进化肥营销45吨，聚焦“三节”开展专项营销共销售年货、粽子、月饼等45.28万元。

【邮政协同项目业务】 2022年，保亭邮政分公司惠农合作项目政企对接完成100%，个体农户会员完成107%，合作社走访100%，合作广覆盖完成112.31%，个体农户会员发展107.45%，融资E放款金额890万元，完成省分公司计划的111.25%，排名全省第四名；信用村建设完成6个，完成计划的120%，开放式缴费平台项目完成107.3%，协同发展信用卡项目完成137.5%；邮生活会员发展完成153.3%，积分兑换交易额占比完成45.5%。落实“网点+支行”网格化营销模式，邮银联合建设乡村振兴金融工作室3个。

【邮政企业改革】 2022年，保亭邮政分公司深化人事制度改革。畅通企业选人用人渠道，注重选拔政治可靠、作风良好、敢于创新的优秀年轻员工，其中35岁以下年轻员工担任支局长、理财经理比率80%以上。提任2名部室经理、1名班组长和1名机关部室人员，选聘3名年轻员工任支局长，重新配备年轻或学习能力强的员工任理财经理。通过优化职工队伍结构，为保亭邮政事业持续发展储备培养人才“梯队”，提振员工干事创业工作热情。

推进薪酬分配制度改革，体现按贡献大小进行薪酬分配。员工福利费（含工资）增长37.59%，年内全口径人员劳动生产率同期增幅12.88%，从业人员劳动生产率增长超过2万元，员工收入和企业效益“双提升”。推进全员绩效考核，突出贡献导向，层层传导分解战略目标，科学评价不同岗位员工贡献。健全岗位履职考核办法，实际履职效果与绩效薪酬挂钩考核。对生产一线人员，强化价值导向，鼓励员工多劳多得，优化计件工资制，推进39名快递委代办、外包人员参加工伤保险。

深化寄递改革初有成效。处理中心持续推进6S管理、新增伸缩传送机、优化生产作业流程，标快优先处理，做到快进快出，确保进出口邮件有序在时限内完成分拣处理；市趟运输改革，推行县城到乡镇甩点直投，提升生产运能，其中三道场支局甩点直投日均运输、投递量500件以上，高峰值达1200件以上；揽投网改革，持续深入推进营、揽、投一体化发展，针对标快优先投递，各类邮件及时妥投率均达省公司指标值，快包及时妥投率99.29%，排海南省第六名，标快及时妥投率97.07%，排海南省第一名。

有效推进资产管理。处理上年4宗未办理土地证，年内完成办理县分公司办公大楼1宗，育种邮政所2宗和什玲镇1宗（跟进办理中）；通过竞价、招标、合作开发等形式，加大房屋的盘活力度，对上年未盘活的加茂邮政综合楼空闲土地房屋进行盘活。全年盘活资产6处，为企业增收29.5万元。

（撰稿　黄蒙爱）

信息化建设

【信息基础设施建设】 2022年，保亭县科技和工业信息产业局（以下简称县科工信局）紧盯自由贸易港建设发展需要，持续推进保亭县信息基础设施建设。

年内计划建设完成低频5G基站40个，中频、高频5G基站55个，万兆PON端口扩容建设432个，5G基站配套57个，1个5G应用建设。实际完成低频5G基站54个，中、高频5G基站59个，万兆PON端口扩容建设512个，5G基站配套67个，1个5G应用建设。

推进信号补盲计划。完成享水谷共享农庄和毛感乡千龙村的信号补盲基站建设。持续优化保亭县全区域4G/5G网络覆盖质量，提升农村偏远地区网络覆盖深度和质量，实现信号弱覆盖提升，巩固提升农村信息基础设施建设水平。

【信息化共享】 2022年，县科工信局依托县政府数字化转型工作专班，建立健全数据共享议事协调机制，成立数据共享工作领导小组。统筹推进保亭县数据共享工作，协调解决数据共享重点难点问题。年内保亭县54个单位完成填报数据共享“三目录”，梳理职责目录2409条，系统目录2条，数据目录2263条，政务事项关联率100%。

【政务信息化建设】 2022年，县科工信局加强保亭县政务信息化项目的统筹管理，推进信息资源共享共用和系统协同应用，避免系统重复建设和新增信息孤岛。保亭县申报政务信息化建设项目7个，其中4个列入年度计划；补充申报2个政务信息化项目年度计划；完成2个政务信息化项目验收。

【“海政通”平台建设】 2022年，县科工信局推动“海政通”平台建设。保亭县79个单位，1003个部门的组织架构和人员信息，激活人数2973人，导入率为100%，激活率为100%，数据完整率达到100%。接入移动OA平台，组织保亭县各单位在海政通建立沟通机制，保亭县各单位使用海政建立的工作群126个，海政通活跃率得到大幅提升。

电 信

【概况】 2022年，中国电信保亭分公司深化企业战略转型，推进全光网建设，加快移动、宽带、电信电视、企业及政务上云等重点业务的规模发展，全年有自营厅1家、专营店9家、业务服务点7家、异业合作点3家。新建渠道3家，新增1家驻店商，经营业务收入同比增长10.8%，新增5G基站25个、4G基站11个，年度经营业绩考核排名中国电信海南公司第五。分公司党支部获2022年度中国电信集团公司先进基层党组织称号。

【通信基础设施建设】 2022年，中国电信保亭分公司提高通信保障能力，加快4G、5G基站及IPRAN环建设，更新完善通信保障预案，定期演练，增强应急通信指挥协调能力和抢修维护人员应急能力。完成博鳌亚洲论坛、春节、国庆等重大节日应急通信保障任务。提升FTTH宽带业务提供能力，新增FTTH端口5866个，达到6.75万个；农垦连队光网覆盖达246个，农垦连队光网覆盖率92.48%；光网覆盖自然村446个，自然村光网覆盖率98.67%。

【电信业务经营拓展】 2022年，中国电信保亭分公司完善网掌厅、微信易信客服等互联网渠道自助服务功能，每个乡镇、渠道建立线上服务微信群（企业微信群），客户可自助办理缴费、查询、简单业务。成立专业技术服务队伍，加强云等业务服务水平，加大装维服务考核，提升装维人员技能，实施24小时装机和48小时维修制，开展宽带当日装、当时修、慢必赔服务承诺，提升宽带装维服务质量。降低中小企业宽带平均资费，专线带宽资费均价下调25%。家庭宽带最低以

2022年8月17日，基站维护人员在进行日常通信基站维护

（中国电信保亭分公司 供）

300兆接入为主，提供1000兆服务能力，资费同比下调30%，网络质量保持行业领先。落实保亭县平安乡村建设工作，打造央企赋能乡村综合治理，致力乡村振兴新标杆开展“数字乡村”建设，签约7个乡镇数字乡村项目。在核心厅店设置爱心驿站，配置手机充电设备、简单医疗救护包、饮水机、电冰箱、微波炉、轮椅、休息区等设备服务，为老人提供适老服务、给户外工作人员提供防暑纳凉等休息场所。爱心驿站举行智能手机使用、防诈骗宣传、5G知识等多场微讲堂。充分发挥云网优势，承接政府部门、酒店等单位信息上云总建设，较好地满足保亭县政府、各有关单位等部门的信息化需求。

【校园信息化建设推进】 2022年，中国电信保亭分公司推进校园信息化及互联网+企业上云工作，与3所学校协同开展公话等业务推广，进行设备成本全额投入，通过公话机等互联网化产品应用，协助学校管理手机问题，解决学生与家长、学校沟通问题。通过云网融合、摄像头硬件终端及AI优势，打造安全校园。

【数字乡村建设】 2022年，中国电信保亭分公司与7个乡镇签约数字乡村建设，通过数字乡村平台解决护院看家、乡风文明建设、实时监测农作物生长情况等问题，确保各乡镇村级群防群控工作落实到位，为全面开展保亭县数字平安乡村建设推进奠定基础。

【战略合作协议签订】 2022年8月22日，中国电信海南公司与保亭县人民政府签订战略合作协议，中国电信海南公司将不断完善基础通信设施建设，推动保亭政府信息技术改革与重点5G试点应用项目建设，打造完备社会智慧治理体系，提升县政府综合治理能力现代化水平，大力推进新一代信息技术产业发展，围绕社会经济发展和民生服务、城市管理、社会治理等领域深化合作，建立不定期会晤制度，推动战略合作协议的落实，共同推进项目加快落地实施。

（撰稿　王乃刚）

城乡建设与管理

城乡建设

【概况】 2022年，保亭县房地产开发投资66099万元，开工项目5个、开工面积207590.9平方米，竣工项目4个、竣工面积256994.34平方米，商品房销售面积153172.52平方米。

【招投标问题专项整治】 2022年，保亭县住房和城乡建设局（以下简称县住建局）公开招投标项目38个，共抽查项目28个，发现两个疑似问题，经约谈核实后已排除。年内招投标核查未发现违法违规问题。经过整治，招投标行业违法违规现象基本得到遏制，问题项目比例由2020年的54.5%降低到2021年的7.5%，问题数由27个降低到5个，招标代理机构及投标人编制招投标文件已基本规范，现阶段核查招投标文件已很难发现围标、串标等明显问题。

【建筑安全生产监管】 2022年，县住建局强化安全生产意识，压实安全生产工作，共召开10次专题会议研究安全生产工作。加强建筑工地质量安全监督管理工作，严格落实《工程质量安全手册》，组织对全县49个在建工程及市政工程项目开展巡查、检查，共检查194家企业，累计下达203份《房屋建筑工程质量安全隐患问题告知书》，提出施工安全、质量整改问题及其他整改问题共1162条，出动人次599人。进行企业不良行为记录12次，人员不良行为记录0次，下发全面停工整改告知书1份，局部停工整改告知书3份，提交行政处罚建议书6份，约谈人次10人次，并要求监理单位严格督促施工单位整改到位，及时排除安全隐患可申请复工，确保建筑施工安全。年底，共有15个在建项目安装起重机械设备，塔吊累计26台，起重机械排查率100%。加强建

2022年3月7日，县住建局组织人员对县疾控中心项目建筑工地进行安全生产检查 （林道武　摄）

筑施工扬尘治理。符合条件安装扬尘噪声监测系统的建筑工程项目共 29 个，安装扬尘噪声在线实时监测设备 29 台，安装率达到 100%。

2022年1月21—23日，县住建局组织开展房地产项目检查
（县住建局　供）

【老旧小区改造】 2022 年，县住建局扎实推进保亭县 2022 年度老旧小区改造工作有序实施，制定《2022 年保亭黎族苗族自治县老旧小区改造项目实施方案》，由县城投公司担任项目业主单位，履行业主单位职责，负责项目具体建设；相关职能部门配合做好统筹安排与组织协调工作。年内，保亭县完成改造老旧小区 15 个，总投资 956.71 万元，涉及改造建筑面积 3.4 万平方米，涉及楼栋数 23 栋，改造户数 260 户。根据“一区一策”的原则入户调查征求居民改造意愿，量身打造改造设计方案，改造内容包括水电抄表到户、道路硬化、屋面防渗漏、拆除乱搭乱建、化粪池清淤、规划雨污水管道、室外绿化、停车位规整、设置休闲环卫设施、消防改造等，6 月 27 日发布招标公告，7 月 18 日开标，7 月底进场改造建设，12 月上旬完成改造。

【房地产市场整理】 2022 年，保亭县为严厉打击房地产市场违法违规行为，规范房地产市场秩序，制定并印发《保亭黎族苗族自治县涉房地产风险防范化解“百日清零”专项行动方案》《保亭黎族苗族自治县持续整治规范房地产市场秩序工作方案》等文件，方案明确住建、资规、公安、市监、税务、发改、执法、人社、信访等职能部门的工作职责，建立整治专班工作机制。3 月 2 日，组织全县房地产企业、中介机构、物业服务企业召开房地产市场专项整治工作部署会，会议传达《关于印发〈海南省持续整治规范房地产市场秩序工作方案〉的通知》文件精神；明确为净化房地产市场环境，维护房地产市场秩序，保障群众利益，将严格开展专项清查整治工作。年内，共组织联合检查 8 次；约谈房地产企业 13 次；走访排查房地产企业 44 家、中介机构 79 家、住房租赁企业 11 家、物业服务企业

2022年12月8日，文明北路原国税宿舍楼老旧小区改造项目完成效果图　（县住建局　供）

41家；组织业主代表及房地产企业召开座谈会12次；召开房地产企业、中介机构、住房租赁企业、物业服务企业专题工作会议14次；召开专项工作会议15次；通报骗取购房资格、销售现场管理无序、虚假宣传等违法违规行为3次，移交未取得商品房预售许可证违规销售商品房案件线索1件。县住建局按季度制作《商品住宅销售“温馨提示”》与《关于房地产项目依法合规销售的公告》，列出商品住宅限购政策的各项规定，在全县的房地产企业售楼处及中介机构门店张贴。同时打印“保亭县已批商品房预售许可的在售楼盘明细表”，在全县各房地产企业售楼处及中介机构门店醒目位置进行张贴，在县政府网站进行公示，便于购房群众识别意向购买楼盘是否已取得商品房预售许可证，防止购买违规楼盘。

【维护农民工合法权益】 2022年，县住建局加强对建筑领域拖欠农民工工资投诉案件的处理。严肃查处、严厉打击，对拖欠农民工工资的违法行为形成高压态势，在接到拖欠农民工工资投诉的第一时间调查处理，对相关企业负责人进行约谈，一经查实按照有关程序进行处理，对涉嫌恶意欠薪等违法违规行为向有关部门及时移交。年内，县住建局联合综合执法局劳动监察大队、公安局共处理农民工工资欠薪案件7件。结合“两个确保”建设工程质量安全大检查，县住建局对各个建筑工地农民工工资支付情况进行专项检查，对在建工程项目按月足额支付工资制度、农民工实名制管理制度、工资保证金制度、农民工工资专用账户管理制度等五项制度落实情况按项目工程、施工单位进行逐个督促整改，确保年度五项制度覆盖率达到100%，及时按月足额支付农民工工资，避免欠薪情况的发生。

环卫管理

【概况】 2022年，保亭县园林环卫服务中心（以下简称县园林环卫服务中心）做好环境卫生管理、垃圾分类处理、水域保洁、环卫基础设施建设等工作，全县渗滤液处理达标排放量27918吨，其中应急处理产水6102吨，渗滤液处理厂产水21816吨；厨余垃圾无害化处理405.3吨，可回收物收集暂存1吨，有害垃圾收集暂存0.09吨。

【环卫重点工程建设】 2022年，县园林环卫服务中心围绕城乡规划建设，加大环卫重点工程建设力度。

垃圾填埋场配套设施运营情况 4月，重新对一期和二期库区间分区坝雨水导排盲沟进行改造施工，解决雨污分流不明显、排水沟排水不畅等问题；对场内及周边土壤、地下水、大气、废水排放口等项目进行环境监测，为有效地监督渗滤液处理厂出水水质，改善水资源环境，委托第三方公司维护垃圾填埋场在线监测设备及对在线监测设备进行校准校正，确保在线监测设备正常有效监督渗滤液处理厂排水水质；严格要求渗滤液处理站处理出水水质标准，实时对渗滤液处理情况进行监测；加强场内环境卫生、安全生产、日常巡逻及填埋库区开展的工作管理，清理场区周边及一期库区排水沟杂草，检查二期填埋库区膜覆盖情况，雨天安排人员抽排膜上积攒雨水，避免雨水进入堆体从而增加渗滤液处理费用，配合监测公司取样，确保环境检测顺利开展。

城区新建生活垃圾转运站工程项目情况 年内建设1座城区中大型垃圾转运站对垃圾进行集中管理，项目总投资4292.91万元，项目生活垃圾转运能力近期建设规模150吨/天，远期预留150吨/天，整体建设规模300吨/天。县城投公司为项目实施单位，11月开始施工建设，县园林环卫服务中心负责监管，预计2023年12月完工。

生活垃圾转运站升级改造项目情况 项目对响水镇、新政镇、三道镇、加茂镇生活垃圾站建筑、设备工程进行升级改造，以及南林乡转运站设备工程升级。主要建设内容包括装饰装修工程、安装工程以及配套设备工程等，设计规模50吨/天，项目总投资1740.17万元。12月18日，三道生活垃圾转运站升级改造工作施工入场。新政转运站升级改造，总体形象进度达50%。同时启动响水、加茂生活垃圾转运站升级改造工作。

生活垃圾填埋场二期封场工

程项目情况　12月5日，进场施工，项目总投资1170.47万元，建设内容包括封场防渗工程、渗滤液导排工程、雨水导排工程、气体导排工程、绿化工程等。

高速公路连接线（保亭—响水）太阳能路灯安装工程情况。路段长度约9.4千米，需安装太阳能路灯共547盏，项目总投资622.51万元，完成初步设计及概算批复。年内完成路灯基础底座的挖掘、浇筑和路灯杆，预计于2023年元旦期间竣工并投入使用。

山海高速（保亭互通，加茂互通，毛岸互通、三道互通）太阳能路灯安装工程情况。项目总投资559.06万元，需安装太阳能路灯451盏(保亭互通153盏、毛岸互通103盏、加茂互通134盏、三道互通61盏）。年内保亭互通完成浇筑路灯基础底座，加茂互通和毛岸互通完成挖掘路灯基础坑等。

2022年10月26日，县园林环卫服务中心获海南省第二十届环卫工人节“市容环境卫生工作先进集体”称号，陈思（左）获“十佳城市美容师”称号
（县园林环卫服务中心　供）

【城区环卫管理】　2022年，县园林环卫服务中心对县城主次干道路段开展每日6次湿透性洒水降尘，对南环路、宝亭大道等外围路段开展每日至少4次湿透性洒水降尘；利用雾炮机对城区滨河路、温泉路、七仙大道等重要路段每日开展6次抑尘洒水作业，外围路段每日至少开展2次抑尘洒水作业；可环卫机械化清扫面积约62.2万平方米，环卫机械化清扫面积约59.6万平方米，机械化清扫率达96%。强化岗位监督巡查，发现道路有施工车辆掉落土渣污染地面，第一时间联合综合行政执法局责令施工方整改并清理；加强对城区主次干道及人员密集区域精细化清扫，实现道路全方位、全覆盖巡回动态保洁，清理街道背街小巷卫生死角1457处；安排电动保洁车对沿街果皮箱实行定时收集垃圾服务，确保生活垃圾日产日清不滞留。

【农村环卫管理】　2022年，保亭县深入开展“清洁家园”行动，县园林环卫服务中心以县城乡环境综合整治领导小组办公室名义指导各乡镇、居实行镇干部包村、村干部包组、组干部包户的工作责任制部署农村生活垃圾治理工作。在全县农村基层党组织开展“三信三爱”（信党信法信组织，爱村爱民爱亲人）活动，每月进行一次“美丽村庄日”和“村民学习日”活动，由村党员干部带领村民开展卫生大扫除、学习《村规民约》及垃圾分类知识，按时更新城乡环境卫生和垃圾分类的宣传教育板块，提高村民参与环境卫生整治工作的积极性。发动各乡镇、农场和居开展中秋、国庆节等重大节假日卫生大扫除活动，组织村民做好村庄环境卫生整治，清理村庄积存垃圾，整治乱堆放、乱搭建现象，疏通河道、填平洼地，垃圾定点投放、定期清理清运，家禽家畜实行圈养远离生活用水。全县9个乡镇均成立专门环卫管理机构，配备162人专业环卫保洁队伍，专职负责墟镇环境卫生清扫保洁及所辖区域内主要干道两旁可视范围的白色污染及垃圾死角清扫；全县60个行政村，467个村庄均建立环境卫生清扫保洁收运机制，制定“村规民约”，聘用村庄保洁员1367人，配备6179个垃圾桶、934个果皮箱和72辆垃圾清运车，507辆其他环卫作业车辆等，保证“村收集”工作的正常开展。

【垃圾分类】　2022年，县园林环

卫服务中心完善制度建设。出台生活垃圾分类等一系列指导性文件，明确县、乡镇（居）和村责任，落实各项任务分工，强化监督检查，做好垃圾分类宣传，推动垃圾分类工作顺利进行。

常态化联动工作机制运行　召开全县党政机关单位、生活垃圾分类成员单位、环卫企业及环卫督导员宣传教育培训会议3次，促使各单位、各成员了解垃圾分类工作职责及如何开展生活垃圾分类管理工作；加强县、镇、村（居）委会工作联动，什玲镇、新政镇、毛感乡、茶场居、三道居、热作居等乡镇（居）开展垃圾分类宣传培训，开展3场（次）垃圾分类专题培训及分类宣传活动，在党政机关单位、学校医院、文化场馆等各类场所区域开展，参加培训活动1500余人次。

监督考核问责　建立县对乡镇、乡镇对村的分级督查考评机制，年内开展三个季度农村生活垃圾分类考核检查，发现问题90余条，要求各乡镇限期整改落实到位。

分类体系建设　配置分类投放设施，各机关单位、学校医院、商超酒店、旅游景区、文化场馆、交通场站和居民小区等区域按要求陆续配全垃圾分类收集容器，其中党政机关公共场所覆盖投放容器75家，学校医院公共场所覆盖投放容器109家（医院12家），旅游景区公共场所覆盖投放容器4家，文化场馆公共场所覆盖投放容器3家，商超酒店公共场所数量覆盖投放容器21家（商超7家），码头车站公共场所覆盖投放容器1家，物业小区公共场所覆盖投放容器23家。配备分类收运设施，城区方面，其他垃圾清运车10辆，可回收物和有害垃圾车2辆，厨余垃圾收集车2辆，设有1个环卫停车场厨余垃圾无害化处理点及可回收物和有害垃圾暂存点；农村方面，9个乡镇配备其他垃圾清运车30辆，厨余垃圾、可回收物和有害垃圾电动保洁车130余辆，各乡镇配备厨余垃圾一体机7部，日均处理量约300千克。

组织动员及宣传教育　联合团县委、县园林环卫服务中心、县文明办、县妇联、保城镇团委及众志团心志愿服务队等开展形式多样的垃圾分类志愿服务活动6次，发放垃圾分类宣传手册700份，摆放垃圾分类宣传展板10余块，发放节能、禁塑、垃圾分类等宣传资料2500余份，宣传礼品300余份，扇子500把，宣传袋子600个，雨伞500把等，解答群众咨询1000余人次。县新闻媒体部通过全媒体联动，播出相关新闻报道3篇，播放“垃圾分类　从我做起”“垃圾分类小知识”等2800次；广播频道播放2100次。在“保亭广播电视台”等微信公众号开设“文明保亭从我做起”“社会文明大行动”专题专栏，推送《垃圾分类知识普及》《海南垃圾分类“速成宝典”来啦！这些知识收好》《@保亭人　这份志愿服务活动倡议书，请查收！》等15篇，使群众积极参与到具体垃圾分类行动中来。2022年4月，县环卫部门利用电动果皮箱收集车，每日在县城区公共路段，背街小巷等开展垃圾分类广播宣传，常态化循环播放垃圾分类倡议书等宣传知识，增强周边居民群众环保意识，营造垃圾分类宣传氛围。

重点工作开展　落实《海南省2022年生活垃圾分类工作计划清单》，保亭县垃圾分类屋（亭）任务总数不少于180座，完成30%行政村垃圾分类屋亭建设任务。年内保亭县完成建设垃圾分类屋（亭）行政村31个，完成率51.6%，完成新建改造垃圾分类收集屋（亭）数量达316个，超额完成省下达给保亭县任务。完成建设6座生活垃圾分类屋，下达省级资金31.2万元，印发实施《保亭县为民办实事生活垃圾分类屋建设实施方案》，选取什玲镇、新政镇、毛感乡、热作居、三道居、茶场居等乡镇，签订项目协议，制定6座垃圾分类屋的方案，4月建成投入使用。制定印发《保亭黎族苗族自治县创建验收生活垃圾分类示范样板乡镇实施方案》，三道镇、毛感乡、南林乡、三道居推进创建示范，年内三道镇、毛感乡、南林乡完成生活垃圾分类收集屋（亭）全覆盖建设工作144座，其中三道镇71座，毛感乡42座，南林乡31座，分别建设在各乡镇村、政府大院、卫生院和学校等；加快推进垃圾分类宣传工作，督促乡镇党政机关、学校医院、旅游景区、文化场馆、商超酒店、码头车站六类场所配全垃圾分类设施，完善各类创建验收材料，努力营造乡镇“比学赶超”氛围。三道居推进社会化服务工作，6月1日保亭同盈环境卫生服务有限公司正式进场管理。采购1台4吨洗扫车、3吨路面养护车及2台3吨垃圾压缩车；接收镇、居签订合同人员。采购57台电动车投入使用，完成39个垃圾分类亭建设投入使用；10队、13队、什道村、什进村示范点基本建设完成，组织完成村部保洁垃圾分类宣传和公司相关制度培训；厨余设备正常运行，每日安排专人对沿街商铺、食堂和饭店先进行固液和油水分离，统一运至三道厨余垃圾无害化处理点进行处理，每天收运处理厨余垃圾约0.03吨；9月，智慧化环卫一体化系统正式启用。

【水域保洁】 2022年，县园林环卫服务中心落实主体责任，强化追责机制，严格监督检查，严格控制保亭县居民生活污水、废水肆意排入保城东西河中，加强对县城区东西河水面漂浮垃圾、沿岸保洁及生活垃圾清运，保持东西河干净整洁，清理水体垃圾16.7吨。

【环卫综合整治】 2022年，保亭县抓好城乡环境综合整治工作，以城乡环境卫生整治工作领导小组名义印发《保亭黎族苗族自治县2022年博鳌亚洲论坛年会城乡环境综合服务保障工作方案》《保亭黎族苗族自治县高速公路保亭路段、国道和省道沿线环境综合整治2022年行动方案》等指导性文件，协调各部门、各乡镇和居结合自身实际，依照方案落实职责分工，形成县政府主要领导负总责、分管领导亲自抓、部门负责人具体抓，一级抓一级、层层抓落实的局面。保亭县上下集中组织开展全方位清理活动，加强汽车站、农贸市场、旅游景区等窗口区域，户外广告、建筑工地、街道立面建筑物、城乡道路、村镇等处环境整治，将垃圾死角排查清理工作向薄弱区域、城乡接合部、村外道路、河沟等处延伸，建立强有力的城乡环境卫生综合治理组织保障。

【垃圾转运管理】 2022年，保亭县生活垃圾运往陵水垃圾焚烧厂进行无害化焚烧处理5.3万吨，逐步缓解保亭县垃圾处理等各项压力。县园林环卫服务中心对县城各处垃圾收集点实行动态巡查，严禁垃圾焚烧，禁止园林垃圾混装混投，确保垃圾桶满及时清运，实行密闭储存运输，防止运输过程中带来“二次污染”。安排车辆实行定时上门收集垃圾服务，增加垃圾车清运班次，延长垃圾车清运时间，做到生活垃圾及时清运，车走地净。乡镇生活垃圾转运站服务范围为8个乡镇（保城镇除外），按直接水平压缩处理工艺设计建设小型V类转运站，八座总设计转运规模240吨/日，其中加茂镇、响水镇垃圾转运站转运规模均为35吨/日，新政镇、三道镇垃圾转运站转运规模均为25吨/日，毛感乡、六弓乡、南林乡、八村垃圾转运站规模均为30吨/日。配套建设压缩、降尘除臭、给配水、消防，安装4座新站监控等系统。加大对转运站职工操作使用培训，加强运营设备保养维护，完善垃圾进出台账及各类上墙制度，做好转运站内部及周边环境卫生消杀保洁工作，确保转运站内外干净整洁，无卫生死角。

园林绿化管理

【概况】 2022年，保亭县完成辖区内道路、公园、广场补植移植各类乔木1209株、灌木11.56万株、地被植物3360平方米，铺设草坪3772平方米，修复裸露地块2574.75平方米，摆放各类盆花4300盆，提高城区道路绿化景观美化效果。

【园林绿化养护】 2022年，县园林环卫服务中心在原有绿化基础上，加强花化、绿化、彩化工作，沿路造绿，提高主次干道的绿化水平，特别是县城道路两侧绿化带和背街小道绿地建设，在规划建绿的同时对道路沿线边角空地见缝插绿，构建“树成群、花成团、草成坪”生态景观。定期清理隐患树木及各类灌木整形，排查存在安全隐患的树木2141株，其中对树木矮化修剪1746株，隐患倾斜扶直892株，清理枯死树木872株，清理寄生植物树木272株；花灌木整形修剪20.11万平方米，杂草清理18.05万平方米。

【园林工程建设】 2022年，保亭县投入84.5万元，开展七仙广场（廊桥—明珠桥段）沿河两侧绿化改造工程、保亭县东河沿河绿道北侧新建1座环保公厕工程、保亭七仙岭转盘绿地修复工程、新兴东路（环卫站）便民坊公厕翻修工程、宝亭大道与东环路交会节点处南侧裸露地块修复工程及七仙大道（保城卫生院路段）花池混凝土仿木树桩围挡工程等7个项目。对公园绿地内部分缺失、损坏石凳、园路等基础设施进行更换及修缮。

【古树名木保护】 2022年，县园林环卫服务中心巩固绿化成果，对古树名木定期巡查维护，请专家对保亭县城区进行1次名木古树复壮工作，派专人按季度对古树复壮情况进行检查跟踪，完成4次检查，确保古树名木正常生长。

【花卉林木苗圃建设】 2022年，保亭县苗圃场占地面积约15亩，出圃苗木1.99万株，其中乔木219株、灌木1.96万株、三角梅40盆（袋）。苗圃现存苗木共计6709株，其中乔木893株、灌木5816株。

【台风防范及抢险救灾】 2022年，县园林环卫服务中心为保障自然灾害受损程度降到最低，在中心属公园、苗圃、绿化带及绿化施工工地集中开展以隐患排查整治、消防设施建设、应急处置能力提升、重大活动、节假日及自然灾害等安全为主要内容的安全生产大检查，重点强化公园游乐设施重点部位、设施的安全管理工作和提升“防汛”“防台”期间应急处置能力，排查出隐患地点201处，其中排查绿地安全风险隐患167处，仓库13处，苗圃16处，办公室5处，完成整改201处，出动人员300余人次，处置人为损绿情况25起，进行阻止并要求恢复整改。公厕方面排查存在安全用电隐患16处，防滑隐患10处，全部整改完成。确保台风天气下树木抗风能力，出动人员800余人次，作业车辆380车次，清运绿化垃圾197车次。

【城区绿化推进】 2022年，县园林环卫服务中心开展保亭县城市口袋公园建设工作，项目地点位于七仙大道和坊对面（绿地），项目名称为七仙大道（抄茂桥至廊桥段）凉亭景观改造工程，于12月竣工完成。

【园林病虫害防治】 2022年，县园林环卫服务中心开展病虫害防治工作，以定期或不定期的形式对乔木、灌木及草坪喷药施肥，确保植物健康成长，使用兑水药液98.2吨，垂叶榕、秋枫、鸡蛋花等乔木，福建茶、黄金榕、美人蕉等灌木以及草坪喷洒药液，喷洒面积约52万平方米。加强辖区绿地施肥作业，对长势不好的苗木进行追肥，对新植苗木浇灌足定根水及养护，使用化肥19.5吨，绿化用水约10万吨。

（撰稿　黄文培）

水务管理

【概况】 2022年，保亭县积极推进水体系治理和治理能力现代化，重点以“治污水、保供水”为抓手，不断推进水务事业持续发展，努力把水优势变为发展优势，重要水务服务民生工程和重大项目相继投入使用。年内，保亭县供水保障能力大幅提升，水环境水生态得到明显改善，城乡水体综合功能稳步提升，水治理能力逐步完善，省控考核断面地表水水质总体保持优良；城镇集中式饮用水水源地符合国家标准，达标率100%；县辖区内主要河流湖库水质优良率100%。

【水务发展规划】 2022年，保亭县印发实施《保亭黎族苗族自治县治水攻坚工作方案》。以水环境综合治理为突破口，系统推进治污水、保供水、排涝水、防洪水、抓节水、赤田水库流域治理等6项工作共治，为今后5年治水工作提供坚强制度保障和依据。

【水资源管理】 2022年，保亭县用水总量为0.5亿立方米。其中工业用水量0.01亿立方米、生活用水量0.11亿立方米、农业用水量0.36亿立方米、生态环境补水量0.01亿立方米。用水总量低于海南省“十四五”水资源消耗总量与强度双控行动中2022年度控制目标0.7亿立方米的要求（其中地下用水量为0.0057亿立方米，低于目标值0.052亿立方米）。

1月，保亭县水务局（以下简称县水务局）对纳入管理的13家取用水户持续进行监督管理，重点监管用水单位计划用水、超计划用水和超定额用水等，严格控制用水总量，规范用水行为。4月，县水务局等9个部门印发《保亭黎族苗族自治县节水行动2022年实施计划》，实行最严格水资源制度，做到取水必须经过许可，用水必须严格计量的目标。年内，全县有1家单位（保亭七仙岭温泉基础设施建设有限公司）需完成水务行业节水型单位创建，按照方案要求构建完善的节水管理体系，成立水务行业节水型企业建设工作领导小组，建立规章制度，水务行业节水型单位创建完成，上报至海南省水务厅申请验收。12月，通过省水务厅验收。

【农村饮水安全管理】 2022年，县水务服务中心委托有资质第三方对保亭县467个村小组的农村饮水安全水质进行检测。6月，出具水质检测报告，水质合格率100%。组织第三方管护单位完成2次饮水工程水塔（水池）与2次过滤池清洗消毒。加强供水设施常态管理和运维，积极组织第三方管护队伍开展巡查管护工作，建立问题台账，对发现问题对标对表完成整改，完成235处引山泉、机深井、大口井等饮水工程维修维护任务。

【污水处理】 2022年，保亭县为深入推进污水治理建设，补齐污水设施短板，提高污水处理和收集能力，新增污水管网长度约26.8千米，实施建设保亭县城污水收集管网配套工程（二期）、保亭县城区污水提升治理工程、三道镇区域排水系统工程、南林乡污水管网配套工程（二期）4宗治污水项目，项目总投资约1.12亿元。保亭县城生活污水收集率由上年的29.9%提升至67.2%，进厂BOD浓度由上年的59.98毫克/升提升至103.2毫克/升，排名位于海南省前列。

（撰稿　曾　望）

城乡供电

【概况】 2022年，保亭县有变电站9座。其中，110千伏变电站2座、35千伏变电站7座。主变16台，容量合计194.5兆伏安，其中，110千伏主变4台，35千伏主变12台。35千伏输电线路10条，总长度101.4千米。10千伏配电线路43条，长度908.91千米，配电变压器1662台，总容量280.7兆伏安，其中公变1126台，容量140.1兆伏安，供电客户6.46万个。全年各项指标总体向好，售电量、综合线损率、客户服务指标有较大幅度提升。安全生产形势保持稳定局面，未发生各类安全生产事故和对社会造成重大不良影响或有责任的安全事件。售电量完成28912万千瓦时，同比增长3.74%。电费回收率完成100%，与指标持平。综合线损率完成4.18%，同比下降1.32%。第三方客户满意度完成78分，同比提升3分。

【电网建设】 2022年，保亭县供电局（以下简称县供电局）开展海南500千伏三亚输变电新建工程和保亭220千伏高峰变电站前期工作，推动保亭110千伏西坡变电站开工。以农网改造升级为主，融入智能电网多元素，农村配网基建改造升级项目176个，总投资11042.29万元，年度计划投资6151万元，完成投资6162万元，年度投资完成率100.18%，新建及改造中低压线路100.05千米、配变58台、配变容量7000千伏安，增强网架结构、提高供电可靠性。

【电网绿色转型发展】 2022年，县供电局构建新型电力系统建设，做好清洁能源并网服务，建成并网发电分布式光伏项目159个。全年清洁能源发电量1.37亿千瓦时，占保亭县全社会供电量45.25%，完成绿色能源项目建设和全额消纳。

【应急救灾供电】 2022年，县供电局开展防风防汛等应急演练10余次，按照“平时预、灾前防、灾中守、灾后抢、事后评”工作要求，抓细“平时预”，抓实“灾前防”，做好应急指挥中心指挥职能运转，防御第16号台风“奥鹿”、第20号台风“纳沙”等恶劣天气影响。完成各项重大国防政治经济保供电工作任务93次。

【供电运营管理】 2022年，县供电局开展涉电人身安全管控、电力营商持续优化。加大宣传，政企联动巡视，开展采摘槟榔

2022年5月10日，县供电局工作人员开展电力抢修　（县供电局　供）

触电安全防范行动，开展动态巡视1513人次，巡视高压线路附近槟榔采摘隐患点471处，发现劝退103次违规冒险采摘作业行为。清理树障7.1万棵（清理槟榔树障6.14万棵、其他高秆作物3156棵，修枝矮化其他高秆作物树障6435棵），因树障造成线路跳闸率同比减少21%，10千伏高压线路廊道内的紧急槟榔树障隐患基本“清零”，降低槟榔采摘触电风险。落实“三零”“三省”服务要求，落实优化营商环境44项举措。县供电局高、低压业扩报装平均接电时间分别为14.11天、1.23天，比承诺时间（32个工作日、6个工作日）分别压缩55.9%、79.5%。刚性执行业扩投资界面延伸政策，为客户节省投资347万元。

【供电技术改革创新】 2022年，县供电局以解决防范社会人员采摘槟榔触电为研究方向，转化“防触电采摘槟榔装置研制（第二期）”职创项目成果，实现2022年度收益2万元，向全省各单位进行推广应用。2022年9月举办“防触电采摘槟榔装置”科技创新成果产品新闻发布会，联合县政府、科工信局及各乡镇供销社开展产品合作销售，助力涉电公共安全管理提升工作。

【供电助力乡村振兴】 2022年，县供电局服务保亭县贫困用户6681户建立用电档案，按政策对符合条件的五保户、低保户1963户进行每月10度电减免。帮扶小微企业，利用业扩配套资金立项，投资37.71万元，新建10千伏线路及台区延伸至项目用地红线，解决海南椰农包装饮用水有限公司、保亭奇楠沉香农业科技有限公司等16家小微企业的用电问题，为全县乡村振兴发展提供保障。

（撰稿　骆志远）

应急管理

【概况】 2022年，保亭县应急管理局（以下简称县应急管理局）

2022年11月10日，保亭县举办“三区三地”讲坛（第8期）暨应急管理能力提升培训班，邀请省应急管理厅副厅长古远新作应急管理能力提升培训　（县应急管理局　供）

健全完善安全生产治理体系，夯实应急管理工作基础，加强新形势下应急能力建设，抓好自然灾害防治工作，提升防灾减灾救灾能力，推动全县应急管理体系和能力现代化建设，较好地完成应急管理、安全生产、防灾减灾、应急救援等各项任务。全年全县生产安全事故3起，死亡2人，受伤1人。未发生较大及以上生产安全事故，同比上年事故起数、受伤人数分别下降40%和67%。安全生产专项整治三年行动效果获得全省优秀等次；保亭县法治建设考核获优秀等次；在海南省首届森林消防专业队伍职业技能大比武竞赛活动中获得全省第五名；获海南省2022年防震减灾信息报送先进集体和先进个人。

【应急值班值守】 2022年，县应急管理局加强应急管理系统值班工作，提升值班工作专业化、规范化水平。研究值班人员搭配，在重大节假日、全国两会、党的二十大、防汛、森林防火等时期加强值班力量，实行主副班制度，值班备勤人员及综合救援队伍全天候在县城待命，值班员坚守岗位，确保各类值守应急作业得到及时处理；拟定值班工作规范，明确值班员职责，规范和指导县应急管理局突发事件应急处置工作，提高工作效率和业务水平；在节假日以及特殊时期，联合县委县政府总值班室，采取电话抽查及实地暗访等方式，对9个乡镇和重点部门进行值班情况检查；设立专职值班队伍，严格执行领导干部到岗带班制度、24小时在岗值班和信息报送制度，做到领导不离岗、应急不缺人、责任不脱节，确保一旦发生险情、灾情能迅速指挥调度、及时会商研判、科学高效处置；班子成员在假期期间参加应急管理部、省应急管理厅视频调度会，将会议精神呈报给县委县政府，同时参加省应急厅每天组织的视频连线调度，报告当日值班备勤情况；采取非现场执法方式，对县应急管理局分管三大行业实行24小时在线检查，利用数字化手段，强化隐患排查、规范作业和严格监督，消除执法检查的盲区和漏洞；加强会商研判和调度，在台风、强降雨期间加强与气象部门的研判，及时启动叫醒机制，做到预警全覆盖、无遗漏；依托气象+应急联署办公的优势，建立“气象+应急”气象灾害“防减救”联合会商机制，集中在气象局四楼值班，集中人力物力，设施设备共用共享、气象信息专报等业务互通，实现便捷畅通信息共享渠道；在防火和防汛期间，加强与气象部门会商研判，确保全县安全度汛度火。

【事故灾害灾难应对制度建设】 2022年，县应急管理局完善应急联动机制，建立应急联动和响应机制，推进常态化气象灾害应急会商，强化风险监测预警。推进综合安全监管，发挥减灾办统筹协调优势，建立完善联合监管机制，为“大应急、多灾种”提供科学技术支撑，联动机制要求双方强化组织领导，加强沟通协调，加大联合办公工作力度，定期召开风险评估会商会，提升全县防范应对灾害能力。

【应急预案管理】 2022年，保亭县高度重视应急预案管理工作，加强组织领导，建立以上率下的应急预案体系。针对应急预案体系的健全情况，保亭县调整议事机构，落实“三管三必须责任制”，换届年确保政令畅通，及时调整三委三指成员名单，由县政府主要负责人担任三委三指指挥长，加强组织领导，强化全县应急工作组织协调。建立“三级对接”制度，实行县领导包乡镇、乡镇领导包村居、村居干部包户的“三级联系人”制度，以上率下，做好应急管理工作，县领导班子成员深入基层一线，到包保乡镇指挥调度协调各项工作，保障人民群众的人身财产安全。完善应急预案，全县各乡镇预案体系基本建立，构建“纵向到底，横向到边”的应急预案体系，提高应急预案的科学性、可操作性和实用性。2022年印发《保亭黎族苗族自治县防汛防风防旱应急预案》《保亭黎族苗族自治县地震应急预案》《保亭黎族苗族自治县突发环境事件应急预案（修订版）》。

【应急管理信息化建设】 2022年，县应急管理局为提高灾害应对能力，接入海南省自然灾害风险预测预报预警系统，完善灾害监测预报预警和风险隐患等信息的汇集、共享与分析研判，提高保亭县应急管理信息化建设。

【应急避难设施建设】 2022年，保亭县完成5个避难场所（什玲镇、加茂镇、响水镇、七仙广场和月亮广场）的建设，根据实际情况，配套201块避难方向标识牌，每个避难场所配备有应急物资仓库，以备群众避难期使用。

【社会应急救援队伍建设】 2022年5月12日，保亭县蓝天救援队成立。全年招募蓝天救援队队员22名，县应急管理局应急处置队员黄海龙担任队长，为蓝天救援队配备救援设施设备。完成全国志愿服务信息系统信息注册，获得红十字心肺复苏（CPR+AED）培训证书，组织保亭县蓝天救援队参加应急救援技能培训、实操培训、演练以及开展拉练等活动，建设反应迅速、机动性高、突击力强的高素质民间应急救援队伍。

安全生产管理

【概况】 2022年，保亭县发生各类生产安全事故3起（其中生产经营性道路交通事故2起），死亡2人、受伤1人，未发生较大及以上事故。同比同期事故起数、受伤人数（减少2起，2人）分别下降40%和67%，死亡人数持平，呈双降一平势态。开展安全生产、督导检查1656次，检查单位2210家次，排查隐患问题1409处，整改1373处，整改率97.44%。

【安全生产责任落实】 2022年，保亭县成立9个安全生产专业委员会并制定工作规则，部署、指导协调全县安全生产工作，解决安全生产工作中的重大问题。针对重大节假日等敏感时段的安全风险防范工作，印发《保亭黎族苗族自治县安全风险防控执法检查制度》，按照各部门职能明确联合执法检查的范围和内容，形成快速响应县委县政府领导号召，强化政府监管、引导行业自律、督导检查执法规范的安全生产工作专班。为推进风险分级管控和隐患排查治理体系建设工作，保亭县选择呀诺达景区、槟榔谷景区、荣华石场3家企业作为双重预防机制建设试点企业，保亭县试点企业按时完成双重预防机制建设工作内容。县应急管理局、县消防救援大队与县检察院建立公益诉讼机制，印发《应急管行政执法与公益诉讼协作机制的意见（试行）》，给部分行业部门发送检察建议书，压实行业安全生产、消防监管责任。

2022年，保亭县将安全生产纳入党委议事日程和向全会报告工作的内容，县委常委会听取安全生产工作报告、研究部署安全生产重大事项和安全生产重大问题21次，推动安全生产责任落实见效；县委主要领导带队开展安全生产调研9次，压实各方责任，严防各类安全事故发生。县安委会召开全体会议6次，县政府主要领导开展调研工作24次，要求全县上下提高政治站位，时刻紧绷安全生产这根弦，认识抓好安全生产工作的重要性，以坚决的态度、有力的措施、严格的标准，抓细抓实各项工作。年内，县安委办联合县消安委，对保亭县11个乡镇（场居）、21个成员单位，开展年度安全生产、消防、防灾减灾考核评估工作。根据提供的考核材料，结合各单位2022年度日常工作成效、事故控制等情况进行综合评定。其中，

2022年5月12日，县委副书记、县长王惠仙（前左一）在七仙广场为保亭蓝天救援队授旗 （县应急管理局 供）

优秀单位9个，良好单位23个。

【重点行业领域安全生产专项整治】 2022年，县应急管理局加强重点行业领域安全生产专项整治。道路交通安全方面，2022年全县没有发生较大以上交通事故，一般道路交通事故30起，死亡12人，受伤37人，直接经济损失0.95万元。建筑施工和燃气方面，建筑施工领域出动595人次，检查210家企业，发现隐患1335项，完成整改1162项；组织开展燃气“百日行动”回头看安全督导检查，检查178家使用燃气餐饮场所，发现342处隐患。自建房专项整治方面，排查农村房屋22567户，存在安全隐患的C级、D级危房404户，整治完成241户。消防安全方面，检查社会单位941家，发现火灾隐患480处，督促整改火灾隐患480处，下发行政处罚决定书12份。特种设备方面，出动执法人员362人次，检查特种设备使用单位136家，发现安全隐患84条，下达特种设备安全监察指令书15份。槟榔采摘涉电安全方面，开展2022年槟榔树等高杆树障隐患清理攻坚行动，清理槟榔树61397棵，同时推广新型绝缘槟榔采摘工具。

【易制易爆危化品安全检查】 2022年，保亭县开展14次易制易爆危化品安全检查，检查单位83家，出动40人次，发现隐患6处，完成整改6处。

【特殊时段安全检查】 2022年，保亭县在元旦、春节、五一、国庆、全国两会、“消博会”等重大节会期间，成立由分管县领导带队的12个安全防范督导检查工作小组，开展督导检查253次，检查单位573家，发现隐患问题180处，完成整改175处，整改率97%。

【烟花爆竹管控】 2022年，保亭县开展烟花爆竹管控工作，年内检查25次，发现38项问题隐患，完成整改35项，完成整改率92.10%。

【非煤矿山安全管理】 2022年，保亭县有2家非煤矿山（露天采石场），无其他金属矿山。县应急管理局深入辖区非煤矿山企业，对民用爆炸物品的使用、储存、运输等关键环节的管理情况及消防设施、视频监控、安全防范等措施的落实情况进行检查，确保生产责任有落实，隐患整治无死角。检查72次，检查单位87家，发现隐患问题124处，完成整改118处。

【中央空调安全排查】 2022年，县应急管理局根据《保亭县开展制冷行业和中央空调系统安全专项检查专项工作方案》，开展保亭县制冷行业和中央空调系统安全排查，出动执法人员32人次，检查单位15家，发现隐患问题5处，完成整改5处。

【特种设备安全使用管理】 2022年，县应急管理局各部门出动执法人员362人次，检查特种设备使用单位136家，发现安全隐患84条，下达特种设备安全监察指令书15份。

【安全检查整治】 2022年，县应急管理局开展安全生产整治检查1656次，检查单位2210家，排查隐患问题1409处，完成整改1373处，整改率97.44%。

【安全生产宣教】 2022年，县应急管理局持续开展“五进”活动，高标准谋划“安全生产月”“119消防宣传月”“安全生产法宣传周”等重大主题宣传活动。举办保亭县应急消防综合科普体验馆揭牌仪式，打造海南省应急系统第一家安全生产、防灾减灾、消防知识科普体验馆，提高群众安全生产、防灾减灾、消防安全意识。

【安全生产培训】 2022年，县应急管理局组织开展重点行业全员、全景、全要素安全生产隐患排查治理和短板弱项能力提升培训，重点企业双重预防机制建设能力提升培训，矿山事故警示教育和疫情防控宣传培训，高危行业复工复产前安全生产培训等大型宣传教育培训9次，培训教育群众、企业人员1.2万余人；邀请省应急管理厅副厅长古远新到保亭县“三区三地”讲坛（第8期）暨应急管理能力提升培训班专题授课，促进全县应急管理能力水平提升。

【安全事故查处】 2022年，保亭县发生各类生产安全事故3起（生产经营性道路交通事故2起），死亡2人、受伤1人，未发生较大及以上事故，完成事故调查。

消防救援

【概况】 2022年，保亭县接处警510起，其中火灾94起、抢险救援43起、社会救助263起、公务执勤66起，共出动队伍515次，出动车辆634辆，出动人员3387人；成功处置“4·20”毛岸茶厂养蜂合作社火灾救援和“9·21”什玲河水上涨2人被困救援；完成“奥鹿、暹芭、纳沙”等台风及引起的次生灾害事故应急救援任务；完成春节、元宵、五一、国庆、博鳌亚洲论坛年会、第二届消博会、党的二十大等重大节假日和重大活动消防安保任务。年内，保亭县消防救援大队（以下简称县消防救援大队）开展火灾事故调查94起，死亡0人、直接财产损失110.69万元、过火面积3235.2平方米、受灾户数39户、受灾人数61人。

【消防队伍建设】 2022年，县消防救援大队始终以习近平新时代中国特色社会主义思想和训词精神为统领，牢固树立“追求卓越、勇于超越”的队训精神和“走全省前列为中部立标杆”目标，始终聚焦“固本拓新、能力提升”两个基本点。全年县消防救援大队在年度重点工作目标任务考核、海南省宣传岗位比武竞赛和海南省专职队队列会操比武竞赛3项工作中均获大队组第一名；在年度执勤岗位大练兵比武竞赛中有3人夺得单项第三，1人获得单项第四的好成绩；在海南省水域救援对抗比武竞赛中总成绩位居大队组第四名；获省级“青年文明号”“一星级青年文明号”“先进党组织”“执勤训练工作先进单位”“先进基层单位”“海南省五四红旗团支部”等荣誉；3名指战员被总队评为优秀党务工作者和优秀共产党员；10名指战员分别被记三等功和嘉奖；2022年获赠4面荣誉锦旗。

【消防管理责任制推进】 2022年，县消防救援大队按照“党政同责、一岗双责”要求，持续压实政府领导责任、部门监管责任、单位主体责任。主动加强与县委、县政府领导的请示汇报，推动党委政府履行消防工作职责，县政府召开专题会议研究部署消防工作6次，分析消防安全形势2次，修订完善《消防安全督办约谈实施办法》《消防安全委员会工作规则》《消防安全委员会成员单位消防工作职责》。年内党政领导带队检查消防工作20余次，推动党委政府履行消防工作责任。

【社会消防管理】 2022年，县消防救援大队紧盯火灾防控主责主业，发挥县消防安全委员会平台作用，优化调整县、镇（乡）两级消防安全委员会议事协调机构，召开联席会议4次。推动发改、卫健、民政、教育等部门开展行业消防安全标准化管理工作，落实部门消防工作协调机制，健全消防监管信息共享、突出问题函告、高危风险提示、隐患联合治理等机制；教育、民政、卫健、旅文、发改、住建等系统开展消防安全联合检查50余次，有效形成工作合力，为保亭县消防安全持续稳定的局势奠定坚实基础。

【火灾防控】 2022年，县消防救援大队扎实开展消防安全三年整治、生产经营租住村（居）民自

2022年4月20日，县消防救援大队在毛岸茶厂养蜂合作社进行火灾扑救
（县消防救援大队　供）

建房重大火灾风险综合治理、高层建筑综合治理、电动自行车火灾综合治理、冬春火灾防控等专项行动。联合县公安局印发《保亭黎族苗族自治县电动自行车、电动摩托车上牌前消防安全宣传教育框架方案》，将消防宣传教育融入电动自行车登记上牌前工作，召开保亭县电动自行车集中停放充电场所规范化现场会，解决电动自行车购买人、使用人消防安全意识不高的问题；主动提请县领导对乡镇和县公安局开展“三合一”场所消防安全约谈，督促乡镇和公安部门压实消防安全责任；主动联合乡镇开展沿街商铺排查，建立“三合一”场所底数清单；联合开展行业部门领域企业约谈8次，推动社会单位落实消防安全主体责任。全年检查社会单位918家，督促整改火灾隐患469处，下发《行政处罚决定书》32份，临时查封9家，责令“三停”4家，罚款7.18万元，为保亭县社会经济发展营造良好消防安全环境。

【消防宣传培训】 2022年，消防科普馆建成投入使用，对外开放30余次，参观人数1万余人。谋划实施消防宣传“五进”“3·15”“5·12”“科技活动月”“安全生产月”“119消防宣传月”等专题消防宣传活动，开展消防安全培训100余场次，发放宣传资料3万余份；全民消防学习平台人均积分达130分，位居海南省大队级第二名。深化消防文创推广，年度宣传片《迈向曙光》在海南省“119消防宣传月”启动仪式上展播。新闻媒体发稿质量数量稳步提升再创新高，发稿1200余篇，上稿总量位列海南省大队级第一，《CCTV2正点财经》《第一时间》《直播海南》《海南日报》等多家媒体相继播发《海南保亭暴雨致河水上涨2人被困消防员救援》等新闻素材，展现保亭县火焰蓝的良好形象。

【消防演练】 2022年，县消防救援大队优化人员装备，加强专业训练和战法操法研究，年内党委分析研判执勤训练工作12次，开展作战训练督导检查12次，解决隐患问题58条。立足保亭“三区三地”建设和十大重点产业规划，联合应急、公安、交通、林业等开展森林、水域、地震、交通和非煤矿山等联合演练；结合应急救援作战指挥力量体系建设，针对辖区灾害特点分别开展地震、高层、地下等作战力量体系拉动演练。修订完善重点单位灭火救援预案42份、典型灾害类型预案15份和跨区域增援预案1份；参与重大活动安保及勤务66次，党的二十大安保期间，开展危化品车辆护航行动7次；“纳沙”“暹芭”台风救援任务中实行桌面推演2次；普查辖区市政消火栓368个，重点单位“六熟悉”90次，实地演练76次。

（撰稿　唐　凯）

自然资源·生态环境

资源规划管理

【概况】 2022年，保亭县自然资源和规划局（以下简称县资规局）开展县国土空间总体规划、乡镇及村庄规划编制，保亭县内个人国有土地使用权、集体土地所有权与使用权登记的权属审核和确认，闲置土地调查、积压房地产土地确权、具体建设项目用地供后监管及设施农用地备案管理，村民宅基地权属、临时用地、集体建设用地利用、集体农用地出让和审核、报批，房屋、土地产权产籍管理，永久性建设项目的放验线、主体封顶核验，核实建设工程规划条件等工作，顺利完成各项任务。办理14宗新增建设用地项目农用地转用审批手续，总面积743.44亩。

【国土空间规划编制】 2022年，保亭县启动中心城区、健康产业园区、加茂镇医疗健康产业园区、三道镇旅游度假区及六弓乡乡区低碳健康产业园等一区多园工作，年内逐步开展控规编制前期工作。完成七仙岭景区控制性详细规划批复实施和入库。年内，全县60个行政村465个自然村制定村庄规划，55个行政村村庄规划经县政府批复实施（其中17个村庄规划入库），剩余5个村庄规划完成阶段成果。

【城乡规划管理】 2022年，县资规局组织召开城乡规划委员会7次，审议议题70项，通过议题60项，其中包括1个规范性文件、3个行政村村庄规划成果（2019—2035）、4个政府投资项目建筑设计方案、11个社会投资项目建筑设计方案、19个地块指标修改论证及22个规划调整方案。

【规划批后管理】 为加强事中事后监管，开展保亭县建设工程项目批后规划管理季度巡查，巡查项目319次，其中第一季度巡查108个项目（52个政府投资项目，56个企业投资项目），第二季度巡查101个项目（51个政府投资项目，50个企业投资项目），第三季度巡查110个项目（53个政府投资项目，53个企业投资项目，4个私人住宅项目）。第四季度巡查109个项目（53个政府投资项目，53个企业投资项目，3个私人住宅项目）。巡察发现11个问题，督促建设单位限期整改。

【农宅规划报建管理】 2022年，县资规局组织完成保亭县9个乡镇农房报建“零跑动”系统培训10次，使用农房报建“零跑动”平台受理报建98宗，办结64件。同时采用多种形式宣传“零跑动”工作，包括悬挂横幅、在网络上转发动画报建指南等，增强群众报建意识。

【矿产资源管理】 2022年，保亭县做好基础资源供给保障，促进项目建设。全年建筑用石料总产量 212.05 万吨。编制绿色矿山建设总体方案，推进绿色矿山建设；督促矿山企业加强矿山地质环境恢复治理，严格按照边开采、边修复、边复绿原则，要求矿山提高治理修复复绿成效，落实矿区生态保护责任。年内全县矿山恢复治理面积 8.5 亩，投资 32 万元。

土地管理

【耕地保护】 2022 年，县资规局推行耕地保护“田长制”专项工作，加大日常耕地保护巡查力度，遏制耕地“非农化”，严格管控“非粮化”；通过公开招标引入社会资本投资开垦保亭县补充耕地项目。全年实施 4 个“旱改水”项目；编制《保亭黎族苗族自治县 2022 年度耕地“进出平衡”总体方案》，耕地流入总数 317.7 亩，其中水田 311.1 亩，旱地 6.6 亩。

【土地供应和出让】 2022 年，保亭县供应土地 26 宗 685.26 亩，其中划拨土地 14 宗 210.5 亩；出让土地 12 宗 474.76 亩，土地出让金 25845.31 万元。

【土地卫片图斑核查】 2022 年，县资规局下发年度卫片图斑总数 112 宗，经调查核实，确认 82 宗属于违法用地图斑，余下为合法图斑或其他类图斑。82 宗违法图斑全部移交县综合行政执法局开展整改工作，截至年底，整改到位 19 宗，余下 63 宗整改中。

【违建专项整治】 2022 年，保亭县“违建”项目 21 宗，涉及 409 栋建筑物，完成 19 宗项目（313 栋建筑）整改工作，整改完成率 90.5%。

【重大专项整治】 2022 年，保亭县土地领域突出问题 3 类 27 宗，其中第一类违法违规使用土地问题 15 宗，第二类闲置土地问题 9 宗，第三类违法违规批地问题 3 宗；完成问题整改 24 宗，其中第一类违法违规使用土地 15 宗，第二类闲置土地问题 7 宗，第三类违法违规批地问题 2 宗，整改完成率 88.89%。

（撰稿　刘舒微）

环境保护

【概况】 2022 年，保亭县环境质量保持总体优良，重点减排工程水污染物减 NH3 减排量 0.30 吨，COD 减排量 1.57 吨。优良天数比例 99.1%，PM2.5 平均值为 11 微克每立方米，PM10 平均值为 19 微克每立方米，臭氧平均值为 104 微克每立方米，位列海南第四；10 个省控地表水水质均达到“十四五”目标，6 个城镇内河和 11 个集中式饮用水水源（含城镇、乡镇、万人千吨断面）均达到或优于Ⅲ类水质标准，达标率 100%，位列海南第五；积极推进全面禁止生产销售使用一次性不可降解塑料制品工作，位列海南第四；积极推进保亭县农村生活污水治理工作，年度农村生活污水处理设施标准化运行管理考核并列海南省第六；被生态环境部授予第六批“绿水青山就是金山银山”实践创新基地称号。

【赤田水库流域治理】 2022 年，保亭县共涉及《2022 年度赤田水库生态补偿重点工作台账》中的 25 项任务，其中 4 项重点工作、21 项重点项目。年内，在

2022年11月17日，三道镇合口桥鸟瞰图　（县生态环境局　供）

推进赤田水库流域综合治理重点工作、项目谋划、生态保护补偿综合效益方面考核结果获“优”，高质量完成年度目标，完成率100%。赤田水库上游流域水质由Ⅲ类提升并稳定在Ⅱ类，赤田水库流域生态环境取得阶段性成果。

【应急预案备案管理】 2022年，保亭县生态环境局（以下简称县生态环境局）修订印发《保亭县突发环境事件应急预案》，健全、完善保亭县突发环境事件应对体制、机制，厘清突发环境事件指挥体系和部门分工，提高突发环境事件的预防、预警能力。强化环境应急预案管理，督促保亭万家燃气有限公司、保亭鑫隆贸易有限公司加茂加油站、保亭新星德旺石料有限公司案、三道水质净化厂开展环境风险评估。

【大气污染防治】 2022年，县生态环境局做好挥发性气体管控工作，督促全县7家加油站安装三次油气回收设备，4家加油站完成安装。狠抓尾气排放治理，收缴报废车2083辆、查处报废车辆上路123起、逾期未检验569起、超载137起，以及注册新能源车辆292辆；开展路检路查工作，抽测柴油车19辆，其中尾气排放不合格6辆，均已依法依规进行处置；开展全县670台非道路移动机械上牌登记及补贴发放工作，完成登记535台，出牌493台。治理建筑工地和道路扬尘，年内全县在建项目52个，其中房建项目51个，27个项目符合安装扬尘噪声监测系统均完成安装，同时安装塔吊扬尘喷淋系统等降尘措施；推进道路机械化清扫，机扫率达90%。持续落实“六个严禁，两个推进”，加强春节元宵节烟花爆竹燃放及民爆物品管控；建设秸秆禁烧监控系统并投入使用，报警处理率100%；落实餐饮业油烟净化设施安装。强化高耗能特种设备监管，确保在用锅炉安全使用，防止停用燃煤锅炉死灰复燃，全县在用锅炉9台，停用锅炉3台；开展燃气下乡“气代柴薪”工作，实现非城镇户籍家庭燃气全覆盖。

【水污染防治】 2022年3月3日，保亭县治水工作领导小组办公室挂牌成立，以县委书记、县政府县长为双组长领导，实行专班运作，人员集中办公，内部设综合组、业务组、监督组3个工作组，从县农业农村局、县水务服务中心、县生态环境局等部门抽调人员组成，制定治水工作方案、年度工作要点及任务分工、工作职责清单、工作会议制度、治水办公室工作规则、工作信息管理制度等，为保亭县治水工作提供坚强的制度保障。做好全县饮用水水源地环境问题整治和城镇内河治理工作，完成11个饮用水水源地立碑定界和隔离防护网工程；开展饮用水水源地巡查29次，未发现异常情况；谋划推动毛拉洞集中式饮用水水源地保护项目，完成项目前期工作；谋划推进保城河流域污水处理厂尾水人工湿地水质净化项目，有序开展初步设计及概算编制工作。开展保亭县入河排污口排查整治工作，完成省政府、省生态环境厅部署的年度入河排污口排查工作任务，完成宁远河、赤田水库流域的排查工作，正在进行藤桥河流域排查工作。

【土壤污染防治】 2022年，县生态环境局印发《保亭黎族苗族自治县土壤环境质量监测网络建设项目报告》。督促保亭县土壤重

2022年10月9日，县生态环境局对宁远河流域毛感村委会附近入河排污口开展调查
（县生态环境局 供）

点监管企业完成 1 次隐患排查工作，将《隐患排查报告》报至省生态环境厅。县生活垃圾填埋场开展土壤及地下水监督性监测工作。严格执行土壤保护相关规定，保亭县地块具备土壤检测报告，确保供应地块符合土壤防护标准，12 宗供地项目完成土壤检测报告。组织开展县涉镉等重金属行业企业排查工作，暂未发现粮食镉等重金属超标异常区域，以“十三五”全口径涉重金属重点行业企业清单为基础，开展重点行业企业用地土壤污染状况调查、第二次全国污染源普查、建设项目环境影响评价、排污许可、粮食质量安全监测等，全县暂无涉镉等重金属企业。

【排污综合整治】 2022 年，县生态环境局严格排污许可管理，依法严厉打击各类环境污染违法行为，抽查保亭县排污企业 45 家次，检查 27 家涉危废企业，对 4 家超标企业立案查处，案件办理中。

【噪声污染治理】 2022 年，县生态环境局联合县综合行政执法局、县公安局对保亭县歌舞娱乐场所、餐饮经营店、工业生产等产生噪声企业开展噪声监测工作。全年开展噪声监测工作 37 家次，对噪声超标排放经营者，移交县执法部门进行依法查处。

【“禁塑”工作推进】 2022 年，保亭县开展“禁塑”工作，各项任务落实到位，成效显著。

组织领导压实工作责任　年初，印发《2022 年保亭黎族苗族自治县禁塑工作要点》《关于进一步做好党政机关塑料污染治理工作的通知》《保亭黎族苗族自治县农贸市场禁塑财政补助实施方案》等工作方案，每季度定期组织召开“禁塑”工作专题研究会，对“禁塑”工作重点领域、重点环节进行再强调、再部署。

强监管力度联合执法　多次联合县公安局、县交通局、县发改委和县综合行政执法局等部门开展“禁塑”执法行动，形成高压严打态势，对销售、运输、储存和使用一次性不可降解塑料制品等违法行为依法进行查处。年内，共立案调查违规使用违禁塑料制品案件 124 宗，其中办结 112 宗，罚款 6.16 万元，12 宗正在处理中，全年任务目标完成率 137%，保障“禁塑”实施效果。加强物流行业监管，联合县交通管理部门、县市监局及县综合行政执法局等部门重点对进入全县的 8 家物流企业进行 10 次检查活动，共检查货车 34 辆，检查物品 225 件，查处塑料制品 12 件，均移交县市场监督管理部门进行查处。加强旅游行业管理，县旅文部门分批次到景区、酒店开展检查。开展专项检查 8 次，检查企业 332 家次。全力推进农膜回收利用，全县回收目标 165 吨，实际回收 165 吨，转运 145.65 吨，全年回收率 100%。

持续督导调度保落实　县禁塑办及相关禁塑技术单位组成联合考核组定期开展“禁塑”督导，对县社区、公共机构、超市、农贸市场共 51 个单位进行现场检查，及时将督导发现的“禁塑”宣传少、日常巡查不到位和台账不齐等问题进行通报，持续跟踪并督促整改落实。通过持续督导和抽查，督促各单位举一反三，加大宣传教育力度，开展自查和整改，积极推进重点行业场所“禁塑”达标建设，扎实推动“禁塑”各项工作落实。制定《保亭黎族苗族自治县农贸市场禁塑财政补助实施方案》，对县 7 家农贸市场开展评估考核，对排名前三的农贸市场分别补贴 10 万元、6 万元和 4 万元。

舆论宣传营造氛围　举办形式多样的“禁塑”宣传活动，倡导绿色低碳生活方式。年内，县各相关单位分别在县城城区、七仙广场、农贸市场、各乡镇中心等区域累计开展“禁塑”宣传活动 20 场次，发放“禁塑”宣传物料 7000 余份。全媒体联动，以公益广告的形式开展宣传，播放《保亭：执法宣传两手抓　禁塑工作显成效》《海南省 2021 年度市县禁塑工作评估情况发布　保亭进入优秀等次排名全省第三》等报道，传播绿色声音，讲好环保故事；在电视频道及广播频道，每天播放《海南禁塑　没你不行》《人人参与禁塑　攻坚活力自贸港》《禁塑时代，我要做街上最靓的仔》《海南禁塑公益广告》等公益广告不少于 5 次。全年电视频道播放 1680 次，广播频道播出 1008 次；在“你好保亭”客户端、“保亭宣传”微信公众号等新媒体平台推送“禁塑”科普知识、开展宣传、教育、倡导“禁塑”工作，共推送《禁塑科普为什么要禁塑》《禁塑时代，我要做街上最靓的仔》等报道16篇，提高群众“禁塑”意识，发动群众积极参与“禁塑”行动。推广低碳生活方式，充分发挥县总工会、县妇联、团县委等群众性团体组织作用，组织巾帼志愿者、妈妈训教团成员们深入旅游景区、街头巷尾、商户店铺、进村入户讲解“禁塑”的重要意义，累计组织“禁塑”宣传教育活动14次，表彰寻找“最美家庭”57户、创建“绿色家庭”100户等一系列的活动，形成社会各界积极参与，广泛支持“禁塑”工作的良好氛围。

农贸市场综合整治　县市场服务中心出台相关制度，将“违反禁塑规定使用一次性不可降解塑料制品的摊位将停业15天”规定列入摊位租赁合同。年内，因违反“禁塑”规定被停业的摊位共有33家。提高农贸市场替代品占有率，县城、响水、新政、三道、毛岸、什玲、加茂、毛感、南林等农贸市场集中采购可降解袋，六弓、大本2家农贸市场无人入场经营，暂未开展集中采购工作。保亭县基本已施行集中采购生物降解塑料制品工作，集中采购率达100%。

【工业污染整治】 2022年，县生态环境局以烟雾、粉尘、颗粒物等污染物排放量较大的行业为工业污染治理的重点，指导排放污染物企业采取相对应的污染防治措施，采用低能耗、低污染的生产工艺，减少污染物产生及排放，加强对各类污染源的监管，确保企业污染物治理稳定运行。

【危险废弃物规范管理】 2022年，县生态环境局制定《保亭黎族苗族自治县2022年危险废物规范化管理检查工作方案》，成立“危险废物”专项领导小组，研究部署工作，做好危险废物规范化管理。联合县公安局、县综合行政执法局、县卫健委、县检察院等部门，开展保亭县危险废物联合检查，对现有危险废物产生单位进行检查，开展检查行动15次，出动工作人员340人次，检查产废企业120家次，严厉打击危险废物环境违法犯罪行为，保障人民群众身体健康和生命安全，严肃查处非法收集、贮存、转移、处置和倾倒危险废物等违法行为。组织县危险废物产生单位参加省生态环境厅举办的线上固体废弃物环境管理培训班，下发《中华人民共和国固体废物污染环境防治法》《机动车维修管理规定》等，进一步强化危险废物规范化管理意识。

【生态环保宣传教育】 2022年3月22日，以“世界水日”“中国水周”宣传活动为契机，联合县水务服务中心以“推进地下水超采综合治理，复苏河湖生态环境”的主题，通过悬挂横幅、发放宣传册、环保购物袋、遮阳帽等宣传品等形式，向群众普及节水理念和节水小窍门，现场解读水资源保护、水污染防治等有关法律法规知识，传递节约理念，号召群众自觉保护饮用水水源，共同建设节约型社会。5月20日，县生态环境局以“共建地球生命共同体”为主题，开展国际生物多样性日宣传活动，在县城及各乡镇设立宣传点、发放宣传材料、悬挂宣传横幅，向民众深入普及生物多样性知识，广泛宣传生物多样性保护成果，提高公众生物多样性保护意识，促进保亭县关注参与生物多样性保护。5月24日，以“走进科技，科普海南，你我同行”为主题，向公众宣讲环境保护的知识以及环境保护的重要性，发动民众积极参与环境保护，倡议居民以实际行动自觉杜绝一切破坏环境的行为，共同维护保亭的绿水青山。6月3日，以世界环境日为契机，在县城及各乡镇组织开展以“共建清洁美丽世界”为主题的宣传活动，营造全社会共同建设美丽家园的良好氛围，为建设美丽保亭而努力奋斗。11月21—25日，联合县教育局等部门在加茂镇中心学校、响水镇瑞华学校、什岭镇八村学校、三道镇中心学校、毛感乡中心学校，开展“学会垃圾分类　保护生活环境”主题活动，以开设小课堂、同学之间相互问答、组织情景剧、实践等方式，让学生主动掌握垃圾分类、禁塑和生态环境保护等知识，树立保护生态环境的理念，勇当环保小卫士，形成良好氛围。

环境监管执法

【环保监管体系建设】 2022年，县生态环境局使用无人机开展环境监测巡查工作，出动无人机 15 架次，缩短巡查时间，提高发现问题精准度。配备秸秆焚烧红外报警装置仪器装备 27 台，利用热辐射原理，提供温度测量和热状态分析，克服夜查光线不足、路线不清、产状不明等问题，为大气污染防治提供技术支撑。通过污染自动监控系统，指导帮扶 10 家次企业加强做好自动监控工作，实时掌握 4 家涉水企业排污污染物情况。

【环境监测】 2022 年，县生态环境局完成环境空气监测工作，大气降雨，全年无酸雨，其中农村环境空气质量、重点旅游度假区空气监测采用自动站监测数据，七仙岭子站优良率 99.7%、呀诺达子站优良率 100%。完成县域生态环境考核毛拉动水库取水口、什玲公路桥、南村电站水质监测工作。完成 3 个县控地表水（水尾河支流白水岭河白水岭水桥、水尾河支流合口河东明二队桥、水尾河水尾村桥断面）的监测工作。完成 2 个农村环境质量控制断面（番那水库、排寮河）水质监测。完成 7 个问题水体溯源（番文村、明珠桥、抄茂桥下游、南环路桥、新星农场、新星农场七区一队、什寮村断面）的水质监测。协同省监测中心完成城镇内河 6 个断面的水质监测。每半年、季度组织对省控和县控污染源、中央环保督察整改复查企业等重点和非重点污染源开展监督性监测工作，每半年对 3 省控重点污染源企业开展在线监控比对监测工作，监测完成率 100%。完成“万人千吨” 3 个饮用水水源点位（新星农场七仙岭水库、三道镇镇虚、响水镇藤桥东河）监测和 6 个村镇饮用水源（响水镇、什玲镇陵水河、保城镇保亭东河、六弓乡藤桥东河土眉溪、南林乡藤桥西河什浩溪、三道镇三弓村藤桥西河前进溪饮用水源）监测，监测结果显示 9 个水源地水质均达到Ⅲ类水质。

【中央环保督察反馈问题整改】 2022 年，第一轮中央第四环境保护督察反馈问题涉及整改销号事项共 7 项，全部完成整改销号工作。第二轮中央第三环境保护督察反馈问题涉及保亭县整改销号事项共 8 项，全部完成整改销号工作。

【省生态环保百日督察工作整改】 2022 年，保亭县涉及海南省百日大督察整改任务共计 17 项，全年完成 13 项任务整改，2 项需长期坚持的工作正在推进中，2 项需在 2021 年底前完成销号的任务正在整改中。

【环境信访处理】 2022 年，县生态环境局收到 12345 热线、12369 环保、海南省网上信访平台反映的投诉件共 337 件，办结 337 件，办结率 100%。

森林防灭火

【概况】 2022 年，保亭县森林防灭火指挥部办公室（以下简称县森防办）坚持“预防为主，防灭结合、高效扑救、安全第一”的工作方针，从组织领导、宣传教育、队伍建设、督促检查、联防联控、火源管理等方面强化措施、狠抓落实，严格做好各项森林防灭火工作，实现森林火灾零发生。

【森林防灭火宣教】 2022 年，县森防办进村入户与全县农户签

2022年11月2日，县森防办组织县森林消防专业队伍到昌江县参加海南省2022年森林消防职业技能大比武 （县森防办　供）

订森林防火告知书（承诺书），签订3.2万余份；通过新媒体短视频将烧蜂取蜜案例形成“以案说法”，对案件当事人的反思短视频进行广泛宣传，达到“以案促教”的警示教育实效。全年出动宣传车辆350余辆次，工作人员1060余人次；发放森林防灭火宣传手册、森林防火“十不要”等宣传资料5200余份；悬挂宣传横幅620余条；张贴森林禁火令800余张；利用新媒体手段推送森林防火相关图文短视频信息32条，浏览量近10万次；在县广播电视台电视播放涉及森林防灭火方面的新闻报道24篇，相关公益广告1500余条；在各乡镇重点部位增设防范森林火灾宣传警示牌49处；各部门开展宣传活动发放森林防灭火宣传资料4000余份。

【野外火源管理】 2022年，县森防办制定印发《保亭县2022年森林高火险期防灭火工作方案》、关于填报重点区域、特殊人群、森林消防应急救援队伍及装备统计表，要求各乡镇（场居）摸排辖区内的重点区域、特殊人群、队伍及装备。各乡镇（场居）统计上报重点区域40余个，半专业扑火队伍8支。执行《保亭黎族苗族自治县森林禁火令》（第1号）的禁火时间、禁火区域、禁止行为及案件查处。进入森林高火险期特别是在“三月三”、清明节、五一、国庆和党的二十大召开期间等重点时段、重要会议期间，组织全县各级扑火队伍、护林员，在各乡镇重点林区开展森林防灭火巡逻并分组到公墓巡查蹲守。利用无人机对保亭县城周边重要区域和涉林景区等重点区域进行森林防灭火巡查。组织开展森林火灾隐患排查和查处违规用火行为专项行动，出动177人次，排查隐患21处，下发整改通知书2份，劝阻教育10人，罚款5500元。

【加强森林防火期值班备勤】 2022年，县森防办在保亭县进入森林防火期后，与县应急指挥中心合署办公，24小时在岗值班，落实领导带班制度，专业队伍集中办公、集中训练、集中吃住，实行备战备勤制度，做好应急准备；经常性开展队伍体能和技能训练，熟悉扑火装备拆卸，进行装备维修养护。

旅游业

综述

【概况】 2022年，保亭县积极响应政策，助力旅游业做好疫情防控和恢复，接待总游客219.71万人次，同比下降28.49%；旅游总收入13.7亿元，同比下降20.63%；接待一日游游客137.3万人次，同比下降33.9%；接待过夜游客82.41万人次，同比下降17.21%。

【旅游资源】 保亭县旅游资源丰富，有特色温泉，奇峰，原始热带雨林，奇洞怪石，飞泉瀑布，森林覆盖率85.2%，居海南省前列。拥有最长23千米溶洞——千龙溶洞；世界最大面积（600亩）的热带尖状喀斯特地貌——仙安石林；七仙岭温泉享有“天下圣泉”美誉，是海南岛唯一一处处于“半野生”状态自喷温泉，有7个自喷泉口，日喷水量3800立方米，最高水温95℃，温泉水质软滑、清澈透明、无色无味，含有锌、锶、锂、溴等多种人体所需的微量元素，属弱碱性、低矿化重碳酸钠型氟硅医疗温泉水。拥有丰富的人文资源，如黎族优秀传统文化黎锦染纺制作技艺、竹木器乐技艺、钻木取火技艺、树皮衣制作技艺等国家非物质文化遗产项目，其中黎锦染纺制作技艺被列为联合国教科文组织急需保护的非物质文化遗产项目。拥有节庆活动品牌——嬉水节，是国台办确定的8个海峡两岸交流基地之一。

依托得天独厚的资源条件，保亭县建成五大旅游景区，分别为以黎苗文化为主题的国家AAAAA级旅游景区槟榔谷黎苗文化旅游区；以雨林文化为主题的国家AAAAA级旅游景区呀诺达雨林文化旅游区和国家AAAA级七仙岭温泉国家森林公园；以中华玉文化为主题的神玉岛文化旅游区；以茶文化为主题的保亭常青茶溪谷景区。

【旅游业发展规划】 2022年，保亭县旅游和文化广电体育局（以下简称县旅文局）开展文旅行业“十四五”规划编制工作，收集各部门“十四五”期间工作计划，对接规划设计编制单位沟通规划编制事宜，完成编制并根据专家评审会及各相关单位意见进行修改，对标省旅文厅“十四五”规划和保亭县“十四五”规划内容进行深化，组织专题会研究修改完善，12月完成编制，正式印发。

【“旅游+”融合发展】 2022年，县旅文局助力乡村振兴，实施“旅游+农户”等旅游扶贫模式，带动贫困户抱团发展。通过开展“请进来，走出去”活动，促进农民增收；带动保亭县乡村旅游及周边景区、酒店、农庄、果园消费，激发农旅融合新活力，助推农副特产增收，实现产业兴农、乡村振兴。开展“乡村旅游后备箱工程”，让物产变商品，让商品变产品，让产品变品牌，推动旅游扶贫商品进A级旅游景区和3椰以上乡村旅游全覆盖。开展招商引资，支持社会资本参与乡村振兴，大力发展乡村旅游、高端民宿、康养基地等产业。

助力扫黑除恶。利用微信公众号，宣传报道旅游和文化行业扫黑除恶专项斗争开展情况。在工作场所和旅游、文化经营场所利用电子横幅滚动播放扫黑除恶警示标语，公布“12318”文化市场和“12301”旅游市场举报电话，动员广大人民群众和消费者检举揭发旅游和文化行业欺压同行、称霸市场、强买强卖、扰乱行业秩序等违法违规经营行为，获取案件线索，推进专项斗争，形成全社会全行业扫黑除恶浓厚氛围。

推进“旅游+体育”融合发展。7月9日，举办海南亲水运动季水上篮球挑战赛；12月9日，举办“献礼二十大　舞动新时代”保亭县原创健身操舞交流赛；12月15—17日，举办保亭县“迎春杯”农民男子篮球赛，推动体育与旅游、文化融合。

【融入大三亚旅游经济圈】 2022年5月30日，保亭县与三亚经济圈各市县发起“奇趣旅行家”攻略创意赛活动，丰富三亚经济圈旅游和文化资源，对三亚经济圈旅游线路、攻略玩法进行更新迭代，活动期间收到2534篇优秀攻略作品，含保亭县内容作品投稿数411篇；8月17日，经过线上投票和专家评审环节，比赛选出获得大奖的27份优质作品，在线上携程平台全方面展示。

促进区域联动。参加三亚经济圈旅游营销推广政企座谈，积极为三亚经济圈提供保亭方案。为将三亚经济圈打造成为国际旅游胜地，带动陵水、保亭、乐东、五指山等周边市县发展，召开三亚经济圈旅游一体化工作小组办公会议，保亭县作为工作小组成员参与会议。

收集保亭县研学产品，与“三亚经济圈”成员市县一起策划制作《“三亚经济圈”研学旅行手册》。

注重宣传，扩大影响。10月8日，与三亚经济圈各市县联合举办首届“三亚好礼杯”三亚经济圈旅游文化商品创意设计大赛，征集作品267份，根据分值评选出金奖3名、银奖5名、铜奖7名、优秀奖和大学生创新奖各10名。

【旅游助力复工复产】 2022年，县旅文局加大政策扶持力度。为鼓励五一期间旅游企业复工复产，帮助旅游企业渡过难关，制定印发《保亭黎族苗族自治县2022年五一期间旅游产业扶持补贴方案》，对推出0元门票入园的旅游景区进行补贴，达到增加保亭县五一游客人数的目的。为提振保亭县旅游市场，激发旅游市场活力，激励旅行社招徕旅游客源，延长游客停留时间，促进保亭县旅游业有序恢复，制定印发《保亭黎族苗族自治县促进旅游业发展奖励方案》。为全面贯彻落实旅游产业发展政策，重振旅游企业复工复产，通过补贴的方式，提振旅游企业的信心和竞争力，制定印发《保亭黎族苗族自治县2022年暑期旅游补贴方案》。

积极组织旅文企业申报补贴。县旅文局组织27家企业通过“海易兑”平台进行申报，通过省级审核公示22家，发放奖补资金562.52万元。根据省旅文厅《海南省旅游企业纾困解难稳定旅游消费市场工作实施方案》，组织旅游企业申报，10家企业获得奖补，其中A级旅游景区3家，椰级乡村旅游点6家，乡村民宿1家；根据省旅文厅《关于印发海南省旅游业高质量发展奖补资金使用实施细则的通知》，组织文旅企业申报，5家企业获得创建乡村旅游点奖励，其中5椰级2家、4椰级1家、3椰级2家；根据省旅文厅《关于印发加快复工复产振兴旅游业若干措施资金补贴项目申报指南暨启动资金申报工作的通知》，组织相关文旅企业申报，7家企业获得奖补，其中助力旅游住宿业纾困增收补贴3家，旅游商品企业补贴1家，A级景区有序运营补贴3家。

【构建全域旅游新业态】 2022年，县旅文局贯彻落实县委、县政府打造“三区三地”战略部署，结合“十大特色重点产业”发展方向，推进保亭县雨林度假、文化创意、运动探险三大产业发展，编制印发《保亭黎族苗族自治县运动探险产业发展三年实施方案》《保亭黎族苗族自治县雨林度假产业发展三年实施方案》

《保亭黎族苗族自治县文化创意产业发展三年实施方案》，提升旅游经济高质量发展水平，巩固保亭县全域旅游发展。

【景区景点建设】 2022年，县旅文局推进呀诺达景区项目建设，其中探索（Discovery）旅游度假综合体项目（探索谷区）完成工程建设进度约80%、呀诺达索道项目完成工程建设进度约90%，雨林商业街完成主体施工。服务指导槟榔谷黎苗文化旅游区推出雨林天眼、步步惊心等网红体验新项目，提升景区品牌知名度及核心竞争力。呀诺达、槟榔谷、七仙岭三大A级景区2022年接待游客83.91万人次，实现门票收入2291.36万元。

旅游管理

【概况】 2022年，保亭县印发《关于从严从紧抓好疫情防控的紧急通知》《关于进一步做好我县旅文行业疫情防控工作的通知》《关于做好2022年国庆节及党的二十大召开期间旅游市场有关工作的通知》等文件，组织各旅文企业严格落实疫情防控常态化各项措施。

开展安全生产整治工作。成立旅游和文化行业安全生产工作领导小组，统筹旅文行业安全生产工作；组织开展安全生产隐患排查，督促企业认清形势，落实安全生产主体责任。组织开展重大节假日安全生产隐患排查、防汛防风工作、自建房整治工作、防溺水防范工作；组织开展城镇燃气安全风险隐患排查整治；组织开展电动自行车火灾安全防范检查；做好涉林旅游景区火灾隐患排查工作、防震减灾工作；开展旅游景区汛期建筑施工安全排查工作；开展新业态安全隐患专项治理，多种方式开展安全生产、防灾减灾、森林防火等宣传。

开展旅游和文化市场监督管理工作，以及旅文市场养老诈骗整治专项行动。加大投诉处理力度。安排专人负责旅游投诉和舆情处理工作，在接到投诉后，立即与投诉人和被投诉人联系，具体掌握投诉内容及投诉人诉求，协调解决；必要时到投诉点进行现场询问调查，确保所有投诉第一时间、第一地点得到有效处理。全年受理旅游投诉380宗，全部得到妥善处理。组织配合开展文明大行动活动、开展“扫黄打非”工作、落实常态化扫黑除恶工作、开展黄赌毒专项整治、爱国卫生和环境整治等事宜，发放宣传海报、宣传册等宣传物料828份，收集调查问卷233份。

【旅文市场管理】 2022年，县旅文局开展旅文市场管理，主要包括景区管理，旅游饭店管理，旅行社及导游管理，旅游市场监管，旅游市场整治，文化市场规范化管理，文化市场专项整治。

依据《旅游景区质量等级的划分与评定》，指导景区完成2021年景区复核，海南呀诺达雨林文化旅游区、海南槟榔谷黎苗文化旅游区通过复核，对七仙岭温泉国家森林公园通报批评。按照《2022年保亭黎族苗族自治县旅游消费市场综合整治工作方案》，规范保亭县旅游市场秩序，优化旅游产业发展环境。节前、节中牵头公安、市监、综合行政执法等部门深入景区、水果摊、农家乐餐饮企业等区域开展检查。提高投诉处理和服务水平，要求各旅游和文化企业按照《旅游经营者处理投诉规范》配备人员、机构，制定投诉处理规范，开展教育培训，提高企业服务水平。组织人员对旅文企业日常经营进行检查，开展日常检查204次，出动人员639人，检查旅文企业758家；开展配合联合检查22次，出动人员190人，检查旅文企业42家。

旅游资源

【概况】 2022年，保亭县境内旅游资源丰富，有森林、温泉、溶洞、石林等自然资源，拥有国家AAAAA级旅游景区——槟榔谷黎苗文化旅游区和呀诺达雨林文化旅游区，AAAA级旅游景区——七仙岭温泉国家森林公园，以及神玉岛、布隆赛等旅游景区。

【各旅游景区简介】 槟榔谷黎苗文化旅游区　海南槟榔谷黎苗文化旅游区（以下简称槟榔谷）创建于1998年，地处三亚市与保亭县交界处甘什岭自然保护区境内，总规划面积约5000亩，距三亚市区约28千米。因景区两边森林茂密，中间是一条连绵数千米的百年槟榔林而得名。景区内容由非遗村、甘什黎村、雨林苗寨、田野黎家、《槟榔·古韵》大型实景演出、5D体验馆《热带风暴》、兰花小木屋、悠黎客拓展基地、黎苗风味美食街等文化体验区构成，是一个多民族、多文化、多形态，集观光游览、休闲娱乐、文化展示为一体的国家AAAAA级旅游景区。海南省国家级非物质文化遗产保护20个项目，槟榔谷展示其中10项。谷内黎族传统文化博物馆里，珍藏着海南岛齐全、珍贵的黎族各种民间文物、见证黎族发展历程种种器皿和图片，是一部生动恢宏的黎族人文历史教科书。纺染织绣、钻木取火、低温陶制，黎族民歌、竹木乐器演奏技法、打柴舞、黎族传统建筑船形屋、全岛唯一的明代特大龙被麒麟双凤龙被、无纺时代所穿的树皮衣、黎族妇女纹身绣面……这些濒临失传的黎族传统技艺和正在消失的文化现象，在槟榔谷都能一一展现。其中，"黎族传统纺染织绣技艺"被联合国教科文组织列入非物质文化遗产急需保护名录，被世界纪录协会评为"世界最大的黎族龙被世界纪录"。大型实景演出《槟榔·古韵》被国家六部委评为国家文化出口重点项目，成为槟榔谷的核心品牌。旅游区是海南黎、苗族传统"三月三"及"七夕嬉水节"的主要活动举办地之一，文化魅力十足，是海南省最丰富、最权威、最灵动、最纯正的民族文化"活体"博物馆之一，海南民族文化活化石，也是国家非物质文化遗产生产性保护基地。旅游区对原有千亩槟榔园科学合理开发，致力保护黎苗文化核心资源和生态环境，并不断完善"悠黎客"拓展基地"产、学、研"配套设施，打造"民族文化+游学体验"一站式深度体验，推出研学旅行精品线路，逐步提升研学游品牌的知名度和影响力，吸引越来越多的国外研修群体、国内大中小学师生走进槟榔谷、游读槟榔谷，感受槟榔谷独具特色的文化魅力、享受游学的愉悦。曾获"全国中小学生研学实践教育基地""国家第二批港澳青少年内地游学基地""全国十佳研学基地""海南第一批省级中小学生研学旅行实践教育基地"等荣誉。先后获"全国民族团结进步模范集体""国家AAAAA级旅游景区""国家级非物质文化遗产生产性保护示范基地""全国休闲农业与乡村旅游五星级企业""全国文明单位""全国景区带村旅游扶贫示范项目""海南省扶贫龙头企业"等荣誉。

呀诺达雨林文化旅游区　海南呀诺达雨林文化旅游区（以下简称呀诺达）位于三亚市郊35千米处，2006年开工建设，2008年2月预约接待，景区已建成雨林谷、梦幻谷、三道谷等景观和呀诺达雨林一号度假酒店，涵盖哇哎噜玻璃观景平台、魔鬼秋千、悬崖观海秋千、高空滑索、踏瀑戏水、雨林拓展、真人CS、雨林荒野学校等多元体验，是一个以"原始绿色生态"为主格调的复合型生态文化区，也是一个融汇民俗风情、观光娱乐、休闲体验、健康养生为一体的大型国际休闲度假旅游区。同时通过创新"呀诺达"V字礼、融合军事化管理等方式，形成景区独特的服务管理文化，树立"让游客乘兴而来感动而归"服务理念，成为各地旅游景区争相学习的服务标杆。先后被评为"国家AAAAA级旅游景区""国家文化产业示范基地""全国科普教育基地""国家林业重点龙头企业""全国生态文化示范基地"等，通过吸纳周边村民就业、积极捐助困难人群、整修村道、绿化亮化街道、产业分红等方式，逐步实现景区和周边村民的良性互动，实现双赢初心。呀诺达旅游区本身生物多样性和独特雨林文化为开展研学旅行提供了得天独厚的天然资源。曾入选为全国中小学生研学旅行实践教育基地、海南省首批中小学生研学旅行实践教育基地、港澳青少年内地游学基地。

七仙岭温泉国家森林公园　七仙岭温泉国家森林公园（以下简称七仙岭）位于保亭县东北边，1998年经国务院和国家林业局联合批准为国家级森林公园。2016年12月29日，正式批准为国家AAAA级旅游景区。七仙岭气候温润，常年平均气温23℃左右，地下温泉资源极为丰富，最高月平均气温27℃，最低月平均气温18℃，年降雨量1900毫米。与其他温泉相比，七仙岭有着"温泉+热带雨林+田园风光+民族风情"的景观。

七仙岭主要分 3 个游览区域，第一区域是七仙岭国家公园体验之旅，另外两个区域分别为热带雨林猎奇之旅、探险登峰之旅。七仙岭景区服务区面积占地 70 亩，设施包括建筑面积 3000 平方米的景区游客中心、山下公交车站到山上游客中心长 4500 米、宽 13 米的穿梭车道、7800 平方米的停车场、1300 米的木栈道、2300 米的石栈道，10 个连体商铺建筑面积 200 平方米，沿途有 10 个景观服务平台、占地 3000 平方米，6 个环保生态厕所、1 个游客中心厕所，1000 平方米的中餐厅，700 平方米的咖啡厅，700 平方米的大型商场。七仙岭因七座山峰似人掌指而立，直指苍穹，如仙女亭立而得名。前峰高大，海拔 1126 米，后六峰相依而小。七仙岭是海南唯一一个温泉与热带雨林相结合的森林公园，公园负氧离子浓度达 8200 个 / 立方厘米。七仙岭奇峰美景，其中的三峰、四峰之间有一小石峰与第四峰相对而立，小石峰形若童子，四峰远观神似观音，此景称为“童子拜观音”。登上七仙岭峰顶，可尽有“与仙同游、与人同乐、与景同醉、与山同寿”的无穷乐趣。七仙岭的登山路长 2.2 千米，共 3770 级石阶，传说是七仙女下凡沐浴之地，景区内密布原始热带雨林，是天然的动植物王国。古树参天、藤萝交织。目前已探明的各类珍奇植物 500 多种，野生动物 500 多种。其中，包括海南黄花梨、蝴蝶木、桫椤、见血封喉、眼镜王蛇、桫椤群落等国家珍稀保护的动植物。

海南神玉岛文化旅游区　海南神玉岛文化旅游区（简称神玉岛）位于保亭县响水镇境内，是以中华玉文化、生态康养文化为核心主题，旨在打造集文化康养、森林康养、运动康养、康养度假四位一体、具有文化内核的康养文化旅游区。景区置身于海南原生态热带雨林腹地，具有得天独厚的自然生态资源，拥有山地湖泊、原始生态热带雨林及千年荔枝树、森林浑谷、亿万年植物“活化石”桫椤丛林、“水中大熊猫”桃花水母等生态自然奇观。一期规划面积为 6800 多亩，生态控制范围约 3 万亩，总投资百亿元。景区内有环湖栈道约 3.3 千米，以玉文化为主线。三大文化游览线路串联十二生肖广场、乐寿宫、神玉宝塔、须弥灵境、归乡岛五大节点艺术景观，内设神玉艺术馆、神玉书院、神玉岛度假酒店、童趣乐园、归璞农场等文化旅游项目，汇入“琴、棋、书、画、茶、玉、禅、香、花”君子九雅文化盛宴，各大节点亦有珍藏玉器供与其近距离观赏。

南海有琼，琼州有岛，岛上有山，山中有湖，山湖成岛，为神玉岛。天蓝、山清、水秀、景美，是神玉岛一张闪亮的绿色名片，获第十六批国家水利风景区、海南省康养旅游示范基地、国家级森林康养示范基地、气候康养示范基地等称号，素有“神仙岛”“长寿岛”“健康岛”之美誉。神玉岛在产业投资开发的同时，通过就业帮扶、基础设施帮扶、产业帮扶、文化帮扶等方式，积极主动展开旅游产业精准扶贫工作，采取“政府＋公司＋贫困户”的模式，推进保亭县响水镇的扶贫脱贫工作。

毛感千龙洞　毛感千龙洞位于保亭县毛感乡千龙苗村附近，是海南省目前发现的较大溶洞，占地 133 公顷，海拔 500 至 700 米。又名“仙龙洞”，因附近的千龙苗村而得名。溶洞全长 400 多米，洞口宽 20 多米，洞中有山，山中有洞，鬼斧神工，造型奇特。洞分上下两层，上层旱洞，由“龙门厅”“龙王殿”“凯旋门”“登天宫”“通海长廊”等串珠式大小六个洞厅组成。最大洞厅长 50 多米，宽 30 米，高 40 多米，可容纳千余人。洞厅里石柱如林，石花缤纷。石笋、石塔、石幔彩色纷呈。“龙王探宝”“仙女下凡”“石羊吮乳”“灵芝宝石”等巧石胜于人工雕琢。沿着洞厅逐级而上，便是一洞一重天的景象。下层则是宽窄不一的廊道。峡谷、天桥、暗河、跌水参差其间。洞外古木参天。奇花异草，流泉飞瀑组成一片令人心醉神迷的图景。洞穴处有一口奇幻美妙的仙女浴池，水深 2 米左右，清澈透底，鱼若空浮，堪称奇绝。

布隆赛　布隆赛位于海南省保亭县三道镇什进村，距三亚市区 35 千米，G224 国道可直达，距海棠湾直线距离 12 千米，各项交通便捷。毗邻海南呀诺达雨林文化度假村、海南槟榔谷黎苗度假村两家景区，保亭县的“三星拱月”形成以田园文化、热带雨林文化、黎苗民族文化为特色的综合旅游目的地。2010 年，北京春光集团与保亭县委、县政府正式达成“大区小镇新村”项目的长期战略合作，以“旅游＋农业”“公司＋农户”的模式全面启动什进村“大区小镇新村综合旅游扶贫开发”项目建设工程，历经三年多时间进行整体规划与改造，开发布隆赛乡村文化度假村，在大景区的开发中将周边的小镇、村庄纳入其中，形成了融合发展的格局。2021年5月开放“萌动田园”，为核心的布隆赛热带雨林国际度假村一期启动区，打造包含雨林田园度假、萌宠互动体验、雨林主题餐饮等业态的体验区。约187.3亩村落环境及配套整体改造，建成1个展览馆、2个特色餐厅，3个特色民宿、88间客房，有多种家庭游乐项目、48户新居，如什进村村史馆、度假酒店、艺术民宿、谷语餐厅、槟悦宴会厅、亲子游乐空间、艺术主题景观等完善的产业功能，未来保亭布隆赛将呈现更多业态打造更多具有丰富活力的特色旅游度假产品。

布隆赛文化度假村先后获评“海南省休闲农业示范点”“改革创新试验区项目”“整村推进示范项目”“四椰级乡村旅游点”等荣誉。

【旅游资源宣传】 2022年，县旅文局通过在文旅保亭抖音号举办趣游保亭全民挑战赛，发布“约噜保亭系列宣传小视频”，宣传推广保亭县各类旅游产品。文旅保亭抖音官方账号在抖音平台和今日头条平台发起“趣游保亭　全民任务”话题讨论，联动达人，吸引企业、商家、市民参与配合，抖音平台活动总曝光量高达1亿次，今日头条平台话题发起获得4.8万次阅读量，海南本地资讯大号“大美海南”产出多篇原创优质文章及微头条合计20篇。通过文旅保亭抖音平台发布约噜保亭系列之报什村、民族博物馆、坚固村、绿水八村画廊4个小视频，提升保亭乡村旅游产品的知晓率。联合三亚市推广局以“吃住玩”为主题对保亭县各旅游资源开展短视频拍摄工作，通过“你好三亚”“文旅保亭”官方抖音号及文旅保亭官方视频号等渠道进行宣传和推广。利用省旅文厅举办的“我与春天有个约‘惠’”活动，在小红书等平台推荐保亭县特色美食产品。与北京假日自助游广告传媒有限公司合作，宣传推广保亭自驾旅游线路及旅游产品，并在北京《假日自助游》杂志上刊发。

旅游项目建设

【旅游配套设施建设】 2022年，县旅文局不断完善保亭县绿道、登山步道建设，推动保亭保城河东河亲水绿道景观工程、保亭国家登山步道等项目建设。保亭保城河东河亲水绿道景观工程已竣工验收并投入使用，通过保城河沿岸的亲水栈道、景观照明、休闲广场、景观雕塑、绿化种植等的升级打造，建成一条“水清路明、绿树成荫、绿道蜿蜒、花团锦簇、功能丰富”的休闲慢行、生态绿色廊道，为保亭群众、游客提供休闲新去处。开工建设保亭国家登山健身步道项目，致力于为当地人民和旅居游客提供理想的户外登山健身场所。

进一步完善保亭县全民健身公共服务体系。4月23日，保亭全民健身活动中心建设项目免费向公众开放使用。年内保亭县应急广播系统建设项目及保亭县图书馆旅游厕所升级改造项目建设投入使用。

持续推进标识牌建设。已完成年度增设全域旅游全区导览牌项目、保亭全域旅游复核标识标牌及修复项目、全域旅游道路灯杆宣传牌制作安装等项目，进一步巩固国家全域旅游示范区建设成果。

【乡村旅游点】 2022年，县旅文局服务指导布隆赛、秀丽山庄等四椰级乡村旅游点提质升椰。据统计，2022年全县纳入旅游统计直报系统的乡村旅游点共接待游客16.81万人次，实现营业收入265.67万元。

旅游管理及服务

【旅游商品开发】 2022年，县旅文局策划保亭精品旅游线路，鼓励旅游企业利用节庆假日推出迎假日大礼包、外出踏青游等优惠旅游产品，整合产品线路通过“文旅保亭”“大三亚旅游圈”微信公众号推出精品旅游线路、宣传保亭县名优美食、美丽乡村、黎苗风情及特色旅游小商品等，推介保亭县旅游资源，有效地提升保亭旅游的知名度。

海南保亭传统工艺工作站扶持“海南华美民俗文化发展有限公司”创业团队，设计研发具有民族特色的女性服饰、女式包包等系列黎锦苗绣文创产品，深受市场欢迎。

保亭特色产品商城集中展示及售卖保亭特色伴手礼及各式保亭特色商品；呀诺达及槟榔谷等景区均设立特色超市，集中售卖文创产品及伴手礼。

【旅游营销】 2022年，县旅文局与海南自贸港网红孵化基地合作，联合全县旅游景区及酒店，在抖音平台上开展旅文产品抖音专场直播活动。本次抖音专场活动开启20场直播，每场设置不同的主题，同时，在今日头条平台发布保亭专场抖音直播预告。《这个冬天，是时候去保亭来一场“村”游了》《黎苗文化、雨林温泉、绿色美食……保亭，令人回味无穷》《趁着春节，去保亭这些小众网红地打卡吧》等文章，吸引广大网友关注保亭，了解保亭旅游资源，扩大保亭知名度。

4月29日，参加海南健康游欢乐购——“我和春天的约‘惠’”联合推广活动，针对保亭的旅游景区（点）、酒店等旅游资源，推送到微博、抖音、今日头条等，扩大宣传推广范围，提高保亭知晓率。

7月28日，热带雨林生态游推广活动在保亭呀诺达雨林文化旅游区启动。活动整合海南热带雨林资源，推出八大主题鲜明的雨林活动、六大精品雨林旅游线路、八大雨林玩法，展现雨林生态之美，引领更多游客走进保亭雨林休闲、度假、研学，推动保亭热带雨林旅游创新发展。

12月1—4日，海南世界休闲旅游博览会（简称“休博会”）在海南国际会展中心举行，县旅文局携3家旅游企业共展销山兰米、椰子油、黎家手工皂、黎锦和藤编文创产品等20多种农产品和旅游商品，向五湖四海的游客介绍保亭县特色并发放宣传册和精美小礼品，提升保亭吸引力。

【民宿产业发展】 据统计，2022年保亭县民宿数量12家，客房数249间，床位数388个。县旅文局持续做好本年度民宿提质升级，享水谷溪林康养民宿被评为“银宿级”。

【乡村生态游】 2022年，结合保亭县首届红毛丹文化节、保亭响水镇旅游资源及国庆假期，保亭县推出4条红毛丹采摘线路、以“田园乡趣　畅游响水”为主题的3条保亭乡村游玩线路和六大国庆游主题线路，让游客在保亭访民俗、寻味乡村、记录生活，提升保亭乡村旅游知名度。

经济管理与监督

宏观经济管理

【概况】 2022年，保亭县上下深入贯彻新发展理念，服务自贸港建设大局，立足保亭自身特色和比较优势，走好特色化、差异化、生态化高质量发展之路。在“一本三基四梁八柱”战略框架中积极探索，确立“三区三地”战略定位。在此定位下，编制县域产业发展规划、国土空间总体规划、主城区规划、乡村规划等规划。在全省四大主导产业下确立保亭县十大特色重点产业，构建现代产业体系。全县全年地区生产总值69.08亿元，同比增长4.5%，增幅排名全省第一，较2021年同期提升14个名次；地方一般公共预算收入4.14亿元，同比增长12.7%，完成率排名全省第一、增幅排名全省第三；固定资产投资37.43亿元，同比增长17.6%，增幅全省排名第4，较2021年同期提升13个名次；城镇和农村常住居民人均可支配收入分别实现36677元和16881元，同比分别增长0.9%和7.6%，增幅排名分别为全省第二和第三，分别较2021年同期提升7个和4个名次，主要经济指标实现进位争先。

【经济规划】 2022年，保亭县强化顶层设计、抓牢招商引资，推进特色重点产业发展。

构建产业发展新格局。印发《保亭黎族苗族自治县产业发展规划》，重点发展气候康养、雨林度假、运动探险、文化创意、南药开发、热带果蔬、休闲农业、生物科创、智慧经济、总部经济十大特色重点产业，构建保亭产业发展新格局。

强化招商引资储备。策划举办海南海口、山西太原、内蒙古呼和浩特及上海4场招商推介活动，接洽意向投资企业140余家，形成投资意向项目45宗，与15家企业签订合作协议，引入15家企业落户保亭，注册资本2.86亿元，非人灵长类实验动物研发创新中心、食用菌高科技产业园、现代农业综合智慧能源、南林乡十里花廊等招商项目已落地建设。

推进特色重点产业发展。深化产业投资项目建设，海南自由贸易港健康医学研究院、七仙岭全球热带水果博览中心等一批标志性产业项目落地开工。1—11月产业投资增速达86.1%，有效调优保亭县投资结构。农业结构进一步优化，粮食安全保障有力，4个高标准农田建设项目竣工，700亩撂荒地完成复耕，粮食种植面积6.53万亩，完成年度任务的100%；特色产业规模稳步提升，保亭红毛丹入选2022年农业品牌精品培育名单，红毛丹种植面积达3.9万亩，引种榴莲3600余亩，芒果、莲雾等热带水果种植面积均有所增加；种植结构持续优化，槟榔园套种、间种、混种其他作物4.28万亩；冬季瓜菜、常年蔬菜、热带作物实现稳产。旅游业进一步提质升级，印发《保亭健康产业发展白皮书》,获"中国气候宜居县"称号,神玉岛挂牌"气候康养示范基地",入选国家级全域森林康养试点,康旅融合发展谱写新篇章;成功举办"悦动保亭"《甘工鸟》大型文化演艺活动,文化旅游产品供给进一步丰富;神玉岛国家AAAA级旅游级景区创建已完成创建初评工作,合口书院、雅布伦山庄通过五椰级乡村旅游点评定,合口书院民宿被评为银宿级民宿,响水镇陡水河村委会毛真村入选第四批全国乡村旅游重点村,旅游业组团发展尽显活力。产业创新能力持续增强,获批创建省级创新型县,与省科技厅签署共同推进保亭县科技创新驱动发展工作会商制度协议书,县科技创新创业平台实现"零"突破。

【固定资产投资】 2022年,保亭县以"项目为王"理念,开展项目建设年活动,树牢服务意识,坚持一切围绕项目建设、一切服务项目建设,强化资源要素服务保障,全力以赴为项目落地建设提供便利、保驾护航。全年固定资产投资完成37.73亿元,较2021年增加5.6亿元,同比增长17.6%。

【政府投资项目】 2022年政府投资项目计划90宗,年度计划投资15.03亿元。政府投资项目全年完成17.58亿元,较上年增加投资6.36亿元,同比增长56.7%。

【重点项目服务】 2022年,保亭县在项目服务上深化改革、强化创新,高质量发展动力持续增强。

持续加大商事制度改革力度。启动行业综合许可改革,为超市、酒店等11个行业提供"一业一证"一次性告知服务,有效解决市场主体行业准入多头跑、多次批的问题,实现只跑一次、只填一表、一次办成。推出全省首个二手房"带押过户"交易登记服务,实现原抵押房产注销登记和新抵押房产登记"无缝衔接"。"首限续票""首限清欠承诺续票"新模式,入选2022年海南省优化营商环境工作专班推广示范案例。推出"云审批""远程评审""24小时云预审""上门服务""信用+审批"等系列服务,为企业解决"建设工程设计方案(变更)""办理建设工程规划许可证""永久占用林地事项""水土保持方案审批""林木采伐许可"等46个问题,为项目建设保驾护航。

大力推进"保姆式"营商服务。持续深化"最多跑一次"改革,积极探索"政银合作"工作新模式,在全省率先推出"银行网点、驻村工作队帮办代办政务服务事项"业务;围绕民政、计生、社保、医保、养老及个体工商户登记等方面,梳理38个民生高频事项,其中,帮办代办事项27个,导办事项11个。开通十大特色重点产业"一站式"服务窗口,进一步优化工程建设项目服务流程,持续打造一流营商环境,为十大特色产业项目提供"一站式"全流程服务。

实现政企沟通"零"距离。创新开展"咖啡时间——政商对话加速跑"活动,搭建政企对话"直通车""连心桥",实现全生命周期服务企业"零距离""零死角""零障碍"。将"等诉求上门"和"上门找诉求"两手抓。开通营商环境服务和招商服务热线,结合政务中心"窗口"、信访"窗口",多渠道受理营商环境堵点、难点、痛点问题,广泛听取企业诉求。累计举办33期"咖啡时间——政商对话加速跑"活动,以"现场办、马上办、跟踪办"的方式为企业答疑解惑、解决实际困难,当好服务企业的"店小二"和"急郎中"。

【新型城镇化建设】 2022年,保亭县持续提升城镇化水平。坚决落实"全省一盘棋,全岛同城化"要求,编制完成国土空间总体规划。推动"智慧保亭"建设,推进交通、能源、政务、物流、公共服务等基础设施智能化改造升级,全面提升市政、城管、环卫、绿化等工作精细化管理水平。三道雨林黎苗小镇竣工验收。贯彻落实《关于推进以县城为重要载体的城镇化建设的意见》,积极争取纳入试点示范推进以县域为重要载体的城镇化建设。

【消费经济促进】 2022年,保亭县开展线上引流、线下消费,投入361万元开展四轮电子消费券促销活动,累计核券188.45万元,直接带动消费815.93万元,持续扩充促消费领域,促进消费全面复苏;引导商超开展各类促销活动200余场次,促销金额2亿余元；举办红毛丹文化节等重大节庆活动。

【复工复产推进】 2022年，保亭县贯彻落实《海南省统筹疫情防控和经济恢复提振行动方案》，保持经济工作的系统性、灵活性和针对性，最大限度减轻疫情对经济的影响。全年地区生产总值逆势增长，前三季度增速跃居全省第一。

坚持助企帮扶纾困。贯彻落实省稳经济助企纾困发展特别措施1.0版、2.0版，减降缓补多措并举、精准发力保住市场主体生机活力。累计退税减税降费1.54亿元。其中，增值税留抵退税1.2亿元，“六税两费”减免520万元，其他税种退税2880万元；缓缴税费315万元。为35家企业缓缴社保费890万元，为252家企业缓缴职工医疗保险260万元；“欠费不停供”缓交电费311万元、缓交水费1.56万元；一次性扩岗补助惠及41家企业80名毕业生；累计发放创业担保贷款1668万元，带动就业132人；开展防范和化解拖欠中小企业账款专项行动，累计清欠206.18万元，清偿率100%。开展海南“万名干部下企业”保亭服务行动，300名干部深入200余家企业、100余宗项目“一对一”服务保障，力促全面复工复产。全县新增市场主体1662户，实有市场主体1.39万户，同比增长8.9%。

印发促进旅游业发展奖励方案，开展“保亭人游保亭”活动；出台“五一”0元门票政策，累计补贴3家景区共38.71万元；落实《2022年复工复产振兴旅游业若干措施》，累计申报补贴资金252.6万元，鼓励涉旅企业参与市场开发，助力旅游业高效有序复苏。

【价格认证与管理】 2022年共办结涉纪、涉案及涉及行政处罚价格认定案件158宗，认定案值801.81万元。其中，涉纪案件5宗，认定值502.67万元；涉案案件135宗，认定值292.58万元；涉及行政处罚18宗，认定值6.56万元。

国库支付管理

【国库支付管理概况】 2022年，保亭县主动服务自贸港建设大局、积极融入全县高质量发展新格局，摒弃“等”“靠”思想，强化靠前服务意识，以“店小二”的服务精神，主动作为，解决预算单位在财政资金支出和财务管理方面遇到的实际困难，推进全县预算单位财政预算资金支出工作，提高资金使用效益。全年国库集中支付金额36.18亿元；退款金额0.54亿元，占总支付资金1.53%；一般公共预算支出完成率排名海南省第三。

【会计集中核算】 2022年，保亭县积极做好会计集中核算的各项工作。

完成年度初始化工作　根据海南省局下发的初始化设置操作手册及视频讲解，积极做好初始化培训工作，学习了解2021年初始化的业务特点及要求，了解单位对账务及信息的需求，完善各预算单位的个性化设置，按规定时间完成全县预算单位账套年初始化工作。

继续夯实部门决算工作　组织总结2021年决算报表编制工作的问题和2022年需要改进的方面，有针对性地举办决算系统编制业务培训班，成立由各站副站长以及乡镇学校优秀会计的会审小组，完善决算编审工作机制，调整优化会审工作程序，分部门、会计站和财政三个层面开展会审工作，提升决算编制工作效率及数据质量。

深入参与部门预算管理　组织会计站全面参与保亭县本级部门预算初审工作，为提升部门预算编制科学性、规范性，促进预算编制与预算执行的有效衔接发挥积极作用。全面梳理基本支出预算支出功能科目，利用系统定值功能实现对基本支出科目使用不规范问题进行有效控制，切实提升预算编制规范性。组织开展存量资金报表的审核工作，为财政管理上游加强存量资金的监管提供基础支撑，确保部门（单位）存量资金及时足额上缴。

推进公共基础设施入账及长期已使用在建工程转固定资产，制定《关于继续开展长期已使用在建工程转固定资产工作实施的方案》，通过上门走访指导、培训等方式，加强单位项目后续管理的意识。为加快长期已使用在建工程出具竣工财务决算报告，由县国库支付中心统筹指定一家专业性强、服务费用低的第三方机构。经预算单位同意，预算单位、支付中心与第三方机构协商一致、签订三方协议，第三方机构负责出具相关报告，中心提供相应经费保障。2021 年，长期已使用在建工程转固定资产暂估入账比率为 78.95%。截至 2022 年 12 月 31 日，暂估入账比率为 87.75%，较 2021 年有明显提升。

【工资统发】 2022 年，保亭县严格执行“三核一统”的工资发放方式，从而实现对政府预算安排的人员支出实行规范管理和有效监督的目的。全年全县纳入财政工资统发的单位 160 个，财政工资统发系统累计发放行政事业单位 4.95 万人次财政统发工资，累计支出财政供养人员工资 5.23 亿元。

审计监督

【概况】 2022 年，保亭县共提请召开 7 次县委审计委员会会议，审议通过“十四五”审计工作要点、年度审计项目计划、重大审计事项请示报告工作机制等重大事项 12 项。完成审计项目 29 个，出具阶段性公共工程全过程跟踪审计项目报告 16 份，共查出违规金额 2.75 亿元，损失浪费金额 0.12 亿元，管理不规范金额 30.85 亿元，为财政增收节支 0.16 亿元，提出审计建议 168 条，促进被审计单位建章立制 33 项。年内，申报的 1 个项目获 2022 年海南省审计机关优秀审计项目一等奖。

【财政审计】 2022 年，保亭县组织开展县财政局 2021 年度县本级预算执行审计、部门预算执行审计、三道镇初级中学等 6 所中学和保亭县公安局交通管理大队财政财务收支情况审计。重点关注财政支出绩效、重大政策落实、部门内控制度和政府性基金管理使用等情况，注重从体制、机制、制度层面和政策执行方面揭示和反映问题，提出合理化建议。经审计，查出违规金额 2.56 亿元，管理不规范金额 26.82 亿元，为财政增收节支 0.11 亿元，提出审计建议 20 条。

【公共投资审计】 2022 年，保亭县组织对保城镇桃源路市政工程、南林乡万如村美丽乡村环境整治项目、保城镇供水管网改造及扩建工程等 7 个项目进行竣工结算审计；对三道镇客运站建设项目、响水镇中心幼儿园建设项目、新政水厂扩建工程、妇幼保健院新院室内二次装饰项目等 29 个工程项目进行全过程跟踪审计。经审计，共查出损失浪费金额 34.16 万元，管理不规范金额 0.68 亿元，提出审计建议 76 条。

【经济责任审计】 2022 年，保亭县组织开展 8 个部门（单位）党政领导干部经济责任审计，依法依规对领导干部经济责任履职情况开展“经济体检”。经审计，共查出违规金额 161.09 万元，损失浪费金额 89.56 万元，管理不规范金额 1.42 亿元，为财政增收节支 228.33 万元，提出审计建议 25 条。编制印发《领导干部履行经济责任常见风险防范手册》，列举 5 类 61 项常见风险内容，切实提高领导干部履行经济责任风险识别能力。

【自然资源资产离任审计】 2022 年，保亭县组织开展 2 名领导干部自然资源资产离任审计。经审计，共查出管理不规范金额 385.34 万元，提出审计建议 6 条。根据《自然资源资产审计三年行动计划（2021 年—2023 年）》，组织完成对 7 个乡镇 5 个县直部门干部的自然资源资产离任（任中）审计。

【审计问题整改】 2022 年，保亭县通过县委审计委员会、县政府、审计机关“三层级”分析研究，审中边审边改、审后组长指导“全流程”跟踪指导，与县人大办、县委督查室等多方联动督导检查等手段，推进审计整改攻坚克难。全年，审计署深圳特派办及省审计厅审计发现保亭县 83 项问题及向县人大常务委员会作的 2020 年度县本级预算执行和其他财政收支审计工作报告中涉及的 387 项问题，全部完成整改，整改率 100%。编制印发《审计常见问题整改参考指南（88 条）》，有效解决审计整改认定模糊、界定困难等问题，促进被审计单位懂整改、规范整改、主动整改。

【审计巡察衔接】 2022年，保亭县审计局（以下简称县审计局）联合县委巡察办建立“巡审”贯通联动工作机制，统筹推进巡察监督与审计监督有机衔接、贯通联动，在年度本级部门预算审计及县科工信局局长冯清松经济责任审计中充分利用巡察结果，进一步挖准查深形成审计结论。积极探索“纪委监委+巡察+审计”协作联动模式，对全县500万元以上的项目进行全覆盖跟踪监督，每季度将审计发现问题报送县纪委监委。年内，共同促进66项问题整改。

【审计信息化建设推进】 2022年，县审计局在财政审计项目中广泛运用大数据技术，通过采集县财政部门财政数据、预算部门财务数据和部分业务数据，涵盖从预算编制、预算执行、绩效评价等全过程，形成从预算编制、执行到绩效的完整数据链条。审计组通过信息筛查分析，对重点疑点数据开展现场核实，实现精准突破。大力推进金审三期终端工程项目，为14台办公电脑安装金审三期系统，提高信息化基础设施水平。

【民生支出审计】 2022年，保亭县组织开展乡村振兴资金管理使用绩效和政策落实情况专项审计调查，重点关注乡村振兴政策落实、产业资金使用、基础设施建设效益等。经审计，共查出违规金额911.84万元，管理不规范金额1.09亿元，提出审计建议3条。

【国有资本运营审计】 2022年，保亭县组织开展县自来水公司资产负债损益情况审计及县七仙岭农场资产负债损益情况审计，重点关注工程项目管理、成本费用管控、财务核算和内部管理等。经审计，共查出违规金额22.66万元，管理不规范金额0.54亿元，提出审计建议7条。

【专项审计调查】 2022年，保亭县组织开展县医疗废弃物和其他危险废弃物处理情况专项审计调查、县土地资源管理和保护情况专项审计调查、县新星农场饮水安全工程项目专项审计调查。经审计，共查出违规金额347.23万元，损失浪费金额662.91万元，管理不规范金额530.82万元，提出审计建议16条。

2022年12月15日，县审计局与县检察院在检察院六楼会议室召开2022年检审协作第二次联席会议 （县审计局 供）

【社会审计机构监管】 2022年，保亭县积极引入社会审计监督力量开展工作，聘请17家社会审计机构开展32个审计项目，实现国家审计与社会审计优势互补。通过审前对社会审计机构协审人员及时开展审计业务专题培训，明确参审项目审计重点内容和工作要求，审中定期召开审计项目实施交流会，全面掌握审计项目进展情况，积极引导社会审计机构理清思路明确方向，及时审定和剖析社会审计机构参审发现的问题，推动社会审计在国家审计的指导和监督下开展工作，有效防范和控制审计风险。

【审计体制机制改革】 2022年，县审计局编制印发“十四五”审计工作要点和年度审计项目计划，积极对接、参与、融入国家和省县的发展战略之中。联合县财政局建立财政监督与审计监督协作配合机制，共同对保亭县9个乡镇开展年度各项衔接资金使用管理情况进行专项督促指导。联合县人大办建立人大监督与审计监督协作工作机制，推动监督形式的有效对接，形成优势互补，发挥监督合力。

【深化政校合作机制】 2022年，

县审计局与南京审计大学信息工程学院、海南大学土木建筑工程学院签订《政校战略合作协议书》，建立科技攻关、人才培养和审计信息化建设等合作机制，共同研究并出具施工总承包模式下工程变更及现场签证审计治理课题研究报告，并将该成果运用到全过程跟踪审计项目中，通过强化审计研究进一步提高审计质量、促进成果转化。与海南经贸职业技术学院深化共同培养审计人才、共同商讨科学审计方法等工作机制，依托产教融合实训基地，形成实习生常态轮换机制。

2022年8月2日，县审计局与南京审计大学信息工程学院政校战略合作签约仪式现场 （县审计局 供）

2022年度保亭县审计项目进展表

表 2

序号	审计项目名称	审计项目数量/个	项目进展情况
合计		34	
一	政策落实跟踪审计	1	
1	重大政策措施落实情况跟踪审计	1	正在开展
二	财政财务审计	10	
1	县财政局具体组织2022年县本级预算执行及决算草案编制情况审计	1	正在开展
2	2022年度县本级有关部门预算执行审计	1	正在开展
3	县教育局2019年至2021年财政财务收支情况审计	1	正在开展
4	县农业服务中心2019年至2021年财政财务收支情况审计	1	正在开展
5	县住建局2019年至2021年财政财务收支情况审计	1	正在开展
6	县农业农村局2019年至2021年财政财务收支情况审计（按省审计厅统一部署）	1	正在开展
7	县委党校2020年至2022年财政财务收支情况审计	1	正在开展
8	县畜牧服务中心2020年至2022年财政财务收支情况审计	1	正在开展
9	县园林环卫服务中心2019年至2021年财政财务收支情况审计	1	正在开展
10	县旅文局2019年至2021年财政财务收支情况审计	1	正在开展
三	民生审计	3	
1	医疗保险基金及“三医联动”改革专项审计调查（按省审计厅统一部署）	1	已完成
2	2022年为民办实事事项专项审计调查（按省审计厅统一部署）	1	已完成
3	2021年度乡村振兴资金专项审计调查	1	正在开展
四	资源环境审计	4	

续表2

序号	审计项目名称	审计项目数量/个	项目进展情况
1	什玲镇原镇长陈川立同志自然资源资产离任审计	1	正在开展
2	县水务服务中心原主任张达吉同志自然资源资产离任审计	1	正在开展
3	农村饮用水安全工程专项审计调查	1	正在开展
4	9个乡镇环卫站管理情况专项审计调查	1	正在开展
五	党政领导干部经济责任审计	3	
1	什玲镇原镇长陈川立同志经济责任审计	1	正在开展
2	县水务服务中心原主任张达吉同志经济责任审计	1	正在开展
3	县财政投资评审中心主任安明亮同志经济责任审计	1	已完成
六	公共投资审计	13	
1	保亭县三道镇客运站建设项目全过程跟踪审计	1	正在开展
2	保亭县中医医院二次精装修项目全过程跟踪审计	1	正在开展
3	保亭县妇幼保健院新院室内二次装饰项目全过程跟踪审计	1	正在开展
4	保亭县响水镇中心幼儿园建设项目全过程跟踪审计	1	正在开展
5	保亭县新政水厂扩建工程全过程跟踪审计	1	正在开展
6	保亭县神玉岛文化旅游区基础设施配套工程全过程跟踪审计	1	正在开展
7	保亭县2022年7个美丽乡村建设项目全过程跟踪审计	1	正在开展
8	保亭县加茂镇石建田洋“菜篮子”常年蔬菜基地基础设施建设项目（二期）结算审计	1	正在开展
9	保亭县菜篮子公司番赛、毛真什仟、毛真什巴下三个常年蔬菜种植基地建设项目结算审计	1	正在开展
10	保城河河东亲水栈道项目结算审计	1	正在开展
11	保亭县全民健身活动中心项目结算审计	1	正在开展
12	保亭保城河东河、西河亲水绿道景观工程结算审计	1	正在开展
13	保亭县城区污水干管改造工程结算审计	1	正在开展

（撰稿　施红艳）

统计管理

【概况】 2022年，保亭县坚持“一手打伞、一手干活”，高效统筹疫情防控和经济社会发展，主要经济指标增速延续年度前三季度趋势位于海南第一方阵。全年全县地区生产总值实现69.08亿元，增长4.5%，增幅排名海南第一。固定资产投资增长17.6%，高于海南平均水平21.8个百分点，增幅海南排名第四。社会消费品零售总额完成16.93亿元，下降7%，高于海南平均水平2.2个百分点，增幅排名海南第三。保亭县城镇常住居民人均可支配收入完成36677元，增长0.9%。农村常住居民人均可支配收入完成16881元，增长7.6%。

【统计培训】 2022年，保亭县统计局（以下简称县统计局）组织开展统计业务培训会议22场，上门一对一指导培训233次，培训覆盖近140家单位及企业，提高统计人员业务能力。

【统计服务】 2022年，县统计局根据保亭县经济运行情况撰写经济分析10篇，参阅件1篇，专题2篇，县人民政府网公开信息23条，微信公众号发布原创信息107篇，充分发挥统计服务职能，依法公开统计信息，切实为县委、县政府提供决策参考。以《保亭县十大特色重点产业发展工作方案》为基础，结合各牵头部门印发的产业发展方案，借助数学模型的优势，分析影响产业发展的因素及短板，建立《保亭黎族苗族自治县十大特色重点产业评估模型及评价指标体系研究与应用》，获得县委县政府领导高度赞赏。

【统计执法检查和宣传】 2022年，县统计局推进统计法进保亭县中青年干部培训班，切实提高领导干部防范和惩治统计造假、弄虚作假意识。将数据质量核查全面铺开，开展“双随机”执法检查，立案查处1家。深入开展统计质量提升行动，协调解决入库意愿不强的单位7家，申报入库单位（含个体）22家、法人在库新增项目34个。

（撰稿　林　捷）

市场监管

【概况】 2022年，保亭县市场监督管理局（以下简称县市场监管局）统筹推进疫情防控和市场监管工作，立足稳经济、保增长、促发展，助力保亭县经济社会高质量发展，努力打造公平有序的市场环境和经济秩序。全年共立案204宗，涉案金额5.4万元，罚没款146.61万元。率先完成海南食品安全“两个责任”第一轮督导，监管做法作为典型经验印发海南省学习；全省首个完成地理标志标准化全覆盖的市县局，保亭县核准注册地理标志证明商标12件，注册数量全省排名第二；打造企业开办开户“一站通”模式，市场主体在银行大厅申办和领取营业执照；企业年报完成率全省排名第五；年内，市场监管工作在《海南日报》《中国食品安全报》《消费日报》、县电视台等多家媒体报道120余篇次、政府网站发布172篇、微信公众号发布238篇，报送县委信息室宣传26篇，提升市场监管部门的影响力和知晓率。

2022年12月2日，县委书记穆克瑞（左二）开展食品安全“两个责任”督导工作。图为现场检查春晖幼儿园食材进货台账

（县市场监管局　供）

【深化“放管服”改革】 2022年，县市场监管局继续深化“放管服”激发市场活力，进一步推进商事主体登记改革。规范使用海南统一商事登记平台“海南e登记”全面推进“全流程不见面审批”，实现全程“不见面审批”，使用“海南e登记”申请登记业务，系统随机分配到注册专员办理。年内，保亭县新增各类市场主体1799户，累计在业市场主体13989户，增长8.23%。继续落实政府为新开办企业免费提供首套印章服务，累计为402家新开办企业免费提供首套印章，为企业累计节约开办成本16.08万元。

【信用监督管理】 2022年，县市场监管局开展企业年报工作。年报期间，向保亭县辖区企业法定代表人和联络员发送2万多条短信息催报年报；基层所通过上门向企业宣传年报和打电话提醒的方式，协助约1200户商事主体进行年报，避免因未年报被列入经营异常名录；将超过年报申报期仍未年报的企业依法列入经营异常名录并通过国家企业信用信息公示系统（海南）对外公示。年内，全县新增经营异常名录信息623条，现存累计2699条；新增列入严重违法失信企业名单1条，现存累计179条。对被列入经营异常名录的企业实施信用惩戒，不允许简易注销，但允许企业修复信用后申请简易注销。依申请移出经营异常名录315条，移出严重违法失信企业名单2条。根据企业信用风险分类管理系统，保亭县低风险企业28户，占1.06%；中风险企业1755户，占66.27%；中高风险企业243户，占9.18%；高风险企业622户，占23.49%，对风险等级高的企业加大“双随机、一公开”检查频次，对风险等级低的企业减低检查频次。全年全县存续企业数为2952户，社会信用体系建设工作自评100分。

【食品安全监管】 2022年，县市场监管局开展9期食品安全“你送我检”和1期“你点我检”活动，现场接受群众送检的食用农产品182批次，其中快检不合格2批次，分别是豇豆、菜心，快检结果均通过送检群众的手机短信发布快检结果。“你点我检”现场抽样送检6批次，分别为牛肉、猪肉、大米、花生油、葡萄汁饮料、鸡蛋，检验结果通过政府网站进行公示。年内，各期活动接受县电视台、报社等媒体宣传报道7次，活动现场向群众发放食品安全法、食品安全常识小手册等宣传资料500余份，受理群众咨询300余人次，为群众普及食品安全知识，进一步提高群众食品安全风险意识。开展食品生产企业风险等级评定工作，完成10家食品生产企业风险等级评定工作，确定A级企业2家、B级企业5家、C级3家；开展食品流通环节食品销售风险等级评定工作，完成692家食品销售店风险等级评定工作，A级426家、B级123家、C级21家、D级88家。结合进口冷链食品疫情防控监督检查，积极开展打击走私冻品专项整治工作。联合县卫健委、县综合行政执法局、县发改委、县公安局、县交通运输局等部门，检查冷链食品生产经营者等相关经营主体2342户次，发现90家次冻库有新购进的进口冷链食品9万余公斤，发现问题6家，当场下达责令整改6家，予以警告2家，未发现国内涉疫的进口冷链食品和走私的冷链食品情况。配合县疾控中心对进口冷链食品经营者的冷链食品、产品外包装等环境进行抽样检测3025个样品，检测均为阴性。

【餐饮服务食品监管】 2022年，县市场监管局牵头制定《保亭黎族苗族自治县重大活动食品安全监督保障实施细则》，严格按照重大活动食品安全保障规范要求，开展重大活动食品安全保障工作，确保在保亭县举办的重大活动期间重要来宾用餐安全。全年承担重大活动食品安全保障任务87次，保障用餐3961人，保障活动事故率为0。进一步深化拓展社会各界参与食品安全监督的途径，有效调动和激发群众参与食品安全监管的积极性，经保亭县食品安全委员会研究决定，从各乡镇村委会选聘27人为保亭县食品安全社会监督员，聘期为1年。

【非洲猪瘟防控检查】 2022年，县市场监管局严格履行非洲猪瘟防控工作职责，年内，出动执法人员946人次，检查农贸市场414个次，检查猪肉经营户10038户次、商场超市1824个次、生猪产品专卖店155个次、生猪产品冷冻库503个次，未发现问题猪肉流入市场。

【假冒伪劣食品专项整治】 2022年，县市场监管局组织开展“守底线、查隐患、保安全”专项行动，结合农村假冒伪劣食品专项整治、校园食品整治、餐饮专项整治、打击走私冻肉及冷链食品疫情防控、特殊食品专项整治等各项专项行动及日常监督检查，积极开展“守底线、查隐患、保安全”专项行动，检查食品生产经营者3422家次，发现问题家数155家次，问题数232条，完成整改155家次，移交综合行政执法局立案查处57宗。

【农贸市场价格监管】 2022年，县市场监管局督促经营者严格落实明码标价制度，规范市场秩序。严厉打击欺行霸市、囤积居奇、操纵市场价格、哄抬价格、缺斤短两、掺杂使假、以次充好、虚假宣传等违法违规行为，维护良好市场秩序。严查各类价格违法违规等欺诈行为，立案调查价格违法案件13宗，办结14宗，罚没款4.27万元。

2022年11月21日，县市场监管局执法人员到超市检查食品标签标识
（县市场监管局　供）

【特种设备安全监管】 2022年，县市场监管局积极组织执法人员对辖区人员密集场所及重大危险源单位进行不间断隐患排查，结合各类专项行动，对商场、酒店、景区、游乐园等人员密集场所的电梯、大型游乐设施等特种设备进行重点排查，主要检查在用电梯、锅炉、压力容器、场（厂）内专用机动车辆、大型游乐设施的定期检验情况、注册登记情况、人员持证上岗情况、日常运行记录情况、日常维保及应急演练情况等，针对发现的问题，当场责令相关单位立即整改，不能立即整改的，责令限期整改，确保特种设备安全运行。出动执法人员362人次，检查特种设备使用单位136家次，下达特种设备安全监察指令书15份，立案1宗，罚款3万元。排查一般安全隐患84条，完成整改84条；与县应急局、县住建局、县旅文局、县消防大队等部门开展安全生产联合检查24次；全年无特种设备事故，无伤亡。

【校园食品安全整治】 2022年，县市场监管局组织执法人员对辖区内的托管机构进行检查，重点检查持证、责任落实、规范操作、清洗消毒、食品留样、人员健康管理等情况，检查托管中心8家。对落实问题整改情况进行“回头看”，召开校外托管机构约谈会，会上明确校外托管机构作为“小饭桌”开办者，是食品安全的第一责任人的要求，执法人员从校园食品安全八个工作要点入手对校外托管负责人进行培训；会后，对存在环境卫生差、未取得食品经营许可证等问题的相关单位进行约谈，签订校外托管食品安全问题约谈记录。4月，积极推进中小学及幼儿园食堂及中大型餐饮单位及景区周边农家乐等餐厨垃圾分类工作，要求各餐饮单位餐厨废弃物处置工作安排专人负责，将餐厨废弃物运送至县园林环卫中心指定的厨余垃圾处理点或垃圾分类亭投放至厨余垃圾桶处理，同时建立完整处置台账，详细记录餐厨废弃物处置的时间、数量、去向等情况，接受相关部门的监督检查。通过对厨余垃圾进行无害化处理，有效地减少“食饵猪”“地沟油”生产，防止有害物质从源头进入市场。组织各乡镇市场监管所深入辖区超市及校园周边副食店，以未成年人群消费量较高的高风险食品为检查重点，从食品进货查验记录、从业人员健康管理、特殊食品储存方式等方面进行全面检查，严厉查处生产经营标签标识违法、过期变质、“三无”、虚假宣传以及经营对未成年人健康有害食品等违法行为。排查校园及周边副食店、小超市水吧等经营户466家，未发现违法违规行为。

【转供电主体电价政策监管】 2022年，县市场监管局对保亭县转供电主体37家开展专项检查，发现问题9家，下达责令整改通知书9份，9家转供主体整改完毕，清退降价红利转供电主体1家（海南万平房地产开发有限公司），清退金额2.85万元。

【药品安全监管】 2022年，保亭县辖区药品经营企业66家，药品使用单位43家。3月18日，县市场监管局与县综合行政执法局联合发文《关于深入开展药品安全专项整治“护航行动”工作实施方案》，开展药品安全整治

“护航行动”。9月22日，成立保亭县集中打击整治危害药品安全违法犯罪工作领导小组并制定工作机制。开展药品零售企业和药品使用单位专项检查，结合药品网络销售违法违规行为专项整治、医疗机构药品质量安全风险排查、第二类精神药品专项检查同步开展，积极配合南部片区牵头单位三亚市市场监管局组织的协同检查，共检查零售药店100家次，医疗机构16家，对部分零售药店未做购进验收销售记录、未凭处方销售处方药的行为进行立案查处。开展药品零售企业执业药师配备管理情况监督检查工作，组织辖区内各药品零售企业进行执业药师配备情况自查上报，根据自查情况，确定重点监督检查对象，有针对性开展专项检查，重点检查药品零售企业的执业药师是否在职在岗、执业药师注册证是否有效、处方药及甲类非处方药是否经执业药师审核等，检查药品经营使用单位344家次，立案10宗，将案件线索移交综合行政执法局进行下一步调查处理。开展年度省级药品抽样工作，把“护航行动”检查和药品抽样工作有机结合，对被抽样单位药品采购、验收、陈列、销售环节的质量管理情况进行检查，规范药品经营使用行为，抽检37批次，收到1份不合格药品检验报告，移交综合执法局进行下一步调查处理。

【医疗器械安全监管】 2022年，保亭县有二类医疗器械备案62家，医疗器械使用单位43家。县市场监管局结合医疗器械风险隐患排查专项行动，围绕购进渠道是否合法、是否经注册批准并具备合格证明文件、储存条件是否符合产品说明书要求、购进验收及销售记录等四方面，对10家零售药店开展现场检查，经核实所涉产品均经过国家药监局批准，质量符合要求。同步对县人民医院及县疾控中心开展新冠病毒检测试剂监督检查，检查过程未发现违法违规行为。开展美瞳、医美类医疗器械经营使用环节风险隐患排查工作，制定专项整治方案下发给各基层监管所，利用基层执法的便利化，以眼镜店、乡镇农村集贸市场、学校周边饰品店铺、美容美甲店等为重点区域，实行拉网式排查，重点排查经营企业是否存在无证经营，产品是否有医疗器械注册证书，购销记录是否完整、真实和可追溯，是否销售过期、伪劣假冒产品，是否存在虚假夸大宣传等，排查眼镜店、饰品店、美容美甲店等各类重点场所23家次，暂未发现辖区存在无证经营装饰性彩色隐形眼镜经营企业。联合县卫健委、县综合行政执法局开展打击非法行医专项整治行动的同时对美容养生馆开展现场检查，对辖区较大型的3家美容养生馆开展现场检查，未发现违规使用医疗器械的行为。全年，检查医疗器械经营使用单位106家次，立案3宗，案件线索移交综合行政执法局进行调查处理。

【化妆品安全监管】 2022年，县市场监管局开展“护航行动”宾馆酒店化妆品专项检查工作，结合化妆品“线上净网，线下清源”专项行动同步开展，要求辖区内大小宾馆酒店按照是否建立并执行化妆品进货查验记录制度、经营使用的化妆品是否来源合法、是否存在自行配制化妆品情况等3方面开展自查行动。在前期自查的基础上开展现场检查，通过现场讲解化妆品经营使用的相关要求及法律法规规定，让经营者对当前化妆品法律法规有更直观的了解，共检查重点区域酒店14家次，检查化妆品经营使用单位58家次，对1家美容院涉嫌经营标签标识不符合规定化妆品予以立案，责令下架11种未经备案的国产普通用途化妆品。推动落实《化妆品监督检查条例》，对辖区7家化妆品经营企业开展现场监督抽检，抽检国产特殊用途化妆品、普通化妆品合计21批次，完成年度抽检任务，合格率100%。

【双打专项整治】 2022年，保亭县“双打”办各成员单位积极贯彻落实省、县“双打”和知识产权运用保护工作。县市场监管局办理双打类型案件154宗，其中知识产权类案件8宗，反不正当竞争案件2宗，禁塑领域案件125宗，质量案件19宗，罚没款9.68万元；县综合行政执法局办结双打类型案件77宗，罚没款22.25万元，没收非法出版物总计519本，没收盗版品362件；行政处罚移送案件2件。公安机关侦破案件2件。检察院审查起诉3件。法院审结3件。烟草局查获违法违规案件25宗案件，查获“三烟”7.43万支，案值5.15万元。县各双打办成员单位组织开展打击侵权假冒相关宣传10次，发放宣传资料1600余份，接受群众咨询242人，利用单位办公楼LED屏幕滚动播放宣传标语50轮次，悬挂横幅20条，张贴海报130余张，在“保亭宣传”公众号、“你好保亭”APP等播放著作权宣传标语口号，宣传知识产权海报11条（次），播放2022年国家知识产权官方宣传片10次。销毁库存侵权假冒罚没物资25.28万件（瓶、套），重量4040千克。

【消费维权】 2022年，县市场监管局受理12345热线和全国12315平台的投诉、举报、咨询等工单1019宗，退回非职责工单129宗（投诉类857宗，举报类36宗，咨询建议求助类126宗），全部妥善处置办结，办结率100%，为消费者挽回经济损失4.96万元。

【食品生产监管】 2022年，保亭县有10家食品生产企业，在产9家，开展食品生产企业日常监督检查14家次，录入食品生产监督检查系统14家次，发现问题食品生产企业1家，下达责令整改通知书1份，问题食品生产企业完成整改。有食品生产加工小作坊60家，在产58家。开展食品生产加工小作坊日常检查171家次，发现问题食品生产加工小作坊10家，下达责令整改通知书10份，全部完成整改。

【首创食品安全责任险模式】 2022年12月14日，县市场监管局为抓好食品安全工作，严防严管严控食品安全风险，建立“政府+银行+保险公司+企业”多方合作的食品安全责任险模式，由县政府牵头组织和协调保险公司、银行等机构，负责监管和推进食品安全责任保险的实施，并鼓励和引导食品生产经营企业参与保险计划。银行机构根据食品生产经营企业的实际情况，开发适合的金融产品，提供金融支持和服务，并对其进行财务风险评估，为保险公司提供风险分析数据。保险公司根据银行提供的风险分析数据，因地制宜制定保险产品和服务方案，为食品生产经营企业提供保险相关服务，同时负责组织建立食品安全事故认定工作小组，配合市场监管部门开展食品安全处置工作。食品生产经营企业积极参与食品安全保责任险工作，提升产品质量，加强食品安全管理，降低风险和保险赔偿发生率。截至目前，保险公司、银行与保亭95家餐饮企业签订意向协议，为25家包括学校和餐饮企业投保。

【“禁塑”执法工作】 2022年，县市场监管局严厉打击生产、运输、储存、销售和使用违禁塑料制品行为，立案调查违规使用违禁塑料制品案件145宗，办结145宗，罚没款7.22万元，完成省市场监督管理局交办任务的161%。

【公平竞争监管】 2022年6月25日，保亭县建立“保亭黎族苗族自治县公平竞争委员会”，开展落实公平竞争审查，10月，建立公平竞争审查第三方评估、抽查、会审、举报处理等工作机制，海南天择质量管理有限公司承接为保亭县政策制定机关提供公平竞争审查咨询等服务。全年，保亭县公平竞争委员会成员单位共制定出台涉及市场准入和退出、产业发展、招商引资、招标投标、政府采购、经营行为规范、资质标准等增量政策措施数量179条，第三方评估7次，经审查修改出台的政策措施数量12条，经审查不予出台的政策措施数量0条，适用例外规定出台的政策措施数量0条；存量政策措施清理数量221条，发现可能存在排除、限制公平竞争疑问的政策措施文件共37条，因违反公平竞争审查废止政策措施数量36条，因违反公平竞争审查修订政策措施数量1条。

【药品不良反应监测】 2022年，县市场监管局进行药器妆不良反应宣传，提高各医疗机构、药品经营企业、化妆品经营企业上报不良反应积极性，防止药器妆有害事件发生。全年共收集药品不良反应报告表214份，完成率134%；医疗器械不良事件报告表59份，完成率123%；化妆品不良反应报告表14份，完成率127%，三项监测工作任务提前超额完成。开展“化妆品科普宣传周”“药品科技周”“安全用药月”“医疗器械宣传周”等活动5次，发放宣传资料3000余份。通过设立宣传平台、现场发放宣传资料、滚动播放宣传标识、张贴宣传海报、LED显示屏滚动播放药品、化妆品科普宣传片等方式大力传播普及安全用药用械用妆科普知识，增强科普宣传的吸引力，进一步提高公众认知水平和科学用药用械用妆能力。

质量技术监督

【概况】 2022年，县市场监管局持续强化产品质量、标准化、计量、认证认可等质量技术监督管理，严厉打击各类质量违法行为，规范市场经营行为，保障市场产品质量，杜绝假冒伪劣商品，净化市场环境，为保亭县市场经济健康发展贡献市场监管力量。

【质量安全监管】 2022年，县市场监管局对辖区内燃气具销售点开展全面排查，做到燃气具经营主体底数清、情况明、数字准，严厉打击销售来历不明的燃气具、“三无”燃气具、不符合安全标准、不符合强制性产品认证要求及未安装熄火保护装置的灶具等违法行为，出动执法人员127人次，检查燃气具销售经营主体240家次，责令下架标签标识不符合要求的燃气灶具33台。

4月，结合“工品查”小程序开展13类重点工业产品质量安全进行排查，出动执法人员233人次，检查录入“工品查”小程序102家经营企业，发现问题企业40家，全部责令整改完成。

开展儿童和学生用品专项检查，利用“六一”节期间组织开展儿童玩具和学生用品质量安全专项检查，以县城区域的超市、母婴店、中小学校园周边文具、玩具销售店为重点，重点检查列入CCC认证目录的产品，是否标注“3C”标志，是否存在未经认证擅自出厂、销售的情况；是否为“三无产品”和“假冒伪劣产品”，出动执法人员25人次，检查经营主体43家，责令1家标签标识不全商家限期整改。

2022年3月9日，县市场监管局开展农产品质量安全监督抽样

（吴祝锦 摄）

开展打击假冒伪劣化肥专项检查，重点检查农资经营户的经营资质、进货来源、进销货台账、产品质量等情况，重点查处销售“三无”产品、以不合格产品冒充合格产品、伪造或冒用他人厂名厂址、发布虚假广告、商标标识侵权仿冒等违法行为，出动执法人员23人次，检查经营主体29家，责令5家购销台账不完整经营主体限期整改。

开展电动自行车火灾风险防范专项监督检查，根据省市场监管局文件要求，组织执法人员对辖区内电动自行车销售、维修、回收经营主体开展火灾防范专项监督检查，重点检查是否落实进货查验制度、是否建立进销台账、是否销售三无及无3C认证产品、是否存在非法改拼装等违法行为，开展检查11次，出动执法人员212人次，检查经营主体410余家次，未发现违法行为。

【产品质量专项抽查】 2022年，县市场监管局根据产品质量监督抽查计划和方案，购买第三方检验检测机构服务，分两批次开展产品质量监督抽查工作。抽查产品主要为头盔产品、石油化工产品、建筑和装修材料相关产品、日用品及卫生用品、农业及化肥产品、交通用具产品及石油化工产品、燃气器具产品、消防产品、非医用口罩产品、可降解塑料制品、其他生产领域等产品共计46种83批次，其中12批次检验不合格，不合格发现率14.46%；对销售不合格产品的商家立案查处 8 宗，办结 8 宗，罚没款人民币 1.399 万元。

【计量监督管理】 2022 年，保亭县强制检定计量器具线上备案共计 1757 台（件），其中贸易结算用 1067 台（件）、安全防护用 287 台（件）、医疗卫生用 396 台（件）、环境监测用 7 台（件）。2022 年，县市场监管局（含保亭县质量技术服务所）检查各类计量器具 1842 台（件），其中制配眼镜用计量器具 16 台(件)、衡器 1563 台（件）、燃油加油机 44 把加油枪、血压计 130 台（件）、压力表 89 台（件），检定结果为不合格器具共计 19 台（件）；抽查加油站 5 家、农贸市场 6 家，检定其加油枪 44 把、电子秤 468 台（件），检定结果均为合格；共受理加油站、农贸市场、超市等领域计量缺斤短两投诉举报 40 件，办结 40 件，罚没 1000 元。

年内，保亭县法定计量机构保亭县质量技术服务所完成加油机检定装置、压力表检定装置、血压计检定装置、衡器检定装置及其配套设备等全部四套计量标准装置的送检溯源工作，为授权范围内的计量检定工作提供合法性，为执法人员在处理计量纠纷工作中提供有效技术支撑。

【计量“双随机、一公开”推进】 2022 年，县市场监管局积极推进“双随机、一公开”监管方式，随机抽取定量包装生产企业、能效标识产品经营企业、水效标识产品经营企业、在用计量器具企业、计量单位使用企业等各类市场主体 43 户，抽取执法人员 86 人（次），应检查对象数 43 项，完成抽查检查对象数 43 项，核查结果录入国家企业信用信息公示系统，公示率 100%。

【认证认可监管】 2022 年 6—9 月，县市场监管局开展强制性产品认证专项监督检查工作，结合保亭县实际，围绕消费需求旺盛、与群众日常生活息息相关的、存在较高产品质量隐患的产品领域，确定监督抽查的重点产品，主要包括：电线电缆、电路开关（插头插座）、消防产品、家用燃气器具、家用电器、电动自行车 6 类 3C 认证重点产品等。对生产企业监督检查中发现存在较高产品质量隐患、消费者投诉较多的强制性认证产品，要求区（县、市）市场监管局在流通领域开展相关产品的监督检查，覆盖辖区内大型超市、批发市场、专卖店等场所。检查未发现存在冒用认证证书、标志行为及在获得证书之前或者暂停撤销期间擅自出厂、销售目录内产品等严重违法行为。执法人员积极宣贯强制性产品认证管理制度，指导企业严格按照批准的规格、型号组织生产，建立强制性产品认证标志使用的管理机制与使用记录，正确使用认证标志等。

【商标和发明专利】 2022 年，保亭县“保亭益智”“保亭七仙乡猪”“保亭蜂蜜”“保亭四棱豆”4 件地理标志证明商标被国家知识产权局驳回，开展材料更正、补齐工作。地理标志保护产品的申请经费纳入 2023 年财政预算。

县市场监管局、县农业服务中心、县畜牧渔业服务中心为 12 件地理标志证明商标制定相应的团体标准，在全国团体标志信息服务平台正式发布。

年内保亭县新增 14 家专用标志用标主体，通过国家知识产权局 16 项专用标志许可备案，完成从无到有的历史性突破。9 月，保亭县召开新闻发布会，为许可使用地理标志的市场主体印制地理标志专用标志，首批印制专用标志 32 万枚，覆盖保亭县 12 件地理标志证明商标，免费提供给获得许可的市场主体使用。县市场监管局根据国家知识产权局发放的地理标志专用标志矢量图，在专用标志上补充市场主体名称，添加产品信息、产品介绍、公司简介的二维码，为产品质量的溯源提供保障，提高专用标志品牌价值。

保亭县专利授权总量为 90 件，其中新增发明专利 1 件，保亭县有发明专利 7 件；非正常专利申请撤回，根据国家知识产权局、海南省知识产权局下发的专利申请核查工作任务，对保亭县内 32 项非正常专利申请进行核查，9 名专利申请人按照海南省知识产权局要求提交相应材料，撤回非正常专利申请。

【保护驰名商标专用权】 2022 年，为加强知识产权保护工作，促进经济健康快速发展，营造良好营商环境，县市场监管局根据上级文件要求，对辖区开展驰名商标专用权专项行动专项执法行动，在保亭县开展保护驰名商标专用权专项行动。2022 年 10 月 28 日至 10 月 30 日期间，县市场监管局派出执法人员，对大型商超、连锁经销商、特许经营者开展摸底调查工作，排查摸底 13 个驰名品牌，25 家市场主体，做好与市场主体的经营沟通，建立联络制度，将品牌经营者纳入社会监督范畴，助力开展打击侵犯驰名商标专用权的行为。以驰名商标，证明商标、集体商标和区域商标品牌、本地区被侵权问题比较突出的知名商标为重点，主要检查未经许可使用他人注册商标，将未注册商标冒充注册商标使用；擅自改变注册商标，使用注册商标超出核准的类别和商品；违规使用“驰名商标”字样；未获商标权利人授权许可经营文件，以专营店、代理商（经销商）名义（或招牌、装饰等）从事经营；擅自使用地理标志（证明商标）专用标志或近似标志，或者以非地理标志（证明商标）核定区域内产品冒充使用地理标志（证明商标）专用标志；出动执法人员 45 人次，检查市场主体 105 家次，检查工作未发现侵犯知名商标专用权行为。

【“4·26”知识产权日活动】 2022 年 4 月 26 日，保亭县知识产权协调领导小组牵头，联合县市监局、县委宣传部、县执法局、县农业农村局、县司法局、县公安局、县林业局 7 家部门，围绕“全面启动知识产权强国建设新征程”主题，举行第 22 个“4·26”世界知识产权日宣传咨询服务活动，活动通过现场咨询、资料赠送、图片或实物展示等形式，向社会公众宣传介绍知识产权知识，呼吁人们重视和保护知识产权，展出各类图板 6 块，发放各类法律法规小册子 500 余册、各类知识产权知识宣传资料 600 余份，参加现场咨询 28 人。

【假冒伪劣产品打击】 2022 年，为强化知识产权保护工作，依法查处侵犯知识产权行为，县市场监管局开展北京 2022 年冬奥会和冬残奥会奥林匹克标志知识产权保护专项行动，检查各类经营主体 80 家，查办侵权盗版奥林匹克标志案件 1 宗，罚款金额 1080 元，没收侵权灯具 20 台；开展知名品牌摸排、重点市场打假、“遵义 1935”线索排查等专项行动，以打击侵犯商标专用权行动为工作重点，对制售假冒伪进行检查打击，立案 6 宗，办结案件 6 宗，罚没款 4435 元，知识产权案件目标任务完成率 100%。

【标准化管理】 2022 年 10 月 14 日，县市场监管局开展“世界标准日”现场宣传活动。通过悬挂宣传横幅、摆放宣传展板、发放标准化宣传页等形式，围绕标准日主题及群众关心、社会关注的热点问题，积极向市民群众普及标准化知识、讲解标准概念，以及标准在生活质量提升等方面的重要作用和在日常生活各方面的具体应用，发放宣传材料 160 余份，受理现场咨询 23 人次。

深入企业加强标准宣贯和指导，继续到食品生产企业宣传强制性国家标准《限制商品过度包装要求 + 食品和化妆品》，督促生产企业严格执行国家强制性标准；针对 2022 年开展“双随机、一公开”企业标准监督检查的 2 家企业，进行上门指导，督促其按照抽查报告中的相关建议认真落实整改，促使企业产品标准自我声明公开规范化。

（撰稿　林洪波）

财政·税务

财政管理

【概况】 2022年，保亭县财政工作坚持稳中求进总基调和新发展理念，有效应对经济下行“三重”压力和超预期冲击，积极防范重大风险，统筹疫情防控和经济社会发展，牢牢把握海南自由贸易港发展战略机遇期，坚定不移实施积极财政政策，加强预算约束和绩效管理，挖掘增收节支潜力，扎实做好“六稳”“六保”工作，为全面落实“三区三地”战略目标和经济社会高质量发展提供坚实的财力保障。

【财政收入】 2022年，保亭县一般公共预算总收入37.64亿元，增长0.06%。其中，地方一般公共预算收入4.14亿元，增长12.69%（税收收入1.41亿元，下降10.70%；非税收入2.72亿元，增长30.38%）。地债转贷收入0.8亿元（其中新增一般债0.2亿元，再融资0.6亿元）。转移性收入32.70亿元，增长0.66%。政府性基金预算总收入6.04亿元，增长38.07%。其中，地方政府性基金预算收入3亿元，增长11.49%。地债转债收入1.65亿元（其中新增专项债1.05亿元，再融资0.6亿元）。转移性收入1.39亿元，增长103.65%。社会保险基金收入完成2.28亿元。

【财政支出】 2022年，保亭县一般公共预算总支出37.64亿元，增长0.06%。其中，地方一般公共预算支出33.74亿元，增长8.14%。债务还本支出0.69亿元（其中再融资0.6亿元）。转移性支出3.20亿元，下降43.76%。政府性基金预算总支出6.04亿元，增长38.07%。其中，地方政府性基金预算支出4.41亿元，增长59.34%。债务还本支出1.32亿元（其中再融资0.6亿元）。转移性支出0.3亿元，下降73.68%。社会保险基金支出完成1.96亿元。当年收支结余0.32亿元，加上上年结余-0.17亿元，滚存结余2.87亿元。

【民生保障支出】 2022年，保亭县统筹资金，保障民生领域工作顺利推进。

支持乡村振兴　农林水支出8.18亿元，安排衔接资金2.06亿元，用于巩固脱贫攻坚成果与衔接推进乡村振兴工作，其中投入1.17亿元用于产业发展，产业占比达到56.9%。发放耕地力保护、农机购置、生态直补等农业补贴0.31亿元。拨付1.54亿元，用于农村环境综合整治、高标准农田、农村饮水安全工程、厕所革命、美丽乡村等基础设施建设，改善农村生产生活条件。

支持教育文化发展　教育支出5.03亿元，重点支持乡村同步课堂、合作办学、特殊教育资源教室等教育事业，全力保障教学综合楼建设、校舍建设及设施建设等教育工程。文化旅游体育与传媒支出0.73亿元，积极支持省级旅游度假区创建、博物馆纪念馆、非物质文化遗产保护、文化创作与保护等文旅事业，大力推动保亭文化守正创新，打造“悦动保亭”夜生活文化、红毛丹文化节、全国群众健身登山大会，非遗项目、文化博物馆和黎苗族文创基地等文化品牌，持续推进城乡公共文化服务体系一体化建设。

支持医疗健康发展　卫生健康支出4.17亿元，投入0.48亿元保障常态化新冠疫情防控工作，投入1.41亿元，支持安康医院改扩建、县人民医院感染病区建设、县妇幼保健院建设、中医院提升项目建设、县疾控中心建设等，提升公共卫生服务均等化水平。

支持生态文明建设　节能环保支出3.16亿元，积极探索生态产品价值实现，支持赤田水库流域、陵水河流域综合、“六水共治”项目、农业面源污染治理以及大气、水、土壤污染防治，用于县城污水收集管网配套建设、县城垃圾处理及设施、农村生活污水治理等项目建设，支持什东村与水贤村生态搬迁，严格实施“禁塑令”，生态环境质量进一步改善。

发展“菜篮子”项目建设　实施平价菜保供行动，统筹安排“菜篮子”建设资金0.14亿元，用于菜价补贴、铺面摊位租赁和常年蔬菜基地建设、蔬菜种植补贴，投入386万元用于毛感乡农贸市场升级改造，投入650万元用于蔬菜种植基地水利基础设施建设，投入0.28亿元用于毛感乡农贸市场升级改造和什玲镇农贸市场建设。推广实施农业保险，财政补贴保费520.27万元，赔付917.29万元，有效平抑菜价。

【重点项目支出】　2022年，保亭县聚焦重大决策部署，统筹7.45亿元保障战略性政府投资项目建设。加快医疗卫生基础设施建设，支出1.41亿元，支持“7+3”项目、中医院提升改造等项目；助力城市品质提升，支出0.17亿元，支持老旧小区改造、人才房建设等项目。聚焦十大特色产业发展，着力推进新兴高科技产业，制定数字港财政扶持奖励政策吸引企业落户，打造保亭国际能源企业总部数字港。支持健康产业发展，成立保亭健康医学科技有限公司，促进海南省院士联合会科研成果的引入、转化、产业化落地，推进保亭县健康产业科技发展。发挥旅游产业资金撬动，助推旅游产业优化升级，一批AAAA级景区、银宿级民宿、五椰级乡村旅游点、第四批全国乡村旅游重点村等旅游品牌加速建成。

【项目预算管理】　2022年，保亭县持续推进预算管理一体化系统建设，促进项目库建设、预算绩效管理与预算编制、执行全面深度融合，做好项目谋划工作，积极争取上级资金支持。启用预算管理一体化系统资产管理模块，推进行政事业单位国有资产管理信息化工作，实现对资产的动态监管。推进非税票据电子化改革，97个预算单位177项非税缴费实现线上收费、结算、开票，累计开具票据87万张2.21亿元。全县144个预算单位在规定的时间内完成预决算公开工作。

【政府采购管理】　2022年，保亭县为加快推进“互联网＋政府采购”行动，进一步提升政府采购透明度和便利度，要求各预算单位规范政府采购备案流程，提高政府采购效率，实行政府采购计划通过预算管理一体化系统进行备案。采购人通过预算一体化管理系统向指定媒体推送政府采购意向公开项目相关材料，方便供应商提前掌握政府采购市场信息，进一步优化政府采购营商环境，维护政府采购公平竞争市场秩序。全年完成政府采购项目意向公开110个，意向公开政府采购预算金额为17.13亿元。通过预算管理一体化系统备案政府采购项目共计56个，政府采购预算金额为2.44亿元，完成政府采购活动项目共49笔，预算采购金额1.89亿元，实际采购金额1.88亿元，节约采购资金154.31万元，节约率为0.82%。其中，货物类实际采购金额为0.43亿元，占22.89%；工程类实际采购金额为1.02亿元，占54.62%；服务类采购金额为0.42亿元，占22.49%。

【国有资产管理】　2022年，保亭县深入加强行政事业单位国有资产管理。全县纳入行政事业单位资产管理信息系统共142家行政事业单位，其中卫生系统（含9家乡镇卫生院）和教育系统（35家）全覆盖到位。组织开展完善和规范资产系统基础信息工作：单位基本信息有变动修改完善142条；资产处置121条，涉及资产原值0.32亿元。其中，报废64条，报废资产原值0.12亿元；损失核销6条，资产原值61.13万元；无偿转让及划拨51条，资产原值0.20亿元。自2008年以来，首次更新形成《保亭黎族苗族自治县行政事业单位国有资产管理办法》，明确资产配置审批权限及申报材料，进一步完善资产出租、出借行为的审批主体、公告公示方式、出租期限等，大幅度降低资产处置原值下限，赋予单位更多自主权。

【预算绩效评价】 2022年，保亭县印发《保亭黎族苗族自治县全面预算绩效管理实施细则》，建立全方位、全过程、全覆盖的预算绩效管理体系，加大绩效评价结果运用，对86家预算单位实施2021年部门整体支出绩效评价工作，部门预算绩效自评率达到90%，开展9个乡镇42个扶贫专项资金项目绩效评价抽查工作，对全民健身活动中心项目工程等13个重点项目开展重点绩效评价工作，有效提高财政资金使用效益。

【PPP项目管理】 2022年，保亭县构建顶层引领、部门联动、专家团队参与的PPP项目攻坚组织体系，围绕《关于推进保亭黎族苗族自治县PPP工作方案》成立县政府和社会资本合作中心，抓深做实PPP项目谋划、项目储备、项目服务，保亭县首个乡村振兴公路改扩建PPP项目（一期）完成入库，项目总投资11.02亿元。

【财政支持企业发展】 2022年，保亭县继续落实各类惠企政策，持续优化营商环境。延续延缓制造业中小微企业缓交部分税费，继续落实增值税降率、小规模纳税人增值税免征、六税两费减征政策，缓缴耕地开垦费等14项行政事业性收费，切实降低实体经济企业成本，减轻企业负担。印发《保亭县促进经济高质量发展若干财政措施》，聚焦科技创新、招商引资、扩大投资、融资支持与制度创新等方面，加大财政支持力度，投入128万元支持新建充电基础设施、新能源汽车推广应用和5G行业建设运营等。投入237万元支持高新技术和科技型中小企业发展，助推县级重点研发计划项目实施。组织行政事业单位减免租金106.83万元，受惠个体商户85家，受惠小微企业10家；组织国有企业减免租金38.73万元，受惠个体商户57家。打好财政引导金融支持实体经济发展“组合拳”，投入38.32万元打造征信赋能乡村振兴新引擎，发放农民小额贷款4812笔3.90亿元，完成全年任务的287.82%，兑付贴息资金0.12亿元3502户。制定《关于优化保亭黎族苗族自治县助保贷业务管理办法的补充通知》，支持设立助保贷贷款政府风险补偿金0.10亿元、创业担保贷款担保基金420万元，解决中小微企业融资难问题，发放助保贷44笔0.38亿元，存量贷款余额52笔0.53亿元，兑付贴息资金和奖励金16.60万元。发放创业担保贷款72笔0.17亿元，存量贷款余额115笔0.24亿元，兑付贴息资金60.60万元。

（撰稿　王　智、钟语嫣）

税务管理

【概况】 2022年，保亭县税务局（以下简称县税务局）组织国内税收收入3.19亿元，下降16.6%，减收6343万元；组织非税收入3.01亿元，增长1456.2%，增收2.81亿元；组织社会保险费5.59亿元，增长8.9%，增收4551万元；组织其他收入（工会经费）407万元，下降7.5%，减收33万元。持续推进优化营商环境，以税收征管改革为突破口，创新推行“首限续票”“首限清欠承诺续票”等举措，创新推行税务发票领用新模式，较好解决群众索票难等堵点问题，有效缓解征收缴纳矛盾关系，营造良好的税收环境，激发市场主体活力，同时降低征管风险，彰显“守信激励，失信惩戒”的纳税监管信用价值导向。

【减税降费】 2022年，县税务局坚决贯彻落实新的组合式税费优惠政策，退税减税降费1.58亿元，为39家企业办理增值税留抵退税，退税额1.20亿元，退税规模扩大403.6%；增值税小规模纳税人“六税两费”政策优

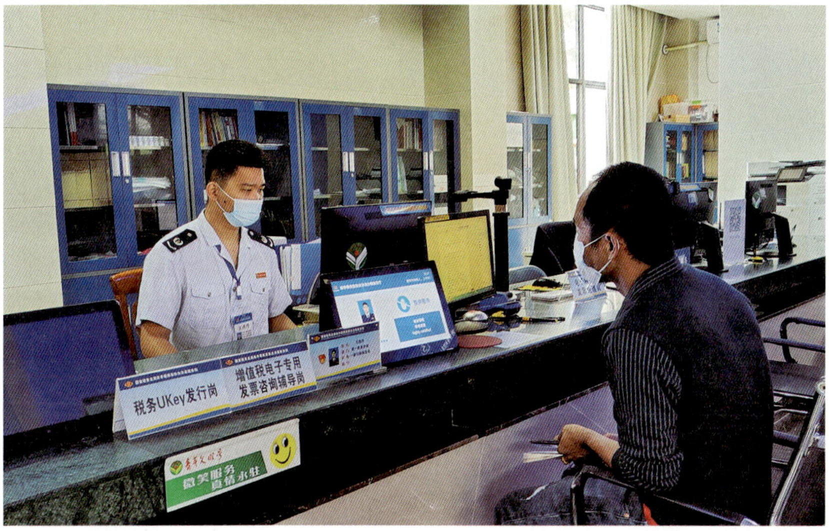

2022年3月2日，县税务局办税大厅纳税人领取发票现场

（县税务局　供）

惠减免税费 0.18 亿元，小规模纳税人 3% 征收率销售额免征增值税政策减免税款 546 万元，制造业中小微企业缓缴税费 315 万元。落实海南自贸港双 15% 所得税税收优惠政策，全年前三季度减按 15% 税率企业所得税 2 家，减免税额 7.93 万元；享受个人所得税优惠 17 人，减免税额 56.42 万元，退税 53.85 万元。

【税收征管】 2022 年，县税务局按照“分批次、分等级”的原则推进欠税清理，运用催缴约谈、财产保全等举措，清欠效果显著，撰写《保亭县税务局开创清理欠税新尝试》。充分发挥纪检专责监督作用，由纪检部门牵头通过电话抽查和实地走访等方式开展现金税费监督检查，建立健全现金税费征缴工作日常监督机制。深入推进税收征管模式由事前审核向事中事后监管、固定管户向分类分级管户、无差别管理向风险管理、经验管理向大数据管理的“四个转变”。积极推进服务优化创新，对低风险纳税人创新推行“首限续票”“首限清欠承诺续票”等措施，解决群众索票难等堵点问题，持续营造高水平税收营商环境，助力保亭经济社会高质量发展。

【税收优惠政策实施】 2022 年，县税务局持续落实“便民办税春风行动”，多措并举将税费优惠政策“精准速递”给纳税人，打通“最后一公里”，进一步优化税收营商“软环境”，达到办税宣传“快车道”、优惠政策“加速跑”。依托电子税务局“政策速递”模块定期向注册纳税人推送功能，组织力量对管辖范围内的纳税人进行“精准速递”个性辅导，广泛开展线上线下宣传、提高纳税人点击查阅率工作，确保个性化税费优惠政策应知尽知、应享尽享，有效解决纳税人对优惠政策了解不够贴切自身、不够及时全面的“痛点堵点难点”问题。

【税收风险防控】 2022 年，县税务局依托“大数据”信息，拓展第三方信息来源渠道，对保亭新引进 9 家企业涉税风险进行评估，报送县政府作为引进企业的重要参考。开展自贸港实质性运营联合检查，对享受 15% 企业所得税优惠政策的 2 户企业和享受 15% 个税优惠的 15 人开展联合核查，均符合优惠条件。

【纳税服务】 2022 年，县税务局

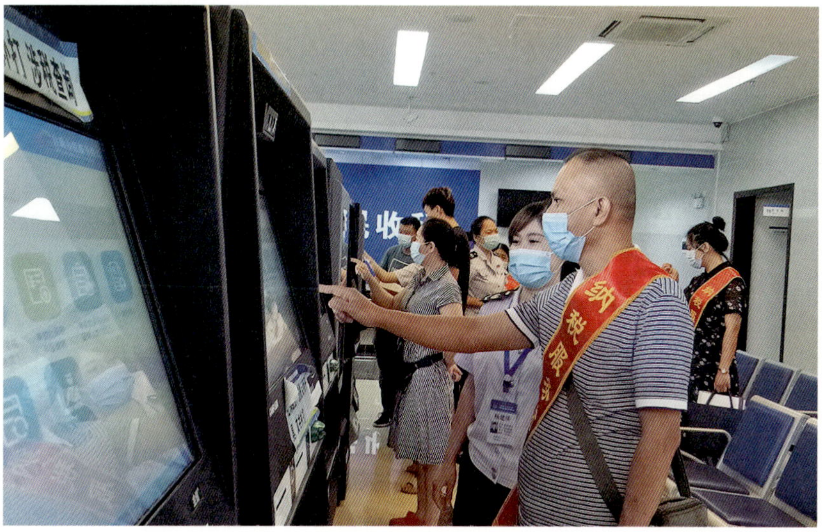

2022年1月2日，县税务局办税大厅纳税人代表体验自助机“非接触”式办理业务

（县税务局　供）

优化营商环境，聚焦重点企业，完善纳税服务措施，成立新引进重点企业税务服务专班，为新引进重点企业提供“一对一”纳税服务，为9家新引进重点企业制作“税费政策共性、个性礼包”。开展全面数字化的电子发票受票扩围试点工作，成立全电发票工作专班和宣传辅导团队，印发工作方案，组织培训3场，涉及200余人次；对413户企业开展全电发票“预先服”，完成率100%。优化疫情防控期间税费服务方式，引导纳税人通过电子税务局和“码上办”等非接触式办理税费业务，“码上办”业务107笔，发售普票5896份、定额发票1.56万份。

【依法治税】 2022年，县税务局深入学习贯彻习近平法治思想，对习近平法治思想进行细读精研，内化于心，外化于行。健全行政执法工作体系。严格规范公正文明执法，加强组织保障和队伍建设；严格落实税收执法资格管理工作，落实好税务执法人员持证上岗制度。推进科学民主依法决策。聘请海南邦威律师事务所作为法律顾问，在税务行政诉讼、政务公开规范性文件制定和“协议文本”签订等方面，提出有价值的法律建议，提高依法决策水平。健全依法行政领导体制机制。加强党对法治政府建设的领导，以党的政治建设为统领，全面推进法治税务建设，积极谋划、落实好法治税务建设的各项任务；贯彻落实“一把手”履行推进法治建设第一责任人职责，坚持依法治税、依规治税，对法治建设重要工作亲自部署、重大问题亲自过问、重点环节亲自协调、重要任务亲自督办，把本单位各项工作纳入法治化轨道。

金　融

银　行

邮政储蓄银行保亭支行

【概况】 2022年，中国邮政储蓄银行保亭县支行（以下简称邮储银行保亭支行）有2个自营网点。邮储银行保亭支行依托行业优势融入地方经济发展，形成以本外币储蓄存款为主体的负债业务；国内和国际汇兑、转账业务、银行卡业务、代理保险及基金业务、代收代付、信用卡等多种形式的中间业务；小额贷款、个人商务贷款为主渠道的资产业务。多元化金融产品，为保亭县经济社会发展及满足百姓金融要求作出积极贡献。

【客户服务】 2022年，邮储银行保亭支行发放农贷款结余1.22亿元。加大业务宣传力度，利用信用村、金融进乡村等途径，加强贷款业务宣传，通过墙体广告、开展推介会、发放宣传折页等方式，让农户知晓信贷产品和优惠政策；开展21次送金融知识下乡活动，为广大农村居民提供多元化的金融服务和产品，通过ATM、POS终端、二维码收单等便民服务，促进普惠金融纵深发展，满足群众对金融服务日益增长的需求。

【风险防控】 2022年，邮储银行保亭支行逐级签订案防责任书，明确日常案防责任，落实到人。开展非现场和现场检查，利用合规管理系统，做好风险监测、分析、预警、提示工作，开展资金安全检查、合规管理系统非现场风险数据排查、侵害消费者权益行为自查自纠、员工风险数据排查、每季度网点合规综合检查等检查工作，对重要岗位、重点环节、重点业务进行检查，防范化解风险。强化员工行为管理，控制案件隐患，按季度完成线上、

2022年9月9日，邮储银行保亭支行业务人员向群众宣传金融知识

（邮储银行保亭支行　供）

线下员工行为排查，覆盖率达100%；每季度合规经理述职会上加入季度员工行为排查汇报模块，了解员工合规从业情况，跟踪员工思想动态、防范员工道德风险，做好风险防范工作。开展案件警示教育活动，开展一堂主要负责人授课的案件警示教育讲座、观看案件警示教育影片、重温合规承诺书、开展员工违规及轻微违规积分培训班和组织案件风险专项排查等活动，强化员工案件风险防控意识，筑牢拒腐防变思想防线和法纪防线。

【金融知识进万家】 2022年，邮储银行保亭支行开展金融知识进万家宣传活动，开展金融知识集中宣传活动20次，发放宣传折页1.2万份，受众人数1.3万人，有效强化群众防范风险意识，提高群众金融知识素养，提升消费者依法维权、理性维权能力，营造良好金融氛围。

保亭融兴村镇银行

【概况】 2011年7月6日，海南保亭融兴村镇银行有限责任公司（以下简称保亭融兴村镇银行）成立，这是由哈尔滨银行作为主发起行，经中国人民银行和海南银保监局批准设立的新型农村金融机构。2022年，保亭融兴村镇银行以稳健经营、科学发展为主题，秉承哈尔滨银行“普惠金融，和谐共富”经营理念，以支持“三农”和服务小微企业为市场定位，小额信贷为特色，为小微企业、个体工商户及农户提供各类存款、贷款、结算、银行卡等银行服务，支持海南自贸港建设。

【贷款业务】 2022年，保亭融兴村镇银行落实疫情防控专项支农支小再贷款政策，运用支农支小再贷款专项资金，抗疫情、助小微、促复工，做好“六稳”“六保”工作，将支农支小再贷款精准落到疫情防控关键处、企业发展急需处，降低保亭县小微企业融资成本，投放支小再贷款3笔，金额130万元，支农再贷款16笔，金额1855万元。运用人民银行两项直达货币政策工具，支持小微企业贷款延期还本付息29笔，余额4401万元，支持稳企业保就业工作。

（撰稿　王子雯）

保亭县农村信用合作联社

【概况】 2022年，有营业网点12个。资产总额56.76亿元；负债总额53.61亿元；所有者权益总额3.15亿元。各项存款余额50.45亿元，储蓄存款43.28亿元；存款市场份额41.74%，市场份额继续保持全县第一。

【业务发展】 2022年，保亭县农村信用合作联社（以下简称保亭农信）各项贷款余额24.78亿元，比年初增加2.1亿元。加大支农支小力度，全年累计发放小微企业贷款393笔，金额3.6亿元。授信总额1000万元（含）以下小微企业贷款余额3.95亿元。发放涉农贷款3637户，金额4.8亿元，涉农贷款余额10.06亿元，增量1.2亿元。发放支农再贷款694笔，金额0.83亿元。与县就业局联合开展创业担保贷款，发放就业贷款13笔，金额393万元。发放脱贫人口小额信贷604户0.18亿元。发放户数占全县金融机构发放总户数的91.1%，发放金额占全县金融机构发放总金额的89.02%。为助力乡村振兴工作有效实施作出贡献。全年，手

2022年6月15日，保亭农信参加人民银行、各金融机构联合开展的“守住‘钱袋子’ 护好幸福家”宣传活动　（李清娜　摄）

机银行新增客户数3572户；手机号码支付注册1731户；新增高质量二维码商户247户；拓展新户发卡751张；信用卡用信增量3683.46万元。

【客户服务】 2022年，保亭农信本着“以客户为中心”的原则，以微笑服务为己任，主动提供热情、真诚、周到、细致的文明服务。为满足客户需求，通过线上、线下方式不断拓宽服务渠道，提高服务质效。全辖各网点开展反洗钱、打击非法集资、打击电信诈骗、征信和社保卡等金融知识宣传教育活动，走进中小学校园普及金融知识。优化客户投诉管理机制，2022年受理金融消费投诉共5件，妥善解决并撤诉5件，办结率100%。

中国银行保亭支行

【概况】 中国银行保亭支行于2013年11月进驻保亭县，主营人民币存款、贷款、结算业务，办理外汇业务、票据贴现业务，代理金融债券、保险业务，办理信用卡业务等。员工有21人（含外包），其中35周岁以下员工占比90%。2022年，中国银行保亭支行围绕保亭县高新技术产业、热带高效农业、乡村振兴、“三区三地”建设等方面，提供优质金融服务，为打造海南自贸港首选银行贡献中行力量。

【助力乡村振兴】 2022年，中国银行保亭支行贯彻落实党中央、省分行党委和保亭县委、县政府扶贫工作部署，对帮扶责任村保亭镇春天村村委会开展帮扶工作，强力推进精准扶贫工作，较好完成了各项扶贫任务。

产业帮扶 为11户建档立卡户发放资产收益（百果飘香产业）分红共计5689元。根据省工作要求及镇工作部署，各村（居）委会、乡村振兴工作队、帮扶联系人等对农户槟榔生产收入、槟榔林下套种等情况进行排查，通过本次排查，春天村有2户因槟榔收入而纳入重点关注对象。1户有林下套种需求，领取红毛丹苗木60株，共计1247元。为了鼓励产业增收，为12户申请种养奖励并发放到位，共计2.2万元。

就业帮扶 协助村委会组织农户参加实用技能培训，7月在春天文化室举办为期13天的家政服务培训，提高群众职业技能，为群众增技增收。设立公益岗5人，为8人申请务工奖励共计1.61万元。

健康帮扶 防范因病返贫致贫风险。做好基本医疗保险征缴工作，对2022年度城乡居民基本医疗保险征缴工作进行查漏补缺。同时，进村入户对2023年度城乡居民基本医疗保险政策进行解释和宣传，帮扶的脱贫户、监测户已全部缴纳2023年度城乡居民基本医疗保险。

教育帮扶 配合县教育局做好六类学生的教育补助发放工作，惠及小学8人，初中4人，雨露计划1人，发放金额3.39万元。

【存款业务】 截至2022年12月31日，中国银行保亭支行人民币各项存款日均余额4.29亿元，较上年增长5961万元，增幅33%，超额完成省行下达任务目标的184.93%。

外币存款 时点余额（含表内理财）为124.09万美元，较上年增加24.13万美元，增幅25%。日均余额111.51万美元，较上年新增10.23万美元，增幅12%。

【贷款业务】 截至2022年12月31日，人民币各项贷款时点余额1.6亿元，较上年增长5928万元，增幅59%，其中公司贷款余额6392.75万元，较上年增长5835.75万元；个人贷款8053.19万元，较上年增长614.46万元。普惠金融贷款余额6591万元，较上年新增4677万元，增幅244%，完成率排名全辖第一，增速排名全辖第二。其中，涉农贷款（县域金融）余额3215.25万元，任务完成率502%，增速383.98%，分别排名全辖区第五、第二。

【资产质量管理】 截至2022年12月31日，企业贷款关注率和不良率均为零；个人贷款关注类余额0，不良余额28.11万元，不良率低于全辖平均水平。信用卡不良余额28.11万元，不良率1.81%，控制在省行制定目标之内；信用卡关注余额9.79万元，关注率0.63%，低于全辖平均水平。

【服务地方经济】 2022年，中国

银行保亭支行践行社会责任，服务当地实体经济，助力县域金融发展。积极服务实体经济、助企纾困，支持地方经济建设，大力推进普惠金融业务。贯彻中央关于服务生态文明战略、服务战略性新兴产业、服务普惠小微企业和民营企业，联合兄弟行共同为白沙隆基20兆瓦农光互补发电项目授信8500万元，助力清洁产业发展和乡村振兴发展。围绕保亭县大力发展高新技术产业、“三区三地”建设等目标，因地制宜开展县域金融工作。年初，与兄弟行一同为保亭当地某旅业有限公司提供1000万元信贷支持，帮助该企业解决燃眉之急，助力该企业盘活村庄旅游资源、助力乡村振兴，打响中国银行乡村振兴品牌的当地影响力，受到当地政府和人行的高度赞赏。深入保亭各个乡镇派出所、代发薪企业，拓展椰岛关爱卡、数字人民币、手机银行、信用卡等业务，为保亭县人民提供更加优质的金融服务。

【网点建设管理】 2022年，中国银行保亭支行持续跟进新营业网点的选址、立项购买等工作，新点综合考虑5.0设计、养老特色网点、党员之家、员工之家的创建，建成后将为客户、员工提供舒适的金融服务、营销、办公环境。截至年底该项目已实现网签备案。做好日常管理工作。明确各岗位职责，细化目标任务，员工既能合理分工又能团结协作，推进“联动营销”。加大监督检查力度。完善各项制度，对发现的问题及时纠正，查漏补缺，进一步加大排查力度，对各种违规行为决不姑息。提升员工服务水平。每日利用晨会，做好服务“七步曲”培训工作；不定期调取监控，查看员工日常服务情况；加强评价监督管理，针对服务评价低的员工实行相应的处罚和再培训。完善考核激励机制。制定具体的工作目标和任务，充分利用绩效工资考核方案的有利平台，进一步加大奖惩力度，表扬先进、激励后进，形成各司其职、各尽所能、共同发展的良好氛围，推动业务发展。增强企业团建活力。切实履行员工关爱计划，在工作中多聆听员工的心声，帮助员工解决困难，让员工愉快工作，增强员工企业归属感，共同构建团结、和谐的大家庭。

【风险防控】 2022年，中国银行保亭支行柜面业务保持全年零差错，其他方面也无重大差错事件发生；文明优质服务水平有所提升，全年合规安全经营，实现全年无“四类案件”发生。

工商银行保亭支行

【概况】 工商银行保亭支行成立于1986年8月13日，所属行业：货币金融服务。经营范围：办理人民币存款、贷款、结算、票据贴现、代理发行、兑付、销售政府债券；代理收付款项及保险业务；经中国人民银行批准的其他业务。

2022年7月14日，在省、市分行党委的大力扶持和关怀下，工商银行保亭支行升格为一级支行。工商银行保亭支行学习贯彻习近平新时代中国特色社会主义思想，不断优化应对措施，积极抢占“大三亚”一体化发展为保亭高质量发展带来的广阔空间，用发展的理念指导发展的实践。保亭支行升格为一级支行后，整体的人员框架、业务范围与省内一级支行逐步实现一致。保亭支行有在编人员16名，根据现有营业状况、业务发展和专业条线的不同设立4个团队实现管理提升。4个管理团队结合保亭县政府发展“十大产业”、打造“三区三地”积极开展各项工作。

【党建工作】 2022年，工商银行保亭支行在三亚分行党委的关爱下，在支部全体党员的共同努力下，贯彻落实上级党组织工作部署，定期开展党内组织活动，严格党员日常教育管理监督，致力于基层网点服务工作，不断改进工作作风，充分发挥保亭支行党支部“战斗堡垒”作用，为支行各项任务指标完成提供坚强保证。2022年保亭支行党支部在强化政治担当同时，以疫情防控工作为重点，通过做好资金支付结算服务、加大线上金融服务力度和开辟金融服务绿色通道等方式为广大群众提供优质金融服务。同时，保亭支行组织员工响应政府号召，投身保亭疫情防控志愿服务。

【助力乡村振兴】 2022年，工商银行保亭支行响应政府号召，继续加大实施驻村帮扶工作，并把党建融入金融服务支持乡村振兴工作全过程，为金融赋能乡村振兴添动力。深化县域金融服务布局,践行“金融为民”服务理念。保亭支行不断深化县域金融服务布局，聚焦保亭县域重点经济领域，不断提升、推动和增强县域支行综合化服务能力，持续加大对县域经济和三农领域的信贷投入和服务覆盖，把握金融服务乡村振兴的实施路径。在提供优质金融服务过程中，为当地企业成功发放的500万元国担快贷被人民银行选为优秀企业纾困经典案例投稿,《金融时报》进行详细刊登报道。开创城乡联动发展，服务乡村振兴新格局。保亭支行深入贯彻国家乡村振兴决策部署，持续创新金融服务乡村振兴的能力与水平，并成功在保亭县六弓乡大妹村委会正式挂牌运营工银“兴农通”普惠金融服务点，为当地乡村地区广大客户提供金融、撮合、村务三大类服务。提升内控管理能力，切实防范金融风险。保亭支行通过借助金融科技赋能经营风险，把握普惠金融信贷结构，提升自身内控管理能力，切实做好防范金融风险和保障普惠金融信贷持续健康发展。

【支持小微企业】 2022年，工商银行保亭支行深入贯彻落实上级普惠落地网点战略部署，牢固树立信贷带动全局发展理念，全面部署。截至年底，保亭支行累计发放普惠贷款17笔（含4笔商户贷），新增普惠贷款2000万元（其中本地发放1017万元），完成全年任务的200%，不良率为0，在三亚分行15家网点2家县域支行中排名第一，在全省单列县域支行中排名第一，被当地人民银行选入“助企纾困”的典型案例在全国性金融媒体发表。

【存款及贷款业务】 截至2022年12月末，工商银行保亭支行实现拨备前利润1890.34万元；净利润1427.54万元。保亭支行各项贷款余额0.53亿元，同比增长0.1亿元。

【风险防控】 2022年，工商银行保亭支行继续做好风险防控工作，统筹风险防控全覆盖，不断提高防范金融风险能力，有效确保各项业务指标稳健发展。主要工作措施包括：严格制度落实，加强员工的合规操作意识，加强纠错整改的主动性，强化员工的自律意识，营造合规运营的良好氛围。加大对屡查屡犯、违规操作的柜员处罚力度，切实用制度规范员工行为，杜绝违规操作行为发生。

加强个人及对公的开户管理，对到网点客户实行预约开户制度，利用软件和其他资源对客户进行全面分析，同时按照分行的要求进行尽调和审核，保证开户的涉案账户为零；按照分行下达的指示，对网点存量客户进行全面不漏一户的排查；加强警示教育，对贩卖出租账户的危害进行宣传。

通过业务培训、警示教育、案例分析等多种学习方式提高员工安防意识。利用晨会、周会、班后时间，围绕各时期的风险环节进行专项提示和分析讨论，紧盯高风险业务环节各个业务流程，运营主管加强督导帮扶，解决制度落实不到位、操作执行不规范行为，防范风险事件发生。

农业银行保亭支行

【概况】 2022年，农业银行保亭支行以习近平新时代中国特色社会主义思想为引领，落实总行、省行2022年党建和经营工作会议精神，认真落实省行党委，县委、县政府以及县人民银行、县银保监组的工作要求，围绕“建设四位一体美丽海南农行”总目标，坚持“县域争第一、城区进主流、整体拚进位”的发展定位，坚持党建引领，坚持稳中求进的总基调，紧紧围绕自由贸易港建设、乡村振兴工作及抓好疫情防控工作，主动作为。全行有在职员工57人（在职共产党员30人），退休人员47人（退休共产党员16人）；有4个营业网点，1个金融便利店。

【助力乡村振兴】 2022年，农业银行保亭支行持续做好定点扶贫工作。根据《中共保亭县实施乡村振兴战略领导小组关于调整脱贫户和监测户帮扶联系人的通知》文件精神，南林乡政府调整罗葵村委会36户143人相对稳定脱贫户和12户39人稳定脱贫户给保亭支行帮扶，根据保亭支行当前实际情况和乡村振兴工作需要，确定保亭支行乡村振兴工作队队员11名开展帮扶工作。按照县委、县政府的要求，机关干部每周到帮扶村小组开展环境卫生整治工作。

加大消费扶贫力度。强化产销衔接，充分利用线上线下渠道，帮助贫困地区销售农产品，截至2022年12月末，保亭支行直接购买以及帮助销售金额分别为2.01万元、2万元，完成任务的118%、100%。

保亭支行与罗葵村党支部开展“共联共建”活动，落实“三会一课”制度，积极指导并参与支部的学习活动，配合驻村工作队组织党员特别是支委学习上级党委重要决策、相关政策和上专题党课，组织群众上电视夜校，让党员干部懂政策，知要求，进一步增强带领群众脱贫致富的信心和决心，充分发挥基层党组织的战斗堡垒和党员的先锋模范作用。

【存款业务】 截至12月末，农业银行保亭支行各项存款时点余额144610万元，较年初增加6366万元，增幅4.60%，较去年同期增加6366万元，增幅4.60%，总量、增量四行第一，市场份额较年初下降0.04个百分点。结算性同业存款余额351万元，比年初增加113万元。日均核心存款余额138874万元，比年初增加7670万元，完成省行任务9560万元的80%，其中个人日均存款余额107958万元，比年初增加11165万元；对公日均存款余额30596.45万元，比年初下降3518万元。

【贷款业务】 截至12月末，农业银行保亭支行各项贷款余额93373万元，较年初增加4181万元（其中银团贷款增加720万元，本地贷款增加3460万元），增幅4.68%。个人贷款较年初增加1744万元。对公贷款较年初增加2437万元。

【资产质量管理】 截至12月末，农业银行保亭支行实现营业收入3719万元；拨备后利润1089万元；净利润815万元；手续费及佣金收入实现收入244万元，中间业务收入621万元。

【助力乡村振兴】 2022年，农业银行保亭支行已与10个信用村签订党建共联共建协议，完成省行计划任务的100%；当年新发放惠农e贷809笔、金额7907万元，比年初增加2112万元；惠农e贷授信户数比年初新增159户，有效包村38个，成功识别客户18户。

提高金融服务乡村力度。依托科技创新完善金融服务网络，加快在行政村设立“惠农通”服务点，升级“惠农通”机具。截至年底，覆盖保亭县68个行政村，覆盖率达100%。通过“惠农通”服务点，让广大农民足不出村就能办理缴费、办卡、转账、办贷、提现等金融业务。以党建共联共建为向导，以村两委会推荐客户为途径，提供全面金融服务，着力解决农村和农民融资难、融资贵问题。截至12月末，扶贫小额贷款累计发放149万元；农户贷款余额8413万元，比年初增加115笔1977万元。

推广“三资”管理平台。保亭支行与相关部门对接，达成全面应用推广平台的合作协议，并成功开立农村经济集体账户125户。

【网点建设管理】 2022年，农业银行保亭支行改善网点营业环境，推进网点装修，提升网点服务功能。根据《关于保亭三道场分理处网点建设项目的批复》，对三道场分理处进行原址装修改造。截至年底，已通过省行验收小组验收并迁回原址恢复对外营业。

【风险防控】 2022年，按照省行要求，农业银行保亭支行聚焦10个方面典型问题，对党的十八大以来相关问题线索台账、信访台账、历年员工违规处理台账再核查，未发现违反中央八项规定精神典型问题的情况。

推进虚列变通费用问题专项整治。规范差旅费管理，厉行节约，深挖问题根源，堵塞管理漏洞，以查促改、以改促进，有效防范财会开支风险。在重要时间节点加强廉洁提示提醒，督促领导干部廉洁从业、修身自律。

加大案件查处力度。在巡视整改过程中，坚持无禁区、全覆盖、零容忍，查处各类违法违纪案件，通过向县市场监督管理局、县公安局等有关机构发送协办函，对员工涉赌毒黑、酒驾醉驾违规违法行为进行排查，未发现违规违法行为。

防范不良资产风险。召开风险例会和贷后管理例会，研究化解不良资产风险措施，通过司法、上门及电话等催收手段加强不良贷款余额的催收，海航风险已有效化解。

【签订战略协议】 2022年，农业银行保亭支行全面落实与保亭县人民政府签订的全面战略合作暨支持乡村振兴发展合作协议，积极推广“智县”平台。10月8日，保亭支行正式上线保亭县“智县”平台，并利用“智县”平台开展“喜迎二十大，奋进新征程”线上健步走活动，利用保亭县广播电视台、“你好 保亭”以及保亭县共青团、保亭县委等保亭县热门媒体、公众号，对此次健步走活动开展宣传报道，营造全县“喜迎二十大”活动氛围。积极推进呀诺达智慧景区建设，计划与呀诺达景区签订协议。

（撰稿 苏娜）

保 险

中国人寿保险保亭支公司

【概况】 2022年，中国人寿保险股份有限公司保亭县支公司（以下简称中国人寿保亭支公司）经历了发展历程中极具挑战、不平凡的一年。面对疫情影响持续深入和扩大、经济运行承压下行、队伍调整去虚向实，在省公司党委、总经理室的正确领导下，中国人寿保亭支公司认真贯彻落实省公司经营方针，带领支公司全体员工团结协作，积极做好业务发展、队伍建设以及支公司各项经营管理工作。年内个险部门有持证人力37人，年度月均出单人力12人，季均达成有效考核人力23人。

【保险业务拓展】 个险渠道 2022年，中国人寿保亭支公司首年期交保费达成589.28万元，十年期保费达成208.21万元，短期险保费达成252.34万元。

银保渠道 首年期交保费达成173万元，其中五年期交保费达成57万元，短险保费达成19.65万元。2022年，中国人寿保亭支公司注重推进代理渠道的合作力度，制定渠道月度工作计划，认真落实客经渠道巡访制度，做好服务和追踪督导，同时加强邮政联系，在邮政专销对接上取得一定的效果。

团险业务 2022年，大短险保费达成167.3万元。其中，学生保险达成63.24万元、旅游险达成14.21万元、政保业务达成28.10万元、法人员福保险达成61.46万元、其他业务达成0.29万元。

政企服务 2022年，中国人寿保亭支公司坚持做好政企服务，解决单位保险保障。积极联系市政府相关部门和各乡镇相关部门以及部分企业，开发更多团体意外保险。2022年，续保各乡镇村两委人身意外保险，护林员人身意外保险。积极与各单位联系，做好保险服务，提升服务质量，提供更多人员保障，涵盖旅游险、计生保险、残疾人保险、振兴工作队人员保险和帮扶责任人保险以及学生保险等。

【理赔服务】 2022年，中国人寿保亭支公司承担央企责任，做好基层服务，发挥保险“姓保”功能作用。全年赔付支出244.91万元，其中死亡给付111.99万元，医疗和津贴给付55.92万元，重大疾病给付77万元。

【保险宣传】 2022年，中国人寿保亭支公司坚持宣传保险保障功能作用。

坚持下乡宣传保险。针对相对偏远的南林乡、毛感乡、六弓乡、新政镇、三道镇、什玲镇、加茂镇、响水镇、保城镇，积极推广宣传女性安康保险和老龄保险。协助卫健委摆点宣传计划生育，抓好计划生育保险续保工作，为计生专干等购买意外保险和疾病保险。协助县妇联开展女性安康保险讲座。协助县民政局开展老龄人保险工作。

积极联系市教育局和各大中小学校，做好统保学校的续保工作，同时积极进入新学校进行学生保险知识讲解服务。引导销售业务人员主动到各乡镇走村串户，宣传和销售学生保险。

中国财产保险保亭支公司

【概况】 中国人民财产保险股份有限公司保亭县支公司（以下简称中国财险保亭支公司）2022年在职员工13人，平均年龄32

岁，本科学历 8 人、专科学历 3 人、高中学历 2 人。内设经理室、综合部、三类销售团队和 1 个营销服务部。三类销售团队分别为：个渠团队、商团团队和农险团队。其中，个渠团队共 6 人、商团团队 1 人、农险团队和营销服务部各 1 人。

【助力乡村振兴】 2022 年，中国财险保亭支公司在开展橡胶价格收入传统型农业保险的基础上，创新“橡胶 + 期货”保险（保费 80 万元）保障模式，为保亭县内种植天然橡胶的 146 户监测户及低保家庭免费提供“橡胶 + 期货”保险保障。年内两项农业保险项目已向地方胶农累计赔付金额 430 万元，保亭支公司通过构建多层次农业保险体系，稳定地方农业生产，支持地方乡村振兴工作。

【保险业务收入】 2022 年，全险种保费收入 1645 万元，车险业务 955 万元，个人非车业务 110 万元，法人业务 210 万元，农险业务 368 万元；全险种增速 15.1%，其中车险增速 26.4%，个人非车增速 5.15%，法人增速 -3.21%，农险增速 5.05%。

【农业保险】 2022 年，农险全年总保费收入 532 万元，中国财险保亭支公司份额 368 万元，完成全年农险的计划任务。其中，天然橡胶价格（收入）保险保费收入 217.89 万元，天然橡胶期货价格保险保费收入 80 万元，红毛丹种植保险保费收入 21.99 万元，母猪、育肥猪养殖保险保费收入 21.96 万元，百香果及棚架保险保费收入 21.78 万元，水稻种植保险保费收入 4.76 万元，蔬菜价格指数保险保费收入 0.39 万元。

科学技术

科技工作

【概况】 2022年，保亭县召开打赢科技创新翻身仗工作部署会议，传达学习海南省以超常规手段打赢科技创新翻身仗动员部署会议精神，研究制定保亭县R&D工作举措分解方案，贯彻落实《海南省以超常规手段打赢翻身仗科技创新方案三年行动的节点目标（2021—2023年）》，推动各项工作任务有效开展。编制《保亭黎族苗族自治县加快生物科创产业发展三年工作实施方案》；围绕加茂镇高新技术产业园区绘制保亭县生物科创产业国土空间图、产业全景图、发展路径图、招商对象图等四张招商引资作战图，以“补链、强链、固链”为招商出发点，精准锚定一批短期见效快的生物科创产业项目。抓好项目谋划，将37个项目精简优化为24个项目，保留生物科技研究、科技新品应用和科创平台建设类项目，项目清单预计总投资约41.5亿元，24个项目中平台类项目5个，产业类项目19个，主要布局以高新技术产业培育区和县城为重点，强化创新资源优化配置，加快人才、技术、平台等创新要素集聚，围绕打造生物科创产业集群。加大推介力度，参加上海浦江创新论坛海南专场招商推介会，在生物医药专场座谈会上对保亭县健康产业进行推介。拜访国家技术转移中心海南中心，组织国家技术转移中心海南中心和海南省院士联合会第一次对接会，共谋保亭县科技创新平台建设工作。

【科技活动】 2022年，保亭县科技和工业信息产业局（以下简称县科工信局）举办“科技活动月”，开展系列科普活动，着力提高全民科学意识和科学素养。针对公众对科技多样化需要，举办环保、低碳节能、地震、应急避险、气象、农业、食品安全、消防安全、生产安全、国门安全、优化营商环境、妇女权益与健康、扫黑除恶、禁毒、法制、交通、惠民政策、文明大行动等宣传、咨询活动；举办各种体验性强、趣味性高的公益活动，组织专家开展各类科普讲座、实验演示、互动体验等普及科学知识，活动月期间各成员单位举办培训班12期，参加760余人次，发放宣传资料8600余份。其中，技术、政策等资料5600本；宣传袋子780个，咨询、解答技术、政策、法律问题1268人次。全年开展科普活动192次，线下科普活动群众参与2.04万人，线上科普活动群众参与4202人。提供技术咨询，快捷便捷服务，解决生产技术问题及难题，咨询服务1352人次，帮助解决问题1228个。

【科技奖励】 2022年，县科工信局制定《保亭黎族苗族自治县产业技术创新研究院管理暂行办法（试行）》，进一步规范认定县级产业研究院的程序，促进保亭县产业研究院健康发展。对认定为县级研究院的在考核奖励、科技项目、固定资产投资、设备购置、研发纳统奖励、人才等方面给予支持。对未认定为县级产业技术研究院的研究机构，属县委、县政府部署且符合保亭县重点产业发展需求的研究机构，采用“一事一议”方式在科研办公设施建设、科研设备购置、人才聘用、经费保障和科技项目等方面给予支持。通过政策的支持，为保亭县的创新发展提供保障，进一步激发创新机构开展科技创新的活力。根据《保亭黎族苗族自治县科技创新奖励办法（试行）》要求，组织6家企业申报高企认定，13家企业参加国家科技型中小企业评价，推荐6家企业申报省科技型中小企业认定。对2021年通过高企认定的企业兑现奖励60万元。

【科技项目研发】 2022年，县科工信局联合县统计局深入企业开展纳统工作，争取应统尽统，新增规上纳统单位13家，其中大部分为建筑业、餐饮住宿行业，无研发投入。为做好R&D投入前期基础工作，重点支持纳统单位开展实施县级重点研发计划项目，经过项目申报、专家评审、行政决策等流程，分别同意保亭县畜牧渔业服务中心“肉牛品种改良配套系示范应用”和海南槟榔谷黎苗文化旅游发展有限公司“槟榔谷彩虹喷泉智能控制系统研发与应用”2个项目立项，财政资金投入38.6万元，撬动企业投入69.7万元。

【高新技术产业发展】 2022年，县科工信局围绕保亭农业高新技术产业、数字经济产业、中药制剂产业、设计产业、生态环保产业及高端制造产业，不断夯实高新技术产业基础，着力打造高新技术产业培育区，围绕“产业链”部署“创新链”，坚持企业在创新中的主体地位，完善科技型中小企业、高新技术企业及雏鹰企业的成长培育机制，激励企业加强研发机构建设、加大研发投入、开展技术交易，努力做到基础研究“最初一公里”和成果转化、市场应用“最后一公里”的有效衔接。积极谋划高新技术企业申报前期工作，举办“2022年科技型企业政策解读讲座暨高新技术企业申报和科技型中小企业评价培训”，组织15家企业参加培训。通过培训，对有意向申报高企认定和科技型中小企业评价的企业加强指导和培育。深入企业开展高新技术企业认定辅导工作，使企业充分了解政策和认定条件。加强对企业向高新技术企业发展培育，并及时出台奖励和支持政策，在认定和研发等方面给予支持奖励。经过培育和政策支撑，企业积极向高新技术企业发展，完成高新技术企业认定和科技类中小企业认定任务，全年保亭县新增高新技术企业2家、科技类中小企业13家、认定县级众创空间创新创业平台1家，在引进科创企业项目用地、要素保障等方面给予支持。

【科技助力乡村振兴】 2022年，县科工信局组建40余人的农业科技110专家团队伍和科技特派员工作站，充分调动热作、农技、林业、农机、畜牧水产等技术人员的积极性，提高科技服务水平。保亭县选派科技特派员44名与44个脱贫村结对帮扶，开展科技服务、科技帮扶等科技援助，助力巩固拓展脱贫攻坚成果，充分发挥科技人才引领作用。科技特派员工作站和农业科技110服务站技术人员通过技术指导、引领人才、项目和技术成果入村，采取技术培训、技术咨询、现场指导等方式助力特色产业的高质量发展，有针对性地组织开展以特色产业为主，以传统种植业为辅的农业实用技术培训班，开展举办农业实用技术培训58期，培训1556人次。

紧紧围绕科技挂职副乡镇长推广项目、实用技术培训、科普工作和科技服务等，充分发挥科技特派员作用，积极开展各项科技服务活动，切实做到产业科技服务覆盖到村、精准到人。组织县乡两级技术人员、农业科技110服务站技术员、省级“三区”科技人才，为罗葵村提供产业、生产难点的技术帮扶科技援助。年内，为罗葵村提供技术指导65人次，解决种植生产问题33个。组织实用技术培训班5期，培训62人次，投入资金2.16万元，购买水泥26.95吨用于30户农户帮扶，资助罗葵村委会1万元解决村委会办公场所扩建问题。解决新能源汽车充电桩建设问题。

激励海南省农业科技110保亭县服务站，给予加茂、保城、金江、南茂、什玲共5个服务站资金奖励每站2万元，共计10万元，用于服务站技术服务工作。

防震防灾

【灾害隐患排查处置】 2022年，保亭县受到热带低压、强降雨、台风等极端天气影响，全县防御热带低压4次、强降雨8次、台风6次（暹芭、木兰、马鞍、奥鹿、纳沙、尼格），启动防汛防风四级应急响应12次，提升防汛防风三级应急响应1次。农作物受灾面积1937.55亩，农作物成灾面积54亩，直接经济总损失约416.21万元。其中，农林牧渔业经济损失44.71万元，房屋及农民家庭财产损失1.5万元，基础设施损失367万元，公共服务损失3万元。全县受灾人口3265人（含紧急转移安置人口1366人），受灾数据通过国家自然灾害系统上报。开展2022—2023年度冬春生活救助工作，联合县财政局印发《关于做好保亭县2022—2023年冬春救助工作的通知》，组织各乡镇开展受灾群众冬春救助前期摸底调查，重点关注受灾低保对象、分散供养特困人员、低保边缘家庭、支出型困难家庭、防止返贫监测对象、散居孤儿、留守老人、留守儿童、残疾人等特殊群体的救助需求，根据乡镇上报需救助名单，开展入户核查，符合救助对象2户7人，发放冬春救助资金910元。做好防寒御寒防范应对工作，针对大幅度降温情况，与气象局会商研判，关注气象信息，落实各项救援救助政策，做好困难群众防寒保暖工作。年内，推动保亭县第一次全国自然灾害综合风险普查。完成水旱灾害、气象灾害、森林火灾、地质灾害、地震灾害等单灾种风险及房屋建筑、道路交通等承灾体调查，建立涵盖8个行业部门、9个乡镇、8大类24小类的数据库。

【地震监测】 2022年，保亭县有基准站1个（新政镇）作为地震预警核心台站，依托中国铁塔海南分公司安装一般站3个，布设在保亭县新星农场四区三队、六弓乡和毛感乡，作为烈度速报的骨干台站，辅助开展地震预警。12月，保亭县站网现代化提升工程——保亭温泉地热监测站项目投入使用，有效提升保亭县地震监测预测预警能力，实时了解保亭县地壳深部活动变化情况，为地震开展设防工作提供重要科学依据，填补保亭县地热监测体系的空白。落实《关于加强地震安全保障工作的实施意见》《关于做好地震预警信息服务终端安装建设工作的通知》文件要求，构建地震预警信息服务体系，提高防震减灾服务能力，按要求每年分别在学校、景区、医院、广场等重要场所，安装紧急地震信息服务系统设备15套，随着地震预警信息服务系统建设逐年铺开，不断优化保亭县地震应急信息预警现代化工程，提供地震预警信息服务，提高地震灾害设防能力。

【防震减灾宣传教育】 2022年，保亭县以“‘5·12’全国防灾减灾日”“‘7·28’唐山大地震纪念日”“‘10·13’国际减灾日”等宣传日为契机，开展科普宣传活动30余场次、发放防灾减灾知识宣传物资2万余份，宣传受众人数2万余人。9月14日，联合教育局印发《关于在全县中小学校开展“防震减灾科普知识”宣传活动的通知》，指导学

2022年12月13日，位于七仙岭农场的保亭温泉地热监测站顺利完工验收并投入使用 （县地震局 供）

2022年5月12日，在县七仙广场举办保亭黎族苗族自治县“‘5·12’防灾减灾日”主题宣传活动 （县减灾办 供）

校结合中小学生的特点及学校实际，以地震科普知识、自救互救知识与实践、应急避险知识、地震应急演练等为宣传重点，开展防震减灾科普宣传和地震应急逃生演练活动，增强中小学生防震减灾意识，提高应急避险技能和自救互救能力。组成纪念唐山大地震宣讲团，赴全县乡镇开展防震减灾流动课堂9场，500余人参加培训。打造“保亭应急管理”公众号平台，发布文章188篇，最高单篇推文阅读量1045次，确保保亭县防震减灾科普宣传工作达到线上线下横纵全面铺开。

【防震减灾示范点创建】 2022年，县地震局创办保亭县民族中学地震科普示范学校、加茂半弓小学地震科普示范学校。指导半弓小学利用地震科普示范学校现有平台，结合学校办学特色，发挥“小手拉大手”作用，组织学校学生、教师、家长积极参与防震减灾科普示范学校创建活动，开展主题班会、地震逃生演练活动，普及防震减灾科普知识以及地震逃生技能演练。组织师生开展防震减灾书法、演讲比赛等活动，调动师生参与防震减灾科普活动。半弓小学被海南省地震局、海南省教育厅评为省级地震科普示范学校。

选取保亭县民族中学防灾减灾科普体验建设基地，推动保亭县应急消防综合科普体验馆建设，5月完成建设，6月正式揭牌。科普馆可使用面积842平方米，设有体验项目24个。科普体验馆针对自然灾害、地震、消防、交通、安全生产、防溺水、中小学紧急避险等常见自然灾害和危险情况，综合运用实景模拟、声光电、VR等技术手段和科技设备，为群众提供直观体验及演练条件。让群众亲身体验，现场操作，掌握面临各种危急情况和安全问题时，安全疏散、避险逃生、自救和互救技能。

【震灾预防体系建设】 2022年，县地震局重新充实和调整防震减灾助理员、地震群防群测联络员、地震宏观观测员，印发《保亭黎族苗族自治县地震局关于调整保亭黎族苗族自治县防震减灾助理员、地震群测群防联络员、地震宏观观测员及职责的通知》，保亭县每个乡镇配备1名防震减灾助理员，每个乡镇至少设置1个地震宏观观测点，全县有11个地震宏观观测点，每个宏观观测点有1名观测人员；每个村委会、社区、农场、居配备有1名地震群测群防联络员，全县有地震群测群防联络员69名。

【地震灾害风险和重点隐患调查】 2022年，保亭县印发《保亭黎族苗族自治县地震灾害风险普查实施方案》，制定保亭县第一次全国自然灾害综合风险普查领导小组办公室会议制度，开展场地钻孔数据资料收集入库工作，收集40个场地钻孔报告，结合报告资料整理出场地钻孔数据123个，录入系统数据35个，完成地震灾害风险普查工作，实现地震设防大数据共享。

“三防”工作

【概况】 2022年，保亭县防汛防风防旱指挥部办公室（以下简称县三防办）落实防汛防风责任制，完善提升基层防汛防风体系，做好三防工作。全年保亭县多次受到热带低压、强降雨、台风等极端天气影响，防御热带低压4次、台风6次、强降雨8次，县三防指挥部共启动防汛防风应急响应12次，启动防汛防风Ⅳ级应急响应12次，其中将1次Ⅳ级应急响应提升为Ⅲ级应急响应。

【多措并举保度汛】 2022年，保亭县领导高度重视、高位推动防汛防风工作。县委专项听取三防工作汇报1次，县委主要领导到县三防指挥部调研防汛防风工作3次、主持召开漫水桥（路）隐患排查专题会议1次。县政府主持召开防汛防风部署会议9次，县政府带队前往保亭县水库、漫水桥等重点区域指导防汛防风工作5次。在防汛防风过程中，各包保任务的县领导按照省防总工作要求，到各自包保乡镇部署防汛防风工作。

组织做好2022年度防汛防风防旱准备工作。为贯彻习近平总书记关于防汛救灾工作指示精神，落实省防总对防汛防风防旱工作部署要求，吸取河南郑州“7·20”特大暴雨灾害教训，立足“防大汛、抗强台、抗大旱、抢大险、救大灾”，做好保亭县2022年汛前防汛防风防旱准备工作。印发《关于做好2022年汛前防汛防风防旱准备工作的通知》《2022年汛前三防重点准备工作任务清单》。根据防汛防风防旱工作需要和人员变动情况，调整保亭县防汛防风防旱指挥部成员单位及人员。更新保亭县各级三防责任人员名单，在政务公开网上公布，全县各级三防责任人共97人。

进一步完善防汛防风防旱体制机制。印发《保亭黎族苗族自治县台风灾害风险防控工作行动方案（2022—2024年）》《保亭黎族苗族自治县防汛防风防旱应急预案》《保亭黎族苗族自治县三防成员单位应急响应行动工作手册》《保亭黎族苗族自治县防汛防风防旱指挥部工作规则》，明确职责，确保发现险情、灾情能快速响应。结合保亭县实际，制定“县领导包乡镇、乡镇领导包村、村干部包户”三级责任对接制度，向各乡镇（场居）、成员单位发出《关于印发三级责任对接制度包乡镇责任清单的通知》《关于印发三级责任对接制度“乡镇领导包村、村干部包户”责任清单的通知》，明确责任清单，责任落实到岗、落实到人。

建立汛期值班值守制度。2022年5月15日，县三防办制定汛期值班制度，各乡镇政府建立汛期值班制度。各级三防机构确保24小时有人值班，三防值班电话、传真、值班领导和值班人员的电话保证24小时畅通，确保三防信息及时传递，为县领导决策提供依据。

【工程三防责任人】 2022年，保亭县重新调整和明确各水利工程三个责任人，其中防汛防风责任人49人、技术责任人47人、巡查责任人101人，调整后的责任人在政府网进行公开，接受社会公众监督，压实水库工程三个责任人职责。小（2）型以上48座水库工程实行分级管理分级负责，落实行政首长防汛负责制、技术人员负责制和巡查责任制。

【三防指挥系统和防汛通信】 2022年，县三防办联系通信网络技术保障公司，做好三防指挥系统和防汛通信日常维护，发现问题及时处置上报。安排人员熟悉掌握自然灾害灾情报送系统，组织各乡镇信息员学习灾情上报系统，加强汛期灾害灾情上报。联合县应急指挥中心，建设完善应急指挥中心综合系统、值班值守系统，加强汛期24小时值班值守及相关业务材料系统报送。

【网络维护】 2022年，县三防办要求各乡镇配备好三防组织机构办公所需防汛电话、电脑、传真机、发电机等，做好防汛通信设备的检查维护，设专人负责管理。

【防汛防风物资储备】 2022年，县三防办派员到全县9个乡镇督导三防物资清查工作。对各乡镇自查上报的物资台账逐一清查，落实每一件物资进出库情况，指导各乡镇做好物资管理，完善物资出入库台账，健全仓库物资管理制度，以备台风、强降雨时物资能及时调动。投入154.25万元用于补充防汛防风防旱物资，其中县级财政资金49.93万元。中央资金104.32万元。储备编织袋39.23万条、编织布43.76万平方米、救生衣412件、救生圈122只，冲锋舟7艘，橡皮艇7艘，救生绳37件、抛投器14套。向人武部发放一批三防物资预防备用。

【防汛防风救援队伍建设】 2022年，保亭县登记在册18支应急抢险队伍，1036人。其中，乡镇抢险队伍9支561人，机关抢险队伍8支453人，社会救援队伍（蓝天救援队）1支22人。

【防汛防风隐患排查治理】 2022年，保亭县登记在册风险隐患点8类，分别为水库、漫水桥（路）、地质灾害、旅游景区、低洼易涝点、塔吊（施工电梯）、危房、地下停车场，针对这些风险隐患点，保亭县建立台账、明确责任人、落实整改措施。县三防办联合三防重点成员单位到全县各类风险隐患点开展安全隐患督导检查工作，检查30次，出动90人次。

水库安全管理。水务部门成立4个防汛检查小组对各乡镇水库、小水电站、水闸、堤防工程及水务在建项目进行汛前防汛工作检查。年内，开展汛期检查5次，出动56人次。强化水库、小水电站、水闸、堤防工程及水务在建项目进行汛前防汛全面检查，发现各类问题10个，建立问题整改台账，完成整改10个。

地质灾害安全防范。保亭县地质灾害隐患点12处（崩塌点11处、滑坡点1处），其中纳入省级地质灾害隐患点数据库管理的地质灾害隐患点8处。强化地质灾害"三查"工作落实，雨前排查90次、雨中巡查110次、雨后复查80次，联合县气象局发布2次地质灾害风险预警信号（蓝色预警）。

城市内涝安全防范。县园林环卫部门成立一支内涝防范应急队伍，配有6辆防汛应急电瓶车、59个安全警示牌、6台柴油抽水泵等相关抢险设备，能快速、及时、有效处置市政桥梁、排水、道路等市政设施应急工作。全面开展市政桥梁检查工作，对易积水路面、雨水井和管道进行清理和疏通。年内，处置道路积水点593处（次），出动人员230余人次，作业车辆120辆次。修复受损市政雨（污）水井盖179套，破损水沟盖板19米，清理雨水井垃圾1401次（个），疏通市政受堵管沟15处，更换修复破损雨水管网354.3米，新建雨水井38座。

易淹易涝住宅小区和危房、在建工地安全防范。组织对各小区开展安全大检查，重点检查14个小区的地下停车场防涝情况、消防、支撑柱盲区、光线强度等，督促物业小区对存在的安全隐患问题完成整改。组织各乡镇开展危房风险隐患排查，各乡镇上报危房转移人员618人次。对全县在建项目深基坑、工棚及塔吊开展防风防汛排查，检查在建项目工地20个，出动524人次，检查194家企业，督促在建项目及时对发现的问题进行整改。加强对塔吊、施工电梯、物料提升机等起重设备检查，保亭县有在建工地塔吊30个，均正常维护使用，针对检查发现存在安全隐患的问题，督促完成整改。

景区景点安全防范。保亭县有5家旅游景区、1家旅游景区（茶溪谷景区）暂停营业，在台风、强降雨期间，县旅文局加强对各旅文企业安全生产的监督和管理，要求企业落实防汛防台风安全防范措施，提升安全生产意识，年内保亭县未接到旅文行业的受灾报告及游客滞留情况。全县旅文企业中有地下停车场4家，经排查未发现安全隐患，均安排人员值班值守，配备排水设备，制定安全应急预案。县旅文局组织开展安全检查194次，出动人员605人次，检查旅文企业723家次。

农村公路漫水桥（涵）安全管控。7月，保亭县组织人员对全县农村公路漫水桥（涵）再次进行全面的摸底排查，排查出74处农村公路漫水桥（涵），其中原有漫水桥28座，新增漫水桥14座、漫水涵32座。加强漫水桥（涵）管控工作，县交通部门出动283人次，车辆120辆次，督导检查漫水桥（涵）74座，各乡镇（场居）加强对辖区内漫水桥（涵）的管控与巡查，落实24小时值班值守工作，对出现漫水情况的桥涵，做好交通管制措施，设置安全警示标志，禁止行人靠近以防发生意外。年内，保亭县漫水桥（涵）未发生人身意外事故。

道路交通安全巡查。交通部门成立3个专项检查小组14人对各运输行业、在建项目、各养护道班及管养线路开展防汛防风检查工作。出动927人次，车辆190辆次，发现隐患134处，清理73处，余下61处在做好临时保通和设置安全警示标志等安全管控措施的基础上，建立隐患治理整改台账，列入2023年度实施治理。公路部门加强对管辖干线、在建工地、重要旅游公路、桥涵、过水漫水路段和临河、山区等灾害易发、多发公路的巡查和监控，加强路网运行检测，采取修复、设置安全警示标志、上报处置等措施，做好隐患排除工作，出动抢险人数1276人次，出动车辆247辆次，清理倒伏路树147棵。

【应急救援演练】 2022年，县三防办举办船舶安全驾驶技能及安全应急知识能力提升培训班。保城镇、新政镇、毛感乡自用船舶驾驶员和保亭蓝天救援队队员40人参加培训。组织开展防汛防风防旱工作桌面推演暨三防工作总结，对全年防汛防风防旱工作中的有效做法和薄弱环节进行复盘和总结，检验《保亭黎族苗族自治县防汛防风防旱应急预案》的实用性和可操作性，保城镇、县应急管理局、县气象局、县资规局、县水务服务中心等21个重点单位参加此次桌面推演。开展保亭县非煤矿山安全生产和自然灾害深度融合实景救援演练，重点演练信息上报先期处置、滑坡救援、堰塞湖排涝、房屋隐患群众转移等后期处置环节。什玲镇人民政府、县人武部、县应急管理局、县住建局、县水务服务中心、县消防救援大队、保亭新星德旺石料有限公司等单位50人参加演练。

气象服务

【概况】 2022年，保亭县气象局（以下简称县气象局）开展气象防灾减灾和重大活动气象服务、生态文明气象保障、专业气象服务等工作。全年发布预警信号255次，向决策部门报送重大气象信息快报32期，重要气象信息专报52期，向县相关领导、基层气象信息员等发送气象服务信息手机短信约70.29万人次。年内联合省气候中心为保亭县打造全国首个“气候康养示范基地”。

【气候特征】 2022年，保亭县年平均气温25.3℃，比历年平均值偏高0.3℃；年总降水量2212.0毫米，比历年平均值偏多3%；年日照总时数1741.0小时，与历年平均值基本持平。年极端最高气温36.6℃，出现在2022年6月29日（本站），年极端最低气温12.3℃，出现在2022年12月23日；雨季开始于2022年5月上旬，属偏早，2022年11月上旬结束，属偏晚。2022年年降水时空分布不均匀，保亭县呈偏北多—东南少趋势；2022年1月、2月分别异常偏多231%、100%，12月异常偏少84%，其余月份不同偏多和偏少。2022年达到暴雨天数8天，与2021年持平；日最大降雨量出现在2022年10月1日（本站），113.4毫米；2天大风天气，其中最大为2022年10月19日的21.4米/秒（9级）。

2022年，保亭县受5个热带气旋（环流），其中2个热带气旋直接影响。2022年6月30日14时至7月3日10时受第3号台风“暹芭”（强热带风暴级）影响，保亭县出现暴雨到大暴雨天气，9个乡镇雨量超过100毫米，最大的累计降雨量为南林乡监测站259.0毫米；保亭县过程平均风力3—5级、阵风7级（其中最大为三道镇+宏达农业基地监测站14.6米/秒）。据保亭县应急局统计：“暹芭”台风给保亭县生产生活带来较大影响，保亭县受灾人口约1500人，紧急转移安置人口815人，农作物受灾面积35.4公顷，直接经济总损失约174.5万元，其中农林牧渔业经济损失9万元，基础设施（水利设施）损失165.5万元；2022年9月26日14时至9月29日14时受第16号台风“奥鹿”（超强台风级）影响，普降大到暴雨，最大为毛感乡毛感监测站96.9毫米。平均风力3-4级、阵风5～7级（最大为毛拉洞水库16.9米/秒）。受台风“奥鹿”影响，保亭县受灾人口77人，农作物受灾面积0.2公顷，直接经济总损失约40.24万元，其中农林牧渔业经济损失0.24万元，基础设施（水利设施）损失40万元。

2022年，保亭县出现3次不同程度的干旱天气过程（与去年持平），分别为2022年1月1日至24日出现24天干旱；2022年2月27日至3月26日共出现28天春旱；2022年12月4日至31日出现28天干旱。

强冷空气天气过程主要出现在2022年2月19—21日，最低气温出现在2022年2月21日早上（响水镇+毛真水库监测站 10.7℃）。

【气象现代化建设】 2022 年，县气象局气象观测项目实现全自动观测，以国标标准为依据开展综合观测质量管理体系建设，进一步实现观测业务的国际化、标准化和现代化。县气象局的气象事业发展在软、硬件上初步实现现代化。

【气象服务与保障】 2022 年，县气象局提供政府决策服务，防汛防风抗旱，社会重大活动，森林防火气象服务，为农服务，重大天气信息快报、专报，气候资源合理开发利用和保护等。提供公众气象服务，长期、中期、短期、短时天气预报；广播电台、电视台、政府网站天气预报；灾害性气象预警信息；媒体气象信息服务等。提供专业气象服务，应用气象服务、开具气象证明、气象广告、气象资料。提供防雷技术服务，防雷安全监管、雷灾调查、防雷技术评价、防雷技术咨询。

【气象科普宣传】 2022 年，县气象局充分利用“3・23”气象宣传日、“5・12”防灾减灾日、“科技活动月”“安全生产月”和“全国科普日”深入乡镇、田间地头、学校和县城七仙广场广泛开展气象科普宣传活动，发放《如何应对海南气象灾害》《雷电防护知识》《气象灾害防护指引——雷击》《农村防雷知识读本》等各类宣传材料 20000 多份，现场答询 200 多人次。

（撰稿 吴 兰）

教　育

综　述

【概况】 2022年，保亭县有各级各类学校和幼儿园96所（个），中小学在校生22039人，普通高中在校学生2723人，初中在校生6535人，小学在校生12781人，幼儿在园人数5218人。全县有学校教职工1816人，其中专任教师1732人、少数民族教师949人。

【教育督导】 2022年，保亭县有序推进义务教育优质均衡发展，统筹推进城乡义务教育一体化建设，不断扩大优质教育资源，实现义务教育优质公平发展。有计划地推进省级规范化学校的创建工作。11月4日，加茂镇南茂中心小学以923.3分通过“省级规范学校”办学水平评估组评估，认定为“省级规范学校”。持续落实责任区督学工作制度，各责任督学不定期到责任学校开展“双减”“五项管理”“考试管理”《保亭黎族苗族自治县中小学教育优质均衡提升工程》等随机督导，对学校依法依规办学进行监督，对学校管理和教育教学进行指导，逐步规范学校管理。年内，30名责任督学到全县62所中小学督导526人次，覆盖率100%。完成年度省人民政府对市县人民政府履行教育职责评价、县域义务教育优质均衡发展及学前教育普及普惠评估监测工作材料的收集和上报。在省人民政府对市县人民政府履行教育职责评价中保亭县获得775.66分的好成绩，在全省排名第九。

【学校安全管理】 2022年，保亭县中小学生生命安全和防护工作实施效果考核获评省级第一。制定《2022年保亭县学校安全工作要点》《2022年保亭县防范学生溺水专项工作方案》，各学校、幼儿园在寒暑假、周末和节假日等时段通过短信和家长微信群等形式向学生和家长进行安全教育提醒，发动各校组织师生和家长观看各类安全教育视频，提高学生和家长的安全意识。开展各类校园安全专项检查共12次，其中联合县公安局、县市监局、县卫健委、县消防大队、县应急局、县交通局等部门开展6次专项检查，局机关组织人员开展校园安全督查6次，涵盖校园及周边综合治理、反恐防暴、食堂食品、新冠疫情防控、消防、高考前校园及周边安全、安防建设、食堂燃气等内容。督查发现问题下达整改通知单，限期整改并及时督查整改情况。各寄宿制学校主动联合辖区派出所强化对校园及周边治安巡逻力度，做好校园及周边治安稳定工作。县交通局协调运输公司对保亭中学、民族中学、思源学校初中部、海之南学校的学生周末安排专车接送回各乡镇，确保周末县城学校学生安全回家。要求各中小学校利用教材上好安全教育课，学校在周末、节假日期间对学生和家长加强安全提醒教育，提醒家长认真履行监管职责。利用县中小学安全教育月、教育系统食品安全宣传周、教育系统安全生产月等活动，指导各校开展一系列防溺水、交通安全、食品卫生安全、消防、防震、防范学生欺凌等专题教育活动。录制黎苗方言防溺水宣传教育音频转发给各乡镇，利用乡村广播高频次播放四个版本的防溺水安全提醒，强化学生和家长牢记防溺水“六不”。寒暑假期间，发放《防溺水知识宣传单》共 2.8 万份给家长和学生，印制防溺水挂图 120 份，加强对家长和社会面的宣传。组织 5 所中学 4206 名学生到海南省中部中小学生安全应急综合演练基地参加学生安全应急综合演练培训；组织师生参加班主任消防、学生欺凌、食品安全、干部管理线上培训等各类安全培训 7 次，参训师生 5545 人次。定期组织各类安全应急演练。年内，全县 44 所中小学（不含教学点和幼儿园）开展地震火灾应急逃生、防暴恐、食品中毒等各类安全应急演练，达到应急安全演练学校、学生全覆盖。保亭中学第二食堂获评省级食品安全标准化学校食堂；加茂镇半弓小学获评省级防震减灾科普示范学校，全县有 7 所省级防震减灾示范学校。完成安防建设“四个百分百”工作，有专职保安员共 194 名，专职保安员配备率、城镇中小学幼儿园的护学岗设置完成率、围墙完整封闭率、校园视频监控、一键报警装置的安装率和与公安平台系统联网率均达到 100%。继续培训学生 3830 人次参与游泳技能考核，举办“保亭县中小学生游泳比赛”。全县各中小学校共组建“小伙伴防溺水监督小组”1740 个，覆盖学生 18383 人，覆盖率 95%。暑假期间，全县各学校 17 个游泳池全部开放，开设暑期游泳培训班，提升学生游泳技能和自救自护能力。

【“三免一补”推进】 2022 年，保亭县符合免除义务教育阶段学杂费的学生共 1.97 万名，共免除学杂费 0.17 亿元；免除 0.37 万名保亭县户籍高中生普通高中学杂费 220.62 万元。发放义务教育阶段家庭经济困难寄宿生生活费补助资金 555.9 万元，发放义务教育阶段移民寄宿生生活补助 353.42 万元，教育移民学生交通费补助 56.88 万元。免除学龄前一年满 5 周岁幼儿学费 36.98 万元；发放 0.23 万名三类幼儿生活补助金 146.25 万元。发放 0.18 万名高中国家助学金 176.87 万元，发放民族奖学金 8.25 万元；投入义务教育阶段学生营养餐改善计划资金 0.14 亿元，为全县 1.93 万名义务教育阶段在校生提供免费课间餐或营养早餐，为 985 名大学生办理生源地贷款 918.72 万元。

【教育基础设施完善】 2022 年，保亭县加大教育装备购置资金投入，改善办学条件，中小学教学设施及仪器设备购置投入资金 0.12 亿元。为瑞华学校、南茂中学、县二小及报什小学 4 所学校购买厨房、监控设备及教学设备，为思源中学、民族中学、首师大附中 3 所学校普通教室及专用教室购买空调设备，为民族中学、思源中学、金江学校、南茂中学、三道中学、新政中学 6 所学校普通教室购买护眼灯设备设施，为保亭中学、思源学校、金江学校、南茂中学等 24 所学校购买中小学图书，共计 98.5 万元。为民族中学、思源中学、首师大保亭实验中学、金江学校、保城镇中心学校等 28 所学校购买课桌椅、睡床、音乐器材，为首师大实验中学、首师大实验中学附小、县二小等 45 所中小学校购买图书室书架、智能教室护眼灯、创新实验室设备设施，为金江学校、首师附中、南茂小学、新政中学等 7 所中小学校购买学生机房设备、教师计算机、多功能报告厅，为县二小、瑞华学校、南茂小学、新政镇中心学校、响水镇中心学校、六弓乡中心校 6 所中小学校购买学生计算机设备、厨房设备、多媒体教学设备、体育器材。

【教育资源引进】 2022 年，保亭县成立以保亭中学为核心校、民族中学为成员校、海口市港湾幼儿园为核心校、保亭县幼儿园为成员校的教育集团；完成海南师范大学与保亭县签订框架合作协议。教育系统引进农村优秀教育人才 4 名，硕士研究生学历教育人才 10 名，急需紧缺人才 5 名，全县教师队伍整体素质得到明显提升。

【教育帮扶】 2022 年，保亭县深入开展“控辍保学”专项行动，层层签订控辍保学责任书，压实

"县政府—乡镇政府—村委会"和"县教育局—学校—老师""两条线"抓控辍保学的责任体系，明确控辍责任人和保学责任人，"两条线"互相联动，确保九年义务教育脱贫户、监测户家庭身体正常、应该上学的适龄儿童全上学。持续组织教师进村入户开展"万名教师访万家"活动，借助入户家访的机会，全面了解脱贫户、监测户家庭学生就学情况，与家长沟通孩子的教育方式方法，建立家访档案，做到"一生一档"，密切家校联系，巩固控辍保学成效。分类保障残疾、重病、大病等学生享受义务教育权利。

【贫困学生资助】 2022 年，保亭县家庭经济困难学生特惠性发放 6222 人次，金额 725.28 万元。其中，春季学期发放 3382 人，发放金额 407.29 万元；秋季学期发放 2840 人，发放金额 317.99 万元。实现对家庭经济困难学生资助全覆盖，资助准确率达到 100%，确保保亭县无一名学生因贫而失学辍学。发放 278 名义务教育阶段一至七级残疾学生教育补助 13.9 万元，发放 0.30 万名家庭经济困难非寄宿生补助 78.45 万元。秋季学期，为县 42 名残疾程度较轻的儿童安排随班就读（含 3 名特教学校随班就读残疾儿童），为 11 名有一定学习能力的儿童安排送教上门。3 名残疾程度较高的儿童及 1 名患白血病儿童，无法随班就读和送教上门，按义务教育法的规定办理免学缓学手续；对 3 名在康复中心治疗的适龄儿童，办理延缓入学手续。

【未成年人思想道德建设】 2022 年，保亭县深入推进未成年人思想道德建设工作，县教育局联合县文明办在保亭县海之南实验学校、金江学校、保城镇中心校、思源小学等 10 所学校开展"未成年人道德讲坛"与"新时代校园好少年"推选宣传活动；持续做好学校德育教育工作，借助新华社新闻视频教育节目《中小学德育学堂》，建立保亭县德育教育管理平台，通过观看德育教育节目，引导广大学生树立正确的世界观、人生观和价值观；开展"从小学党史　永远跟党走"主题教育，持续做好爱国主义电影教育，将中小学生爱国主义电影教育纳入未成年人思想道德教育工作，激励学生学习英雄模范，充分发挥优秀影片育人作用。年内，放映电影 50 场次。评选推荐出省级三好学生 8 名、优秀学生干部 6 名，县级三好学生 200 名、优秀学生干部 100 名和先进班集体 35 个。

【禁毒教育】 2022 年，保亭县制定《2022 年保亭县学校开展春季毒品教育流动课堂活动工作方案》并组织实施。年内，举办"勿忘国耻、远离毒品"主题征文活动。保亭中学和首都师范大学海南保亭实验中学被评为省级毒品预防教育示范校。全县 41 所中小学校接入全国青少年毒品预防教育数字化平台，"青骄第二课堂"学生注册率 100%；1.27 万名学生参加网上毒品预防知识竞赛答题，参与率 100%，总分 98.33 分，排全省市县第五名。毒品预防教育获得上级部门的肯定。

【卫生教育】 2022 年，县教育局会同县卫健委对 10 所中学 3000 名女生开展适龄女生 HPV 疫苗接种工作；完成 49 所小学 AED 除颤仪安装，对教职员工开展仪器操作和心肺复苏救护培训；配合县卫健委对 5000 名中小学生和幼儿园学生开展学生眼疾筛查工作；委托海口方卓体检中心对全县 10 所中学 2885 名学生开展结核病健康体检工作。组织教职员工参加学生常见病、健康影响因素监测与干预、预防艾滋病性病等培训。

基础教育

学前教育

【概况】 2022 年，保亭县幼儿园 34 所（公办幼儿园 17 所，民办幼儿园 17 所），在园幼儿 5218 人（公办幼儿园在园幼儿 2762 人，民办幼儿园在园幼儿 2456 人），幼儿园教职工 784 人（公办幼儿园教职工 411 人，民办幼儿园教职工 373 人）。年内，投入资金 14.18 万元为三道镇中心幼儿园和新政镇中心幼儿园购置厨房设备及教学设备。

【民办幼儿园管理】 2022 年，保

亭县加强对民办中小学校和幼儿园管理，依法规范民办教育机构办学行为，按照《海南省幼儿园年检指标》对民办中小学校和幼儿园办学情况进行实地审查，审查结果为年检通过16所（含公建民营幼儿园），年检暂缓通过1所。对年检暂缓通过的幼儿园下达限时整改通知，整改仍然不通过的幼儿园秋季不得招生办学。

【普惠性幼儿园认定及扶持】 2022年，保亭县为提供更多有质量保障且收费合理的学前教育学位，扩大普惠性学前教育资源，按照《海南省普惠性民办幼儿园评估指标体系》对6所申报普惠园的民办幼儿园进行实地评审，评审结果为同意6所民办幼儿园认定为普惠性民办幼儿园。根据《保亭黎族苗族自治县2022年中央和省级支持学前教育发展资金普惠性民办幼儿园奖补资金使用方案》，向全县12所普惠性民办幼儿园发放中央和省级支持学前教育发展资金普惠性民办幼儿园奖补资金共228.07万元（其中，中央资金154.81万元、县级配套资金73.26万元）。

中小学教育

【中小学招生】 2022年，保亭县严格执行免试就近入学规定，通过公办小学就近划片区招生、公办初中与小学对口招生的办法，实现就近入学要求。保亭县公办小学100%实现按片区招生入学，公办初中100%实现对口招生，公办小学共招收新生1801人，实现100%免试就近入学，公办初中招收新生2006人，实现100%免试就近入学。规范民办学校招生行为，实行“公民同招”，严格审查民办学校的招生办法、计划、招生广告及招生简章，强化民办学校招生各个环节的监督，发现问题及时处理，民办学校招生193人。

【初中学业水平考试】 2022年，保亭县有2107人报名九年级初中学业水平考试，2167人报名八年级初中学业水平考试。

2022年保亭中学（本校区）录取高一新生800人（民族班50人，统招生355人，指标到校生347人，体艺特长生48人）；保亭中学（民族中学校区）录取高一新生298人（统招生150人，指标到校生148人）。2022年各类学校在保亭县录取新生1415人（1369人录取到高中，46人录取到“3+2”学校，不含不在系统录取的各类中专、中职学校）。

【普通高中教育】 2022年，保亭县有891人报名高考，实际参加考试考生890人。申请异地高考考生26人，其中符合“2个12”24人、符合“3个6”2人，限报考生10人。审定符合报考国家专项计划条件考生778名，审定符合报考高校专项计划条件考生1名，审定符合报考地方专项计划条件考生562名。

【民办教育】 2022年，保亭县有民办学校1所：保亭海之南实验学校，九年一贯制学校，在校初中生379人，小学生583人，初中专任教师25人，小学专任教师37人。经教育部门审批备案的民办幼儿园17所，教师177人，幼儿2456人。

【体育艺术教育】 2022年，县教育局将体育艺术工作列入学校工作行事历，按要求开齐开足体育、艺术课程，做到有部署有落实。

春秋学期，县教育局举办的各类文体活动和选派人员参加的文体培训主要有：乒乓球赛、男子足球联赛、游泳比赛、篮球赛、美育赛事、书法绘画摄影评比活动、竹竿舞比赛等县级赛事。配合省校园足球基金会到毛感中心校开展足球装备捐赠活动，组织教职员工参加县直机关工委篮球赛，组建代表队分别参加海南省中学生篮球赛、游泳比赛、田径赛、海南省中小学体育教师基本功比赛，推选节目参加海南省中小学生艺术展演活动等赛事。配合省教育厅组织开展奔跑吧少年儿童青少年健身系列主题活动，组织县城7所学校信息员参加学生体质健康线上培训；会同省艺术教育促进会开展“椰苗美育行动计划”工作，指导学校报送艺术教育工作年度报表和艺术教育发展年度报告；选派30名体育教师参加省级游泳与救生员培训，2名音乐教师参加省级合唱和指挥培训班。

保亭县代表队参加省级各类比赛和评比，主要获得奖项：组队参加海南省中学生游泳比赛，保亭县代表队获得2铜、3个第四名、2个第五名、2个第六名、3个第七名、4个第八名，高中组团体第七名和优秀组织奖。组队参加省中学生田径运动会，获男子4×400米接力第五名，官海涛获男子跳高第四名，吉紫柔获女子铁饼第七名和女子铅球第八名。选送美术优秀作品参加“海南全面深化改革开放暨自由贸易港建设展（馆）”儿童绘画作品征集活动，获2个二等奖、2个三等奖，县教育局获优秀组织奖。在2022年海南省中小学生美育赛事活动决赛中，保亭县推荐30个优秀节目参加省级复赛评选，4个节目进入决赛，获得1个二等奖、3个三等奖，县教育局获优秀组织奖。在海南省教育厅举办的“椰苗美育行动计划”美术类教学成果展评比中，保亭县选送的美术作品获1个一等奖、2个三等奖、5个优秀奖。选送优秀美术作品参加全国第七届中小学生艺术展演活动艺术作品类，获三等奖。

重点中小学选介

【保亭中学】 2022年，保亭中学有78个教学班，初中部有24个教学班，高中部有54个教学班。在校生3950人，初中生1134人、高中生2816人，少数民族学生2745人，是保亭县唯一一所完全中学。有教职工336人，省级教学能手5人、省级骨干教师9人、县级骨干教师25人，高级教师80人、一级教师120人，海南省引进的学科骨干教师7人，县引进的硕博人才15人。全年学校各项工作取得快速发展，教育质量不断提升。年内本科上线528人；中招考试成绩保持保亭县第一名。

【保亭实验中学附属小学】 2022年，首都师范大学海南保亭实验中学附属小学有在校生人数1238人，分设25个教学班，有教职工73人，专任教师61人，省级骨干教师1人，县级骨干教师4人。正高级职称教师1人，高级职称教师14人，中级职称教师27人。学校依托首都师范大学的引领、首都师范大学附属实验学校的支持，坚持贯彻落实“课堂五分钟检测”“考点进课堂”“1+3范式”等教学模式，依托全息课堂理念，开展“核心课”教学研究、书香班级建设的班级文化建设。教科研成果丰硕。1名老师获县小学道德与法治新入职教师课堂教学评比第一名；2名同学分别获得小学生英语演讲比赛一等奖（全县一等奖共4个）；组织乒乓球运动队夺得年度县中小学乒乓球比赛（小学组）男子团体第二名、女子团体第三名；获评保亭县教育系统廉洁文化进校园师德师风主题演讲比赛优秀组织单位；获评保亭县中小学竹竿舞比赛优秀组织奖；校本课程《建设校园花园角》《文明礼仪教育》，分别获得海南省中小学“特色印记”课程规划三等奖；获评年终星级学校“二级学校”。

【保亭实验幼儿园】 2022年，海口市港湾幼儿园保亭实验幼儿园有47名在职员工，园长1人、副园长1人，专任教师39人，其中市、县级骨干教师4人，教师资格、普通话及专科以上学历者均达97.6%。幼儿园本着以儿童为本的环境创设理念，与自然、童趣、温馨的环境设计进行整合，为幼儿建立一个生态和谐、童趣智慧、健康快乐的活动天地，创设洁净化、绿化、美化、活动化的户外环境。幼儿园内环境整洁优雅，童趣盎然，园所内树木郁葱，各类大型玩具丰富有趣。园内成立有园务会、工会、家委会，健全教职工大会制度，建立教研组、学科领域小组、幼儿膳食营养小组等保障体系；完善职工工资、绩效、晋级保障体系，各组织分工明确，充分发挥民主监督与决策功能。

【保亭海之南实验学校】 2022年，保亭海之南实验学校有学生960余人，教职员工90余人，25个教学班级。保亭海之南实验学校是海之南教育集团会同保亭博文教育管理有限公司投资兴办的一所九年一贯制全寄宿式民办学校，学校致力于课堂改革，教育教学质量持续稳步提高，具有一定的社会影响力和美誉度。

成人教育

【概况】 2022年，保亭县全面贯彻党的教育方针，强化成人高考、自学考试规范管理，严肃考风考纪，确保考试安全有序、公平公正。根据国家关于涉考培训机构治理的有关要求，加强对社会培训机构的规范治理，打击虚假宣传、价格欺诈等违规违法行为。

【成人高校招生】 2022 年，保亭县参加成人高等学校招生考试的考生共计 276 人，其中专升本 164 人、高升本 20 人、高起专 92 人。

【自学考试】 2022 年，自学考试由考生自主在网上报名并参加考试，保亭县新生报考 42 人。

教学教研

【概况】 2022 年，保亭县积极开展教学教研工作。全年对 25 所中学和中心小学进行教学教研视导，全面监管督查保亭县教学教研开展情况。开展中小学教育教学论文评比活动，收到参评论文 462 篇，从中推荐 75 篇参加海南省论文评比并取得优异成绩。组织举办学生竞赛活动和教师竞赛活动，参与学生 219 人次，参与教师 469 人次。

【教学教研视导】 2022 年，保亭县教研员每月蹲点分为个人蹲点与集中蹲点两种形式，集中蹲点选取中学、小学各一所，中小学教研员分别每月集中到蹲点学校至少一天。2022 年，到南茂中学、加茂中心学校各做 4 次集中蹲点视导，通过随堂听课、检查作业和管理材料等几个方面进行视导，检查全部教师的备课本、作业本、作业公示记录等材料，把视导情况向全校教师做反馈和交流。为贯彻落实保亭县教育大会精神，谋划保亭教育高质量发展，着力改变教师的教学方式和学生的学习方式，提高学生自主合作探究学习的能力。局党委委员亲赴各责任片区为全县 25 所学校近 1800 位教师进行《保亭县中小学优质课堂“1+3”教学范式推广应用实施方案》及《优质课堂“1+3”教学范式》宣讲解读。2022 年所有学校成立“1+3”教学范式示范班级并挂牌，建立班级学习小组，学校形成较好的对“1+3”教学范式的教学研究氛围。成立中小学 12 个学科“1+3”教学范式课堂教学攻关团队，由研训中心教研员带领各自学科攻关团队成员以专题讲座、集体备课、课堂诊断、课例研讨等形式开展 26 场次的“1+3”教学范式研训活动，教师对“1+3”教学范式的理解和课堂实际应用水平有一定提高。为全面监管督查保亭县教研教学开展情况，2022 年 6 月和 12 月分别对保亭县 25 所中学和中心小学进行教学教研常规专项视导。每校视导半天，通过随机听课，查阅学校管理制度、作业公示记录、教师导学案、学生作业本，访谈教师、学生等形式对学校进行全方位检查。对视导中发现的亮点和存在的问题，与保亭县中小学校长进行反馈。把“双减”与学科教研活动相融合，以作业设计为主题，每月确定一个专题开展教研活动，如：优质课堂“1+3”教学范式专题、导学案撰写专题、集体备课专题、课堂展示专题。形成一系列从理论研究到实践探索的主题教研活动。把“双减”与教研员蹲点教研融合。12 个学科一共开展 48 次专题研训活动，保亭县教师 4000 余人次参加活动。

【论文评比及课题研究】 2022 年，保亭县开展中小学教育教学论文评比活动，收到参评论文 462 篇，评出一等奖 81 篇、二等奖 159 篇、三等奖 217 篇。从中推荐 75 篇参加海南省论文评比，获得一等奖 11 篇、二等奖 28 篇、三等奖 36 篇。2022 年，各学校县级小课题申请结题 29 个，评出优秀 4 个、良好 10 个、合格 15 个。全保亭县共 7 个课题参加省级结题评审，评出优秀 4 个、良好 2 个、合格 1 个。

【师生学科竞赛】 2022 年，保亭县组织举办的学生竞赛活动有幼儿讲故事比赛、中学生英语演讲评比、中学生化学特色作业设计评比、中学生语文古诗文记诵评比、小学生英语演讲评比、第二届中学生百科知识竞赛 6 项，参与学生 219 人次，经选拔参加省级以上各项比赛，获得二等奖 1 人次、三等奖 1 人次、指导奖 1 人次。教师竞赛活动有教师教育教学信息化评比，中学物理课堂教学评比，中学生物课堂教学评比，初中数学导学案设计和课堂教学评比，小学思想与品德课堂教学评比，小学数学文化项目实验教师讲课、说课、课件评比，小学数学导学案设计评比等共12项，参与教师469人次。经选拔参加省级以上各项比赛，获得国家级一等奖1人次、三等奖1人次、指导奖1人次；获得省级一等奖34人次、二等奖80人次、三等奖89人次、指导奖5人次。

【骨干教师培养】 2022年，县教育局研定《保亭县2022年教师全年培训实施计划》，县财政局拨付下达保亭县教师培训经费126万元。根据2022年培训实施计划拟定11个集中培训项目，实际执行9项县级资金培训，培训608人次。培训地点在海南省内，培训项目主要包括小学英语基于主题意义单元整体备课及作业设计、中小学道德与法治教师素养提升、中小学教研员业务能力提高、中小学校中层领导干部业务能力提高、新入职教师和幼儿园青年教师业务能力提高、中小学优秀教育人才高级研修、中小学校长信息化领导力高级研修，中国海洋石油集团有限公司资助18.31万元帮助开展小学语文教师统编教材常态作文教学范式建构培训和中小学后勤人员业务能力提高培训。组织教师参加国家级和省级培训项目45项，参训教师达4264人次。2022年完成学科培训项目59项，培训教师达12446人次，分别涵盖学分网络管理员业务能力提升培训、“双减”作业设计主题研训、中学九大学科备考分析培训、卓越教师工作室培训、幼小衔接专题培训、信息技术2.0整校推进中期及验收培训、同步/专递课堂教学设施设备应用骨干教师培训、课堂教学攻关团队教研培训、椰苗美育行动计划师资培训等。

2022年，获评海南省特级教师2人，省级学科带头人3人，省级骨干教师18人。

【教师职称评审与资格认定】 2022年，保亭县教育系统累计高级教师274人、一级教师977人、二级教师954人。组织全县中小学（幼儿园）教师参加专业技术资格评审教育教学能力考试，报名考试164人，实际参考141人，考试合格88人，通过率达62.41%。组织教师系列专业技术职称评审申报工作，申报各级职称244人。其中，高级申报36人，第一次评审通过29人（另有6人待核查），通过率80.6%；中级申报69人，通过67人，通过率97.1%；初级申报129人，通过129人，通过率100%。组织中小学、幼儿园教师资格注册工作，全年新入职教师申请注册105人，其中合格103人，合格率98.1%，申报未受理1人，暂缓注册1人。

文化·体育

文化综述

【概况】 2022年，保亭县认真贯彻党的二十大精神，加强文化自信和文化铸魂，文艺创作、文化遗产保护和公共文化服务体系日渐完善，通过国家公共文化服务体系创新发展复核。文艺创作再创佳绩，由县民族歌舞团主创团队历时数年打造的民族舞剧《甘工鸟》成功首演；新创黎族女子舞蹈《祥哒哒》等8个文艺作品，获海南省第六届少数民族文艺会演黎族民歌一等奖1个、二等奖1个、三等奖1个、优秀奖1个，获第十九届海南省东西南北中广场文艺会演二等奖1个、三等奖1个。公共文化服务体系日渐完善，建成县级图书馆（国家一级图书馆）、文化馆（国家二级文化馆）、县民族博物馆、影剧院及广播电视台，9个乡镇综合文化站和62个村级文化室等城乡公共文化设施，并探索建设县级图书馆、文化馆总分馆体系，全年城乡各级公共文化设施共服务36.95万人次。文化遗产保护方面，县民族博物馆现有历史、民族、革命藏品5032件，其中珍贵文物75件（套）。新增的高州记忆村史馆建成开放，累计建成合口记忆、坚固村史馆等3个村史馆分馆。完成馆藏革命文物“琼崖纵队后方医院火药枪”保护性修护。完成县级不可移动文物保护单位“甘什黎族传统村落”抢救性修缮和3处县级、1处省级文保单位安装保护标识牌和安全责任公示牌。非遗保护展现新姿态。分别开展非遗进校园、非遗进乡村、非遗展示展销及非遗线上文艺展演四大主题活动，新挖掘《海南苗族婚礼》《黎族沉香制作技艺》等6个项目完成申报第二批县级非遗保护项目认定工作。

2022年，对县级不可移动保护单位“甘什黎族传统村落”保护范围内部分受损严重的谷场群进行抢救性修缮 （县旅文局 供）

【公共文化服务体系示范区】 2022年，保亭县高度重视国家公共文化服务体系示范区创新发展工作，将其列入县委、县政府2022年度督查检查考核年度计划，认真贯彻落实《国家公共文化服务体系示范区创新发展管理办法》要求，按照《保亭黎族苗族自治县“十四五”时期国家公共文化服务体系示范区创新发展规划（2021—2025年）》计划推进示范区与时俱进、加强公共文化服务基础建设和改革创新。年内完成“十四五”公共文化服务体系示范区创新发展规划的政府网站公示、政策解读事项；按照文旅部要求，在省旅文厅的指导下，完成创新发展复核绩效佐证材料收集与上传、总结汇报材料与案例撰写，并参加全国复核专家评审视频答辩会，组织相关部门赴三亚考察学习、赴国家公共文化服务体系示范区学习经验。最终顺利通过首次“国家公共文化服务体系示范区创新发展复核”考核，群众满意度指标获得文旅部通报表扬，公共文化事业进一步繁荣。

【文化惠民】 2022年，图文博三馆、各乡镇综合文化站坚持免费开放，提供文化惠民服务。县图书馆总馆全年场馆总服务人数（总流通人数）169688人。其中，到馆读者156803人（含参与活动人数），文献借还读者7280人，流动图书服务读者5605人；图书馆书刊文献外借册数9248册。年内，县图书馆组织各类讲座活动8场，参加读者670人；举办展览5个，参观读者1108人；举办培训班18个，培训521人。县文化馆总馆到馆人数66595人，组织文艺活动16次，观众39947人；举办展览5次，参观17793人；举办公益性讲座1次，参加96人；举办培训班28班次，培训1811人。各乡镇综合文化站及村文化室为群众提供服务共1004场，服务85824人。其中，乡镇基层组织文艺活动88场17684人；组织培训班325场10036人，其中培训业余文化队伍1534人；举办展览4个1330人；接受戏曲进乡村75场10392人。

开展各类文艺演出80场次，其中“喜迎二十大，奔向新征程”文艺惠民演出12场；戏曲进校园暨“民族团结之根、民族和睦之魂”文化惠民演出15场次；“创文明城市　树时代新风　喜迎党的二十大”新时代文明实践主题文艺演出4场次；廉洁文化进社区宣传文艺演出活动2场次；优秀歌舞进校园文化惠民演出3场次；“礼赞二十大　奋进新征程”海南省惠民演出送戏下乡15场次；“学跳竹竿舞　传承民族文化”主题活动5场次；“听党话、感党恩、跟党走”宣传教育活动4场次；“我们的中国梦——文化进万家”暨“红色文艺轻骑兵”惠民演出4场次；党的二十大精神文艺宣讲巡演2场次；各类重大节庆文化演出14场次。全年演出现场观众达8万余人次，线上演出观众点击率高达42.42万人次，完成年初计划的全部场次，向保亭人民交出满意的答卷。

【“我们的节日”主题活动】 2022年1月18日，县图书馆开展“我们的节日——春意联连送祝福”系列写春联活动。特邀候鸟书法家和本地书法协会的书法老师们到馆，合作开展送春联进社区和送春联下乡活动。

5月28日，在图书馆三楼的数字国学馆举办“我们的节日——端午节”主题少儿活动。

2022年5月28日，在县图书馆三楼的数字国学馆举办“我们的节日——端午节”主题少儿活动　（县旅文局　供）

活动通过亲子互动DIY绘本手工书，培养小朋友的动手能力。小朋友及家长共计80余人参与。

10月1日，在图书馆三楼的数字国学馆开展爱国活动周暨“我们的节日——重阳节”主题拼中国地图活动，向小朋友们讲述重阳节的由来和意义，并通过拼中国地图的形式，让孩子们了解中国的行政版图、地理环境等知识，树立爱国爱家观念，弘扬中华民族传统精神，让重阳尊老爱老的传统美德得到传承和延续。

春节期间，县民族歌舞团送欢乐下基层惠民演出3场次。

【旅文助力社会文明大行动】 2022年，县旅文局开展文明餐桌行动，引导游客适度点餐，倡导“光盘行动”。

开展文明上网行动。在网吧醒目位置张贴互联网上网服务营业场所承诺书，承诺遵守有关法律法规、履行安全管理责任、文明经营。

开展经常性的健康教育宣传及控烟活动。积极开展健康教育和卫生科普知识宣传，倡导健康生活方式，积极落实公共场所禁止吸烟的文件要求，督导旅游和文化行业开展控烟工作，建立控烟劝导员制度，完善公共场所禁烟规定，在单位会议室、办公室钉挂禁烟标志，积极开展创建无烟单位活动。

开展文明旅游宣传活动。通过“安全生产月”“食品宣传周”等活动，现场向群众发放《文明旅游出行指南》《旅游法》《保亭旅游宣传画册》等宣传资料共3000余份，向广大群众宣传旅游法规和文明旅游常识，引导群众文明旅游，同时利用微信公众号等平台发布文明旅游宣传信息，引导游客文明旅游，培养良好习惯，遵守旅游文明行为公约。印发“生态兴、文明兴”等宣传标语，组织各旅文企业通过LED屏、微信、海报等方式宣传文明旅游，并在游览过程中，通过导游引导、标识标牌引导游客爱护环境、爱护生态、文明出行。

助力推进“扫黄打非”行动。积极联合县公安局、县市监局、县综合执法局等部门，全力抓好专项整治工作。着力加强对网吧、娱乐场所（KTV）等营业性娱乐场所的管理，加大检查力度，增加检查频率，严厉查处网吧、娱乐场所（KTV）违规接纳未成年人的行为。

助力禁毒会战行动。积极巩固保亭县禁毒成果，要求旅文企业设置禁毒标语；在娱乐场所点唱屏幕开机和空闲时播放禁毒宣传短片、点唱时滚动播放禁毒标语；在互联网上网服务营业场所的所有电脑屏幕上设置禁毒标语；在微信公众号上不定期进行禁毒宣传等。

【非遗民族文化活动】 2022年，县文化馆以文化和自然遗产日开展了非遗进校园、非遗进乡村、非遗展示展销及非遗线上文艺展演等非遗民族文化活动。活动展示了保亭县非遗保护成果，推动非遗与现代生活相连接，加强非遗与校园、乡村的连接，让非遗在传承保护、创新发展中焕发新活力，受到社会的广泛好评。6月9日，组织传承人到首都师范大学保亭实验中学开展非遗进校园活动；在保城镇什么东村开展黎族竹木器乐展示活动。6月11日，在保亭七仙文化广场，开展传统黎锦、文创产品、藤竹编织产品展示展销活动；在保亭影剧院开展线上非遗展演，有黎族男女群舞《钻木取火》、黎族民歌《期待佳音》、苗族女子群舞《苗染》等8个节目。以线上展演的方式，为观众献上一场美妙的视

2022年6月11日，保亭影剧院开展线上非遗展演　（县旅文局　供）

2021年12月10日至2022年2月10日，在云南昆明陆军讲武堂历史博物馆举办“海南黎族织锦·服饰精品展” （县旅文局 供）

听盛宴。据统计，演出共吸引了3000余名群众观看。

年内，县博物馆引进新疆哈密博物馆《丝路霓裳——哈密清代维吾尔服饰展》，服饰展览让观众对新疆哈密地区的历史背景、风土人情和民族服饰等有进一步的了解，感受绚丽多彩的民族文化。组织筹备“海南黎族织锦·服饰精品展”，在云南昆明陆军讲武堂历史博物馆，在新疆哈密博物馆展出。展示内容使当地观众了解和领略黎族文化，做到了在交流互鉴中感知文明，彰显出黎族传统文化的魅力与特色。

【保亭县图书馆】 至2022年，保亭县图书馆总藏书量达36万册，其中包括少儿图书2万余册、地方文献近3700册，有数字资源20余万种（册）。

县城总馆面积超4800平方米，乡镇分馆建筑面积共计2100平方米。图书馆每周开放6天，每天开放10小时，周末正常开放，节假日错时开放，每周开放时间达60小时。县城总馆、乡镇分馆和村级农家书屋的三级图书均实现通借通还，形成了“一馆办证，多馆借书，一馆借书，多馆还书”的服务模式。其中，总分馆均已实现了Wi-Fi全覆盖，并建立微信公众号，读者可以通过公众号了解馆内最新信息动态，进行图书检索、续借、借阅信息查询、参与线上互动等。

为特殊人群设置视障服务区，配备有盲文图书50册、有声读物100册（种）。馆内提供参考咨询、数字资源查询服务，打造“黎姐姐”讲故事、“美丽阅读”征文、“候鸟讲坛”等读书服务品牌。全年开展知识讲座、各类培训、流动图书下乡等各类阅读推广和文化惠民活动，与省图书馆、县候鸟人才工作站、企业等单位合作，在乡镇小学、农家书屋建立延伸服务点、馆校合作阅读基地、旅游和公共文化融合服务试点，积极吸纳学生和候鸟志愿者到馆开展活动，年均开展活动总场次超过100场。

【保亭县文化馆】 保亭县文化馆始建于1951年，随着时代的变迁，历经4次搬迁馆址。现馆址设于景色秀丽的县城文化中心七仙广场保城西河北岸，占地面积3000平方米，达到国家二级馆要求。2021年，获评第五次全国文化馆评估定级“二级馆”，是海南省较为先进的数字文化馆，基本实现现代化信息技术设

2022年11月18日，保亭县图书馆到加茂镇开展流动图书下基层服务活动 （县旅文局 供）

备设施。

2022 年，保亭县文化馆文化公共服务设备设施齐全，建筑面积共 2850 平方米，有 A、B 两栋大楼。A 栋楼设有 100 平方米的文化发展及屏幕墙宣传厅、300 平方米的舞蹈教学（联网）体验区，设有 80 平方米的保亭振兴传统工艺工作站、黎族竹木器乐传习所、讲座厅、服装道具库、公共卫生间；非遗办公室、非遗数字库以及各门类文化艺术辅导办公室等。B 栋楼设有 350 平方米的综合展区（展览馆）、350 平方米的非物质文化遗产陈列馆、300 平方米的文学艺术数字化体验馆（分为 60 平方米美术书法体验厅、60 平方米摄影体验厅、60 平方米音乐体验厅、100 平方米文学沙龙等）。

组建馆属 7 支固定的业余舞蹈团队，不断推陈出新创作文艺作品。坚持开展青少年国标舞辅导培训，设有初级班、中级班和高级班 3 个层次，为国家培养一大批现代舞蹈人才。挖掘整理研究保护非物质文化遗产工作成果丰硕。年内申报的海南苗族婚礼、黎族传统体育竞技、海南苗族民歌、黎族沉香制作技艺、黎族酿酒技艺、黎族“三月三”节 6 项非遗项目被列入保亭第二批县级非遗保护名录项目。

【保亭县民族博物馆】 保亭县民族博物馆是一座以收藏、展示和研究保亭县历史以及黎族苗族的传统文化为主要任务的综合性民族博物馆，新馆建筑面积 2050 平方米，分为三个展厅，展厅面积 1100 平方米。展览厅分为固定展览厅（基本展览）和临时展览厅（专题展览）。固定展览设在东厅，作为本馆基本陈列厅，展出保亭悠久历史和丰富多彩的民族文化；临时展览设在西厅，作为本馆临时展厅，举办专题性展览或引进临时展览。

保亭县民族博物馆有藏品总数 5032 件（套），通过征集、捐赠等方式收藏，分为历史、民族、革命三大类，藏品种类主要有石器、陶瓷器、绘画、刻印、蜡染、纺织及杂项等类，其中不乏宋元瓷器、黎锦精品。有珍贵文物 75 件（套），其中一级文物 1 件，二级文物 5 件（套），三级文物 69 件（套）。

2022年6月11日，保亭县开展“文化与自然遗产日”黎族竹木器乐进乡村展演活动 （县旅文局　供）

文化遗产保护

【文化保护】 2022 年，保亭县深入挖掘优秀乡土文化遗传。为传承和发展中华优秀传统文化，助力保亭县新农村建设和乡村振兴工作，已建成新政镇报什村委会高州村小组“高州记忆村史馆”博物馆分馆，5 月 18 日（第 46 个国际博物馆日）正式揭牌开馆。县博物馆不断夯实革命文物基础工作，进一步加大馆藏革命文物的保护力度，于 2022 年完成馆藏革命文物“琼崖纵队后方医院火药枪”保护性修复工作。

【非物质文化遗产发掘保护】 2022 年，保亭县挖掘《海南苗族婚礼》《黎族传统体育竞技》《海南苗族民歌》《黎族沉香制作技艺》《黎族酿酒技艺》《黎族“三月三”节》等 6 项县级非遗项目名录为县级第二批非物质文化遗产项目名录。

【文物保护单位】 2022 年，县民族博物馆完成对县级不可移动保护单位“甘什黎族传统村落”保护范围内部分受损严重的谷场群抢救性修缮。对保亭县新

2022年5月18日，保亭县民族博物馆承办的新政镇高州村乡村博物馆——“高州记忆村史馆”正式揭牌开馆　　（县旅文局　供）

增3处县级文物保护单位和1处省级文物保护单位制作安装不可移动文物保护单位标志碑和文物安全责任人公告公示牌。对保亭县甘什黎族传统村落、千年茶树林、加茂桥日军侵华遗址和王震将军橡胶试验田4处不可移动文物保护单位标志碑和王震将军橡胶试验田文物安全责任人公告公示牌进行制作安装。年内，县民族博物馆不断加大对不可移动文物保护点的巡查管理力度，派出工作人员进行定期巡查，其中定级文物保护单位采取购买服务的方式聘请属地管理员，逐步形成辖区内不可移动文物点的文物保护长期有效机制。

广播电视

【概况】 2022年，保亭县总人口16.7万人，总户数53206户，广播覆盖人口16.63万人，覆盖率99.58%；电视覆盖人口16.62万人，覆盖率99.52%。全年，保亭县电视节目有《保亭新闻》《健康与养生节目》《天气预报》《民生在线》等4个节目，保亭人民广播电台有《养生课堂》《法网百科》《快乐串流行》等15档节目，实现全天播放，为广大群众带来内容丰富的节目内容。

保亭县电视节目编播一览表

表3

时间	周一至周五节目	周六至周日节目
12：00—12：20	中午重播《保亭新闻》	中午重播《保亭新闻》
12：50—13：20	文化纪实《这十年》《我们走在大路上》	文化纪实《这十年》《我们走在大路上》
13：30—14：00	《健康与养生节目》	《健康与养生节目》
14：05—15：30	七仙影院（电影）	七仙影院（电影）
15：31—16：30	美食节目《美食令》《夜宵江湖》	美食节目《美食令》《夜宵江湖》等
15：31—16：59	动画片（两集连播）	动画片（两集连播）
17：00—18：25	经典剧场（两集电视剧连播）	经典剧场（两集电视剧连播）
18：30—19：00	转播《海南新闻》	转播《海南新闻》
19：00—19：30	转播《新闻联播》	转播《新闻联播》
19：30—19：50	首播《保亭新闻》 注：如遇当天《新闻联播》延长，则顺延播出。	首播《一周要闻》 注：如遇当天《新闻联播》延长，则顺延播出。
19：50—19：55	《天气预报》	《天气预报》
19：55—20：15	文化记忆——《寻访古村落》 注：以当天的新闻播出时长为准，如遇超时，则不安排播出	文化记忆——《寻访古村落》 注：以当天的新闻播出时长为准，如遇超时，则不安排播出

续表 3

时间	周一至周五节目	周六至周日节目
20：20—21：55	第一剧场（两集电视剧连播）	第一剧场（两集电视剧连播）
22：00—22：20	重播《保亭新闻》	重播《一周要闻》
22：25—22：30	《天气预报》	《天气预报》
22：35—23：55	第一剧场（两集电视剧连播）	第一剧场（两集电视剧连播）
24：00—24：20	重播《保亭新闻》	重播《一周要闻》

FM101.4保亭人民广播电台节目一览表

表 4

时间	节目
06：00—06：30	《养生课堂》
06：30—07：00	转播中央台《新闻和报纸摘要》
07：00—07：30	转播新闻广播《海南新闻》
07：30—08：30	歌曲、公益广告、公告
09：00—09：30	《法网百科》
09：30—10：00	《寻味》
10：00—10：30	《马路英雄传》
10：30—11：00	《开窗听世界》
11：00—12：00	《快乐串流行》
12：00—12：35	转播《保亭新闻》
12：35—13：00	《农村天地》首播
13：00—13：30	歌曲、公益广告、公告
14：00—14：30	《法网百科》重播
14：30—15：00	《铁川说》
15：00—15：30	《主旋律剧集》
15：30—16：00	《原来是这样》
16：00—16：30	《历史的奥秘》
16：30—17：30	《OK音乐》
17：30—18：30	转播海南新闻广播《886新闻晚高峰》+《886气象站》
18：30—19：00	转播中央台《新闻联播》
19：00—19：30	《养生课堂》重播
19：30—20：00	转播《保亭新闻》
20：00—21：00	《节奏开道》
21：00—21：30	《育儿大师》
21：30—22：30	《最美时光》
22：30—23：00	《小野读书》
23：00—23：59	《OK音乐》重播
24：00	全天播音结束

【重点工作宣传报道】 2022年，县融媒体中心开设专栏“打好疫情防控攻坚战阻击战整体战主动战”“统筹疫情防控和经济社会发展”“喜迎二十大　黎语苗音说变化”“学习贯彻党的二十大精神”“助企纾困　保亭在行动”“能力提升建设　促高质量发展”“查堵点　破难题　促发展”“我为群众办实事”“我们的新时代”等专栏，对重点工作进行宣传报道。

【节目改造升级】 2022年，《保亭新闻》栏目改版，电视频道上午、下午时段打通，实现12个小时无间断播出；推出《民生在线》栏目，聚焦民生热点，回应群众关切，进一步促进干部作风转变，推动解决群众急难愁盼问题，搭建百姓与政府的信息沟通桥梁，助推保亭县高质量发展。《民生在线》栏目推出进一步丰富电视频道内容，打破保亭广播电视台只有一档《保亭新闻》栏目的历史。

【节目安全播出与技术管理】 2022年，县融媒体中心定期或不定期对安全播出制度的执行情况和机房设备的工作运行情况的检查，每季度进行一次，发现问题及时处理。定期召开专题会议，研判安全形势、部署安全工作，确保广播电视安全播出万无一失。严格按照《广播电视安全播出实施细则》规定要求，进一步完善《安全播出应急预案》及安全播出各项规章制度，明确责任范围，做到人人做事有章可循，出现事故有人负责。根据各项安全播出管理制度，明确责任范围，加强安全播出的具体工作，强化机房安全播出和中心人员及组（室）管理，实行工作追责制度，力求做到横到边，纵到底，不留死角，确保广播电视节目的安全优质播出。在重要保障期间，由中心领导召集值班值守人员进行安全责任提醒，推动各项安全防范措施落实到位，同时坚持做到领导带班，技术人员轮流坐班，强化安全播出管理，确保播出工作万无一失，从而确保重要保障期间广播电视的播出安全。在播出运行管理方面，目前发射的信号达到“三满”要求。安全保障期加强人员值班，严格按预案做好播出工作。根据实际情况，制定各项规章制度，通过制度管人，今年无重大人为责任事故发生。完善播出故障、供配电故障、网络信息安全、消防事故、突发事件、非法破坏等事件应急预案，规范维保档案管理。在此基础上，组织开展针对性应急处置演练，以确保在遇到突发事件和重大事故时，做到反应迅速、指挥有力、调度灵活、配合紧密，防范有效，切实提高安全防范工作的应急能力和处置突发事件能力。建立安全播出应急体系，设有相关责任人。当发生特大灾害或突发事件时，马上启动应急预案，第一时间恢复节目播出。特别是在保障国家重大会议实况转播期间，设专人加强监督、监听和监录等工作，严格执行零报告制度和重大事件（事故）报告制度。加强与供电部门、县综治办、县公安等部门的联系沟通，保障供电线路、光缆线路的安全，同时，加强机房、设备、设施的安全警卫和防火、防盗、防破坏工作，有效保障广播电视安全播出。

【节庆期间安全播出保障】 2022年，保亭县完成元旦、春节、两会、国庆等时期广播电视安全播出工作。为确保网络信息安全，根据县融媒体中心计算机信息网络使用情况，制定网络信息安全管理制度，网络安全管理员负责全单位网络（包含局域网、广域网）的系统安全性，进行良好周密的日志审计以及细致的分析；应对网络设备运行状况、网络流量、用户行为等进行日志审计，审计内容应包括事件的日期和时间、用户、事件类型、事件是否成功等内容，对网络设备日志须保存3个月；每月安全管理人员应向主管人员提交当月值班及事件记录，并对系统记录文件保存收档，以备查阅等。初步建立保亭县融媒体中心网络安全监测工作机制，实现对保亭广播电视台、“你好保亭”APP、“你好保亭”抖音号等安全监测管理。

（撰稿　董永娟、吴挺灿、符静舒、喻秋明）

体育综述

【概况】 2022年，保亭县体育事业长足发展，举办了体育大拜年全民健身—送社会体育指导乡活动、保亭县中国登山协会初级山地户外指导员资格培训班、保亭县职工工间操领操员培训班等；完成共150名优秀体育苗子的选拔、107名教练员和运动员的注册及220名运动员和教练员的反兴奋剂考试，为海南省第六届运动会夯实人才队伍；参加海南省第六届运动会和海南省青少年锦标赛，取得多项荣誉。

【体育设施建设】 2022年9月，保亭县完成11个点全民健身路径器材的安装；为老县委配备2张乒乓球桌及保城镇春天村委会配备2个篮球架，安装完成并投入使用；用中央支持地方公共文化服务体系建设补助资金（第二批），完成县城及各乡镇15个点进行篮球场升级改造和健身路径器材的安装；建成保城河沿河绿道景观（健身步道）工程2900米；4月，全民健身活动中心正式对外免费开放。全县9个乡镇60个行政村农民体育健身工程覆盖率达100%，实现行政村农民体育健身工程全覆盖。

群众体育

【全民健身活动】 2022年，保亭县不断提升群众体育队伍建设。5月20日至25日举办中国登山协会初级山地户外指导员资格培训班、6月10日举办县职工工间操领操员培训班、11月5日至11月6日举办2022年海南省社会体育指导员环岛公益健康行活动（保亭站）暨三级社会体育指导员培训班，参加培训约300人。

开展全民健身活动。2022年2月12—14日，开展保亭县体育大拜年全民健身——送社会体育指导下乡活动；11月12日，开展全国百城千村健身气功交流展示系列活动（海南保亭站）；12月24—25日举办全国群众登山健身大会（保亭站）暨热带雨林山地户外运动等全民健身活动。

积极组队参加农民男子篮球赛、健身气功公开赛、广场舞公开赛、海南省第六届省运会暨第十四届海南省全民健身运动会等省级以上各项群众体育赛事活动6次。其中，在省第十四届全民健身运动会中攀岩代表队获得攀石赛男子组金牌；乒乓球代表队获得20岁组女子单打第四名；轮滑代表队获得成年女子组500米速滑冠军；保亭瑜伽代表队获得瑜伽集体组第二名、女子双人组第一名。

【群众体育赛事】 2022年7月9日，举办海南亲水运动季水上篮球挑战赛。

12月9日，举办“献礼二十大 舞动新时代”保亭黎族苗族自治县原创健身操舞交流赛。

12月15—17日，举办保亭县“迎春杯”农民男子篮球赛。

卫生健康

综　述

【概况】 2022年，保亭县共有医疗机构116所。保亭县卫生健康委员会（以下简称县卫健委）机关直属医疗单位4所，即县人民医院、疾控中心、七峰医院、县妇幼计生服务中心；社区卫生服务站2个；标准化乡镇卫生院9家（原6家农场医院整合并入地方卫生院）；门诊部5家；村卫生室57家；在建保亭县中医医院1家；个体诊所（含血浆站）31个；卫生站7家。

【卫生健康项目建设】 2022年，保亭县中医医院主体建设项目开展项目验收整改工作。县安康医院改扩建工程项目总体进度95%，支出1.01亿元，已报批县安康医院改扩建工程升级改造项目初步设计及概算。县妇幼保健院建设项目总体进度97%，支出5716万元，县妇幼保健院提升改造项目开展财政预算评审。县人民医院感染病区建设项目开展联合验收，支出8520万元。县疾病预防控制中心建设项目总体进度88%，支出5739万元。

【医疗卫生机构管理】 2022年，县卫健委重新调整医院感染管理委员会、临床科室感控小组，完善医院感染三级管理体系。2022年初制订医院感染管理责任书，与科主任、护士长签订责任状，提高执行能力。按时召开两次院感委员会会议，研究解决医院感染管理工作中出现的问题，院感工作不断持续改进。加强质量管理，确保医疗安全，做好各项指标监测，如院内感染发病率检测、医院环境卫生学监测、消毒灭菌效果监测、多重耐药菌感染监测等。通过严格手卫生督导、减免手卫生耗材和信息化管控，促进医务人员手卫生感控意识提高，手卫生依从性和正确率明显提高，2022年医务人员总体手卫生依从性93.38%、正确率90.12%。

【卫生行业综合监管】 2022年，县卫健委严格落实常态化疫情防控执法检查工作，加强与县综合执法局、县市监局等部门协作和常态化的综合监管模式，加大对疫情防控、消毒产品、医疗美容等违法违规行为执法检查力度。派出执法人员46人次，执法车辆14辆次，检查单位71家次，发现问题41条，重点检查医疗机构、医务人员和公共场所的疫情防控措施落实及依法执业情况。加强医疗机构、学校卫生、公共场所等场所日常监管工作，做好互联网加监管信息平台数据的录入；针对检查中发现的问题作出行政指导，检查单位277家次，发现问题277条，全部整改落实。开展打击非法行医专项整治行动，联合县综合行政执法局、县市监局开展打击非法行医专项整治行动，对辖区内5个乡镇（含居），16家医疗机构、3家公共场所美容店、3家药店、3家农贸市场开展专项检查，出动执法车辆 6 辆次，执法检查人员 28 人次，发现保亭三道敦春平口腔诊所涉嫌使用非卫生技术人员从事口腔医疗卫生技术活，吕某涉嫌未经医师注册取得《医师执业证书》独立从事口腔诊疗活动，执法人员针对发现的 2 起违法行为进行立案查处。个别诊所存在购进药品药械时对应供应商资料收集不全、药品购进验收记录登记不完整、部分药品未按规定条件存放、处方的书写没有审核和核对的签字等问题，现场下发责令整改通知书 1 份，并限期整改。未发现药店坐堂行医行为、医疗机构无超范围执业行为。在打击非法行医专项整治行动中，立案 2 宗，案件均办结，罚款 1 万元。

【医疗卫生机构诊疗量】 2022 年，各项医疗业务明显增长，其中门急诊量同比增长 36.14%，住院人数同比增长 20.72%，四级手术同比增长 86.97%，门诊次均费用同比下降 4.08%，住院次均费用同比下降 8.33%。全年各分院、各村卫生室上转县人民医院 1072 人次，县人民医院治疗稳定后的患者下转各分院、各卫生室康复、随访。1 月启动下转诊闭环健康管理，下转病例 2165 人次。

【基层医疗信息化标准化建设】 2022 年，县卫健委积极与省“三医联动”信息化系统对接，实行健康码、电子健康卡、电子社保卡等多码融合读卡挂号缴费，实现诊间挂号、诊间支付并进行医保实时结算，检查检验结果互认、用血直免，可调阅省内三医电子健康档案和电子病历档案，减少患者来回排队缴费的困扰。推进“互联网 + 健康医疗”，充分利用 5G 健康一体机开展血糖、血氧、血压、体温、尿常规、心电监测，检测结果即时传到网上，医生通过网络远程给出健康评估和建议，方便群众就医，实现医疗、医院资源的整合共享。启动医疗集团“六统一”HPR 信息化项目建设工作，推进集团内人、财、物信息化统一管理，总院人事科、财务科、设备科、信息科等相关部门正式使用 HRP 系统，使用中存在的问题持续改进及更新；9 月 23 日，9 家乡镇卫生院、2 家社区卫生服务站系统升级，实现三医助手功能，完成信息共享，检查结果预览，多医院检查联合共享等多项功能。

【人才队伍建设】 2022 年，县医疗集团行政和后勤人员实现零招聘，有资质医师实行长期招聘，重点招聘有资质青年医师，制定青年医师人才激励方案，每年拿出业务收入 1% 作为青年医师人才基金，加大青年医师人才引进和培养力度，通过“引进来、送出去”和发挥专家“传、帮、带”等综合措施，不断提高专业技术人员整体素质。年内招聘 50 名医疗护理人员，选派 16 名医疗、护理人员到三亚中心医院、海南省人民医院进修学习，送出 4 名医师到省外知名医院规培，3 名完成规培医师按时返岗；开展青年医师优秀人才评选，开展青年医师座谈活动，及时了解青年医师思想动态，关心爱护一线医护人员，营造干事创业的良好氛围。

【中医事业发展】 2022 年，保亭县各医疗卫生单位组织开展宣传活动，在工作阵地、乡村组织开展《中华人民共和国中医药法》普法宣传活动，提高广大群众对中医药法和中医药健康知识了解，设立义诊咨询区，与群众面对面交流和讲解相关知识，活动当日发放各类健康知识宣传资料 540 余份，普法折页 436 份，接受群众健康咨询 140 余人次。组织召开学习培训会，县卫健委主任黎萍传达习近平总书记关于中医药工作的重要论述并解读中医药法。促进中医药传承发展，加快健康产业推进，编制《海南保亭健康产业发展规划（2021—2025 年）》，制定《关于贯彻落实〈中共海南省委　海南省人民政府关于促进中医药在自由贸易港传承创新发展的实施意见〉的实施方案》《保亭黎族苗族自治县气候康养产业发展三年实施方案》；推进“前医后养”，保亭县与博鳌乐城先行医疗旅游管理局签订合作协议框架。组织参与第六届海南国际健康产业博览会，积极与三亚院士联合会推动健康医学研究院项目落地，健博会开幕式上完成海南自由贸易港健康医学研究院揭牌仪式；策划“保亭健康行”考察活动及招商推介活动，展示保亭独特魅力及保亭发展健康产业的优势，扩大保亭在健康产业的知名度、美誉度和影响力。

【助力乡村振兴】 2022年，排查出罹患30种大病的脱贫人口和监测户患者2055人，建立大病专项救治台账，录入全国防止因病返贫动态监测系统，按“三个一批”进行管理和救治。每季度对四种特殊慢病患者2815人进行随访，其他慢病患者按公共卫生规范化要求开展随访工作；完成脱贫人口、监测户7236户28271人家庭医生签约工作，实现签约全覆盖。

人口与生育服务

【三孩政策实施】 2022年，保亭县取消生育制约措施。保亭县认真贯彻实施三孩生育政策及配套支持措施，全面清理与《中共中央　国务院关于优化生育政策促进人口长期均衡发展的决定》《海南省人口与计划生育条例》不一致、不衔接的行政规范性文件，核实清理修改。3月25日，保亭县第十六届人民代表大会第一次会议和海南省第六届人民代表大会常务会第三十五次会议通过对《保亭黎族苗族自治县自治条例》（2015年现行条例）的修改。

开展形式多样的宣传培训活动，5月和7月共举办两期《中共中央　国务院关于优化生育政策促进人口长期均衡发展的决定》《海南省人口与计划生育条例》等有关法律法规知识培训班，参加培训人员有各乡镇、各农场居分管领导和相关工作人员68人。利用科技活动月及县、乡、村三级联动互助开展宣传活动。通过义诊、座谈会、妇女健康讲座等形式开展有关三孩生育政策及法律法规知识、健康教育知识的宣传教育，提倡适龄婚育、优生优育，提高群众整体健康教育水平。利用7月的“老年健康宣传周活动”“中国计生协成立42周年纪念日”“529会员活动日”以“倡导新型婚育文化促人口均衡发展”为主题进行宣传。在活动场所设宣传服务咨询点和义诊点，通过挂横幅、发放宣传折页和《海南省人口与计划生育条例》等方式开展宣传，发放宣传折页3000份、宣传册1500册，接受群众政策咨询467人次，为群众义诊600多人次。

落实生育登记，做好生育咨询。保亭县落实把第一孩生育服务证、第二孩生育服务证及再生育服务证审批合并为一个事项统称为生育登记服务并下放到乡镇服务窗口，开放网上受理审批，方便群众，提高办证效率。

贯彻落实《关于落实三孩生育登记服务和生育医疗保险待遇政策有关问题的通知》《关于明确城乡居民基本医疗保险生育医疗费用有关事项》精神，对2021年5月30日后生育三孩不能报销的人员补办生育服务证并进行报销。2022年3月25日后，申报生育产生医疗费用及生育津贴无须提供结婚证、生育服务证等计生证明材料。9月1日起，城镇从业人员生育保险取消待遇等待期，实行“即参即享”政策，提高生育保险参保人待遇水平，减轻生育医疗费用负担。

年内，保亭县“二项制度”扶助对象全部落实计划生育奖励和特别扶助金发放，发放59.16万元。落实县级计划生育奖励扶助政策，2022年保亭县农村（含城镇无业居民）独生子女542户发放奖励金28.24万元；对农村独生子女户等家庭的父母死亡11人一次性发放补助4.7万元；为农村独生子女户、农村纯女户家庭在县内就读小学、中学、高中孩子发放就读扶助479人特别扶助金29.82万元；对农村独生子女户等子女就读大学二本以上的12个家庭户奖励4.4万元；农村独生子女家庭办理“和谐之家”意外险共232户3.48万元；为农村独生子女户和农村落实长效措施的纯女户夫妻及子女代缴医疗保险2376人，每人350元共代缴83.16万元。

【优生优育】 2022年，保亭县按照高危孕产妇专案管理规范要求对高危孕产妇进行管理，充分利用海南省妇幼信息管理系统，以妇幼工作为契机，依托县、镇、村三级保健网，开展孕情监测报告及高危孕产妇管理工作，县卫健委作为全县高危孕产妇专案管理中心，安排4人专门负责，分片管理。按照《海南省高危孕产妇专案管理规范》，对所有首次产检孕妇进行高危风险筛查。

做好高危孕产妇救治管理，对评估确定为“橙色”“红色”信息的，在24小时内向县高危孕产妇专案管理中心报告，制订个性化预案，协同县高危孕产妇

2022年9月16日，县妇幼计生服务中心开展高危孕产妇追踪管理工作
（县妇幼计生服务中心　供）

专案管理中心，指导基层卫生院按照国家基本公共卫生服务规范要求，落实后续随访至妊娠结束后 42 天。对孕产妇妊娠风险进行动态评估，根据病情变化及时调整妊娠风险分级和管理措施，进行高危专案管理。对依从性差、不配合诊疗的高危孕产妇，及时上报县高危孕产妇专案管理中心。开展院内危重孕产妇救治讨论，并定期进行分析。通过信息平台或电话上下联动，做好高危孕产妇反馈、追踪信息交流。对未定期进行产检的高危孕妇，根据高危因素通过电话、微信、短信或入户追踪高危孕产妇去孕检，实行孕情全程跟踪管理。落实孕情监测报告，严格落实孕情监测首诊负责制，建立保亭县孕产妇、新生儿救治微信平台及妇幼信息平台，通过微信平台、电话上下联动，做好高危孕产妇追踪管理的信息交流。实行孕情全程跟踪管理，要求保亭县各医疗机构与县高危孕产妇专案管理中心协同对高危孕产妇进行管理，确保做到“发现一例，登记一例，报告一例，管理一例，救治一例”。对未定期进行产检的高危孕妇，根据高危因素通过电话、微信、短信或入户动员，及时收集全县医疗机构高危孕产妇管理周报、月报和季报表，核对汇总报表并按时上报省级。

妇女疾病宣传筛查。开展增补叶酸预防神经管缺陷项目宣传，采取宣传栏、发放宣传资料以及利用 LED 屏等形式宣传叶酸好处，提高准备怀孕农村妇女及孕早期妇女知晓率，新增叶酸服用人数 1167 人，完成率 166.71%。按要求进行随访。开展妇女健康知识和“两癌”防治知识宣传，县妇联、各乡镇政府及各级医疗保健机构积极对目标人群进行宣传发动，县电视台对启动会进行新闻报道及宣传，利用义诊、宣传栏以及发放宣传折页等多种形式进行宣传，提高目标人群“两癌”防治知识知晓率，妇女病及宫颈癌筛查任务数为 4000 例、乳腺癌任务数 2000 例，完成妇女病及宫颈癌筛查 3970 例、完成率 99.43%，乳腺癌筛查完成 3482 例、完成率 174.1%。

艾滋病、梅毒和乙肝母婴传播预防。全县各医疗机构为所有孕妇免费提供艾滋病、梅毒和乙肝检测和咨询，对感染的孕产妇及所生婴儿给予治疗。各医疗机构门诊初次孕产期保健的孕妇数 1353 人，检测艾滋病、梅毒、乙肝孕妇数 1353 人，检测

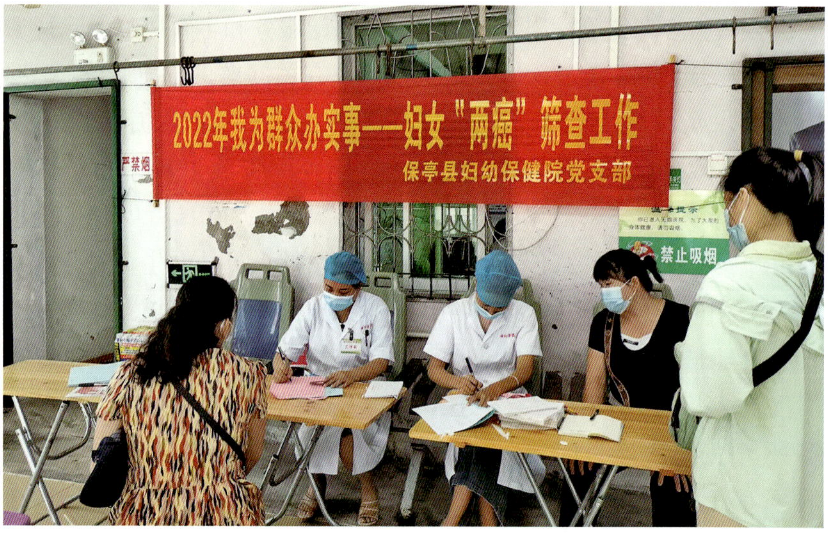

2022年7月2日，县妇幼计生服务中心开展妇女“两癌”筛查工作
（县妇幼计生服务中心　供）

率 100%。为所生婴儿预防性治疗，治疗率 100%。

出生缺陷预防。县妇幼计生服务中心开展婚前医学检查、孕前优生健康检查、婚育咨询、补服叶酸等工作，落实预防出生缺陷各项措施，安排人员参加省级出生缺陷知识培训，提高防治出生缺陷能力。做好地中海贫血防治工作。为地中海贫血初筛血常规检查中 MVC（平均红细胞体积）< 82fl 的受检夫妇进行地中海贫血基因检测，为可能遗传重型和中间型地贫患儿的夫妇开展随访、地中海贫血优生咨询和孕期产前诊断服务，根据地贫产前诊断结果进行干预和终止妊娠，阻断重型地贫患儿的出生。对现症中、重型地贫患儿进行健康管理。协助省级专家开展地贫流调工作，摸清保亭县地贫实际现状。做好地中海贫血防治知识宣传，充分利用宣传栏、LED 屏及门诊就诊时机开展地中海贫血防治知识宣传，发放宣传资料及面对面宣传。在中心内开展孕期地贫筛查，执行首诊医生负责制，确保怀孕前未接受地贫筛查的夫妇（胎儿父母）在孕期免费接受地贫筛查。积极组织相关工作人员深入各乡镇、村庄开展中、重型地贫高危夫妇和重型地贫患儿家庭随访工作，及时掌握中、重型地贫高危夫妇孕情以便开展产前诊断工作。年内，省下达孕前优生健康检查任务数 500 对，检查 505 对，完成率 101%，阳性随访 65 对，随访率 100%；省下达孕期地贫检查任务数 700 对，检查 1000 对，完成率 143%，孕期地贫检查阳性 552 人，阳性率 55.2%，基因送检人数 554 人，产前诊断 23 人，引产 1 例重度地贫胎儿，阳性随访 554 人，随访率 100%，转送中、重型地贫高危夫妇进行产前诊断 22 例，医学干预重型地贫胎儿 1 例，重型地贫患儿出生率 0，“出生缺陷干预工程”与计划生育家庭幸福有效地结合起来。对在县内助产机构出生的活产新生儿实行新生儿先天性心脏病免费筛查，进行心脏杂音听诊，以及经皮脉搏血氧饱和度测定，对筛查阳性患儿转诊到指定的诊断医疗机构明确诊断，对确诊患儿转诊到指定的治疗医疗机构进行评估、治疗，加强信息报送，建立完善新生儿先天性心脏病筛查、诊断和治疗一体化服务体系，降低儿童死亡率，改善患儿的预后和生活质量。对筛查听力障碍的儿童转诊到定点医疗机构进行诊断，对严重听力障碍的儿童按照省听力障碍康复救助项目实施方案要求给予救助服务。助产机构新生儿出生活产数 1096 人，为新生儿筛查 3 种疾病，筛查 1088 人，筛查率 99.27%。新生儿听力筛查人数 1093 人，筛查率 99.73%，异常 98 人，确诊听力障碍筛查 3 例，治疗 3 例。

疾病防控

【基本公共卫生服务】 2022 年，保亭县基本公共卫生服务项目（14 项）顺利完成。

资金管理　保亭县基本公共卫生服务项目（12 项）补助资金到位 1079.46 万元，其中拨付各基层医疗卫生机构补助资金共计 1054.46 万元。各基层医疗卫生机构基本公共卫生服务项目（12 项）补助资金支出 983.59 万元，支出率 97.68%，其中下沉至村卫生室补助资金 173.8 万元，占比 18.8%。各基层医疗卫生机构下沉至村卫生室补助资金占比均未达 40%，占比相对较多的是三道卫生院、响水中心卫生院，分别为 25.08%、22.56%，较少的是新政卫生院、六弓卫生院，仅为 8.92%、15.95%。

居民健康档案管理项目　保亭县城乡居民健康档案管理目标 15.62 万人，电子健康档案建档 151693 人，电子建档率 97.11%；按规范管理档案人数 145819 人，档案规范管理率 96.13%；档案动态管理 21182 人，档案使用率 13.96%。

老年人健康管理项目　县卫健委辖区老年人目标人数 15745 人，接受健康管理人数 10364 人，健康管理率 65.82%；老年人健康体检人数 10364 人，体检率 65.82%。

慢性病管理　县卫健委辖区高血压患者应管理人数 21879 人，已管理高血压患者人数 9861 人，管理率 45.07%，达到 40% 以上；按照规范要求健康管理服务的人数 7885 人，规范管理服务率 80.03%，达到 75% 要求。随访血压达标人数 9156 人，血压控制率 92.93%，达到 40% 以上要求。辖区内 2 型糖尿病患者应管理数13220人，管理2型糖尿病患者人数4199人，管理率31.76%，未达到35%要求；按照规范要求健康管理服务的人数3447人，规范管理服务率82.09%，达到75%要求。随访空腹血糖达标人数3355人，血糖控制率79.90%，达到40%以上。

重性精神疾病管理　保亭县国家严重精神障碍信息系统建档患者人数1103人，死亡患者人数158人，在册患者人数945人，报告患病率6.05‰；健康管理人数943人，管理率99.79%；规范管理人数853人，规范管理率90.26%。

健康教育管理　健康教育资料发放及使用。按照国家服务规范要求，为群众提供12种以上健康教育宣传材料，内容包含有中医、基本公卫政策、控烟等内容。按要求设立宣传栏材料发放点、配备音像播放器材及6种以上播放音像资料。每个工作日播放时长基本在6小时以上。

健康教育宣传栏设置　县各医疗单位共设置各类宣传栏81个，年内更新486期，其中包含中医、基本公卫政策、控烟、"2+3"健康服务包等内容。

举办健康知识讲座和公众健康咨询　开展健康教育讲座309次，参加群众约9200人次；各单位结合各类型卫生日主题宣传服务活动开展公众健康咨询活动108次，发放各类宣传资料约12万份，接受咨询群众1.1万余人次。

个体化健康教育　各单位基本上能按照《国家基本公共卫生服务项目健康教育服务规范（第三版）》开展工作。

村卫生室　保亭县各村卫生室基本都能为群众提供6种以上健康教育宣传材料，及时更新宣传栏内容，举办健康知识讲座。

孕产妇及儿童保健管理　孕产妇管理。系统核查情况：产妇数1097人，活产数1096人，早孕建册人数1051人（以早孕建册统计）、早孕建册率95.81%；产后访视人数1094，产后访视率99.82%；孕产妇系统管理人数1048人，孕产妇系统管理率95.62%。各管理单位现场从妇幼系统上随机抽取5名孕产妇电话核实早孕建册及产后访视信息真实性，真实率100%。

0～6岁儿童管理　妇幼卫生年报数据：活产数1096，新生儿访视人数1090，访视率99.45%；3岁以下儿童系统管理人数4122人，保亭县各基层医疗卫生机构0～3岁儿童健康管理率均达标；6岁以下儿童人数10430人，儿童保健管理人数9851人，管理率94.95%，各基层医疗卫生机构6岁以下儿童健康管理率均达标。

免疫接种管理　接种率监测。基础免疫单苗合格接种率，保城镇卫生院、毛感乡卫生院、响水镇中心卫生院、三道镇卫生院卡介苗、乙肝疫苗、脊灰疫苗、百白破疫苗、A群流脑疫苗、含麻疫苗、乙脑疫苗、甲肝疫苗均为100%。基础免疫单苗合格接种率不达标的单位有3家。加强免疫合格接种率，什玲镇卫生院、保城镇卫生院、毛感乡卫生院、六弓乡卫生院、加茂镇中心卫生院、响水镇中心卫生院、三道镇卫生院麻腮风、百白破加强免疫合格接种率均为100%；城南、城北社区卫生服务站、新政镇卫生院、南林乡卫生院加强免疫合格接种率均达90%以上。

幼儿园、小学2022年秋季入园入学接种证及补种情况　保亭县各服务项目单位均开展常规免疫预防接种工作及入园、入学查验证工作。现场查阅秋季入园、入学查验证工作相关资料，单位查验率均为100%，资料收集归档较好的单位为城北社区卫生服务站、什玲镇卫生院、三道镇卫生院、加茂镇中心卫生院；较差的单位2家。补种完成率除城南社区卫生服务站A+C流脑、百白破疫苗85.7%，保城镇卫生院脊灰疫苗补种完成率94.7%未达标，其余接种单位补种完成率均达到95%以上。

传染病及突发公共卫生事件报告及处理　检查11个医疗单位，均有染病报告，共抽查应报告传染病33例。报告率情况：网络直报32例，报告率96.97%；漏报1例，漏报率3.03%，其中新政镇卫生院漏报1例（急性出血性结膜炎）。报告及时率情况：及时报告32例，及时报告率100%。报告完整率情况：报告卡完整28例，完整率87.5%，其中什玲镇卫生院、保城镇卫生院、响水镇卫生院、三道镇卫生院报告卡填写不完整各1张，因就诊患者为在校学生只填写学校而未填写具体所在班级。报告准确率情况：报告准确32例，准确率100%。报告一致率情况：一致32例，一致率100%；有效身份证号完整33例，有效证件号完整率100%。

突发公共卫生事件报告均由保亭县疾控中心统一上报，全年突发公共卫生事件上报1起，及时率100%。

传染病及突发公共卫生事件处置，各单位均有领导及组织机构、管理制度、工作方案培训资料，归档齐全。2022年保城镇城北社区发生流行性感冒聚集性疫情，现场处置资料不齐全，仅有传染病报告卡，其余单位辖区无疫情发生。

中医药服务管理 老年人中医药健康管理服务。保亭县65周岁及以上常住居民人数15745人，接受中医药健康管理服务的65岁及以上居民数7397人，老年人中医药健康管理率48.13%，未达65%。除2家卫生院外，其他单位均未达到65%，老年人中医药保健指导不完整的有2家。

0～36个月儿童中医药健康管理 保亭县0～36个月儿童提供中医药健康管理服务人数服务率65.34%。

结核病健康管理 乡镇级患者花名册督导访视。11个单位均能使用海南统一患者花名册，应管理116人，实际管理115人，管理率99%；公卫系统大部分单位给患者建健康档案，部分单位未能给患者建档及漏建档。

海南省基层公卫系统 全县医疗各单位督导访视结核病患者并及时随访录入随访信息，个别单位第一次随访时间超时。随访时间超时的单位有1家；督导次数没有达到中国结核病防治工作规划的单位有2家。各单位管理患者都有领药、服药记录，没有领药、服药信息或未按时领药、服药的单位有2家；患者治疗结束时大部分单位都能及时录入结案信息，患者治疗结束时没有及时录入结案信息的有3家。

智能电子药盒平台工作开展情况 智能电子药盒系统，应管理116人，实际管理115人，管理率99%，患者均按时服药，没有漏服药现象，服药率≥90%；但因疫情原因，防痨医生抽调参加抗疫，保亭县各单位存在督导信息录入不及时问题。

现场核实，以电话核实为主，患者服药期间都能按时服药、按时复查。

知晓率及满意度评价 针对基层医疗卫生机构通过宣传折页、宣传栏等图文传播媒介开展宣传活动，而农村地区群众文化水平不高，难以理解宣传内容，导致宣传效率不高的问题，做实做优健康知识讲座、健康处方、公众健康咨询活动等个性化健教活动，进而提高群众对基本公共卫生服务项目知晓率。

通过入村向居民（患者）发放满意度调查问卷，大多数被调查者对项目服务单位开展基本公共卫生服务工作基本满意。

家庭医生签约服务 全年，保亭县常住人口15.62万人，基卫系统显示保亭县常住人口签约人数62230人，签约率39.83%，常住人群签约率较高的是毛感乡卫生院和六弓乡卫生院，签约率分别为83.16%和58.74%，签约率未达35%的有4家；65岁及以上老年人、孕产妇、0~6岁儿童、高血压患者、糖尿病患者等重点人群46227人，签约人数34459人，重点人群签约率74.54%，重点人群签约率较高的有2家，签约率均达65%以上，重点人群签约率未达65%的单位有3家。

【重点传染病监测】 2022年，县疾控中心加强重点传染病的监测与控制。

预警处理信息 保亭县共报告95条预警信息，10条为肺结核的预警，由结防科处理；新型冠状病毒预警52条、其他感染性腹泻病24条、流行性感冒8条、麻疹1条，由传防科处理。

狂犬病监测 全县5家狂犬病暴露预防处置门诊共处置暴露人群2794人次。截至年底无狂犬病病例报告。

手足口病监测 全县共报告病例11例，共采集手足口病标本7份，均送三亚市疾控中心检测，阳性1例为其他肠道病毒。

登革热监测 布雷图指数调查25次，从2月起每半月1个监测点，及时将调查数据反馈到县卫健委和省疾控中心，便于开展风险评估工作。开展发热病人登革热监测，共采集标本样1份。

致病菌识别网监测 联合县医疗集团开展各类致病菌的监测。完成180份致病菌标本，含阳性标本19份。19份阳性标本

均经疾控实验室转种后送三亚市疾控实验室复核。

【寄生虫病防治】 2022年，县疾控中心加强寄生虫病防治工作。

疟疾筛查血检数 1—11月疟疾筛查血检数362人次。其中，发热病人血检156人次、能力维持血检数206人次。

居民疟原虫监测 全年居民疟原虫调查工作选在三道镇和保城镇，共检测625人次，疟疾筛查结果均为阴性。

土源性线虫病监测 选择三道镇、保城镇、六弓乡、加茂镇、响水镇作为监测点，共监测1000人份任务量，样本送国家疾控中心上海寄防所。

【消杀与病媒生物监测】 2022年，县疾控中心加强消杀与病媒生物监测。

消杀工作 为切实做好各类疫情防控及预防性消杀消毒工作，对各个公共场所、宾馆、酒家、幼儿园、学校、机关单位等进行室内外药物喷洒消杀监测10家，消杀面积2052万平方米，手足口疫点处理5处共消毒7890平方米。针对各重点场所消毒消杀，消毒消杀工作全面铺开。

病媒生物监测工作 在农贸市场、餐饮店、宾馆、医院等场所开展鼠密度监测、蚊密度监测、蝇密度监测、蟑螂密度监测工作。

【职业病防治工作】 2022年，县疾控中心开展职业病防治工作。加强健康宣传活动。2月和5月通过线上线下等多种形式组织开展职业病防治法相关宣传工作，线上职业病防治相关知识有奖问答活动共参与8727人；线下进社区进企业宣传，共发放职业病防治各类宣传折页1000份；同时连续11天在保亭县七仙广场LED电子显示屏播放职业健康知识短视频，普及职业病防治相关知识。完成辖区内10家用人单位工作场所职业病危害因素现场检测以及职业病防治情况调查、职业健康体检和培训等。

妇幼保健

【概况】 2022年，保亭县妇幼保健计划生育服务中心（以下简称县妇幼计生服务中心）以保健为中心，保健与预防、临床相结合，以保护妇女儿童的生命健康为目的，面向群体、面向基层，开展国家基本公共卫生、重大公共卫生服务项目，运行国家妇幼卫生信息网络，开展妇女保健、儿童保健、高危孕产妇筛查管理、妇幼卫生监测与信息管理、基层妇幼卫生保健人员培训和指导、妇幼保健咨询、计划生育、婚前医学检查等业务工作。全中心有专业技术人员48人，其中执业医师13人、执业助理医师3人、注册护士19人、检验4人、药剂师3人，医技师1人，高级职称11人、中级职称12人、初级职称20人，是保亭县内唯一一家县级妇幼保健服务机构。

【孕产妇及儿童保健】 2022年，保亭县妇幼保健综合服务指标完成情况：2022年，保亭县辖区内活产数1096人，产妇数1097人；产妇早孕建册人数1051人，建册率95.81%；孕产妇产前筛查人数972人，筛查率88.61%；住院分娩人数1093人，住院分娩率99.73%；产妇产后访视人数1094人，访视率99.82%。2022年，保亭县孕产妇死亡率在10/10万以下，6个月内婴儿纯母乳喂养调查人数1096人，纯母乳喂养人数595人，喂养率54.29%；辖区内0~6岁儿童接受1次及以上眼保健和视力检查人数9619人，检查覆盖率92.22%；5岁以下儿童低体重265人，低体重率3.59%；发育迟缓人数151人，发育迟缓率2.04%；贫血患病411人，贫血患病率5.96%。5岁以下儿童死亡18人，死亡率1.64%。其中，新生儿死亡5例，新生儿死亡率4.56‰；婴儿死亡6人，婴儿死亡率5.47‰；5岁以下儿童死亡7人，5岁以下儿童死亡率6.39‰。

【新生儿相关疾病筛查诊治】 2022年，县妇幼计生服务中心开展新生儿先天性心脏病筛查与诊治项目，为保亭县内所有助产机构出生的新生儿提供先天性心脏病免费筛查与诊治服务，保亭县辖区助产机构活产数983人，新生儿先天性心脏筛查982人，筛查率为99.89%，达到目标要求。筛查阳性4例，确诊先天性心脏病1例，该患儿已接受先天性心脏病手术治疗并已享受医保之外给予的补助。

【贫困地区儿童营养改善】 2022年，保亭县继续贫困地区儿童营养改善项目工作，该项目是健康扶贫项目，对6~24个月龄的儿童做好摸底调查工作，加强宣传动员，充分调动村级计生员、乡医及保健员的力量做好适龄儿童家长的宣传动员工作。为全县6~18个月婴幼儿发放营养包，应领取人数3084人，实际领取2155人，营养包共发放9186包，完成率69.88%。规范营养包发放流程，做好信息的报送工作，保质保量完成工作任务。

【学生眼疾病筛查】 2022年，保亭县学生眼疾病筛查任务数5000例，学生眼疾病筛查5149例，完成率102.98%，疑似异常人数459人，疑似异常率8.91%；屈光不正449人，屈光不正率8.17%；近视411人，近视率7.97%；疑似异常随访415人，疑似异常随访率90.41%，完成省级下达的任务。

【打击“两非”】 2022年，县妇幼计生服务中心加强对B超医生和从事B超技术服务人员的监督管理，建立健全B超室管理制度并张贴上墙，在醒目位置张贴“严禁非医学需要鉴定胎儿性别”的标牌，设立举报箱，公布举报电话等。定期开展母婴保健技术服务专项检查，及时发现和纠正工作中存在的问题，全年未发现非法从事母婴保健技术行为。

【婚前医学检查】 2022年，保亭县结婚登记1394人，参加免费婚前医学检查男性378人，婚前医学检查率54.23%；女性380人，婚前医学检查率54.52%。

【适龄女生HPV疫苗接种】 2022年，县妇幼计生服务中心为推进健康海南行动，响应世界卫生组织提出的消除宫颈癌全球战略，促进宫颈癌综合防治工作，根据《中共海南省委办公厅 海南省人民政府办公厅关于印发〈省委、省政府2022年为民办实事事项〉的通知》要求，在保亭县实施适龄女生HPV疫苗接种项目，为13~14岁半的女生免费接种两针次的HPV疫苗。2022年，第一针接种1400例，接种率100%；第二针接种1393例，接种率99.50%。省级财政下拨98.28万元，县级预算配套工作经费2万元，项目经费总计100.28万元，共支出100.28万元，支出率100%。

【“两纲”“两规”实施】 2022年，县妇幼计生服务中心认真贯彻执行母婴保健法及其配套法规，加大宣传、督导力度，依法规范开展各项妇幼保健工作，以科学发展观为动力全面落实上级有关妇幼卫生保健工作要求切实履行妇幼卫生的公共职能保障母婴健康降低孕产妇死亡率、5岁以下儿童死亡率和减少出生缺陷。加强基层信息人员培训和加大信息质控与漏报调查，规范开展信息数据的日常监测，确保了“两纲两规”监测统计数据的质量，并根据监测结果及时采取干预措施，全面提高保亭县妇女儿童健康水平、出生人口素质，使保亭县妇幼卫生保健工作又好又快发展，努力完成各项工作目标。

【妇幼卫生工作信息上报】 2022年，县妇幼计生服务中心充分利用海南省妇幼信息管理系统，以妇幼工作为契机，依托县、乡、村三级保健网，建立保亭县孕产妇、新生儿救治微信平台及妇幼信息平台；通过微信平台及电话上下联动，做好高危孕产妇反馈、追踪的信息交流，通过电话或入户对高危孕产妇进行追踪随访，实行孕情全程跟踪管理；加强妇幼信息化管理，强化信息的报送职责，督促各乡镇卫生院及县助产机构及时上报报表，按时完成各类报表上报工作。

【托幼机构保健指导】 2022年，县妇幼计生服务中心对辖区内托幼园进行儿童健康体检，开展保亭县新生入园儿童体检工作。保亭县新生总人数1676人，实际体检新生1648人。通过体检了解儿童健康情况，将情况反馈给幼儿园及家长。开展幼儿老师保健培训，提高幼儿老师整体素质，为学龄前儿童保健工作奠定一定的基础。

【妇幼保健院建设项目】 2022年，保亭县妇幼保健院搬迁建设项目进展加快，总用地面积14206.18平方米，总建筑面积

11725.55 平方米。其中，拟新建 6 层妇幼保健院综合楼一幢，建筑面积 11049.92 平方米（地下建筑面积 596.20 平方米）；2 层感染病楼一幢，建筑面积 535.21 平方米；1 层综合辅助用房一幢，建筑面积 140.42 平方米。以及配套建设室外给排水、电气、绿化、道路及广场等配套工程。保亭县妇幼保健院建设项目（一期）总投资为 8704.67 万元，保亭县妇幼保健院建设项目提升改造项目（二期）总投资为 7340.18 万元。项目建设资金来源为中央资金和地方政府配套资金。2020—2022 年，下达资金 5716.44 万元，已支付 5716.44 万元，支付率 100%。2022 年建设项目（一期）完成总体进度的 96.77%；建设项目提升改造项目（二期），完成项目工程可行性研究报告批复、初步设计及概算批复，继续推进工图审查、图纸消防设计审查、财政评审、信息管理系统申报、综合楼 1 层消防路规划变更事宜等工作。

【中医建设服务】 2022 年，县妇幼计生服务中心依据专科医院优势，拓展医疗服务范围，新增设中医儿科，开展中药内服外用、针刺疗法、拔罐、穴位贴敷、隔物灸、放血疗法、空位注射、耳穴贴压、中药热敷、中药涂擦、中药足浴、揿针、针灸拔罐、中药热敷等。年内，进行感冒、发热、咳嗽、腹泻等小儿疾病推拿治疗达 220 人次，为医院赢得良好社会效益和经济效益。

爱国卫生

【概况】 2022 年，保亭县爱国卫生服务中心（以下简称县爱卫中心）以巩固提升保亭县国家卫生县城创建成果为抓手，开展各项爱国卫生运动，推进城市卫生建设。加大省级卫生村、健康乡镇等创建工作，帮助督促各乡镇落实年度任务。开展爱卫月现场活动，通过悬挂条幅、摆放展板、发放宣传资料、接受咨询等方式，向群众宣讲疾病预防控制、病媒生物防治等健康科普知识，引导群众形成文明健康、绿色环保的生活方式和理念。

【卫生县城建设】 2022 年，保亭县全面推进爱国卫生工作，巩固提升国家卫生县城创建成果。制定并印发《保亭黎族苗族自治县 2022 年爱国卫生工作方案》，方案围绕巩固国家卫生县城创建成果具体要求、2022 年度卫生（健康）创建目标、无烟单位、病媒生物预防控制工作等方面，详列各单位 2022 年爱国卫生工作任务，细化责任，明确工作完成时间节点，有效保障爱国卫生工作有序开展。组织县爱卫成员单位、县城区卫生责任区各牵头单位，在县人民政府大会议室召开 2022 年度爱国卫生工作会议，会议围绕 2022 年度爱国卫生各项工作目标，强调爱国卫生工作的重要性和紧迫性。结合元旦、春节、博鳌亚洲论坛、爱国卫生月、五一、国庆、中秋等节庆活动积极开展各项爱国卫生运动，动员全体民众参与卫生整治工作，巩固提高本县国家卫生县城创建成果。落实县城责任区管理，组织工作人员形成环境卫生检查小组，深入县城区各卫生责任区检查，将检查发现问题形成通报告知相关单位，并要求责任单位要针对检查出的问题进行专项整改。严格执行“绿色周五”卫生制度，组织全县各单位干部职工对责任区环境卫生进行整治，疏通下水道，清理积水，清除庭院垃圾杂草，清理乱摆乱放杂物等现象，打造干净整洁有序的城区环境。

【卫生（健康）村镇创建】 2022 年，县爱卫中心加大省级卫生村、卫生先进单位，健康乡镇、健康细胞创建工作。完成三道镇、响水镇、什玲镇省级卫生乡镇复审和保城镇什聘村 11 个行政村省级卫生村复审工作。响水镇什月村等 7 个行政村成功创建省级卫生村。完成加茂镇界水村、毛感乡毛感村、城南社区居委会、保亭供电局创建健康细胞工作。与各乡镇签订保亭县 2022 年卫生（健康）城市、村镇创建目标管理责任书，明确各乡镇年度任务，督促落实。

【爱国卫生月活动】 2022 年 4 月 29 日，县爱卫中心以“第 34 个爱国卫生月”为契机，围绕“文明健康　绿色环保”这一主题开展爱卫月现场活动，县人民政府副县长林德国出席启动仪式并作讲话，县爱卫、县直机关各单位干部职工等 130 余人参加此次活

2022年4月29日，县人民政府副县长林德国出席爱卫月启动仪式并作启动讲话（胡晓娜　摄）

动。活动现场，县爱卫中心、县文明办、县园林环卫服务中心等相关单位工作人员连同志愿者一起向群众分发《文明健康　绿色环保生活方式手册》《海南省爱国卫生管理条例》《保亭文明有礼 18 条》、倡导垃圾分类、健康教育、病媒生物防治等健康知识宣传材料，并通过 LED 屏幕和宣传展板等营造浓厚的活动氛围。

【病媒生物防治】 2022 年，保亭县坚持“环境治理为主，化学防治为辅”的综合防治方针，根据蚊媒传染病的特点，在全面整治城乡环境卫生的基础上，坚持科学合理用药，坚持专业队伍与群防群控相结合，加强技术培训和指导，不断完善病媒生物监测措施和防治设施，降低病媒生物的密度。加强病媒生物防治力量，提升防治水平。7 月 5 日，组织全县各单位召开年度病媒生物防治培训班，以巩固国家卫生县城为主要目的，讲解病媒生物习性及防治措施，使各单位掌握病媒防治要点，更好开展病媒生物防治工作。以省爱卫办组织开展“清洁家园　防蚊灭蚊”“登革热防控”等爱国卫生专项活动为契机，开展专项主题现场活动，动员广大干部职工和人民群众，积极开展环境卫生整治大行动，彻底清理室内外环境，清除暴露垃圾，清除各类积水，填平坑洼，疏通沟渠，有效控制和减少病媒生物滋生地（栖息场所）。年内完成三道镇、响水镇、什玲镇省级病媒生物考核工作。

2022年4月29日，县爱卫中心、县文明办、志愿者、县园林环卫服务中心，发放爱卫月宣传材料，向广大群众宣传防蚊灭蚊知识（胡晓娜　摄）

【无烟环境创建】 2022 年，县爱卫中心印发《保亭黎族苗族自治县 2022 年控烟行动实施方案》，明确控烟目标、各责任单位职责和考核时间，并举办控烟培训班，邀请省级控烟专家授课，详细讲解无烟单位创建要点，为创建单位提供专业指导。全年保亭县完成 27 个无烟党政机关创建目标。开展“第 35 个世界无烟日”为主题的现场宣传活动，活动围绕“烟草威胁环境”这一主题，向群众宣传烟草给人们生产、生活的环境造成的影响，积极引导群众正确认识烟草危害，转变生活理念，自觉不吸烟、主动戒烟，将健康理念融入家庭，共同营造“无烟环境”。

保亭县人民医院

【概况】 保亭县人民医院（以下简称县人民医院）始占地面积 8 万平方米，总建筑面积 2.93 万平方米。2022年，医院内设有临床科室23个、医技科室10个、行政职能科室19个，实际开放病床304张，有在职职工493名，其中正高14人、副高49人、中级53人、硕士研究生10人。内科成立10个专业组，外科成立6个专业组，拥有80排160层螺旋CT、GE16排螺旋CT、1.5T超导MRI等国内外先进设备。年内，医院积极引进先进技术，开展新项目，开设新学科，消化内科为省级重点专科；放射科连续两年在省联合质控检查位居二级医院榜首，10个专业位居前十，保亭县医疗服务水平有较大的提升。

【医疗业务】 2022年，县人民医院门急诊52.02万人次（含发热门诊），上升40.52%；住院1.58万人次，上升26.74%；手术3943台，上升77.21%，其中四级手术376台，上升71.69%；基层患者上转1077人次，增长45.34%；省、县外参保住院人次1011人次，增长47%；医疗服务性收入占比上升0.52%。乡镇卫生院住院人次、门诊诊疗人次显著提升，其中加茂分院门诊人次增长56%、住院人次增长51%，响水分院门诊人次增长58%，什玲分院门诊人次增长58%，毛感分院门诊人次增长63%，保城分院门诊人次增长75%。县域内就医比例明显上升，县域外转诊率明显下降。

【医疗技术和专科建设】 2022年，县人民医院服务能力进展明显。

2022年6月2日，保亭县胸痛救治单元建设启动会暨胸痛救治单元签约仪式在保亭医疗集团总院举行 （张　万　摄）

新开设康复医学科、老年医学科、神经重症监护病房（NCU），加强传染、呼吸、心脑血管、血管外科等专业的建设。“五大中心”建设加快推进，卒中中心通过验收，胸痛中心通过网审，其他中心建设按计划推进；购置钬激光系统为泌尿系结石患者的治疗提供更强有力的手段；医院增加54张床位，为应对公共卫生及传染病突发事件提供有力保障；完善急救设施，提升急救服务能力；加强危重症孕产妇的管理及救治；常态化开展MDT诊疗新模式，应用5G远程手术实时指导系统，充分发挥放射、超声、心电、眼底照相的远程影像会诊平台作用，极大提升的疑难病例及大病的救治水平。

【人才队伍建设】 2022年，县人民医院决定对行政和后勤人员实现零招聘，对有资质的医师实行长期招聘，重点招聘有资质的青年医师，制定青年医师人才激励方案，每年拿出业务收入的1%作为青年医师人才基金，加大青年医师人才的引进和培养力度，通过“引进来、送出去”和发挥专家“传、帮、带”等综合措施，不断提高专业技术人员整体素质。全年招聘50名医疗护理人员，选派16名医疗、护理人员到三亚中心医院、海南省人民医院进修学习，送出4名医师到省外知名医院规培，3名完成规培的医师按时返岗，开展青年医师优秀人才评选，开展青年医师座谈活动，及时了解青年医师思想动态，关心爱护一线医护人员，营造干事创业的良好氛围。

【信息化建设】 2022年，县人民医院积极与省“三医联动”信息化系统对接，实行健康码、电子健康卡、电子社保卡等多码融合读卡挂号缴费，实现诊间挂号、诊间支付并进行医保实时结算，实现检查检验结果互认、用血直免，可调阅省内三医电子健康档案和电子病历档案，减少患者来回排队缴费的困扰。推进“互联网+健康医疗”，充分利用5G健康一体机开展血糖、血氧、血压、体温、尿常规、心电监测，检测结果能即时传到网上，医生通过网络远程给出健康评估和建议，方便群众就医，实现医疗、医院资源的整合共享。年初启动医疗集团“六统一”HRP信息化项目建设工作，通过建设HRP信息化项目，进一步推进集团内人、财、物信息化统一管理。年内，总院人事科、财务科、设备科、信息科等相关部门正式使用HRP系统，对使用中存在问题持续改进及更新。9月23日，集团9家分院、2家社区卫生服务站系统升级，实现三医助手功能，完成信息共享，检查结果预览，多医院检查联合共享等多项功能。

【就医环境改善】 2022年，县人民医院积极谋划建设光伏清洁能源发电项目，得到县委、县政府的大力支持。11月建成投入使用，同时对住院病房的淋浴设施进行全面改造，打造环保节能型医院，进一步改善就医环境。为哺乳期患者开设母婴关爱室，提供私密、干净、舒适的休息场所。建成感染病区并投入使用，按照“平急转换”的模式进行管理使用，提供更多有力医疗保障。改造食堂设施，重新招标专业餐饮经营公司，加强食堂监管，患者与职工对食堂服务满意度大幅度提升。

【医院感染管理】 2022年，县人民医院重新调整充实医院感染管理委员会、临床科室感控小组，完善医院感染三级管理体系。制订医院感染管理责任书，与科主任、护士长签订责任状，增强责任意识，提高执行能力。按时召开两次院感委员会会议，研究解决医院感染管理工作中出现的问题，使院感工作得以不断持续改进。加强质量管理，确保医疗安全。做好各项指标监测，如院内感染发病率监测、医院环境卫生学监测、消毒灭菌效果监测、多重耐药菌感染监测等。通过严格手卫生督导、减免手卫生耗材和信息化管控，极大地促进医务人员手卫生管控意识的提高，手卫生依从性和正确率均有明显提高。年度医务人员总体手卫生依从性93.38%、正确率90.12%。

【健康管理】 2022年，县医疗集团慢病管理中心、县级肝炎诊疗中心、高血压、糖尿病诊疗中心、结核病诊疗中心等体系建设初具规模，响水、加茂康复中心建成运营。年度高血压、糖尿病规范管理率分别为76.93%和78.97%，规范管理率分别增长62.78%和59.09%；高血压、糖尿病血压控制率和血糖控制率分别为92.36%和79.35%，血压控制率和血糖控制率分别增长24.91%和24.98%。

（撰稿　刘新萍）

社会生活

民政工作

【概况】 2022年，保亭县民政局（以下简称县民政局）结合“能力提升建设年”暨“查破促”活动，围绕全省民政工作要点和工作计划部署，践行“民政为民、民政爱民”工作理念，牢记习近平总书记“三个格外”嘱托，健全体制机制，强化规范管理，兜牢兜实基本民生保障底线，提升养老服务供给能力，提高社会事务管理水平，推进基层治理能力现代化建设，谋划民生项目建设，推进慈善事业等民政各项工作稳步发展。

【社会救助】 2022年，县民政局落实低保兜底保障，保亭县纳入城乡低保保障范围家庭1634户3645人。其中，城市低保户534户955人，发放城市低保金575.41万元；农村低保户1100户2690人，发放农村低保金1337.77万元。印发实施《保亭黎族苗族自治县最低生活保障审核确认权限下放工作实施方案》《保亭黎族苗族自治县最低生活保障审核确认工作指南》，细化各环节工作要求，制作低保审核确认中低保金分类分档标准，精准指导乡镇开展审核确认工作，推进低保审核确认下放，各乡镇、居新增城乡低保审核确认对象89户214人。持续推进服务类社会救助工作，聘请第三方机构为失能半失能的低保对象和低保边缘家庭对象提供生活照料、家政清洁、陪诊就医、精神慰藉、心理疏导等服务；为特困人员提供住院护理服务，为4312人次提供服务救助10971小时。

特困人员供养。保亭县有特困人员320户332人，其中分散供养306户318人，集中供养14户14人，发放特困人员基本生活费274.27万元。保亭县有14个分散供养失能特困人员，其中半失能8人、全失能6人，县民政局为失能特困人员安排照料护理人，为全自理分散特困人员安排照料服务人，按月发放照料护理费和照料服务费，发放失能特困人员护理费11.36万元，发放全自理特困人员照料服务费45.19万元。2022年，发放已故特困人员丧葬费12.65万元。

临时救助。县民政局对遭受意外事件或医疗、教育支出突然增加，或因自然灾害等导致基本生活陷入困难的家庭或个人，实施临时救助787户1456人，发放临时救助金199.53万元（含防寒保暖物资救助）。指导乡镇开展小额临时救助，各乡镇办理小额临时救助161户631人，发放小额临时救助金66.74万元。

低保边缘家庭专项救助。保亭县有城乡低保边缘家庭对象368户1244人，其中城市低保边缘家庭201户646人，农村低保边缘家庭184户642人。建立健全分层分类社会救助体系，对低保边缘家庭开展专项救助工作，对符合条件的人员开展相应教育救助、医疗救助、就业救助、住房救助等专项救助。为低保边缘家庭办理临时救助94户281人，支出救助金53.79万元；社保中心通过“一站式”结算为低保边缘家庭办理医疗救助132人次，支出救助金13.82万元。

助力巩固拓展脱贫攻坚成果同乡村振兴有效衔接。保亭县将449户1082名脱贫户和393户1059名监测户纳入低保兜底，为脱贫户发放农村低保金568.81万元，为监测户发放农村低保金450.34万元。将106户111名脱贫户和74户77名监测户纳入特困供养，为脱贫户发放特困人员基本生活费92万元，为监测户发放特困人员基本生活费60.47万元。有效保障脱贫人口的基本生活，防止返贫致贫。

【社会组织管理与培育】 2022年，保亭县有登记各类社会组织150个，其中社会团体110个、民办非企业单位40家。全面组织开展2021年检工作46家。在全县抽取5家机关单位志愿队伍开展志愿服务记录与证明出具抽查工作，加强各志愿服务队伍的监督管理和指导，引导各志愿服务队伍依法依规开展志愿服务记录和证明出具工作，维护志愿服务活动参与主体的合法性，促进志愿服务活动健康有序开展。

【社区治理】 2022年，保亭县不断统筹推进乡镇和城乡社区治理，扎实推进治理体系和治理能力现代化建设。成立保亭县基层治理工作领导小组，统筹推进基层治理工作。10月22—24日，联合组织、财政等部门开展保亭县村务公开专项检查工作，分别对各村（居）村务公开情况、民主管理的执行情况以及村（居）务监督委员会履职等情况逐一考核打分，推进保亭县村（居）务公开和民主管理工作，推进农村基层民主政治建设和基层组织建设。年内，面向社会公开招聘城南社区、城北社区专职工作者22名，着力打造专业化城市社区工作者队伍，为进一步提升城市基层治理水平奠定基础力量。指导乡镇修订完善村规民约和居民公约。印发《保亭黎族苗族自治县民政局关于进一步修订完善村规民约居民公约的通知》，指导保亭县各乡镇完善修订村规民约和居民公约工作，促进村（居）民进行自我管理、自我服务、自我教育、自我监督的行为规范。

【政务公开服务管理】 2022年，县民政局充分利用民政政府信息公开网、各乡镇居宣传栏加强政务信息公开，落实惠民补贴发放资金、各项政策法规等内容依法公开，加强督导各乡镇进行在村务公开栏定期公开村务，加强民主监督，让村务村情更透明，工作运行更加规范。

【婚姻登记管理】 2022年，保亭县办理婚姻登记1011对，其中，结婚登记697对，离婚登记195对，补发结婚登记115对，补发离婚登记4对；登记合格率均为100%。

【收养管理】 2022年7月11日，县民政局举办民政系统工作业务能力提升培训班，向全县儿童督导员和儿童主任解读收养政策内容，讲解儿童督导员和儿童主任工作职责、中国收养制度历史沿革、办理收养登记需要注意的问题，阐述收养的合法程序。年内无办理收养登记情况。

【区划地名】 2022年，县民政局根据《海南省民政厅关于做好未命名的“街路巷”命名工作的通知》要求，指导各乡镇居开展排查工作，完成97条未命名“街路巷”命名和路牌制作安装。制定保亭县界线巡查工作方案，通过委托服务开展县界线巡查工作，巡界87.7千米，更换不规范、损毁、丢失及年代过久、字识模糊界桩9个。

【公墓建设】 2022年，保亭县在建公益性公墓有加茂生态公墓、响水生态公墓。加茂生态公墓面积100亩，设有行政办公楼、接待楼、殡仪馆、骨灰楼，墓穴2391个，工程进度80%。响水生态公墓面积117.49亩，设有行政办公楼、接待楼、殡仪馆、骨灰楼，墓穴2888个，工程进度40%。

【殡葬管理】 2022年，县民政局积极推进殡葬管理工作。及时发放殡葬补贴。为133例火化居民遗属发放殡葬补贴 39.9 万元。做好公墓建设和管理。保亭县投入使用的公益性公墓有三道镇公墓，使用 298 座墓位，剩余 124 座墓位。3 月 25 日，保亭县召开绿色殡葬工作会议，部署做好清明节期间各项风险防范工作。县民政局利用清明节期间,制作“绿色殡葬”宣传海报 550 份、清明节文明祭扫倡议书 550 份、横幅 30 条以及“绿色殡葬”的公益宣传小视频等，在全县交通主干道、村道开展宣传，推动移风易俗，树文明新风。

【残疾人福利】 2022 年，保亭县享受残疾人两项补贴的残疾人有 39464 人次，发放补贴 674.81 万元，其中一级重度残疾人 14410 人次,发放护理补贴 421.36 万元；二级重度残疾人 11545 人次，发放护理补贴 142.52 万元；困难残疾人 13509 人次，发放生活补贴 110.93 万元。开展精神障碍社区康复服务工作，县民政局联合县卫健委、县残联等部门制定印发《保亭黎族苗族自治县精神障碍社区康复服务工作实施方案》，以政府购买服务的方式，与响水中心卫生院、加茂中心卫生院合作，分片区对保亭县 900 余名精神障碍患者开展社区康复服务，开展 32 期社区康复服务活动，为 680 名服务对象建档，参与人数 1835 人次。

【儿童福利】 2022 年，保亭县有孤儿 33 名，困境儿童 240 名，事实无人抚养儿童 16 名，发放孤儿生活补贴 51.3 万元，困境儿童生活补贴 113.64 万元，事实无人抚养儿童生活补贴 16.26 万元。为 8 名孤儿发放福彩圆梦助学金 4.33 万元。开展“未成年人保护宣传月”暨“六一”国际儿童节关爱保护活动，制作未成年人保护法系列动画宣传片，通过在“你好保亭”“保亭宣传”等保亭官方媒体平台和保亭县本地电视频道、七仙广场 LED 显示屏播放未成年人保护政策宣传动画片，在全县微公交和公交车 LED 显示屏上滚动播放宣传视频和宣传标语，营造良好的舆论氛围。联合团县委、县教育局、县妇联，走进首都师范大学海南保亭实验中学附属小学，开展“喜迎二十大，同心护未来”为主题的未成年人关爱保护宣传教育活动，提高广大未成年人的法治意识，增强未成年人自我防护意识和保护能力，给未成年人营造健康良好的成长环境。

【老年人福利】 2022 年，县民政局积极落实养老服务工作。保亭县落实各年龄段高龄老人的优待政策，发放高龄补贴金 782.39 万元。全县共有 80 岁以上（含）高龄老人 4421 人。其中，80 周岁至 89 周岁高龄老人 4010 人，补贴金 150 元 / 月，发放 632.60 万元；90 周岁至 99 周岁高龄老人 397 人，补贴金 300 元 / 月，发放 131.31 万元；100 周岁以上高龄老人 14 人,补贴金 1100 元 / 月，发放 18.48 万元。加强快办服务业务培训。组织乡镇老龄经办工作人员进行“快办”服务系统培训，受培训 48 人次，进行线上发放校验 3.45 万人次，提升“高龄长寿老人补贴”审批服务水平。加强部门联动。县民政局每月与公安部门进行迁户和死亡人员信息比对，加强高龄补贴动态管理工作，提高发放精准度。开展养老机构社区居家服务工作。制定《保亭黎族苗族自治县 2022 年养老机构社区居家服务工作方案》，通过政府购买服务，聘请第三方机构开展养老机构社区居家服务，为辖区内分散供养特困老年人、城乡低保家庭老年人，乡村振兴部门认定的监测对象中的高龄、失能、残疾老年人和计划生育特殊老年人提供助餐、助洁、助行、助医、助急、助浴等服务，满足老年人养老服务需求。年内对县城周边 60 名困难老年人开展居家上门服务。

【敬老活动】 2022 年，县民政局开展各项敬老活动。在春节、重阳节等节日,走访慰问困难群众、特困户等各类民政服务对象，发放慰问金和发放粮油等实物。为保障民政服务对象中的老年人温暖过冬，组织开展困难群众防寒保暖工作，根据排查需求，采购大衣、帽子、袜子、围巾以及手套等防寒物资及时发放到困难老年人手中。6 月 23 日，县民政局在社区街道开展“打击整治养老诈骗行为　维护老年人合法权益”为主题的打击整治养老诈骗宣传活动，以悬挂横幅、发放宣传彩页、面对面讲解的方式开展宣传，用通俗易懂的语言向老年人讲解非法集资等养老诈骗的基本套路、典型案例及防范手段。

10月12日，县民政局联合县妇联、县综合执法局走进社区街道，组织开展防范养老诈骗宣传活动，通过宣传活动切实维护老年人的合法权益，避免老年人遭受经济损失，守护好老百姓的“养老钱”。

【农村敬老院建设管理】 2022年，保亭县有乡镇养老机构6家，分别为什玲、新政、加茂、六弓、南林、毛感敬老院，设有70张普惠型床位。年内，保亭县投入16.05万元，安装乡镇敬老院视频监控系统和无障碍设施，逐步完善敬老院基础设施建设。

【县综合福利院建设管理】 2022年，保亭县综合福利院采取公建民营模式进行经营管理，1月与中标单位琼海长养乐园养老服务中心签订公建民营合作协议。运营单位配备100张床位（50张普惠型床位）、厨房设备、娱乐设施、医疗护理设备等设施设备，院内聘有6名护理员，入住老人14人，其中特困人员11人、社会老人3人。

【慈善总会换届】 2022年11月1日，保亭县慈善总会第二次会员大会在县融媒体中心一楼演播大厅召开，选举产生新一届理事会成员和领导班子，会议通报保亭县慈善总会基本情况，审议通过《保亭黎族苗族自治县慈善总会关于第二次会员大会的选举办法》《保亭黎族苗族自治县慈善总会章程（修改）》。保亭县慈善总会围绕助学、支教、救灾、济困、助医、扶残、助孤、安老8个方面，积极开展慈善救助活动；积极协同有关部门，建立完善扶持措施和激励政策，促进保亭县慈善事业发展。

（撰稿　王燕美）

2022年11月1日，保亭县召开慈善总会第二次会员大会

（县民政局　供）

劳动就业

【概况】 2022年，保亭县就业工作紧扣海南自由贸易港建设和乡村振兴两大主题，围绕“三区三地”战略定位，坚持稳字当头、稳中求进，全力做好重点群体就业，落实落细各项“稳就业、保就业”政策，促进更加充分更高质量的就业，确保全县就业局势总体稳定。农村富余劳动力转移就业4754人（完成目标任务4100人的115.95%）；农民工外出务工3.8万人（完成目标任务3.2万人的118.75%）；城镇新增就业707人（完成目标任务700人的101%）；城镇登记失业人员实现再就业318人（完成目标任务300人的106%）；就业困难人员实现再就业374人（完成目标任务150人的249.33%）。

【农村劳动力转移推进就业】 2022年，保亭县加强宣传教育，鼓励农村富余劳动力外出务工。通过多种途径广泛宣传促进农村劳动力转移就业工作的政策，使农村劳动力和企业及时了解就业培训、就业服务、用工需求等政策信息，引导农村劳动力转变就业观念，实现充分稳定就业。农村富余劳动力转移就业4754人；农民工外出务工3.8万人；脱贫人口外出务工1.23万人。

【农村劳动力培训】 2022年，保亭县加大培训力度，继续做好职业技能提升。围绕培训工作，以市场为导向，以提高劳动者素质为核心，有针对性地开展“普惠性”技能培训，提高农村劳动力的文化素质和技能水平，开展农村富余劳动力技能培训71期，培训人数4983人（其中脱贫劳动力1385人），培训后转移就业417人；开展实用技术培训5期，培训农村劳动力311人（其中脱贫劳动力105人）。开展订单式培训，5家企业机构与县就业服务中心签订培训协议，其中2家机构陆续组织492人参加在岗培训，对接保亭县15家用工企业，进行岗位岗前培训，引导学员增强就业能力，提高上岗就业率。开展项目制培训，开设3期共计307人建筑工培训班，引导推荐162人进入施工单位上岗实训及试工。为完善技能人才评价体系，进一步规范专项职业能力考核工作，结合本地实际，开发红毛丹、榴莲和黄秋葵栽培3个项目专项职业能力考核项目。为做好全县高级技能人才培养工作，提升全县高级技能人才比例，举办一期高级茶艺师培训，通过培训考核取得高级证书9人。

【搭建公共就业服务平台】 2022年，保亭县提升就业服务水平，促进转移就业。以提升基本公共就业服务“窗口”为切入点，在县就业服务中心建设了就业服务大厅,进一步方便群众办理业务。搭建招聘平台，举办招聘会18场（其中线上2场），提供招聘岗位5659个，进场4850人次，初步达成就业意向573人。在各乡镇人流量较大的地方建立就业信息招聘专栏，定期张贴最新的岗位信息，把岗位送到家门口，向农村劳动力、登记失业人员、离校未就业毕业生等重点群体推送岗位信息76次。打造县乡村三级服务平台，在全县9个乡镇分批次建设9个就业驿站，将公共就业服务延伸到县各村委会和国有农场。

【公益性岗位开发管理】 2022年,保亭县落实公益岗兜底保障，做好乡村振兴公益性岗位人员管理工作。加强管理，印发《关于做好2022年乡村振兴公益专岗排查工作的通知》，要求各乡镇全面排查，对于因病、外出务工等原因，不能继续参加公益性岗位工作的,及时按程序进行清退，共清退63人、续签879人；全县在岗乡村振兴公益专岗3304人。及时开发，新增开发549名乡村振兴公益岗，通过每人每月800元的公益性岗位补贴，增加就业帮扶对象家庭经济收入；积极开发困难群体公益性岗位，兜底帮扶困难群体就业，助力就业兜底帮扶劳动年龄段内有就业能力和就业意愿的低保、残疾人等就业困难人员，拓宽就业困难人员就业渠道，实现就业增收，开发困难群体公益性岗位47个；为应对疫情，及时开发120名疫情临时公益岗，充分发挥公益岗“兜底线、救急难”作用。

【农村劳动力务工与奖励】 2022年，保亭县开展农村劳动力务工奖励活动，发挥典型带动作用，实施奖补政策促务工，充分调动全县农民工能人引带外出务工和自主创业的积极性，发挥先进典型示范带动作用，引导广大群众以先进典型为榜样，促进就业创业工作，发放22名“农民工优秀劳务带头人”、4名“农民工创业典型”，奖励金共26万元。落实就业激励奖补政策，提升劳动力务工获得感，对2021年12月至2022年4月外出的帮扶对象劳动力进行奖补。2022年，发放8527人共1083.21万元务工奖补。印发《关于做好2022年农村低收入家庭劳动力外出务工奖励和一次性交通补助工作的通知》，对2022年5—10月外出务工的农村低收入家庭劳动力实施奖补，全年发放连续外出务工132人共计28.44万元（交通补贴4.68万元）。

【失业保障推进】 2022年，保亭县落实失业保险基金稳岗惠企政策。做好失业人员生活保障工作，全县城镇失业登记425人，失业保险金发放2610人次461.74万元，代缴失业人员基本医疗保险2610人次183.10万元，阶段性实施失业补助金共发放907人次70.72万元；做好价格临时补贴，发放失业保险金人员价格临时补贴530人次共计2.69万元，发放失业补助金人员价格临时补贴164人次共计0.81万元；做好失业保险支持参保职工提升职业技能工作，发放51人次职业技能补贴共7.43万元，其中高级职称21人，中级职称25人，初级5人；落实企业稳岗返还政策，在经办服务流程优化方面实行“免申即享”实施普惠性失业保险稳岗返还政策，发放企业稳岗返还455家企业，惠及人数6261人，金额273.56万元；阶段性实施高校毕业生扩岗补助政策，对招用毕业生年度高校毕业生、签订劳动合同并参加失业保险的企业，按每人 1000 元的标准发放一次性扩岗补助，发放一次性扩岗补助 53 家企业，涉及职工 96 人，补贴金额 9.6 万元。继续为大中专毕业生、失业人员等提供档案管理服务，同时做好档案的接收、整理入柜工作，提供档案查询、调档及转递等服务。全年调出下岗失业人员、大中专毕业生档案共计 252 份，现存档案 9958 份。其中，下岗失业人员档案 837 份，流动人员档案 94 份，大中专毕业生档案 9027 份（2022 年大中专毕业生档案 967 份）。

【重点群体就业帮扶】 2022 年，保亭县以当年离校未就业高校毕业生和雨露计划毕业生、35 岁以下登记失业青年为重点，实施“一对一”跟踪帮扶，主动、定向、灵活开展职位推荐、政策推送、就业指导、职业培训，帮助尽快实现就业。全年县内有高校毕业生 318 人，通过帮扶已就业 277 人，雨露计划毕业生 39 人，已帮扶 20 人就业。

【就业创业服务】 2022 年，保亭县开展就业帮扶车间（基地）认定，鼓励符合条件的企业、合作社等用人单位申请认定为就业帮扶车间（基地），就近就地吸纳就业帮扶对象上岗，促进就业，新增认定帮扶车间（基地）2 个，吸纳脱贫劳动力和监测对象 19 人；严格贯彻落实各项惠企利民政策，对吸纳就业帮扶对象的就业帮扶车间（基地）给予奖补，发放 8 家就业帮扶车间（基地）吸纳帮扶对象一次性奖补 35 人共计 4.9 万元。

持续落实县重点项目重点企业招工补贴政策。通过召开企业座谈会、企业微信工作群等宣传政策，促进政策落地见效，发放 2 家企业招工补贴 2400 元，2 家企业务工人员生活补贴 4800 元；待公示后发放 2 家企业招工补贴共计 1.62 万元，2 家企业务工人员生活补贴 3.24 万元。

支持企业稳定岗位，促进就业。推动企业吸纳就业社会保险补贴及一次性吸纳就业补贴政策速享尽享，县就业服务中心积极实施就业补贴政策和社会保险补贴“直补快办”，释放更大政策效应，引导企业稳岗留工。对各类用人单位招用帮扶对象家庭劳动力按规定给予 2000 元 / 人的一次性奖励。全年发放 11 家企业 21 人共 4.2 万元一次性吸纳就业奖励补贴（其中发放招用脱贫人口和监测户 3 家 3 人共 6000 元）；发放 20 家企业 38 人共 27.91 万元吸纳就业困难人员及高校毕业生社会保险补贴。

开发见习岗位，落实就业见习补贴，通过企业群和乡镇就业协管员微信群积极宣传见习政策，向社会公开征集见习基地、见习岗位，并进行严格的见习单位资格鉴定和材料审核，对于符合条件的授予见习基地牌匾，对于符合条件的申请见习补贴的基地及时受理办理其申请材料，全年全县见习基地 22 个（其中年内新增 13 个），见习人员 176 人，发放见习补贴 1090 人次共计 150.24 万元；持续深入实施“百万人才进海南”战略，打造青年人才“蓄水池”，为高校青年提供更广阔的见习实践平台，县就业部门与县委人才办联合开展人才“蓄水池”计划，开发 100 个大学生见习岗位，到岗 79 人。

落实灵活就业人员社保补贴。为切实做好就业困难群体援助工作，鼓励和支持就业困难人员实现灵活就业，县就业部门积极落实就业困难人员灵活就业社会保险补贴政策，以促进下岗失业等困难人员灵活再就业，增强就业的稳定性，促进社会和谐发展，新增灵活就业人员社保补贴 25 人，累计发放灵活就业人员社保补贴 269 人次共计 26.56 万元。

加大农村“三支队伍”培育工作，发挥农村劳务带头人、农村致富能人、乡村匠人的典型示范作用，激励农村劳动力，特别是脱贫劳动力发挥主观能动性，稳定脱贫致富。共有农村劳务带头人 88 人，带动就业 1499 人；乡村匠人 22 人，带动就业 29 人；致富能人 22 人，带动就业 1160 人。

落实一次性创业补贴政策。引导农民工、高校毕业生、退役军人等群体返乡入乡创业，对符合条件的各类经营主体按规定给予一次性创业补贴，对首次创办商事主体并担任法定代表人或主要负责人，且所创商事主体自登记注册之日起，正常运营 1 年以上的离校 5 年内高校毕业生、就业困难人员和返乡入乡农民工、退役军人给予1万元的一次性补贴。年内，发放一次性创业补贴6人共6万元。

继续做好创业担保贷款工作。加大创业担保贷款支持力度，鼓励符合条件返乡农民工、大学生、退役军人等申请创业担保贷款自主创业，发放72笔共1723万元担保贷款（农民工41笔786万元），带动就业138人，累计贴息116笔60.60万元，发放2021年度奖补9300元。

推进就业创业孵化基地落地建成，以创业促进就业。充分利用资金、资源、政策优势，建设就业创业孵化基地，为保亭县创业者提供低成本的生产经营场所，培育创业人才，以创业带动就业,孵化基地在孵企业（个人）21家（高校毕业生3家，有创业意愿大学生个人入孵6人），带动就业45人，共举办11场活动，活动内容包括电商及直播带货、创业大赛项目辅导、人力资源管理、品牌营销等。

积极参加自贸港创业大赛，推动大众创业。年内，县人社局等3部门联合印发《第五届“中国创翼”大赛海南选拔赛暨2022年海南自贸港创业大赛保亭大赛方案》。举办“中国创翼”海南自贸港创业大赛保亭选拔赛，共有43个项目参加选拔赛，其中乡村振兴专项赛项目37个。评选出一等奖企业2个，二、三等奖企业各3个，优秀奖企业4个，共推荐12个优秀企业参加省赛。其中推荐的《槟榔谷黎锦纺染织绣技艺》《榴莲农技》项目获得省劳务品牌大赛优秀奖，县就业服务中心获得《2022年海南自贸港创业大赛优秀组织奖》。通过大赛，引导更多创新创业人才投身保亭建设，带动就业量与质的提升，让劳动者的才能得到充分发挥。

2022年5月，第五届“中国创翼”海南自贸港创业大赛保亭赛区决赛现场

（县就业服务中心　供）

【劳动技能竞赛活动】 2022年，保亭县举办行业职业技能竞赛，为自贸港建设提供有力人才保障。全年举办茶艺师、中式烹调师、中式面点师、客房服务员、黎锦制作、保育师、美容师7个项目的县级技能竞赛，培育41名高级技能人才，130名中级技能人才，极大地充实保亭县中高级以上技能人才。

社会保险

【概况】 2022年，保亭县城镇从业人员基本养老保险参保人数48887人，城镇从业人员基本医疗保险参保人数38946人，工伤保险参保人数18797人，城乡居民养老保险参保人数62001人，城乡居民医疗保险参保人数116466人。城镇从业人员基本医疗保险保费收入12907.10万元，城乡居民医疗保险保费收入4048.63万元，公务员医疗补助保费收入6784.84万元，城乡居民养老保险保费收入3861.02万元，机关事业基本养老保险保费收入10180.78万元，企业基本养老保险保费收入19320.14万元，工伤保险保费收入259.76万元。城镇从业人员基本医疗保险待遇支出15863.37万元，城乡居民医疗保险待遇支出9361.86万元，公务员医疗补助待遇支出5643.80万元，城乡居民养老保险待遇支出2940万元，机关事业基本养老保险待遇支出16631.46万元，企业基本养老保险待遇支出63316.77万元，工伤保险待遇支出 251.67 万元。

【社保关系转移服务】 2022 年，保亭县社会服务中心开展社保关系转移服务。社保关系转移“一次申请、全程代办”，将养老、医疗关系转移两项业务打包成“一件事”，申请人将社保关系转入申请表和委托书交至社保经办机构后只需等待办理结果即可。转移手续由跑多次到跑一次，真正做到一次申请，全程代办，从“你来办”变成“我来办”，从“来回跑”变成“跑一次”。2022 年，保亭县社保关系转移共完成办理 511 人次。其中，企业养老保险转入 152 人次，城乡居民养老保险转职工养老保险 3 人次，企业养老保险转出 121 人次，退役军人转移接续 46 人次，机关养老保险转入 14 人次，机关养老保险转出 2 人次，职工医疗保险转入 154 人次，医疗保险转出 22 人次。

【“减证便民”行动】 2022 年，保亭县推行异地就医备案“掌上办”，全面推广使用线上小程序“国家异地就医备案”“海南医保”、掌上 App“海南医保”“国家医保服务平台”等各类线上渠道进行异地就医备案，方便参保患者通过手机实现备案就医。2022 年，共有 565 人次进行异地就医备案，其中城乡居民医疗保险 252 人次，职工医疗保险 313 人次。

推行“无感认证”，通过共享医保、民政、卫健、人社、监狱管理等部门的低保、社保、医保就医结算报销、高铁民航、监狱服刑等数据信息，按月自动对社保待遇领取人员行为轨迹信息进行比对分析，实现对待遇领取人“免打扰、零参与”认证。2022 年，认证 21334 人，其中应用“无感认证”14072 人，2022 年已认证人数的 66%。

【城乡居民养老保险】 2022 年，保亭县基本养老保险参保扩面指标 2071 人，完成扩面任务 2522 人，完成扩面指标 121.78%。被征地农民养老保险，发放毛拉洞水库库区移民特殊养老补贴 102 人 17.95 万元；完成山海高速公路被征地农民养老保险补贴 486 户 1666 人，补贴计发面积 696.4438 亩，补贴金额共计 1956.77 万元。

【城乡居民基本医疗保险】 2022 年，保亭县城乡居民医疗保险住院 12858 人次，报销金额 6874.04 万元。普通门诊就诊 1442150 人次，报销金额 653.85 万元。两病门诊就诊 2130 人次，报销金额 6.75 万元。慢性病特殊病种门诊就诊 12947 人次，报销金额 870.17 万元。

特殊困难群体代缴城乡居民医疗保险，根据县民政、乡村振兴局等部门动态调整后提供保亭县农村低保、特困人员、脱贫人口及监测对象的名单，及时在海南医疗保障平台中做好人员信息维护和身份的标识，确保其身份信息准确无误。2022 年，为保亭县农村低保、特困人员、监测对象等十二类特殊人员 10338 人代缴参加 2023 年城乡居民医疗保险。

医疗救助托底保障，特困人员、低保户、监测户等救助对象在定点医疗机构治疗后，实行医疗救助费用“一站式”直接结算。2022 年，住院人次数 2184 人次，总医疗费用 2005.02 万元，报销 1771.61 万元。其中，医疗救助 1914 人次，医疗救助费用 204.67 万元；慢性病特殊病种门诊就诊 4185 人次，总医疗费用 557.67 万元，报销 530.72 万元。其中，医疗救助 3870 人次，医疗救助费用 50.16 万元。

医疗救助费用散单报销，对于特困人员、低保户、监测户等特殊人员医疗救助费用未能进行“一站式”直接结算的，手工结算回补医疗救助费用，确保其享受相应医疗保障待遇。2022 年，完成医疗救助 341 人次手工结算回补报销工作，累计回补医疗救助补偿金额 31.44 万元。

【职工基本医疗保险】 2022 年，职工基本医疗保险住院 7158 人次，报销金额 6785.92 万元；门诊就诊 89538 人次，报销金额 639.76 万元；慢性病特殊病种门诊就诊 19207 人次，报销金额 1228.08 万元；生育享受待遇人次数 1003 人次，生育津贴及生育医疗费支付 345 万元；离休干部住院及门诊人数为 144 人次，支出离休医疗费 63.84 万元。

医疗个账发放。2022 年，在职人员累计发放职工医疗保险个人账户金额 2145.60 万元，退休人员累计发放职工医疗保险个人账户金额 1472.11 万元；公务员医疗补助发放金额 5351.74 万元。

【退休事务办理】 2022 年，保亭县城乡居民养老保险年满 60 周岁及以上发放养老金 12 万余人次，发放金额 2686.56 万元。职工养老保险发放离退休人员基本养老金 25.37 万人次，发放金额 8.12 亿元。

城乡居民养老保险，2 月，完成城乡居民基本养老保险待遇调整 13954 人共 7.42 万元，补发养老金差额 10032 人共 5.49 万元；8 月，完成调整中央基础养老金 10573 人共 5.29 万元，补发 7 月中央基础养老金差额 10457 人共 5.23 万元。

职工养老保险，完成保亭县机关事业和企业退休人员养老金调待工作，人均增加 119.4 元，增发 1—6 月退休金 1518.53 万元，涉及 21197 人。

【医保定点零售药店】 2022 年，保亭县医疗保障局、县市场监督管理局、县社会保险服务中心三部门组成定点零售药店现场评估组，按规定对申请成为定点零售药店的药店进行现场评估，并进行公示和签订协议，实现保亭县内至少有一家定点零售药店的目标，推进保亭县个人账户在定点零售药店的使用落地。2022 年，保亭县辖区内在册零售药店海南鸿翔一心堂医药连锁有限公司保亭新兴西路分店、海南鸿翔一心堂医药连锁有限公司广东街小区分店和保亭仁和堂药品超市等 12 家零售药店已签订协议并开通定点零售药店结算服务，方便参保群众使用医保个账进行购药。

【社保费缓缴政策助企纾困】 2022 年，为帮助企业减负降本、积极应对疫情影响，海南出台社保费缓缴不断扩大实施范围、延长缓缴期限相关政策，保亭县按政策严格落实社保费缓缴“免申即享”，大幅提升缓缴覆盖面。2022 年，保亭县共有 35 家单位办理缓缴养老、工伤和失业三项社保费，涉及 13124 人次，养老保险缓缴金额 1006.29 万元，工伤保险缓缴 10.96 万元，失业保险缓缴 31.64 万元，共计 1048.89 万元。医疗保险累计申请缓缴 257 家单位，涉及 3087 人次，金额 263.19 万元。

医疗保障

【概况】 2022 年，保亭县基本医疗保险参保人数 20.07 万人，其中城乡居民基本医疗保险参保人数 16.15 万人，城镇从业人员基本医疗保险参保人数 3.92 万人。城乡居民参保人员住院人数 1.12 万人次，总医疗费用 11333.5 万元。统筹基金支付 6465.87 万元，其中医疗救助 1261 人次，医疗救助金额 179.45 万元，医疗兜底 8 人次，医疗兜底费用 1.93 万元。门诊慢性特殊疾病就诊 1.3 万人次，总医疗费用 1317.42 万元。统筹基金支付 870.99 万元，其中医疗救助 3958 人次，医疗救助金额 52.32 万元。

【医保基金监管】 2022 年，保亭县积极开展医疗保障基金监督检查。对定点医疗机构开展两轮全覆盖检查，包括分解住院、挂床住院、过度诊疗、过度检查、分解处方、超量开药、重复开药、重复收费、超标准收费、串换药品等行为进行检查，确保医保基金监督检查不留死角、不遗余力。年内追回各类违法违规使用医保基金 160.07 万元（含省级飞行检查、大病专项监督检查、县级飞行检查确认追回违规使用医保基金）；集中约谈违规使用医保基金 29 家医疗机构主要负责人；向县纪检监察部门移交 14 家定点医疗机构违规使用医保基金行为；利用县电视台和“你好保亭”微信公众号曝光 12 家违规使用医保基金定点医疗机构。

【药品集中采购】 2022 年，保亭县医疗保障局（以下简称县医保局）组织保亭县定点医疗机构完成 6 联盟 6 批次药品带量采购，共采购 180 个（品种），553.58 万余片（支）药品，集中采购药品总价值 381.45 万余元，药品涵盖降糖、降血压等定点医疗机构使用的常用药品。协调县社保（医保）服务中心提前预付定点医疗机构集中采购药品费用 24.19 万元。

【医保政策宣传】 2022 年，县医

保局加强宣传医保利好政策，为保亭县53家有条件的定点医疗机构制作医保政策宣传专栏；印制100张《城乡居民基本医疗保险2023年度缴费标准和待遇享受一览表宣传海报》、8.5万余份《关于做好2023年度城乡居民基本医疗保险集中征缴工作致广大村（居）民的一封信》，印制其他各类宣传纸媒5.08万份；制作宣传横幅100条；联合县电视台录制1期医保政策宣传专题节目；群发宣传短信累计270万余条，征缴政策宣传车深入各乡镇、村委会巡回播放50天，录制宣传音频U盘60个分发至各村委会广播；利用送电影下乡，播放医保政策宣传视频84场，涵盖全县60个行政村，通过形式多样、内容丰富的政策宣传，增强社会普遍认知，回应社会关切，助力乡村振兴。

【医药服务管理】 2022年，县医保局联合县市场监督管理局和县社保服务中心等机构指导医保定点零售药店申报，积极推进定点药店申报和认定等，顺利完成12家定点药店认定。

【医保助力乡村振兴】 2022年，县医保局核实参保资助对象，确保做到应保尽保。主动为符合条件的资助对象代缴城乡居民基本医疗保险费用，加强与各乡镇政府、县乡村振兴局、县民政局、县社保（医保）服务中心等部门沟通联系，主动核实各职能部门动态调整的特殊人群参保信息，及时资助新纳入符合条件的特殊人群参加城乡居民基本医疗保险。全年支付319.76万元，资助10079名特殊人员参加2023年度城乡居民基本医疗保险，做到应保尽保。落实特殊人群“一站式”“一单式”“一窗口”医疗费用结算，做好农村特殊人口医疗费用的审核及报销。年内特殊人群住院人次数3823人次，总医疗费用3939.43万元，统筹基金支付2238.23万元，其中医疗救助1261人次，医疗救助费用179.45万元，医疗兜底7人次，医疗兜底费用1.93万元；农村特殊人口门诊特殊疾病就诊6142人次，总医疗费用703.35万元，统筹支付479.98万元，其中医疗救助3958人次，医疗救助费用52.32万元；定期从数据后台比对数据，对脱贫户、农村低保户、农村特困户未能进行“一站式”直接结算的，进行手工回补医疗救助和兜底费用，确保住院医疗费用实际报销比例90%和慢性病特殊病种门诊医疗费用实际报销比例80%。完成医疗救助294人次，报销比例90%（慢性病门诊医疗费报销比例达到80%），手工回补医疗救助补偿金额22.49万元。

推送11批1771人次个人自付医疗费用过高人员名单给县乡村振兴局和县民政局，其中40人被纳入监测管理、19人被识别为低保对象；向太平洋保险公司提供保亭县因病、因灾、因意外（含交通）自付医疗费用个人累计自付部分超过6700元人员名单，反馈1728人次。

（撰稿　董乐平）

2022年4月14日，县医保局联合社保中心和县市监局，现场评估定点药店
（黄旭秀　摄）

住房公积金管理

【概况】 2022年，保亭住房公积金管理局以习近平新时代中国特

色社会主义思想为指导，切实提升住房保障能力和民生服务水平，推动住房公积金事业高质量发展，各项业务指标稳步增长，服务大局能力不断增强，创新管理工作显著提高，风险防控和廉政建设不断加强。

【公积金缴存】 2022 年，保亭县住房公积金缴存额 22100.72 万元，同比增加 2759.91 万元，增长 14.26%；缴存余额 97350.93 万元，同比增加 11064.74 万元，增长 12.82%；实缴人数 14502 人，同比增加 957 人，同比增长 7.06%。

【公积金提取】 2022 年，保亭县住房公积金提取业务为 4904 笔，提取额 11031.98 万元，同比减少 203 笔，同比增加 1269.59 万元。其中，购建房提取 1675.2 万元，同比减少 17.43%；还贷提取 3399.75 万元，同比增加 5.22%；租房提取 57.82 万元，同比减少 70.73%；退休提取 5119.73 万元，同比增加 36.9%；其他提取 777.89 万元，同比增加 37.62%。提取业务总体呈稳步增长趋势。

【公积金贷款】 2022 年，保亭县住房公积金共发放贷款 16 笔，贷款金额 813.7 万元，同比增加 684.8 万元，增长 531.26%，本期末贷款存量 889 笔，贷款余额 9718.26 万元，个贷率 9.96%。保亭住房公积金管理局坚持“应贷尽贷”原则，满足群众购房需求，提高最高贷款额度至 100 万元，放宽异地贷款及商转公贷款申请条件，明确二手自住房贷款最低首付比例为 30%，有力提振住房消费信心。

【公积金贷后管理】 2022 年，保亭住房公积金管理局严格执行“贷前严审、贷中规范、贷后跟进”贷款风险管理机制。强化日常监控，加强贷后监测分析，加强贷款逾期催收工作，对长期存在逾期的贷款职工，了解逾期原因，控制逾期发生。同时主动与委贷银行建立贷款逾期催收台账，按月催收逾期贷款，依法处置骗贷及逾期 6 期以上贷款，防范贷款逾期风险。

【保证金管理】 2022 年，保亭住房公积金管理局为确保保证金资金安全，维护住房公积金缴存人合法权益，多次召开委贷银行贷款会议，加大对委贷银行的监管力度，严格要求不得擅自动用和处置保证金，不得在保证金业务活动中侵犯当事人合法权益，不得用保证金为其他单位或个人提供任何形式的经济担保、抵押或清偿债务；同时提升风险防控意识，密切关注辖区内留存保证金的房地产开发企业运营情况和财务状况等，提前预判是否存在保证金被冻结或扣划的风险，确保贷款资金安全。

【助企纾困】 2022 年，保亭住房公积金管理局通过“政企面对面”上门走访的形式开展助企纾困工作，对符合办理缓缴纳、降低比例缴存住房公积金等政策的企业，主动对接和协助企业办理，缓解受疫情影响企业的生产经营压力，全力以赴助推保亭社会经济健康发展，2022 年累计走访企业 173 次，涉及 142 家企业。受理审批 7 家单位缓缴申请，涉及职工 130 人，金额 46.99 万元（年缴存额）。

（撰稿　文榆友）

人口状况

【概况】 2022 年末，保亭县常住人口 15.71 万人,城镇化率 35.52%，高于上年末 0.24 个百分点。全年人口出生率 7.39‰,死亡率 7.32‰，人口自然增长率 0.07‰，比上年下降 2.48 个千分点。

【年龄构成】 2022 年，全县常住人口中，1 ~ 14 岁人口 2.86 万人，15 ~ 64 岁人口 10.95 万人，65 岁及以上人口 1.9 万人。

【城乡人口】 2022 年，从户籍人口来看，全县户籍人口 16.71 万人。其中，城镇人口 5.62 万人，占 33.63%；乡村人口 11.09 万人，占 66.37%。

2022年保亭县各派出所户籍人口构成一览表

表 5　　单位：人

单位名称	城镇人口	乡村人口	其中		
			黎族	苗族	其他民族
合计	56253	110916	104340	7555	55274
城镇派出所	20069	0	10420	228	9421
新政派出所	3222	11230	11177	2033	1242
加茂派出所	6585	18646	14229	55	10947
什玲派出所	2816	12618	13505	1062	867
响水派出所	4997	18353	11898	2420	9032
保城派出所	6432	22163	14328	1079	13188
三道派出所	6100	13135	12472	172	6591
毛感派出所	1966	2696	4066	480	116
南林派出所	1543	4423	4964	5	997
六弓派出所	1791	5570	7227	3	131
城北派出所	732	2082	54	18	2742

收入消费

【概况】 2022年，保亭县居民人均可支配收入24381元，较上年增长4%。其中，工资性收入12950元，增长3.2%；经营净收入6871元，增长6.5%；财产净收入1659元，增长3.5%；转移净收入2901元，增长2.1%。全县社会消费品零售总额完成16.93亿元，下降7%，高于海南平均水平2.2个百分点，增幅排名海南第三。

【城镇居民可支配收入】 城镇居民人均可支配收入36677元，增长0.9%。其中，工资性收入25510元，增长2.4%；经营净收入3833元，下降2.3%；财产净收入1103元，下降4%；转移净收入6231元，下降2%。

【农村居民可支配收入】 农村居民人均可支配收入16881元，增长7.6%。其中，工资性收入5008元，比上年增长3.9%；经营净收入9801元，增长9.2%；财产净收入181元，增长11%；转移净收入1891元，增长9.2%。

【消费促进】 2022年，保亭县开展线上引流、线下消费，投入361万元开展四轮电子消费券促销活动，累计核券157万元，直接带动消费527万元，促进消费全面复苏；引导商超开展各类促销活动200余场次，促销金额2亿余元。全年共举办23场消费助农集市，销售帮扶产品250万元，有效增加农民收入。打造一批具有黎苗文化元素的旅游打卡点；推广民族文化舞台剧——《甘工鸟》，打造独具保亭特色的民族文化演艺；建设“保亭文创示范园”文创基地，深化“海南印记·保亭好礼”创作成果，促进旅游消费。打造“夜食”“夜购”“夜展”“夜游”等夜间休闲消费业态，激发城市夜间活力。

2022年保亭县住户调查主要收支数据一览表

表 6

指标	2022年水平（元）	2021年水平（元）	增量（元）	同比增长（%）	构成（%）	贡献率（%）	拉动增长（百分点）
全体居民							
可支配收入	24381	23446	935	4.0			
一、工资性收入	12950	12550	400	3.2	53.1	42.8	1.7
二、经营净收入	6871	6451	420	6.5	28.2	45.0	1.8
三、财产净收入	1659	1603	56	3.5	6.8	6.0	0.2
四、转移净收入	2901	2843	58	2.1	11.9	6.2	0.2
消费支出	16864	17102	−238	−1.4			
一、食品烟酒	7010	7057	−47	−0.7	41.6	19.8	−0.3
二、衣着	541	575	−34	−5.9	3.2	14.1	−0.2
三、居住	2476	2525	−49	−2.0	14.7	20.8	−0.3
四、生活用品及服务	763	784	−21	−2.7	4.5	8.8	−0.1
五、交通通信	1659	1754	−95	−5.4	9.8	40.1	−0.6
六、教育文化娱乐	2441	2511	−70	−2.8	14.5	29.4	−0.4
七、医疗保健	1623	1533	90	5.8	9.6	−37.6	0.5
八、其他用品和服务	351	362	−11	−3.0	2.1	4.6	−0.1
城镇居民							
可支配收入	36677	36350	327	0.9			
一、工资性收入	25510	24919	591	2.4	69.6	180.5	1.6
二、经营净收入	3833	3924	−91	−2.3	10.5	−27.8	−0.2
三、财产净收入	1103	1149	−46	−4.0	3.0	−14.1	−0.1
四、转移净收入	6231	6357	−126	−2.0	17.0	−38.6	−0.3
消费支出	22732	23190	458	−2.0			
一、食品烟酒	9341	9523	182	−1.9	41.1	39.7	−0.8
二、衣着	1107	1184	77	−6.5	4.9	16.9	−0.3
三、居住	2877	2933	56	−1.9	12.7	12.3	−0.2
四、生活用品及服务	1225	1319	94	−7.1	5.4	20.5	−0.4
五、交通通信	2656	2691	35	−1.3	11.7	7.6	−0.1
六、教育文化娱乐	2624	2689	65	−2.4	11.5	14.3	−0.3
七、医疗保健	1883	1791	92	5.2	8.3	−20.2	0.4
八、其他用品和服务	1019	1060	41	−3.9	4.5	8.9	−0.2
农村居民							
可支配收入	16881	15689	1192	7.6			
一、工资性收入	5008	4820	188	3.9	29.7	15.8	1.2
二、经营净收入	9801	8975	826	9.2	58.1	69.3	5.3
三、财产净收入	181	163	18	11.0	1.1	1.5	0.1
四、转移净收入	1891	1732	159	9.2	11.2	13.4	1.0
消费支出	13285	13442	−157	−1.2			
一、食品烟酒	5712	5701	11	0.2	43.0	−6.7	0.1
二、衣着	438	461	−23	−5.1	3.3	14.9	−0.2
三、居住	2183	2237	−54	−2.4	16.4	34.4	−0.4
四、生活用品及服务	603	594	9	1.6	4.5	−6.0	0.1
五、交通通信	1335	1423	−88	−6.2	10.0	56.2	−0.7
六、教育文化娱乐	1460	1544	−84	−5.4	11.0	53.3	−0.6
七、医疗保健	1250	1170	80	6.9	9.4	−51.2	0.6
八、其他用品和服务	304	312	−8	−2.6	2.3	5.1	−0.1

乡镇居场

保城镇

【概况】 保城镇地处保亭县东北部，东南邻陵水县，南与六弓乡、加茂镇接壤，西南毗邻响水镇，西北连五指山市，东北、东接什玲镇，是保亭县经济、政治、文化中心。镇域蕴含丰富的森林资源和旅游资源，属热带雨林山地，西北部山地拥有23000亩陆均松、坡垒、绿楠、青梅等天然林木，有丰富的水晶矿和花岗大理石矿，北部有七仙岭温泉旅游景区。全镇总面积178平方千米。其中，坡地772.94亩、林地6.3万亩、耕地1.57万亩（水田1.15万亩、旱田0.42万亩）。下辖11个村（居）委会（含热作居），56个村小组，34个居民小组。总人口24008户70576人，其中建档立卡脱贫户821户3059人，边缘易致贫户13户34人。保城镇党委下设32个党支部，党员1134名，其中农村党员757名。有中心学校1所，教学点5个，小学2所，幼儿园11所，在校教师68名，学生385名。有卫生院1所，村卫生室7个，现有助理及以上医师24人，注册护士17人。主要粮食作物为水稻，热带经济作物有橡胶、槟榔。主要特色农副产品有红毛丹、荔枝、益智、菠萝蜜等。

【特色产业发展】 2022年，下达到保城镇的中央和省级衔接推进乡村振兴补助资金共1923.4万元。保城镇将其用于发展宝亭大道热带水果建设项目、怡森矿泉水续建项目、什聘毛介篮球场光伏项目、保亭县七仙岭包装饮用水项目等产业项目；建设什芽上环村路、什文上生产路等5宗基础设施建设项目。截至12月31日，保城镇衔接资金支出99.47%。同时及时谋划2023年项目库建设，截至年底保城镇入库悦芽湖萌宠乐园、保亭七仙追梦植物园、裕和興养生谷、中鹏新智益智加工观光项目等12个新建、续建产业项目和24个基建项目，为2023年的产业项目发展画出“作战图”。

【综合治理】 2022年，保城镇推进“禁毒三年大会战”工作，取得良好成效，调解各类矛盾纠纷案件62宗，解决群众求助12345热线工单715件，受理并查处治安案件139起，破获刑事案件39宗，社区在册159人、戒康人员执行率达100%。保城镇扎实推进“平安乡村”建设工作，促进保城高质量发展，着力提高信息化、现代化维护社会治安能力，健全社会治安防控体系。在县委政法委统一部署下，保城镇开展以县、乡镇、村居三级综治中心为指挥平台，以综治信息化为支撑，以网格化管理为基础，初步建立起立体化社会治安防控体系。

【社会保障】 2022年，保城镇做好人口与卫生健康工作，发放孕前优生健康检查宣传资料4500

份，完成免费优生优育健康检查105对夫妇，组织妇女参加两癌筛查1414人次。联合县职能部门开展安全隐患排查48次，对辖区内8个水库开展排查和治理工作580余次，组织清理各河道泡沫、简易筏、木船及冲锋舟123次，在库区周边和河道两侧新增防溺水安全警示牌123块。全年有城乡低保119户304人，特困户56人。累计发放低保金14.04万元，特困户生活补助金4.48万元，为20户61人发放临时救助补助6.5万元，为2名孤儿发放补助金2700元。

【民生保障】 2022年，保城镇应参加城乡居民基本养老保险征缴9973人，参保7401人，参保率74.2%。应参加城乡居民基本医疗保险征缴26809人，参保25650人，参保率95.7%。其中，脱贫人口和监测对象应参保3252人，参保3252人，参保率100%。配合推进镇域辖区学校各项建设工作，解决学校用水问题，帮助学校修建厕所和围墙。强化控辍保学工作，进村入户，加强义务教育政策宣传，建立镇、村、家、校四级联控机制，年内幼儿园入学415人，小学入学385人，全镇适龄儿童入学率100%，巩固率100%。

【基础设施建设】 2022年，保城镇争取县乡村振兴局老区资金建设项目，完成春天村委会龙则村水利灌溉、番文村委会道旦村水利渠道修复和挡土墙建设、毛介村委会什文上村什军宋经济路、什好村委会什道村水田挡土墙、西坡村委会什芽上村上环村路等5宗项目，投入巩固脱贫成果与乡村振兴衔接资金438.02万元，改善5个行政村5个村小组221户884人的生产生活条件。

【安全生产管理】 2022年，保城镇开展防溺水安全工作，坚决落实河湖长制巡河要求，对本辖区内的河流水域开展溺水安全隐患排查巡查，并在全镇范围开展预防溺水宣传教育工作。竖立防溺水警示牌，悬挂宣传防溺水相关知识横幅，利用村级广播系统播放《中小学生防溺水乡村广播》，签订《保城镇防溺水安全承诺书》，向广大村民和孩子们开展防溺水宣传教育，确保宣传教育入脑入心取得实效，有效预防和遏制校园防溺水安全事故的发生。组织人员通过张贴涉电安全宣传横幅和宣传画报、LED电子显示屏播放、发放宣传资料等各种方式向群众大力宣传《防范采摘槟榔等触电安全告知书》、安全用电等涉电安全知识。截至年底，保城镇配合供电所砍伐（迁移）槟榔树14334棵，砍伐其他高秆作物103棵，矮化高秆树197棵。利用“安全生产月”活动，积极开展城镇燃气安全宣传教育进社区、进校园、进企业、进家庭，宣传普及燃气安全使用常识和应急处置知识，增强用户安全用气意识，防范燃气事故发生。保城镇综合行政执法中队、各片组和各村（居）、社区共出动40人次进行燃气行业安全风险隐患排查，发放安全使用燃气告知书400余份。

【生态环境建设】 2022年，保城镇持续深入开展生态环境六大专项整治，生态环境保护形成长效机制。各级巡河长巡河580次，组织水利员、农业协管员等清理河道、水利渠道1131人次，开展河道清理工作68次。组织各村委会扶贫公益岗定期对保城镇辖区内河段中的水浮莲及生活垃圾进行清理。通过网格化管理，层层

2022年4月12日，保城镇应急中队到辖区内酒店后厨检查燃气安全和消防设备
（保城镇　供）

细分责任，压实属地禁烧、禁燃主体责任。采取悬挂横幅、流动车广播等多种形式开展宣传工作，扩大农户知晓率，营造浓郁宣传氛围。开展裸露土地复绿工作。组织人员对违法构筑物拆除后或者长期裸露的土地进行复绿工作，通过种植地瓜叶、苗木并定期进行浇灌，从而达到复绿效果。截至年底，共复绿裸露土地10.2亩。

【环境卫生管理】 2022年，保城镇加强农村人居环境整治工作。各村、社区每周五开展“绿色周五”环境卫生综合整治行动，并制定《保城镇人居环境整治“五治”工作暨“文明之星”评比鼓励机制工作实施方案（2022—2023年）》，以每月开展一次“文明之星”评比活动，评出人居环境卫生整治较好的农户奖励资金200元的方式，营造“比学赶超”氛围。9月，开展农村人居环境整治“幸福庭院”评选活动，3230户参与“幸福庭院”评比。其中，评选出3星级21户、4星级38户、5星级21户，进一步推动和加强全镇农村人居环境“五治”水平。抓好城乡环境综合整治工作，安排4辆环卫作业车每日进行垃圾清运，按时运输垃圾到定点地方处理，累计清运垃圾约1600吨；并利用周末时间，组织各村、居、社区两委干部和驻村工作队，动员1.2万余名群众积极参加环境卫生整治，清理各村（居）杂草4500米；组织各类协管员对道路两侧的雨水沟、污水沟逐条排查清淤，确保做到污水不横流，共清理淤泥910米、疏通水利沟400米。

【乡村振兴与脱贫巩固衔接】 2022年，保城镇组织实用技术培训27期，调动贫困劳动力1613人次增强脱贫劳动力技能。落实就业奖励政策，为269名就业务工人员发放务工奖励31.96万元，激发脱贫人口就业增收的热情。通过开展种植养殖技能培训、发放槟榔病虫害防治药物等措施，稳固农户槟榔收入。重点排查农村居民槟榔生产收入情况，将54户农户定为槟榔产业重点关注对象，安排专人每月入户调查了解生产生活情况，录入系统实施动态监测。同时开展槟榔林下套种工作，完成全镇监测户、脱贫户、一般户槟榔林下套种情况摸底及需求调查，根据实际，做好槟榔林下套种红毛丹种苗的宣传发动工作，共计发放1.7万余株红毛丹种苗，进一步降低槟榔产业风险。对全镇2635户10715名农村常住人口进行全面排查，开展入户活动，确认脱贫户781户2920人，监测对象105户318人（突发严重困难户63户189人，边缘易致贫户13户34人，取消监测边缘易致贫户29户95人）。

（撰稿　黄秀颖）

2022年4月21日，保城镇城北社区组织社区两委、社区工作者、网格员到辖区开展“绿色周五”人居环境卫生整治工作　（保城镇　供）

响水镇

【概况】 响水镇地处保亭县中部，东连加茂镇，南靠新政镇，西南与毛感乡交界，西北接五指山市畅好乡，东北连五指山市南圣镇，海榆中路贯穿中间，交通便利，距县城15千米。全镇土地面积147.8平方千米，公益林面积29.33平方千米，耕地面积13863亩，其中水田6256亩，旱田1153亩，坡地1087亩。境内西北部多山，东南部开阔平缓，地势由西北向东南倾斜。东南、西南边界地势较高，分别有尖岭、铁砧岭、岔岭、毛端岭，海拔均在700米以上。北部山区属山地湿润气候，东南部为丘陵暖和气候，主要河流有13条，其中省级2条、县级4条、镇级5条、村级2条。有4座水库，其中三宗属于小（1）型水库，最大库容588万立方米。下辖8个村委会，61个村民小组，2个居65个连队，总人口23465人，其中黎族11873人，苗族2437人，汉族7690人，壮族1259人，回族10人，其他民族196人。农业人口18487人。响水镇党委下设31个党支部（8个村、1个机关、1个非公、3个居党支部、3个企业、1个经济场、1个民间协会、13个离退休党支部），党员1240名,其中农村党员580名。响水镇共有各级各类学校11所，初中学校2所（含1所民办初中），小学4所（完全小学3所，教学点1个），幼儿园5所（含民办2所）。在校（园）教师共278人,在校（园）学生2936人，其中在校初中生633人、在校小学生1515人、幼儿园在园幼儿788人。卫生院1所，村卫生室7个,现有助理及以上医师33人，注册护士38人。主要粮食作物为水稻，热带经济作物有橡胶、槟榔、南药益智，主要种植果蔬有苦瓜、辣椒、茄子、豇豆、黄秋葵、椰子、香蕉、荔枝、龙眼、菠萝蜜等。年内获“先进基层党组织”称号。

【基层党组织建设】 2022年，响水镇做好镇域内旅游企业服务，在企业和农民之间建立利益共享机制，统筹整合扶持资金，与神玉岛、享水谷共享农庄、合口书院等旅游企业合作共建产业项目，参与打造全省首个扶贫济困型共享农庄，预计5年内全镇8个行政村集体经济收入和农民收入将增加超过800万元，并带动农民通过利用闲置土地资源入股、参与种植经营、就近创业就业等多种模式增加收入。围绕服务发展软环境，引导村党组织立足长远，利用自身优势，与企业共同发展，互利共赢，先后投入1810万余元积极与辖区内神玉岛、享水谷共享农庄、富裕合作社等企业合作，将原来规模小、分布散的产业扶贫项目向区域化、规模化发展，截至年底共收益分红108万余元，进一步拓宽村级集体经济收入和脱贫户增收渠道。因地制宜探索发展魔芋、黄秋葵等特色产业，其中黄秋葵年均种植面积超过3000亩，亩均收益稳定在8000元以上；扶持带动4个村委会投入资金200万元壮大村集体经济，与公司合作发展魔芋特色产业。响水镇已举办20期干部能力提升建设培训班，培训人员涉及全镇干部职工、村居两委干部、驻村工作队、村级小组长等人员以及相关业务人员，共计1840余人次。坚持动态问题整改，响水镇2022年“查堵点、破难题、促发展”动态问题共有3条重难点问题。截至9月29日，问题已全部完成整改。线上线下学习均完成，响水镇64名干部（含村干部）参与海南干部在线学习，均于10月初完成50学时的课程，线下镇在编在岗干部完成个人90学时学习，村两委干部完成个人40学时学习。

【重点项目保障服务】 2022年，响水镇充分依托产业扶贫政策，利用扶贫资金入股产业扶贫项目，变成村集体的“股金”，每年获得项目分红。年内投入500万元，与保亭神玉文化控股股份有限公司共同实施乡村旅游项目，扶持8个村委会发展村集体经济；投入525万元，发展魔芋种植产业项目,种植魔芋170亩，亩产值10000元。

【法治宣传】 2022年，响水镇为了进一步做好禁毒、民法典、宪法、扫黑除恶专项斗争、国家安全法、反邪教、反间谍、扫黑除恶、反诈骗中心APP等法治宣传活动，积极组织综治中心、派出所、司法所等政法工作部门，积极做好社会面的宣传工作，并在各自网格区域进行宣传。年内共开展5场法治宣传活动，开展法律明白人法律知识培训课2场，到保亭海之南学校、响水镇中心学校、瑞华学校和首都师范大学海南保亭实验中学金江学校开展8场法治宣传课，共发放各类宣传资料10600多份、悬挂横幅40余条，全镇受教育干部、群众、师生达8360多人次。共组织开展大型户外宣传活动5场，参与配合其他单位开展法律宣传活动10次。

【平安村镇建设】 2022年，响水镇抓好制度建设和防控体系建设，健全矛盾纠纷排查调处机制，落实各项社会治安综合治理工作措施，加强社会管理和重点整治，为镇社会安定和经济发展提供有力保障。坚持把平安建设工作列入重要议事日程，及时充实调整工作领导小组，确保综合治理、平安建设工作后备力量的储备。形成主要领导担负平安建设第一责任人，分管领导具体抓，小组成员配合抓的工作局面。联合派出所、司法所、综合管理大队组织开展“黄赌毒”“盗抢骗”、打击“私彩”“扫黑除恶”、打击走私、校园及周边风险隐患排查整治、交通整治等专项整治行动，严格落实辖区内集镇、学校、企事业单位、旅游景点等重点场所的巡查管理制度，进一步整治“四乱”（乱停、乱放、乱贴、乱挂）现象，全面挤压违法犯罪空间，铲除黑恶势力滋生土壤，进一步净化社会治安环境。发挥人民调解“第一道防线”的作用，切实做到“小纠纷不出组、大纠纷不出村，疑难纠纷不出镇”，积极化解社会矛盾纠纷，调解各类矛盾纠纷 91 件，成功调解率 100%。严格落实社区矫正入矫前各类工作制度，充分发挥各方安置帮教作用。

【社会保障】 2022 年，响水镇低保户共 157 户 360 人。其中城市低保 4 户 6 人，农村低保 153 户 354 人；新增农村低保 27 户 55 人。城乡低保动态调整退保数据 32 户 69 人，其中农村低保 29 户 63 人，城市低保 3 户 6 人。减保数据 18 户 17 人。在册特困供养对象 39 户 44 人，其中分散供养 38 户 43 人，集中供养 1 户 1 人，每人每月供养金 800 元。临时救助 118 户 204 人，发放救助资金 181935 元。按 150 元 / 人·月的标准发放（80 ~ 89）周岁高龄补助金 143 人；按 300 元 / 人·月的标准发放（90 ~ 99）周岁高龄补助金 42 人；按 1100 元 / 人 · 月的标准发放百岁长寿补助金 1 人。

响水镇有效持证残疾人共 388 人，一级残疾 108 人，二级残疾 104 人，三级残疾 90 人，四级残疾 86 人。其中多重残疾 21 人，精神残疾 101 人，视力残疾 42 人，听力残疾 35 人，言语残疾 1 人，肢体残疾 161 人，智力残疾 27 人，办残疾证共 45 人次。发放残疾人产业扶持资金 9 人，每人 5000 元，共计 45000 元。为符合申请阳光家园计划残疾人居家托养护理服务 72 人，共发放（阳光居家托养护理 1—9 月）补贴金 73620 元。其中，2022 年阳光家园计划残疾人居家托养护理服务标准：一级 180 元 / 月，二级 100 元 / 月，三、四级 80 元 / 月。完成 53 户贫困重度残疾人设施无障碍改造工作。2022 年残疾人两项补贴发放（重度一二级护理补贴、生活困难补贴 1—11 月）共 3898 人次，合计 607460 元。为 17 名残疾人申请机动车燃料补贴共计 4420 元。

开展卫生整治、禁毒、禁塑、儿童防溺水宣传等 20 场次，共 1600 余人参加。慰问贫困妇女 14 人，儿童 19 人，帮助困难妇女、患病妇女申请“中海油”救急难、“两癌”补助金，共有 7 人申请救助。普查全镇重点关注困难妇女共 47 人，困难儿童 115 人。组织发动 264 名育龄妇女进行“两癌筛查”，发动 49 对夫妇参加免费孕前优生健康检查和地中海筛查，保障育龄妇女生殖健康，提高参检率。开展 3 次计生主题宣传服务活动，发放各类计生宣传册 1500 多本、健康扶贫宣传折页 2000 多份。

【生态环境整治】 2022年，响水镇贯彻县委关于推进乡村振兴战略，实施农村人居环境整治的工作部署，落实农村人居环境整治提升行动工作的精神，推进“三清两改一建”工作，提升和改善农村环境面貌，开展“五治”专项行动，全镇整理坑洼不平地面 33 处、疏通排水沟渠 18 千米、拆除残垣断壁 2 处、清除乱贴乱画 56 处、清运垃圾 3269 吨、清理病媒滋生地 85 处，成功通过海南省病媒生物预防控制考核复审。采购 240L 分类垃圾桶 400 个、80L 分类垃圾桶 800 个，投入 16.2 万元采购一辆吸污车用于农村粪污清掏。完成合口村委会、响水村委会、金江居、茶场居等村（居）垃圾分类亭建造使用，在全镇范围内营造“人文和谐、生态共享”的良好氛围，持续改善人居环境。

【乡村振兴与脱贫巩固衔接】

2022 年，响水镇严格按照中央和省、县的部署要求，突出重点、瞄准对象，持续推进巩固拓展脱贫攻坚成果同乡村振兴有效衔接。

全镇共有农村常住人口 2725 户 11141 人，脱贫户 1113

户4511人，低保户149户350人，有未消除监测对象60户189人（其中脱贫不稳定户16户41人，边缘易致贫户14户49人，突发严重困难户30户99人），有已消除风险监测对象49户176人（其中2021年消除风险16户68人，2022年消除风险33户108人）。有乡村振兴驻村工作队26人。

持续落实乡村振兴工作管理机制，优化帮扶力量，定期组织研究，积极推进落实县委、县政府部署的乡村振兴各项工作任务。持续落实安全饮水保障工作。定期组织公益岗人员对饮用水源、蓄水池等周边环境卫生进行清理维护，全力保障全镇农村常住人口用水安全。持续落实教育保障政策。严格落实控辍保学工作机制，抓实“劝学”和“保学”两条线责任体系，保障脱贫人口家庭学生享受义务教育权利。持续落实健康帮扶政策。认真落实健康帮扶政策，做好健康帮扶政策宣传，家庭医生签约，医疗报销，医疗救助，慢性疾病患者健康管理等工作。持续做好住房安全保障。加强属地农村脱贫人口住房安全，实行动态质量安全监测，动员一般农户开展危房改造。落实防止返贫动态监测和帮扶机制。每月组织开展落实动态监测，做到“应纳尽纳”，杜绝出现“体外循环”。年内完成监测对象取消风险33户108人，其中脱贫不稳定户11户34人、边缘易致贫户10户35人、突发严重困难户12户39人。完成监测对象新识别27户101人，其中边缘易致贫户5户24人，突发严重困难户21户72人，脱贫不稳定户1户5人。持续推进项目建设。投入乡村振兴补助资金1859.3万元，其中投入1159.3万元，实施产业项目3宗。2022年享水谷共享农庄、神玉岛、光伏等产业项目分红共计238.60万元。

（撰稿　黄晓霜）

加茂镇

【概况】 加茂镇位于保亭县东南部，东邻六弓乡，南接三道镇，东南与三亚市交界，西靠新政镇，北依保城镇，距保亭县城约10千米，全镇下辖加茂、界水、半弓、石建、加答、共村6个村委会，57个村民小组。全镇土地面积110.7万平方千米，其中水田478.8公顷，旱田168公顷，坡地110.9公顷。地形以丘陵为主，森林覆盖率达87%，藤桥东河自西北向东南贯穿全镇，山海高速途经加茂镇，并设置有加茂互通。

【基层党组织建设】 2022年，加茂镇开展“能力提升建设年”活动。制定1+3能力提升建设年工作方案。积极在村、社区通过LED屏及横幅宣传模式做好“能力提升建设年”活动宣传工作，大培训方面，以领导班子带头上讲台开展“干部课堂”，以党史学习教育为引线，红色传承“不打折”，着重引导干部对标学习先辈的革命精神，从而努力发展，提高自身能力。组织召开加茂镇干部课堂26场次，参与学习1500余人次；针对业务能力短板开展培训11期，培训500余人次。大练兵方面，成立征拆专班，领导带头分组参与推进征拆工作，通过“比学赶超”，让干部职工参与征拆工作第一线；统筹辖区内没有征地任务的40余名镇、村干部轮流跟班学习征拆工作，从而推动岗位练兵；由村支部书记及村小组组长交流工作经验共2次；1名干部到海南省林业局挂职锻炼交流学习。派出镇武装部、基干民兵应急排、镇林业站骨干人员及部分党员干部参与保亭县森林防火实战大培训、专业大练兵、特色大比武暨森林防灭火实训实操演练。大比武方面，制定常态化人居环境卫生大比武，以“村自评、周暗访、月评比”的方式进行。

【基层社会治理】 2022年，加茂镇每月开展一次全镇范围内的不稳定因素排查活动，分别落实包案领导、责任人和时限，建立健全了民事纠纷调处的长效机制，基本做到了小事不出村，大事不出镇。加大查非纠违力度，全面防范、严厉打击违法占田占地建筑行为，确保镇内新建房屋合法合规。积极贯彻落实禁毒工作和未成年人保护工作，开展禁毒宣传和未成年人保护教育工作。全年全镇共举办各类知识进课堂活动5期，分发相关宣传资料300多份，悬挂横幅7条，张贴标语500份。

【社会保障】 2022年，加茂镇做

好元旦春节期间、七一前夕党内走访慰问生活困难党员、老党员、老干部工作。确定慰问人员和慰问标准，元旦春节期间县级慰问31人，镇级慰问物资和慰问品共计9300元。“七一”前夕走访慰问对象25名，共投入慰问金额12500元；完成8名老党员“在党50年”奖章的发放工作。

【民生保障】 2022年，加茂镇城乡居民医疗保险应参保人数16340人，参保12987人，参保率79.48%。城乡居民养老保险应参保人数5268人，参保4553人，参保率86.43%。涉及高质量考核全民扩面参保工作加茂镇任务量为127人，完成132人，完成率103.94%。共下发追缴通知书198份涉及金额为17.18万元，需追缴198人，追缴通知书已下发198份；追回174人，追回金额14.51万元。

【安全生产管理】 2022年，加茂镇开展涉电安全专项整治三年行动，配合县职能部门对辖区内的电动车自行车和汽车充电设施进行安全隐患排查，重点检查充电场所建设，充电设施运维和检测等存在的安全隐患，年内开展排查1次，排查隐患3个，完成隐患整改3个。组织联合组进行高压线下矮化、清理槟榔树障。已清理树障数量（棵），共砍伐槟榔树2056棵，砍伐其他高秆作物43棵，其他高秆作物修枝156棵，有效化解采摘槟榔涉电安全隐患风险。抓好“三防”工作，压实水库责任人的责任，确保汛前检查工作顺利开展，全年水库没有险情发生。加大物资储备力度，建强抢险队伍。现有油锯（电锯）7台、汽油发电机4部、冲锋舟2艘、转移人员车辆2辆、应急排民兵30人，为做好抢险救灾提供有力保障。加强人员值班。执行三级值班备勤24小时值班制度，突发事件及时报告，妥善处理，切实把防御工作落实到人。

【生态环境建设】 2022年，加茂镇对农村各类垃圾进行全面清理，整治村内乱搭乱建、乱贴乱挂、乱堆乱放的现象，有效解决垃圾围村、围田、围路、围河等问题。清除村内道路的各类废弃材料和杂物，以及主要道路两侧的杂草、杂物等，达到道路畅通、整洁、干净。开展村容村貌集中整治，对村内的电线杆、宣传栏、村牌、路牌、指示牌上的小广告以及墙体广告进行清理，还原村庄的整洁与生态。在部分村庄率先推进农村生活垃圾分类工作，对户内、村内的垃圾进行分类收集和清运。全镇共整治生活区地面坑洼不平43处，建设道路挡土墙82米，推行养殖区与生活区分离35处，疏通排水沟淤堵52米，开展水利沟渠大整治103米，管护农村公厕4座，清理村内水塘数量21口，整治乱搭乱建、乱拉乱挂62处、清除乱贴乱画74处，发动村民参与“五治”工作193人次，开展进村入户宣传教育数量33场次。3月起，集中开展改善农村人居环境整治工作，垃圾堆放、污水横流、杂物挡道等现象已大幅减少，农户日常生产生活物品堆放日益规范，道路两侧环境干净整洁，为创建美丽乡村打下基础。

【环境资源管理】 2022年，加茂镇坚决打好污染防治攻坚战，全镇大气、水体、土壤质量保持优良。全面实施水环境综合治理，健全农村生活污水处理设施，农村污水处理能力显著提升；坚决打击“两违”建筑，销号“两违”图斑252个；抓好秸秆禁燃工作，年内全镇燃烧秸秆情况得到控制。

【乡村振兴与脱贫巩固衔接】 2022年，加茂镇坚持每个月至少召开1次大队会议，全年召开15次大队会议，研究部署产业发展、防返贫监测帮扶、务工就业等巩固脱贫成果和乡村振兴工作相关内容。组织帮扶联系人、村两委、工作队开展两熟悉集中学习培训，熟悉村情和帮扶户相关情况。加强驻村工作队管理。全镇6个村乡村振兴工作队共18人，各村乡村振兴工作队都能落实线上线下考勤制度、请假制度、吃住在村、撰写驻村日记等。督促帮扶联系人开展帮扶工作。实现脱贫户和监测户帮扶联系人全覆盖，确保每一户脱贫户和监测户都有一名帮扶联系人，加茂镇现有帮扶联系人150名，其中镇干部帮扶联系人41人，村级帮扶联系人20人，振兴工作队帮扶联系人18人，县级帮扶联系人71人。帮扶联系人每月至少下村1次开展帮扶工作，并使用海南省防返贫监测 APP 做好农户收支情况监测工作。

持续巩固“两不愁三保障”成果。落实控辍保学主体责任，按照“双线目标责任人制管理”中“县政府 - 乡镇政府 - 村委会”这条线抓好控辍保学工作，确保九年义务教育脱贫家庭身体政策的适龄儿童全上学。教育补助应发尽发，特惠性补助和中、高职“雨露计划”补助已全部发放到位，中职教育阶段按照学期发放。其中教育特惠性补助 54.03 万元，资助学生 456 人次（学前教育家庭学生 55 人次，义务教育家庭学生 258 人次，高中教育家庭学生 28 人次，中职教育家庭学生 27 人次）。中、高职“雨露计划”教育补贴资金共发放 150 人次，合计 26.25 万元。

监测帮扶，做好风险消除工作。重点关注脱贫户、监测对象、低保对象、分散供养特困户、重大病户、重度残疾户、临时救助对象、槟榔种植重点关注户等，对存在疑似返贫致贫风险的，及时启动识别认定程序，对符合纳入监测对象条件的要及时纳入，并采取有针对性的帮扶措施。同时对符合消除风险条件的要做好已纳入监测对象风险消除工作，切实做到早发现、早干预、早帮扶。年内经帮扶消除风险 28 户 81 人。

三道镇

【概况】 三道镇位于保亭县西南部，镇政府距保亭县城 31 千米，东南与三亚市海棠湾镇交界，西南邻南林乡，西北依新政镇，东北连加茂镇，土地总面积 100.7 平方千米。下设三弓、田滚、首弓、甘什 4 个行政村、50 个村小组；1 个居、28 个居民小组（含机关直属 1 个）。全年总户数 6150 户，人口 19179 人（含辖区内呀诺达、槟榔谷、布隆赛、那香山等景区工作人员及外来务工人员）。

【经济发展】 2022 年，三道镇以农业生产为主，耕地面积 10429.98 亩（水田 8693.89 亩，旱田 1736.09 亩），坡园地 2412.67 亩，林地 23096.18 亩。种植的热带经济作物主要有橡胶 10727.07 亩、槟榔 8220.43 亩（含居）、榴莲 667.65 亩（含三道居 55.8 亩）、椰子 2994.31 亩、红毛丹 2037.26 亩、荔枝 234 亩、龙眼 587 亩、杧果 794.65 亩、香蕉 102.6 亩、益智 861.5 亩、菠萝蜜 4396 亩等热带作物。畜牧业以猪、鹅等畜禽养殖为主。积极推进常年蔬菜基地建设。建设三弓信海田洋、首弓柳上田洋、南电田洋、首弓田洋 4 个常年蔬菜基地，面积 250.85 亩。2021 至 2022 年，冬种瓜菜种植面积 5688 亩，占冬种计划任务 100.14%，其中苦瓜 64 亩、辣椒 2384 亩、豆类 871.3 亩、茄子 2312.4 亩、树仔菜 18.3 亩。加强番俄等 4 宗水库大坝及北水南调东西渠道日常管护，确保全镇农民生产灌溉用水。强化瓜菜水果抽样检测，确保农产品质量安全。年内，冬种瓜菜质量安全检测站总共检测瓜菜样品 7313 个 9481.31 吨，发放检测报告单 1184 张；水果样品 4393 个 25569.45 吨，发放检测报告单 2927 张，合格率 100%，确保瓜菜、水果顺利出岛。为进一步提高种植户实用技术，加强种植管理能力，5—7 月，组织农户配合县职能部门开展 5 期农村实用技术培训，涉及红毛丹、榴莲、菠萝蜜、槟榔等种植管理，参与人数 366 人次，发放培训书籍资料 242 份，不断提高农民科学种植和管理水平。

【重点项目服务】 2022 年，三道镇加速推动项目落地，实现经济高质量发展。紧扣“项目为王”理念，成立优化营商环境专班、征拆工作专班和赤田水库流域环境综合治理工作专班，齐心协力推项目谋发展。完成三道客运站项目 5 户农户青苗补偿协议签订工作并支付补偿款，配合县交通局完成项目用地清表工作。完成呀诺达 BT-2018-2 号地块全部青苗的清表工作、BT-2018-4 号地块 0.83 亩及安置地收回，完成最后一户的房屋拆除工作，年底安置房有序施工中。完成阻碍布隆赛项目提升改造工程二期项目施工落地 10 年的 10 座坟墓搬迁工作。推进九香溪项目租地工作，经进村入户为农户做好政策解析、协商，签订青苗补偿协议 31 户，测量 19 户。县征拆专班组织三道镇政府及企业公司代表协商“农村土地经营权转包合同”，有效推进项目进展。完成拆除探戈坞项目 22 户村民旧房，并对有意向配合项目组进行拆旧或已拆迁的19户农户颁发房地一体不动产登记证19本。完成海棠山项目47.7亩2个地块建设用地农转用办理，38户土地测量及15户地上附着物评估工作。完成非人灵长类项目45.62亩设施农用地备案、41亩农户土地转租工作，有效推动项目落地。

【基层社会治理】 2022年，三道镇落实“四个不摘”要求，继续实施教育补贴、大病保险报销等保障政策，防止边缘人员因病因学返贫。全面推行防贫综合保险，鼓励临贫易贫人员积极参保。建立防返贫动态监测机制，重点关注特殊群体，及时掌握实际状况，制定和采取针对性帮扶措施，确保脱贫退出的稳定性及可持续性。扎实开展产业帮扶，着力培育壮大村集体经济，推进社会文明大行动活动开展，推动乡风文明建设，倡导移风易俗，健全完善“一核两委一会”乡村治理机制，夯实基层基础，推进乡村治理。

【平安村镇建设】 2022年，三道镇共受理治安案件62件、查处治安案件48件，有效维护全镇治安秩序。开展安全生产大排查行动，发现安全风险隐患276处，全部完成整治。严格落实森林防火“十条措施”“交通整治”等常态化抓安全长效机制，年内，全镇实现森林防灭火零火情。受理省县信访交办案件11件，完成率100%；12345案件706起，办结率100%；矛盾纠纷排查化解27件。开展镇域内高压电下高秆作物排查清理工作，共清理7800余棵。成立网格化综合巡查队伍和应急中队，网格化智慧管控建设取得阶段性成效。全镇设立5个调解委员会，调解人员共20人，信息员16人，各村委会村小组成立护村护路队，做到机构配套齐全，工作扎实开展。加强流动人口管理。持续加强综合行政执法中队规范化建设。常态化开展整治管理工作，管控秸秆焚烧140起，行政立案6宗，罚款3000元；整治乱停乱放324车次、占道经营243处、流动摊点158处等。处罚10宗，罚款800元，有效改变辖区街道乱摆、乱放、乱占道情况。抓好特殊人群服务管理，认真落实刑释解教人员安置帮教工作，2022年底在正对象在册4人，安帮对象在册30人，暂未发现刑满释放人员重新犯罪。加大农村富余劳动力培训，联合举办务工招聘会，为镇内外企业与农村富余劳动力，特别是建档立卡贫困户搭建对接平台，以实际行动帮助群众解决“就业难、难就业”问题。组织本镇劳动力转移培训9期，参加培训684人，达目标任务170人的191.17%。通过培训，广大群众要技术、想致富的观念明显增强，有效促进农村富余劳动力多渠道转移就业。严密防范和打击境内外非法组织活动，采取驻村干部、司法人员及村干部加强排查监控，组织典型人员面对面座谈、现身说法，取得较好成效，实现“三个零指标”的目标。年内，无刑释解教人员重新犯罪，无吸毒人员，无赌博、拐卖妇女儿童等刑事犯罪情况。加强学校治安管理，由派出所所长或教导员担任中小学法治副校长，定期给学生上法治教育课，培养学生养成遵纪守法的良好习惯。镇综治办协调镇派出所、司法所、共青团、妇联等部门，不定期在学校开展法律进校园等宣传活动，全年开展23次法治宣传进校园活动，受教师生3950人次。把好易燃易爆危险物品的管理和审批环节，不定期对探戈屋、那香山、九香溪、呀诺达等工地进行安全检查，对烟花爆竹、汽油、柴油等销售点进行产品质量检查，共组织安全生产大检查活动12次，查处隐患10处，督促整改10处，整改率100%。加强辖区内呀诺达、槟榔谷、布隆赛等景区和人员来往密集公共场所管理。特别是槟榔谷景区与三亚交界处、首弓村与南田农场交界处、呀诺达与农场十一队路口等重点路段，通过调整警力部署，加强该场所、路段的巡查力度，年内，前述场所、路段从未发生抢劫、抢夺等案件。加强对食品安全的监管，重点加强对辖区内饭店、小卖店的日常监督检查，特别是对三道中学食堂的监督检查，有效杜绝食品中毒等事件发生。开展食品安全专项整治行动6次，参与700人次。

【禁毒会战推进】 2022年，三道镇共开展禁毒宣传12次，破获刑事案件2件，受理和查处治安案件42件，有效维护全镇治安秩序。组织开展以“健康人生·绿色无毒”为主题的“6·26”国际禁毒日宣传活动，发放禁毒宣传册1300余份，张贴宣传海报80张，悬挂宣传横幅8条，图片展板20幅，参与3750人次。组织村内200余名妇女参加禁毒宣讲，老师现场授课、实地观摩毒品仿真模型，充分提高群众预防毒品的意识。

【社会民生保障】 2022年，三道镇完成9条生产路建设，惠及4个村委会9个村小组2569人。聘用40名分拣员，实现垃圾分类全覆盖。开展赤田水库流域综合治理。推动首弓村9个、田滚村14个、三道居13个居民小组污水处理设施建设，实现全镇域污水统一排放处理。解决4个泵站用地征迁问题，全力保障污水设施项目建设。完成赤田水库缓冲带项目青苗补偿协议书、租地合同27户签订、拨付资金工作。做好信访、民事调解工作，共接访群众来访2件，接访群众6人次，省县交办信访件11件，已办理11件，办结率100%，满意度90%。排查受理各类民事纠纷15件，调解成功15件。开展事务代理500余件（次），让群众少跑路，干部多跑腿，解决群众办事“最后一公里”问题。组织派出所、执法中队、联防队持续开展未成年人无证、超速驾驶机动车专项整治行动，共查处8起未满16周岁驾驶机动车、电动车的交通违法行为。

【农宅管理】 2022年，三道镇低收入户危房改造指标完成9户，完成补助拨付工作；一般户危房改造指标完成2户，补助款项下达乡镇，年底正启动拨付程序；厕所革命防渗漏改造竣工28户。

【农村基础设施建设】 2022年，三道镇合计投入1226.9万元发展产业项目。其中，投入826.9万元发展3宗产业项目，1宗为项目到户类（三道镇种养业奖励补贴项目62.9万元），2宗为产业发展项目类（雅布伦山庄项目464万元、槟榔谷遇见黎峒项目300万元）；400万元用于9宗基础设施项目建设，分别涉及亚拾园村、农科所、新俄村、番俄村、什密村、毛民村、甘什下村、柳下村、准上村。

【生态环境建设】 2022年，三道镇强化生态环境治理，深入落实河（林）长制。全力推进赤田水库生态环境综合治理，加快推进污水处理基础设施项目建设、退果还林、退塘还湿工作进度，确保岸绿水清。持续实施秸秆禁烧、小散乱污作坊整治，打赢蓝天保卫战。持续深入开展社会文明大行动，加大农村人居环境整治力度，从解决脏、乱、差入手，做好乡村净化、硬化、绿化、亮化、美化，实现镇村面貌焕然一新，建设打造生态环境优美、宜业宜居宜游的黎苗风情特色小镇。

【土地卫片图斑整治】 2022年，三道镇共涉及土地卫片图斑31宗（2021年任务量27宗），已完成整改17宗，涉及槟榔谷、布隆赛景区及公共设施道路，与县资规局协调办理相关手续进行销号整改。

【乡村振兴与脱贫巩固衔接】
2022年，三道镇雨露计划申请学生共121人，发放教育补助共21.18万元。落实健康扶贫政策，贫困人口住院报销比例达90%以上，门诊慢性病、特殊疾病报销比例均已达标。同时在四个村委会各配备一名村医。落实综合保障政策，全年农村低保149户359人，特困供养户29户30人。发放民政临时救助138户231人，累计202363万元。开展就业帮扶，发放865名脱贫人口及农村低保外出务工一次性奖补112.25万元；开展就业培训9期，参加培训684人次。以三弓村为试点推出乡村治理积分制，把村规民约落实情况作为重要指标，激发乡村治理新活力。评选“幸福庭院”“最美家庭”“绿色家庭”“文明家庭”等98户。评议道德红黑榜114人次，结合七个倡导，不断提升乡风文明。继续突出产业扶贫，投入扶贫资金826.9万元，已用于发展槟榔谷遇见黎峒项目、雅布伦山庄项目、种养业奖励补贴项目，带动脱贫户615户及4个村集体经济发展。组织化产业项目累计发放分红129.85万元，其中脱贫户享受分红款66.14万元，村集体享受分红款63.71万元。组织132名帮扶联系人及各村两委、乡村振兴工作队对全镇农村常住居民开展集中排查,纳入监测对象42户142人。开展脱贫户分类管理工作，稳定脱贫户330户1294人、相对稳定脱贫户276户1174人，完成国家巩固脱贫攻坚成果后评估检查任务。

【生态文明村建设】 2022年，三道镇开展赤田水库水源地12个污染源整改工作，全部完成整改。通过安排专人定期巡查，狠抓赤田水库污染治理，逐步改善流域水环境质量。开展农田农业投入品废弃物回收工作，参与者1165人次，配合第三方回收残留农膜1.74吨、农药包装物1.22吨。大力推进秸秆还田，加强秸秆管控，打造“户收集、村清运、镇堆沤”体系格局，全面推进秸秆资源化利用。严格执行河湖长巡河制度，多次持续性开展侵占河道养殖清退、侵占河岸种植清除、水葫芦等清理工作，对辖区河道岸边垃圾进行清理，打捞河道水浮莲、河道周边白色垃圾65.38吨，提升水体水质效果突显。落实惠农补贴政策，发放惠农补贴资金，生态直补2797户397.78万元；耕地地力保护补贴2512户8408.82亩133.05万元；第一批一次性种粮791户2015.82亩9.5万元，农资补贴核定审批实际种植补贴791户2015.82亩6.05万元；第二批一次性种粮2096户6401.47亩16.7万元，农资补贴核定审批实际种植补贴2096户6401.47亩19.2万元；第三批核发补贴2096户6401.47亩11.8万元。2022年向稳定脱贫户231户、监测对象55户发放62.9万元产业奖补。加强林业生态保护，开展森林防火宣传和检查，提高全民防火意识。开展绿化造林工作，绿化造林面积24宗103.44亩。加强日常巡山护林。年内未发现非法侵占公益林情况。做好林木采伐更新工作，全年受理审批核查申请86宗约532.8亩。做好林木采伐更新工作，受理核查申请86宗，35.52亩，均上报县林业部门进行审批。

新政镇

【概况】 2022年，新政镇位于保亭县城西南部，海榆中线自北向南穿过，南至三亚市56千米，西至保亭县城21千米，北至五指山市38千米。下辖10个村委会，70个村小组，4个镇办农场，辖区内还有15个金江农场连队，是个黎、苗、壮、汉等多民族聚居乡镇，农村常住人口共3001户，12338人，土地面积172平方千米，主要经济作物有橡胶、槟榔、益智、红毛丹等。全镇有6个水库，主要河流有脚下河、报什河和南改河。地势西部高，东部平缓，西部山区是境内河流的发源地和分水岭，是水源林区，林地面积1.53万公顷，森林覆盖率达到83.6%，全镇大部分皆分布于此，境内的森林、旅游等自然资源丰富，有多种热带雨林乔木，珍贵的木材有母生、花梨、坡垒、绿楠等，沉香、砂仁、降香、灵芝等多种南药有着特别的开发利用价值。

【经济发展】 2022年，新政镇重视招商引资，坚持“产业项目带动之路”的工作思路，积极发挥资源优势，大力引进项目，包括新型光学材料、商业广场、榴莲蜜种植基地、林下魔芋种植、新意橡胶厂、南药康养小镇和河畔养生度假民宿等。统筹投入1414万元，蛋鸡、肉鸽、享水谷乡村旅游、光伏项目，可以为村集体增收81万元。投入59.63万元采购种苗，发放给285户农户3.36万株种苗发展槟榔林下套种；脱贫人口外出务工1740人，务工收入为3586.42万元，占家庭总收入的50.6%。完成悦溪山庄项目14户征迁39亩清表工作，项目完成序时投资计划的95.2%。

全镇共有建档立卡脱贫户969户3859人，累计纳监测168户574人，标注解除风险68户263人，未解除风险100户338人，农村常住居民人均可支配收入16709元，同比增长6.5%。

【项目建设及服务】 2022年，新政镇加强基础设施建设。深入开展“项目建设年”推动镇区重点项目开工26宗，新型光学材料等8宗项目列入招商包装，固定资产投资1.7亿元，同比增长16.2%。协助完成8座漫水桥、3条拓宽路200户青苗补偿清点补偿和清表工作。协商中化橡胶厂42亩工业用地，谋划引进农产品加工项目、协助志妈康养园35亩建设用地完成指标置换。积极参与“咖啡时间——政商对话加速跑”活动，为3家企业解决5个难题，解决泓缘猪场

2010年以来租金纠纷和资产评估等历史问题。改建政府服务大厅，整合服务窗口，按“一件事一次办”的要求，办理群众、企业业务2295件，好评率99.8%。

【特色产业发展】 2022年新政镇农业持续发展。开展耕地“非粮化”“非农化”整治，坚守1.4万亩永久基本农田保护红线，完成新政洋320亩高标准农田建设，主要作物水稻种植10200亩，产量4080吨；冬季瓜菜完成种植面积7411亩，完成全年种植任务的92.6%，其中辣椒种植3600亩、豇豆种植1300亩。2个常年蔬菜基地种植面积达120.2亩,全年瓜菜产量1.4万吨。生猪出栏1929头。推动槟榔产业转型，套种、间种、混种作物1817亩。

【社会治理】 2022年，新政镇加强社会治安综合治理。大力推进“无毒乡镇、无毒村居创建工作”，开展禁毒知识进校园进新政街道活动3次，禁毒宣传进万家游园活动1次。完善社管平台建设，调解纠纷27宗，落实“一村一警务”4名派出所民警兼任村党支部副书记。开展交通安全专项整治行动80次，查处各类违法行为500起，省公安厅两次视频抽查头盔佩戴率均达到93%以上。强化综合执法，完成56宗疑似森林督查违法图斑核实及整改，拆除1宗40平方米违法建筑、9处村庄私搭乱建。完成14起隐患整改清理高压线周边树障4215棵。培育30名法律明白人和9户农村学法示范户，2名镇干部通过执法考试公共法考试，推进什奋、报什、南改3个村委会“民主法治示范村”创建工作。全镇发生刑事案件1起，同比下降75%，治安案件4起，同比下降50%。

【社会与民生保障】 2022年，新政镇民生保障持续完善。确保食品安全，安排镇干部包保全镇124家食品生产经营企业，班子领导牵头，70名镇村干部包干食品生产经营主体C级3家、D级124家，并签订督导责任落实承诺书入户开展督导工作。高州村史博物馆竣工运营，完成镇文化站提质改造，组织文体活动105场次。就业驿站落地运行，输送165名群众务工。中小学入学率、毕业率均达100%，帮助13名大学生申请希望助学金，新政镇中学教工宿舍楼竣工投用。深入开展“2+3”健康服务及“两癌”筛查，镇卫生院完成标准化建设。基本养老保险、基本医疗保险参保率稳定在95%以上，开展追缴养老金专项行动，追缴养老金210人35.3万元，追缴冒领、多领养老金190人29.38万元，完成率90.47%。完成特殊人群符合参保代缴，城乡养老保险缴费5585人，扩面任务141人。待遇认证1538人，完成率96.68%。城乡医疗保险征缴12631人，完成率89.7%。

提升公共服务水平，行政审批系统一共录件2112件，好评件2109件、漏评件2件、差评件1件（误评）。制定领导信访责任区，领导接访日等制度，认真开展“镇委书记大接访”活动，做到有访必接。接访群众来信来电来访7件。其中，土地纠纷5件、干部人事信访件1件、其他信访1件，办理7件，调处成功率100%，办结率100%。

【基础设施建设】 2022年新政镇加强了基础设施建设，财政资金支出5810万元，完成88.13%。县镇重点项目开工26宗，完成投资17266万元，完成率75.42%。“五网”基础设施进一步提质升级，新政水厂2宗输水管道工程竣工投用，提升改造农村公路4.3千米、水利渠道1.4千米，漫水桥改造8座，窄路拓宽3条，新建5G基站14个。新政水厂扩建、10千伏电网线路、什那光伏发电站等项目加快推进。

【安全生产管理】 2022年，新政镇开展安全生产宣传12次，加强日常安全检查和隐患排查，做好森林防灭火、高秆工具采摘槟榔的宣传和排查，悬挂宣传横幅50条，宣传车流动进村宣传48次。完成烟花爆竹、槟榔采摘、建筑施工、道路交通、水库安全管理等重点领域14起隐患整改工作，清理高压线周边树障83棵。完成槟榔树等高秆树障隐患清理工作，砍伐（迁移）槟榔树3734株，砍伐其他高秆作物251株，其他高秆作物修枝147株。加强日常校园安全工作，全镇无一起安全生产事故发生。

【生态环境建设】 2022年，新政

镇全面推进生态环境建设。投入14万元在报导村委会的什那、什调两个村小组实施人居环境整治工程。协调县振兴局163.5万元在石让村委会什厚黎村实施人居环境整治工程。清理疏通排水排污618米，加固修缮雨污水沟5条，清理残垣断壁清理52处，裸土覆绿14.1亩，整治生活区地面坑洼30处，拆除畜栏2处，管护农村公厕6座，拆除旧房67间，入户宣传290次，发动村民参与“五治”工作8020人次。绿化造林491亩，打击毁林8宗，投入11.8万元采购防火设备，充实各村防火力量。组织清理2.76吨河道垃圾，清理水浮莲5亩0.87吨。拆除脚下河2处“乱占”建筑、清理藤桥西河围垦河道种植阻碍行洪林木问题2处。整改9宗河湖“四乱”现象。完成赤田水库流域5个自然村污水处理管道铺设。

【乡村振兴工作】 2022年新政镇统筹安排1050万元实施蛋鸡、肉鸽养殖等产业项目。健全防止返贫监测和帮扶机制，累计纳入监测168户574人，解除风险68户263人。纳入特困11户11人，纳入低保13户40人，未发生规模性返贫。持续落实“三保障”政策，实施危改67户，厕改39户；发放教育补助658人次85万元，无学生辍学；发放临时救助107户173人12万元；医疗保障1.7万人次，累计报销1778万元。新开发公益岗38个，农村劳动力技能提升培训732人次，脱贫人口外出务工1775人，人均纯收入同比增长9.6%。

全镇各村集体经济收入达195.6万元，比上年集体经济收入增加87.41万元，增长80.7%。全镇行政村集体经济经营性收入10万元，全县乡村振兴大比拼排名第三。

什玲镇

【概况】 什玲镇地处保亭县东部，北面、东北面与琼中县毗连，东面与陵水县相邻，西南面与保城镇连接，西面与五指山市接壤，距离县城11千米，素有保亭“东大门”之称。全镇辖区面积为122.5平方千米，其中，耕地面积12045.33亩（水田8863.79亩，旱田2137.1亩，坡地1044.44亩），林地面积4万多亩。下辖12个村委会81个自然村，有镇办经济农场1个。有完全小学2所，卫生院2所。2021年，全国人口普查统计全镇有常住人口14031人（农村人口12411人,镇区人口1620人），其中黎族人口约占全镇总人口的86.3%。苗族约占全镇总人口的7.51%。什玲镇党委下设17个党支部（12个村、1个机关、1个“两新”、1个财贸党支部、1个财税党支部、1个企业办党支部），党员863名，其中农村党员100名。有中心学校2所，教学点2个，有完全小学2所、幼儿园1所，在校教师843名，学生80名。卫生院1所，村卫生室12个,助理及以上医师18人，注册护士6人。支柱产业以农业种植为主，全镇种植有经济作物槟榔19225.4亩，橡胶18721.8亩，荔枝、龙眼、香蕉等热带水果719.6亩。每年冬季瓜菜种植面积6000多亩，种植的主要品种有苦瓜、茄子、辣椒、豆角等。

【基层党组织建设】 2022年，什玲镇制定方案完善措施，抓好抄寨“软弱涣散”党支部整顿转化升级，推进什玲“五好党支部”建设。继续做好党员发展工作，年内吸收入党积极分子32人，发展对象39人，新吸收预备党员11人，转正11人。组织12个党支部，党的十八大以来农村发展党员230人，经排查认定入党程序不规范16人，“带病入党”1人，要求各党支部建立台账，对账销号，1人给予党内严重警告，16人按情形重新履行相应手续，并对相关责任人进行约谈，确保党员发展严标准、高质量。同时做好换届回头看、党务排查工作。对镇、村班子及成员完成实地走访调研及“民主测评”工作，经研判均合格。组织全镇17个党支部，对2020年以来党务工作突出问题进行排查，全镇排查问题3条，建立规范党务工作问题台账,制定整改措施，确保问题整改到位。

【农业发展】 2022年,什玲镇围绕稳产保供，推动农业高质量高效发展。做好政策性农业保险工作。落实橡胶、水稻5个政策性农业保险险种政策。其中，橡胶保险承保胶农2821户，承保面积41233亩，承保株数1483212株；水稻保险承保粮农1000户，承保面积2569.42亩，财政补贴18733.57元。落实惠农补贴政策，保护和调动农民种粮积极性。落实耕地地力保护补贴面积6540.09亩，核拨补贴金额103.49万元；实际种粮农民一次性补贴，补贴面积8608.17亩，核拨补贴资金20.98万元，受益农户3309户；早稻粮食生产农资补贴面积2561.88亩，核拨补贴金额7.69万元；早稻粮食生产农资补贴面积5798.05亩，核拨补贴金额17.39万元；种养补贴465户，核拨补贴金额108.8万元。开展撂荒地治理工作，建立撂荒地、水稻功能区等台账。根据摸排情况，什玲镇撂荒地面积97.38亩，复耕面积37.69亩，复耕率38.7%；水稻功能区地块面积88.17亩，清理基本农田种植槟榔80.5亩。

【社会保障】 2022年，什玲镇开展新农合征缴工作，城乡居民参保人数为6638人，缴费完成率达100%。开展城乡居民养老保险待遇人员资格认证，城乡养老保险待遇已认证1543人，完成率93.74%，追回违规领取349人，清零率87.78%。开展多形式宣传活动，悬挂宣传横幅、张贴宣传海报、发放宣传单及宣传册，以面对面的形式举办新农保咨询会活动，讲解新农保政策，消除群众参保顾虑，激发群众参加积极性。

【民生保障】 2022年，什玲镇对各类优抚对象、低保户、弱势群体、特困户等民政对象开展摸底排查。经核实，在册民政对象有特困户64户65人，集中供养1人，低保户111户257人，高龄老人221人，困境儿童34人，孤儿6人，事实无人抚养儿童2人，低保边缘家庭26户83人，落实每月补贴，对符合退出条件民政对象及时清退。高质量完成婚姻登记工作，办理婚姻登记15对。

【基础设施建设】 2022年，什玲镇开展农村房屋安全隐患摸排及改造工作，摸排农村房屋安全隐患3733户，全部录入农村房屋安全隐患排查系统。存在危房风险387户，完成鉴定62户，并认真筛定危改对象，严格按照标准及条件实施改造。农村危房改造任务13户、开工13户、竣工10户、入住6户。开展厕所摸排及改造工作，摸排厕改1646户，均已录入海南改厕系统。厕改任务数为15户，均已建成。

【综合治理】 2022年，什玲镇坚持以“镇主要领导总体抓、分管领导具体抓，村支部书记动态抓”的三级管理制度，切实增强社会管理综合治理的必要性和紧迫性思想认识，加强对社会管理综合治理工作的领导，构成层层落实，坚持“谁主管、谁负责”和“属地管理”的原则，建立健全基层民主协商制度，通过现场调研、信息上报等方式。全年共征集民主协商议题48个，已落实议题32个。

【生态环境建设】 2022年，什玲镇水贤、什东村生态搬迁安置区项目于2021年8月动工建设，安置区项目总体工程量完成97.5%。其中，68户安置房完成100%，商业街区域工程量完成100%，农贸市场区域工程量完成92%，公共服务中心区域工程量完成95%，安置区雨水排涝工程建设、排污管道外接工程、生活用水接入和光纤接入等配套设施工程如期完成。2022年9月16日，保亭县生态搬迁领导

2022年11月18日，保亭县什玲镇水尾村一角　（县委宣传部　供）

小组在水贤、什东村举办“黎苗同乐、喜迎二十大·齐贺生态搬迁乔迁之喜”生态搬迁庆典仪式活动。

【人居环境整治】 2022年，什玲镇常态化开展绿色周五卫生整治活动。各村委会组织公益岗每周五对村内道路、文化站等公共场所进行卫生整治活动，镇环卫站每天对村内垃圾进行及时清运。开展人居环境“五治”行动。疏通排水排污管道15条，对部分排放不畅的雨水、污水沟加宽加固3条，组织公益岗清理河道垃圾约1250人次，对农村水利渠道的堵塞情况和周边杂草土堆进行全面清理70余次；实施进行硬化路建设6条，入户路建设25条，清理残垣断壁清理5处；村内裸土覆绿2处；推行养殖区与生活区分离，引导农户采取林下经济等模式，在远离村庄、连队生活区的区域内建设小型家畜家禽栏舍。开展农村人居环境整治“幸福庭院”评选活动。目前共完成幸福庭院评分2642户，其中五星庭院465户、四星庭院1020户、三星庭院881户。组织开展人居环境考核评比工作。对环境卫生好的村进行表彰发放流动红旗和奖金，评比较差的村发放黄旗进行警示，营造比学赶超的人居环境整治氛围。

【乡村振兴与脱贫巩固衔接】 2022年，什玲镇坚持“主要领导抓，抓主要领导”责任机制，先后召开大队会议40次，工作部署会议12次，研究部署巩固脱贫攻坚成果同乡村振兴有效衔接工作。印发实施《什玲镇2022年度巩固拓展脱贫攻坚成果同乡村振兴有效衔接工作实施方案》，责任量化帮扶联系单位、县镇村帮扶联系人责任，全镇22个帮扶单位、318名县镇村帮扶联系人挂钩联系12个行政村1233户脱贫户及监测户，切实推动巩固脱贫成果落细落实。通过印发实施《什玲镇2022年度巩固拓展脱贫攻坚成果同乡村振兴有效衔接工作总体实施方案》《什玲镇2022年防止返贫监测帮扶集中排查工作方案》等文件，强化监测预警响应。2022年什玲镇建档立卡脱贫户1119户4300人，占农村常住人口34.26%，系统登记防返贫监测户165户566人，其中经帮扶消除风险36户121人。年内脱贫户人均纯收入20642.33元，较2021年纯收入17904.86元，增长率15.29%。

（撰稿　郭伟康）

2022年10月11—14日，县文联组织文艺志愿服务小分队，随同县民族歌舞团到什玲镇，参加2022年保亭县“创文明城市，树时代新风，喜迎党的二十大”新时代文明实践主题文艺演出　（罗　伦　摄）

毛感乡

【概况】 毛感乡，隶属海南省保亭县，地处保亭县西部，东与响水镇接壤，东南临新政镇，西南与三亚市交界，北依五指山市畅好乡，全乡行政区域面积127.52平方千米。毛感地区处在高山地域，属高山寒冷气候区。每年雾日在200天以上，日照时间短，气温回升慢、结霜现象常见。年平均温度21.6°C，年平均降雨量2176.8毫米，是全县降雨量最多的乡镇，下辖毛感、毛位、南好、南春4个行政村，30个自然村，1个经济场，户籍人口1379户4655人，常住人口977户3720人。全乡土地面积130平方千米，其中森林面积15.5万亩，可用耕地面积4413.5亩，集体林地面积44728亩。据不完全统计，加勒比松约种植5.6万亩，林下经济作物种植益智约1800亩11.25万株、牛大力约8.75万株，红藤3万余亩。年内，毛感乡南春村被评为“全国民主法治示范村”；毛感乡获评海南省“无毒乡镇”。

【特色产业发展】 2022年，毛感乡以农业增效、农民增收为核心，积极探索适合毛感乡发展的特色产业，构建“一村一品”产业发展格局，培育和扶持高新产业发展，努力走出产业基础高级化、产业链条现代化的毛感新路径，投入资金270万元，推动食用菌、罗氏虾养殖等两个特色农业产业新项目。打造区域公用品牌，参加2022(首届)海南“一镇一品”特色产业发展论坛，全力推介毛感公用龙豆品牌，加深了大众对“仙安龙豆”品牌的印象，推动毛感公用龙豆品牌的发展。实施槟榔园套种热带作物种植产业项目，投入15万元，带动全乡种植651户，面积4090.55亩。已套种885.9亩，已按计划套种2322.35亩，计划套种种类为油茶、沉香等；挂牌打造槟榔林下套种示范户11户155亩，通过槟榔林下套种，在增加农户收入的同时，降低因槟榔产业前景不明朗带来的影响。

【社会稳定】 2022年，毛感乡法治化水平不断提升，扎实推进法治政府建设和民主法治示范村创建工作，年度法治政府考核为优秀等次。创建省级民主法治示范村1个、县级民主法治示范村1个，广泛开展禁毒宣传，取得了明显成效。加大矛盾纠纷调处工作力度，累计受理各类纠纷12起，调处12起，调处成功率100%。

【社会与民生保障】 2022年，毛感乡全力实施各项民生基础设施建设，持续改善群众生产生活环境，不断提升群众幸福感。对接县农综中心投入359.14万元对毛感乡南新田洋、番奋田洋、番兴田洋实施农田整治项目，其中平整翻耕田地83.56亩使土地达到耕作条件，修建挡墙280米解决田洋排涝功能不足问题；与县水务部门沟通协调，将毛感乡集中供水工程纳入全县农村供水“十四五”规划项目库，解决毛感乡毛位、毛感、南春等三个行政村区域饮水问题。通过协调县水务部门延伸乡墟供水管道至什巾二村，解决什巾二村原有深机井间歇性供水浑浊问题。落实好各项民生工程，持续抓好兜底性、基础性、普惠性民生建设。共发放惠农补贴8项，资金总额152.51万元。其中，特困供养金9.8万元；城乡低保金96.7万元，特困人员护理费4.02万元、孤儿生活补贴4.86万元、困境儿童生活补贴3万元。事实无人抚养儿童生活补贴1.62万元，高龄补贴14.94万元、临时救助金17.39万元。养老、医保征缴工作成效明显，制定医疗、养老征缴激励方案，强化奖惩激励机制，将进度考核和结果考核有机结合，年度毛感乡居民基本医疗保险和居民基本养老保险完成率均排名全县第一。凝心聚力推动历史遗留问题解决。先后召开毛拉洞库区移民历史遗留问题推进会10次；毛拉洞库区移民历史遗留问题的八项工作中，完成特殊养老补贴、耕地改良、耕地补偿等7项工作，余下一项关于林地(林木)核实工作正在研究解决方案，实现大突破、取得大成效。

2022年12月16日，毛感乡沉香基地一角　　（朱　冠　摄）

【安全生产管理】 2022年，毛感乡牢固树立安全生产理念，建立健全各项规章制度，常态开展各项安全生产大检查、大排查、大整治，加大安全生产宣传力度，悬挂宣传标语150多条，组织观看安全警示片600余人次。全方位做好火源管控，筑牢森林防灭火防线，年度内全乡未发生一例重大安全事故和森林火灾事故；扎实做好防溺水工作，投放救援竿120多条，设置警示标牌40处，确保意外事故发生时群众能第一时间利用救生工具进行施救，筑牢全乡防溺水安全网；开展高压线区域槟榔树障清理行动和安全教育宣传活动，全力打通电力“安全通道”，防范各类安全风险，配合县供电局清理毛感乡区域内10千伏高压线路下的高秆树障2195株，完成率158.5%；成功搜救一名失联人员，总结搜救工作经验做法，提升了热带雨林特殊环境人员搜救能力。

【生态环境建设】 2022年，毛感乡积极践行绿水青山就是金山银山的理念，落实“林长制”，增强绿色底蕴；践行“河长制”，实施好毛拉洞水库综合治理；落实“路长制”，加强马路沿线全面整治，推进“四好农村路”建设。加强大气污染防治，抓好秸秆禁烧和综合利用，把创建国家卫生乡镇工作纳入重要议事议程，将爱国卫生运动与人居环境综合整治工作相结合，年内投入250万元用于开展环境卫生整治工作，其中投入127万元配备生活垃圾分类桶104个，户分类垃圾桶3200个，垃圾分类清运车26辆及建设垃圾分类收集亭36个；投入80.6万元用于保障分拣员工资，配备3名清运车司机及村级保洁员30名、垃圾分拣员34名，全乡卫生环境和群众文明程度大幅提升，营造干净整洁的乡容乡貌。年内毛感乡被评为海南省卫生镇，并申报创建全国卫生乡镇。

【乡村振兴工作】 2022年,毛感乡凝心聚力抓攻坚，乡村振兴成效显著。全力推进巩固脱贫攻坚成果同乡村振兴有效衔接，切实抓好各项工作，让脱贫基础更加稳固、成效更可持续。实施乡村振兴衔接项目13个，涉及财政衔接资金1019.74万元，其中692.3万元用于实施罗氏虾养殖等7个产业项目，覆盖全乡977户3720人，共吸纳脱贫户、监测户24人务工；327.45万元用于建设5个基础设施。落实特色产业奖补226户，奖补资金42.3万元；教育资助275人次，补助金额33.93万元；全乡务工1241人，同比增长8.2%；其中，脱贫户、监测户务工874人，同比增长2.3%；落实外出务工奖补，发放脱贫户、监测户外出务工人员各项补贴657人,共发放86.76万元。开发公益性岗位19个，发放公益岗工资181.76万元。小额信贷23户23笔，贷款金额71万元。因地制宜，打造毛感鸭、四棱豆、铁皮石斛、奇楠沉香四个特色产业基地，大力推行“党支部+合作社+农户”模式，产业振兴取得显著成效，实现所有脱贫户利益联结全覆盖，脱贫户累计分红收益40余万元，不断增强群众“造血”能力，在乡村振兴大比武中获全县第一，全乡脱贫攻坚成果扎实巩固。

【旅游业发展】 2022年，毛感乡推进森林公园旅游小镇项目建设。将毛感乡乡墟打造成集旅游休闲、特色产业品鉴、特色文化展览、乡墟环境升级改造、主街区特色改造、旅游景观栈道等为一体的特色小镇，推进农村一、二、三产业融合发展，着力提升乡域富民产业，强化乡城商业体系建设，带动群众增收致富，推动毛感旅游发展迈上新台阶。

【武装管理】 2022年，毛感乡夯实“两个基层”规范化建设，不断深化双拥建设。强化民兵组织建设。严格落实完成征兵工作。夯实“两个基层”规范化建设，借助原有林业站办公场所进行改造，建成基层武装和基层民兵规范化建设，配备值班室、装备室、档案室等六室，安排值班人员，储备应急处突力量，为毛感乡平安建设夯实力量。利用春节及八一重大节日对现役军人家属及退役军人重点优抚对象开展节日慰问工作。

（撰稿　李菲菲）

南林乡

【概况】 南林乡位于保亭县南部，海榆中线公路西侧10千米，距县城47千米。东接三道镇，西南与三亚市交界，北连新政镇，土地面积59.7平方千米，地属山区盆地，森林覆盖率84%，是生态核心区、重点水源保护区，境内唯一河流为南林河，从西向东贯穿全境，汇入三道境内水库。全乡户籍人口1665户5986人，常住农业人口4943人，居民大多数为黎族，少数为汉族，下辖3个行政村，24个村小组，2个乡经济场，2个村经济场，海军、陆军部队农场各1个。2022年，南林乡共有1所完全小学，1所幼儿园，1个教学点。南林乡人民政府获“全省禁毒大会战（2020—2022年）禁毒标兵单位”称号。

【项目建设及服务】 2022年，南林乡切实发挥法治政府建设对优化营商环境的重要保障作用，把法治政府建设与优化营商环境有机结合，积极参与“咖啡时间”平台，落实企业诉求。参与“咖啡时间”8次，解决“十里花廊”等项目提出的各类问题8个，确保营商环境服务保障到位。全年，完成十里花廊项目、设计小镇、幸福河湖征地以及青苗清点工作，推动项目落地。

【特色产业发展】 2022年，南林乡完成新增产业项目魔芋种植、南药种植以及肉猪养殖续建项目谋划、选址、方案和合同拟定、签订以及资金拨付工作。1676.2万元衔接资金用于实施建设6个产业项目，全年，所有项目完工，资金支出100%。

【基层治理】 2022年，南林乡加强法治宣传，做好警示教育工作，完成村法律明白人培训2期，累计参加18人次，进一步打造乡村法治氛围；开展反恐宣传工作。加强对乡联防队的管理；充分发挥乡派出所、联防队工作职能作用，对学校、集市、娱乐场所等重点地区排查30次，累计出动500人次，处理解决问题10个；常态化开展扫黑除恶工作，发放宣传资料1000余份，张贴通告、举报电话50余张，宣传标语共200余条，悬挂横幅60余幅，设立广告牌4处，LED电子滚动屏宣传100余次，设立举报箱4处。全面落实禁毒工作，开展形式多样的禁毒宣传活动，发放宣传资料500余份，悬挂横幅50条，完成800余名群众关注“中国禁毒”和“海南禁毒新媒体”公众号，巩固南林乡省级“无毒乡镇”称号。化解社会矛盾纠纷，维护社会稳定，开展大接访活动，加大调解纠纷力度，村人民调解委员会累计调解58件，综治办和司法所联合进调处15件，分管领导接待调处15件，主要领导调处5件，处理12345热线投诉案件96件，各类纠纷96件。落实反诈工作，召开推进会、宣传会等10场次，督查检查10次，印发各种宣传品800份，制作宣传标语100条，出宣传栏4期，到各村宣讲4次，安排工作人员上门安装反诈APP，安装率90%。抓好创建“平安村庄”工作。

【社会保障】 2022年，秋季学期在校学生439人，义务教育阶段入学率100%；组织爱心企业、爱心人士为新入学的19名南林籍贫困大学生发放助学金8.9万元。

【民生保障】 2022年，南林乡城镇居民社会养老保险参保2673人，完成60岁以上老人养老金资格认证人数762人（其中农业户口744人，非农业户口18人）；城乡基本医疗保险新农合参合4957人。

新增低保1户4人、特困5户6人、低收入家庭2户10人；为8户24人申请支出型临时救助，共计2.4万元；完成残疾人

2022年9月6日，南林乡在新办公楼会议室举行“爱心助学　筑梦前行”圆梦行动助学金发放仪式
（南林乡　供）

到期换证、办证8人，为行动不便的残疾人开展送货上门服务5次；慰问计生户33户；完成老年人失能认知障碍筛查139人；动员孕优免费检查20例；持续开展35至64岁妇女免费“两癌”检查；完成5户农户危房改造及26户农户厕改工作。

【基础设施建设】 2022年，南林乡投入乡村振兴衔接资金1181.29万元，完成3个村委会5个村小组生产路硬化、罗葵村委会草别村小组村容村貌改造提升、17个村小组382户农户入户路硬化改造，在东方村至罗葵村的主干道实施亮化工程，配合县交通局在南林乡实施完什号、仲田、道英、红星4座漫水桥改造。

【安全生产管理】 2022年，南林乡深化“红线”“底线”认识，加强安全生产领导，明确书记、乡长为安全生产第一责任人；及时贯彻落实安全生产领域重要精神，组织安全生产专题学习教育培训2次，累计参加82人次。积极开展宣传教育活动，提高全民安全生产意识，发放宣传材料1000多份、悬挂安全横幅及张贴标语120多条，投放防溺水救援杆120条。加强防风防汛工作，强化隐患排查和做好应急演练。整治交通顽瘴痼疾，维护道路交通安全，开展马路市场安全隐患专项整治10次，整治农用车、拖拉机违章载人，累计查处8人；公路主干道沿线设置护栏、安全警示标牌5个；投入中央交通养护补助资金9.6万元完成南林村委会至中间岭路段2处隐患点进行路面修复。清理高压线下高秆作物，出动人员220人，车辆25次；发放告知书46份，清理槟榔791棵。其他高秆作物209棵，其他高秆作物修枝305棵，按时完成树障清理工作，有效保护人民群众的生命财产安全。切实加强监管，筑牢消防堡垒，抓好森林火灾的防范；定期不定期到经营店、学校、超市等人群密集场所进行消防安全检查17次，下达整改通知书42份；配合县消防大队开展生产经营租住村民自建房重大火灾风险综合治理排查工作；开展春季消防安全知识专题培训及秋季消防安全知识进校园活动2次，开展火灾演练1次。

【生态环境建设】 2022年，南林乡防治大气污染，开展禁止露天焚烧秸秆、落叶、垃圾行为专项行动，悬挂横幅20幅，发放宣传告知书1200余份，签订承诺书1200余份，全方面宣传，做到户户知晓，家家禁烧；加强秸秆禁烧执法工作，下达责令改正违法行为通知书21份，签订禁烧承诺书8份，出动执法人员155人次，核查秸秆禁烧监控平台发现的“火点”线索88件，受理投诉举报1件，巡查发现1件，露天焚烧秸秆、垃圾共立案13件，处罚金额0.75万元。防治水污染，进行“河湖清四乱”巡查，组织水利河道协管员开展野生空心菜、水浮莲、白色垃圾清理工作，清理各类污染垃圾10吨。防治土地污染，强力推进农业面源污染整治，农业废弃物回收站年回收农业面源废弃物32吨。

【乡村振兴工作】 2022年，南林乡聚焦巩固拓展脱贫攻坚成果，积极推进乡村振兴各项工作。全面排查，防止规模性返贫现象发生，开展两轮防止返贫监测帮扶排查工作，纳入监测21户67人，不存在体外循环。以问题为导向，全面巩固乡村振兴衔接脱贫攻坚成果。落实就业帮扶政策，助力乡村振兴成效，配合举办3期培训班，参加人员207人次。全年，南林乡外出务工1500人（省外258人，省内县外333人，县内909人），其中脱贫户、监测户外出务工633人；脱贫户、监测户公益岗213人。抓产业促增收，夯实乡村振兴基础，开展2016年以来18个涉贫产业项目“回头看”，处置到期项目收回本金转产发展新项目1个，疑似风险项目盘活转产1个，调整发展内容项目1个，调整发展合作模式项目6个，追加资金壮大项目1个，常态跟踪监测项目8个。投入衔接资金1676.2万建设效益稳定长效项目5个和激励性项目1个。9个产业项目分红42.61万元；发放产业奖补221户48.4万元。落实金融帮扶，给予有发展生产意愿的农户贷款66人次146.1万元。推进产业项目建设，增加群众创收渠道，1676.2万元用于实施建设6个产业项目。发挥联动作用，提升消费助农成效。完善档案归档，确保有迹可循。激发乡村治理主体积极性，以提高乡村治理效能为目标，推行清单制，理清工作思路、职务职责，补齐村委会治理工作的短板弱项。

【农村人居环境整治】 2022年，南林乡印发维护环境卫生倡议书1200多份，制作布幅标语20多条，充分利用广播、微信等平台，营造环境整治浓厚氛围。做好垃圾分类工作，完善基础设施，在24个村小组安装48个垃圾分类宣传栏、25个垃圾分类亭、2座智能垃圾分类屋，配备24辆垃圾分类转运车，累计发放200个240升分类垃圾桶，3000个40升户垃圾分类桶。投入30万余元清理秸秆约400车次，盘活南林乡有机肥合作社，全面加强秸秆回收综合利用。统筹多方力量，开展常态化卫生整治工作。组织19次新时代文明实践志愿服务队和巾帼志愿者、40次村三员和协管员整治卫生死角。投入8万元，开展南林乡病媒生物防治工作。开展“幸福庭院”评比工作，完成3次“幸福庭院”评比活动，评出44户五星、73户四星、65户三星，形成共建共管共治共护的农村人居环境整治工作氛围。

（撰稿　黄柳燕）

六弓乡

【概况】 六弓乡地处保亭县东南部，南与陵水交界，西南邻三亚，西接加茂，北连保城，距保亭县城27千米。全乡土地面积81.7平方千米，耕地面积6642亩，其中水田4069亩、旱田2493亩、坡地279亩。林地面积3万亩，森林覆盖率92.16%。地形以丘陵为主。英州河和南昌河两条河流贯穿六弓乡全境，境内有山塘水库9个，其中小（1）型水库1个，小（2）型水库8个；山塘9个。六弓乡下辖田岸、大妹、奋发、石艾、田圮5个村委会，总人口1844户7357人（其中农业人口1348户5566人，常住人口1703户6712人），黎族人口7222人，是全省为数不多的赛黎聚居地之一。乡党委下设9个党支部（其中5个村、2个机关、1个“两新”、1个企业），党员458名，其中农村党员387名。现有中心学校1所、教学点1个（石艾），在校教师41名，学生435名；幼儿园1所，在校教师13名，学生105名；卫生院1所，村卫生室4个，有助理及以上医师6人，注册护士7人。主要粮食作物为水稻，热带经济作物有橡胶、槟榔。主要特色农副产品有百香果、六弓鹅、荔枝、龙眼、甘蔗、芒果等。获“海南省脱贫攻坚先进集体”“海南省卫生镇（2021—2023）”称号。

【经济发展】 2022年，六弓乡主要经济来源为水稻、橡胶、槟榔、百香果种植和瓜菜种植、水产养殖以及外出务工等。水稻面积4350亩，产量1046吨；瓜菜面积2099.7亩（常年瓜菜基地82亩），产量1694吨；橡胶7340亩、槟榔5269亩、椰子416亩、芒果2300亩、红毛丹800亩、菠萝蜜960亩。积极引进龙头企业发展新型经济，采取“党支部+公司（合作社）+农户”的模式引进项目，推动农业产业化发展，带动农业增效、农民增收。已建成村集体经济合作社5个，实施农机服务和黄牛、肉猪、六弓鹅、淡水鱼、百香果、菠萝蜜、红毛丹、芽苗菜等种植养殖产业项目18个，有效促进贫困户增收；建成六弓鹅苗孵化基地1个，养殖基地4个，年出栏量2.5万只以

2022年7月30日，保亭红毛丹文化节暨六弓首届戏剧营文艺汇演

（胡芳菱　摄）

上；成立保亭嘎达农业开发有限公司，争取省农林科技学校支持，建设六弓鹅特色农产品加工厂，形成苗、养、加工、销售全产业链；建成5个200亩百香果种植示范基地，并以此吸引农户扩大种植3000亩，年产量49.5万千克以上。实现村村有特色产业发展，家家有龙头企业带动的局面。

【项目建设及服务】 2022年，六弓乡实施6个产业项目和6个基建项目，项目资金总额1808.35万元，其中产业项目涉及资金1199.1万元，基建项目涉及资金609.25万元。

【特色产业发展】 2022年，六弓乡大力推动特色产业，统筹衔接资金300万元用于发展百香果提质升级项目，采取数字监控监管，推广灯光助长、变异果提炼等技术，加快产业数字化转型升级。全乡百香果种植面积达3000亩，其中规模化种植面积1600亩，销量供不应求；做大做强做优“六弓鹅”品牌文化。依托“一村一品”，通过政企村合作，投入497万元建设6个六弓鹅养殖基地，与保亭县财源酒店签订合作协议成立六弓鹅品鉴店，7月21日，开业并投入使用；发展林下经济，建设10个芽苗菜养殖棚，配有专门运输车辆和冷库，建设种、养、销系统化经营模式；通过“百企帮百村”企业江苏商会支持建立奋发村集体经济农机服务合作社，已实现盈利27万元。围绕“三区三地”发展定位，在巩固六弓鹅、百香果等原有特色产业的同时，依托资源优势，引进企业发展葡萄种植产业，促进农业提质增效，助力乡村振兴。

【基层治理】 2022年，六弓乡共排查出各类矛盾纠纷35件，调处矛盾纠纷35件，就地化解矛盾35件；常态化推进扫黑除恶、禁毒、反诈等宣传工作，集中性禁毒、扫黑除恶、反诈宣传活动共开展6场，悬挂宣传横幅40余条，发放宣传资料3000余份；受“暹芭”“纳沙”等台风及强降雨影响，成立6支抢险队伍209人，组织人员对全乡辖区内危房、漫水桥（路）、水库等灾害易发区及需转移人员进行摸底排查并及时转移到安全地带，保障人民生命财产安全。

【社会与民生保障】 2022年，六弓乡抓好民政工作，累计救助138户245人，发放救助金31.2万元，低保金156.8万元；做好“两保”工作。完成城乡医疗保险参保预算6172人，全乡参保率达94.2%，农村养老保险参保2819人，参保率达80.57%；退役军人服务体系不断健全，春节慰问40人次，发放慰问金3.2万元。年内，县下达外出务工目标任务为2300人，超额完成至2883人。成立六弓乡就业驿站，做好基层就业公共服务。做好义务教育阶段控辍保学各项工作，全年适龄儿童入学率达到100%。开展残疾人帮扶工作，其中享受到重度补助一级34人、二级48人，享受到困难残疾人补助59人。做好精神病患者免费服药申报、白内障筛查、轮椅器具免费申请等工作，完成轮椅器具申请9人，协助做好残疾人无障碍改造工作，完成无障碍改造11户。

【基础设施建设】 2022年，六弓乡实施基础设施建设项目6个，奋发村委会奋发村入户硬化路项目，大妹村委会祖红到祖关生产路项目，田圮村委会祖练至南塘生产路建设项目，奋发村委会祖呆村入户硬化路项目，奋发村委会岸群村入户硬化路项目，石艾村委会祖稿、祖托、祖册村小组入户路硬化工程项目，不断完善基础设施建设，提升公共服务水平。

【安全生产管理】 2022年，六弓乡高度重视安全隐患排查和整治力度，安全生产形势总体平稳，无生产事故发生；与5个村委会签署消防安全目标责任书；在各个进山路口竖立防火警示牌50个，在村小组悬挂防火横幅132条，与每户农户都签署森林防火告知书，加强森林防火与野外禁止用火宣传。开展森林防火知识培训和实战操作，共73人参训，增强防火队伍战斗力，增强全民防火能力和意识。开展参加防灾减灾科普知识培训和观看防灾减灾科教片，参与58人；对乡域内企业、道路桥梁、学校医院、建筑工地等人口密集场所开展联合检查，特别重点检查消防、液化气经营、食品卫生、防火防爆、道路交通及农村安全用电等进行拉网式、全方位开展安全大检查。发放安全知识宣传册1000余张，张贴安全生产海报200余张，悬挂安全生产宣传条幅200余条，知识手册180本，宣传帽子50顶，宣传袋200个。

【生态环境建设】 2022年，六弓乡积极响应“三清两改一建”村庄清洁行动，累计疏通排水沟淤堵3千米，水利沟渠整治2.6千米，农村裸露土地累计绿化2.5亩，拆除村庄内存量的猪圈等畜禽场所8处，村容村貌焕然一新。清运树枝类垃圾400车用于填埋沤肥，从源头上解决焚烧树枝秸秆问题。完成新建厕所97户，厕所防渗漏改造47户；建立长效管理机制，成立乡人居环境整治专班，不定期开展督查各村卫生情况，累计督查15次。全年累计开展人居环境整治宣传38场次，参与人居环境整治5600人次；组织开展“幸福庭院”评选活动，年内，共评选出幸福庭院星级以上228户，其中五星级11户、四星级83户、三星级134户。

【乡村振兴工作】 2022年，六弓乡健全农村低收入人口常态化防止返贫监测和帮扶机制，持续跟踪收入变化和“两不愁三保障”巩固情况，坚决守住不发生规模性返贫的底线。做好脱贫人口稳步就业，积极开展技能培训，切实增强脱贫人口自主“造血”能力。落实“两不愁三保障”。年内危改任务中农村低收入群体59户，其中省级危改任务4户、县级任务55户，均已达到五个直观。完成511户脱贫户2206人2023年医保征缴工作；发放特惠性教育补助659人79.14万元，发放雨露计划144人25.2万元。开展第二轮防返贫监测入户排查1557户6445人。

【旅游业发展】 2022年，六弓乡结合保亭资源优势及地方特色，打造“六弓低碳康养（农艺）小镇”，以产业带动乡、村发展，实现乡村振兴的新模式，大力发展热带农业、康养产业、总部经济等。积极强化与县政府、县自规局、城投公司、金江公司、海胶公司等有关部门进行协调，处于招标阶段。

（撰稿　蔡文婷）

金江居

【概况】金江居位于保亭县响水镇，2022年，金江居辖区内总人口13645人，户籍人口10042人，常住人口4481户9063人。金江居党总支下设9个基层党支部，其中7个离退休干部党支部，党员318人。

【基层党组织建设】2022年，金江居班子贯彻党的路线方针政策，深入学习习近平新时代中国特色社会主义思想和开展“党史学习教育”等，组织政治学习18次，上党课6次，党员每人撰写心得体会4篇，组织党史知识测试1次，党的二十大知识测试1次，组织2次外出参观红色教育基地，提高党支部的战斗力和凝聚力。培养入党积极分子4名，预备党员4名，预备党员转正式党员5名。6月，全居7个离退休干部、职工党支部选举出支部书记、委员。关爱慰问老党员、困难党员，发放慰问金。

【基础设施建设】2022年，金江居筹资金10.1万元修缮居内住宅区、金江市场下水道堵塞、倒灌问题；投入资金108.78万元，为基层42个单位安装518盏路灯，解决居民场所照明需求。

【基层治理】2022年，金江居以维护社会稳定为目标，抓好综合治理工作，做好申诉、信访等合法解决纠纷途径的宣传，调解民事纠纷20起，12345热线信访矛盾纠纷160起，其中投诉类139起、咨询类4起、举报类2起、求助类13起，调解成功率100%。积极宣传发动兵役登记工作，完成征兵任务。

【社会与民生保障】2022年，金江居以服务中心为主体，为居民群众提供便捷和零距离的服务。为1301名离退休职工做生存认证，为93名行走不便的退休职工进行走访登记、认证，确保离退休职工的养老金足额、按时、真实发放。为466人办理80周岁以上高龄人员补助金领取，为170人办理城乡居民社会养老保险缴费，为4548人办理医疗保险缴费。接待居民并解答社保问题112人次，回复及处理率100%。帮助残疾人办理辅助器具62宗，共计93件器具，为32名精神病人办理免费服药，为181名重度残疾人办理重度补贴，为251名困难残疾人办理困难补贴，为36名低保、低收入残疾人办理阳光托养补贴。在元旦、春节、“5·29”会员日走访慰问困难家庭、留守儿童、留守老人、扶持家庭97人次，慰问金2.91万元及慰问品。完成孕前优生优育健康检查19对，发放宣传读本635本，计生药具1200份。为15名贫困大学生申请助学金每人5000元。

【安全生产管理】2022年，金江居按照“党政同责、一岗双责、齐抓共管”的安全生产责任体系要求，抓好安全生产工作。结合实际，在各项活动和重大节日做好安全宣传教育工作，协助响水镇安监所在金江一条街开展“安全生产月”和“安全生产万里行”宣传活动，提高广大职工的安全意识。5月，开展辖区内生产经营、租住、居民自建房重大火灾风险综合治理排查整治工作，排查经营生产场所103幢，仓库22幢，其他房屋1203幢。

【生态环境建设】2022年，金江居抓好环境卫生综合整治工作，扎实开展环境整治、基础设施建设工作。落实门前卫生，与响水镇执法中队一同对辖区内的商家、店铺发放倡议书820份，签订环境卫生管理责任书820份，营造良好氛围。5月、10月分别组织党员分片包干带领辖区内各单位参与人居环境卫生大整治行动，投入资金22.7万元，清理生活存放垃圾、建筑垃圾107吨，清理卫生死角16处，水沟1275米，拆除乱搭建40处；清理住宅小区绿化带杂草3420平方米，清理水沟2175米，参加义务劳动765人次，维护道路路肩3.45千米，安装道路安全标志标识12处。与金江医院防疫等部门共同整治环境卫生，做好灭“四害”工作，在春季传染病高发期，做好防控，使居民居住环境做到卫生干净、无污水、无废物。投入费用0.4万元发放灭“四害”药100包。8月，组织50名在读大学生、高中生成立“爱心助学”青年志愿者服务队，协助金江大道、机关住宅小区清理环境卫生。

【乡村振兴工作】2022年9月15日，金江居党总支协助县供销合作联社、县乡村振兴局、响水镇人民政府举办庆丰收、促增收“1+2”消费助农集市响水镇金江居、茶场居专场活动，进一步发挥金江居消费助农增收体系作用，巩固金江居脱贫攻坚成果，助力乡村振兴。活动销售额达4.34万元。

【农村人居环境整治】2022年，金江居党总支开展村人居环境整治“五治”专项行动。4月25日，金江居党总支召开“五治”专项部署会。5月起对辖区22个单位开展“五治”专项行动，全年出动车辆132辆次，清理卫生死角102处，清理水沟1757米，清运垃圾207吨，参加人员765人次。

南茂居

【概况】 南茂居位于保亭县南面，距离县城11千米，与加茂镇隔河相望，东西直线距离14.7千米，南北直线距离19.8千米。东邻陵水县群英乡和隆广镇，南与三道镇、三道居及三亚市南田农场接壤，西连金江居，北抵保城镇热作居、新星居，辖区跨保亭县加茂镇、保城镇、六弓乡、响水镇、新政镇5个乡镇，辖区内有野奢世界、山语泉、红霞小区、海亭湾4个建成或在建小区。全居土地面积122.33平方千米，开垦利用土地80平方千米。其中，橡胶园53平方千米、自营13.33平方千米、耕地2.53平方千米、养殖水面0.86平方千米、其他山林地10平方千米。户籍总人口13958人，户5571人，其中常住人口10406人，流动人口2405人。全居共有89个居民点，57个橡胶为主业的居民点，14个农村并场居民点，18个含居部、水电站、砖厂、中学、中心小学等单位及企业在内的居民点，全居共设立73个居民小组。辖区内有1家医院（南茂医院），1所初级中学（南茂中学），一所完全小学（南茂中心小学），2个教学点（长征小学、红色小学），1所公办幼儿园（南茂中心幼儿园）。

辖区内含居部共有21个居民小组实现市政管网供水，保障2500余户约6000人的安全饮水。全居89个居民点全部使用南方电网供电，居民用电实现了同网同价。全居共有乡、村道路62.5千米，96.63%居民点实现入居民点道路硬化。

【基层治理】 2022年，南茂居共调解各种关于土地纠纷的矛盾21宗，调解居民邻里之间的矛盾36宗，为南茂居平安建设年工作的顺利进行打下坚实的基础。

普法宣传教育。2022年，南茂居配合保亭县、镇政府、司法所等部门深入社区、中小学校等地共开展法律宣传教育活动6场次，发放宣传资料宣传品等2800多份，并走上街头，发放资料，接受群众咨询等，并联合派出所、司法所深入到学校开展法律进校园活动，特邀请法律顾问律师王竹分别到南茂中学、南茂小学宣传有关于《中华人民共和国未成年人保护法》《青少年戒毒知识》《青少年法律知识》《道路交通安全》等有关知识，进一步提高了学生们的法律意识，为营造良好的校园环境奠定了基础。

处理12345市民热线工单。2022年共接到12345热线工单321单，其中投诉类192单、咨询类88单、求助类33单、举报类8单。对工单内容认真梳理、认真讲解，及时联系当事人，有矛盾纠纷的及时调解，并做好思想工作，有效解决了12345工单96.5%的问题，做到工单不逾期，及时解决群众反映强烈的热点难点问题；对于不是本部门管辖的工单及时反馈并依据有关政策退回处理；对于咨询类工单进行详细认真的解答，群众满意率达到91%。

南茂居积极参加关于社区戒毒工作的服务活动，组织人员走访等，做好康复人员的社会康复工作和思想工作，积极走访，促进他们增强对社会服务和做贡献的信心和责任感。在全国禁毒宣传日活动中，充分发挥网格员、志愿者的作用，走上街头，发放禁毒宣传资料，并走进社区学校做好青少年的禁毒宣传活动，有效地增强人们拒绝毒品珍惜生命的意识，共开展禁毒宣传活动4场次，基层走访康复人员12次，配合禁毒专干，派出所等部门开展禁毒下基层走访宣传活动2场次。

做好反诈中心APP的宣传安装工作，积极发放创建良好的网络安全环境。经过南茂居委会广泛宣传和全面发动，广大居民深刻意识到如今网络诈骗形势严峻，纷纷主动安装反诈软件进行防范，并在发放《保亭警方防范电信诈骗告知书》等共1800多份，据不完全统计，全居安装户有2350人，特别是老年人。

【社会与民生保障】 社会保障。截至2022年底，南茂居参加城镇养老保险新增116人，参保1618人，缴费1327人，系统信息录入注销19人，补缴17人。城乡居民基本医疗保险缴费征收共有5799人参加。2022年，办理退休死亡人员录入121人。

民政工作。老龄。每月报送老龄户报表，全年共办理80~90岁申请补助约42人，长寿金150元/月。按时报送新增人员及死亡人数等各类报表开展好下派工作，服务群众。低保。按照民政局低保办要求，将147户、241人录入动态管理。在每年5月、10月对全居低保入户全面核查，清退及退休人员等12户、21人。经清理现有低保户145户、235人，不断完善低保工作机制和管理系统。特困。为2名低保人员办理特困户，缓解家庭生活困难，为4户低保家庭申请临时救助，帮助解决大病报销，为3

2022年12月1日，南茂居工作人员下队走访人员　（南茂居　供）

名低保家庭子女办理临时教育助学救助，解决低保家庭子女读书难问题。根据县民政局要求，民政办为低保户、困境儿童、特困户、其他困难高龄老人，发放防寒物资，其中本次寒潮排查困难群众物资需求，走访总户数17户，总人数17人，实地走访17户17人。

卫健工作。宣传活动。利用节日开展计生知识、优质服务、防艾知识等宣传活动。发放《健康素养》《优生优育知识》《幸福伴你一生》等宣传手册1200本。

孕优工作。南茂居把免费孕前优生优育健康检查和地中海贫血筛查工作列为促进家庭幸福的重大民生工程，同时以加强宣传和奖励引导等方式，动员广大待孕夫妇主动参与检查，并对参与检查的夫妇给予奖励金200元，通过单位责任人动员做工作的给予奖励100元，免费孕前优生健康检查和地中海贫血筛查责任指标22对，已完成22对，完成100%。

关爱留守儿童。为做好南茂居留守儿童健康关爱工作，落实《开展农村留守儿童健康关爱工作的实施方案》精神，一是建立健全留守儿童档案，组织对留守儿童家庭进行统计，登记造册，现共登记造册39人。二是建立定期探视、慰问制度。每年元旦、春节对留守儿童家庭进行慰问。三是将留守儿童家庭作为重点服务对象，加强对家庭成员的指导和服务。

特扶工作。坚持落实《关于做好2020年国家三项制度工作的通知》精神，一是开展特别扶助活动，为特别扶助家庭做好申请审批工作；二是对南茂居留守儿童16户、困难儿童10户、失能老人33人、特扶家庭3户进行了慰问。

其他卫健工作。一是为南茂居独生子女父母办理退休和无子女父母退休费加发5%和10%的退休金。切实将对计划生育家庭的奖励和享有的优惠政策落到实处。二是上门对失能老人认知障碍筛查共400人，其中南茂居工作人员上门筛查失能老人319人，协助保亭县卫健委老龄人口办上门筛查81人。三是协助县医疗集团及加茂卫生院做好“2+3”健康包五项筛查和脑卒中筛查：其中糖尿病筛查7008人、高血压7019人、乙肝筛查8854人、肺结核筛查1743人、重度精神障碍筛查3321人；脑卒中筛查1400人。推进以技术服务为重点的优质服务。四是注重妇女健康服务，妇女健康“两筛”检查为已婚育龄妇女进行生殖健康检查，此次为“两癌”及妇女病普查完成257人。

残联工作。重度残疾人出行报销。南茂居2022年重度残疾人免费乘坐公共交通工具车票报销，重度一级残疾人累计出行208人次，累计报销车票金额为4276元。

残疾人机动车燃油补贴。2022年，南茂居残疾人申请机动车燃油补贴符合条件的有6人，每人每年补贴260元，累计获得燃油补贴1560元。

农村残疾人实用技术培训。2022年南茂居残疾人原计划参加培训班人数为60人，实到47人；为期7天的技能培训主要传授种植槟榔、龙眼、荔枝、芒果、椰子和菠萝蜜等种植管理技术培训，养殖鸡、鸭、鹅、猪等技术培训，不断提高残疾人就业技能。

残疾人扶持发展资金。全年为4名残疾人争取每人5000元的发展基金，合计20000元，发展种植养殖等事业，经济效益显著，为残疾人事业发展作出了较大贡献。

重度残疾人护理补贴、困难残疾人生活补贴。为解决一部分重度残疾、生活不能自理的残疾人生活问题，为228名重度残疾办理重度补贴，一级每月补300或180元，二级每月补120元。残疾人是一个特殊的群体，相对来说贫困程度较高，向县残联、县民政局争取，尽可能使低收入贫困残疾户纳入最低生活保障线。南茂居有104户残疾人家庭被列为低保，为108名困难残疾人办理困难残疾人补贴，每人每月80元。

残疾人证到期、注销、新办证。2022年，累计通知、办理残疾证到期未办证的残疾人有37人，注销24人，新办证20人。

春节慰问残疾人。南茂居分管残疾人工作的领导在春节期间，对瘫痪在床及一户多残疾的26户残疾人家庭进行慰问，慰问品价值7800元，并送去了节日的祝愿，愿他们早日康复。

残疾人辅助器具申请。配合

县残联做好轮椅、拐杖、助听器、助视器验配等工程工作，帮助残疾人办理辅助器具20件。

为重度残疾人家庭做无障碍改造。2022年，为22名重度残疾无障碍改造，累计享受改造资金182927元，提升残疾人生活水平，通过残联的无障碍措施改造，改造了卫生间等设施改造。

残疾人“阳光家园计划”。根据《保亭县2022年“阳光家园计划”——智力、精神和重度肢体残疾人托养服务项目实施方案》的通知要求，为16~59岁的智力、精神、重度肢体残疾人办理居家托养服务补贴，一级残疾人每人每月180元，二级残疾人每人每月100元，三级、四级每人每月80元，累计享受该项目人数为101人。

【基础设施建设】 2022年，县旅文局赠健身器材12件，安装在红色队。年内安装225盏太阳能照明路灯；修复永东队挡土墙21米；铺设向东队村道91米；改善居民群众出行安全环境。

【安全生产管理】 2022年，南茂居做好辖区食品安全责任工作，全居工作人员及小组长挂在辖区所有饭店、食堂、小店等责任人，并签订食品安全责任与任务承诺书，做好食品安全两个责任任务清单检查表等，责任人进行现场查看、督查宣传等工作，有效做到了良好的食品安全生产经营及销售的局面。

（撰稿 黄 丹）

新星居

【概况】 新星居地处保亭县七仙岭下，距县城25.5千米，东起驳白岭，西至岱岭，南至什茅岭，北至毛运岭。全居土地面积27.3平方千米，属于高海拔多丘陵地貌，四面环山。居内最高峰为驳白岭，海拔1026.3千米，岭下原始森林保护完好；陡水河横贯全境，水源丰富。全居有居民委员会（居民自治组织）1个、居民服务中心1处，居党委下设20个党支部。经济作物以橡胶为主，农、工、商、建、运、旅全面发展。

【基层党组织建设】 2022年，新星居坚持以习近平新时代中国特色社会主义思想凝心铸魂，坚持“两个确立”，做到“两个维护”。

与20个党支部签订党建工作责任书，切实履职尽责，强化责任担当。召开党建工作专题部署会，落实《党委班子党建联系点制度》，全年下站、队开展调研7次；压实党风廉政建设和意识形态主体责任，有力推动全面从严治党落到实处；针对去年抓基层党建工作述职评议指出的2个问题，提出整改措施6条进行整改并取得实效。制订党委中心组理论学习计划，组织中心组理论学习12次，指导下辖党支部开展学习240场次；开展党的二十大专题研讨等活动4场，书记讲党课2期，班子成员上党课6期、宣讲3场。召开“查堵点、破难题、促发展”专题推进会3场，前往五指山市畅好居开展互学互鉴活动1场，组织20个党支部参与“能力提升建设年”知识竞赛并得乡镇组集体奖第一名。

强化队伍管理，开展党支部书记抓党建述职评议、党建工作年中检查和不合格党员排查，并对1名不合格党员进行处置。举办新党员、党务工作者等培训班3期。全年吸收5名预备党员，4名发展对象，5名积极分子，理顺13名退休党员组织关系，完成56名流动党员信息管理。强化组织建设。设置离退休党总支和离退休党支部，离退休党支部建设进一步规范；投入56万元完成七区社管站、石硐队党支部活动室建设，完成七区社管站“五好党支部”创建和石硐队“软弱涣散党支部”整顿并通过验收；春节、七一，投入6.7万元走访慰问167名困难党员和老党员，为10名老党员颁发“光荣在党50年”纪念章。强化作风纪律。完善《新星居管理人员管理规定》等制度，组织党员干部观看警示教育等4次，谈话提醒4人，处理澄清证明案例1例，牢牢把握意识形态主动权，总体态势平稳向好。

党建示范“三引领”。“服务示范”引领。结合安全生产、综合治理等重点工作，多次组织党员深入站、队，走进职工群众家中、田间地头，采取面对面、一对一方式，宣讲惠民政策、安全防护知识、开展“绿色周五”等志愿服务活动，有效拉近党群距离、密切党群联系。“党员先锋”引领。号召党员主动“亮身份”“披红马甲”，组建20支党员先锋队，开展防风防汛巡查、槟榔采摘防触电等志愿活动8次，3名年轻党员主动担当作为，赴三亚支援抗疫一线，党员先锋“头雁”作用有效发挥。“辖区治理”引领。在各项重点工作中开展党员服务16次，组织新星农场有限公司等开展党建联席会议1场，积极调解信访积案，连续4年被县委党建考核评为“优”。

【基层治理】 排查家庭、邻里矛盾纠纷共13起，成功调解13起，化解矛盾纠纷率100%。同时不断加强反电信诈骗宣传，完成1682人反诈APP下载任务，居全县第四名。

【社会与民生保障】 完成579名群众城乡居民养老保险缴费征收工作，完成69名领取城乡居民养老金人员生存认证工作。

补齐民生短板。投入30万元对新星花园小区民生基础设施进行日常维护；投入6.5万元对大保队水利沟进行维修，投入100万元为22个居民点安装路灯170盏，全居居民点路灯亮化率达45%；投入300万元为15个居民点硬化道路，全居道路硬化覆盖率达70%。在房屋安全专项整治工作中，信息归集平台录入2835栋房屋信息，开展D级房屋整治行动1户，劝导C级房屋住户搬出20余户，极力保障职工群众生命安全；积极配合县相关部门推进饮水工程改造，困扰24个生产队854户7年之久的饮水“老大难”问题终于得到解决。

【安全生产管理】 居党委始终坚持“安全第一、预防为主、综合治理”方针，层层签订2022年安全生产工作目标责任书，先后开展易燃易爆物品、采摘槟榔、电动自行车充电安全和防风防汛等安全生产检查、风险隐患排查和隐患整治工作，消除安全隐患8处，化解安全风险2起，安全生产事故防范能力有效提升。大力营造全国第21个“安全生产月”活动氛围，不定期开展安全生产知识宣传，全居职工群众安全防范意识显著增强。在基本农田种植槟榔专项整治工作中，采用“槟榔+粮食”的复合种植模式，引导农户套种地瓜、木薯、花生、大豆等作物，按时完成100亩整治任务。在槟榔采摘防触电专项整治工作中，相继开展“扫户行动”“收刀行动”“红槟榔行动”“清障行动”和“减租行动”并得到广大农户的大力支持，清理完成9019株槟榔，超额完成县下达任务的389%，排名从原倒数上升为第二。

【人居环境建设】 以每周“绿色周五”为活动载体，常态化开展环境整治36次，义务投工投劳6784人次，清理装运生活垃圾150余车，约370.3吨，完成“厕所革命”新建厕所34户，全居人居环境日益美好。

热作居

【概况】 保城镇热作居地处保亭县盆地中心，至保亭县城2千米。四周有山岭屏护，为低丘陵地形，海拔一般为80~160米，坡度5°~20°。辖区内山涧田溪甚多，常年流水，地下水位高。植被主要是次生杂木林，也有少量稀疏高草和灌木林。居下辖13个生产试验队（其中1个少数民族并场队），机关及直属各1个。全居有户籍人口1599户3639人，常住居民1394户3430人，辖区土地总面积26.86亩平方千米。其中，园地1730.55亩，耕地527.55亩，林地34569.24亩，其他用地3436.2亩。热作居设党总支1个、居民委员会（居民自治组织）一个、居民服务中心一处。居民委员会、居民服务中心合并办公。居班子成员6人、工作人员13人。辖区内有16个居民点，1所妇幼保健院（在建），1所保城镇中心学校，1所幼儿园（私营）。

【基层组织建设】 2022年，热作居加强党的思想建设和干部能力提升建设，共组织24次思想理论学习，主要内容有党的二十大精神宣讲和宪法宣讲、习近平总书记系列重要讲话、省第八次党代会精神等，收到学习心得42篇。全年共参训56人次，参训者将培训后的收获和心得与居党员干部分享共同增强业务能力，有效提升基层治理能力。

突出提高基层党组织建设质量。坚持重大事情由党总支领导班子集体决定，全年召开党总支会议27次。落实好党建责任书的工作内容，加强党员的教育管理，抓好党员乡村振兴电视夜校的参学率。按时召开组织生活会，认真开展批评和自我批评，对揭摆出的问题逐条整改。坚持“三会一课”制度，落实好书记上党课要求。做好“七一”活动，开展党日活动、重温入党誓词、“送学”上门等，到白沙起义第一旧址纪念园开展红色体验教育。做好每季度党务政务公开栏、宣传栏张榜公布工作，让群众监督和了解居开展党建工作进展情况及专项经费使用情况，张贴心得体会、发言，公开重大项目支出费用等。走访慰问6名困难老党员，慰问金4800元；做好党费收缴工作，共计9450元；做好党员党组织关系的转接工作；发放3枚“光荣在党50年”纪念章。突出意识形态工作，开展社会主义核心价值观和文明礼仪教育与道德教育。主动推进党组织活动场所建设，办理国有建设用地划拨决定书和不动产产权证。

【基层治理】 2022年，热作居坚持“小事不出居、解民忧、强服务、促和谐”的工作原则，全面排查纠纷隐患，及时化解矛盾纠纷15起；深入宣传防诈骗知识，守住居民钱袋子。2022年，共发放防诈骗告知书782份；成立“无毒村居”创建工作专班，申报“无毒村居”，开展家庭教育讲座培训，评比“文明之星”共47户，“幸福庭院”65户。

【社会民生】 2022年，热作居全力抓好各项民生保障工作。全居居民养老保险实际参保291人，缴费金额35万元，完成农保预算参保任务的100%；医保征缴1039人，征缴金额34.6万元。办好民生实事。做好39人低保家庭的入户审核工作；按时完成149名高龄老人的每月认证工作，确保2.43万元高龄补贴金能及时发放；审核23位重度残疾人情况，保障每月发放补贴5280元；春节慰问20户贫困户，共计慰问金4000元。提升生育服务工作，深入动员宣传，超额完成妇女两癌筛查工作指标104%；全年开展失能老人登记180人；按计划完成2+3健康包筛查任务。做好年度征兵工作和退役军人服务工作。积极推进垦地融合发展方案，为垦区的产业发展做好社会事务服务，解决历史遗留问题3项。

【基础设施建设】 2022年，热作居投入6800元修补3队至4队公路路肩破损部分。全年抢修居民供水管道20余次，购买一套“1+1+3”五件套家具供老年活动中心使用。

【安全生产管理】 2022年，热作居紧抓安全生产工作，查隐患，清障碍，勤宣传，抓落实，坚持以人为本，安全第一。全年开展高压线下槟榔树障清理砍伐2136棵；入户宣传槟榔安全采摘知识，发放采摘槟榔防触电告知书244份；排查石场、泡沫厂、沼气池的安全隐患并督促整改；登记自建房风险综合治理60份；清理连队存在安全隐患的木棉树；组织或协助安全检查8次，发放宣传单525份；签订森林防火承诺书639户，高火险期、清明期间组织防灭火值班68次；采集录入房屋信息2497条，排查登记危房616间；完成基本农田种植槟榔的整治，套种玉米27.6亩。

【生态环境建设】 热作居积极推

2022年，热作居“2+3”健康服务筛查现场　　（热作居　供）

进各项环境卫生整治工作，改善人居环境。全年对8个单位的环境卫生进行大整治，清运垃圾18车，清理8户居民的乱种、乱养；督导第三方公司做好辖区日常卫生服务工作，开展2次病媒体消杀；入户宣传并签订禁止焚烧垃圾秸秆告知书557份；清理全居32千米公路两侧杂草；投资7万元,完成12队的“三生”及“五治”人居环境项目建设示范推广工作。

（撰稿 曾佐光 林彩燕 常 青）

三道居

【概况】 三道镇三道居地处五指山南麓保亭县南端，与三亚市东北部的甘什岭相连，南距三亚市中心区35千米，北距五指山市区45千米，至保亭县城35千米，东至陵水县城38千米。土地面积7.2万亩，林地3.7万亩、耕地等面积544亩。2022年，三道居共有2858户，常住人口8469人，户籍人口7432人，2917户，流出2365人，流入3337人。全年全居以服务好居民为宗旨，构建幸福和谐三道为目的，积极开展各项工作，各项日常工作均取得较好成绩。刘海英、田帆2个妇女家庭获得年度保亭县最美家庭荣誉称号；徐月瑞、高梅珍2个妇女家庭获得保亭县文明家庭荣誉称号；黄世通、陈月英2户家庭获保亭县妇联“椰树杯”绿色家庭及省妇联绿色家庭荣誉称号。

【基层党组织建设】 2022年，三道居坚持落实三会一课制度，坚持每周学习日和每月主题党日活动，丰富党员学习内容。组织党员到红色教育基地陵水苏维埃政府旧址开展学习及清明开展“缅怀革命先烈，牢记使命担当”的祭扫烈士墓主题党日活动，进一步升华党员思想，提升党组织的战斗力和凝聚力。做好发展党员各项工作，全年发展转正党员4名、发展对象按期转为预备党员1名、入党积极分子转为发展对象4名，入党申请人转为入党积极分子9名。进一步完善发展党员档案并做好归档，收缴党费17937元。做好党建工作各项目标考核任务，8月，三道居党总支获保亭县开展“能力提升建设年”党的知识竞赛活动乡镇组二等奖。

【矛盾纠纷调处】 2022年，三道居加大矛盾化解调处力度，成立信访、司法、公安、居民小组参加的多元矛盾诉求调处机制，整合多方力量，提升化解质量。年内，共调处矛盾纠纷11起，调解成功11起，成功率达100%，防止矛盾激化率达100%，矛盾纠纷数量与上年度环比下降62%，群众安全感、满意度不断提高。充分发挥12345的“民生直通车、发展助推器、形象代言人、行风监测仪、决策信息源”作用，将12345市民服务热线作为居党支部听取群众呼声的重要平台、为民服务的重要渠道，认真受理每一个工单，认真回复每一个电话，认真接待每一个来访，高度重视群众的诉求。全年共受理“12345”热线工单131件，办结率100%。

【侨联工作】 2022年，三道居做好归侨侨眷情况普查，重新普查侨新队116户555人，普查归侨222人、侨眷984人、侨企1家，进一步完善归侨侨眷档案。办理归侨退休职工生活补贴7人，三侨生照顾加分5人，困难归侨侨眷慰问14人。成立“侨胞之家”“侨务工站”领导小组、志愿者服务队、广场舞蹈队、合唱队。多次组织归侨侨眷到“侨胞之家”开展学习；组织侨务工作人员在线进行人民调解实务工作培训，成功调解侨队家庭果地纠纷1宗、邻里矛盾纠纷5宗、协助县征拆办对呀诺达景区4号地、2号地征收工作，促进带动当地经济建设发展。同年12月，三道居侨胞之家获全省优秀侨胞之家称号。

【社会保障】 2022年，三道居出生人口62人，其中男性40人、女性22人，性别比181，符合法定生育率98.4%，完成国家孕前优生健康检查及地中海贫血筛查28例，两癌筛查600人。为辖区符合条件的7名困难妇女家庭申请中海油救助共计7万元。慰问困难妇女儿童5人。

【民生保障】 2022年，三道居完成征缴2023年城乡基本医疗3675人。退休认证1185人（包括异地退休人员及自行上网认证人员）以及为退休行动不便人员上门服务认证80人。城乡居民养老保险工作，全年完成征缴人员 707 人，新参保人员 80 人，办理到龄领取待遇 8 人，到龄领取待遇认证 48 人。发放阳光家园托养生活补助 37 人（一级 19 人、二级 12 人、三级 6 人）。2022 年，开展残疾人家庭无障碍改造需求完成改造 21 户；完成残疾人基本服务状况和需求信息数据动态更新调查和信息录入共 210 名；发放爱心捐赠棉被 37 人；办理残疾人外出就医、教育免费乘坐公共交通工具报销车票共计 1.71 万元；办理贫困残疾人申请扶持生产发展资金 14 名，每人补助 5000 元，总计 7 万元；办理 4 名肢体残疾人申请摩托车燃油补贴，每人补助 260，总计 1040 元。协助 10 名大学生申请“海南省希望工程圆梦行动助学金”，共 5 万元。完成 25 户厕所防渗漏改造任务。其中新建 13 户、防渗漏 12 户，全部竣工通过验收并全部发放补助资金。办理符合办理申请低保 2 户 6 人、增保 3 户 5 人，办理困境儿童 2 人，办理高龄补贴申请 15 人。核查高龄老人健康状况 35 人；高龄补贴系统人工补录 75 人次；完成追缴多发高龄补贴 3 人，共追缴 2400 元，办理惠民殡葬补贴申请 14 人；公墓申请 19 人。

【“五治”工作】 2022 年，三道居结合县人居环境整治“五治”专项行动，针对实际提升和改善人居环境。投入挖掘机、垃圾清运车对十队、十三队、十九队及什根队等居民小组的卫生进行集中整治，出动垃圾清运车辆 60 车次、投入劳力 150 人次，清运垃圾死角 30 余处。紧盯人居环境整治突出问题，聚焦群众满意度，将人居环境整治与当前重点工作同步推进，集中力量在全居开展“五治”专项行动，重点解决雨水收集分流、疏通排水沟淤堵及地面坑洼不平等相关问题，共维修排水沟 130 米、新建挡土墙 125 米、新建排水沟 60 米及平整坑洼 400 余平方米，共投入 33 万余元。

（撰稿　黄晓霞）

茶场居

【概况】 茶场居位于五指山南麓，地势东、西、南向中部倾斜，北面为阿陀岭。海南省海榆中线 224 国道从场部（229 千米处）中心贯穿而过，向东南 22 千米是“七仙岭”温泉旅游区；向北 14 千米是五指山市；向南 76 千米是三亚市。居内五指山茶场被誉为中国最南端的茶叶产区。全居土地总面积 31.97 平方千米，其中已利用土地有茶园 1214 亩，橡胶 8887 亩，槟榔及果园地等 3321.4 亩，建设及其他用地 5659 亩，共计开发利用土地 1227 亩。全居总人口 3089 人，户籍人口 2814 人，常住人口 1845 人，户数 780 户，基层生产队 17 个，直属单位 5 个。茶场居党总支下设 5 个党支部，有党员 173 人。全居有 24 个居民小组，有居民委员会（居民自治组织）1 个、居民服务中心 1 处。全居有 1 所医院，1 所完全小学。

【基层党组织建设】 2022 年，茶场居开展学习贯彻习近平新时代中国特色社会主义思想主题教育，落实“守初心、担使命，找差距、抓落实”党建核心建设。组织党员干部学习党史 12 次，党总支每月开展主题党日系列活动，通过“七一”重温入党誓词，集体诵读党章，志愿服务等活动，落实党建工作。党务公开 12 期，出简报 14 期。组织在职党员开展为民践行做实事整治环境卫生 4 次，重点整治机关办公楼及住宅区各路段、六队、七队、八队、九队，建立机关文明卫生示范小区。强化社区服务，投入 26.5 万元用于人居环境整治。发展优秀进步青年 5 名为入党积极分子，2 名进步青年提交入党志愿申请书。利用短信、微信群、“学习强国”平台和“三会一课”制度，让在职党员干部和离退休党员学习领会党的二十大精神、省第八次党代会精神、县第十四次党代会精神、海南省自由贸易港总体方案等。抓好“七一”系列活动，组织党员重温入党誓词。做好困难党员慰问工作，慰问困难党员 14 名。组织服务中心支部党员及离退休部分老党员到红色革命基地学习。

【经济发展】 2022 年，茶场居多数种植橡胶、茶叶、槟榔。全场自营经济规模 5482.5 亩，总收入 2025 万元，从业 850 人，人均年纯收入 1.6 万元。槟榔是茶场居自营经济主要项目，2022年，茶场居有槟榔3082.5亩，主要由职工个人发展经营，槟榔总收入1624万元，从事槟榔种植500人，人均年纯收入2.7万元。

【项目建设及服务】 2022年1—7月，茶场居分三批安装太阳能路灯460盏（立杆220盏、挂式240盏）和更换灯头4盏。从居办公经费节约并使用资金66.62万元。实现茶场居每个居民点、每条道路、每栋房子都安装了太阳能路灯，极大方便居民夜间出行，消除安全隐患。

【基层治理】 2022年，茶场居调解居民及土地纠纷8起，接待来访人员15人次，成功调解居民及土地纠纷5起。“6·25”禁毒日活动期间，组织人员到街道、连队发放禁毒宣传册200份、禁毒宣传扇子200个。

【社会与民生保障】 2022年，茶场居保障城市低保对象12户19人，发放城市低保金13多万元；12月19日发放防寒物资5户，惠民殡葬申请5户，临时救助5户，共计救助44805元；办理老年人高龄补贴28名，高龄老人高龄补贴认证通过270人。下队动员居民参加城乡基本养老保险及医疗保险；完成临时救助3户，县发放救助资金24400元；全部发放到患者手中。积极推进残疾人管理，对63名残疾人的信息采集和适龄残疾儿童的信息采集工作，帮助残疾证办证期满换证3人，3名残疾人申报轮椅护理床，申请阳光家园补贴5人，重度残疾人申报护理费3人及低保残疾人申报困难残疾人生活补贴2人。

【安全生产管理】 2022年，茶场居始终重视安全生产工作，多次做安全巡查，排查安全隐患。年内没有发生安全生产事故。台风过季清除道路及已倒树木25株，清除高压线下槟榔树10.5亩。

【生态环境建设】 2022年，茶场居环境卫生工作移交第三方“中节能”公司管理，茶场居负责监督职能。年内全居多次组织开展环境卫生联合整治行动，清理卫生死角30余处，使环境面貌有较大提升。

【乡村振兴工作】 2022年，茶场居投入26.5万元用于人居环境整治，分别修补乡村连队道路158.04平方米；治理排水沟362.8米；整治生活垃圾及建筑垃圾2吨；宣传及劝导居民圈养家禽。

七仙岭农场

【概况】 县七仙岭农场地处保亭县北部，是以热带植物生产加工为主、旅游服务业为辅，产品加工并举的县属国有企业。2022年，全场有土地约1.3万亩，已开垦利用土地1.22万亩，有橡胶园8463.8亩，自营795亩，其他山林地2200亩。全年农场加大基础设施投入，不断完善企业管理机制，合理调整产业结构，巩固以热作生产为主、承包土地协调发展的经营格局。年度农场收入748万元，利润174万元。

【基层党组织建设】 2022年，县七仙岭农场以党建引领和统揽农场工作。组织学习习近平总书记在海南考察时重要讲话精神、省第八次党代会精神。制定《七仙岭农场2022年党支部规范化建设实施方案》，印发到3个党支

2022年8月10日，茶场居工作人员到基建队开展“希望工程助力乡村振兴圆梦行动”入户调查工作 （茶场居 供）

部，要求各支部认真组织党员学习。利用“七一”活动契机，组织新老党员到县爱国主义教育基地开展入党宣誓和重温入党誓词，激发党员身份感、荣誉感和成就感，引导党员勇于担当善作为。组织党组织书记上党课，领导班子到各自联系基层党组织跟踪指导。制定年度工作学习计划，形成农场工作规则、党建工作责任制实施办法等一批制度成果。针对党委书记述职评议考核存在的问题，作出整改。强化党委班子自身建设，严格落实“三会一课”、民主生活会、民主评议党员等制度。每月组织党员学习至少两次，认真开展“学习日”和“主题党日”活动。全力推进党支部标准化建设，成立党务公开监督小组，对党务定期公开上墙，制定党建工作任务、清单计划和问题台账，改善办公场所、党员活动室配套设施。积极开展“能力提升建设年”活动，2月18日，制定印发《保亭黎族苗族自治县七仙岭农场开展“能力提升建设年”活动的实施方案》，24日，召开全场作风整顿建设年活动总结暨能力提升建设年活动动员部署会。组织报什区党支部党员干部15名到四队为职工安装饮用水水管共计680米，解决16户职工饮水难的问题；组织八村区党支部党员干部10名到二队槟榔园维修公路1千米，为海南自贸港建设开局起步营造良好氛围。

【项目建设及服务】 2022年，县七仙岭农场投入49.02万元为八村区五槟榔园建设引水灌溉工程，该项目于4月21日投入使用，有效解决槟榔的灌溉问题，为提高槟榔产量打下坚实的基础。投入17.54万元购买肥料为槟榔施肥。投入8.59万元进行槟榔病虫害防治，多次邀请植保专家对槟榔“黄化病”进行实地调研和指导，采取一系列有效的防治措施，对感染“黄化病”的槟榔树进行周期性喷药防治和砍伐焚烧、掩埋消毒等，有效地遏制“黄化病”的蔓延。将部分槟榔园对外招标承包，解决人手短缺问题。通过做好低产低效老龄橡胶更新申请工作，获得在报什区更新橡胶379亩的行政审批。发布更新低产低效橡胶林的招标公告，经过竞标，获得出售林木收入110万元。在温泉区三队104亩槟榔地中套种奇楠沉香1.5万株，为农场农作物品种更新、产业转型打下坚实基础，进而推动农场做强沉香产业，促进农场经济增收。

【社会民生】 2022年，县七仙岭农场继续完善全场干部职工养老保险、医疗保险、工伤保险制度和规范农场职工的福利管理，健全职工用工招聘、职工病退和到龄退休等保障制度。配合县委组织部慰问困难党员2名，发放慰问金2200元；农场慰问困难党员6名，发放慰问金3600元。继续为全场223名农业户口职工办理生态补贴发放。实施送温暖活动，县计生协会、妇联和场工会慰问计生家庭困难户、计生工作者、困难留守儿童和病、亡职工15人次，共发放慰问金（物品）5300元；投入5.5万元修缮报什区区部厨房和仓库，方便工作餐烹饪及生产用具用品存放；投入9.92万元为八村区二队修建挡土墙，杜绝滑坡的发生，保障居住安全；投入17.78万元对报什区区部裸露土地进行硬化，逐步改善人居环境。开展好“查堵点、破难题、促发展”活动。收到报什区职工群众反映到区部办事上厕所难问题后，经过调研工作和开会讨论研究，决定在报什区区部建造一座公共厕所。6月底公厕投入使用，解决区部工作人员、办事职工群众及附近住户的如厕难问题。

人　物

新任保亭县委领导

李英挺　男，汉族，1978年1月生，海南省东方市人，1996年9月参加工作。2022年任中共保亭黎族苗族自治县委员会委员、常委（正处级），县委宣传部部长。曾任海南日报社摄影部一级记者（正科级）、首席记者（副处级）、副主任（副处级）、主任（正处级），保亭县人民政府党组成员、副县长（挂职两年）。

新任保亭县人大常委会领导

樊朝睿　男，苗族，1978年9月生，海南琼中人，1997年7月参加工作。2022年任保亭县人大常委会党组副书记、副主任，三级调研员，县总工会党组书记、主席。曾任海南省琼中县湾岭镇党政办副主任、团委副书记，琼中县人才办副主任，琼中县接待办主任，长征镇党委书记、人大主席，琼中县委办公室副主任（正科级），琼中县人大常委会副主任、三级调研员。

许录游　男，汉族，1969年5月生，海南陵水人，1992年9月参加工作，民革成员。2022年任保亭县人大常委会副主任，三级调研员。曾任海南省陵水县海洋与渔业局副局长，陵水县政协副主席（不驻会）、县海洋与渔业局副局长（正科级），陵水县人大常委会副主任、三级调研员。

李锦权　男，汉族，1976年6月生，海南海口人，1999年12月参加工作。2022年任保亭黎族苗族自治县人大常委会党组成员、副主任。曾任保亭县委组织部副部长、常务副部长、县委党建工作巡回检查办公室主任、县委老干部局局长、县委人才发展局局长、县委非公有制组织和社会组织工作委员会书记。

新任保亭县政府领导

吕　妍　女，苗族，1987年2月生，海南琼中人，2010年2月参加工作。2022年任保亭县人民政府党组成员、副县长。曾任海南省民族宗教事务委员会文化宣传处副主任科员，海南省民族宗教事务委员会文化宣传处主任科员，海南省民族宗教事务委员会经济科技发展处一级主任科员，海南省民族宗教事务委员会文化教育宣传处副处长。

王　刚　男，汉族，1977年7月生，海南屯昌人，2002年1月参加工作。2022年任保亭县人民政府党组成员、副县长。曾任海南省屯昌县屯城镇纪委委员、财经办主任，屯昌县纪委信访室副主任，屯昌县纪委副书记、县监委副主任，屯昌县南坤镇党委书记、四级调研员，保亭县农业农村局局长。

林德国 男，汉族，1980年11月生，福建闽侯人，1999年12月参加工作。2022年任保亭县人民政府党组成员、副县长，县红十字会提名会长人选。曾任保亭县什玲镇党政办公室副主任，县纠正行业不正之风办公室专职副主任，县委办公室副主任、常委秘书，县委办公室主任，六弓乡党委委员、书记，县住房和城乡建设局党组书记、局长，县人民防空办公室主任。

程文刚 男，汉族，1978年3月生，黑龙江龙江人，1998年7月参加工作。2022年任保亭县人民政府党组成员、副县长（挂职两年）。曾任山东胜利生物有限公司203车间副主任、主任，生产调度部副经理、经理，总经理助理，中牧实业股份有限公司所属中牧南京药业有限公司副总经理。

叶历豪 男，汉族，1982年3月生，云南昆明人，2008年2月参加工作。2022年任保亭黎族苗族自治县委员会委员、常委、县人民政府党组成员、副县长。曾任琼海市发展和改革委员会党组成员、副主任、兼市城市投资建设有限公司总经理（法定代表人）、招商局局长、塔洋镇党委书记，保亭县委宣传部部长。

新任保亭县政协领导

林艺青 男，汉族，1973年8月生，台湾人，1995年12月参加工作，台盟成员。2022年任政协保亭县委员会副主席，三级调研员。曾任海南省教育厅师资管理处（语言文字应用管理处）副主任科员，主任科员，海南省教育厅职业教育与成人教育处副处长、三级调研员，海南省教育厅政策法规处（行政审批办）副处长、三级调研员。

2022年保亭县籍百岁以上老人统计表

表7

姓名	性别	出生日期	住址
符田娘	女	1918年11月10日	海南省东方市八所镇滨海南路东5巷40－1
防光忠	男	1912年2月8日	海南省保亭县保城镇什好村委会帮岭村
黄春花	女	1920年2月17日	海南省保亭县响水镇海南省保亭县响水镇陡水河村委会什赤村45号
黄金喜	女	1918年9月5日	海南省保亭县加茂镇友具上
梁桂全	女	1912年3月15日	海南省保亭县什玲镇八村村委会什败村
王大光	男	1922年7月18日	海南省保亭县什玲镇抄寨村委会水贤村
郑玉连	女	1918年8月11日	海南省保亭县保城镇杏林小区D2栋504房
董打雄	男	1921年5月20日	海南省保亭县三道镇毛开下村
黄打连	男	1922年6月14日	海南省保亭县三道镇首弓村委会什再村24号
林如优	女	1921年1月15日	广东省江门市台山市冲蒌镇新安路1－2
邓福娣	男	1921年5月15日	海南省保亭县加茂镇南茂居居民委员会胶合板厂
浓四妹	女	1922年5月23日	海南省保亭县加茂镇南茂居居民委员会前哨队
余发金	男	1916年10月6日	广东省茂名市高州市荔枝墟名荔花园5B
陈金彩	女	1922年10月17日	海南省保亭县三道镇三道居居民委员会

统计资料

2022年保亭县主要经济指标数据表

表 8

序号	项目名称	单位	2022年1—12月		2021年1—12月	
			绝对数	增长率（%）	绝对数	增长率（%）
1	地区生产总值	亿元	69.08	4.5	63.16	6.8
	第一产业	亿元	25.84	5.2	22.4	3.3
	第二产业	亿元	8.42	27.2	6.39	10.2
	第三产业	亿元	34.82	0	34.37	8.4
	三次产业结构		37.4：12.2：50.4	35.5：10.1：54.4		
2	固定资产投资	亿元	—	17.6	—	-4.3
	政府投资	亿元	—	56.7	—	-34.9
	社会投资	亿元	—	-3.7	—	28.6
	房地产投资	亿元	—	-42.1	—	-8.1
	旅游投资	亿元	—	44.1	—	117.5
3	房地产销售面积	万平方米	1.96	73.4	1.13	54.9
4	房地产销售额	亿元	3.07	55.4	1.98	146.5
5	社会消费品零售总额	亿元	16.93	-7	18.2	15.5
6	一般公共财政收入	万元	41364	14.7	36707	-8.4
7	一般公共财政支出	万元	337447	8.1	312032	-8.9
8	政府性基金收入	万元	30049	11.5	26952	-11.7
9	政府性基金支出	万元	44102	59.3	27678	-22.7
10	全县接待游客数	万人次	219.71	-28.5	307.2	119.2
11	旅游综合收入	亿元	13.7	-20.6	17.32	50.6
12	旅游过夜人数	万人次	82.41	-17.2	99.54	31.6

续表 8

序号	项目名称	单位	2022年1—12月		2021年1—12月	
			绝对数	增长率（%）	绝对数	增长率（%）
13	城镇居民人均可支配收入	元	36677	0.9	36350	8.3
14	农村居民人均可支配收入	元	16881	7.6	15689	11.5
15	金融机构存款余额	万元	1209002	6.8	1132446	3
16	金融机构贷款余额	万元	448759	12.9	397426	18.9
17	空气质量	综合指数（AQI）	1.852	—	2.106	—

注：1. 地方一般公共预算收入为同口径收入（即剔除增值税留抵退税的口径）；2. 金融机构数据为 12 月时点数；3. 空气质量为 12 月数据。

2002—2022年保亭县地区生产总值表

表 9

年份	生产总值（万元）	第一产业（万元）	第二产业（万元）	第三产业（万元）	人均地区生产总值（元）
2002	47075	22570	4731	19774	4492
2003	48187	22892	3790	21505	4576
2004	54387	25975	4964	23448	5145
2005	60143	28356	5559	26228	5549
2006	69907	32925	6516	30466	6253
2007	82068	37538	8195	36335	7183
2008	98197	41776	10094	46327	8397
2009	166576	79631	16830	70115	9926
2010	202006	90528	21665	89813	11912
2011	257144	120089	29680	107375	17505
2012	304354	140055	36615	127684	20676
2013	337523	143740	41293	152490	22813
2014	367186	154636	45345	167205	24633
2015	406925	146040	46644	214241	27146.4
2016	425479	168574	52246	204658	28271
2017	460135	169067	59863	231197	30402
2018	519354	176551	59998	282805	34090
2019	557100	193446	64642	299012	36258
2020	562728	198588	60096	304044	36084
2021	631585	223968	63941	343675	40305
2022	690835	258393	84187	348255	43764

2005—2022年保亭县城镇居民人均可支配收入表

表 10

年份	城镇居民人均可支配收入（元）	与上年对比	
		绝对数（元）	增长率（%）
2005	5690	—	—
2006	6466	776	13.6
2007	7378	912	14.1
2008	8755	1377	18.7
2009	10423	1668	19.1
2010	12977	2554	24.5
2011	15300	2323	17.9
2012	17840	2540	16.6
2013	19645	1805	10.1
2014	21020	1375	7.0
2015	23021	2001	9.5
2016	25127	2106	9.1
2017	27382	2255	9.0
2018	29726	2344	8.6
2019	32536	2810	9.5
2020	33564	1028	3.2
2021	36350	2786	8.3
2022	36677	327	0.9

2002—2022年保亭县农村居民人均可支配收入表

表 11

年份	农村人均可支配收入（元）	与上年对比	
		绝对数（元）	增长率（%）
2002	1427	46	3.3
2003	1544	117	8.2
2004	1673	129	8.4
2005	1783	110	6.6
2006	1942	159	8.9
2007	2190	248	12.8
2008	2517	327	14.9
2009	2872	355	14.1
2010	3453	581	20.2
2011	4482	1029	29.8
2012	5598	1116	24.9
2013	6443	845	15.1

续表 11

年份	农村人均可支配收入（元）	与上年对比	
		绝对数（元）	增长率（%）
2014	7834	1391	21.6
2015	8735	901	11.5
2016	9696	961	11.0
2017	10792	1096	11.3
2018	11856	1064	9.9
2019	12935	1079	9.1
2020	14067	1132	8.8
2021	15689	1622	11.5
2022	16881	1192	7.6

2022年保亭县主要农作物面积和产量表

表 12

项目	播种面积（亩）	总产量（吨）
一、粮食作物合计	65225.09	22346.38
（1）谷物	60710.84	21190.83
水稻	60710.84	21190.83
A.早稻	22107.37	8248.93
B.晚稻	38603.47	12941.90
山兰	0.00	0.00
（2）薯类	3729.13	1015.06
番薯	3729.13	1015.06
（3）豆类	785.12	140.49
大豆	7.10	1.02
其他杂豆	747.52	133.37
二、油料	3044.20	617.38
花生	3044.20	617.38
芝麻	0.00	0.00
三、甘蔗	569.20	1145.71
糖蔗	16	40.00
果蔗	553.20	1105.71
四、蔬菜及食用菌	72982.46	86109.55
五、其他农作物	14335.38	13261.51
鲜食玉米	3199.78	2959.79
六、中草药材	30520.4	3029.89

保亭县乡镇（街道办）、建制村（社区）、居、自然村、村（居）民小组一览表

表 13

乡镇名称	建制村（社区）、居名称	自然村、村（居）民小组名称
保城镇	一、建制村名称（8个）	一、自然村、村民小组名称（自然村56个、村民小组56个）
	1.番文村（辖6个自然村、6个村民小组）	1.什罗村：什罗村小组；2.毛弄村：毛弄村小组；3.道旦村：道旦村小组；4.什丙一村：什丙一村小组；5.什丙二村：什丙二村小组；6.什立村：什立村小组
	2.抄抗村（辖6个自然村、6个村民小组）	1.红见村：红见村小组；2.什千抄村：什千抄村小组；3.抄茂村：抄茂村小组；4.抄坑村：抄坑村小组；5.千富村：千富村小组；6.什底村：什底村小组
	3.春天村（辖7个自然村、7个村民小组）	1.道突村：道突村小组；2.什办村：什办村小组；3.什巾村：什巾村小组；4.西舍村：西舍村小组；5.龙则村：龙则村小组；6.扫例村：扫例村小组；7.道龙村：道龙村小组
	4.石硐村（辖7个自然村、7个村民小组）	1.什小村：什小村小组；2.干哈村：干哈村小组；3.南九村：南九村小组；4.什票村：什票村小组；5.南只村：南只村小组；6.打南村：打南村小组；7.合口村：合口村小组
	5.什好村（辖6个自然村、6个村民小组）	1.帮岭村：帮岭村小组；2.什插村：什插村小组；3.什坡村：什坡村小组；4.什好村：什好村小组；5.什道村：什道村小组；6.什仍村：什仍村小组
	6.毛介村（辖9个自然村、9个村民小组）	1.新村：新村小组；2.山村：山村小组；3.什那村：什那村小组；4.排寮村：排寮村小组；5.什告村：什告村小组；6.什文上村：什文上村小组；7.什文下村：什文下村小组；8.祖来村：祖来村小组；9.什头村：什头村小组
	7.什聘村（辖5个自然村、5个村民小组）	1.什超村：什超村小组；2.什上村：什上村小组；3.什慢村：什慢村小组；4.什冲行村：什冲行村小组；5.什国村：什国村小组
	8.西坡村（辖10个自然村、10个村民小组）	1.什布村：什布村小组；2.新黎村：新黎村小组；3.新村：新村小组；4.老下村：老下村小组；5.老上村：老上村小组；6.什南立村：什南立村小组；7.抄芭村：抄芭村小组；8.什芽上村：什芽上村小组；9.大坡一村：大坡一村小组；10.大坡二村：大坡二村小组
	二、社区名称（2个）	二、居民小组名称（24个）
	1.城北社区（辖14个居民小组）	居民一组、居民二组、居民三组、居民四组、居民五组、居民六组、居民七组、居民八组、居民九组、居民十组、居民十一组、居民十二组、居民十三组、居民十四组
	2.城南社区（辖10个居民小组）	居民一组、居民二组、居民三组、居民四组、居民五组、居民六组、居民七组、居民八组、居民九组、居民十组
	三、居名称（2个）	三、居民小组名称（67个）
	1.新星居（辖53个居民小组）	1.新星机关直属；2.一区一队居民小组；3.一区二队居民小组；4.一区三队居民小组；5.一区四队居民小组；6.一区五队居民小组；7.一区六队居民小组；8.一区七队居民小组；9.一区八队居民小组；10.二区一队居民小组；11.二区二队居民小组；12.二区三队居民小组；13.二区四队居民小组；14.二区五队居民小组；15.二区六队居民小组；16.二区七队居民小组；17.三区一队居民小组；18.三区二队居民小组；19.三区三队居民小组；20.三区四队居民小组；21.三区五队居民小组；22.四区一队居民小组；23.四区二队居民小组；24.四区三队居民小组；25.四区四队居民小组；26.四区五队居民小组；27.五区一队居民小组；28.五区二队居民小组；29.五区三队居民小组；30.五区四队居民小组；31.五区六队居民小组；32.五区七队居民小组；33.六区一队居民小组；34.六区二队居民小组；35.六区三队居民小组；36.六区四队居民小组；37.六区五队居民小组；38.六区六队居民小组；39.六区七队居民小组；40.六区八队居民小组；41.六区九队居民小组；42.七区一队居民小组；43.七区二队居民小组；44.七区三队居民小组；45.七区四队居民小组；46.七区五队居民小组；47.七区六队居民小组；48.番道队居民小组；49.什聘队居民小组；50.石峒队居民小组；51.大保队居民小组；52.什牙队居民小组；53.番文队居民小组
	2.热作居（辖14个居民小组）	1.所部（含各直属单位）居民小组；2.一队居民小组；3.二队居民小组；4.三队居民小组；5.四队居民小组；6.五队居民小组；7.六队居民小组；8.七队居民小组；9.八队居民小组；10.九队居民小组；11.十队居民小组；12.十一队居民小组；13.十二队居民小组；14.十三居民小组

续表 13

乡镇名称	建制村（社区）、居名称	自然村、村（居）民小组名称
什玲镇	一、建制村名称（12个）	一、自然村、村民小组名称（自然村70个、村民小组81个）
	1.大田村（辖6个自然村、6个村民小组）	1.大田村：大田村小组；2.什治村：什治村小组；3.什那村：什那村小组；4.万坡村：万坡村小组；5.丁reaching村：丁reaching村小组；6.什道隆村：什道隆村小组
	2.毛定村（辖4个自然村、4个村民小组）	1.毛定村：毛定村小组；2.什秀村：什秀村小组；3.南改村：南改村小组；4.什加千村：什加千村小组
	3.排寮村（辖9个自然村、9个村民小组）	1.什磨村：什磨村小组；2.什轮村：什轮村小组；3.什改村：什改村小组；4.什教村：什教村小组；5.什诺村：什诺村小组；6.什冲一村：什冲一村小组；7.什冲二村：什冲二村小组；8.什荣印一村：什荣印一村小组；9.什荣印二村：什荣印二村小组
	4.界村（辖3个自然村、5个村民小组）	1.加浩村：加浩村小组；2.界村：界一村小组、界二村小组；3.什胜村：什胜一村小组、什胜二村小组
	5.坚固村（辖4个自然村、4个村民小组）	1.坚固村：坚固村小组；2.什后村：什后村小组；3.什昌村：什昌村小组；4.南坡村：南坡村小组
	6.什玲村（辖6个自然村、6个村民小组）	1.什玲一村：什玲一村小组；2.什玲二村：什玲二村小组；3.新村一村：新村一村小组；4.新村二村：新村二村小组；5.道果村：道果村小组；6.万坡村：万坡村小组
	7.巡亲村（辖8个自然村、9个村民小组）	1.巡亲一村：巡亲一村小组；2.巡亲二村：巡亲二村小组；3.什江村：什江一村小组、什江二村小组；4.什当村：什当村小组；5.新坡村：新坡村小组；6.什来村：什来村小组；7.南群村：南群村小组；8.什螺村：什螺村小组
	8.水尾村（辖6个自然村、10个村民小组）	1.水尾村：水尾一村小组、水尾二村小组；2.万亲村：万亲一村小组、万亲二村小组；3.什开村：什开一村小组、什开二村小组；4.什波罗村：什波罗村小组；5.什忽村：什忽村小组；6.孟果村：孟果一村小组、孟果二村小组
	9.椰村（辖8个自然村、12个村民小组）	1.椰村：椰村一村小组、椰村二村小组；2.平土村：平土一村小组、平土二村小组；3.南跃村：南跃村小组；4.市队村：市队村小组；5.什道村：什道村小组；6.加弄村：加弄一村小组、加弄二村小组；7.加防村：加防一村小组、加防二村小组；8.什门开村：什门开村小组
	10.毛天村（辖4个自然村、4个村民小组）	1.道贡村：道贡村小组；2.毛天村：毛天村小组；3.什冲村：什冲村小组；4.什荣村：什荣村小组
	11.抄寨村（辖5个自然村、5个村民小组）	1.毛辉村：毛辉村小组；2.抄寨村：抄寨村小组；3.水贤村：水贤村小组；4.什东村：什东村小组；5.石带村：石带村小组
	12.八村（辖7个自然村、7个村民小组）	1.南头村：南头村小组；2.加答村：加答村小组；3.什败村：什败村小组；4.毛争村：毛争村小组；5.毛如村：毛如村小组；6.南龙村：南龙村小组；7.南门村：南门村小组
加茂镇	一、建制村名称（6个）	一、自然村、村民小组名称（自然村57个、村民小组57个）
	1.加答村（辖10个自然村、10个村民小组）	1.石便村：石便村小组；2.母赤村：母赤村小组；3.灶长村：灶长村小组；4.新建村：新建村小组；5.金不弄村：金不弄村小组；6.石忙村：石忙村小组；7.什核村：什核村小组；8.灶供村：灶供村小组；9.北头村：北头村小组；10.红信村：红信村小组
	2.石建村（辖8个自然村、8个村民小组）	1.送妹下一村：送妹下一村小组；2.送妹下二村：送妹下二村小组；3.新丰村：新丰村小组；4.送妹上村：送妹上村小组；5.石建村：石建村小组；6.信建村一村：信建村一村小组；7.信建村二村：信建村二村小组；8.林贡村：林贡村小组
	3.共村（辖5个自然村、5个村民小组）	1.番由一村：番由一村小组；2.番由二村：番由二村小组；3.什族村：什族村小组；4.番房村：番房村小组；5.竹棵村：竹棵村小组
	4.界水村（辖9个自然村、9个村民小组）	1.信民村：信民村小组；2.毛烈村：毛烈村小组；3.南冲村：南冲村小组；4.芒新村：芒新村小组；5.芒株村：芒株村小组；6.什过村：什过村小组；7.信诚村：信诚村小组；8.什母村：什母村小组；9.众排村：众排村小组

续表13

乡镇名称	建制村（社区）、居名称	自然村、村（居）民小组名称
加茂镇	5.加茂村（辖12个自然村、12个村民小组）	1.新茂村：新茂村小组；2.什杏村：什杏村小组；3.石弄村：石弄村小组；4.毛林一村：毛林一村小组；5.毛林二村：毛林二村小组；6.友具上村：友具上村小组；7.友具下村：友具下村小组；8.市队村：市队村小组；9.北赖上一村：北赖上一村小组；10.北赖上二村：北赖上二村小组；11.番松村：番松村小组；12.加茂二村：加茂二村小组
	6.半弓村（辖13个自然村、13个村民小组）	1.南昌村：南昌村小组；2.田岸村：田岸村小组；3.六仔村：六仔村小组；4.六底上村：六底上村小组；5.六底下村：六底下村小组；6.大田上村：大田上村小组；7.大田下一村：大田下一村小组；8.大田下二村：大田下二村小组；9.新兴村：新兴村小组；10.新胜村：新胜村小组；11.新旺村：新旺村小组；12.大旺上村：大旺上村小组；13.大旺下村：大旺下村小组
	二、居名称（1个）	二、居民小组名称（89个）
	1.南茂居（辖89个居民小组）	1.商贸居民小组；2.五一胶厂居民小组；3.修理厂居民小组；4.基建队居民小组；5.砖厂居民小组；6.粮油加工厂居民小组；7.医院居民小组；8.机关居民小组；9.养殖场居民小组；10.有机猪场居民小组；11.车队居民小组；12.胶合板厂居民小组；13.水电站居民小组；14.红旗胶厂居民小组；15.幼儿园居民小组；16.南茂中学居民小组；17.中心小学居民小组；18.第二小学居民小组；19.加茂居民小组；20.新风居民小组；21.什调居民小组；22.什挺居民小组；23.毛梅居民小组；24.红光居民小组；25.初文居民小组；26.新村居民小组；27.什参居民小组；28.什芽居民小组；29.什坡居民小组；30.众排居民小组；31.什那居民小组；32.北赖居民小组；33.五一居民小组；34.大旺居民小组；35.卫星居民小组；36.红峰居民小组；37.曙光居民小组；38.八五居民小组；39.高峰居民小组；40.前锋居民小组；41.卫峰居民小组；42.卫连居民小组；43.茅丛居民小组；44.秀丽居民小组；45.红旗居民小组；46.长征居民小组；47.红明居民小组；48.跃进居民小组；49.红梅居民小组；50.前进居民小组；51.红霞居民小组；52.红色居民小组；53.东风居民小组；54.红星居民小组；55.胜利居民小组；56.八一居民小组；57.红卫居民小组；58.南昌居民小组；59.丰收居民小组；60.火箭居民小组；61.南岛居民小组；62.永东居民小组；63.永红居民小组；64.南华居民小组；65.南盛居民小组；66.爱国居民小组；67.向东居民小组；68.挺进居民小组；69.建光居民小组；70.爱民居民小组；71.建设居民小组；72.祖果居民小组；73.前哨居民小组；74.登峰居民小组；75.前程居民小组；76.前卫居民小组；77.春雷居民小组；78.祖响居民小组；79.祖八居民小组；80.春光居民小组；81.爱军居民小组；82.爱华居民小组；83.春明居民小组；84.炼忠居民小组；85.石艾居民小组；86.爱群居民小组；87.朝阳居民小组；88.先锋居民小组；89.茂山居民小组
响水镇	一、建制村名称（8个）	一、自然村、村民小组名称（自然村57个、村民小组61个）
	1.什龙村（辖8个自然村、8个村民小组）	1.什龙一村：什龙一村小组；2.什龙二村：什龙二村小组；3.毛端一村：毛端一村小组；4.毛端二村：毛端二村小组；5.什漏村：什漏村小组；6.番慢村：番慢村小组；7.新村：新村小组；8.南梗村：南梗村小组
	2.响水村（辖8个自然村、8个村民小组）	1.什掘一村：什掘一村小组；2.什掘二村：什掘二村小组；3.什门村：什门村小组；4.新队村：新队村小组；5.局南村：局南村小组；6.什运村：什运村小组；7.保利村：保利村小组；8.什好村：什好村小组
	3.合口村（辖9个自然村、9个村民小组）	1.什栋村：什栋村小组；2.巡亲村：巡亲村小组；3.什有村：什有村小组；4.合口一村：合口一村小组；5.合口二村：合口二村小组；6.什伴村：什伴村小组；7.足下一村：足下一村小组；8.足下二村：足下二村小组；9.足下三村：足下三村小组
	4.什邱村（辖4个自然村、4个村民小组）	1.什群村：什群村小组；2.什邱村：什邱村小组；3.什族村：什族村小组；4.信保村：信保村小组
	5.什月村（辖7个自然村、8个村民小组）	1.什月村：什月一村小组、什月二村小组；2.什月三村：什月三村小组；3.什在一村：什在一村小组；4.什在二村：什在二村小组；5.什南龙村：什南龙村小组；6.什齐村：什齐村小组；7.什月四村：什月四村小组

续表 13

乡镇名称	建制村（社区）、居名称	自然村、村（居）民小组名称
响水镇	6.陡水河村（辖4个自然村、4个村民小组）	1.毛真村：毛真村小组；2.陡水河村：陡水河村小组；3.金灶村：金灶村小组；4.什赤村：什赤村小组
	7.毛岸村（辖5个自然村、5个村民小组）	1.毛瑞上村：毛瑞上村小组；2.毛瑞下村：毛瑞下村小组；3.什秀村：什秀村小组；4.番赛村：番赛村小组；5.番慢村：番慢村小组
	8.大本村（辖12个自然村、15个村民小组）	1.毛造村：毛造村小组；2.什迎村：什迎一村小组、什迎二村小组；3.番亲村：番亲一村小组、番亲二村小组；4.番坡村：番坡村小组；5.什实村：什实村小组；6.毛运村：毛运村小组；7.番应村：番应村小组；8.什携村：什携村小组；9.番道村：番道村小组；10.什巴村：什巴村小组；11.什冲村：什冲村小组；12.大本村：大本一村小组、大本二村小组
	二、居名称（2个）	二、居民小组名称（69个）
	1.金江居（辖45个居民小组）	1.一队居民小组；2.二队居民小组；3.三队居民小组；4.四队居民小组；5.五队居民小组；6.六队居民小组；7.七队居民小组；8.八队居民小组；9.九队居民小组；10.十队居民小组；11.十一队居民小组；12.十二队居民小组；13.十三队居民小组；14.十四队居民小组；15.十五队居民小组；16.十六队居民小组；17.十七队居民小组；18.十八队居民小组；19.十九队居民小组；20.二十一队居民小组；21.二十二队居民小组；22.二十三队居民小组；23.二十四队居民小组；24.二十五队居民小组；25.二十六队居民小组；26.二十七队居民小组；27.二十八队居民小组；28.二十九队居民小组；29.三十队居民小组；30.三十一队居民小组；31.三十二队居民小组；32.三十三队居民小组；33.三十四队居民小组；34.三十五队居民小组；35.三十六队居民小组；36.华侨队居民小组；37.车队居民小组；38.基建队居民小组；39.胶厂居民小组；40.供电厂居民小组；41.医院居民小组；42.学校居民小组；43.幼儿园居民小组；44.机关居民小组；45.供销居民小组
	2.茶场居（辖24个居民小组）	1.茶场居一队居民小组；2.茶场居二队居民小组；3.茶场居三队居民小组；4.茶场居四队居民小组；5.茶场居五队居民小组；6.茶场居六队居民小组；7.茶场居七队居民小组；8.茶场居八队居民小组；9.茶场居九队居民小组；10.茶场居十队居民小组；11.茶场居十一队居民小组；12.茶场居十二队居民小组；13.茶场居十三队居民小组；14.茶场居十四队居民小组；15.茶场居十七队居民小组；16.茶场居十八队居民小组；17.林果队居民小组；18.供电所居民小组；19.基建队居民小组；20.加工厂居民小组；21.医院居民小组；22.老中学居民小组；23.四排居民小组；24.机关居民小组
新政镇	一、建制村名称（10个）	一、自然村、村民小组名称（自然村70个、村民小组70个）
	1.石让村（辖12个自然村、12个村民小组）	1.什厚苗村：什厚苗村小组；2.什厚黎村：什厚黎村小组；3.什抄村：什抄村小组；4.什漏村：什漏村小组；5.什孔颜村：什孔颜村小组；6.通什村：通什村小组；7.什冲村：什冲村小组；8.什武村：什武村小组；9.番坡村：番坡村小组；10.什要千一村：什要千一村小组；11.什要千二村：什要千二村小组；12.经济场：经济场小组
	2.毛文村（辖10个自然村、10个村民小组）	1.番雅一村：番雅一村小组；2.番雅二村：番雅二村小组；3.毛胆村：毛胆村小组；4.新村：新村小组；5.番根一村：番根一村小组；6.番根二村：番根二村小组；7.番那村：番那村小组；8.什捌村：什捌村小组；9.新兴村：新兴村小组；10.农科站：农科站小组
	3.新政村（辖10个自然村、10个村民小组）	1.毛政村：毛政村小组；2.什谷村：什谷村小组；3.新建村：新建村小组；4.什漏村：什漏村小组；5.什坡示村：什坡示村小组；6.什处村：什处村小组；7.什问村：什问村小组；8.什包一村：什包一村小组；9.什包二村：什包二村小组；10.番那村：番那村小组
	4.报导村（辖7个自然村、7个村民小组）	1.什那村：什那村小组；2.什调村：什调村小组；3.什梯利村：什梯利村小组；4.报导一村：报导一村小组；5.报导二村：报导二村小组；6.什示巴一村：什示巴一村小组；7.什示巴二村：什示巴二村小组

续表 13

乡镇名称	建制村（社区）、居名称	自然村、村（居）民小组名称
新政镇	5.南改村（辖3个自然村、3个村民小组）	1.南改二村：南改二村小组；2.南改三村：南改三村小组；3.南改五村：南改五村小组
	6.毛朋村（辖10个自然村、10个村民小组）	1.京一村：京一村小组；2.京二村：京二村小组；3.京三村：京三村小组；4.什定一村：什定一村小组；5.什定二村：什定二村小组；6.什灶大一村：什灶大一村小组；7.什灶大二村：什灶大二村小组；8.什迁村：什迁村小组；9.新村：新村小组；10.什灶仔村：什灶仔村小组
	7.什那村（辖5个自然村、5个村民小组）	1.什那村：什那村小组；2.什术上村：什术上村小组；3.什术下村：什术下村小组；4.什组村：什组村小组；5.什示育村：什示育村小组
	8.什奋村（辖4个自然村、4个村民小组）	1.什奋村：什奋村小组；2.志妈一村：志妈一村小组；3.志妈二村：志妈二村小组；4.番通村：番通村小组
	9.报什村（辖5个自然村、5个村民小组）	1.什非差村：什非差村小组；2.什华村：什华村小组；3.什堆村：什堆村小组；4.高州村：高州村小组；5.什南驳村：什南驳村小组
	10.新建村（辖4个自然村、4个村民小组）	1.新村一村：新村一村小组；2.新村二村：新村二村小组；3.亚洪村：亚洪村小组；4.什芒果村：什芒果村小组
三道镇	一、建制村名称（4个）	一、自然村、村民小组名称（自然村50个、村民小组50个）
	1.三弓村（辖15个自然村、15个村民小组）	1.番亲村：番亲村小组；2.什者村：什者村小组；3.新建村：新建村小组；4.什纳村：什纳村小组；5.什吉村：什吉村小组；6.番庭村：番庭村小组；7.番托村：番托村小组；8.番俄村：番俄村小组；9.补锅村：补锅村小组；10.信海村：信海村小组；11.前进村：前进村小组；12.什南办村：什南办村小组；13.什电村：什电村小组；14.什改村：什改村小组；15.新俄村：新俄村小组
	2.田滚村（辖14个自然村、14个村民小组）	1.什办村：什办村小组；2.什道村：什道村小组；3.亚拾园村：亚拾园村小组；4.什迎村：什迎村小组；5.田滚村：田滚村小组；6.什况村：什况村小组；7.什运村：什运村小组；8.什反定村：什反定村小组；9.通上村：通上村小组；10.通下村：通下村小组；11.毛开上村：毛开上村小组；12.毛开下村：毛开下村小组；13.加乍村：加乍村小组。14.农科所：农科所小组
	3.首弓村（辖14个自然村、14个村民小组）	1.什再村：什再村小组；2.什印村：什印村小组；3.东方红村：东方红村小组；4.百万村：百万村小组；5.什座村：什座村小组；6.什定村：什定村小组；7.新村：新村小组；8.柳上村：柳上村小组；9.柳下村：柳下村小组；10.准上村：准上村小组；11.准下村：准下村小组；12.上志村：上志村小组；13.番那村：番那村小组；14.反仍村：反仍村小组
	4.甘什村（辖7个自然村、7个村民小组）	1.毛民村：毛民村小组；2.田头村：田头村小组；3.什进村：什进村小组；4.什密村：什密村小组；5.甘什上村：甘什上村小组；6.甘什下村：甘什下村小组；7.南电村：南电村小组
	二、居名称（1个）	二、居民小组名称（40个）
	1.三道居（辖40个居民小组）	1.一队居民小组；2.二队居民小组；3.三队居民小组；4.四队居民小组；5.五队居民小组；6.六队居民小组；7.七队居民小组；8.八队居民小组；9.九队居民小组；10.十队居民小组；11.十一队居民小组；12.十二队居民小组；13.十三队居民小组；14.十四队居民小组；15.十五队居民小组；16.十六队居民小组；17.十七队居民小组；18.十八队居民小组；19.十九队居民小组；20.二十一队居民小组；21.二十二队居民小组；22.什根队居民小组；23.什永队居民小组；24.什军队居民小组；25.番道队居民小组；26.机关居民小组；27.小学居民小组；28.中学居民小组；29.医院居民小组；30.水电厂居民小组；31.基建队居民小组；32.机修队居民小组；33.商贸居民小组；34.砖瓦厂居民小组；35.供销科居民小组；36.藤器厂居民小组；37.车队居民小组；38.木材厂居民小组；39.胶厂居民小组；40.工运公司居民小组
六弓乡	一、建制村名称（5个）	一、自然村、村民小组名称（自然村38个、村民小组38个）
	1.大妹村（辖8个自然村、8个村民小组）	1.新村：新村村小组；2.大九村：大九村小组；3.妹上村：妹上村小组；4.妹中村：妹中村小组；5.妹下村：妹下村小组；6.大底村：大底村小组；7.土眉一村：土眉一村小组；8.土眉二村：土眉二村小组

续表 13

乡镇名称	建制村（社区）、居名称	自然村、村（居）民小组名称
六弓乡	2.田岸村（辖4个自然村、4个村民小组）	1.田岸村：田岸村小组；2.红土村：红土村小组；3.大目村：大目村小组；4.北赖村：北赖村小组
	3.石艾村（辖8个村民小组）	1.祖响一村：祖响一村小组；2.祖响二村：祖响二村小组；3.祖八上村：祖八上村小组；4.祖八下村：祖八下村小组；5.祖册村：祖册村小组；6.祖托村：祖托村小组；7.石艾村：石艾村小组；8.祖稿村：祖稿村小组
	4.田圯村（辖11个自然村、11个村民小组）	1.信具上村：信具上村小组；2.信具下村：信具下村小组；3.牛门村：牛门村小组；4.墓山村：墓山村小组；5.奋妹村：奋妹村小组；6.祖烈村：祖烈村小组；7.祖崩村：祖崩村小组；8.白石村：白石村小组；9.田圯村：田圯村小组；10.岸节村：岸节村小组；11.新村：新村村小组
	5.奋发村（辖7个自然村、7个村民小组）	1.奋发村：奋发村小组；2.祖呆村：祖呆村小组；3.岸群村：岸群村小组；4.大户一村：大户一村小组；5.大户二村：大户二村小组；6.吊赖一村：吊赖一村小组；7.吊赖二村：吊赖二村小组
南林乡	一、建制村名称（3个）	一、自然村、村民小组名称（自然村24个、村民小组24个）
	1.东方村（辖6个自然村、6个村民小组）	1.东方村：东方村小组；2.南通村：南通村小组；3.庆训村：庆训村小组；4.万如村：万如村小组；5.红星村：红星村小组；6.庆号村：庆号村小组
	2.南林村（辖6个自然村、6个村民小组）	1.大村：大村小组；2.新村：新村小组；3.什丁村：什丁村小组；4.什龙村：什龙村小组；5.庆月村：庆月村小组；6.新民村：新民村小组
	3.罗葵村（辖12个自然村、12个村民小组）	1.草别村：草别村小组；2.仲田村：仲田村小组；3.什水村：什水村小组；4.什保村：什保村小组；5.什叭村：什叭村小组；6.什故村：什故村小组；7.什诰村：什诰村小组；8.什号村：什号村小组；9.道英村：道英村小组；10.什塔村：什塔村小组；11.庆邦村：庆邦村小组；12.什军村：什军村小组
毛感乡	一、建制村名称（4个）	一、自然村、村民小组名称（自然村30个、村民小组30个）
	1.毛感村（辖11个自然村、11个村民小组）	1.什巾二村：什巾二村小组；2.毛感村：毛感村小组；3.南昌村：南昌村小组；4.新荣村：新荣村小组；5.什春村：什春村小组；6.什巾村：什巾村小组；7.番永一村：番永一村小组；8.番永二村：番永二村小组；9.番兴村：番兴村小组；10.什春二村：什春二村小组；11.保兴村：保兴村小组
	2.南春村（辖6个自然村、6个村民小组）	1.南一村：南一村小组；2.南二村：南二村小组；3.番道村：番道村小组；4.番奋村：番奋村小组；5.番慢村：番慢村小组；6.南律村：南律村小组
	3.毛位村（辖6个自然村、6个村民小组）	1.石轮村：石轮村小组；2.什茂村：什茂村小组；3.什盛村：什盛村小组；4.什开村：什开村小组；5.番根村：番根村小组；6.南兵村：南兵村小组
	4.南好村（辖7个自然村、7个村民小组）	1.草寨村：草寨村小组；2.赛龙村：赛龙村小组；3.千龙村：千龙村小组；4.南好村：南好村小组；5.番千村：番千村小组；6.南旺村：南旺村小组；7.南新村：南新村小组

注：辖镇 6 个、乡 3 个、建制村 60 个、自然村 452 个、村民小组 467 个、社区 2 个、居 6 个、居民小组 289 个。

附　录

工作报告

政府工作报告

——2023年1月6日在保亭黎族苗族自治县第十六届人民代表大会第三次会议上

保亭黎族苗族自治县人民政府县长　王惠仙

一、2022 年工作回顾

2022 年是大事多、难事多、极不平凡的一年，也是好事多、喜事多、取得显著成绩的一年。一年来，面对百年变局与世纪疫情交织影响，我们坚决贯彻落实党中央、国务院决策部署和省委、省政府工作安排，在县委的正确领导下，迎难而上，统筹疫情防控和经济社会发展，抢抓机遇、解放思想、担当实干，全力实施“三区三地”[1] 发展战略，大力发展十大特色重点产业[2]，加快建设“三大产业园区”[3]，奋力开创保亭高质量发展新局面，全县经济社会保持平稳健康发展。2022 年，全县地区生产总值 69.08 亿元，同比增长 4.5%，增幅排名全省第一名；地方一般公共预算收入 4.14 亿元，同比增长 14.7%，增幅排名全省第三名；固定资产投资 37.43 亿元，同比增长 17.6%，增幅全省排名第四名；社会消费品零售总额 16.93 亿元，同比下降 7%，高于全省平均水平 2.2 个百分点；城镇和农村常住居民人均可支配收入分别为 36677 元和 16881 元，分别同比增长 0.9% 和 7.6%，增幅分别排名全省第二名、第三名，经济出现优质性反转。

（一）经济态势稳步向好。坚持“一手打伞一手干活”，以“四集中、两服务”[4] 为抓手，深入开展“项目建设年”活动，出台支持企业渡过难关和经济高质量发展等若干措施，以超常规举措稳经济大盘。助企纾困有力有效，落实减税降费政策，缓税、减税、退税 1.54 亿元。延期还本付息 2.3 亿元，惠及市场主体 274 家。开展电子消费券促销活动，有效激活消费市场。抓好“万名干部下企业”保亭服务行动，300 名领导干部深入企业实行“一对一”“点对点”服务，助推企业复工复产。累计实有市场主体、注册资本同比增长分别为9.3%和8.8%。千方百计抓项目促投资，全力以赴稳经济促增长。举办集中开工活动6批次，开工项目59宗，总投资99.77亿元。成立县政府和社会资本合作中心，搭建企业金融服务对接平台，拓宽多元融资渠道，与230家对接企业达成意向性贷款3.7亿元。乡村振兴公路改扩建项目进入财政部PPP项目库，实现零的突破。首次成功发行境外债1400万元。

（二）新兴产业初具雏形。发布县域产业发展规划，出台十大特色重点产业发展工作方案，构建高质量发展现代产业体系。大力招商引资，先后在海口、山西、内蒙古、上海举办专场招商推介活动，接洽意向投资企业140余家次，达成投资合作意向项目45宗，非人灵长类实验动物研发创新中心等一批招商项目落地开工。健康产业成果丰硕，与海南省院士联合会建立全面战略合作关系，海南自由贸易港健康医学研究院正式挂牌成立，与博鳌乐城探索新型医养合作模式，神玉岛入选国家级全域森林康养试点。旅游产业提质升级，呀诺达探索（Discovery）旅游度假综合体和观光索道等一批旅游产业项目加快推进。高新技术产业加快培育，新增国家级科技型中小企业13家、高新技术企业2家、县级众创空间1家。

（三）“三农”工作扎实推进。坚持农业农村优先发展，整合财政涉农资金1.17亿元实施农业产业项目42个，资金投入产业占比56.9%。4个高标准农田建设项目顺利竣工，复耕撂荒地758亩。大力发展热带特色高效农业，七仙岭全球热带水果博览中心核心一区开工建设；设立省级红毛丹种质资源圃，红毛丹种植面积3.9万亩、年产值5.3亿元；引进、种植榴莲3600余亩。建设农村基础设施500万元以上项目15宗、共享农庄9个、美丽乡村8个。聚焦促农增收，落实种粮、农资等补贴政策，脱贫人口外出务工12170人，举办消费助农集市26场，脱贫人口人均纯收入同比增长15.46%。推动槟榔产业转型，槟榔套种、间种、混种作物4.28万亩。健全防止返贫监测和帮扶机制，全年未发生规模性返贫。深入推进农村“三变”[5]改革，探索发展壮大村级集体经济新路子，全县73%的行政村集体经济经营性收入超10万元，提前两年实现一半以上村集体收益超10万元目标。保亭入选2022年全国休闲农业重点县，红毛丹登上国家乡村振兴局丰收节主题展、纳入农业农村部精品培育计划，水尾村入选2022年“中国美丽休闲乡村”。

（四）生态文明建设成果丰硕。始终心怀“国之大者”，推进生态文明标志性工程建设。顺利完成海南热带雨林国家公园生态搬迁任务，水贤、什东村整体入住新家园，搬出幸福新生活。守牢守好80.85万亩生态红线。绿化造林3173亩，社会投资开垦补充耕地523亩，建立电子监控和网格化环境监管体系，实现村庄、田洋等重点区域全覆盖。加强秸秆露天焚烧、烟花爆竹燃放、施工扬尘管控，空气质量优良率达99.1%，PM2.5年均浓度较去年下降1微克/立方米。完成2022年度中央生态环境保护督察整改任务，持续抓好土地卫片、森林督查、“两违”图斑整治。打赢打好“六水共治”[6]攻坚战，赤田水库流域综合治理扎实推进，引进社会资本参与赤田水库流域生态循环农业项目建设，水质提升并稳定在目标值以内。乡镇集中式饮用水水源地水质和城镇内河断面水质达标率均为100%。建设县城污水收集管网配套二期工程和县城区污水提升治理工程，县城生活污水收集处理率77.6%，排名全省第一；实施农村污水资源化利用示范工程，农村生活污水治理率提升14.5个百分点。“禁塑”[7]年度考核排名全省第三。超额完成新能源汽车推广任务，推进装配式建筑。先后获评生态环境部“绿水青山就是金山银山”实践创新基地、“全国康养百强县”“中国气候宜居城市（县）”“海南气候康养市（县）”“海南省森林城市”等称号。

（五）改革激发内生活力明显增强。年初确定的改革任务全部完成。持续推进国有企业改革，成立海南保发控股集团有限公司，助推国有资产保值增值。推进垦地“六个一体化”[8]融合发展，破除系统管辖、地域局限，在省内率先出台垦地融合发展工作三年行动方案，实施垦地双向挂职交流，垦地融合发展进入“快车道”。持续强化商事制度改革，推出“一件事一次办”主题套餐50个，“一业一证”覆盖11个行业。全省首创“政府+银行+保险公司+企业”食品安全责任险模式，多维度推动食品安全责任保险工作机制落地见效。

（六）营商环境持续优化。优化三个工作专班运行机制[9]，用心用情服务企业。创新推出“咖啡时间——政商对话加速跑”交流沟通平台，为208家企业解决难题242个，入选全省政商交往正面典型案例，成为保亭优化营商环境的“金字招牌”。市场监管领域实现历史性三个突破[10]。省营商专班反馈问题办结率95.7%，动态排名全省第三。推行“云审批”“远程评审”“信用＋审批”、全省首个二手房“带押过户”交易登记等服务，设立“水电气联办综窗”，企业办理报装时间压缩至1个工作日。创新推出“首席审批服务专员”“首席金融服务专员”制度，《创新领用发票新模式，破解不动产登记难题》做法入选省级优化营商环境示范案例并在全省推广。建立“直通联办”[11]“三办一访”[12]工作机制，实现企业诉求闭环管理和便民服务无死角、零距离。“新官理旧账”，以诚信政府引领诚实守信营商环境建设，彻底解决了雨沐香庭、聚仙阁及15个不动产登记历史遗留问题、影响24个连队854户居民饮水问题、七仙岭风景名胜区总体规划近30年未调整等一系列影响长远发展的重大瓶颈问题，获得群众点赞并获赠锦旗28面。

（七）城乡一体化加快推进。城乡基础设施提质升级，110kV西坡变电站项目加快推进，保亭广场线、花园线等4宗10kV联络建设项目开工建设；迎宾路、温泉北路等7条市政天然气管道铺设完成；三道水厂、新政水厂等5宗净水厂扩建、新建项目加快推进，新政输水管道、响水配水管道等3宗供水管道工程完工；新建5G基站119个；提升改造农村公路42公里、桥梁20座，改造县城老旧小区15个、农村危改137户。推进垦地融合发展，共享发展红利，编制垦区生产队（村庄）详规，整理垦区土地资源；统一规划、统一建设、统一管护农村、垦区居民点；热作所小区政府配套项目竣工投用、4所垦区幼儿园教学综合楼加快建设。

（八）民生社会事业全面发展。全年重点民生支出占财政支出的81.1%。高质量完成省委、省政府为民办实事事项。城乡社会保障基本实现全覆盖，城乡低保、特困供养保障标准大幅提高，退役军人服务体系不断健全。阳光小区开工建设，人才住房、保城河安居房加快建设。落实“菜篮子”县长负责制，完成2500亩常年蔬菜基地建设任务，全年“15+N”[13]种基本蔬菜均价同比下降0.48元/斤。落实食品药品安全党政同责，守牢守好食品药品安全底线，“两个责任”[14]做法入选省正面典型案例。就业驿站实现乡镇全覆盖，超额完成年度就业目标任务。新建及改扩建公办幼儿园3所，全县普惠性幼儿园覆盖率91.63%，保亭中学顺利托管县民族中学。与海南大学、海南师范大学建立合作关系，携手推动教育高质量发展。扎实推进“健康保亭”建设，医疗系统五大项目[15]加快实施，“2+3”[16]健康服务包疾病筛查全面铺开，县域紧密型医共体建设入选2022年全国典型案例，经验做法得到国家领导人批示肯定。精神文明建设扎实推进，深入开展文明城市创建工作，评选“绿色家庭”“文明家庭”“最美家庭”“幸福庭院”，普及社会公德、职业道德和家庭美德教育。新建改造提升新时代文明实践站6所。顺利通过国家公共文化服务体系示范区创新发展复核，获文旅部通报表扬。首届红毛丹文化节成功“出圈”央视中国新闻、今日环球和朝闻天下。顺利举办点亮夜保亭等文化活动，重磅推出呀诺达雨林实景演绎式项目，与海南大学建立“传统工艺工作站教学实践基地”，公布县第二批非物质文化遗产保护项目6项。国家登山健身步道加快推进，全民健身活动中心开馆运营。获评“海南省民间文化艺术之乡”、2018—2022年度“海南高水平体育后备人才输送奖”“海南省竞技体育贡献奖”。

（九）社会治理效能全面提升。十一类案件零发生[17]，刑事案件立案数连续9年下降，创近15年新低。扎实推进“警校共建——守护平安校园”活动，全县涉未成年人刑事、治安案件同比分别下降42.9%和16.5%。重复信访、信访积案治理取得成效，“13510”工作机制登上《海南日报》，信访工作排名全省前列。毛感乡、南林乡获评海南省无毒乡镇。政法领域深化改革指标持续上升，风险防控能力逐步增强。安全生产形势稳定向好，科学应对台风、强降雨等自然灾害，建成高品质应急消防综合科普体验馆，组建保亭蓝天救援队，防灾减灾能力进一步提升。绝缘化改造高压裸导线、清理高压线下高秆作物、研发推广新型槟榔采摘工具，槟榔采摘触电事故率大幅下降。省双拥模范县创建工作扎实开展。聚焦“末梢治理”，全力推进治理变革，有效提升基层社会治理成效。积极践行社会主义核心价值观，社会风气持续向善向上向好。

（十）政府自身建设全面加强。坚持党对政府工作的全面领导，扎实开展“能力提升建设年”活动暨深化拓展“查堵点、破难题、促发展”活动，赤田水库流域生态补偿机制入选第一批省级先进典型案例。自觉接受人大法律监督、工作监督和政协民主监督，办理人大代表建议 188 件、政协委员提案 59 件。强化审计监督作用，加大公共资金、国有资产、国有资源和领导干部经济责任审计力度，持续推动审计整改落地见效，县审计局实施的生态环境局领导干部经济责任审计项目荣获 2022 年海南省审计机关优秀审计项目一等奖。坚持依法行政，深入推进综合行政执法体制改革，全面落实行政机关负责人出庭应诉制度，出庭应诉率 100%。毛感乡南春村获评全国民主法治示范村。县公安局连续两年获评全省优秀公安局。县综合行政执法局被司法部评为全国行政执法先进集体，并在省级行业综合行政执法大比武活动中荣获三等奖。贯彻落实全面从严治党主体责任和意识形态工作责任制，修订县政府工作规则、常务会议制度，出台县政府“两重一大”议事规则、提升政府行政效能二十条措施。坚持走群众路线，开展政府系统蹲点调研活动，着力解决涉及群众切身利益的难点堵点问题。坚持过紧日子，大力压减和严控一般性支出，“三公”经费下降 3%。

同时，国防动员和后备力量建设、优抚安置、退役军人服务保障等工作取得新进展；民族团结进步、工会、共青团、妇女儿童、残疾人、测绘、红十字会、粮食等工作也取得新成绩。

各位代表！我们深切感受，这些成绩来之不易，根本上得益于省委、省政府的统筹把控，得益于县委的坚强领导，得益于县人大、县政协的全力支持，是全县上下和社会各界一道拼出来的、干出来的、奋斗出来的。在此，我谨代表县人民政府，向辛勤劳动的各族人民，向给予政府工作大力支持的人大代表、政协委员，向各民主党派、工商联、无党派人士、离退休老干部，向省属驻保亭各单位、驻保亭军警部队官兵、公安干警和消防人员，向所有关心支持保亭发展的社会各界人士，致以衷心的感谢和崇高的敬意！

在肯定成绩的同时，我们也要清醒地看到，推进全县经济社会高质量发展还面临不少困难和挑战：一是县域经济基础较为薄弱，产业规模较小，质量效益不高；二是招商引资竞争激烈，招大引强难度加大，缺乏产业带动和结构调整的大项目、好项目；三是民生领域还存在不少短板弱项，公共服务、民生保障、社会治理等方面与人民群众的期待还有一定距离；四是部分干部思想观念、专业水平与海南自贸港建设、保亭高质量发展的要求不匹配。对这些问题，我们必须高度重视，盯紧盯牢、认真研究解决，按时按质高效办好各项为民实事，确保如期兑现县政府向人民群众作出的庄严承诺。

二、2023 年工作安排

各位代表！今年是贯彻落实党的二十大精神的开局之年，是全力推进海南自贸港封关运作的关键之年，也是我们打造“三区三地”、推动保亭高质量发展的重要之年。今年政府工作的总体要求是：坚持以习近平新时代中国特色社会主义思想为指导，全面贯彻落实党的二十大、省第八次党代会和县第十四次党代会精神，完整、准确、全面贯彻新发展理念，紧抓海南自贸港建设机遇，坚持稳中求进工作总基调，以推动高质量发展为主题，做到“六个更好统筹”[18]，以满足人民日益增长的美好生活需要为根本目的，全面落实“一本三基四梁八柱”战略框架，坚持走特色化差异化生态化发展道路，做大做强十大特色重点产业，加快建设“三区三地”，稳步提升发展质量，全力推进深化改革、乡村振兴、生态环保、产业发展、民生保障、社会治理等各项工作，争当乡村全面振兴和共建共享共同富裕的“优等生”，为高质量高标准建设中国特色自由贸易港贡献保亭力量。

今年经济社会发展的主要预期目标是：全县地区生产总值增长 10% 左右；地方一般公共预算收入增长 15% 左右；固定资产投资增长 15% 左右；社会消费品零售总额增长 10% 左右；城镇居民人均可支配收入增长 9% 左右，农村居民人均可支配收入增长 10% 左右；生态环境质量排名全省前列，减排和碳排放强度下降完成省下达的任务。围绕上述目标，我们必须重点做好以下工作。

（一）推进经济高质量发展

扩大有效投资。继续开展“项目建设年”活动，推动经济高质量发展迈出更大步伐。持续落实减税降费政策和助企纾困措施，兑现促经济高质量发展政策补贴，统筹做好新政策落地和老问题化解各项工作。积极谋划和加快推进专项债券项目，用好 PPP、产业引导基金等投融资模式，加快乡村振兴公路改扩建项目建设，撬动更多社会资本投向重点项目和园区。紧扣“四大主导产业”，围绕县第十四次党代会确立的“三区三地”战略目标，立足自身资源禀赋和比较优势，全力推进海南自由贸易港健康医学研究院、健康产业园区建设。加快推进七仙尚品、栖贤燕居商业街等续建项目。

提振消费需求。落实好海南省各项促消费政策，在新能源汽车、家电、家具等重点消费领域实施系列促消费措施。发挥商业综合体消费带动作用，打造新消费地标。支持消费新形式，推动直播带货试点项目建设，引导企业开展线上营销活动，发展社群电商，培育线上新型消费业态和消费热点。谋划推进夜间经济消费集聚区，积极发展夜游、夜宴、夜购、夜娱、夜市等休闲生活新业态，推动消费升级，满足人民群众对美好生活的新需求。实施旅游复苏行动，策划丰富多彩的主题活动，吸引挖掘客源市场，促进多元消费，力争旅游人数达到 269.66 万人次、旅游收入达到 16.12 亿元，分别同比增长 26.51%、27.03%。

推进区域协调发展。做足“山”的文章，抢抓三亚北拓机遇，深度融入三亚经济圈[19]，当好“小兄弟”“水源地”“瓜果园”“后花园”。主动衔接三亚经济圈规划，做好融入“大文章”[20]，全力推进产业共兴、市场共构、品牌共推、环境共建。高标准规划建设“三大产业园区”，精准配置和科学布局园区基础设施、公共服务等要素和功能，助推产城融合。配合推动 G98 环岛高速公路大三亚段扩容工程、环热带雨林国家公园旅游公路、省道 S376 曲政线新建工程等省重点项目建设，谋划推动琼中至白沙高速公路延伸至五指山保亭三亚湾。

加大招商引资力度。打造高素质、专业化、市场化招商团队，用好招商“六条路径”[21]、创新招商思路、改进招商方式、拓展招商广度；发挥“全国康养百强县”等品牌效应，谋划开展海外招商活动，围绕十大特色重点产业引进一批标志性的重点项目、龙头企业。根据国土空间规划和资源禀赋，实行“点对点”精准招商，做好“一对一”服务，不断提高签约落地率、项目开工率、投资完成率、项目投产率，全面增强发展动能。

持续优化营商环境。用好“三个专班”联席会议机制，深化拓展“咖啡时间”等政企沟通平台，完善企业首席服务专员制度，健全政企常态化沟通机制。持续妥善处理历史遗留问题，建立健全问题处置长效机制。深入推进政务服务“零跑动”。扩大“一业一证”行业覆盖范围。建立全过程电子化、全流程闭环化的经营许可告知承诺办理机制。强化项目用地、交通、水电等要素保障，探索推进标准地建设，力争项目“拿地即开工”。不断深化“放管服”改革，持续减轻市场主体负担，塑造保亭营商环境新高地。

（二）争当乡村全面振兴“优等生”

加大政策落实。做好“三落实一巩固”[22]，不断健全完善防返贫动态监测机制。持续巩固“三保障”和饮水安全成果，全面落实教育、医疗、住房等政策，坚决守牢防止规模性返贫底线。以乡村振兴统揽新时代“三农”工作，将乡村振兴纳入本地区国民经济和社会发展规划，落实乡村振兴责任制实施办法，强化乡镇指导和考核，构建职责清晰、各负其责、合力推进的乡村振兴责任体系，统筹资源要素配置支持乡村振兴，加快农业农村现代化。协同推进乡村振兴战略和新型城镇化战略的实施，以县域为重要切入点加快城乡融合发展，统筹推进县域空间布局、产业发展、基础设施、基本公共服务。

推进产业兴农。坚守 7.98 万亩永久基本农田保护红线，巩固耕地“非粮化”“非农化”整治成果，新建、改造高标准农田 4000 亩。巩固传统农业产业，确保全年粮食播种 6.53 万亩以上，冬春季瓜菜 5 万亩，生猪出栏 10 万头。加快推进槟榔套种、间种，有序促进槟榔产业转型。加大小型农机推广力度，切实提升农业机械化水平。建立健全产业帮扶联农带农富农机制，加大产业振兴实施力度，中央、省、市县三级衔接资金合计用于产业的比重调整为不低于55%，且不低于上年度占比，实施产业帮扶项目32个，持续扩大受益面。

加快乡村建设。以实现公路网密度超全省平均水平为目标，织密织牢县乡村三级路网。加快推进农村公路危桥（漫水桥）改造建设，实施窄路面拓宽及生命安全防护工程，提升农村公路微循环水平。深入实施农村供水管网延伸和并网工程，提升城乡供水一体化水平。持续加强农田水利建设，筑牢农业生产根基。持续抓好农村改厕、生活垃圾处理和污水治理，优化农房报建“零跑动”审批，深入推进农村危房改造。持续开展农村人居环境“五治”行动[23]，建成一批“美丽乡村”“幸福庭院”，推进全国、省级乡村振兴示范点创建。

抓好促农增收。发挥就业驿站、公益岗、帮扶车间等就业帮扶载体作用，推进脱贫人口就业人数持续上升。依托电商、帮扶专馆、产销对接平台，建立消费帮扶促农增收长效机制。积极推动省级共享农庄申报创建，推动乡村优质资源多维度、多方式共享。确保全县脱贫人口人均纯收入和农村居民人均可支配收入增幅均高于全省农村居民人均可支配收入增幅。

（三）全面推动十大特色重点产业高质量发展

壮大气候康养产业。推进首批海南自由贸易港健康医学研究院成果转化落地，加快构建全生命周期现代健康服务产业体系。发挥县中医医院支点作用，完善健康产业综合服务平台建设，推进七仙谷养生苑等项目建设，推动宝雅康养医谷等项目如期开工。

培育全业态雨林度假产业。全力推进呀诺达景区、龙湾雨林谷等项目建设，助力神玉岛国家AAAA级旅游景区和七仙岭温泉旅游区省级旅游度假区创建；推动娜麓湾文化旅游度假区、探戈坞魔幻谷等项目如期开工；加快三道文化旅游产业园等项目前期工作，支持毛感乡申报省森林公园旅游小镇，谋划建设森林公园天窗社区等精品项目。

谋划运动探险产业。完善运动探险基础设施配套建设，加快推进保亭体育中心、千龙洞开发项目前期工作，重点谋划保亭全域运动探险系列赛事，打造一批登山探险、森林穿越、攀岩、定向运动等类型体育旅游产品，持续丰富运动探险产品供给。

繁荣文化创意产业。加快推进香根小镇、南林设计小镇等项目前期工作；谋划推进“保亭有礼”文创品牌工程，打造“保亭礼物”系列特色文化工艺品、旅游纪念品等文旅创意产品，以文创为载体讲好保亭故事；培育文化创意产业集群，植入创意设计、文创空间等业态。

做大做强南药开发产业。培育构建南药开发产业链。加快推进七峰经济场南药养生产业园、药溪谷等项目前期工作。谋划推进南药黎药种质资源库、南药良种繁育基地等项目，形成生产规范、产品优质、规模适度的南药生产体系。

做优做精热带果蔬产业。着力引进、培育同纬度热带高效特色水果；实施红毛丹改良、扩种项目，推进百香果、榴莲等热带水果标准化示范基地建设；加快推进七仙岭全球热带水果博览中心等续建项目；加强“保亭柒鲜”[24]公用品牌建设，持续推进“两品一标”[25]认证和地理标志产品保护申报，提升保亭热带果蔬品牌知名度。

加快发展休闲农业产业。全力推进毛岸花溪谷文化旅游区、九香溪乡村旅游区、南梗（享水谷）共享农庄等项目建设，推动茂河依旅游区、什纳村知青记忆农庄等项目如期开工，加快推进瑞汐途居、雅布伦南电美丽乡村等项目前期工作，构建休闲农业发展坚实基础。

推动生物科创产业。推进朱蓓薇院士团队的热带生物资源高值开发和高端营养健康功能食品项目，开工建设热带生物功能性产品生产基地，加快推进非人灵长类实验动物研发创新中心、食用菌高科技产业园等项目建设，推动七彩庄园产业基地、七仙岭怡森矿泉水厂扩建等项目如期开工。

积极推进智慧经济。加快省级创新型县建设，推动科技创新成果转化，完善我县科技型中小企业孵化体系。新增国家级科技型中小企业7家以上、高新技术企业2家以上。继续与海南大学、海南师范大学合作，谋划建设海南大学保亭研究院；加快推进山东离岸创新创业基地、现代农业综合智慧能源等项目建设，推动青鸟国际文化交流中心、中俄（保亭）国际人才创新港等项目如期开工。

引外聚内总部经济。持续优化总部经济发展软硬件条件，吸引更多的“总、大、新、高”企业入驻保亭。全力推进雅布伦品牌总部大厦、中国农业发展银行科技综合楼等项目建设，推动国际能源企业总部数字港、西环商街等新开工项目如期开工。

（四）当好生态环境保护主力军

持续推进生态文明提升标志性工程。建好热带雨林国家公园“南大门”，实施水贤、什东新村幸福提升工程。加快清洁能源县建设，持续提升新能源汽车保有量和新注册登记量占比，实现乡镇公共充电桩全覆盖。持续巩固“禁塑”成果，建立“禁塑”监管无盲区、治理全方位体系，推动快递包装绿色化。加大推广装配式建筑力度。纵深推进“六水共治”攻坚战，抓好保城河、赤田水库流域综合治理，持续做好赤田水库流域生态补偿机制创新试点工作。探索推进“双碳”工作，打造低碳健康小镇。

筑牢生态屏障。稳步提升全年空气质量优良率，PM2.5 稳定在 12 微克 / 立方米以下。确保河流断面水质稳定达标，全县地表水水质优良率保持在 97% 以上。修复关停矿山生态，持续做好新增“两违”卫片巡查防控和存量图斑处置工作，加大非法采砂、非法采矿等行为惩治力度，抓好植树造林，守好生态红线。推进化肥农药减量增效、畜禽养殖废弃物资源化利用、病死畜禽无害化处理、农业面源污染治理取得新成效。加快推进“气代柴薪”[26]、秸秆综合利用试点创建。在农村全面铺开垃圾分类。

创新生态文明体制机制。深入贯彻习近平生态文明思想，巩固“绿水青山就是金山银山”实践地建设成效，形成一批制度集成创新成果。创建国家“绿水青山就是金山银山”实践创新基地。谋划好 EOD 项目，走好“产业生态化、生态产业化”之路，助推国家生态文明试验区建设。

（五）加快推动城乡融合发展

坚持规划引领。科学统筹生态、农业、城镇等功能空间，完善“一核、一轴、两带、多基地”[27]产业发展布局，加快推进国土空间总体规划编制，修编乡镇控制性详细规划，编制完成行政村及垦区村庄规划，以高质量规划支撑新型城镇化、垦地融合发展。加强项目用地规划与“三区三线”[28]划定成果衔接，坚持“山水林田湖草沙”一体化保护和系统治理，强化底线约束，为可持续发展预留空间。

推进以县城为重要载体的城镇化建设。充分发挥保城镇核心引擎作用，推动新型城镇化高质量发展，积极创建省级新型城镇化示范县。不断优化完善主城区宜居环境，完善配套设施服务产业，健全商贸服务网络，推动产业配套设施提质增效。加快城市更新步伐，实施城南、城北社区棚户区改造工程；推动市政道路及配套设施 PPP 项目建设，加快建设三道客运站，新建汽车总站，推进城乡交通一体化发展。加快“气化保亭”[29]建设，推进保城东门燃气储配站建设，扩宽市政天然气管道覆盖范围。加快县城镇老旧供水设施改造，新政、三道、茶场片区水厂及配套管网工程；建设县污泥处理处置中心，规划建设县城区垃圾转运站，扩容提标改造县污水处理厂。加快信息基础设施建设，提升区域 4G/5G 网络覆盖质量。升级改造城乡配电网，配合开展 500kV 电网项目建设。提档升级市政公共设施。完善医疗、教育、文体设施建设。建设应急避难场所配套设施，完善便民生活圈配套服务，促进公共服务设施提标扩面。

促进垦地融合发展。探索建立垦地融合发展利益共享机制，持续推动垦地体制机制、空间规划、项目布局、民生事业和生态环境保护一体化融合发展。持续化解垦区历史遗留问题。加快垦区村庄规划编制，改造垦区危房。推进博大星光时代温泉雨林智慧康养园、名人生态商业街等项目建设。推进垦区教育、医疗卫生等公共服务体系建设，建成金江居和茶场居大社区综合服务中心。加快垦地融合试点工作，加大垦地干部交流挂职力度，做好农垦改革“后半篇”文章，打造垦地融合发展“保亭样板”。

（六）切实推动民生社会事业高质量发展

保障高质量就业。坚持就业优先导向，贯彻落实“六个一批”[30]要求，积极组织就业供需对接会，加强就业驿站建设，扩宽就业渠道。不断完善就业创业服务机制和劳动者权益保障机制，抓好高校毕业生、本土青年、退役军人、农民工等重点群体就业，开展残疾人、零就业家庭成员等困难人员就业帮扶，开展职业技能培训4100人次，城镇新增就业800人，农村劳动力外出务工3.5万人次。建立劳动保障监察举报投诉联动处理机制，畅通农民工欠薪起诉“绿色通道”，创建零欠薪县。优化创业环境，鼓励引导更多市场主体和社会主体投身创新创业，发挥好小微企业的就业主渠道作用。

狠抓保供稳价。严格落实粮食安全、食品安全党政同责，“菜篮子”县长责任制，守好群众“米袋子”“菜篮子”。稳固生猪产能，保持常年蔬菜基地规模2500亩以上、蔬菜自给率60%以上；用好平价蔬菜保险，强化市场价格监测，有效整合生产、流通、销售各环节公共市场资源，严厉打击垄断经营、价格操纵等违法行为，确保“15+N”种基本蔬菜平均价格低于去年水平。

办好人民满意的教育。新增学前教育阶段学位540个、义务教育阶段学位375个，推进学前教育“两个比例”、毛入园率及义务教育学位数持续提升。招聘学科教师、特岗教师、乡村教师等130名。加快推进薄改与能力提升项目和乡镇标准化寄宿制学校建设，调整优化中小学教育资源布局。推进与国兴中学合作办学，以集团化办学促进义务教育优质均衡发展。创建2所“智慧校园”示范校，以点带面促进全县教育信息化、智能化。建设保亭特殊教育学校，推动特殊教育更好发展。全面落实“双减”[31]政策，推动义务教育质量提升，推进阳光快乐教育，打造海南学生特色印记。

构建高水平医疗卫生服务体系。准确研判疫情防控形势，持续提高科学精准防控水平，最大限度保护群众生命安全和身体健康。继续提高城乡居民基本医保和大病保险保障水平。依托海南自由贸易港健康医学研究院，打造产学研一体的人才培养基地，推进院士研究成果转化为特色优势专科诊疗品牌。深化“三医联动”[32]改革，持续提升县域整体医疗健康服务能力，高质量推进公立医院综合改革，构建整合型医疗卫生服务体系，增强公共卫生服务能力建设。加强急诊急救能力建设，打造15分钟急救圈，推动医疗资源共享“五大中心”[33]建设。持续推动医疗设施设备提质升级，加快推进“7+3”[34]项目建设，深入开展好“2+3”健康服务包试点工作，做好地中海贫血防控、妇女“两癌”等筛查。

持续繁荣发展文体事业。以人民为中心创作、展演一批增强人民精神力量的优秀文艺作品。加快推进国家登山健身步道、县革命烈士陵园、村史博物馆等一批标志性文体项目建设。强化县图书馆、县文化馆总馆文化服务龙头带动作用，健全城乡村三级一体公共文化服务体系。加大文物和文化遗产保护力度，强化非遗项目挖掘和非遗传承人才培养。举办全国登山健身大会（保亭站）、海南省篮球联赛、海南亲水运动节等赛事，打响红毛丹文化节、温泉文化节等特色节庆文化品牌。推进黎苗文化“五个一”工程[35]，持续打造黎苗文化传承保护展示体验地，办好嬉水节、黎苗“三月三”等民族传统文化活动，打造保亭非遗文化空间，推动文旅深度融合发展。加强精神文明建设，巩固国家卫生县城、文明县城成果，深入开展社会文明大行动，深化精神文明教育和文明风尚行动，全力创建省级文明城市。

健全社会保障体系。扩大社会保险覆盖面，基本养老保险参保率达93%以上，基本医疗保险参保率稳定在95%以上。健全低保、特困、低保边缘家庭梯度社会救助格局。大力发展普惠性养老托育等服务，构建与居家社区机构相协调、医养康养相结合的养老服务体系。做好转业军人安置及退役军人服务保障工作，落实重点优抚对象抚恤补助。以实现“本地居民都能够享受1套住房”为目标，加快推进阳光小区安居房建设，开工建设安居房900套，扩大保障性租赁住房供给。全面整治散埋乱葬，加快推进县生态公墓建设，推动加茂、响水生态公墓建成投用。

（七）全面提升公共安全水平

防范化解重大风险。统筹抓好重点领域风险的存量化解和增量防范。守牢风险防控底线，落实海南自贸港全岛封关运作前重大风险防控工作安排。因时因势优化疫情防控措施，落实新阶段疫情防控举措，更好统筹经济发展和疫情防控。落实城市主体责任制，扎实做好保交楼、保民生、保稳定各项工作，确保房地产市场平稳发展。防范化解金融风险，持续深入打击非法集资活动，促进金融平稳健康运行。优化财政支出结构，兜牢基层“三保”底线。

保持安全生产形势稳定。压实安全生产责任，加强交通运输、非煤矿山、燃气安全和建筑施工等重点行业和重点环节安全管控，遏制重特大生产安全事故发生，确保全县安全生产形势总体稳定。持续开展安全生产专项整治行动，着力提升防汛防风防旱、森林防灭火、防震减灾及消防安全管理能力，完善健全应急值班值守和指挥救援机制，加强指挥调度和应急处置能力建设，提升应急管理水平。强化食品药品安全监管。

高水平高标准推进平安保亭建设。完善国防动员机制，强化全民国防教育。推进社管平台建设，提升路面视频监控覆盖率，完善立体化、智能化社会治安防控体系。加快“平安乡村”建设，健全网格化管理、搭建基层干群对话平台、深入推广“五治”融合[36]基层社会治理新模式，打通基层社会治理“最后一公里”。推进服务海南自贸港建设、基层基础工作、公安政务服务、道路交通管理、打击防范违法犯罪等“小切口”改革创新。推进重复信访治理、重点领域信访问题和信访积案化解工作。常态化开展扫黑除恶专项斗争，严厉打击各类违法犯罪活动。深入开展未成年人“护苗”专项行动，为未成年人营造良好的成长环境。

三、政府自身建设

行程万里风正劲，重任千钧惟担当。要完成今年的政府工作，我们必须保持对党绝对忠诚的政治品质，不断提高政治判断力、政治领悟力、政治执行力，锲而不舍加强自身建设，用心用情履职尽责，打造让党放心、让人民满意的“五型”政府。

（一）打造奋发笃行的担当型政府。把对党的忠诚体现在实际行动上，不折不扣落实中央、省委的决策部署和县委的工作要求。主动在大局下想事、谋事、干事，敢于负责、动真碰硬攻难关，以“事事有人办、人人敢担当、个个有作为”的精神和担当实干、凭实绩实效说话的思想自觉助推保亭发展。把诚信政府建设作为优化营商环境的重要举措，强化“理旧账”的担当和能力，全面兑现政府承诺。树立敢于担当、崇尚实干的鲜明导向，认真落实容错纠错机制，真正为担当者担当、为负责者负责，让实干者得实惠、让有为者更有位、让吃苦者不吃亏、让流汗者不流泪。

（二）打造规范严明的法治型政府。深入贯彻习近平法治思想，全面加强政府法治建设，深入开展“八五”普法[37]工作，把依法行政贯穿政府工作全过程。加大对政府系统法律顾问统筹建设，持续规范重大事项行政决策程序。严格执行人大及其常委会决议决定，认真办理人大代表建议和政协提案，自觉接受各方监督。坚持阳光用权，深化政务公开，加大政策事项、民生改善、行政执法等方面公开力度。

（三）打造高效执行的效能型政府。落实好政府工作规则和提升政府行政效能二十条措施，在政府系统开展提升执行力专项行动，以实际行动和成效诠释检验执行效率。不搞形式主义，根治文山会海，真正为基层减压减负。建立完善闭环运行机制[38]，加强督查督办和问责追责力度，坚决整治庸政、懒政、怠政的十种作风问题[39]，切实扭转执行力低下的沉疴顽疾，以政府的“效率指数”提升经济社会的“发展指数”和人民群众的“幸福指数”。

（四）打造人民满意的服务型政府。牢固树立全心全意为人民服务的宗旨意识，秉持初心使命，处理好政府与企业、群众的关系，把政府摆在“店小二”“服务员”位置，负重前行，尽心竭力优服务、提效率、转作风、抓落实。既要金杯，更要百姓口碑，以新担当、新作为，全力开创各项工作新局面。

（五）打造风清气正的廉洁型政府。坚决落实全面从严治党主体责任，严格落实党风廉政建设责任制，深入推进政府系统党风廉政建设和反腐败斗争，加强政府系统党员干部教育管理，让廉洁从政成为政府的鲜明底色。完善政府权力运行监督机制，加强重点领域和关键岗位全过程监管，强化行政执法监督，加强财政资金管理和国有资产监管。发挥审计利剑作用，加强审计监督，加大公共资金、国有资产、国有资源监管力度。规范公共资源交易，把制度笼子扎得更紧更密更牢。

各位代表！栉风沐雨扬帆千里，壮阔征程奋楫争先。让我们更加紧密地团结在以习近平同志为核心的党中央周围，在省委、省政府和县委的坚强领导下，紧紧团结和依靠全县各族人民，踔厉奋发，勠力同心，以勇立潮头的情怀担当，砥砺前行的奋斗姿态，永不自满、永不懈怠的进取精神，朝着“三区三地”的战略目标勇毅前行，奋力开创保亭高质量发展新局面，确保党的二十大精神在保亭落地生根开花结果！

注释

[1] 三区三地：热带雨林温泉康养度假区、高新技术产业发展培育区、热带特色高效农业示范区，黎苗文化保护传承展示体验地、“绿水青山就是金山银山”实践地、高品质生活宜居地。

[2] 十大特色重点产业：在四大主导产业（即海南省“3+1”主导产业——旅游业、现代服务业、高新技术产业和热带特色高效农业）下，全县确立了最能体现保亭特色、最能发挥保亭优势的十个方面的特色重点产业，即气候康养、雨林度假、运动探险、文化创意、南药开发、热带果蔬、休闲农业、生物科创、智慧经济、总部经济。

[3] 三大产业园区：七仙岭健康产业、三道旅游文化产业、加茂高新技术产业三大产业园区。

[4] 四集中、两服务：集中精力、资源、时间、人员，服务项目、服务企业。

[5] 三变：资源变股权、资金变股金、农民变股民。

[6] 六水共治：指系统推进“治污水、保供水、排涝水、防洪水、抓节水、优海水”水环境治理，保护好海南岛的“肾脏”。

[7] 禁塑：《海南经济特区禁止一次性不可降解塑料制品规定》。

[8] 六个一体化：体制机制一体化建立，垦地发展规划和用地一体化推进，重点项目布局招商一体化谋划，民生事业一体化提升，生态环境保护一体化呵护，化解历史遗留问题一体化行动。

[9] 优化三个工作专班运行机制：营商环境、招商引资和重点项目服务、征地拆迁三个工作专班作为一个整体，密切配合、形成合力，建立健全联席会议制度、日常会商制度，互通有无、共破难题，扎实推动招商引资和项目建设工作，为保亭高质量发展贡献力量。

[10] 三个突破：打造企业办开户“一站通”模式，省内首个实现银行大厅领执照，打造便民利企“一站通”服务模式；使保亭县成为海南省首个完成地理标志产品标准全覆盖的市县；企业年报全省排名第 5 名。

[11] 直通联办：坚持党建引领“直通联办”改革，纳入保亭县十大重点党建项目重要内容，作为“书记工程”置顶推动。通过明确办事联络员、设定首席专员等举措不断优化服务，定期召开县党建工作领导小组联席会议通报工作进展情况，全面提升“7×24 小时”全天候服务水平，实现便民服务无死角、零距离。“直通联办”平台建设以来，有效接听 47764 通，前台直接办结 79.05%。通过网上督查室、一体化政务服务平台（好差评）、公众号等其他关联渠道累计转办工单 15008 件，总体办结率 98.95%，回访满意率 97%。着力解决群众急难愁盼问题，努力打通一流营商环境建设“最后一公里”。

[12] 三办一访：领导领办、部门联办、调度督办、跟踪回访。

[13]15+N：“15”表示全省统一的国家可比的 15 种基本蔬菜品种，包括：芹菜、油菜、黄瓜、萝卜、茄子、西红柿、豆角、土豆、胡萝卜、青椒、尖椒、圆白菜、韭菜、大白菜、蒜薹等；“N”表示省价格监测中心统一监测的 7 个蔬菜品种，包括小白菜、菜心、空心菜等，保亭县指定的“N”种基本蔬菜为地瓜叶、生菜、冬瓜。

[14] 两个责任：食品安全属地管理责任和企业食品安全主体责任。

[15] 医疗系统五大项目：竣工投用的县人民医院感染病区，正在加快推进的县中医医院、疾病预防控制中心、妇幼保健院和安康医院改扩建项目。

[16]2+3：高血压、糖尿病和结核病、肝炎、严重精神障碍者健康管理。

[17] 十一类案件零发生：政治敏感案事件、暴力恐怖案事件、网络安全案事件、群体性事件、持枪犯罪案件、爆炸犯罪案件、两抢案件、命案、精神障碍肇事肇祸、特重大道路交通事故，以及吸毒、贩毒案件均为“零发生”。

[18] 六个更好统筹：中央经济工作会议于 2022 年 12 月 15—16 日在京举行，此次会议对 2023 年

的经济工作作出了全面部署，会议强调要坚持系统观念、守正创新，并提出“六个更好统筹”，即要更好统筹疫情防控和经济社会发展，要更好统筹经济质的有效提升和量的合理增长，要更好统筹供给侧结构性改革和扩大内需，要更好统筹经济政策和其他政策，要更好统筹国内循环和国际循环，要更好统筹当前和长远。

[19] 三亚经济圈：三亚、陵水、保亭、乐东等市县实现联动有序发展，进而推动以三亚为中心的南部经济圈建设。

[20] 做好融入“大文章”：2022 年 6 月 15 日，省委书记沈晓明到保亭黎族苗族自治县调研并主持召开座谈会，强调要全面落实“一本三基四梁八柱”战略框架，坚持走特色化、差异化、生态化的发展道路，要坚持区域协调发展，做足“山”的文章，抓住三亚城市北拓的机遇，深度融入三亚经济圈，当好“小兄弟”“水源地”“瓜果园”“后花园”，推动经济社会高质量发展。

[21] 招商“六条路径”：专业招商、产业链招商、基金招商、科技招商、主题招商、市场招商。

[22] 三落实一巩固：责任落实、政策落实、工作落实，提质提效巩固拓展脱贫攻坚成果。

[23]“五治”行动：按照海南省关于农村人居环境整治提升五年行动部署，保亭县利用 2022 年至 2023 年两年时间，集中力量在全县所有农村、垦区连队开展治水、治土、治养、治烧、治堵“五治”专项行动。

[24] 保亭柒鲜：有三层含义，一是代表保亭七大明星产品及产业，分别为保亭红毛丹、保亭菠萝蜜、保亭百香果、保亭榴莲、保亭黄秋葵、保亭什玲鸡和保亭六弓鹅；二是代表保亭农产品在北纬 18° 的阳光雨露滋润下出产的产品新鲜鲜活、品质优良；三是“柒鲜”与七仙同名，保亭历来有七仙女下凡的神话故事，七仙岭也是保亭地标性景点之一。

[25] 两品一标：绿色食品、有机农产品和农产品地理标志。

[26] 气代柴薪：积极推进燃气进村入户，让农村群众不烧柴，用上清洁的天然气。

[27] 一核、一轴、两带、多基地：“一核”为做强主城区产业核心；“一轴”为做大旅游康养扩容轴；“两带”为做优“两山”经济示范带、三亚经济承接带；“多基地”为发挥各乡镇比较优势，形成养殖产业基地、种植产业基地、农产品加工基地、休闲康养基地、文化体验基地、极限运动基地等多个特色优势产业基地。

[28] 三区三线：根据农业空间、生态空间、城镇空间三个区域，分别对应划定的耕地和永久基本农田保护红线、城镇开发边界、生态保护红线三条控制线。农业空间是以农业生产、农村生活为主体的区域，生态空间是指具有自然属性、以提供生态服务或生态产品为主的区域。城镇区间是以承载城镇经济、社会、政治、文化、生态等要素为主的功能空间。

[29] 气化保亭：建设覆盖全县的天然气网。

[30] 六个一批：开展一批就业供需对接会；组建一批农民工务工带头人；办好一批高质量的转移就业技能培训；抓好一批“以工代赈”项目；建好一批就业驿站；扶持一批吸纳就业能力强、劳动密集型的中小微企业。

[31] 双减：2021 年 7 月，中共中央办公厅、国务院办公厅印发了《关于进一步减轻义务教育阶段学生作业负担和校外培训负担的意见》，并发出通知，要求各地区各部门结合实际认真贯彻落实。

[32] 三医联动：医保体制改革、卫生体制改革与药品流通体制改革联动。

[33] 医疗资源共享“五大中心”：医学检验中心、医学影像中心、心电诊断中心、病理中心、消毒供应中心。

[34]7+3：主要是提升七个能力建设、做好三个保障，分别是提升发热门诊收治能力建设、提升可转换传染病区收治能力建设、提升可转换 ICU 收治能力建设、提升实验室能力建设、提升传染病检测能力建设、提升医疗废弃物处置能力建设、提升急救能力建设；做好重大疫情救治保障、应急医疗物资保障、应急医疗资源启用预案保障。

[35] 黎苗文化“五个一”工程：建设一批民族特色旅游景区，打造一台本土文化舞台剧——《甘工鸟》，建设一个文创基地——“保亭文创示范园”，建设一个文化公园——甘工鸟黎苗文化主题公园，

开发一系列黎苗文化旅游精品路线。

[36]“五治”融合：坚持以人民为中心的发展思想，积极探索政治、法治、德治、自治、智治“五治融合”的基层社会治理新模式，努力打造共建共治共享的社会治理新格局。

[37]“八五”普法：指中央宣传部、司法部关于开展法治宣传教育的第八个五年规划。

[38]闭环运行机制：指通过建立“立题—破题—解题—督办”的闭环机制和责任链条，构建目标、平台、项目、政策、改革、机制、督查考核“七要件”清单式闭环运作体系。

[39]十种作风问题：即《中共保亭黎族苗族自治县委关于切实解决党员干部作风突出问题的意见》提到的“佛系式”“木偶式”“太平式”“说唱式”“踢球式”“传话式”“任性式”“装睡式”“机械式”“飘浮式”等十种作风突出问题。

保亭县人民代表大会常务委员会工作报告

——在保亭县第十六届人民代表大会第三次会议上

保亭县人大常委会主任　王秀美

（2023年1月6日）

2022 年的工作

2022 年，是中共二十大、省第八次党代会召开之年。县人大常委会在省人大常委会的指导和县委的坚强领导下，坚持以习近平新时代中国特色社会主义思想为指导，树牢“四个意识”，坚定“四个自信”，践行“两个维护”，深入学习领会习近平总书记关于海南工作的系列重要讲话精神和中央、省委、县委人大工作会议精神，积极践行全过程人民民主，按照“四个机关”建设要求，紧紧围绕保亭县“三区三地”建设和保亭高质量发展目标任务，依法行使立法权、监督权、决定权、任免权，圆满完成了县十六届人大一次会议确定的各项目标任务，修订地方性法规 1 件，开展专题调研 9 项，检查法规实施情况 2 项，听取审议专项工作报告 15 项，发出审议意见 14 件，作出决议、决定 8 项，开展规范性文件备案审查 21 件，研究制定 5 项制度，为保亭高质量发展、民生改善和民主法治建设作出积极贡献。

一、坚持党的领导，坚定正确政治方向

人大及其常委会既是国家权力机关，更是党领导下的政治机关，旗帜鲜明讲政治是根本要求。县人大常委会始终坚持把政治建设摆在首位，把党的领导贯穿工作全过程、各方面，不断深化理论武装，坚定政治信仰，提高政治能力，坚决贯彻落实党中央、省委、县委工作部署和要求，认真谋划，高位推动重点工作落实。

（一）加强理论学习，提高政治站位。深入学习党的十九大、十九届历次全会和二十大精神，认真贯彻省第八次党代会、县第十四次党代会精神，把“两个确立”的政治成果转化为坚决做到“两个维护”的政治自觉。深刻领会习近平法治思想和习近平总书记关于坚持和完善人民代表大会制度的重要思想，以筑牢新时代人大工作思想基础、提高履职能力为出发点，充分发挥党组的领导核心作用。一年来，县人大常委会党组召开专题学习会 15 次，党组成员带头深入基层宣讲 5 次，把学习成果转化为推动工作的强大动力。

（二）坚持把党的领导作为人大工作的重大政治原则。县委高度重视人大工作，全面加强对人大工作的领导，不断完善人大机构设置，增设了县人大常委会研究中心，选优配强人大机关各专门委员会的领导。2022 年 10 月 8 日县委召开县委人大工作会议，贯彻落实中央和省委人大工作会议精神，2022 年 11 月 2 日，县委穆克瑞书记还亲自到人大、政协调研，听取人大重点工作汇报，对人大工作提出了具体的部署和要求，为进一步加强和改进人大工作，推进人大依法履职创造条件、提供保障。2022 年，向县委请示报告重大事项、重要工作 43 项。

（三）坚持围绕县委中心工作，协同推进重点专项工作落实。一年来，常委会认真落实县委关于新冠疫情防控、乡村振兴、重点专项工作、重点项目建设等工作部署，坚决扛起政治责任，主动担当作为，自觉把人大工作和县委部署的各项工作作为重大政治任务纳入常委会党组议事日程，与人大工作同研究、同部署、同检查、同落实。紧盯实现保

亭高质量发展目标任务，在落实县委中心工作中5名班子成员分别在抓专项工作中展现了担当作为，出色完成县委交办的各项工作任务。一是攻坚克难，牵头主抓生态移民搬迁工作，采取积极有效措施，全力推动热带雨林国家公园生态搬迁各项工作的落实，协调解决安置区征地难、生产用地落实难、群众思想动员工作难等多个堵点难点问题，截至2022年7月24日全部完成水贤、什东两个村68户的生态搬迁安置补偿协议的签订工作，8月15日前全面完成一次性拨付水贤、什东村搬迁群众的生态补偿资金。9月16日，水贤、什东村搬迁庆典仪式顺利举行，68户群众喜迁新居，标志着热带雨林国家公园生态搬迁工作取得了重大胜利。二是牵头组织联合调研组，对毛拉洞库区移民林地林木历史遗留问题开展专项调研，形成了高质量的调研报告，为县委县政府研究解决毛拉洞林地林木历史遗留问题提供了方案，毛拉洞库区移民23年的历史遗留问题和诉求最终得到妥善解决。三是协助抓好18个项目不动产登记历史遗留问题的处置，现已成功化解15个，涉及5990户、60.11万平方米。四是协助抓特色小镇和美丽乡村建设工作，2022年完成7个美丽乡村项目建设。五是协助抓征地拆迁工作，为解决征拆堵点，主持编制了《建设项目集中行动方案》等3项制度，成功破解多个项目征地的老大难问题，其中一些项目受征地问题困扰长达10年之久。截至目前完成阳光小区、七仙尚品等33宗建设项目约972.31亩的土地征收，有效保障保亭县项目落地实施。六是协同推进国有资产盘活、总部经济产业发展及全面深化基层教育卫生激励机制改革工作。积极推动县属国有企业深化改革、国有资产“三过”历史遗留问题解决和资产盘活等工作；指导起草完成保亭县《总部经济产业发展三年实施方案》；督促指导教育卫生系统出台深化基层教育卫生专业人才激励措施及配套方案。

二、突出立法为民，持续提升法治保障水平

坚持地方立法与党委决策同频率、与上位法相匹配，积极发挥立法的引领、推动和保障作用。一是高度关注人民群众的重大关切，积极回应社会关注，根据《中共中央　国务院关于优化生育政策促进人口长期均衡发展的决定》，围绕社会热议的生育政策，依法及时对《保亭黎族苗族自治县自治条例》第四十五条涉及生育内容进行了修正。二是扎实开展备案审查，协助省人大常委会开展涉及计划生育内容法规及其他规范性文件的专项清理工作。听取和审议法工委《2022年规范性文件备案审查年度总结报告》，对《保亭黎族苗族自治县实施土地征收征用工作的指导意见》等21件现行的规范性文件进行审查，坚持“有件必备、有备必审、有错必纠”，针对不符合相关法律规定的内容，提出修改意见建议17条。

三、突出监督质效，助力经济社会持续健康发展

常委会始终围绕全县发展大局和重大民生问题，坚持正确监督、有效监督、依法监督，坚持服务大局、突出重点、紧贴民生，助力经济社会发展和改革攻坚工作落实，努力做到党和人民关心什么、人大就依法监督什么。

（一）加强财政经济审查监督，助推经济平稳运行。一是密切关注全县经济运行情况，听取和审议计划执行情况报告，定期开展经济运行情况分析，推动“六稳”“六保”任务落实。二是加强对支出预算和政策实施全口径审查、全过程监督，听取和审议预算执行和决算报告，审查批准县级预算调整方案，支持和促进政府有力有效落实国家财政政策，推进财政资金使用聚力增效。三是加强部门预算监督，听取和审议审计工作报告、审计查出问题整改落实情况的报告，推动“清单式”跟踪督办机制实施，督促政府采取有效措施认真落实整改。四是结合县情作出批准县政府不编制2022年国有资本经营预算的决定。五是听取和审议县政府关于国有资产管理情况的综合报告，对行政事业性国有资产管理情况报告进行专项审查，要求政府加强制度建设和监管力度，不断提升国有资产使用效率和效益。

（二）坚持以人民为中心理念，助推民生福祉持续改善。常委会始终把人民群众普遍关心的热点难点问题作为监督工作重心。一是全力呵护未成年人健康成长，对《中华人民共和国未成年人保护法》

实施情况开展执法检查，专题听取公检法司和教育等相关职能部门的工作汇报，实地抽查保亭县5所中小学校，提出针对性的意见建议17条。二是聚焦城乡居民医疗保障事业发展，开展城乡居民医疗保险制度实施情况专题调研，针对调研发现的数据共享维护不及时、城乡医保体系和队伍建设不够完善等5个主要问题，提出6条工作建议，促进全县城乡医疗保障事业健康发展。三是关注国家粮食安全，开展耕地保护和农田水利设施建设情况专题调研，建议县政府加大执法检查力度，坚决制止“非粮化”“非农化”行为、引导群众加快土地流转解决土地撂荒问题、修复农田水利设施补齐历史欠账，不断提高保亭县粮食综合生产能力。四是助推民族地区教育发展，开展普通高中教育发展情况专题调研，要求县政府进一步加大投入、强化管理，加强教师队伍建设，提高能力素质，办人民满意的教育。

（三）强化民主法治建设监督，助推法治保亭建设。一是落实中央全面依法治国重大决策部署，作出在全县开展第八个五年法治宣传教育的决议。二是听取和审议2021年度法治政府建设情况的报告，全力推进习近平法治思想在保亭县贯彻落实。三是开展刑事审判、认罪认罚工作专题调研，推动县人民法院、县人民检察院在队伍建设、机制建设、能力提升等方面持续发力，在维护司法公正、助力经济发展、优化营商环境中发挥积极作用。

（四）围绕中心服务大局，监督工作取得成效。一是以监督助推“两山”理论转化，听取和审议县政府2021年环境状况和环境保护目标完成情况的报告，全力支持县政府有关环境保护各项工作的开展，进一步推动县政府健全生态环境保护长效机制、着力解决污水防治、大气污染防治等问题。二是聚力文旅产业发展，对《保亭黎族苗族自治县七仙文化广场保护管理规定》实施情况进行执法检查，开展旅游发展情况专题调研，巩固全域旅游示范县创建成果，推动旅游高质量发展。三是聚焦“十大产业”发展，听取和审议县人大常委会调研组关于2022年县重点（重大）项目建设情况的调研报告，督促县政府加大对项目的推进力度，加快破解土地要素瓶颈，为重点项目建设提供要素保障。四是开展垦地融合调研并形成调研报告，综合分析了保亭县当前垦地融合存在土地纠纷、规划融合、重点投资项目推进、民生事业历史欠账、基层组织建设和县属农场体制改革六大方面18个问题，有针对性地提出了24条意见建议。

四、依法履行职责，行使好重大事项决定权和人事任免权

常委会坚决贯彻党中央关于健全人大讨论决定重大事项制度的要求，自觉坚持党管干部原则和人大依法选举任免有机统一，始终坚持在县委的领导下，依法行使重大事项决定权和人事任免权。依法作出县级财政决算、预算及预算调整、计划调整的决定。一是召开县十六届人大一次会议，听取和审议了县人大常委会、县“一府两院”、计划和预算等6项工作报告，并作出了相应的决议。会议选举产生县级国家机关领导人员36人，其中：县十六届人大常委会组成人员25名；县政府领导8名，县监察委员会主任1名，县法院院长1名，县检察院检察长1名，圆满完成大会各项任务。二是召开县十六届人大二次会议选举产生12名保亭县省七届人大代表。三是闭会期间常委会依法接受6名县人大代表辞去代表职务，依法确认7名县人大代表资格终止，其中4名县人大常委会委员职务相应终止，补选6名县人大代表。完成1名省人大代表的补选工作，接受1名省人大代表辞去代表职务。任命国家机关工作人员72人（包括设立代表资格审查委员会），免职28人。组织宪法宣誓7场。

五、发挥代表主体作用　激发代表履职担当

一年来，县人大常委会注重抓代表工作，把做好代表工作放在重要位置，从坚持和完善人民代表大会制度的战略高度，充分认识新形势下加强和改进代表工作的重要意义，认真贯彻落实县委关于加强和改进新时代人大工作实施意见，不断完善联系机制，加强履职培训，搭建履职平台，统筹协调代表建议办理，自觉接受代表监督，更好发挥人大代表的主体作用。

（一）抓培训，促进代表履职能力提升。紧扣能力提升建设的要求，在县委党校组织2期共135人的新一届县人大代表履职能力培训班，深入学习

习近平总书记关于人民代表大会制度的重要思想，引导代表深入学习习近平新时代中国特色社会主义思想，深化对中国共产党历史的认识，增强代表对人民代表大会制度的理解，掌握依法履行代表职责的法律常识和基本工作方法。制定《县人大代表活动经费管理使用实施办法》，为代表履职提供必要的经费保障。

（二）搭建代表履职平台。一是完善代表工作机制，畅通代表联系渠道，进一步健全完善9个乡镇代表联络站和56个村级代表之家的工作制度，把172名县人大代表和517名乡镇人大代表全部编组进站工作，有序开展代表小组活动。二是发挥代表主体作用，闭会期间通过代表联络站、代表之家累计收集群众意见建议539条，向县人大常委会、政府及乡镇人大主席团提出意见建议443条，为促进保亭县经济社会高质量发展建言献策。组织578名代表投入当地疫情防控工作，各级代表在社会治理中发挥了积极作用。三是拓宽代表参政议政渠道，加强各级代表之间联系，25名常委会组成人员与基层县人大代表建立了经常性联系。2022年邀请省人大代表、县人大代表、乡镇人大代表130人次分别参加了省政府工作报告的审议、省高院、县人大常委会和“一府一委两院”组织的调研、座谈、开放日等活动，不断拓宽代表知情知政渠道。

（三）推进建议办理实效。完善议案建议督办机制，对11件代表重点建议实行常委会领导和部门牵头督办，推动毛岸片区3个净水厂用地问题解决，近万名群众饮用水项目的土地要素得到保障。加强督办联动，会同县政府召开2次代表建议督办会，县十六届人大一次会议提出的188件建议、批评和意见已全部答复代表。

（四）加强指导，形成人大工作合力。一是加强对乡镇人大工作的指导，组织5期乡镇人大业务培训，指导乡镇依法开好代表大会、组织好闭会期间代表活动，为新一届乡镇人大开好局、起好步奠定良好的基础。二是指导乡镇人大完善制度建设，根据新修订的组织法有关规定，率先在全省制定了《乡镇人民代表大会议事规则》，获得省人大常委会代表工作部门的肯定，并推荐其他市县借鉴，对乡镇人大依法规范有序开好代表大会提供制度保障。三是积极参与三亚经济圈视察活动，积极参与三亚经济圈“一市三县”人大常委会农产品区域公共品牌建设代表视察活动，发挥“一市三县”人大常委会跨区域协调机制的协作作用，为保亭融入三亚经济圈发挥人大作用，贡献人大力量。

六、抓自身建设，不断提升履职能力水平

牢牢把握习近平总书记关于“四个机关”定位要求，立足换届后的工作实际，全面加强常委会自身建设，不断丰富和拓展人民代表大会制度在保亭的生动实践。

（一）强化思想建设。巩固深化党史学习教育成果，以开展“能力提升建设年”“查堵点、破难题、促发展”活动为契机，自觉强化常委会党组、机关党支部自身建设，以学促思、以学提能、以学促行，自觉强化政治机关意识，不断提升人大常委会政治凝聚力、战斗力、执行力，始终把党的领导贯穿于人大工作各方面和全过程，努力在贯彻落实党委意图、依法履职尽责上做表率、勇担当，坚决做到“党委有部署、人大见行动”。

（二）强化制度建设。把健全完善规章制度作为推进“四个机关”建设的重要抓手，切实完善议事规则、调研视察等各方面的制度，出台《保亭黎族苗族自治县人大常委会联系指导乡镇人大工作办法（试行）》等5项制度，其中《关于建立人大监督与审计监督协作工作机制的意见（试行）》进一步增强人大监督与审计监督的紧密性、针对性、有效性和权威性，是我省首个市县人大与审计联合创新制定的监督机制，创新了保亭人大监督方式。

（三）强化作风建设。严格落实党风廉政建设有关要求，支持派驻机关的纪检监察组开展监督工作，深入整治“躺平式”作风问题整顿，组织观看警示教育片、汲取反面典型案例教训，定期开展廉政谈话，不断增强党员领导干部的廉政意识和自律意识，提振干部队伍的精气神。坚持在生态搬迁、征地拆迁、新冠疫情防控等急难险重和乡村振兴工作中锤炼党员干部。

（四）强化队伍建设。在县委的关心和支持下，设立常委会研究中心，增设2名事业编制，1名工作经验丰富的县直机关负责人到人大机关任职，推

荐 1 名机关干部到县直机关任职，人大机关干部队伍活力进一步激发。开展能力提升建设年活动，选派 2 名干部到县委巡察、不动产历史遗留问题专班挂职锻炼，协同县委组织部、“一府一委两院”开展 1 期人事任免工作交流会，同审计部门开展干部互派挂职锻炼，增强各部门对常委会任免、财政监督工作的了解。开展工委室干部轮流授课活动，增强机关各工委（室）业务交流学习、人员互动、工作互助的积极氛围，工作合力显著增强。

各位代表，常委会各项工作取得的成绩，是在县委正确领导下，全体人大代表、常委会组成人员、各专门委员会组成人员和机关工作人员履职尽责、扎实工作的结果；是“一府一委两院”、各乡镇人大主席团密切配合、团结协作的结果；是政协委员、社会各界和全县人民充分信任、大力支持的结果。在此，我谨代表县十六届人大常委会向所有关心、支持人大工作的各位领导、各位代表、各位同志，表示衷心的感谢和崇高的敬意！

过去的一年，人大工作取得了一定的成绩，但我们也清醒地认识到，县人大常委会的工作与县委的要求、人大的发展、代表和群众的期盼相比，还存在不少差距，主要表现在：监督工作的刚性和力度仍有待加强；代表履职的能力水平仍需继续提升；自身建设与“四个机关”的目标定位还有差距等。对此，常委会将高度重视，虚心听取人大代表和人民群众的意见建议，在今后的工作中加以改进。

2023 年工作计划

2023 年是全面贯彻落实党的二十大精神的开局之年，也是推动海南自由贸易港封关运作的关键之年，做好今年人大工作至关重要。党的二十大已吹响全面建设社会主义现代化国家、全面推进中华民族伟大复兴的号角。省第八次党代会已进一步勾画出建设具有世界影响力的中国特色自由贸易港宏伟蓝图，县第十四次党代会明确了着力培育“十大产业”，打造“三区三地”，努力走出一条具有保亭特色的高质量发展之路的目标任务。县人大常委会将顺应新发展阶段的新要求，紧紧围绕县委中心工作认真谋划和推进人大各项工作。总体要求：以习近平新时代中国特色社会主义思想为指导，全面贯彻党的二十大、省第八次党代会和县第十四次党代会精神，全面落实中央、省委及县委人大工作会议精神，始终坚持党的领导、人民当家做主、依法治国有机统一，全力落实“一本三基四梁八柱”战略部署，紧盯“三区三地”目标，勇于开拓、改革创新，正确有效依法履职，为加快推进海南自由贸易港建设、深化全过程人民民主保亭实践，实现保亭高质量发展作出新的更大贡献。今年的主要任务是：

一、强化政治引领，切实把党的全面领导落到实处

认真贯彻落实党的二十大精神，多措并举抓好、抓实党的二十大精神学习，坚持把加强政治建设摆在人大工作的首位，深刻领悟“两个确立”、牢固树立“四个意识”、坚定“四个自信”、做到“两个维护”。一是自觉坚持党的领导、充分发扬民主、严格依法办事的有机统一，始终将人大工作置于县委统一领导下，充分发挥常委会党组在人大工作中把方向、管大局、保落实的重要作用，确保县人大全面落实县委的决策部署。二是扎实践行全过程人民民主，自觉把人大工作融入全县工作大局，找准与中心工作的结合点，努力在履职中有所作为，在尽责中服务全局。三是坚持党管干部与人大依法行使任免权的有机统一，依法开展人事任免工作，切实增强被任命人员的宪法意识和法治观念。四是探索开展对人大及其常委会选举任命人员履职情况的监督，不断提高国家工作人员依法履职水平。

二、强化立法服务，认真做好规范性文件备案审查

坚持立法服务改革发展，积极配合省人大常委会做好地方性法规的修改和废止工作，增强立法的引领性、及时性和精准性。继续推进规范性文件备案审查工作，听取和审议县政府开展规范性文件备案审查工作的报告，不断完善人大常委会听取审议备案审查工作情况报告制度。

三、强化监督实效，以更大担当助力高质量发展

紧紧围绕县委确定的中心工作任务和人民群众关心关注的突出问题，进一步拓展监督方式、增强监督刚性、强化跟踪问效，不断提升监督工作质量，助推经济社会高质量发展、民生福祉改善、法律法规有效实施。听取和审议专项报告16个，开展执法检查4项、专题调研5项、专题询问2项。一是完善人大预算和决算审查监督机制，深化预算全口径、全过程监督，加强对审计工作的监督和支持，听取和审议县政府预算计划执行情况报告、预算调整方案；听取和审议审计发现问题整改落实情况的报告，发挥公共财政对经济社会建设发展的保障和促进作用。二是加强对县属国有企业资产的监督力度，听取审议县属国有企业资产管理情况的专项报告，促进国有企业健康发展。三是全力推动“绿水青山就是金山银山”的理念转化，听取和审议县政府年度环境状况和环境保护目标完成情况的报告，依法推动保亭的生态环境质量变得更好。四是聚焦民生保障，听取和审议县政府关于县人民医院托管情况的报告，围绕听取和审议县政府安全生产工作情况的专项报告开展专题调研，开展就业促进工作情况专题调研，在守正创新中不断提高县人民医院托管、保亭县安全生产工作、稳就业工作的质量和水平，保障民生。五是加强司法公正监督，听取和审议县政府年度法治政府建设情况报告，开展法院队伍建设情况专题调研。六是加强法律实施情况的监督检查，开展《中华人民共和国残疾人保障法》《保亭黎族苗族自治县非物质文化遗产保护条例》《保亭黎族苗族自治县自治条例》《中华人民共和国监察法》的执法检查。七是围绕《宗教事务条例》实施情况开展宗教工作专题调研。八是办好第四期三亚经济圈“一市三县”人大常委会协作调研视察活动。九是开展安全生产和重点（重大）项目建设情况专题询问。

四、强化服务保障，切实发挥代表主体作用

密切常委会同代表、代表同人民群众的联系，进一步完善常委会领导接待代表日、列席人大常委会会议代表座谈制度，持续在基层代表联络站、代表之家“建管用”三个环节发力，不断扩展代表履职平台。人大代表来自人民、根植人民、代表人民，探索对重点项目、重大民生实事办理情况开展人大代表票决制工作。加强对代表建议办理的监督，在提高办结率、落实率、满意率上力求实效。认真做好代表依法履职服务保障工作，组织好代表视察调研、选民接待、述职评议、履职培训等活动，不断提高代表履职能力。

五、强化自身建设，在提升履职能力上下功夫

一是严格落实全面从严治党新要求，全面加强县人大常委会及机关廉洁自律和作风建设，进一步提升常委会组成人员和人大机关党员干部的政治判断力、政治领悟力、政治执行力。二是加强理论研究和专题培训，培养学习型干部，强化调查研究，不断改进作风，讲好人大故事，提高履职能力和水平。三是加强对乡镇人大工作的指导和支持，不断提高乡镇人大工作的能力和水平。四是健全人大组织制度和工作制度，多措并举践行全过程人民民主，把人大常委会建设成为自觉坚持中国共产党领导的政治机关、保证人民当家做主的国家权力机关、全面担负宪法法律赋予的各项职责的工作机关、始终同人民群众保持密切联系的代表机关。

各位代表，县人大常委会担负着宪法和法律赋予的神圣使命，肩负着全县人民的期望和重托，在县委的坚强领导下，以全面贯彻落实党的二十大精神为动力，依法履职，实干担当，为加快推进海南自由贸易港建设、实现保亭高质量发展而团结奋斗！

主要名词解释

1. 两个确立：中国共产党第十九届中央委员会第六次全体会议公报指出，党确立习近平同志党中央的核心、全党的核心地位，确立习近平新时代中国特色社会主义思想的指导地位，反映了全党全军全国各族人民共同心愿，对新时代党和国家事业发展、对推进中华民族伟大复兴历史进程具有决定性意义。

2. 四个意识：即政治意识、大局意识、核心意

识、看齐意识。这“四个意识”是 2016 年 1 月 29 日中共中央政治局会议最早提出来的。习近平总书记在庆祝中国共产党成立 95 周年大会上的讲话强调，全党同志要增强政治意识、大局意识、核心意识、看齐意识，切实做到对党忠诚、为党分忧、为党担责、为党尽责。

3. 四个自信：即中国特色社会主义道路自信、理论自信、制度自信、文化自信，由习近平总书记在庆祝中国共产党成立 95 周年大会上提出，是对党的十八大提出的中国特色社会主义“三个自信”的创造性拓展和完善。 四个自信是一个有机统一体，既相对独立，又相辅相成。

4. 两个维护：即指坚决维护习近平总书记党中央的核心、全党的核心地位，坚决维护党中央权威和集中统一领导。

5. 四个机关：各级人大及其常委会要成为自觉坚持中国共产党领导的政治机关、保证人民当家做主的国家权力机关、全面担负宪法法律赋予的各项职责的工作机关、始终同人民群众保持密切联系的代表机关。

6.“一本三基四梁八柱”战略框架：即坚持以习近平总书记关于海南工作的系列重要讲话和指示批示为根本遵循，以《中共中央、国务院关于支持海南全面深化改革开放的指导意见》《海南自由贸易港建设总体方案》《中华人民共和国海南自由贸易港法》为制度基石，以全面深化改革开放试验区、国家生态文明试验区、国际旅游消费中心、国家重大战略服务保障区为目标定位，以政策环境、法治环境、营商环境、生态环境、经济发展体系、社会治理体系、风险防控体系、组织领导体系为稳固支撑。

7. 十大产业：在旅游业、现代服务业、高新技术产业、热带特色高效农业四大主导产业下，保亭提炼出最能体现保亭特色、最能发挥保亭优势的十大特色重点产业，即气候康养、雨林度假、运动探险、文化创意、南药开发、热带果蔬、休闲农业、生物科创、智慧经济、总部经济。

8. 三区三地：着力打造热带雨林温泉康养度假区、高新技术产业发展培育区、热带特色高效农业示范区、黎苗文化保护传承展示体验地、“绿水青山就是金山银山”实践示范地、高品质生活宜居地。

重要文件

关于发展壮大村级集体经济激励奖励实施意见

为激发全县广大农村基层干部发展壮大村级集体经济工作热情，充分调动基层干部发展村级集体经济的积极性，调整和优化农村经济结构，根据《中国共产党农村基层组织工作条例》《关于坚持和加强农村基层党组织领导扶持壮大村级集体经济的实施方案》（琼组通〔2019〕35号）和《关于大力发展农村市场主体壮大农村集体经济的十八条措施》（琼办发〔2020〕54号）文件精神，现结合我县实际提出如下实施意见。

一、总体要求

（一）基本原则。坚持党建引领村级集体经济发展原则，遵循实事求是、公开透明、群众认可、促进发展的原则。

（二）激励奖励对象。对发展壮大村级集体经济作出突出贡献的村干部（含在职的村“两委”干部、村监委干部，其他参与村级集体经济组织建设、管理、运行的村组干部，也包括村集体股份经济联合社理事会成员）、下乡能人（含下乡企业家、退休下乡人员、优秀农民工、退役军人、返乡大学生、乡贤等）、驻村干部（含驻村第一书记、乡村振兴工作队员等）。

（三）激励奖励标准。激励奖励适用于当年度村集体纳入统计范围内的经营性收入的净收益超过10万元（含10万元）的行政村。

（四）激励奖励条件。

1. 享受激励的对象应在发展村集体经济中工作成效显著、实绩突出，符合“政治素质好、作风形象好、群众口碑好，党性作风强、工作能力强、带富本领强”的“三好三强”标准。

2. 因村集体三资管理混乱、入账不及时、账目无法界定等原因，未能及时准确统计年度村集体经营性收益的村，不得申报奖励。

3. 受到党纪等处分影响期未满的、非正常离任的、年度考核评价称职以下的等对象，以及其他经研究被确定不得享受的人员不得享受当年度奖励。

（五）收入计算方法。

1. 村级集体经营性收益为经营性收入减去经营管理成本后盈余到账的收入。

2. 村级集体经营性收益增量是以行政村为单位，一个财务年度（1月1日至12月31日）内村集体经营性收益同比增长量。村集体经营性收入需按权责发生制进行记账核算。

3. 经营性收入主要包括：①经营收入。村级集体组织生产、服务等生产经营活动取得的收入，包括产品物资销售收入、劳务服务收入等。②发包及上交收入。承包、租赁收入，土地经营权流转管理收入，村办企业上交的利润。③投资收益。村集体对外投资取得的收益。④其他收入。存款利息收入等。

4. 上级下拨的各类扶持资金（如财政专项扶贫资金、涉农整合资金、财政专项补助、包联单位或企业的帮扶资金以及财政下拨的村级组织运转经费、各类征地拆迁补偿款、各类惠农补贴、上级表彰奖励资金、社会捐赠款、变卖处理集体资产获得的一次性收益等）不计入村集体经济经营性收益。

5. 经营管理成本指村级集体经济组织在生产、销售产品物资、对外提供劳务等活动中发生的各种耗费和支出。上级下拨的各类扶持资金不计入经营管理成本。

（六）健全容错纠错机制。坚持按照“三个区分开”（把因缺乏经验先行先试出现的失误与明知故犯行为区分开来，把国家尚无明确规定时的探索性试验与国家明令禁止后的有规不依行为区分开来，把为推动改革的无意过失与为谋取私利的故意行为区分开来）原则，正确把握和合理运用好容错纠错情形，实现全面从严治党和激励干事创业的协同共赢，激励对象在村集体经济发展中担当作为、狠抓落实。对于激励对象在发展集体经济中出现失误或错误，经责任追究机关认定属于容错纠错情形的，允许发放奖励。

二、激励奖励措施

（七）考核评价。各乡镇要对各村集体经济发展工作每年开展一次考核评价。综合考虑各村发展基础、可用资源、收益增幅等因素，结合本乡镇实际按“好”“较好”“一般”“差”四个等次进行考核评定。考核评定结果上报县委组织部，由全县统筹，评定为“好”的比例一般不超过30%，评定为“较好”的比例一般不超过30%。（责任单位：县委组织部、各乡镇党委）

（八）对村干部的激励奖励。

1. 根据村级集体经营性收益年度增加和保持情况，设立村级集体经济发展增量奖和保持奖。同时符合获增量奖和保持奖奖励条件的，可叠加计算，重复享受奖励。

2. 村级集体经济发展增量奖是指年度村集体经营性收益达到10万元（含10万元）以上，且增长较大的村（年度收益增量超过2万元），根据集体经济发展工作考核结果，从当年度村级集体经济收益增量中拿出一定比例奖励村干部。对集体经济发展工作考核为“好”的，可按不超过30%的比例执行；对集体经济发展工作考核为“较好”的，可按不超过25%的比例执行；对集体经济发展工作考核为“一般”和“差”的，不得进行奖励。

3. 村级集体经济发展保持奖是指集体经营性收益在30万元以上（含30万元），且保持村级集体经济经营性收益总量不减的村，根据集体经济发展工作考核结果取得“较好”以上等次的，可从本村集体经济收益中拿出不超过经营性收益10%的比例奖励村干部。

4. 原则上年度村级集体经济发展增量奖和保持奖资金不超过50万元，奖励村干部正职不超过奖励资金的40%。要统筹考虑其他村干部及当年正常离任的村干部在村工作时间及贡献大小等情况，合理制定分配方案。

5. 拓宽晋升渠道。在事业编制人员招聘、选拔进乡镇领导班子等方面，对村集体经济成效显著、工作表现突出、考核评价优秀的村干部倾斜。（责任单位：县委组织部、县人力资源和社会保障局、各乡镇党委、县财政局）

（九）对下乡能人的激励奖励。对下乡能人以自有资金入股或参股，担任集体经济组织的董事长、理事长、职业经理人或具体负责人的，所在村当年内获年度村级集体经济发展增量奖的，允许从当年村集体经营性收入增量中安排不超过10%的收益奖励有突出贡献的下乡能人。对村级集体经济发展有突出贡献的下乡能人可通过法定程序充实到村“两委”班子或村级集体经济组织领导班子。（责任单位：县委组织部、各乡镇党委、县人力资源和社会保障局、县退役军人事务局）

（十）对退休下乡人员的激励奖励。鼓励符合条件的退休人员参与农村集体经济发展。对符合条件的退休下乡人员实行“清单管理”。对下乡连续工作5年以上且为所在村集体收入年均贡献达60万元以上的，采取“一事一议”的方式，经村民代表大会同意，由所在行政村授予“荣誉村民”称号，并结合实际给予住房保障。（责任单位：县委组织部，各乡镇党委、县人力资源和社会保障局、县住建局）

（十一）对驻村干部的激励奖励。对驻村满三年且所在村新增集体经济收入100万元以上、村民人均可支配收入增速居于全省行政村前30%的驻村第一书记和乡村振兴工作队员，符合条件的，属于县派干部的由县委给予晋升职务职级或进一步使用，省派干部的由县委组织部按程序上报省委组织部。从驻镇村第三年起，享受就医绿色通道政策。（责任单位：县委组织部，县卫健委、县医疗集团、县人力资源和社会保障局、县乡村振兴局）

（十二）健全完善奖惩机制。坚持精神激励和物质奖励相结合，坚持严管和厚爱相结合。各村发展集体经济考核评价结果要纳入目标管理考核成绩。对发展村级集体经济成效显著的村党组织、乡村振兴工作队进行通报表扬，优先推荐“先进基层党组织”“先进集体”等；对表现突出的村党组织书记，驻村第一书记、乡村振兴工作队员等优先推荐各级“两代表一委员”和各类评先评优对象。对发展村集体经济重视不够、措施不力，没有显著变化的，及时对村班子、驻村第一书记和乡村振兴工作队员进行调整。（责任单位：县委组织部，各乡镇党委）

三、激励奖励实施程序

（十三）村级申请。每年3月底前，符合奖励条件的村经村“两委”会议研究同意后，向乡镇党委提出书面申请报告，报告内容包括集体经营性收益增长情况、符合奖励条件的村干部和下乡能人、符合激励条件的退休人员和驻村干部、奖励数额及分配方案等，并提交《保亭黎族苗族自治县发展壮大村级集体经济激励奖励申请表》。

（十四）乡镇审核。乡镇党委及时成立审核小组，对上报村的年度经营性收益情况进行审核，于10个工作日内书面反馈审核意见，并将审核结果和符合条件的退休人员、驻村干部一并上报县委组织部。

如因涉及全省、全县产业布局需要，由省级、县级层面统筹推进的集体经济重点产业项目获取收益的，并非基层干部（含村干部、下乡能人、驻村干部）积极争取、主动谋划、探索推进的，由乡镇党委结合其参与程度、贡献程度、配合程度等进行综合分析，提出合理奖励激励方案，报县委组织部审批。

（十五）决议和公示。县委组织部审核通过后，由村党组织牵头，组织召开村民代表会议或股东代表会议审议，乡镇派员参加。审议通过后，在公开栏进行公示（公示期不少于5个工作日），公示期满无异议的，将奖励资金发放至符合条件的村干部、下乡能人的个人账户。

（十六）备案管理。各村及时将审核资料报乡镇备案；乡镇及时汇总年度奖励落实情况，报县委组织部备案。

四、加强组织领导和监督管理

（十七）建立领导工作机制。将农村集体经济发展列为“一把手”工程，纳入乡镇党委书记乡村振兴实绩考核的重要内容，作为发现干部、识别干部、使用干部的重要参考。选优配强村“两委”领导班子，及时调整发展集体经济不力的村党组织负责人，做好驻村第一书记和乡村振兴工作队的派驻管理工作。

（十八）强化程序意识。各乡镇要把程序意识贯穿到激励工作全过程，切实维护好程序的严肃性，在审核把关、会议表决、对外公示等环节上，都要按程序走、按规定办、做到公开、公平、公正。

（十九）激励约束并重。严守工作标准，严格履行程序，对不符合条件的一律不得审批；全程监督，杜绝选择性执行；对上报不严、弄虚作假、套取奖励的单位和个人，一经查实，收回相应的奖励，并依纪依法严肃追究责任，确保激励工作真实性、有效性。

（二十）做好宣传引导。大力宣传推广发展壮大农村集体经济的先进典型、成功经验和创新做法，树立一批有思路、有办法、有成效的优秀村干部和致富带头人，为各类人才下乡创造良好条件和环境。

中共保亭黎族苗族自治县委
关于构建现代产业体系　推进高质量发展的若干意见

为深入贯彻落实省第八次党代会和省委沈晓明书记调研保亭讲话精神，在“一本三基四梁八柱”[1]战略框架中积极探索、把准自身角色定位，加快构建保亭现代产业体系，努力走出一条彰显保亭黎苗特色的高质量发展之路，提出如下意见。

一、提高站位、深化认识，切实将思想和行动统一到省第八次党代会和省委沈晓明书记调研保亭讲话精神上来

4月26日至29日，省第八次党代会顺利召开，会议深入贯彻落实习近平总书记重要讲话精神，总结提炼了“一本三基四梁八柱”战略框架，提出了“八个自贸港”[2]建设重点任务，吹响了加快建设具有世界影响力的中国特色自由贸易港的号角。在全省上下深入学习贯彻习近平总书记考察海南重要讲话精神、省第八次党代会精神之际，省委沈晓明书记亲临保亭调研，主持召开座谈会，发表讲话，为保亭经济社会发展把脉定向，高度肯定了保亭各项工作取得的成绩，精准指出了保亭经济社会发展存在的短板弱项，明确要求保亭要走出一条彰显黎苗特色的高质量发展之路，并提出了“四个坚持”[3]的具体要求，符合保亭实际，具有很强的思想性、战略性和指导性。学习贯彻落实好省第八次党代会和省委沈晓明书记调研保亭讲话精神，关键要把握以下几点：

（一）学习贯彻落实好省第八次党代会和省委沈晓明书记调研保亭讲话精神，必须准确把握保亭在全省大局中的定位和所处的历史方位。省第八次党代会提出要打造“三极一带一区”[4]区域协调发展新格局，并确立了保亭既是三亚经济圈的重要组成部分，也是中部生态保育区成员。省委沈晓明书记明确指出：“保亭资源禀赋优势突出、区位独特、交通条件越来越好，完全有条件也应该在中部市县脱颖而出。”当前，保亭正处于由原“国定贫困县”迈向高质量发展的蝶变期、转型期的历史方位，担负着全新的历史使命，面临难得的发展机遇，具备了可贵的发展条件。学习贯彻落实省第八次党代会和省委沈晓明书记调研保亭讲话精神，就必须要全面落实“一本三基四梁八柱”战略框架，在海南自由贸易港建设中找准定位，深度融入“三极一带一区”区域协调发展新格局，坚持在保护中发展，在发展中保护，奋力推进高质量发展。

（二）学习贯彻落实好省第八次党代会和省委沈晓明书记调研保亭讲话精神，必须加快构建保亭现代产业体系。省第八次党代会提出现代产业体系是高质量发展的“引擎”，要求做大做优做强细分产业。省委沈晓明书记明确指出，保亭要走特色化、差异化、生态化的发展道路，构建现代产业体系。过去一段时间，保亭坚决贯彻落实省委、省政府房地产调控政策，以“壮士断腕”的勇气摆脱房地产依赖，但替代产业却没有成长起来，经济社会发展缺乏强有力的“引擎”。学习贯彻落实好省第八次党代会和省委沈晓明书记调研保亭讲话精神，就必须要结合自身实际，发挥独特优势，在四大主导产业体系下，加快培育十大特色重点产业，构建保亭现代产业体系。

（三）学习贯彻落实好省第八次党代会和省委沈晓明书记调研保亭讲话精神，必须推进乡村全面振兴、持续增进民生福祉。省第八次党代会提出要坚持以人民为中心，建设共建共享、共同富裕的自由贸易港。省委沈晓明书记明确指出，保亭要争当乡村全面振兴和共建共享、共同富裕的“优等生”。保亭90%以上的土地在农村，66%的户籍人口是农民，35%的生产总值在农业，要实现高质量发展，就必须坚持共建共享、共同富裕理念，始终把实现好、维护好、发展好最广大人民的根本利益作为发展的出发点和落脚点，带领全县人民逐步走向

共同富裕。学习贯彻落实好省第八次党代会和省委沈晓明书记调研保亭讲话精神，就必须全面推进乡村振兴，推动城乡融合发展，统筹抓好民生各项事业，持续增进民生福祉，让保亭群众共享高质量发展成果。

（四）学习贯彻落实好省第八次党代会和省委沈晓明书记调研保亭讲话精神，必须坚持和加强党的领导。省第八次党代会提出要坚持和加强党的全面领导，建设党建引领、风清气正的自由贸易港。省委沈晓明书记明确指出，党的领导越强，党建引领作用发挥越好，各项事业推进就会越顺。学习贯彻落实好省第八次党代会和省委沈晓明书记调研保亭讲话精神，必须坚持和加强党的全面领导，大力弘扬伟大建党精神，全面落实新时代党的建设总要求，以党的政治建设为统领，打造高素质干部队伍，夯实基层党组织基础，驰而不息抓好作风建设，以高质量党建引领保亭高质量发展。

二、坚持走特色化、差异化、生态化的发展道路，构建符合保亭实际的现代产业体系

发挥独特优势，依托资源禀赋，围绕全省四大主导产业，着力培育十大特色重点产业，加快构建保亭现代产业体系。

（五）以气候康养、雨林度假、运动探险、文化创意为重点，推动旅游业提质增效。高标准高质量建设健康产业园区——七仙岭温泉谷，旅游文化产业园区——三道度假村，实现土地集约利用，推动产业集群发展。气候康养方面：深化与海南省院士联合会合作，建设健康医学研究院，构建全生命周期健康产业体系，推动健康产业创新和升级，服务“健康中国”战略；发挥“治疗在乐城、康养在保亭”合作模式作用，依托健康医学研究院开展前沿科学研究，打造生命养护综合体；以县中医院为核心，搭建一体化、专业化医疗平台；依托全国首个“气候康养示范基地”、全国康养百强县、全省首个“气候康养县”品牌，积极引入国内外优质康养产业市场主体，谋划建设一批高端康养项目。雨林度假方面：依托海南热带雨林国家公园，打造最美旅游公路，建设森林公园天窗社区、森林风情小镇、热带雨林民宿、森林生态景观保护等精品项目；精心打造热带雨林研学路线，引导中小学生走进雨林、探索雨林、发现雨林；建设国际化、标准化全域旅游标识系统，引进国内外高端休闲度假酒店；打造“夜食”“夜购”“夜展”“夜游”等夜间休闲消费业态，激发城市夜间活力。运动探险方面：发挥山地资源优势，打造一批登山探险、森林穿越、山地自行车、低空飞行、跳伞、溪降、滑翔、攀岩定向运动等体育旅游吸引物，举办系列运动探险赛事，打造极限运动基地。文化创意方面：保护传承发展黎苗文化，做好黎苗文化创意“文章”。打造一批具有黎苗文化元素的旅游打卡点；推广民族文化舞台剧——《甘工鸟》，打造独具保亭特色的民族文化演艺；建设“保亭文创示范园”文创基地，深化“海南印记·保亭好礼”创作成果，促进旅游消费；打造面向群众的城市会客厅——保亭非遗文化空间；开发一系列黎苗文化旅游精品路线。

（六）以总部经济为重点，加快发展现代服务业。鼓励和支持建设总部企业商务楼宇，发挥生活生产环境优异、交通便捷、自贸港政策等优势吸引“总、大、新、高”企业入驻保亭，培育总部经济集聚区，推动总部经济发展。提升现代会展基础软硬条件，策划举办生态、旅游、康养、两岸文化交流等专题性会展打造区域物流中心，培育智慧物流基地。用好用活免税购物政策，打造集购物、休闲、娱乐于一体的商业服务综合体。

（七）以生物科创、智慧经济为重点，积极培育壮大高新技术产业。按照“三生融合”[5]理念，高标准高质量建设高新技术产业园区——加茂智慧城，打造创新、智慧、宜居的产城融合发展区。生物科创方面：积极融入自贸港生物科创带建设，主动对接国内外重点产业园区，聚焦“产业链、创新链、平台链、人才链、资金链、服务链”，打造“双城”[6]创新格局，构建生物科创发展平台，加快人才聚集和产业培育；发挥财政性资金的引领、示范效应，着力建设一批低成本、便利化、全要素、开放式的“众创空间”[7]及“星创天地”[8]，推动科技创新成果转化推广；全力推进生物科创重点产业发展，努力在生物科技研究、生物科技孵化、农业科技新品应用、生态科技创新、医美和酵素产品开

发，果蔬农产品精加工等领域实现创新能力有提升，创新平台有突破，生物科创产业有成就。智慧经济方面：依托得天独厚的自然环境优势，吸引专家学者到保亭工作，打造院士专家工作站、博士后科研工作站、知名院校研究基地，加快建设海南大学保亭研究所；围绕文旅创意、奢侈饰品等开展设计研究和产业创新，配套建设创新工场、设计学院，打造国际设计小镇；充分发挥高端智库资源优势，通过举办高端学术、产业、文化、经济论坛，打造国际知名论坛举办地。

（八）以南药开发、热带果蔬、休闲农业为重点，发展壮大热带特色高效农业。南药开发方面：推广南药种植技术，扩大南药种植规模，打造南药生产基地；引进药品制造企业、医疗机构，依托黎医、苗医处方，研发少数民族新药，开发药膳美味，打造药食同源、药食合一的“保亭味道”；收集保存传统中药、黎苗民间草药种质资源，加大科研攻关力度，研发优质种质，打造南药种质资源库；建立规范高效的南药交易市场，推广南药使用，打通南药产品销售渠道。热带果蔬方面：坚持在挑选品种、打造品牌、提升品质、丰富品类上下功夫。发挥保亭昼夜温差大、农产品甜度高优势，在挑选品种上因地制宜、找准定位，积极引进同纬度优质果蔬，做好“新奇特”文章。推动红毛丹、榴莲、黄秋葵、四棱豆等保亭特色名优农产品规模化发展；深化农产品公用品牌研究，强化“两品一标”认证，加强品牌宣传推广力度，构建产业特色鲜明、优质高效、持续增长的品牌农业框架。追求高品质作物，持续加大先进农业技术、生产方式推广普及运用力度，助力农作物质量提升。着力丰富品类，深入分析市场需求，发展壮大花卉、种菌、魔芋等一批适销对路作物品类，推动品类多元化。大力发展良种繁育，培育、引进农产品精深加工经营主体，完善农产品冷链、仓储服务体系，提升农村电子商务发展水平，打造产供销全产业链条。休闲农业方面：发展壮大具备旅游功能的定制农业、会展农业、家庭农场等新型农业业态；建好休闲农庄、特色主题酒店、客栈民宿和美丽廊道等基础配套；设计、推出一批田园建筑、田园景观，建设一批中国美丽休闲乡村，争创全国休闲农业重点县；发展共享经济，将乡村资源推向城市，推动田园变公园，农村变景区，民房变客房，让乡村望得见山、看得见水、留得住乡愁。

三、持续推进生态文明建设，在“两山”转化上走在前、做表率

切实扛起中部生态保育区责任担当，牢固树立“绿水青山就是金山银山”理念，走“产业生态化、生态产业化”路子，打造“绿水青山就是金山银山”实践示范地。

（九）扎实推进“六水共治”[9]工作。建设涵盖物联感知、基础设施、业务应用和展示的智慧管网平台，完善城乡污水治理基础设施建设，提升城镇农村污水收集和处理效能，统筹推进景观设计，打造水清、岸美景观体系。谋划建设一批水资源配置和城乡供水项目，推动一张立体网的形成，着力解决“单水源”问题。引导群众树立节约用水意识，提高用水效能。实施水库标准化建设，夯实防洪体系。系统推进城区排涝系统改造升级工作，全面提升城区排涝能力。牢固树立“项目为王”理念，坚持项目支撑，多渠道争取资金支持，引进社会资本，续建一批、新开工一批、谋划一批“六水共治”项目。

（十）打赢打好污染防治攻坚战。加强大气污染治理，全面推进禁止露天焚烧秸秆垃圾等废弃物管控工作，改善空气质量。开展土壤环境综合整治专项行动，建立健全土壤污染防治信息共享机制和工作协调机制。持续推进垃圾分类收集、分类转运、分类处置工作。从严从实、保质保量完成中央和省生态环境保护督察反馈问题整改工作。统筹抓好土地卫片、森林督查、“两违”[10]图斑等整治工作。落实“三线一单”[11]生态环境分区管控要求，严守生态保护红线，实施最严格的生态环境保护制度，对破坏生态环境行为露头就打、绝不姑息。强化生态环境修复，科学开展“山水林田湖草沙”一体化保护和修复。

（十一）统筹推进生态文明建设标志性工程。建好海南热带雨林国家公园“南大门”，坚决完成生态搬迁任务，谋划产业项目，发展雨林经济，做足雨林文章，抓好赤田水库流域综合治理。大力推进“双碳”[12]工作，高质量完成“禁塑”、新能源

汽车、装配式建筑推广等任务。

四、积极践行“三极一带一区”战略安排，深度融入三亚经济圈

落实省委省政府“三极一带一区”区域协调发展战略安排，坚持规划共绘、设施共联、市场共构、产业共兴、品牌共推、环境共建、空间共享，推动三亚经济圈“山海互动、蓝绿互补”。

（十二）当好三亚“小兄弟”。积极主动衔接三亚经济圈规划、三亚经济圈科创高地和旅游胜地规划，依托两地地域相连、联系紧密的良好基础，发挥保亭比较优势，着力推进区域战略互融、产业协同、人才共享、政务协作，实现基础设施一体建设、生产要素一体配置、生态环境一体保护、公共服务一体发展、社会治理一体推进，促进深度融合、合作共赢。深化与三亚在教育、医疗、交通、生态等领域的紧密协作，打造区域协同发展样板工程。

（十三）护好三亚“水源地”。把赤田水库流域综合治理工作作为全县“六水共治”攻坚战和生态环境保护的“一号工程”不动摇，坚持“政府主导、市场参与、项目支撑”的治理理念，密切沟通联系，理顺工作机制，及时梳理解决存在的问题和困难。协同开展 GEP[13]、EOD[14] 项目，探索生态产品价值实现路径，有效整合两地流域范围内生态产品，打造绿色公共品牌，将优质资源转化为经济、社会和生态价值。建好现有项目，谋划储备一批项目，着重抓好生态循环农业项目，为跨区域流域治理提供可复制、可推广的“赤田”经验。

（十四）种好三亚“瓜果园”。走优势互补、合作共赢的路子，充分研究市场需求，发挥自身特色，实现差异化发展。加强与三亚南繁科研育种基地合作，培育优质果蔬种质。以红毛丹主题文化节为载体，探索创新宣传推广形式，推动以“保亭柒鲜”[15] 为代表的优质果蔬在三亚经济圈、全岛、全国乃至全球打开市场、赢得青睐，助力创建热带特色高效农业示范区。

（十五）建好三亚“后花园”。抓好景区景点建设，积极开发旅游新业态，推动旅游产品多元化、旅游设施现代化、旅游服务精细化。优化整合旅游资源，加强旅游节庆品牌、特色旅游产品宣传推广，打造精品旅游路线，实现与三亚旅游产业的联合营销、组团发展，完善客源引流机制，吸引省外游客、三亚经济圈居民和候鸟人群来保亭旅游度假，真正实现“山海互动、蓝绿互补”。

五、坚持共建共享、共同富裕理念，持续增进民生福祉

始终把实现好、维护好、发展好最广大人民的根本利益作为发展的出发点和落脚点，统筹抓好民生各项事业，带领全县人民逐步走向高水平的共同富裕。

（十六）抓好巩固拓展脱贫攻坚成果与乡村振兴有效衔接。把巩固拓展脱贫成果、全面推进乡村振兴作为必须托住的“底盘”，继续落实“三保障”[16] 和饮水安全等各项政策，健全防止返贫监测和帮扶机制，坚决守住不发生规模性返贫底线。着力抓好就业文章，强化结果导向，精细化、科学化开展全民转移就业培训，促就业、稳增收。坚持以产业振兴促乡村振兴，发挥资源优势，整合资金、人力资源，集中力量办大事，谋划、包装、建设一批带动群众增收致富的大项目。调整优化种植结构，推广套种、混种模式，引导群众在槟榔、橡胶林中因地制宜种植其他经济作物。加快推动“幸福庭院”创建工作，推进农村“五网”[17] 基础设施提质升级，抓好“五治”[18]、垃圾分类、厕所革命等各项工作，切实改善农村人居环境。

（十七）抓好城乡融合发展。坚持高起点谋划、高标准规划，加快推动乡村规划编制全覆盖，为全面推进乡村振兴提供科学规划引领。着力打造垦地融合发展“保亭样板”，推动“规划、产业、招商、民生”一体化，抓好垦区薪酬激励、人才队伍和垦区土地资源化改革，建立健全垦地融合发展新机制；推动七仙岭全球热带水果博览中心项目建设；加快补齐垦区基础设施建设短板，做好农垦改革“后半篇”文章；持续推进农村和垦区自建房安全专项整治行动，从严从实抓好排查整治工作，确保群众住房安全。深入开展社会文明大行动，争创全国文明城市。落实中办、国办《关于推进以县城为重要载体的城镇化建设的意见》，加快推进新型城镇化建设，争取成为全省试点。推动主城区规划落地见效；

实施城区亮化工程、城乡市政道路建设工程；改造升级保城河沿河景观工程，打造沿河经济带、景观带、休闲带；加快推进城市公共服务设施建设，提供高质量公共服务产品，满足群众生活多维度需求。

（十八）抓好社会事业发展。推动落实教育高质量发展若干意见、教育振兴三年行动计划，大兴崇学重教之风，加大教育投入，改善办学条件，抓好校长和教师队伍建设，推进集团化办学，逐步实施“1+1+2”[19]工程，实现学前教育普及普惠发展、义务教育优质均衡发展、高中教育优质特色发展，积极争取高等院校分校落地保亭，办好人民满意教育。持续以县域紧密型医共体建设为抓手，深化“三医联动”[20]改革，推进中医院“运管维”一体化，建好“7+3”[21]项目，开展好“2+3”[22]健康服务包试点工作，完善医疗卫生人才考核和激励机制，建强医疗卫生人才队伍，推动医疗健康服务能力水平实现大幅度提升，让高水平的医疗服务普惠所有群众。解决群众普遍关注的住房问题，加快棚户区、老旧小区改造和安居房、人才房等项目建设进度，实现“十四五”期间每个符合条件的家庭享受到一套安居房的目标任务。积极应对人口老龄化，探索完善养老院管理机制，引进优质养老机构，努力让老年人生活得更加安心、静心、舒心。常态化开展扫黑除恶行动，严厉打击违法犯罪活动，遏制交通事故、房屋倒塌、火灾、溺水等事故发生，狠抓安全生产和槟榔采摘安全防范工作，坚决守护人民群众生命财产安全。

六、全面加强党的领导，以党建引领高质量发展

坚持和加强党的全面领导，以党的政治建设为统领，全面落实新时代党的建设总要求，不断提高党的建设质量。

（十九）持之以恒加强党的政治建设。始终在政治立场、政治方向、政治原则、政治道路上同以习近平同志为核心的党中央保持高度一致，增强“四个意识”、坚定“四个自信”，捍卫“两个确立”、做到“两个维护”。以党的政治建设为统领，深入推进全面从严治党，严格落实从严治党责任传导机制，不断推进党的各方面建设。牢固树立大抓基层的鲜明导向，以“十大重点党建项目”[23]为重要抓手，全面提升各领域基层党组织建设质量，打造引领高质量发展的坚强战斗堡垒，推动建成“党建引领自由贸易港建设”示范区、先进区。用好红色资源，创新学习方式，推动党史学习教育常态化长效化。

（二十）培养高素质专业化干部人才队伍。以“能力提升建设年”为契机，常态化开展实战化大培训、专业化大练兵、特色化大比武，深入开展“查破促”“比学赶超”等活动。积极争取挂职干部，优化干部结构。抓好“六个一批”[24]专项行动，让干部在关键岗位、吃劲岗位磨炼成长，全方位提升领导干部在产业发展、项目建设、招商引资、生态文明建设、民生保障等各个工作领域的能力，做好换届“后半篇文章”。持续加大人才引进培养力度，聚焦关键核心岗位，引进一批四方之才，培育一批本土人才，留住一批可用之才，为保亭高质量发展贡献智慧和力量。建立健全青年人才发展工作机制，打造青年人才“蓄水池”，促进全县人才队伍数量和质量“双提升”。提升人才服务保障水平，完善人才薪酬福利、安居落户、配偶就业、子女上学、轮岗交流等服务保障措施，解决人才发展后顾之忧。发挥考核“指挥棒”作用，优化考核考察方式，用好容错纠错机制，做到考核结果与奖惩相挂钩，让有为者有位、能干者能上、吃苦者吃香、优秀者优先，营造重实干、重实绩、重实效的良好氛围。

（二十一）驰而不息加强作风建设。严格落实中央八项规定精神，坚决纠治“四风”问题，着力整治“佛系式”“木偶式”“太平式”“说唱式”“踢球式”“传话式”“任性式”“装睡式”“机械式”“飘浮式”等十种作风突出问题，以党风带政风促民风。始终保持反腐败高压态势，坚定不移深化政治巡察，坚持源头反腐、长效反腐，一体推进不敢腐、不能腐、不想腐。紧盯发展建设中政策支持力度大、投资密集、资源集中的重点领域和关键环节，坚决查处海南自由贸易港新业态新领域新型腐败。严格落实“一书两会三报告”[25]制度，做好以案示警、以案促改、以案促治工作，为保亭高质量发展营造风清气正的政治生态。

名词解释

[1]“一本三基四梁八柱”：坚持以习近平总书记关于海南工作的系列重要讲话和指示批示为根本遵循，以《中共中央、国务院关于支持海南全面深化改革开放的指导意见》《海南自由贸易港建设总体方案》《中华人民共和国海南自由贸易港法》为制度基石，以全面深化改革开放试验区、国家生态文明试验区、国际旅游消费中心、国家重大战略服务保障区为目标定位，以政策环境、法治环境、营商环境、生态环境、经济发展体系、社会治理体系、风险防控体系、组织领导体系为稳固支撑。

[2]“八个自贸港”：坚持服务和融入新发展格局，建设开放包容、合作共赢的自由贸易港；坚持全面深化改革，建设勇于创新、充满活力的自由贸易港；坚持高质量发展，建设产业聚焦、区域协调的自由贸易港；坚持生态立省，建设生态一流、绿色低碳的自由贸易港；坚持守牢底线，建设安全有序、风险可控的自由贸易港；坚持以人民为中心，建设共建共享、共同富裕的自由贸易港；坚持推进治理体系和治理能力现代化，建设平安法治、文明和谐的自由贸易港；坚持和加强党的全面领导，建设党建引领、风清气正的自由贸易港。

[3]“四个坚持”：坚持走特色化、差异化、生态化的发展道路，坚持区域协调发展，坚持城乡融合，坚持和加强党的全面领导。

[4]“三极一带一区”：海口经济圈、三亚经济圈、儋洋经济圈、滨海城市带、中部生态保育区。

[5]“三生融合”：生活、生产、生态一体化。

[6]“双城”：县城和高新技术产业园区——加茂智慧城。

[7]“众创空间”：指通过创新与创业相结合、线上与线下相结合、孵化与投资相结合，为创业者提供良好的工作空间、网络空间、社交空间和资源共享空间。

[8]“星创天地”：指新型农业创新创业“一站式”开放性综合服务平台。

[9]“六水共治”：治污水、保供水、排涝水、防洪水、抓节水、优海水。

[10]“两违”：违反相关法律法规的违法用地和违法建设行为。

[11]“三线一单”：生态保护红线、环境质量底线、资源利用上线和生态环境准入清单。

[12]“双碳”：碳达峰、碳中和。

[13]GEP：指生态系统为人类福祉和经济社会可持续发展提供的各种最终物质产品与服务价值的总和，主要包括生态系统提供的物质产品、调节服务和文化服务的价值。

[14]EOD：指以生态文明思想为引领，以可持续发展为目标，以生态保护和环境治理为基础，以特色产业运营为支撑，以区域综合开发为载体，采取产业链延伸、联合经营、组合开发等方式，推动公益性较强、收益性差的生态环境治理项目与收益较好的关联产业有效融合，统筹推进，一体化实施，将生态环境治理带来的经济价值内部化的项目组织实施方式。

[15]“保亭柒鲜”：红毛丹、菠萝蜜、百香果、榴莲、黄秋葵、什玲鸡及六弓鹅等保亭明星产品。

[16]“三保障”：义务教育、基本医疗、住房安全有保障。

[17]“五网”：路网、光网、电网、气网、水网。

[18]“五治”：治水、治土、治养、治烧、治堵。

[19]“1+1+2”工程：新建 1 所高中、1 所特殊教育学校、2 所公办幼儿园。

[20]“三医联动”：指医保体制改革、卫生体制改革与药品流通体制改革联动，即医疗、医保、医药改革联动。

[21]“7+3”项目：指公共卫生防控救治能力建设项目，“七个能力”分别为：发热门诊收治能力、可转换传染病区的收治能力、可转换 ICU 的救治能力、实验室检测能力、传染病的检测能力、医疗废弃物的处置能力、应急救援能力；“三个保障”分别为：完善重大疫情救治保障、应急医疗物资保障、应急医疗物资启用预案保障。

[22]“2+3”健康服务包：高血压、糖尿病和结核病、肝炎、严重精神障碍 5 种疾病。

[23]“十大重点党建项目”：党建引领“直通联办”，做好“一条热线管民生”；全面深化推进“四事”工作法，擦亮基层治理党建品牌；搭建政商对话“咖啡时间”平台，铸造营商环境金字招牌；激活强村富民“新引擎”，领跑村集体经济致富路；

打好“六个一批”组合拳，推动干部能力大提升；聚焦“管训促用爱”，打造乡村振兴排头兵；打造青年人才“蓄水池”，跑出招才引智“加速度”；打造“红领梯队”，锻造高素质专业化社区干部队伍；建设“1+2+60+N”活动阵地，打造党群服务“暖心平台”；党建+黎苗文化传承，打造文旅融合特色名片。

[24]“六个一批”：省直单位挂职一批、基层党建选派一批、巡察信访实践一批、招商一线锻炼一批、重点项目跟班一批、村居社区派驻一批。

[25]“一书两会三报告”：以第三、第四种形态查结的案件，违纪违法人员提交一份忏悔书，发案单位召开一次专题民主生活会和警示教育大会，案件查办部门提交一份审查调查总结报告和一份案件剖析报告，发案单位提交一份以案促改整改落实报告。

保亭黎族苗族自治县组织机构和领导成员名单（2022）

县　委

书　记：穆克瑞

副书记：王惠仙
赵文德

常　委：林洪冰
李英挺（6月任职）
詹天凯（任职至5月）
钟　耿
冯亚全
陈卫华
郭树议
叶厉豪
林孟地
周　燕

县纪委监委

书　记（主　任）：钟　耿

副书记（副主任）：王春天
韦　能

县委工作部门

县委办公室

主　任：王永超（常委秘书，兼县外事办主任，任职至1月）

副主任：黄雪萍［兼任保密委员会办公室主任，县委保密和机要局（县国家保密局、县国家密码管理局）局长］
张劝劝（任职至1月）
李闻文（任职至4月）
苏兴豪（4月任职）
谢贻炜（2月任职）

县委保密委员会专职副主任：张劝劝（1月任职）

县委组织部

部　长：林洪冰（县委党校校长）

常务副部长：梁　琼（1月任职）
李锦权（县委人才发展局局长，任职至1月）

副部长：施海波（县委“两新”工委书记）
樊　超（县委老干部局局长任职至3月，3月任县委人才发展局局长）
李振安（县委老干部局局长，3月任职至12月）
李东元（县人力资源和社会保障局局长，12月任职）

县委宣传部

部　长：李英挺（6月任职）
叶厉豪（任职至6月）

常务副部长：张福特（1月任职）

县人大常委会

主　任：王秀美

副主任：许录游（1月任职）
李海雄
李锦权（1月任职）
樊朝睿（1月任职）

县人民政府

县　长：王惠仙

副县长：冯亚全
叶厉豪（6月任职）
孙国培（任职至11月）
李英挺（任职至6月）
刘云球
吕　妍（1月任职）
王　刚（1月任职）
林德国（1月任职）
张保山（挂职）
程文刚（3月挂职）

政协保亭黎族苗族自治县委员会

主　席：王文平

副主席：林艺青（1月任职）
杨进锋

陈　涛（任职至1月）
副部长：丁周来［兼任县新闻出版局（县版权局）局长］
李　程（4月任职）
黄思平（任职至4月）
县委统战部（县民族事务局）
部　长：陈卫华
常务副部长：王永超（1月任职）
高淑兰（任职至1月）
副部长：周　程（县宗教事务局局长，县民族事务局局长）
张福特［县工商业联合会（总商会）常务副主席，任职至1月］
江祖锋［县工商业联合会（总商会）常务副主席，2月任职］
陈川侨（4月任职）
民族事务局副局长：陈泽南（任职至2月）
县委政法委
书　记：赵文德
常务副书记：周　霖
副书记：尚天顺
县委编委办
主　任：王德章（7月任职）
欧阳立东（任职至7月）
副主任：李闻文（4月任职）
王森仕（任职至4月）
县委直属机关工委
书　记：黄明亲
副书记：李海波
邢桂精（12月任职）
县委巡察工作领导小组办公室
主　任：王生华（7月任职）
周　杰（任职至7月）
副主任：龙正海

县人大工作部门

人大常委会办公室
主　任：连学魁
副主任：李　虹
法制工作委员会
主　任：林　师
副主任：彭　静
财经工作委员会
主　任：胡明日
副主任：陈宝星（任职至5月）
教科文卫工作委员会
主　任：杨肖息
副主任：王　洵
社会建设工作委员会
主　任：周建华
副主任：伦祖坚
选举联络工作室
主　任：邢福智（1月任职）
王　律（任职至1月）
副主任：佘灵芝

县政府工作部门

县政府办公室
主　任：陈　涛（1月任职）
邢福智（任职至1月）
副主任：陈　山
许　翔
李晓明（5月任职）
陈　磊（任职至3月）
县发展和改革委员会
主　任：周勇志（兼任县商务局局长，县粮食和物资储备局局长，县国民经济动员办主任）
副主任：郑香宙（任职至5月）
邢雪霞
高子健
陈宝星（5月任职）
县自然资源和规划局
局　长：陈海佳（11月任职）
韩　琪（3月任职至11月）
副局长：陈翔华
徐婷婷
徐志宏（6月任职）
县旅游和文化广电体育局
局　长：关若英（4月任职）
吴凌云（任职至2月）
副局长：王　瑜

郑晓燕（7月任职）
董昌标（任职至7月）
马振斌（任职至4月）
颜春海（任职至10月）

县生态环境局
局　长：黄　武（3月任职）
王　雄（任职至3月）
副局长：王维文
王亚婷
樊健龙（任职至11月）

县农业农村局
局　长：周向阳（9月任职）
副局长：林　良（2月任职）
梁振荣
吴小凤（7月任职）
文唐斌（任职至2月）
陈振华（任职至4月）

县科技和工业信息产业局
局　长：冯清松
副局长：陈文卫
陈灿强（6月任职）
邓丽芳（任职至5月）

县财政局
局　长：李　雄（4月任职）
陈达洲（任职至2月）
副局长：李连师
杨月虹
尹　锐（2月任职）

县人力资源和社会保障局
局　长：李东元（3月任职）
梁　琼（任职至1月）
副局长：胡继月（3月任职）
许书礼（任职至9月）
李东元（任职至1月）

县教育局
局　长：高淑兰（3月任职）
副局长：张志兵（7月任职）
黄海波（任职至7月）
黄　皓（任职至11月）
莫文静

县政府教育总督学：辛碧华（6月任职）

县卫生健康委员会
主　任：黎萍华（兼任爱卫服务中心主任）
副主任：王安奋（8月任职）
吴新国（7月任职）
林　明（任职至5月）
林兴连（兼任爱卫服务中心主任，任职至6月）

县司法局
局　长：陈立强（7月任职）
王德章（任职至7月）
副局长：陈丽君
王寿交
蔡秀梅（任职至7月）

县民政局
局　长：刘　锐
副局长：郑云霓（2月任职）

县住房和城乡建设局
局　长：周　杰（7月任职）
林德国（任职至7月）
副局长：王程锋（6月任职）
陈　伟（任职至6月）
陈海佳（任职至11月）

县交通运输局
局　长：梁汉荣（3月任职）
龙　云（任职至1月）
副局长：杜士海
梁汉荣（任职至3月）
罗　文（5月任职）
陈　伟（6月任职）

县审计局
局　长：李　雄（任职至4月）
副局长：陈　斌（2月任职）
陈远庭（5月任职）
王程锋（任职至6月）

县退役军人事务局
局　长：高政信（3月任职）
谭　飞（任职至1月）
副局长：王莉君
高政信（任职至2月）

县应急管理局
局　长：冯保华
副局长：李　丹（5月任职）
王文俊（7月任职）
陆先日（7月任职）
王李山（任职至4月）
陈灿强（任职至6月）

县统计局
局　长：郑香宙（5月任职）
黄宏强（任职至3月）
副局长：陈川立
黄之裕

县市场监督管理局
局　长：符　发
副局长：云　海
詹志亮（9月任职）
何海荣（任职至4月）
何子伟（任职至5月）

县医疗保障局
局　长：陈　捷
副局长：敬　滔

县乡村振兴局
局　长：文唐斌（任职至3月）
副局长：蔡秀梅（7月任职）
陈伟帅（7月任职）
林　良（任职至2月）
孙　灼（任职至4月）
王宜立（5月任职至11月）

县综合行政执法局
局　长：朱寿伟（11月任职）
刘冰山（任职至11月）
副局长：王　云
王李山（5月任职）
许福海（任职至11月）
李　丹（任职至4月）

县行政审批服务局
局　长：侯宏燕（7月任职）
陈立强（任职至7月）
副局长：史宏浪（兼任县政务服务中心主任）
林茹婉（10月任职）
许　翔（8月任职）
洪世照（任职至9月）
侯宏燕（任职至7月）

县林业局
局　长：黄兹文
副局长：李德雄
洪　平
王莲明

县公安局
局　长：刘云球
政　委：林　华
副局长：杜尚玲
朱寿伟（任职至11月）

县政协工作部门

政协办公室
主　任：何柳曼
副主任：李玉玲
符少鹏（6月任职）

提案与法制委员会
主　任：陈　英（11月任职）
覃海琳（任职至11月）

民族宗教与外事侨务委员会
主　任：易振宇

教科文卫与文史资料委员会
主　任：黄一桓

经济与资源环境工委
主　任：卜　赋

农业与农村委员会
主　任：云朝阳

群众团体

县总工会
主　席：樊朝睿
常务副主席：符广能
副主席：谭　飞（1月任职至12月）
邓大芳（任职至1月）
李东元（挂职）

团县委
书　记：王令令
副书记：李美琪（7月任职）
黄康龙（7月任职）

刘大会（任职至5月）
苗　蕊（任职至4月）
县妇联
主　席：周钟华（11月任职）
关若英（任职至4月）
副主席：聂　苹
黄东媛
县残联
理事长：符文彦
副理事长：林雄斌
胡茂海
县科协
主　席：黄　皓（11月任职）
陈　英（任职至11月）
副主席：吴海琛
苗　蕊（4月任职）
黄宏娟（任职至4月）
县文联
主　席：王　民
副主席：王森仕（4月任职）
工商联（总商会）
主　席（会长）：李华新
常务副主席：江祖锋（3月任职）
张福特（任职至1月）
专职副主席（副会长）：吴桂新
周夕闲
县侨联
主　席：杨斌锐
专职副主席：王和俊

事业单位

县委党校
校　长：林洪冰
常务副校长：罗　燕
副校长：王周万（4月任职）
黄　旭（任职至4月）
行政学校
校　长：王周万（6月任职）
黄　旭（任职至5月）
副校长：卓子呈（1月任职）
县委史志馆
馆　长：黄　伟
副馆长：（空缺）
接待服务中心
主　任：陈　磊（3月任职）
副主任：鲁继光
县政务服务中心
主　任：史宏浪
副主任：黄曼雅
黄森芬
县粮食和物资储备服务中心
主　任：林荣标
副主任：王定坚（任职至8月）
县林业服务中心
主　任：黄　武（任职至2月）
副主任：胡陈夫
县园林环卫服务中心
主　任：孙令干（任职至11月）
副主任：黄进民
林建宏（8月任职）
卓奋文（任职至8月）
县爱国卫生事务服务中心
主　任：林兴连
副主任：罗凯清
马　宁
县档案馆
馆　长：杨　龙（11月任职）
王周万（任职至6月）
副馆长：胡昌坚
吴　慧
县水务服务中心
主　任：王宜立（11月任职）
张达吉（任职至7月）
副主任：黄博宁
陈善超
王宜立（任职至5月）
县住房保障和房产服务中心
主　任：陈瑞涛
副主任：符永明
李庆新

县畜牧渔业服务中心
主　任：陈成思
副主任：林凯学
黄月玲（8月任职）
卓开平（任职至7月）
李善飞（任职至5月）
县社会保险服务中心
主　任：许　健
副主任：王道文
周麒修
邓心怡（5月任职）
县就业服务中心
主　任：何海荣（9月任职）
许书礼（任职至9月）
副主任：崔立强
彭志芬
县农业综合建设服务中心
主　任：王秋荣
副主任：陈瑞锋
覃业康
县机关事务服务中心
主　任：潘文进（1月任职）
林　宝（任职至1月）
保亭中学
校　长：周小华
副校长：叶绍宁
刘庆国（8月任职）
赵克念（8月任职）
张国利（任职至8月）
黄争志（任职至8月）
思源实验学校
校　长：张国利（8月任职）
县供销合作联社
主　任：邢琳萍（11月任职）
副主任：骆　骥
梁　国（11月任职）
邢琳萍（任职至11月）
县农业服务中心
主　任：卓祥珍
副主任：朱厚勇
孙诒森
马仁强
县农机服务中心
主　任：黄海峰（8月任职）
副主任：胡沉思
卓奋文（8月任职）
黄海峰（任职至8月）
县融媒体中心
主　任：卓子榆
副主任：林　宝（1月任职）
林香云
黄立明
疾控中心
主　任：许昌耀（12月任职）
王安奋（任职至12月）
副主任：黄秋菊
何开忠
许昌耀（任职至12月）
县妇幼保健计划生育服务中心
主　任：黄淑美（5月任职）
原妇幼保健院院长：赵志佳（任职至2月）
副主任：胡　波（10月任职）
高少荣（10月任职）
县人民医院
院　长：万象新
副院长：宁永海
符国平
赵志佳（2月任职）
县市场物业开发服务中心
主　任：黄增文
县委总值班室（县人民政府值班室）
主　任：卢景阳（6月任职）
县红十字会
会　长：林德国（8月任职）
常务副会长：张金诚（8月任职）

垂管单位

消防大队
大队长：刘　博
教导员：张　伦

武警中队
　大队长：伍思丛
　中队长：王台昇
　指导员：李杰斌
气象局
　局　长：邢增闻
　副局长：李健生
　　　　　傅仁壮
供电局
　总经理：全春蕾
　书　记：韦　平（任职至4月）
　　　　　黄仁谋（12月任职）
　副总经理：严云清
　　　　　　袁　泉
　　　　　　冯　杰
　　　　　　钱政香
电信公司
　总经理：李　克
　副总经理：黄　智
　　　　　　杨来君
　　　　　　裴泰艳
邮政集团保亭分公司
　总经理：郑雄壮
　副总经理：许贤铭
　　　　　　符超凤
公路分局
　局　长：黄海成（任职至10月）
　副局长：杨铁牛
交通规费征稽局保亭分局
　局　长：陈成孟（任职至8月）
　　　　　陈平思（11月任职）
　副局长：梁其清
　　　　　郑　敏
海汽保亭公司
　经　理：符　军
税务局
　局　长：魏成策（任职至7月）
　　　　　姜昌林（7月任职）
　副局长：陈道娟（任职至6月）
　　　　　韩少君（任职至6月）
　　　　　李云飞
　　　　　邓俊文
　　　　　林永南
　　　　　杨耀华
　　　　　舒红城
海南广电有线网络保亭分公司
　经　理：王明连
烟草专卖局
　局　长：周小佳
　副局长：方　广

法院、检察院

法　院
　院　长：严家亮
　副院长：梁宇庭
　　　　　王叶洪
检察院
　检察长：闫宇辉
　副检察长：黄明裕
　　　　　　曾晓宇

金融口

建行保亭支行
　行　长：吴警儒
　副行长：张平平（7月任职）
农行保亭支行
　行　长：符柳锋
　副行长：陈妙媚
　　　　　邢晓慧
　　　　　洪　颖
农村信用社
　理事长：胡惠文
　主　任：毕则勇
邮政储蓄银行保亭支行
　行　长：符吉斌
　副行长：曾耀庄
人行保亭支行
　行　长：周智雄（任职至6月）
　　　　　彭军嫦（6月任职）
　副行长：黄　超
　纪检组组长：黎学斌

银监局保亭办事处

主　任：陈　涛

工行保亭支行

行　长：符策玮

人民财产保险公司

经　理：肖世龙

人寿保险公司

经　理：冯学涛（任职至5月）

曾宪友（5月任职）

县民主党派

民进主委：李振业

民革主委：吉　贵

民盟主委：史宏浪

农工主委：李华忠（任职至8月）

卢卫东（8月任职）

乡镇、农场

保城镇

书　记：许环峰

镇　长：黄　广

什玲镇

书　记：孙　灼（11月任职）

周向阳（任职至9月）

镇　长：王　梅

新政镇

书　记：黄定贤

镇　长：郑青青

三道镇

书　记：陈智康

镇　长：符李明

加茂镇

书　记：黄　盛

镇　长：刘春英（11月任职）

黄伟鹏（任职至11月）

响水镇

书　记：林　治（11月任职）

黄莹莹（任职至11月）

镇　长：黄志勇

六弓乡

书　记：许　飞

乡　长：黄洪洁

南林乡

书　记：李维海

乡　长：陈斌馨

毛感乡

书　记：黄伟鹏（11月任职）

杨　林（任职至11月）

乡　长：黄　承

七仙岭农场

书　记：罗宗浪（6月任职）

陈开华（任职至6月）

场　长：李万安

副场长：黄文锋

黄海冲

新星居

书　记（主　任）：陈开华

副书记（副主任）：黄汉南

保亭县“能力提升建设年”暨深化拓展“查堵点、破难题、促发展”活动先进典型案例表

表 14

序号	文件标题
1	搭建“咖啡时间——政商对话加速跑”平台　建立企业诉求“三办一访”的“直联直通”工作机制
2	创新流域生态补偿机制　让金山银山带来绿水青山
3	“三位一体”推进“揭榜挂帅”　确保生态搬迁取得实效
4	打造三区三地讲坛　提升干部专业能力
5	开展“六个一批”专项行动　力促年轻干部成长成才
6	勇于揭榜担当挂帅　交通PPP项目助力乡村振兴
7	“五强化”聚力打造县域医共体“保亭样板”
8	扛起责任担当　助推营商环境不断优化
9	用“头脑风暴”点燃组工干部干事热情
10	打造“校警合作”新模式　有效预防和制止未成年人违法犯罪
11	全域旅游检察办案中心助推保亭全域旅游法治环境持续优化
12	存量房带押过户登记改革　激活市场新动能
13	推行系列“云服务”　护航项目建设　助力经济发展
14	持续发力写好“133”文章　巩固脱贫成果助力乡村振兴

先进典型案例选录

搭建“咖啡时间——政商对话加速跑”平台　建立企业诉求“三办一访”的“直联直通”工作机制

县委组织部　县招商引资与重点项目服务工作专班

【引言】 县委组织部、县招商引资与重点项目服务工作专班坚持以党建引领保亭高质量发展，为营造优越营商环境，创新搭建了“咖啡时间——政商对话加速跑”平台，同时结合企业诉求“在线”反映、政务中心“窗口”反映等，多渠道、常态化了解掌握企业在发展中遇到的痛点、难点、堵点，通过“领导领办、部门联办、调度督办、跟踪回访”的“三办一访”工作机制，构建企业诉求闭环管理和全程响应的高效“直联直通”服务体系，切实发挥“部门不受理，党建来统领”作用，不断开创保亭“三区三地”建设新局面。

一、背景情况

近年来，保亭县持续优化营商环境和开展“查堵点、破难题、促发展”等活动，但总体效果仍然不明显。仍存在有的重点项目推进缓慢,停滞不前；有的历史遗留问题不能有效破解，久拖不决；有的部门仍然存在本位思想，服务意识不强；有的部门之间职责没有完全厘清，沟通不顺、工作不力；有的党员干部能力素质不高，本领恐慌；有的党员干部干事创业激情不够，存在“躺平”思想等问题。随着海南自贸港建设的不断推进，这些短板、弱项将成为制约保亭高质量发展的最关键因素。

基于以上背景，为进一步转变干部作风、提升干部能力、搭建服务平台、优化服务环境，县委组织部、县招商引资与重点项目服务工作专班以省“能力提升建设年”和深化拓展“查堵点、破难题、促发展”活动为契机，结合实际，以党建引领，创新搭建“咖啡时间——政商对话加速跑”平台，架设政企对话“直通车”和“连心桥”，通过“企业点单、平台派单、部门接单、干部办单”的形式，为企业答疑解惑、构建“亲清”政商关系，促使党员干部在服务一线和项目一线锤炼过硬本领、锻造严实作风。在常态化、品牌化搭建政商对话平台的基础上，保亭着眼于构建企业诉求闭环管理和全程响应的高效“直联直通”服务体系，逐步建立起“领导领办、部门联办、调度督办、跟踪回访”的企业诉求“三办一访”工作机制，解决制约各类企业发展的历史遗留问题，包括历年来因政策调整变化或执行不到位，导致企业政策享受不彻底、项目招商承诺未及时兑现、企业合理诉求长期得不到解决等问题。切实做到了有求必应、有问必答、答必有果，以务实高效的服务让企业更有信心、更加安心，推动形成政商服务长效机制。

二、主要做法及成效

（一）畅通政商对话渠道，确保企业诉求照单全收。搭建“咖啡时间——政商对话加速跑”平台，每周常态化开展政商交流活动，每期都邀请县领导出席并主持活动，通过轻松愉快的“咖啡时间”，让政府相关职能部门与企业家坐在一起面对面地沟通交流，以“加速跑”的工作模式解决问题。同时结合企业“诉求在线”反映、政务中心“窗口”反映等，多渠道、多领域收集企业遇到的痛点、难点、堵点问题，确保企业诉求照单全收，并根据反映问题的难易程度不同、涉及领域不同等进行分类汇总、一一建立台账，采取“建账、分账、交账、对账、销账”的推进方式，逐项对账销号。以“现场办、马上办、跟踪办”的精神为企业答疑解惑、解决实际困难，致力于达到“六个一”（探寻一条服务企业发展路径、完善一套企业扶持政策、解决一批历史遗留问题、破解一批企业发展难题、化解一批项目落地难题、营造一种服务氛围）的良好效果，切实当好服务企业的“店小二”和“急郎中”。

“咖啡时间”活动开办以来，为企业解决了很多实实在在的问题，已成为保亭优化营商环境、提高部门效率、转变干部作风的平台，也已在政府机关和企业中形成重要的标志性品牌。截至目前，已累计开展“咖啡时间”35期，企业提出问题诉求298项，通过“企业点单、平台派单、部门接单、干部办单”的形式，现已解决落实了部分项目涉及拆迁、行政审批及企业提问答疑等231项问题，部分问题诉求已逐项移交相关职能部门按流程加紧办理。参加完“咖啡时间”活动后，一名企业家由衷地表示，“能够在这样一个轻松的环境里给我们这样的支持，这样的对话，对我们的企业是一种信心，对我们在保亭能建设这个项目看到了曙光，切实感谢政府能够给我们这个机会和平台。”

（二）建立“三办一访”制度，确保企业诉求“直联直通”。在常态化、品牌化搭建政商对话平台的基础上，建立起“领导领办、部门联办、调度督办、跟踪回访”的企业诉求“三办一访”工作机制，构建企业诉求闭环管理和全程响应的高效“直联直通”服务体系。在“领导领办”环节，严格执行县级领导联系重点企业和重大项目制度，每月至少到所联系企业开展一次走访调研，深入一线发现并收集问题，并在“咖啡时间”活动期间由“企业点单”后，县级领导带头“领办、督办”，高位推进问题解决。在“部门联办”环节，坚持权责优先、属地优先、分级管理原则，根据诉求事项涉及的具体业务范围，将诉求工单派发至相应承办单位处理。从“平台派单”到“部门接单”，强化了部门协同、上下联动的高效响应机制。在“调度督办”环节，旨在打通服务企业“最后一公里”，发挥“部门不受理、党建来统领”作用，由工作专班组织相关职能部门即时调度，形成破解难题的合力。在“跟踪回访”环节，强化跟踪问效，对所有办结的企业诉求，工作专班逐件回访，面向诉求企业开展“满意度”评估，检验“部门接单”和“干部办单”的成效。凡办理推诿扯皮、久拖不决的，按照有关规定追究相关责任人的责任。

“咖啡时间”和“三办一访”工作机制形成一个有机整体，让政府做到有求必应、有问必答、答必有果，通过这个闭环管理和全程响应的高效“直联直通”服务体系不仅打通了行政壁垒、降低了沟通成本，更为企业提供更高层次、更高水平的服务，转变政府部门以往服务企业的惯性思维和习惯做法，使企业和政府之间不断增进互信、密切互动、实现共赢。

（三）压紧办理责任链条，确保企业诉求落实见效。在“咖啡时间”和“三办一访”全过程进一步压实办理责任，全面推行首问负责制和限时办结制。对企业提出的诉求，首问责任单位和责任人必须能办即办，不符合条件的详尽明白告知，非本单位或本人职责范围内的及时领办导办。各职能部门对所联系企业的诉求主动协调、全程跟踪。并牢固树立起“今天再晚也是早，明天再早也是晚”的效率意识，严格落实限时办结制度。针对企业反馈问题，采取现场办公或实地调研的方式，到项目现场、到基层一线、到问题前沿进行座谈交流，实地问政问需，现场解决问题。对能够当场合力解决的问题，各职能部门靠前服务，促使党员干部在服务一线和项目一线锤炼过硬本领、锻造严实作风。目前，通过现场解决了海南保亭椰泽坊食品有限公司、海南新大新华茂实业有限公司、保亭南黎湾生态农业开发有限公司项目用地、产业扶持等问题100余个。

保亭各职能部门、党员干部以“咖啡时间”和“三办一访”为能力提升平台，直面问题、补齐短板，上下联动推动问题解决，实现“三个突破”。历史难题有突破，七彩庄园产业基地项目、金江毓秀书画名家一期、悦溪山庄项目51户长达3年的征拆、安置问题顺利解决。项目建设有突破，七仙谷养生苑、保亭裕和興养生谷等项目规划设计方案顺利批复，七仙谷养生苑项目开工建设。产业发展有突破，海南呀诺达景区观光索道项目、南林乡十里花廊项目建设用地、配套设施、合同租赁等问题有效解决，项目有序推进，群众、企业满意度大幅提升。

三、经验启示

（一）坚持问题导向是基础。创一流营商环境是实现保亭县高质量发展的必然要求，是在更高起点推动干部能力提升，增强人民福祉的关键举措。在服务企业的过程中，坚持问题导向是基础，需要针对政府服务查问题和干部能力短板强弱项，做到服务企业零距离，回应诉求零等待。“咖啡时间——政商对话加速跑”平台构建了企业诉求“直通车”模式，实现企业诉求照单全收，以“马上办、立即办”的态度调动了干部、企业积极性，用扎扎实实的实际行动提振企业发展信心，形成推进企业家在保亭放心投资、安心创业、顺心发展的良好氛围。

（二）坚持责任导向是关键。提升干部能力、优化营商环境是一项系统工程，需要充分调动各方力量参与配合，同频共振，凝聚政企合力。县委组织部、县招商引资与重点项目服务工作专班以“三办一访”工作机制，构建企业诉求闭环管理和全程响应的高效“直联直通”服务体系，进一步明确企业诉求主体责任和牵头责任，强化部门履职前、中、后监管，限期解决，定期评价，以务实过硬的作风推动干部在回应、解决企业诉求的具体实践中提升能力，实现企业诉求办理规范、高效、负责。

（三）坚持效果导向是落脚点。“咖啡时间——政商对话加速跑”平台以提升干部能力、优化营商环境为工作落脚点，依托企业诉求“三办一访”的“直联直通”工作机制，推动干部能力提升与优化营商环境互融共促，实现干部一线查堵点、破难题，凝众智、聚众力，致力化解了一批项目落地难题、探寻了一条干部成长路径、完善了一套企业服务机制，形成了“小平台大效应”，辐射带动全县上下“比学赶超”，共同推动营商环境向优向好。

创新流域生态补偿机制
让金山银山带来绿水青山

县生态环境保护局

【引言】县生态环境保护局坚持把赤田水库流域综合治理工作作为“六水共治”攻坚战和生态环境保护的“一号工程”，以战略思维、系统思维、创新思维构建赤田水库综合治理攻关机制，推动赤田水库流域生态补偿机制创新试点工作，为全省流域治理、生态补偿、生态产品价值实现和“六水共治”探索可复制、可推广的经验打下了良好的基础。

一、背景情况

赤田水库位于三亚和保亭交界处，是三亚市重要城市集中式饮用水水源地，日供水量约22万吨，占三亚市城市饮用水总供水量约50%。赤田水库在保亭县境内集雨面积达206.84平方千米，流域涉及86个自然村和27个农场连队。长期以来，三亚“免费”享用赤田水库优质水源，而经济相对薄弱的保亭却承担赤田水库大部分流域的环境治理和生态保护，如此“配制”加大了上游保亭的经济负担，制约了当地百姓保护水资源的积极性，也给赤田水库的水质稳定及提升带来了难度。

6月15日，省委书记沈晓明在保亭赤田水库调研时强调要建立健全生态补偿机制，让保护者获利，保护得越好获利越多，调动上游地区保护生态环境的积极性，探索“绿水青山就是金山银山”的实现路径。今年，省级“揭榜挂帅”将开展赤田水库流域生态补偿机制创新试点列入攻关项目，县生态环境保护局（领衔揭榜单位）明确把赤田水库流域综合治理作为生态环境保护和“六水共治”攻坚战的“一号工程”，与三亚共建流域上下游横向生态保护补偿机制，共推赤田水库流域综合治理工作，形成成本共担、效益共享、合作共治的良性生态治理局面。目前，赤田水库流域生态环境取得了阶段性成果，6个省控地表水断面水质均达到Ⅱ类目标，水质明显提升，为全省生态环境跨区域综合治理和流域上下游生态保护补偿探索可复制、可推广的经验打下了良好基础。

二、主要做法及成效

（一）以战略思维构建治理攻关体系。一是强化沟通联动。建立市县协调联动机制，与三亚市联合成立赤田水库流域联合整治指挥部，由县政府主要领导担任总指挥，县领导任常务指挥，联合开展方案制定、执法检查等工作，确保思想、行动、目标统一。建立两地联席会议制度和常态化协调沟通机制，抽调专干驻指挥部办公，以“月度办公会议＋不定期专题会议”的形式推动项目落地、工作落实，形成办公室统筹、部门协同、市县联动工作格局，推动试点工作提质增效。二是高位对标推进。建立“责任清晰、合作共治”的长效管理机制，实现了“保护者得利、受益者付费”的效应补偿。保亭以更高标准、更严要求抓好流域综合治理，县委第一时间召开会议研究部署，组建工作专班，形成领导挂帅、专班推进、每周调度工作体系。今年以来，累计召开专题会议44次，赴赤田水库调研29次，推动赤田水库流域生态补偿机制创新试点工作落细落实。三是优化顶层设计。坚持系统观念，联合三亚出台深度融合的工作方案及配套方案，编印《赤田水库流域综合治理总体方案》《赤田水库流域种植结构调整方案》等12个工作方案，形成1个试点方案为统领，N个各领域方案为支撑的“1+N”政策体系，明确了“路线图”，制定了“任务书”，为推进流域综合治理提供了“四梁八柱”。

（二）以系统思维推动治理修复工作。一是高质量推进农业面源污染治理。建立农业、水务等部门协同工作机制，上下联动，在二级保护区外流域范围全域实施农药化肥双减工程，加快建设测土配方施肥、病虫害预测预报监测站、化肥农药减量增效等项目，高质量推动农业面源污染治理。扎实推进赤田水库流域二级保护区（保亭）生态屏障水岸缓冲带建设项目和水产养殖清退项目，对二级水源保护区范围内25口鱼塘开展清退补植，有效提升环境治理能力。二是全覆盖推进生活污水处理。突出精准、科学、依法治污，建立高效生活污水治理体系，县镇村三级联动，列出问题清单，逐一攻克销号，积极开展标准化运维、污水设施新建和改造等工作，已完成赤田水库上游流域农村生活污水治理工程、赤田水库流域二级保护区及周边200户居民污水设施安装项目建设工作。建设上游流域内三道镇区域排水系统工程项目（EPC），目前已完成工程形象进度的90%。三是高效能提升流域监测监管能力。建设水陆统筹、上下联动、信息共享的流域监测体系，开展上游流域藤桥西河、田滚河、甘什河等五个微型自动水质监测站建设项目，提升水质监测能力，目前已完成藤桥西河、田滚河、甘什河、什奋村、合口河五个微型自动水质监测站建设，承担流域水环境排查监测、应急监测等工作，为水库综合治理工作提供有力支撑。加快推进赤田水库智慧生态监管平台建设项目，推动流域管护信息化，已完成系统框架的建设，正在开展业务功能开发与测试同步以及相关数据接入工作。

（三）以创新思维引领治理发展理念。一是优化生态价值实现路径。与三亚市签订供排水特许经营协议，将上游流域三道镇区域范围供排水设施的

"建、管、用"交由三亚负责。保亭县每年安排资金3000万元进入赤田水库流域生态保护奖补"资金池"，由省财政厅根据年度综合考核结果进行双向奖补扣缴资金分配，2022年保亭受分配资金1.72亿元，形成了成本共担、效益共享、合作共治的良性生态治理局面。开展赤田水库流域生态环境导向的开发模式（EOD）试点与赤田水库流域生态价值核算（GEP）工作。积极引入社会资本参与项目建设，与企业合作通过建设水肥一体化、测土配方、全智能太阳能杀虫系统，打造生态循环农业，实现了生态治理与生态产业互融共促，提升了治理项目自身造血功能，探索出新的生态价值实现路径。二是简化资金项目审批流程。对赤田水库流域综合治理项目优先审批，将审批时间压缩至原来的一半；对已明确资金保障来源的综合治理项目，开设绿色通道，不再层层审批，简化政府采购内审环节，优先办理业务，在项目材料完整准确的情况下，24小时内办结，让项目推进速度更加顺畅，让资金使用更加高效。三是强化科技智力支撑。坚持向内深挖精心"育"，以"专业学习＋外出实践"的方式提升干部治理能力，县委、县政府主要领导多次带队外出陵水、海口等地学习，通过看现场、找差距、补短板、强弱项，提升干部专业能力，培养了一支赤田水库流域治理方面的专业人才和行家里手。坚持向外借力靶向"引"，以校地合作为抓手，加强与中国热带农业科学院、海南大学合作，深化理论研究和技术开发，60余名教授及专业技术人才共同参与赤田水库现场调研及研讨，谋划流域综合治理方案，为赤田水库流域治理吸引了智力及科技支撑。

三、经验启示

（一）高位统筹、前端发力是提升治理效能的根本保证。县生态环境保护局始终坚持党的领导，主要领导亲自谋篇布局，把好"方向盘"，坚持规划先行，上下联动，推动工作落实落细，为做好治理工作提供了根本保证。主要领导带头深入赤田水库一线调研，率先垂范，凝聚起各级部门协同推进的磅礴力量，形成了提升治理效能的强大合力。

（二）治理修复、一体推进是落实治理目标的关键举措。县生态环境保护局牢固树立生态优先理念，分阶段分层次一体推进治理工作。坚持上下游同行，流域一体化，统筹推进农业面源污染防治、流域生态修复、监测监管等七大核心任务，围绕山水林生命共同体构建起治理与修复相结合的制度体系，并与污染防治制度体系相衔接。

（三）创新方式、绿色发展是推动治理工作上台阶的不竭动力。县生态环境保护局坚持践行"绿水青山就是金山银山"理念，转变单一经济效益导向，探索产业、民生和生态效益"最大公约数"，创新治理发展实现路径、服务保障和科技支撑，推动社会效益、生态效益、经济效益深度融合，谱写了绿色发展新篇章。

保亭县非物质文化遗产项目名录与部分简介

一、省级

1. 黎族民间故事
2. 黎族藤竹编技艺
3. 黎族独木器具制作技艺

二、县级

1. 黎族传统婚礼
2. 黎族民歌
3. 黎族打柴舞
4. 黎族打碗舞
5. 黎族钱铃双刀舞
6. 苗族传统招龙舞
7. 苗族传统盘皇舞
8. 苗族传统刺绣蜡染技艺
9. 黎族“三月三”节
10. 黎族酿酒技艺
11. 黎族沉香制作技艺
12. 黎族传统体育技艺
13. 海南苗族民歌
14. 海南苗族婚礼

三、2022 年 12 月份公布的县级非物质文化遗产保护项目简介

黎族“三月三”节

黎族“三月三”节历史悠久，源远流长。宋代史籍中有黎族“三月三”的相关记载，宋·范成大《桂海虞衡志》记载：“春则秋千会，邻峒男女装束来游，携手并肩，互歌互答，名曰作剧。”清代张庆长《黎歧纪闻》中记载：“男女未婚者，每于春夏之交，齐集旷野间，男弹嘴琴，女弄鼻箫，交唱黎歌，有情投意合者，男女各渐进凑一处，即订偶配，不合者不敢强也。”每年农历三月初三，大地回春，春阳萌动。我国部分地区汉族和一些少数民族都以各种形式欢度这一传统节日。“三月三”源于我国古代的“上巳节”（古时以农历三月上旬巳日为‘上巳’，又称‘修禊节’），是周代华夏族民间一祓禊祈福的节日，上巳节原初的意义就是以巫术信仰为依托举行的乞婚配、求生育习俗活动，后演变成为我国古老的男女相恋的歌节。

黎族传统“三月三”节，黎语称为“孚念孚”，为预祝“山栏稻”和打猎丰收的节日，也是青年男女自由交往的日子，人们称它为爱情节、谈爱日。关于它的来历，有个美丽的传说故事。

传说，上古洪水时期，兄妹两人躲在南瓜中幸存下来。为了成家立业，他们决定分头寻找其他人，并约好来年农历三月三会合。结果几年过去两人无功而返。妹妹见找不到别人，就忍痛用竹签将自己的脸刺上花纹，又用植物染上了颜色，不让哥哥认出自己，以结夫妻，从而使种族得以延续。这也是黎族“三月三”节和文面来历的传说。至今黎族地区每年农历三月初三，各地的黎族青年男女汇集一起，参加“三月三”盛会，载歌载舞、谈情说爱。

黎族“三月三”节，是海南黎族人民最盛大的民间传统节日，也是黎族青年的美好日子，每年农历三月初三举行，是海南黎族人民悼念勤劳勇敢的祖先表达对爱情幸福向往之情的传统节日。

黎族酿酒技艺

黎族传统古法酿酒历史悠久源远流长。北宋哲宗绍圣四年（公元 1097 年），大文学家苏轼被贬到昌化军（今儋州市），当时纯朴善良的黎族人却待苏轼如贵客，常请他喝“黎法”制成的酒，苏轼饮用之后赞不绝口，他思绪万千，欣然命笔：“华夷两樽合，醉笑一杯同”，“小酒生黎法，乾糟瓦盎中”“冻醴寒初法，春醅暖更蒙”等。苏轼对黎酒是推崇备至的，并把这种独特的酿酒工艺称为“真一酒法”。苏轼所饮的酒乃今日黎族同胞所称的“山栏糯米酒”。

黎族传统古法酿酒技艺独特，由来已久，酒的种类繁多，常见的酒有：“山栏糯米酒”、番薯酒、木薯酒、玉米酒、菠萝蜜酒、甘蔗酒、芭蕉酒、南

瓜酒、山果酒、荔枝酒、槟榔酒、椰子酒等。在诸多的自酿酒类中，最深受众人喜爱的酒当属闻名遐迩的“山栏糯米酒”。黎酒广泛地融入了人们的日常生活中，无论是节日活动、婚丧嫁娶、迁入新居、生育、祝寿、社会交往、宗教活动等，都离不开酒，酒俗、酒礼，成为一项重要的生活内容。酒是一种特殊的食品，是属于物质的，但融于人们的精神生活之中。几千年的文明史中，酒几乎渗透到社会生活中的各个领域。酒形态万千，色泽纷呈，品种之多，饮酒习俗历经数千年而不衰。酒它是一个文化符号，一种礼仪，一种气氛，一种情趣，一种心境；在人类文化的历史长河中，它已不仅仅是一种客观的物质存在，而是一种文化象征，它反映了一个民族的文化特征，成为人们生活中交流的媒介，感情升华的桥梁。客从远方来，无酒不足以表达深情厚谊；良辰佳节，无酒不足以显示欢快惬意；丧葬忌日，无酒不足以致其哀伤肠断；蹉跎困顿，无酒不足以消除寂寥忧伤；春风得意，无酒不足以抒发豪情壮志。酒文化是一种社会文化，给人们生活中增添了丰富的色彩。黎族以酒为礼，敬酒对歌，形成了别具一格的酒文化。

黎族沉香制作技艺

中国沉香文化的发展阶段，起始于春秋，成长于汉代，完备于盛唐，鼎盛于两宋，普及于明清。从春秋迄今的漫长历史长河中，沉香文化犹如一条芳香的香脉，不绝如缕。历史的帝王将相王公贵胄，皆惜沉香如金，爱沉香或癖。沉香在中国亦被用作各种装饰，成为地位和财富的象征。

北宋宰相丁谓，在谪居崖州期间，写下了崖香名篇《天香传》。把海南沉香喻为天香，其实含有三层含义，一曰，海南沉香堪称天下第一香；二曰，海南沉香乃天上神仙能够感知的仙香；三曰，海南沉香是天子御用青睐的圣香。海南沉香曾冠绝天下，被称为“琼脂”。海南沉香，从宋代开始，已成为朝廷的贡品。

海南沉香蕴含沉静内敛的品质，香气清雅纯正，鲜活灵动，香而不艳，浓而不俗，甘甜透澈，远引笃厚。《述异记》云：“香洲在朱崖郡，洲中出异香，往往不知名，千年松香闻十里，亦谓之十里音也。”南宋文学家、史学家、爱国诗人陆游的《烧香》曰：“一寸丹心幸无愧，庭空月白夜烧香。”文人逸士喜爱香文化，缘于一种精神价值、一种清香四溢的精神境界和一种人格风标。

海南沉香的药用价值极高，是珍贵的中药。明代李时珍《本草纲目》中记载：“沉香，气味辛，微温，无毒。主治：风水毒肿，去恶气；主心腹痛，霍乱中恶，邪鬼疰气，清人神调中，补五脏，益精壮阳，暖腰膝，止转筋吐泻冷气，破症癖，冷风麻痹，骨节不任，风湿皮肤瘙痒，气痢；补脾胃，益气和神。治气逆喘急，大肠虚闭，小便气淋，男子精冷。”随着科学技术的发展，沉香的用途不断发现，据最新研究发展，沉香还有很好的抗癌治癌作用，对肠癌便秘尤为有效。

海南沉香工艺品形式多样，依据不同的结香状况、不同大小和外形，雕刻成各种各样精美的工艺品，沉香工艺品主要有：佛珠、念珠、手串、吊坠、挂件、摆件、礼盒等。沉香以其极高的欣赏、收藏价值，迄今依然魅力未减，由于其浓郁的文化气息，已经成为收藏新宠。

海南沉香制成精油，更是难得之物，沉香精油留香持久，后韵悠长。海南沉香制成熏香品主要以线香、盘香、香末、香块、香片的形式出现。线香、盘香使用起来比较方便，点火即可燃，比较适合日常家居使用。香粉，又称为“末香”，为粉末状的香，使用时需利用一些香道器具。小块的香料原材，(可切成细屑)。

沉香，被誉为“植物中的钻石”它集天地之灵气，汇日月之精华，蒙岁月之积淀，是物华天宝的魅力一瞬。千百年来为世人所钟爱，它承载着中华民族的哲学观，是对世界香文化的特殊贡献。

黎族传统体育技艺

黎族传统体育的丰富和发展，与黎族人民的生活、生产方式、民风习俗有着密切的联系，每一个传统体育项目的产生和发展，都是黎族人民生产和生活等方面内容的具体反映。黎族传统体育活动最有特色和普及的是射箭、荡秋千、打陀螺、拉乌龟、攀藤摘花、打柴舞、打狗归坡、爬杆等项目。

黎族传统体育活动有悠久的历史，源于黎族人民的生产和生活。早在汉代，《汉书·地理志》卷二十八记载：“儋耳、珠崖郡，兵则矛、盾、刀、木弓弩、竹矢，或骨镞。”宋乐史《太平寰宇记·岭南道琼州》记载：“黎人。好弓矢，削竹为弦，箭镞锐而无羽。”明·瞿九思《万历武功录·广东》卷三（“黎歧列传”条）记载：“其驰射最工，诚足自夸耀……三十步之内，矢无虚发也。居常自谓阿弓、神弓。”明代有黎人射箭比赛的说法。据清道光《琼州府志》卷二十《海黎志》载：“以木为弓，以竹为弦，铁镞无羽，出入不释手，以标刀为戈，以角为甲，器用土釜，瓠瓢，饮惟椒酒，以击鼓为乐，以射猎为生，以刻箭为誓，以割鸡为占卜。”该段叙述对黎族人民生产生活状况作了详尽描写。

荡秋千游戏也是来源于古时黎族的“秋千会”活动，宋·范成大《桂海虞衡志》载：“春则秋千会，岭峒男女，装束来游，携手并肩，互歌互答，名曰作剧”。明代诗人汤显祖的《黎女歌》记载：“文臂郎君绣面女，并上秋千两摇曳。分头携手簇遨游，殷山沓地蛮声气。歌中答意自心知，但许昏家箭为誓。椎牛击鼓会金钗，为欢那复知年岁”情景。黎族的“秋千会”是民间的一种游戏习俗。拉乌龟、打狗归坡等传统活动在清代已流行。

黎族传统体育是黎族人民在生活和实践中创造出来的，有鲜明的民族特色和乡土气息，为群众所喜闻乐见，十分普及，参加者众，最具群众性。黎族传统体育娱乐性强，人们从中得到愉悦、娱乐，陶冶情操，又能强体健身，增强体魄，还有一定的竞技性质，提高人们的智力技艺，培养人的机敏灵活、勇敢进取、积极向上的精神。在 1991 年第四届全国少数民族传统体育运动会上，女子荡秋千获奖。在 1999 年第三届全国民运会上，打狗归坡获竞技类第二名。

由于现代体育项目的多样化，年轻人崇尚国际普遍流行的体育竞技活动，黎族传统体育活动相对滞后正在走向濒危，急需提倡和保护。

海南苗族民歌

海南苗族传统民歌历史久远，苗族民歌主要产生并流传于海南岛中南部苗族聚居地区，是苗族民间文化中的艺术瑰宝。苗族民歌丰富的题材来源于苗族群众日常生活中多样的民族风俗文化，民歌的产生、发展与海南苗族历史的迁徙和隔阂息息相关。海南苗族传统民歌题材广泛，内容丰富、体裁多样、寓意深刻，其表现手法优美生动，它承载着海南苗族人民表达思想情感，传承文明的重要功能和使命，是海南苗族 400 多年来在历史长河中沉淀下来的智慧结晶。苗族传统民歌歌词以七言四句为一段，用苗语押韵，结构严谨、格律统一，具有浓郁的生活气息、鲜明的艺术特色生动地体现海南苗族的民族风格。

海南苗族《古歌》是苗族世代相传口头咏唱的民间文学，它反映了远古先民世界观和人类的起源、民族历史渊源、世间万事万物由来的解释。《劳动歌》歌咏劳动，叙述劳动，传授劳动经验，表现海南苗族民间农事活动，表达人们对劳动成果的愿望和情感。海南苗族《爱情歌》旋律柔和优美，富于抒情，常常是青年男女之间寻找自己的心上人低声对唱的情歌。《爱情歌》主要内容是抒发青年男女相思相恋的情怀，表达对爱情的歌颂赞美，宣扬纯真爱情和对幸福美好生活的向往追求。《劝教歌》是苗族社会中体现家庭伦理道德教育的民歌，不仅长辈言传身教，而且常用各式民歌教育子孙后代。海南苗族日常生活中，常常以歌代言，以歌抒情寄意。苗族民歌在人们生活中起了很大作用，不论是生产劳动、社会生活、爱情交友、婚姻嫁娶、节日喜庆、丧葬祭祀等方方面面都用民歌表达。海南苗族民歌来源于民间，具有鲜明的地方色彩，是人们集体智慧的凝结，是人们思想感情的宣泄和表达。苗族民歌作为社会生活中不可缺少的一部分，它是社会生活的艺术展现，它记录着民族地区的风俗习惯，表达一个民族的风土民情。

海南苗族民歌是劳动人民的心声，是社会生活的反映。它集中展现了苗族人民赖以生存和发展的特有的生活方式、生活智慧、思维方式、想象力和文化意识。海南苗族民歌，它源于生活，高于生活，在社会生活中起着重要的作用。

海南苗族婚礼

海南苗族实行一夫一妻，他们崇尚男女平等，内部通婚有严格限制，有直系血缘关系不能通婚，同姓同祖不能联婚。同村不同姓或同村同姓不同祖的都可以通婚。苗族青年男女缔结婚姻由父母做主，但要征求子女的意见，青年男女通过对歌、社交、节日等活动，互相了解情况，沟通感情，以自由恋爱等形式来确定婚姻大事。“咬手”是海南苗族男女青年表达爱情的一种独特方式，在民间流传着苗族的一首民歌：“伸手给妹咬个印，越咬越见妹情深；青山不老存痕迹，见那牙痕如见人。”咬手定情后，双方便各自拿出最心爱的手信，如戒指、耳环、腰篓、竹笠等礼品互相赠送，作为定情物，以示终生相伴。

海南苗族婚姻充分体现了男女平等的思想，无论是男娶女嫁或是“招郎入赘”，在社会上都不受歧视。海南苗族传统婚姻形式主要有四种：

一是男娶女嫁，这种形式在社会上最为普遍。二是招郎入赘，这种婚姻形式主要适用于女方家无男嗣，需要男方落户女家承管家业，而男方无父母或是兄弟较多,且愿意长期入赘的。三是“做郎换”，定期入赘。年限多为三年至四年，部分长达八年之久。这种婚姻形式主要因女方家弟妹年幼，且家中缺乏劳动力的。男方入赘到女家，待入赘期满后，才获准带妻子离开娘家。四是“做娘换”，这种形式是女方到男方家居住一定时间，一般是三年至四年。主要因男方家劳动力少或弟妹年幼，需要女方到男方家住一段时间，待期满后把男方带回娘家居住。

海南苗族婚姻通常要经过六个步骤：歌恋、提亲、订婚、迎亲、拜堂、送亲。苗族婚礼过程中，传统就是新郎到新娘村里迎接新娘回村时，双方村里的男女老少都会在村口设置障碍，“牵媳婆”领着新娘的伴娘和几个妇女提着一根竹竿，竹竿的中间吊着一个箩筐，横着拦住新郎迎亲队伍的去路。“牵媳婆”领唱《婚姻拦路歌》，其余人员也跟着“牵媳婆”一起合唱,这时“媒公”必须唱歌回应。“牵媳婆”每唱完两首歌，房东和“媒公”应将一些烟丝放入那个吊在竹竿中的箩筐内，“牵媳婆”才后退几步，让“媒公”等人前进一小段路。一共拦三次，唱三次。当“牵媳婆”与“媒公”等人对唱《拦路歌》的时候，后面的大姑娘小媳妇们便组织人员一起来抢新郎，“初龙老”则尽最大的努力拉住新郎的手，不让妇女和姑娘们把新郎给抢走，要是新郎被抢去藏匿起来，“媒公”则需拿出赎金去把新郎赎回到迎亲的队伍中来。“抢新郎”一关是整个做亲家过程中最辛苦的差事，有时候“初龙仔”的耳朵被姑娘们揉捏得通红，有的摔跤受伤，有的连衣服装束都被撕扯烂，新郎的迎亲队伍艰难地闯过重重关卡，就这样，拦一段路，唱一首歌，抢一次新郎，最后当新郎的队伍到达房东家时，“拦槟榔”仪式才宣告结束，房东摆下酒宴款待新郎队伍，为他们接风洗尘，这叫作“入房东家”。

索　引

说　明

一、本索引采用主题分析法编制。索引范围包括各类目、分目、条目等。“特载”“大事记”“附录”等部类的具体内容未做索引，仅以其部类名称标示。

二、索引名称按汉语拼音音序（同音字按声调）排列。类目、分目用黑体字标示，其余用宋体字标示。索引名称后的数字表示内容所在页码，页码后的 a、b、c 分别表示版面的一、二、三栏。

三、以数字或字母开头的条目，不按音序排列，集中于“非音序”栏中。

C

D

E

F

G

H

J

K

L

M

N

T

W

X

Y

Z

非音序